启真馆 出品

三仲马传

［法］安德烈·莫洛亚 著　　郭安定 译

Les Trois Dumas

ZHEJIANG UNIVERSITY PRESS
浙江大学出版社

目 录

译本序

"三仲马"，顾名思义，指的是仲马一家三代人：法国大革命时期的将领托马·亚历山大·仲马（1762—1806），他的儿子、法国著名剧作家和小说家、《三剑客》和《基度山伯爵》的作者亚历山大·仲马（1802—1870，通称大仲马），以及后者之子、《茶花女》的作者亚历山大·仲马（1824—1895，通称小仲马）。

对于中国读者，大仲马和小仲马的名字，以及上面列举的那三部作品，可以说是家喻户晓的了。也许并非偶然，在中国近代文学翻译史上，第一部译成汉语的西方文学作品，恰好就是《巴黎茶花女遗事》。这部出自大名鼎鼎的林纾之手的译本，出版于十九世纪的最后一年，离小仲马去世只有四年时间。林先生在译本的"引"中，提到了"仲马父子"，说两人的文字"于巴黎最知名"。到了本世纪初，大仲马的小说《三剑客》及其续集《二十年后》，又由著名翻译家伍光建先生从英文节译，分别以《侠隐记》与《续侠隐记》为标题出版。从此以后，仲马父子的作品，在中国广为流传，经久不衰。《三仲马传》的作者说得好："在全世界，声望超过大仲马的人，恐怕并不多见。地球上各民族都读过他的作品，并将世世代代读下去。"[1]

在世界文学史上，像大仲马和小仲马那样，父子相传，各自都写出足以传世的杰作，恐怕还是不多见的。为他们作传，把父子两人的生平与创作，按照当年生活的本来面目，交叉糅合在一起，向读者

---

[1] 见本书"作者序"。

展示，当然会引起广泛的兴趣。然而，为什么还要拉进一个并不善于舞文弄墨的武夫，充当这个"书香门第"的鼻祖呢？其实，传记作者的高明之处正在这里。首先，这位将军短暂而不平凡的一生，本身就充满传奇性；而两位文学家，特别是大仲马，无论是体质、气度、性格，还是思想与政治倾向以及生活道路，都与这位行伍出身的革命将领的命运一脉相承。三代人的传奇生涯，从法国大革命前夜直到十九世纪末，延续了一百多年；这个时代在法兰西的历史上，是一个波澜壮阔的时代，也是一个翻天覆地的时代，世道变幻莫测，有声有色的事件连绵起伏，刀光剑影随处可寻。传记作者在讲述三代人悲欢离合的同时，充分展示了时代的复杂纷繁；二者相得益彰，给读者以启示。读了《三仲马传》我们感到，大小仲马两代文学家的血管里虽然流淌着仲马将军的血液，然而他们更是自己时代的儿子。至于仲马将军，这个诺曼底贵族与圣多明各女黑奴结合的产儿，在法国大革命后只用四年时间，就从一名普通士兵提升为独当一面的将军；而后来一旦失宠于登上帝位的拿破仑，则只能落得贫病交加，刚过不惑之年就抑郁而亡。正如作者所说："如果我的传记还有一点可取之处，那就是随着主人公逐渐发现人类社会的同时，展示出社会的风貌。"[1]

《三仲马传》的作者是法国著名作家安德烈·莫洛亚（André Maurois, 1885—1967）。莫洛亚是一位具有多方面才能的作家。他的长篇小说《氛围》被视为法国现代文学中的一部杰作；其短篇小说也独具魅力，结尾往往出人意料，受到很高的评价。此外，他还写了大量随笔、游记、评论，乃至历史著作。但是，在他的全部创作中，传记文学闪耀着独特的光彩，占有突出的地位。莫洛亚的传记作品兼具历史与文学的双重性质。作为史传，务求真实，广泛搜集档案材料、信件、日记、同时代人的回忆作为凭借，"从不加小说般的演绎；既不杜撰什么场景，也不生造什么对话"[2]。另一方面，他的传记又是文学作品，这位大作家除了有一支生花妙笔，文字优美生动之外，还

---

[1] 莫洛亚：《文学生涯六十年》。
[2] 莫洛亚：《文学生涯六十年》。

能够从大量纷繁复杂的材料中，发掘出反映传记人物性格特征的事实，捕捉富有意义和情趣的细节，从而树立起传记人物鲜明的个性与生动的形象。

莫洛亚一生共写有十四部传记作品 [1]，《三仲马传》出版于一九五七年。作者在序里告诉我们，他之所以写这部作品，是因为在研究乔治·桑和维克多·雨果生平的时候，接触到了一些新的材料，从而想到要把亚历山大·仲马添加到他的那个浪漫派画廊中去。

这里的"浪漫派"，或称作浪漫主义，是法国十九世纪前半叶主要的文学流派。它兴起于二十年代，发展到一八三〇年七月革命前夕，已达到了最高潮，进入四十年代便趋向衰落。在政治上，这一时期是王政复辟的年代；资产阶级的浪漫主义文学，配合资产阶级反对复辟的政治斗争，充满了个性解放的精神，带有强烈的反封建色彩，具有进步的历史意义。戏剧领域是资产阶级浪漫主义与受到传统势力支持的伪古典主义进行斗争的主战场。一八二八年，雨果发表了声讨伪古典主义的檄文——《克伦威尔》序言，从而形成了一个声势浩大的文学运动。一八三〇年，雨果的名剧《艾那尼》上演获得成功，标志着浪漫主义运动的高峰。然而，不应忽略大仲马的功绩：一八二九年二月十一日，在法兰西喜剧院上演了他创作的《亨利三世和他的宫廷》；该剧的演出，是浪漫派戏剧射出的第一响重炮；它的成功，为以雨果为首的浪漫派戏剧的胜利，立下了头功。《亨利三世和他的宫廷》虽然是一部历史剧，但在复辟王朝已近末日的时候，把十六世纪封建阶级的黑暗统治在舞台上揭露出来，本身就具有现实的社会意义；再加上戏剧冲突尖锐，情节发展动人心魄，一时间把一个闯荡巴黎刚刚六载的外省青年捧上了明星的宝座；他当时一无靠山，二无金钱，三无高深的学问；他所拥有的，只是年轻人的雄心壮志和从父亲

---

[1]　这十四部传记是：《雪莱传》（1923）、《迪斯雷利传》（1927）、《拜伦传》（1930）、《利奥泰传》（1931）、《屠格涅夫传》（1931）、《伏尔泰传》（1932）、《夏多布里昂传》（1938）、《追寻普鲁斯特》（1949）、《乔治·桑传》（1952）、《雨果传》（1954）、《三仲马传》（1957）、《弗莱明爵士传》（1959）、《拉法耶特夫人传》（1961）和《巴尔扎克传》（1965）。

那里继承下来的共和思想，还有就是机遇的成全了。传记的作者通过桩桩件件生活事例，趣味盎然地告诉我们，一个男孩子是如何取得成功的。读到这里，我们一方面受到情节的吸引，又无形中获得了某种人生的启迪；同时，进一步明白了为什么莫洛亚写的传记被誉为"传记小说"，尽管他本人并不接受这种提法，说自己只是"力图从传记人物伟大的一生中抽取富有小说情趣的细节"[1]。

传记通过丰富的材料，展示了大仲马多方面的性格与风貌。我们看到，这位真诚的共和派人士，怀着饱满的政治热情，积极投入到时代斗争的洪流中去。一八三〇年七月革命刚刚爆发，他便拿起自己的双筒猎枪，为推翻查理十世的反动统治，出没于枪林弹雨之中。后来，他又与登上王位的路易-菲力普决裂，参加了一八三二年的六月起义，上了七月王朝的黑名单。到了一八四八年，巴黎人民起义，他又毅然走出那座豪华的"基度山城堡"，率领圣日耳曼昂莱的国民自卫队，向七月王朝发起攻击。随之上台的路易·拿破仑，加紧了帝制的步伐；大仲马终于抛弃了幻想，步雨果等人的后尘，亡命布鲁塞尔。年过花甲，他还亲赴意大利，参加加里波第领导的意大利民族解放战争。

四十年代以后，尽管大仲马还在写戏剧，甚至建立了自己的"历史剧院"，他的创作却转向了长篇小说。莫洛亚在传记中没有花多少篇幅概述大仲马那些卷帙浩繁的小说的情节，只是围绕他的两部代表作，《三剑客》和《基度山伯爵》，不慌不忙地告诉我们大仲马是怎么写起小说来的，而他又是怎样写小说的。这里我们又一次看到大仲马对时势变化的敏感；他又一次捕捉住时代的机遇，从剧作家变成了小说家，将自己的天才发挥到新的高度。大仲马的小说诚然非常"通俗"；正因为如此，直到二十世纪五十年代，当莫洛亚撰写《三仲马传》之前不久，还有一些评论家只承认大仲马是位浪漫派剧作家，而拒绝在文学史上给他的小说以应有的地位。于是，莫洛亚打抱不平了。当然，他并不讳言："将巴尔扎克、狄更斯或托尔斯泰置于大仲

---

[1]　莫洛亚：《回忆录》。

马之上，是理所当然的。就我个人而言，对前面三位的评价当然也是更高一些；然而，对一位使我在青少年时代就感到乐趣的作家，对这位至今我仍然喜爱其作品所表现的力量、激情与气度的作家，我仍然保持着敬重与爱戴。"[1] 说到《三剑客》风行全球那么长久，莫洛亚指出："大仲马在人物的身上朴素地表现出他自己的气度，满足了不同时代、不同国家对于建功立业、英勇无畏与慷慨奋发的需求。写作技巧也完全适合这类体裁，以至于至今仍为有志于一试此道的人所效仿。"[2] 他赞成这样评价《三剑客》："对法兰西怀有炽烈的情感……顽强的意志、贵族式的忧伤、并不总是锐不可当的力量、微妙而多情的风度……造就成可爱的法兰西的缩影。……如果说丹东和拿破仑是法兰西力量的倡导者，那么大仲马在《三剑客》中，就是表现这一力量的民族小说家。"[3] 至于"基度山"，莫洛亚认为："无论对大仲马的创作还是对他的生活，都是一个关键的字眼。……这个字眼最能体现大仲马既追求豪华宏富、又向往公平正义的梦想。"[4] 他认为，在《基度山伯爵》中，体现了几千年来被侮辱与被损害者对惩恶扬善的义士的期待；只不过到了仲马时代，这样的人物变成拥有巨额财产的富人。大仲马尽管胸怀宽广，但在社会生活里也饱经屈辱。父亲悲惨的遭遇，他本人常被债主逼得走投无路，政治上不得志，形形色色的诽谤与攻击……总之，社会对他的不公正，都在小说中得到反映与补偿。"传记小说"的作者既描绘了大仲马成功的辉煌，又叙述了他失败的凄凉；既暴露他挥金如土、放荡不羁的生活，又不讳言他被债主逼迫宣告破产的狼狈处境；既赞扬了他对朋友的慷慨与忠诚，又不无调侃地透露：对那些为数众多的情妇，他从未主动断绝对其中任何一位的供养。正如莫洛亚所说："大仲马善于使其生活充满形形色色的行动，如同在其作品中一样。这对传记作家来说，倒是件非常快乐的事情。"[5]

---

[1] 见本书"作者序"。
[2] 见本书第五卷第一章。
[3] 见本书第五卷第一章。
[4] 见本书第六卷第一章。
[5] 见本书"作者序"。

　　小仲马是大仲马与缝纫女工拉贝的非婚生子。私生子的出身给小仲马的心灵打上了深深的烙印：对生母痛苦经历的无限同情，在寄宿学校里所受到的欺辱，父亲放荡不羁的生活带给他的羞耻……都使他倾向于怜悯与同情受到社会不公正对待的女性，使他特别关注社会道德方面的问题。

　　传记作者用大量的篇幅叙述小仲马与巴黎名妓玛丽·杜普莱西的一段浪漫史。尽管玛丽曾是多名有钱人的姘妇，但内心里向往真诚爱情的火焰并没有熄灭。这时的小仲马尽管有纨绔子弟的一面，但能够给这样的女子以一定的理解与同情；他不把她们看成下贱的罪人，而视她们为牺牲品；吸引玛丽·杜普莱西的正是这一点。然而，对于小仲马来说，这毕竟是一段风流韵事；不久之后，温存与爱意就被责难所代替；一八四五年八月，小仲马终于同这位名妓决裂了。两年之后，玛丽病逝；噩耗传来，小仲马陷入了极度的悲伤与悔恨。深深的内疚与自责，使他毫不犹豫地拿起笔来偿还欠债。玛丽·杜普莱西是"茶花女"的原型；但是，莫洛亚告诉我们，小说和戏剧《茶花女》中的爱情悲剧，已远远超出了作者本人那一段感情纠葛的范围，而具有一种发人深省的社会意义。

　　然而，如果说《茶花女》标志着小仲马道德观念的第一次转变，写于一八五二年的长篇小说《珍珠女》则把追求真正爱情的青年作家转变成为一个冷峻严酷的道德家。从此以后，小仲马在其作品中猛烈谴责在爱情、婚姻、家庭方面的伤风败俗与堕落行为，为被侮辱与被损害的妇女与儿童鸣不平。他的"社会剧"、"主题剧"尽管有时不免给人以说教之感，但却揭露了第二帝国时代上层社会的糜烂生活和道德上的伪善，开创了法国十九世纪以来的现实主义戏剧潮流。

　　比起大仲马来，《茶花女》作者的经历，较少为公众所了解。这就给《三仲马传》的作者以广阔的余地，旁征博引大量第一手材料，把小仲马的经历、思想演变与艺术创作水乳交融地糅合在一起，显现在时代的舞台上，使公众同样津津有味地看到一位与大仲马纠缠不清但又独具个性的人物。作者收集到了大量小仲马的信件，在书中多处大段引用；这些引文虽然可能会使部分非从事法国文学研究的读者感到冗长与枯燥，但耐心读下去，却能叫我们真切地了解到小仲马内心最深刻的精神需求，以及他在生活中如何扮演其自身悲剧中的角色。这不能不说是这本传记的一个特色。

　　这部《三仲马传》按照作者的意图应当是雅俗共赏的；但不能否认，它首先是为法国读者撰写的。传记内容虽然非常详实与丰富，但是材料的取舍，表述的详略，历史背景的描述，多有不尽符合中国读者习惯与需求之处。尽管如此，我们认为：《三仲马传》目前仍然是了解这两位法国大作家的最佳传记作品。

　　然而，上面这些因素又使译者倍感译事之艰难。三代仲马的生平经历如此纷纭复杂，他们的时代又是那样事件迭起、人才辈出，而莫洛亚学识又是那样渊博；他旁征博引，史实典故信手拈来，独特的文风不无艰深费解之处。译者在翻译过程中，努力做到理解原文融会贯通，避免生吞活剥与望文生义。有的史实、典故，以及并非知名的人物，则需多方查找与辗转请教。严复先生所言极是："求其信，已大难矣！"译者尽管诚惶诚恐，全力以赴；此次再版又有所修正与润色；但疏漏之处在所难免，竭诚希望研究专家和广大读者不吝批评指正。

　　《三仲马传》法文原版正文后面，附有长达四五十页的"人名索引"和"参考书目"，这对专业研究工作者自然非常有用；但是由于篇幅所限，考虑到对大多数读者可能用处不大，故没有翻译出来。不过，译者在编写注释时，充分参考了"人名索引"；因而可以说，它的部分内容已经通过译注传达给了读者。

郭安定

一九九六年五月完稿

二〇一四年五月修订

作者序

在全世界，声望超过大仲马的人，恐怕并不多见。地球上各民族都读过他的作品，并将世世代代读下去。所以，没有必要为我选择给大仲马作传而多做解释。在研究完乔治·桑和维克多·雨果的生平之后，机遇和我进行的研究给我带来不少新的材料，使我认为有必要在我的浪漫主义画廊里，加上一幅亚历山大·仲马的肖像。杜米克[1]、布律奈提尔[2]一辈的批评家们，在承认其与生俱来的能力的同时，却否认其作品的价值。到了亨利·克鲁阿尔[3]先生，才在他卓具才华的著作里，将大仲马在法国文学史上的合法位置还给了这位小说家。

"人们指责他偏爱逗趣、写得过多而又挥霍无节。难道令人厌烦、文思枯竭、吝啬守财就值得称道吗？"应当看到，当今人们头脑中，把唯一受到尊重的难懂的文学与所谓"通俗"文学区分开来的那座分水岭，在历史上的盛世是不存在的。罗歇·卡约阿[4]写道："莫里哀诚然出身于露天舞台；可是，他能毫不费劲地从闹剧走向宫廷剧。巴尔扎克一般是在日报上以连载的形式发表他的长篇小说；此外，狄更斯和陀思妥耶夫斯基也无不如此。而雨果，终其一生，都善于争

---

[1] 杜米克（Doumic，1860—1937），法国作家、评论家。
[2] 布律奈提尔（Brunetière，1849—1906），法国文学评论家，曾主持过《两世界杂志》。
[3] 亨利·克鲁阿尔（Henri Clouard），法国文学史家。一九五五年发表了一本研究大仲马的专著，内容详实，见地新颖。
[4] 罗歇·卡约阿（Roger Caillois，1913—1978），法国评论与随笔作家。

取并保持来自民众的读者群。"荷马[1]又何尝不是一位妇孺皆知的诗人呢？

将巴尔扎克、狄更斯或托尔斯泰置于大仲马之上，是理所当然的。就我个人而言，对前面三位的评价当然也是更高一些；然而，对一位使我在青少年时代就感到乐趣的作家，对这位至今我仍然喜爱其作品所表现的力量、激情与气度的作家，我仍然保持着敬重与爱戴。雨果将他与同时代最伟大的文学家相提并论。他在《悼念泰奥菲尔·戈蒂耶》一文中写道："继仲马、拉马丁与缪塞之后，你又离开了我们。"这当然是因为，《悲惨世界》的作者有充分的理由认为，一位作家并不因拥有五百名以上读者就有失身份。[2]还应补充一句：大仲马善于使其生活充满形形色色的行动，如同在其作品中一样。这对传记作家来说，倒是件非常快乐的事情。

有人或许会感到惊奇：为什么本书给小仲马那么大的篇幅？"哪一位仲马？"亨利·克鲁阿尔自问自答道："只有一位。"他指的是大仲马。我则希望引导这位如此公正的批评家收回这一判断。了解小仲马生平的人并不很多。我在本书中将披露许多不为人知的材料。他的书信，比其父亲的书信要多得多；这些书信将帮助读者进一步了解其人；同时我还希望它们能使读者理解：小仲马的戏剧，尽管使当今的观众惊讶，有时还惹得他们反感，对剧作者本人来说，却回答了他内心深处感受到的需求。

事实上，不管外表看上去有多么大的差别，父子二人还是有很多的相似之处。两人都有仲马将军遗传下来的那种"家族禀赋"。在他们早期的生活里，两人都不得不面对许多令他们痛苦的不公正待遇。种族的偏见纠缠着大仲马；作为非婚生子，小仲马受到了歧视。父子二人都不得不鼓足勇气，表明自己并非低人一等，或者甚至还超过他人。他们所宠爱的人物，在父亲那些作品里是扶正压邪的义士、剑客、枪手；在儿子笔下，则变成了伦理道德的说教者。

对大仲马来说，"情欲的涤炼"是通过拒绝接受现实世界来完成

---

[1] 荷马（Homère），公元前九—前八世纪著名的希腊盲诗人。史诗《伊利亚特》《奥德赛》的作者。

[2] 此句的意思是：雨果并不认为，只有"曲高寡和"的作家才算高深。

的。人们说他夸夸其谈；然而，真相似乎是：他像巴尔扎克一样，看不清楚区分事实与想象的界限。小仲马则把父亲的所作所为当作前车之鉴，引为教训。挥霍无节、放浪形骸的父亲却孕育出一个谨言慎行、严肃思考的儿子。小仲马在度过其狂热的青春年华之后，努力把握自己的生活，并使之符合既定的原则。他没有能够成功地做到这一点，这是他的悲剧。在生活里，小仲马无时不在表演一出他自己编写的戏剧。在这本书里，我竭尽所能，尽量精确地勾勒出这张饱受折磨的面孔。

我欠下了许多人情债。一些人听说我在写三位仲马的传记，欣然寄来了许多尚未公诸于众的珍贵信函。大仲马的曾外孙、小仲马的外孙亚历山大·李普曼向我提供了他父亲的日记。曾向国家图书馆捐赠小仲马手稿的巴拉绍夫斯基-贝蒂夫人，经我的同行与朋友埃弥尔·亨利奥介绍，慨然向我敞开她个人的收藏。向我做出同样慷慨之举的还有：亚历山大·西昂凯维茨夫人、泰奥多尔·卢梭夫人、H. 杜美尼尔夫人、弗朗西斯·昂布里埃、阿尔方德里先生、阿尔弗莱德·杜邦先生、乔治·普里瓦夫人、达尼埃·梯罗先生、拉乌尔·西蒙松先生、若瑟·冈比先生；此外还有十余人，恕不一一列举。吕仙娜·于莲卡安还为我把一些在俄罗斯发表的文章翻译出来。在国家图书馆，在阿尔瑟那勒图书馆，以及在斯波贝奇·德·洛旺儒的收藏馆，我都受到欢迎，并得到帮助。苏瓦松、劳昂和维雷-科特莱等地方的档案资料，使我对仲马将军的戎马生涯有了进一步的了解。最后，还应该提到我的妻子；她一如既往，与我同甘共苦，亲密合作。

安德烈·莫洛亚

第一卷
小城维雷-科特莱

听从我的劝告：娶一名西印度群岛的
黑人女子；她会成为绝好的妻子。

萧伯纳 [1]

我决心研究一下，一名法国绅士同一个圣多明各[2]的女黑奴结合，所繁衍的三代人，他们具有传奇色彩的气质，是以何种连续的形式表现出来的。下面我将要介绍其生平的三位男子，每人都表现出相同的品德与相同的缺点，尽管程度有所不同，呈现的面貌也不尽一致。这些品格是：魄力和勇气，骑士般的忠诚与疾恶如仇。至于缺点，则是：出于报复的愿望，需要做出惊人之举。然而，光用气质并不足以解释一个人的命运。那就让我们开始在这块底布上，把繁多的事件和个人的意愿一针一线地绣将出来。

下面我将为三代仲马竖立一座纪念碑。

---

[1]　萧伯纳（Bernard Shaw, 1856—1950），英国杰出的戏剧家。这里的引文，原文为英文。
[2]　即现在的海地。

第一章　王后的一名龙骑兵三年之内就当上了共和国的将军

　　一七八九年，巴士底大狱攻陷以后，位于巴黎和苏瓦松之间的小城维雷-科特莱，被农民暴动和抢劫掠夺的风声搅扰得一片惊慌。那里有一座相当雄伟的文艺复兴式的城堡，最早属于王室，路易十三将它连同瓦洛亚公爵领地一并赐给了他的弟弟；城堡从此成了波旁王室的幼支奥尔良家族的采邑地。路易十四即位后，曾来过这里，目的是追求公爵夫人英格兰的亨利埃特。国王这位可亲的弟妹受到丈夫菲力普的冷落，而洛林骑士[1]便成为公爵倍加宠幸之人。后来，国王又把路易丝·德·拉瓦利埃尔带到这里，把这位宠妃介绍给公爵夫人亨利埃特。后者也就不得不尽地主之谊，殷勤接待这位曾当过自己傧相的女客人。

　　一七一五年九月一日，菲力普·奥尔良公爵之子菲力普·奥尔良（与其父同名）就任法兰西的摄政王。整整八年时间，维雷-科特莱成了组成摄政王宫廷的那些"放荡不羁之徒的别墅"。圣西门[2]写道："在城堡里举行种种难以描述的狂欢与晚宴，参加者无论是男是女，都赤身裸体，一丝不挂。"邓散夫人[3]在一封书信里说得更加具体，她

[1]　当时广泛流传：公爵是同性恋者；他与此人的亲密关系，更是尽人皆知。

[2]　圣西门公爵（duc de Saint-Simon, 1675—1755），法国回忆录作家。路易-菲力普摄政时政治上失意后，便专心写作，被认为是法国最佳散文作家之一。著名的社会主义思想家圣西门是他的曾侄孙。

[3]　邓散夫人（Marquise de Tencin, 1682—1749），法国文学家。她主持的沙龙曾名噪一时。

称这些聚会为"亚当与夏娃之通宵彻夜"。黎塞留公爵[1] 又补充道：

> 主持晚宴的邓散夫人决定，喝过香槟酒之后，一切灯光都将熄灭；所有赴宴者，必须一丝不挂地在黑暗里一边相互持鞭抽打，一边跌跌撞撞地相互摸索。她的主张分毫不差地得到采纳，殿下为此非常开心……这种无节制的迷恋享乐，也传染给了城堡里的军官们，甚至传染到了维雷-科特莱小城居民的身上；城里的风气从而变得相当放荡。人们不时见到摄政王邀请该城的一些头面人物参加欢庆与晚宴；他们必须跟着其他人行动，不得自行其是。有时，职务不同、级别不同的人员，甚至花园的看守，都在被邀之列[2]……

我们之所以有必要回忆这些不体面的事，是因为它们过了五十年之后，还在人们的头脑中留有烙印；并在一定程度上说明，为什么大仲马对放纵的行为表现出如此不光彩的宽容。然而，有一个真正的宫廷设在那里，这确实给小城带来了繁荣。奥尔良府第的大法官，首席书记官，还有其他官员，都在城里建起了豪华的私邸。路易十四曾在里边打猎、并在草地上进过午餐的那座美丽的树林，吸引了众多的游人。三十多家旅馆、客栈因而得以生意兴隆。其中以盾形纹章为招牌的那家，就是奥尔良公爵摄政王殿下前任膳食总管克洛德·拉布雷开设的。

这个头衔使拉布雷成为地方上的知名人士。于是，革命[3]一爆发，他就当上了当地国民卫队的司令。维雷-科特莱当时既富庶又平静。因此，听说"洗劫抢掠之徒"流窜各地，城里的人们着实害怕起来。市民民兵队的军官们向路易十六的政府请求派兵保护。果然，王后的龙骑兵团从苏瓦松派出二十名骑兵，于一七八九年八月十五日到

---

[1] 亚芒·黎塞留公爵（Armand, duc de Richelieu, 1696—1788），著名政治家黎塞留红衣主教之侄孙。此人系法兰西学院院士，曾与伏尔泰有通信联系。

[2] 引自埃奈斯特·罗希的文章：《维雷-科特莱城堡》。该文发表在《维雷-科特莱地区历史学会公报》（1909）。——原注

[3] 指一七八九年的法国大革命。

达维雷－科特莱。那天，全城的人都聚集在城堡前的广场上；龙骑兵一个个气宇轩昂，得到人们的钦佩和赞赏。其中特别引人注目的，是个骠悍的黑白混血儿。他脸呈古铜色，眉宇间透出一股刚劲之气，手臂和腿脚灵活匀称，神情里透着某种一时还说不清楚的高贵。当老百姓开始把龙骑兵接到家里住宿时，玛丽－路易丝－伊丽莎白·拉布雷小姐要求父亲把英俊的混血儿留下来。她父亲是国民卫队的司令，当然可以优先挑选。

　　玛丽－路易丝·拉布雷致女友朱莉·弗丹：大家翘首以待的龙骑兵终于在前天来到了……这些男子汉被诚心实意地接到各家。我父亲选中一名皮肤黝黑的小伙子；此人特别和蔼可亲，名叫仲马。据他的同伴们说，仲马不是他的真姓。他可能是圣多明各一位老爷的儿子……他个头和普雷沃斯特表哥一般高，然而神态举止却萧洒多了。我亲爱的好朱莉，你看，此人是个漂亮的小伙子吧[1]……

仲马很快就得到房东一家的喜爱；他是那么善良，又那么健壮。头领们告诉拉布雷，他是一位侯爵的儿子，官名叫仲马·达维·德·拉巴叶特里。他们说得一点不错。小伙子的父亲是位上校，当过炮兵总军需官，出身于诺曼底贵族之家，获赏享有侯爵头衔；一七六〇年，他决定到西印度群岛闯荡一番，最终选定了圣多明各，打算在这个岛上发财致富。他在该岛西端的玫瑰角附近买下一处庄园；在那里，一七六二年三月二十七日，一个名叫塞塞特·仲马的女黑奴，给他生下一个男孩；他为男孩领了洗礼，取名托玛－亚历山大。女奴后来有没有扶正为妻？据她的孙子说是这样做了。然而，按照当时的风俗习惯，这一婚姻的真实性尚无法明确断定；没有文件可以证实，也没有文件使人否定。年轻女人为侯爵管理内务，侯爵承认了她生的孩子。这个小黑白混血儿聪明伶俐，深受爵爷的喜爱。

---

[1] 此信发表于埃奈斯特·罗希的文章：《论亚历山大·仲马将军》。该文载于《维雷－科特莱地区历史学会公报》（1906）。——原注

一七七二年，黑妈妈离开了人世。孩子由其父继续在圣多明各抚养；直到一七八〇年前后，德·拉巴叶特里"侯爵"因思念京城和宫廷的生活，遂动身返回巴黎。当时贵族庄园主的风尚是，混血的儿子要带回法国，一半非洲血统的女儿则留在岛上。我们的年轻人回到法国时，年方十八岁；他的肤色使他的外貌带上几分异国情调。他相貌端正，两眼炯炯有神，四肢匀称，双手和两足看上去像女人的手足一样娇好。人们把他当作世家子弟看待，因而他年纪不大就在爱情方面取得不少成功。他力气大得惊人：有一天晚上，在歌剧院看戏，一个火枪手闯进他的包厢挑衅；年轻的仲马·德·拉巴叶特里一把抓住此人的手腕，把他从包厢的围栏上面扔到剧院正厅观众的头上，从而引起一场决斗。小伙子的剑术相当高超，其他体能方面的功夫也不算差，没过几个回合一剑就把对手刺穿了。

说实话，这个来自西印度群岛的男孩子，在巴黎过得并不十分快活。侯爵对钱财管得很严，从不多给儿子一分。七十八岁上，老头子又娶了女管家弗朗索瓦丝·勒都为妻。儿子看不惯，便决定到国王的军队里去当兵。

"到军队里当个什么？"父亲提出询问。

"当兵嘛。"

"很好，"老人毫不迟疑地说。"不过，我是德·拉巴叶特里侯爵，当过上校；不能听任你把我的名姓带到行伍的最下层去。你要当兵，就另取个名字吧！"

"那好，我就以仲马为姓入伍。"

就这样，他进入王后的龙骑兵行列。

在团队里，他很快便以力大无穷而闻名。除他以外，哪个龙骑兵都不能骑在马上，双手抓住马厩的一根大梁，双腿用劲把马夹离地面。谁也不能像他那样，把四个手指插入四支枪的枪口，伸直胳臂，把四支枪举起来。这个体魄强健的青年，还喜爱读书，特别喜读凯撒[1]和普鲁塔克[2]的著作。然而，他入伍时既然取了个平民百姓的

---

[1] 凯撒（César，约前100—前44），古罗马统帅，政治家。著作有《高卢战记》等，文体简洁，有拉丁文典范之称。

[2] 普鲁塔克（Plutarque，约46—126），罗马统治时期的希腊传记作家和散文家。

名姓，要想提升为军官，除非爆发一场革命。

一七八九年八月，当拉布雷一家在盾形纹章旅馆热情地接待这位龙骑兵的时候，正好爆发了一场革命；但是，当时谁也预见不到，这场革命到底会走多远，会不会把现行的升迁规定扫除净尽。玛丽-路易丝·拉布雷是位正派的姑娘，谨守闺中节操；小伙子英俊慷慨，再加上三重魅力：浑身是劲、穿着军装、出身叫人捉摸不透，这一切深深地吸引了她。后来，姑娘和小伙子一起向旅店的当家人表露了他们相互的爱恋，并表示希望结婚成家。克洛德·拉布雷只提了一个微不足道的条件：只有当仲马当了下士，才可以举行婚礼。

当年年底，这位龙骑兵奉调回归团队。到了一七九二年二月十六日，他终于佩带上了下士的肩章。和大多数贵族出身的年轻混血儿一样，仲马热情地站到革命的一边。只有革命才能给他们以平等的希望。到处都在组织志愿军团队。十八世纪末著名的人物圣乔治骑士，和仲马一样也是混血儿，既是火枪手又是音乐家，被威尔士亲王认为是"深色皮肤绅士中最富有魅力的一位"。此人和仲马一样，同样被新的思想所征服。他打出"美洲人自由军团"的旗号，自任司令。他许诺给仲马一个少尉职衔。另一位名叫布阿耶的上校，深知年轻的龙骑兵异常英勇，答应任命他为中尉。圣乔治立即加码，愿意提拔他为上尉。于是，仲马便加入了美洲人自由军团。他一开始就屡建功勋，单枪匹马活捉十三名敌军轻骑兵。总而言之，到了一七九二年十月十日那一天，他被任命为中校。

　　战争部长致公民仲马中校：先生，我谨通知您，您被任命为美洲人自由军团骑兵中校……您必须至迟在本通知发出后一个月之内前往报到，否则您将被认为自愿放弃这一职务；届时，将另行任命一位军官担任此项职务……

代理战争部长

勒伯伦[1]

---

[1]　此件现存苏瓦松城档案馆。——原注

就这样，当初一心盼望当个下士的龙骑兵，在三十岁上，竟当上了校官，并轻而易举地赢得了美丽的姑娘。婚礼于一七九二年十一月二十八日在维雷－科特莱市政厅举行。新郎是军官，新娘是乡绅的千金，两人的婚礼隆重热闹，就像骑兵舞那般迅疾。证婚人是：驻扎在康布雷的第七轻骑兵团的艾斯巴涅中校和德·拜兹中尉；拉布雷的亲戚、在奥尔良公爵领地上有权有势的河流与森林督察官让－米歇尔·德维奥兰；还有达维·德·拉巴叶特里的未亡人、新娘未来的婆母弗朗索瓦丝·勒都女士。蜜月一共十七天，是在盾形纹章旅馆度过的。然后，新郎匆匆赶回团队在弗朗德勒的驻地，留下已有身孕的新娘独守空房。

一七九三年七月三十日，仲马在北方军团晋升为准将；同年九月三日，"深色皮肤的汉子"又高升一级，成为少将。七天之后，玛丽－路易丝·仲马产下一女婴，取名亚历山大里娜－艾梅。这真是一个史诗般的时代：军队提升将军，比女人受孕怀胎生孩子还要快。

然而，革命对待将军，"就像挥拍打羽球"一般。新婚的丈夫被任命为比利牛斯军团总司令；赴任途中，只在维雷－科特莱停留了四天。

　　克洛德·拉布雷致友人当雷·德·法弗罗勒，一七九三年九月二十日：将军于十五日抵达；昨天，十九日，就告别我们，乘长途邮车上了路；再过几天，就该抵达比利牛斯地区了。小家伙挺健康；玛丽－路易丝也很好。在丈夫面前，她很坚强；丈夫走后，才禁不住哭了起来；到今天，总算平静下来。想到自己的这些牺牲会对国家有好处，她便感到安慰。请你星期四送六对童子鸡来……我要款待来视察前城堡的县里的军官们 [1]……

从信中可以看出，历代奥尔良公爵视为珍宝的城堡与树林，到了这个时候，就像他们自己被称为"前贵族"一样，也必须加上一个"前"字了。

---

[1]　此信发表于埃奈斯特·罗希的文章：《论亚历山大·仲马将军》。——原注

根据军队档案的纪录，不难跟踪仲马将军像羽球回弹那样，被调来调去的路线。不过，这可能用处不大而又枯燥无味。当时在军队里，共和国专员对将军们很难说得上宽容。他们在信函的末尾总要写上"致以敬意与博爱"；然而，当一位将军像仲马那样对老百姓表现出宽容时，他们对他的欢迎很难说有一丝的博爱精神。仲马叫人把断头台的木架取来烧火取暖，他们就送他一个绰号，叫"人道先生"。陆军组织与调动委员会把仲马派到巴约讷以后，那里的共和国专员们酸溜溜地接待了这位新上任的将军，后来还是要求把他调走。已经失掉权威的组织与调动委员会只好让步，像跳华尔兹舞一样，把仲马从比利牛斯地区总司令的岗位上，先是调到旺岱，又从旺岱调到阿尔卑斯山区。在阿尔卑斯山区，他又和在别处一样，干得十分出色，立下了史诗般的功绩。一次，他带领不多几个人，借助铁钩等工具，从一处悬崖峭壁攀登上去，一举攻克了奥地利人据守的塞尼峰。到了峰顶，手下的人碰上一溜栅栏挡住去路，一时难以翻越过去。"我来！"仲马将军大吼一声，一个接一个地抓住士兵们的马裤，提将起来，掷到栅栏另一边大惊失色的敌军头上。这一战术真可以同卡冈都亚[1]媲美而毫不逊色。

共和历二年（1794）热月，救国委员会任命他为设在萨布隆兵营（塞纳河畔的讷伊）的军事学校校长。从表面上看，这是一份殊荣。军校的任务是要把无套裤汉[2]的子弟们培养成共和派的军官。然而，尽管军校积极参加了热月事变，为推翻罗伯斯庇尔做出了贡献，塔里安[3]仍然认为，把这些头脑发热的年轻人留在巴黎大门口，是十分危险的。仲马被任命为校长后的第三天，学校就被解散；将军则调往桑布尔及默兹军团去了。任命书过了两个月才下达，上面写道："公民，你被任命为布列斯特海岸军团司令，驻地在雷恩。致以敬意与博爱。"这一职务，和其他职务一样，任期也十分短暂。

---

[1] 卡冈都亚为拉伯雷《巨人传》里的人物。

[2] 无套裤汉，法国大革命期间对广大群众流行的称呼。因穿粗布长裤，有别于穿丝绒短套裤的贵族或资产者，故名。原为贵族对平民的讥称，不久后成为"革命者"、"爱国者"、"共和主义者"的同义语。

[3] 塔里安（Tallien，1767—1820），法国大革命时期热月党的主要代表人物。

陆军组织与调动委员会，致前任布列斯特海岸军团首席将军、公民仲马，于统一及不可分割的法兰西共和国三年霜月十三日：公民，委员会通知你，你现已不再担任职务，按照芽月二十七日的法令，你不应继续在巴黎居留。因此，请你移居到你认为合适居住的其他市镇，并请你将选择的居留地点上报委员会。致以敬意与博爱。

专员
拉－阿·比耶 [1]

对这些无谓的调动与毫无实际内容的官衔，仲马已经感到厌倦。他是个勇敢的人，喜欢打仗，喜欢胜利；他是个诚实的人，厌恶勾心斗角，憎恨怀疑猜忌。他递上辞呈，退隐到了妻子的娘家，维雷-科特莱。在那里，他度过了一七九五年的头八个月。日子过得平静而充满家庭温暖，直到共和历四年葡月十四日，国民公会受到"金色青年团" [2] 的威胁，紧急召唤这位统领；因为该公会知道，他是正直而可靠的。他立即启程，到达时只晚了一天。然而，国民公会在前一天已经被其他雅各宾派的将军解救，其中包括一位长着罗马人脸型的年轻人，他的名字叫拿破仑·波拿巴。

---

[1] 此件现存苏瓦松档案馆。——原注
[2] 热月政变后出现的右翼青年人的团体。

第二章　波拿巴将军与仲马将军

督政府攫取了政权。国家处于崩溃的边缘，民不聊生，怨声载道。只有战争才能给这个演假面舞剧的政府带来些许声望。因此，督政府的大员们又重温起法兰西历任国王的旧梦：征服意大利。波拿巴被任命为这一方面军的总司令。这位"葡月将军"以自己的表现，赢得了被督政官巴拉斯承认的权利；巴拉斯还把自己过去的一个情妇，克里奥尔[1]妇女约瑟芬·保哈奈送到这位科西嘉人的床上，从而确信把握住了这个精悍的军人。

仲马在阿尔卑斯军团服役不多几个月后，就调到了波拿巴的麾下。这时，总司令的姓氏已经删去了一个字母，以显得更加法国化。仲马和他的同伴，虽然只有三十二三岁，却自视为老将军了；现在到了一个初出茅庐的二十六岁的毛头小子手下服役，颇有些不服气。但是，波拿巴一到意大利，就表现出足够的智谋与权威，把一帮临时凑起来的官兵，治理得服服帖帖。他貌视他人，把别人都"看作东西，而不当作同他一样的人"。他生来专横粗暴，要求周围的人都俯首帖耳。对于将军们，"他只喜欢把荣誉给予那些不配享受荣誉的人"。

正直的仲马在他看来是完全可以放心的。一七九六年十月，仲马抵达米兰不久，便受到波拿巴和约瑟芬的接见。约瑟芬由于出生在马提尼克，对来自西印度群岛的人和任何东西，都表现出特别的喜爱。何况，总司令此时正需要仲马这样的人手。虽然取得了一连串的胜利，他仍然忧心忡忡：督政府在钱粮及人力上跟他讨价还价，意大利

---

[1]　指安德列斯群岛等地的白种人后裔。

军团看上去已经精疲力尽。唯独仲马一人可以顶得上一连人马。

他那些传为美谈的功绩似乎难以置信，却是千真万确。波拿巴写的一些信里，就讲到仲马将军如何孤身一人，闯入比自己的人马多得多的敌军阵中，夺得六面军旗；还说到他巧妙地审问抓获的一名敌军奸细，探得了奥地利人的计划安排；还说他在曼图亚遏制住维尔姆泽[1]的军团，一仗下来两匹坐骑都受伤而死。就像荷马史诗中的英雄一样，在意大利作战的人也免不了相互忌妒与勾心斗角。不时就会有一位佩带三色腰带的阿喀琉斯[2]跑回自己的帐篷。仲马受到了不公正的对待，声称要辞职不干。波拿巴心里明白，只要把他放在一个危险的岗位上，就绝对有把握驾驭他。这一巨人所追求的奇怪幸福，是独自一人深入到敌军的世界里，以其过人的胆量与机敏，成为战地的主宰。只要双方明枪交战，"人道先生"就会无所顾忌地杀个痛快。他的勇猛大胆中包含着挑战的意味。他属于有色人种，这有什么关系，他甚至引以为荣；他所要的是，做一个最强者。

和他并肩战斗的梯布将军留下了这样一幅仲马的肖像："在马塞纳的麾下，还有一位名叫仲马的少将。他是黑白混血儿，但远非无能之辈。他是我所见到的最勇敢、最强壮、最机灵的人中的一个。他在这个军团中名声特别突出。对他骑士般的英勇和运动员般的体魄，人们可以举出二十来条特征……不过，无论可怜的仲马多么勇敢，起过什么作用，尽管他可以当之无愧地接受世界第一士兵的称号，他却不是当将军的材料。"大家都知道，他勇猛有余，而谋略不足，当刀手比当统帅要高明。但是，波拿巴需要的正好是刀手。谋略由他亲自负责。

在阅读了多位见证人确实可靠的回忆之后，现在没有人怀疑克劳森事件的真实性了。在这一如此著名的事件中，仲马将军在布里克森桥头受阻，他独自一人面对整整一个连的冲击。由于桥面狭窄，敌兵只能两三个人一排冲过来，仲马手持大刀，上来一个砍一个，上来

---

[1]　维尔姆泽（Wurmser，1724—1797），奥国将军。一七九六年率军在意大利与波拿巴作战，在曼图亚被围，于一七九七年二月二日被迫投降。

[2]　阿喀琉斯为荷马史诗《伊利亚特》里的英雄。因主帅夺走他心爱的女奴，盛怒之下，跑回自己的帐篷，退出战斗。前面的"三色"指法国国旗的颜色。

两个杀一双。他自己身上也三处受伤，大衣上被子弹打中七处。就这样，敌人的冲锋，竟被将军一人打退了。立下了如此赫赫战功的人，冲到哪里，骑兵们就会跟到哪里，哪怕是走到天涯海角，也不会有一点含糊。奥地利人给他起了个外号，叫他"黑魔"。他的上司和朋友茹贝尔将军认为他可与当年的巴亚尔[1]相媲美。然而，波拿巴的左膀右臂、参谋官亚历山大·贝蒂埃不喜欢第一线的将军，在总司令跟前对"黑魔"竭尽诋毁污蔑之能事，以至于好长一段时间，总司令对我们的英雄没有说过一句表扬的话。于是，阿喀琉斯的脾气又犯了。不过，他毕竟立过那么多战功；波拿巴有一天对茹贝尔将军说："那么就把仲马叫来见我吧。"

仲马仍在赌气，拒绝前往。法国大革命给各军团都打上了一种个人的印记。像和希、马尔索及仲马这些有共和派作风的将军，在他们身上，纪律性无不被个人的桀骜不驯所冲淡。另一方面，仲马和许多西印度群岛的男人一样，急躁与冲动总是和懒散与怠惰交替出现，因而常常表现出某种厌倦情绪。受到一点委屈，就想回维雷-科特莱，就要写辞呈。幸亏有副官把关，把一份份辞呈留在抽屉里。他终于去了大本营，总司令张开双臂对他说："欢迎，向蒂罗尔的霍拉提乌斯·科克列斯[2]致敬！"

总司令的欢迎看上去是那么热情，使诚恳的仲马无法耿耿于怀。他也伸出了双臂，两人兄弟般地拥抱起来。波拿巴随之任命他为特雷维索省的总督。他在任上颇得民心；当他离任之际，麦斯特莱、佛朗哥堡等城市，对他治理地方的稳妥与智慧，都公开表示谢意。把下面这句赞扬在他之后的另一位法国将军的话，放在他身上，也是当之无愧的："他来到这里时是敌人；然而他走的时候，已经成为广受爱戴的朋友。"这时，波拿巴正在以凯旋者的姿态回返巴黎。

意大利的和约签字以后，仲马将军获准回乡休假。一七九七年十二月二十日，他回到维雷-科特莱，与家人团聚。十年前小城是那

---

[1] 巴亚尔（Bayard，1475—1524），法国贵族，战功卓著，曾英勇守卫过一座桥。以"无畏与无可指责的骑士"之名而进入传说。

[2] 霍拉提乌斯·科克列斯（Horatius Cocles），纪元前六世纪古罗马富有传奇色彩的英雄。在一次战争中，他曾独自一人守住一座桥。蒂罗尔为奥地利地名。

样繁荣，如今凋零衰败。当年奥尔良公爵的宫廷养活了整座小城；现在，已见不到带着随从的贵客；有钱的游客不再前来，森林狩猎也已停止。盾形纹章旅店濒于破产。这些年里，拉布雷一直让女儿带着外孙女住在娘家，此时却决定关闭那座旅馆，"因为它不但不挣钱，反而要贴钱"。在当初富足的年代，他攒了些钱；今后只好靠这些积蓄，克勤克俭地过普通老百姓的日子了。

女婿当上将军，成了共和国军队里的大人物；如今返回家园，老丈人这下可以借此机会安排安排未来的计划了。于是，克洛德·拉布雷拍卖了法兰西盾形纹章旅馆所有的经营用具，售得一千三百四十法郎又五生丁。仲马将军则把他私人马厩里的六匹骏马中的五匹出售，得款九百八十利勿尔[1]又十苏。一七九八年，拉布雷在劳默莱街租下一所虽然朴素但却相当宽敞的房子，作为家庭住宅，年租金三百利勿尔。

这时，波拿巴已经回到巴黎，并成为法国人心目中最后的希望。为了使督政府放心，他宣称只有一个奢望：从英国人手中夺取埃及，或者还有印度。他说，只有在东方才能得到足够广阔的地盘，建立一个无愧于先人的帝国。没有波拿巴，督政府绝不会制定出如此奇特的方略来。另一方面，被咄咄逼人的胜利者弄得心神不宁的督政官们，也巴不得有机会把他打发得越远越好。一七九八年四月十二日，波拿巴就任东方远征军总司令。

他立即召唤仲马。他觉得仲马过于正直因而不够机敏，但却是一个带兵冲锋陷阵的好手，打算到埃及后把骑兵的指挥权交给他。于是，仲马再一次辞别家人，前往土伦，会见他的上司去了。波拿巴召见他是在寝室里，还躺在床上，旁边睡着约瑟芬；约瑟芬没穿衣服，只盖着一条被单，正在独自哭泣。

"她不愿意跟我们去埃及吗？"波拿巴问道。"您，仲马，我指的是您的妻子，您不带她去吗？"

"我的天！我可不带。我想她会拖我后腿的。"

---

[1] 利勿尔在法语里既可以作币制单位（相当一法郎），又可作重量单位（相当于半公斤）。下面的"苏"是货币单位，相当于1/20利勿尔。

"如果我们要在那里过上几年，"波拿巴又说道，"最好还是把老婆带上。仲马他光会生女孩[1]；可我呢，我连个女儿也没有。咱们俩加把劲，一人生他一个小子。你当我儿子的教父，我当你儿子的教父。"

说着，他随手在被单下面约瑟芬圆墩墩、肉鼓鼓的肚子上亲热地拍了一下。

约瑟芬得到了安慰。她总是这样，很快就能破涕为笑，使人觉得也太快了些。从波拿巴那里出来，仲马碰上了他的好友克雷贝尔，便对他说：

"你知道，我们到那边干什么去吗？"

"去开拓殖民地吧，"克雷贝尔随口答道。

"不对，是去建立王权的。"

"噢，噢，那还得看看。"克雷贝尔不敢断定。

"那么，你就看吧。"

正直的仲马言之有理。这次前所未闻而又一本万利的冒险，只对一个人有好处，只能用来提高一个人的声誉。在埃及，作为一个不受任何约束的专制主宰，"波拿巴像苏丹那样行事"[2]。在新主子和其手下这位有共和思想的将军之间，随着战事的进展，关系变得越来越糟。仲马作战仍和以前一样英勇无畏，每当冲锋陷阵，无不身先士卒，一马当先。他的骑手们把马穆鲁克[3]骑兵赶到尼罗河里。只要仲马将军跃马挥刀，连最胆大的阿拉伯人都吓得连声呼唤天使，在这位豪迈的歼灭者面前望风而逃。可是，过了不长时间，一种失望的情绪就在得胜的军队里蔓延开来。

　　仲马致克雷贝尔，共和六年热月九日：我的朋友，我们终于抵达了这个如此企盼过的国家。仁慈的上帝！它远非我们最富理智的想象力当初所能勾勒出来的那个样子……我希望得到你身体

---

[1] 一七九六年二月十三日，仲马将军之妻又生下一女婴，取名路易丝·亚历山德里娜。女婴只活了一年。——原注
[2] H. 泰纳：《当代法兰西之根源，现代政体》。第1卷。——原注
[3] 这里指埃及士兵。

健康的消息；并且想知道你何时能来这里，接手那个师的指挥权；目前指挥权掌握在一个窝囊废的手里。大家都希望你来接任。奇怪的是，这里每一个人对公务都表现得松弛懈怠。我尽可能使各部分保持应有的联系，然而工作进展得很不顺利。部队既得不到薪水又得不到粮草；你不难猜到，这一状况招来了多少闲言碎语。[1]

将军们不明白这场战争的目的，害怕波拿巴利用他们，作为实现他个人野心的工具。一次，在仲马将军的帐篷里，几个人围在一起吃西瓜时，就提出了诸如此类的问题："为什么要离开法兰西？它有那么广阔的树林，那么肥沃的土地，而非要到这天上着火、地上没有一丝阴凉的荒漠中来？波拿巴是否要在东方开辟一个帝国？……我们是祖国的卫兵，是一七九二年的爱国者，难道应当变成某一个人的附庸？"

每个野心家都有密探。这些话很快就被一名助手报告到主子那里。于是，"蒂罗尔的霍拉提乌斯·科克列斯"，现在在总司令的口中，变成了一名"黑子"。波拿巴将军在致埃及军团首席医官戴热奈特的信中，是这样讲述事情经过的：

> 到达吉萨不久，我便接到报告，说有人表示不满；不少将军也掺和进去，甚至说要逼迫我不再前进。我得知，仲马也出了头；此外还有缪拉、拉纳等人。我把仲马叫来，对他说："你们说了些什么，我都知道了。如果我认为您本人，或者你们一伙的其他人，什么时候计划把头脑中的荒谬想法付诸行动，我就立即叫卫兵把你们枪毙在我的脚下，然后召集掷弹兵审判你们，叫你们遗臭万年……"听了我的话，他痛哭流涕。看得出来，他是个好人，只是受到别人挑唆罢了。应该说，他是个头脑简单的人。

---

[1] 亚历山大·仲马：《我的回忆》（巴黎，伽利玛出版社 1953 年出版的皮埃尔·若斯朗评注本）。——原注

至于其他，我早就忘光了。[1]

　　将军的儿子在其《回忆录》中，也提到这一事件。按照他的说法，波拿巴似乎是这么说的：

　　"将军，不要设法动摇军心……您发表了一些煽动性言论。当心，我会履行职责的。您长了五尺六寸高的个子，可这并不能阻止别人过两个钟头就叫您吃枪子。"

　　亚历山大·仲马还说，他父亲毫不示弱地回答道：

　　"是的，我说过：为了祖国的光荣和声誉，我愿意走遍全球；然而，如果事情出于您个人的任性，我就立刻停下来，一步也不多走。"

　　"这么说，您是准备离我而去啦？"

　　"是的，只要我确信您准备离开法兰西。"

　　"您错了，仲马。"

　　这里所记载的谈话，看来不无可信之处。仲马心直口快；而波拿巴，在心平气和的日子，尚能显示宽容大度。

　　这之后，仲马将军一如既往，表现得十分英勇；在开罗他平息了一场暴乱。第一个闯进大清真寺，把得到的宝物送给波拿巴。

　　　仲马致波拿巴：将军公民，豹子不换皮，善人不丧良心。今送上宝物一批，是我刚刚得到的，价值估计可达二百万。如果我被杀而死，或者忧郁而终，请记住：我是个穷光蛋，在法国还有老婆孩子。致以敬意与博爱。[2]

────────────

[1]　此信未公开发表，见斯波贝奇·德·洛旺儒的收藏。编号：folio 6，皮拉斯特尔卷宗，第 38 盒，G. 1191。
　　　此信的收信人尼古拉-勒内·杜弗里什·戴·若奈特，又名戴热奈特（1762—1837）；其《回忆录》于一八九三年由出版商卡尔曼-莱维的法律顾问 E. 皮拉斯特尔主持出版。卡尔曼-莱维认为，必须删去上面这一未发表的段落，以免其好友亚历山大·小仲马感到难过；即使对小仲马影响轻微，也可不删。——原注
[2]　亚历山大·仲马：《我的回忆》（若斯朗评注本），第 1 卷。——原注

　　然而，将军的心再也留不住了。这位英俊的黑白混血儿患了克里奥尔人特有的思乡病。他申请回法国休假。这可不是件易事，因为英国舰队控制着整个地中海。能摆脱一个不满分子，波拿巴当然求之不得，即使不情愿提供方便，也还是立即准假放行了。最后，仲马终于租到一条称作马尔他美女号的小船，聚集了几名意气相投的伙伴，不日下海启程。船长答应直接到法国靠岸；可是途中遇上风暴，马尔他美女号经受不住颠簸，只得驶往最近的海港躲避。于是就到了那不勒斯王国的一个港口。

　　善良的仲马，在埃及得不到欧洲的最新消息，还天真地以为，在法国大革命后由当地的爱国者建立的那不勒斯共和国仍然存在，他一上岸就会受到盛大欢迎。其实，法国海军在埃及的阿布吉尔被英军重创以后，英国和奥地利就相互勾结，复辟了那不勒斯的波旁王朝。在塔朗台，我们的共和将军落入了由一群冒险家组成的政府手中。此时，该政府正命令对法国人进行一场投毒与暗杀战。他被押解到布林底西后，很快便意识到，自己的生命危在旦夕。

　　　　住进布林底西城堡的第三天，我正躺在床上休息，窗户大开着；突然，一包东西从护窗铁条中间扔进我的房间……里面包着两本书，是梯索写的《乡村医生》上下两册。在第一页和第二页之间，夹着一张小纸条，上面写着："来自卡拉布里亚的爱国者。见毒药一词"。我翻了半天书。终于找到这个词，下面划着双线。我立即明白：我的生命受到威胁。

　　　　又过了几天……（监狱的）医生建议我把一种饼干泡在一杯葡萄酒里吃下去；他还自告奋勇给我去找饼干。十分钟以后，饼干就送来了。我按照他教的法子吃下去；到午后两点钟左右，感到肚子剧烈疼痛，还不住地呕吐。我不但不能吃晚饭，而且疼痛不断加剧，简直可以说是死到临头了……腹痛与呕吐的种种迹象，完全像服了砒霜类毒药的症状……

　　　　这次中毒之后。我耳聋了，一只眼睛完全失去了视觉功能，瘫痪的症状也日益严重……说明有人暗害的证据是，在我三十三岁零九个月的时候，所有这些衰老的症状竟然一下子同时向我袭来 [1]……

　　直到一八〇一年四月五日，趁一次停战的机会，仲马才同著名的奥地利将军马克交换，得以获释。出狱时，他的身体已经完全垮了：半身瘫痪，严重的胃溃疡。原来那运动员般的体魄，被折磨摧残，成了个残废人。在他拘留期间，外面发生了许多事情。波拿巴赶跑了五百人院 [2] 和元老院 [3]，推翻了督政府；在意大利获得了马伦哥 [4] 战役的胜利，并委派缪拉攻打罗马与那不勒斯。在佛罗伦萨，仲马与他忠诚的朋友及战友缪拉相遇。这两位伟大的骑士，先在意大利，后在埃及，曾在一起并肩战斗过。缪拉为人热情，又和仲马一样，具有骑士风度，此时立即向被命运征服的英雄伸出援助之手。尽管第一执政的小妹妹加罗琳诔卜了他的勇敢、英俊与一往情深，他得以成为第一执政的妹夫，但缪拉并不顾忌波拿巴的怨恨，而是尽一切可能帮助朋友。由于他的帮助，仲马才得以从佛罗伦萨捎一封信到维雷-科特莱去。

　　亚历山大·仲马少将致女公民仲马，共和九年花月八日，于佛罗伦萨：亲爱的，一个小时之前，我见到了敬爱的朋友缪拉；他对你的作为，使我更加敬重他；今生此世，我将尽力报答。我已经写信告诉过你，我将尽快给执政写份报告，把可耻的那不勒斯政府施加在我身上的暴行报告给他。我不想对你讲述任何细节：多年的困苦已经把你的心折磨碎了，我怎忍心再增加你的痛苦。我所希望的是，一个月之后，便能给你不同寻常的灵魂，敷上安慰的香膏。你给缪拉将军以及给博蒙的信，我都看过了。还

---

[1]　亚历山大·仲马：《我的回忆》（若斯朗评注本），第 1 卷。——原注
[2]　共和三年宪法于一七九五年九月二十三日确立的议院下院。与元老院相对。由五百名议员组成，有立法创议权。
[3]　共和三年宪法确立的立法两院中的上院，与五百人院相对，由二百五十名议员组成，无立法创议权，有批准或否决五百人院通过的提案权。
[4]　意大利北部的乡村。一八〇〇年六月四日，拿破仑率领法国军队。在此战胜奥地利军队。

有我那天使般的艾梅，她用漂亮的小手写了那封短信，你在上面
又写了字，我亲了足有一千次。看到你注意孩子的教育，说明你
关心她和关心我一样，我心里充满感激之情。你这一崇高之举，
使我更加敬你、爱你。我真想马上向你证明我的感情。不久再
见，亲爱的。你在我心中将永远占有重要位置，这是因为接连的
不幸会把我们更加紧密地连在一起。代我亲吻我的孩子和我们亲
爱的父母双亲，还有我们所有的朋友。永远无保留地属于你的

少将　亚·仲马

　　又：将军委托他的妻子送给你五十路易；见信后，可前往她
府上去取[1]。

　　缪拉的妻子就是加罗琳·波拿巴。可怜的仲马此时还想象不到，
他已经多么严重地失掉了宠信；他也想象不到，在现在的君王之家和
五年前与之平起平坐的人中间，隔着一条多么深的鸿沟。信中，字母
的拼写不无可挑剔之处；标点符号也不规范；然而，语调里充满感
情，使人联想起雨果将军的语调来。这些久离家园的战士，一旦准备
返乡，就迸发出动人心魄的激情，来表达他们深深的爱恋。他们好像
到了这个时候才意识到，自己的妻子儿女，对自己是那么宝贵却又看
不见摸不着。特别是仲马，在埃及吃了那么多苦头，在狱中更加悲
惨，这时他头脑中的维雷－科特莱，是那样安宁，充满温情，简直就
像天堂一样了。雨果将军的夫人是热情浪漫的布列塔尼女性，婚姻不
是出于自主选择，因而对夫妻生活兴趣不大；而仲马夫人是位文静贤
惠的瓦洛亚姑娘，她自己选择了配偶，并一直热爱自己的丈夫。

　　一八〇一年五月一日。将军回到拉布雷的住所，见到了年轻的妻
子、八岁的女儿，还有已经衰老的岳父、岳母。当年的壮汉不仅身残
体弱，而且身无分文。在那不勒斯，狱卒拿走了他携带的全部现金；
此外，他已有两年没有领到薪水了。不过，这有什么？他不是勇士中
的勇士仲马将军吗？他不是还保留着军衔与相应的权利吗？在军队里
他不是还有像缪拉以及仍然坚持共和思想的布律纳等忠诚的朋友吗？

---

[1]　此信未公开发表。——原注

然而，他接二连三地给各机构写信，都无济于事。拿破仑从不原谅对他个人曾经表现不够忠诚的人。首席医官戴热奈特在检查了仲马的身体后，向第一执政反映他身体很差，并为他求情。然而，第一执政在回信中却写道："既然您说他的身体已不允许他在沙漠里或者裹在熊皮里睡六个星期，那我就不再需要他指挥骑兵了。随便找哪个下士都可以取而代之……"[1] 维雷-科特莱的流亡者最后只好斗胆上书，向主子本人恳切陈词了。

> 仲马将军致波拿巴将军，共和十年葡月七日：执政将军，您一定知道我近年来遭受了多少不幸！您也一定知道我没有多少财产！您一定还记得开罗的那些财宝！……在那不勒斯的监狱里，我连续好几次中毒，身体被摧垮，以至于在三十六岁上，我已经变得浑身残疾，就像到了风烛残年……执政将军，我还有另外一件伤心事要向您倾诉；老实说，比起上面申诉的事来，这一件对我的打击要可怕得多。果月二十九日，战争部长来信通知我，说我已被列入非在职将军的名册。这是怎么回事呀！以我现在的年龄，还有我的名声。竟落下一个实际上是提前退役的下场！……在我这个级别，我是最老的将军了……比我后到的得到重用；可是我，我竟停职了！……执政将军，我吁求您仁慈之心，允许我提出申诉。我很可能遇上了仇人，请允许我为自己辩护，把我的辩护亲自交到您的手里[2]……

信递上去后杳无回音。无奈之中，他想出一个主意：把利奥波德·贝蒂叶请到维雷-科特莱来，到那座美丽的树林里去打猎；此人虽是他在意大利老对手的兄弟，却是现任的参谋总长；把他拉过来，说不定能助一臂之力。贝蒂叶果然来了，走时还带上了猎获物，最后寄来一封感谢信。

---

[1]　此信未公开发表，见斯波贝奇·德·洛旺儒的收藏。编号：folio 6，皮拉斯特尔卷宗，第 38 盒，G. 1191。——原注
[2]　亚历山大·仲马：《我的回忆》（若斯朗评注本），第 1 卷。——原注

参谋总长利奥波德·贝蒂叶准将致仲马将军，于十年第七闰日：我亲爱的将军，我们很愉快地回到家里。唯一的遗憾是，未能在府上多住几天，以向您表示：对您给予我们的友好情意，我是多么地感到温暖与感激。如果您能来尚皮尼奥勒的乡间住上几天，我将感到十分荣幸。我的副官仍在巴黎，他可以陪同您前来。别忘记动身前一天送一条狗来，我保证您会十分开心的。这可是您答应过的，一定不能食言呀。希望能于葡月初来，因为在摘葡萄季节，田野最为美丽。我亲爱的将军，那么就来吧，使我也能以您对我们同样的友情，来接待您一次。

请向夫人转达我的敬意。致以敬礼及友谊[1]……

在此信的末尾，军人的友谊已经取代了共和时期的博爱。不过，贝蒂叶把前程放在友情之上，何况他也不是一个能够抵制第一执政决定的人。

一八○二年七月二十四日，玛丽-路易丝·仲马在劳默莱街住所，生下一个儿子，登记时取名亚历山大·仲马。后来（1831年），在核对户口时，后面又加上了：达维·德·拉巴叶特里。将军要求老战友布律纳将军当孩子的教父。

仲马致布律纳，十年热月六日：亲爱的布律纳，我高兴地告知，我的妻子昨天早晨生下一个大胖小子，体重九斤，身长一尺八寸。你看，他要是像在娘胎里那样继续长下去，可就要长成个大个子了。对了，还有一事要告诉你：我打算请你当教父。我的大女儿，用她小小的黑手指头，向你致以深切的情意；她将成为你饶舌的女伴。快来吧，尽管小家伙看上去并不急于这么早就离开人世。快点来吧，因为我很久没有见到你了，而我急切地盼望见到你。

亚历·仲马

又及：我又打开此信，以告诉你：愣小子刚撒了一泡尿，尿

---

[1] 此件现存苏瓦松档案馆。——原注

柱竟越过了他的头顶。这不是一个好兆头吗？嗯！[1]

　　布律纳致仲马，于十年热月十日：……我有一个偏见，阻止我满足你的愿望。我已经当过五次教父，而我那五个教子教女都没有活下来。最后一个离开人世时，我便下决心不再当教父给婴儿命名……我捎去几盒东西，送给小教母和她的妈妈。[2]

　　事实上，布律纳心里是在为老战友的失宠而难过，可又怕主子知道了会给他颜色看。仲马还是坚持，最后双方互相让步：布律纳还当教父，不过请孩子的外祖父拉布雷代理，由老爷子抱着孩子前去领受洗礼。

　　将军把女儿艾梅送到巴黎，进入一所寄宿学校；对自己漂亮的小男孩，则倾注了更大的父爱。小家伙白皮肤、蓝眼睛；四分之一的黑人血统，仅仅表现在那较短而又鬈曲的头发上。他从懂事起，就喜欢慈爱的爸爸，敬佩爸爸虽然吃过那么多苦，但仍然保持着非凡的力气；爸爸那绣花的漂亮军服，以及爸爸枪托上装有皮垫的镶银步枪，深深地引起他的兴趣。一家人住在维雷-科特莱附近的哈拉蒙村一座叫做"濠沟"的小城堡里，日子过得还是相当阔绰，留下了一个园丁、一个厨娘、一名警卫，还有一个名叫希包里特的黑人男仆。

　　一八〇五年，可能感觉自己病情越来越严重，将军决定去巴黎，请著名的科尔维萨尔医生[3]看病。同行的有妻子和儿子，以便把他们介绍给巴黎的朋友们。看来他觉得自己已不久于人世，希望给男孩子找几个靠山。缪拉和布律纳都鼓足勇气，接受邀请，出席了仲马的午餐[4]。布律纳表现得相当热忱，而缪拉则保持一定距离。帝国在前一年已经建立；在不久将荣登王公之位的元帅新贵和大革命留下来的跛子、瘸子之间，共同的领域只剩下一些提起来使人觉得不合时宜的回忆了。男孩子一生不会忘记的是，他曾在大人们的饭桌周围跑来跑去，把布律纳的挎刀骑在胯下，把缪拉的官帽顶在头上。

---

[1]　亚历山大·仲马：（我的回忆），第 1 卷。——原注
[2]　亚历山大·仲马：《我的回忆》，第 1 卷。——原注
[3]　科尔维萨尔（Corvisart，1755—1821），法国著名医生，曾被任命为拿破仑的御医。
[4]　亚历山大·仲马：《我的回忆》，第 1 卷。——原注

仲马将军恳求拜见皇帝，遭到拒绝，科尔维萨尔也未能减轻他的病痛，他便离开巴黎，"心灵与肉体都笼罩在死亡的阴影里"。可能是因为银钱紧缺，也可能是为了住得离医生更近一些，一家人又搬回维雷－科特莱，住进了宝剑旅馆，又同拉布雷外公会合了。老人也离开家宅，住进了这家旅馆。

对于父亲在世的最后几个月，小亚历山大记忆中至少保留着美好的印象。孩子清楚地记得，一八〇五年十月的一天，在不远处那座城堡的一间挂着开司米帷幔的接待室里，一位年轻美貌的女人，躺在长沙发上。这就是鲍尔盖兹公主，当时已与丈夫分手的保莉娜·波拿巴。

我父亲走进去的时候，她并没有坐起来。她的全部动作，只是伸了一下手，抬了抬头。我父亲准备坐在她旁边的一把椅子上，她却叫我父亲坐到她的跟前，她抬腿把双脚放在我父亲的膝盖上，还不时用拖鞋的尖端拨弄我父亲上衣的纽扣。那只脚，那只手，那位白白胖胖、秀色可餐的女人，紧挨着一位尽管饱受折磨，却仍然英俊魁梧的黑白混血巨人，这真是一幅绝无仅有的迷人图画。

突然，外面园林里传来圆号的声音。我的父亲张口说道："打猎队跑过来了。动物将被赶到这边的小道上来；您过来看看吧，公主。"

"噢，我的天，我可不过去，亲爱的将军，"公主回答道。"我躺得好好的，费那力气干什么？一走路，我就疲倦。抱我过去看看，行吗？"

我父亲双手把她抱起来，就像奶妈抱起婴儿，向窗户走去。我父亲就这么抱着她，在窗前站了十分钟左右的时间……然后，又把她放回到长沙发上，自己又坐回到原处，她的脚底下。后来，在我背后发生了什么事情，我一无所知。我当时全部注意力都放在跑过来的那头鹿身上，还有追过来的猎犬和猎人。对我来说，这一切比起公主来，要格外有趣得多[1]……

---

[1] 亚历山大·仲马：《我的回忆》（皮埃尔·若斯朗评注本），第1卷。——原注

一八○六年，拉布雷的表兄弟让-米歇尔·德维奥兰前来通知仲马将军：贝蒂叶替他求得恩准，在附近皇家树林及园囿享有永久狩猎的权利。德维奥兰此人，过去替奥尔良公爵（已被处决）管理过林园，现在又当上了森林大总管，替皇帝经管地产。大人物们就是这样施舍一点小恩小惠，以求摆脱内心的愧疚，偿还他们诸多不公不义的良心账。

于是，将军再一次跨上坐骑，到维雷-科特莱的森林巡游去了。然而，疼痛战胜了常胜将军。此次骑行回来，他就不能起床了。在床上，他狂躁而绝望地呼喊：

"一名将军，三十五岁前就统率过三个军团；现在刚四十岁，就要像懦夫一样，死在床上？噢，我的上帝！我的上帝呀！我到底犯了什么罪？为什么您要罚我这么年轻就丢下妻子儿女？"

请来一位神父，给他做了忏悔。忏悔之后，将军转身脸朝自己的妻子。到了午夜十二点，在妻子的怀抱里，他吐出了最后一口气。

在这之前，小亚历山大被领出家门，送到亲戚家过夜。半夜十二点，小家伙和亲戚都已熟睡，忽然一声巨响，像是拍门声，把他们惊醒。小家伙醒来后，没有一点害怕，就要向门口跑去。

"亚历山大，你去哪儿？"亲戚喊他。

"我看见……我去给爸爸开门，他跟我们告别来啦。"

亲戚拉住孩子，按他睡下，好不容易才把他哄住。第二天起床，人们对孩子说："可怜的孩子，你爸爸，他那么喜欢你，可是他死了。"

"爸爸死了？……死是什么意思？"

"就是说，你再也见不着他了。"

"为什么再也见不着他了？"

"因为仁慈的上帝把他收回去了。"

"仁慈的上帝，他住在哪儿？"

"住在天上。"

小亚历山大不再作声。然而，趁亲戚不注意时，马上猛跑去找妈妈。进了家门，谁也没有看见他；他拿起父亲的枪，就往楼上跑。在楼梯拐弯处，和妈妈撞了个满怀。妈妈泪流满面，刚从停放遗体的房间走出来。

"你到哪儿去？"妈妈问道。

"上天。"

"上天做什么，我可怜的孩子？"

"枪毙仁慈的上帝，他杀了我爸爸。"

母亲一把抱住儿子，把他搂得出不上气来：然后急切地说道："啊呀！快别这么说，我的小宝贝。咱们已经够不幸的啦。"

第三章　懒散自在的童年，与森林结缘的童年

　　的确，一家人是够不幸的了。将军身后没有留下任何财产；皇帝拒绝接见倔强者的妻子，全家不可能指望从皇帝那里得到任何赏赐。几位当年的战友，布律纳、奥热罗、拉纳等人，提及仲马将军立下的战功时，拿破仑一世却生硬地回答："我禁止你们再谈起这个人。"最后，连给小亚历山大申请一份助学金，让他上中学或进军校，这么一件事都没有办成功。要论拿破仑的宽厚大度，与奥古斯都[1]是不能相提并论的。

　　后来，森林督察让－米歇尔·德维奥兰，这位仲马家的亲戚与保护人，写信给他的亲戚、帝国的伯爵皮勒将军，向他通报勇敢而不幸的仲马将军去世的消息。在革命时期，皮勒将军担任过军队的总专员，了解仲马的英勇战功。信中写道：

　　　　昨晚十一时，在维雷－科特莱，他走完了一生的旅程。他回到维雷－科特莱之后，一直遵照医嘱进行治疗。把他带入坟墓的疾病，是他从埃及返回途中，在那不勒斯受到残酷折磨的后遗症……退役以后，包括在他病重期间，他不停地祝愿法兰西军队繁荣昌盛。在咽气前几小时，还表示希望能卒在奥斯特里茨[2]

---

[1]　奥古斯都（Auguste，前63—14），古罗马皇帝凯撒之甥孙、养子和继承人。他原名屋大维；公元前二十七年，元老院授以"奥古斯都"（拉丁文意为"至尊者"）尊号。当政期间，奖励文艺，罗致文人，有罗马文学"黄金时代"之称。

[2]　今捷克城市。一八〇五年十二月二日，拿破仑在此大败奥地利和俄国皇帝率领的联军。

的战场上。听到这些话语，是多么感人肺腑啊[1]。

德维奥兰要求给孤儿寡母一份年金，因为将军没有给他们留下任何钱财；他多年疾病缠身，把本来就所剩无几的家资，都消耗殆尽了。皮勒的回答不无悲悯之情，但又公事公办，没有答应任何一条要求。所有的奔走与活动都无济于事，外祖父母只好负担起女儿和外孙、外孙女的生活费用。

小亚历山大·仲马显得聪明伶俐，但是不太用功。母亲和姐姐教他认字、写字。在算术上，到了乘法这一关就过不去了。然而，小小年纪，就能写一手军士体的字，笔迹工工整整，清清楚楚，首尾字母还有花体装饰。要是有位笔迹学家辨认，一定还会看出些洋洋自得的迹象。的确，这孩子果然有喜好吹牛与自夸的倾向。刚读了《圣经》和一两本布封[2]的书，再加上同乡德慕斯蒂埃写的神话汇集，他就以为无所不知，经常在大人谈话时插嘴，做出一副胸有成竹、满腹经纶的模样。然而，出乎他意料之外的是，他的议论招来"屁股上挨脚踢的时候多，得到赞扬的时候少"。母亲为儿子的前途忧心忡忡，打算请人给他上音乐课；无奈这孩子五音不全，嗓音走调，只好作罢。不过，他学跳舞，练击剑，后来还打枪，倒都头头是道。

刚满十岁，他就对各种操练功夫表现出极大热情，成天想的不是抢刀舞剑，就是摆弄手枪步枪。他生活真正的中心不在家里，而是在树林子里。维雷-科特莱的森林面积相当大；小城所有的顽皮男孩子都到那里打猎、下套索抓动物、玩野人游戏，要不就跟偷猎者交朋友合伙干。仲马十岁上，他的一位表兄，贡塞耶神父不幸去世，留给他一份修道院的助学金。只要他同意入会，就可以前去修道。他那可怜的母亲不知将来该叫他做什么事，认为这里不无希望，便求儿子至少去一趟试试。儿子答应了母亲的要求，从她那里拿走十二个苏，以便购买修道生都要用的墨水瓶。他接过十二个苏以后，买了面包和红肠，径直进入树林捉鸟去了。一下子过了三天三夜，第四天才回到家里。

---

[1] 亚历山大·仲马：《我的回忆》，第 1 卷。——原注

[2] 布封（Buffon, 1705—1788），法国博物学家、作家，进化思想的先驱者。著有《自然史》三十六卷。

浪子回头无不受到最好的接待。担惊受怕的母亲拥抱了归来的儿子，答应永远不再提修道院之事，只把他送到本城格雷古瓦神父的学校上学。这位圣人一般的神父不久就看出：小仲马虽然心肠不坏，然而过分骄傲，损害了自己善良的本性。他不但虚荣，还常常傲慢无礼，过于放肆。学的东西也不多：一点儿拉丁文，一点儿语法。书法倒是又有提高：这里加个花缀，那里添个鸡心，要不再画上个圆形花饰，花里胡哨，颇为难看。在经文方面，就和在算术运算上一样，总不过三：除了《天主经》、《圣母经》和《信经》以外，别的再也学不进去了。按其个性而言，他是一个树林里的孩子，不守纪律，性子野，"对夜幕降临后林子里开始苏醒的一切自然声响都非常敏感"。

他的母亲十分贤惠，勤劳而又胆怯；在儿子身上看到自己当年热爱过的丈夫的影子。儿子才十岁，就长得膀大腰圆、肌肉发达，带有非洲人的神态，看上去像十三四岁的样子。当母亲的对儿子无计可施，只好放任不管，听之任之了。抚养这个有时招人喜爱、有时狂放暴躁的小野孩，母亲吃了不少苦头；然而她不是孤立无援的，不少朋友都对她表现出诚挚的情谊。搞技术的总比搞政治的任职时间长。波旁王朝复辟后，德维奥兰尽管曾为第一帝国服务，仍留下来担任森林督察。这使他在少年亚历山大眼中，享有崇高的威望。此人虽然粗暴、易怒，内心却是个少有的好人；孩子把他看做"树木之王，绿色之皇"。[1]

另一位邻居，名叫雅克·科拉尔[2]，和蔼可亲，脸上总挂着微笑；将军生前指定他为亚历山大的监护人。他的妻子是奥尔良公爵（平等菲力普）同德·让理斯夫人[3]的私生女。据这位科拉尔夫人后来叙述，小亚历山大当时喜欢钻研革命前旧社会的历史；而他的妈妈则回忆说，孩子专心的是帝国的历史。

这是一个伟大而富有传奇色彩的时代。维雷－科特莱处在入侵者

---

[1] 亨利·克鲁阿尔：《亚历山大·仲马》。——原注
[2] 雅克·科拉尔（Jacques Collard, 1758—1833），从一八〇七年至一八一一年任立法团议员。——原注
[3] 德·让理斯夫人（Mme de Genlis, 1746—1830），法国女作家，曾经担任过奥尔良公爵家中的教师，特别是承担过路易-菲力普的教育之责。写过多部有关教育的作品。

必经的路上；在联军入侵法兰西的战役期间，年幼的仲马看到俄罗斯沙皇从眼前走过，后面跟着的是哥萨克骑兵。听到马蹄疾驰的声响，妇女们赶紧躲到地下室里；而亚历山大则紧紧拉住窗户的长插销，从窗缝里观看外面的战斗。尽管皇帝对他们冷酷无情，母子俩仍然被认为是波拿巴分子。维雷－科特莱像过去一样，站在君主制度一边。复辟以后，好几帮顽童跑到将军遗孀住房的窗下，高喊"国王万岁！"仲马一家人仍然忠于将军的军服，在内心深处仍然是共和派。

一八一五年，囚禁在厄尔巴岛上的皇帝等待时机，准备卷土重来的时候，两名将军，拉勒芒兄弟[1]，因阴谋推翻路易十八，被维雷－科特莱的宪兵队逮捕，并受到这一保皇小城老百姓的嘲笑与谩骂。与她丈夫佩带过同样肩章的人，遭到如此侮辱，这使仲马夫人内心极不平静；她吩咐儿子道：

"听着，我的孩子，我们要做一件事，这件事很可能要严重地牵连我们；不过，为了纪念你的父亲，我们不应该避而不做。"

母亲带着儿子到了苏瓦松，弗朗索瓦和亨利·拉勒芒兄弟就监禁在那里。她嘱托十二岁的儿子偷偷地给两人送去些金子，还有手枪。小家伙勇敢地完成了任务。两位将军知道皇帝已经登陆，不久会派人来救他们，便没有接受送来的银钱和武器。然而，这次冒险行动，却大大增强了孩子的自信，增强了他对富有传奇色彩事物的迷恋，也激发了他充当行侠仗义、抱打不平者的天生爱好。

拿破仑在"百日"崛起中，两次经过维雷－科特莱。第一次是在北上与他的军队会合的途中，第二次则是在滑铁卢战败以后。这后一次，拿破仑有气无力，脑袋耷拉在肩膀上，面部毫无表情。这真是一幅可怕而壮丽的图景，一幅因丑到极点而显得崇高的景象。不幸的伤残兵士，躺在大车上，包扎得马马虎虎，还忘不了摇晃着沾满血污的破布，呼喊"皇帝万岁！"接着传来一件又一件令人痛心的消息。仲马将军最忠实的朋友布律纳元帅，在阿维尼翁遇刺身亡。

---

[1]　弗朗索瓦-安东尼·拉勒芒（François-Antoine Lallemand, 1774—1839）系骑兵将军；亨利-多米尼克-拉勒芒（Henry-Dominique Lallemand, 1777—1823）为炮兵将军；两人在"百日"复辟失败后，被缺席审判，判处死刑。兄弟俩逃往美国，弟弟死在那里；兄长在查理十世被推翻后回到法国。——原注

患足痛风的老国王路易十八，坐着入侵者的军用货车，从根特回来了。改朝换代又提出了一个新问题。母亲试探着问亚历山大，在他的名字后面，要不要加上"达维·德·拉巴叶特里"？要知道，他是有权这样做的。王朝复辟以后，一个侯爵头衔，能给这个男孩开启众多的大门。

"我姓仲马，"小亚历山大自豪地说，"我什么也不加……要是我放弃了父亲的姓，加上一个我连见都没见过的爷爷的姓，那父亲会怎么想呢？"

母亲听了儿子的回答，顿时容光焕发：

"你真是这么想的？"

"您一定也是这么想的，对吗，妈妈？"

"是啊！太对啦！可是今后咱们的日子该怎么过呀？"

仲马将军夫人获准开家烟草店，便租了锅匠拉法日的铺面做买卖。在这前后，锅匠的儿子从巴黎回来探望老父亲。年轻人长得英俊，一头金发，名叫奥古斯特·拉法日，在巴黎一家公证人事务所任首席书记。他身穿一件有三十六层翻领的上衣，表链上缀着形形色色的小饰物；下身穿着紧身裤，足登骑兵式马靴。亚历山大看得眼花缭乱，便主动接近首席书记，跟他套近乎；首席书记满心喜欢地跟这个聪明的男孩谈天说地，从巴黎说到文学圈子里的名人轶事，以及戏剧等等。他还把自己写的讽刺短诗给小家伙看。这样，仲马看到了一种获取荣誉的新方式，一种他过去从未想到过的使众人谈论自己的方式。于是，他到格雷古瓦神父那里，请神父教他作诗。神父回答说：

"我很愿意教。不过，过不了一星期，你就会厌倦的；你做什么事都是这样。"

神父对这名学生的秉性，真是了如指掌。果然，到了第八天，亚历山大厌倦了。什么高乃依呀，拉辛呀，他都觉得腻味。仲马将军之子和他的同代人一样，听到过太多轰轰烈烈的事迹，以至于不能满足于细腻的感情分析。他所需要的是行动，哪怕是带有疯狂的行动。

一个男孩子不能光靠狩猎为生。到了该给他找一份职业的时候了。仲马夫人去维雷－科特莱的公证人蒙内松家里，请这位同她一样具有共和思想的人聘用亚历山大做他的第三名书记。我们的小野人怕失去独立，有些不愿意。然而，想到那位穿三十六层翻领上衣、佩挂金表链的英俊首席书记，又觉得干公证这一行说不定会有前途，还会有年金和空闲时间去打猎，那就干这一行吧！起初，他并不感到有什么不快活；各种外出业务都由他去办，比如给邻近村落农民送文书、契约，请他们签字之类的事情。这些都是骑马游玩的好机会；不时还可以抽空跑到树林里，放上一枪两枪。

第四章　无忧无虑、富于声色之乐、迷恋上戏剧的少年时代

> 他的一生是他最引人入胜的著作；他留
> 下来的最奇妙的一部长篇小说，是由他本
> 人的诸多奇遇所构成。
>
> 布律奈提尔

　　一八一八年春，亚历山大·仲马年满十六周岁。这是情欲初醒的年龄；在这之前，男孩子看不起女孩子；到了这时，他们开始追求女孩子了。十六岁也是少年们在禁书里吸收那些美妙而不能公开的题材的年龄。从外祖父遗留下来的书籍里，我们的年轻人发现了一本《福布拉斯骑士的奇遇》。书中描写这位骑士男扮女装，一路取得成功。"我一定要当第二个福布拉斯，"自负的仲马暗下决心。

　　然而，拉法日告诉他，要想引诱女孩子，自己必须衣冠楚楚，显得风度翩翩才行。讨女孩子喜欢的机会终于来临了：维雷-科特莱在圣灵降临节要举行盛大舞会，据说还有两位漂亮的二十岁的外地姑娘前来参加。她们是格雷古瓦神父的侄女劳伦斯，以及劳伦斯的女友、西班牙姑娘维多利亚。亚历山大打开已经去世的外祖父拉布雷家里的老衣橱，在扑鼻的樟脑与香根草气味里，看到许多前朝的服装：挖花锦缎上衣、用金线绣花的红色坎肩、米黄色马裤等等，不一而足。他高兴得跳了起来，马上取出一件淡蓝色上衣，穿在身上，认为自己这一来便具有不可抗拒的魅力。事实上，他这身装束已经过时，显得颇为可笑。但是，初见世面的小伙子，当时怎能懂得这一切呢？

　　就这样，他神气十足地向劳伦斯伸出手臂。这位巴黎姑娘，一头

金发，举止文雅而风趣；而其女友维多利亚，胸部丰满，腰身挺得笔直，惟妙惟肖地表现出喜剧里安塔路西亚女子的丰采。两位小姐见到亚历山大时，扭头相视一笑；亚历山大看在眼里，脸一下子变得通红，一直红到额头。直到开始跳舞，小伙子才得到报复的机会。两位外来的小姐惊奇地注意到，这个外省的毛头小子，击脚舞跳得出奇的好。维多利亚甚至感到他相当风趣。乐队奏起了一首华尔兹舞曲。

"您华尔兹跳得真好，"维多利亚吃惊地对他说。

"跟您跳舞我很高兴，尤其是因为，以前我跳华尔兹，都是拿椅子当舞伴的。"

"怎么？拿椅子当舞伴？"

"是的，格雷古瓦神父禁止我同女人跳舞……于是，舞蹈教师就拿来一把椅子放在我的双臂中间。"

维多利亚大笑起来。小伙子还是第一次这么近地欣赏女性细腻光滑的肩头，第一次把目光射入女子上衣的空隙；女性的长发第一次抚拂他的面颊。他激动而有些颤抖地出了一口长气。

"您怎么了？"舞伴似乎有所感觉。

"这是因为，跟您跳舞，比起跟椅子跳舞，我感觉快乐得多。"

说到这里，一曲终了，维多利亚回到座位上。

"啊，这人真逗！"她马上向劳伦斯说。"我觉得他很有魅力。"

同两位小姐分手后，亚历山大感到受了侮辱，觉得自己给这两位漂亮姑娘当了玩偶。同时，他心中又充满狂热的爱恋之情。具体爱恋上了谁？说不上来。应该说，爱恋的是爱情，或者更确切些，是一种愉悦之情。如果说两位巴黎名媛多少有些捉弄他，反过来却给了他不少只有从女性那里才能得到的教益。她们教他明白了：自己是个漂亮小伙子，长得英俊，只不过需要更加注重衣冠，更要显出优雅的风度，才能把自己天然的优势发挥得恰到好处。一言以蔽之：是两位小姐，把他从童年带进了青年的大门。

从现在起，他将在同本地姑娘的接触中，得到锻炼；而上帝看得很清楚，她们是值得小伙子大献殷勤的！不管她们属于哪个等级：贵族、资产阶级、平民百姓，所有这一代的女子都极为迷人。星期天，看到她们身着春天的连衣裙，腰系粉红色或蓝色的带子，头顶自己改做的各色小帽，嬉戏、追逐，伸展她们圆润、白皙的双臂，一会儿挽成队形，一会儿又分散开来，真是美不胜收。

亚历山大不久便开始了一种甜美的生活。每天，从早上九点到下午四点，他在事务所誊抄文书，下班后同母亲一起吃晚饭；夏天是晚上八点，冬天则在六点左右，青年朋友们有时相聚在草地上，有时到某位姑娘的家里。逐渐，手拉着手，嘴唇献给对方，自然而然地形成了一对又一对。到了晚上十点，男子汉则把女伴送到家门口。在门槛前，姑娘还要再给她的骑士一个小时的时间，两人坐在长凳上，难舍难分。不时传来一声责备的呼叫，姑娘乖巧地回答："哎，我回来了，妈妈……"总要这么答应上十次八次，才肯真正地分手。唉，玛格利特！唉，歌德！

亚历山大·仲马初恋的对象，既不是科拉尔家的姑娘，这家的姑娘要找的是附近城堡的少爷，婚礼要办得漂亮；也不是德维奥兰家的女孩。仲马找的是属于另一个等级，介于资产阶级和平民之间、在城里从事诸如时装制作、销售内衣、床单、台布或者纱织小花边等营生的姑娘。仲马觉得有两位姑娘特别可爱；一位是金黄头发，另一位的头发为褐色；两人总是你随我伴，形影不离，好像是为了互相映衬，相得益彰似的。金发姑娘名叫阿黛尔·达尔万，仲马在《我的回忆》第一版中称做阿格拉艾，以免坏了人家的名声。这位姑娘成天欢欢喜喜很少有不高兴的时候，个子不大也不算太小，长得较为丰满，算不上十分苗条。"她很容易引起别人的爱恋，叫人心里充满温暖与幸福，不过要赢得她的爱情也并非易事。她的父母都是老实巴交的老农，根底正派，而出身低下。令人惊奇的是，从这么一个家庭里，竟能开放出一朵如此清新、如此芬芳的鲜花……"[1]

女孩子们都享受着令人羡慕的自由。仲马写道："在维雷-科特莱，有一种完全是英国式的习惯：不同性别的年轻人之间，交往比较方便，我在法国其他城镇从未遇到过这种情况。由于这些姑娘的父母都是老实正派的人，并且在内心深处坚信：这些放流在温情河上的小船，无不张挂着洁白的船帆并装饰着芳香的橙花，因而这种自由就更

---

[1]　亚历山大·仲马：《我的回忆》，第1卷。——原注

加令人感到惊奇。"[1]

事实上，维雷-科特莱的家长们并不真正了解人的本性；他们的乐观主义已到了大胆与放任的地步。整整一年时间里，小伙子与姑娘之间既有柔情又有斗争；"青春的爱情得寸进尺，对方无休止的拒绝，并没有使小伙子灰心丧气。就这样，获得了一连串的小胜利，吃到一次又一次的小甜头；每次吃到这种小甜头的时候，整个心灵便浸透了无以名状的欢快与愉悦。"这样过了一年，阿黛尔才向母亲提出请求，要独自住到花园深处的一所小屋里去，并得到了母亲的同意。一年来，每天晚上十一点，年轻的仲马陪姑娘回到她那冷酷无情的屋门口；姑娘推门进去，把小伙子推出门外。而这一天，到了十一点半，屋门又轻轻地打开了！门里边一双温柔的手臂抓住了小伙子，一颗狂烈跳动的心，伴随着激情的呻吟、长串的泪珠，紧贴在他的心窝上。就在那天夜里，亚历山大有了平生第一个情人。两人在这种如糖似蜜的情爱中，整整过了两个年头。

星期天，人们总要成群结队去参加附近村庄的节庆。就在这样一个节庆日，仲马离开了大伙儿，独自去看望一家农户。在道路拐弯处，对面走来一个熟人：加罗琳·科拉尔，近年来已成为卡贝尔男爵夫人了。陪伴她的是一个外国人，看上去像个德国学生。此人瘦瘦的，高个子，褐色头发剪成平头，眼睛挺秀气，鼻梁棱角分明，走起路来漫不经心，富有贵族气质。他就是阿道尔夫·里宾·德·勒芬子爵。他的父亲，瑞典贵族阿道尔夫-路易·里宾·德·勒芬伯爵，曾因参与刺杀瑞典国王古斯塔夫三世，而名闻遐迩。

这位伯爵，人家给他起了个绰号，叫"漂亮的弑君者"；他不得不流亡国外，先到了瑞士，后来又定居法国，从而结识了科拉尔一家。而仲马，自从在另外一个圈子里谈情说爱，与他的监护人一家的来往，自然就大大减少了。卡贝尔夫人十分客气地对他说，阿道尔夫·德·勒芬年纪跟他差不多，可以成为他的朋友。他还应邀到科拉尔一家居住的维雷-黑隆城堡去，整整住了三天。在那里，他发现这位阿道尔夫居然还会写诗，并不时给女孩子们送上几首格调别致的悲

---

[1]　亚历山大·仲马：《我的回忆》，第 1 卷。——原注

歌，惹得仲马羡慕不已。以前，拉法日首席书记已经向他显示过诗歌的魅力。这次，诗歌的魅力又一次得到证实，使他大为震动。

勒芬去了巴黎。之后又来了一个朋友，是名骑兵军官，名叫阿梅得·德·拉篷斯。看来是爱情把他带到维雷－科特莱的，因为他来后便在当地结了婚。此人文化修养颇高，对仲马很关心。他劝仲马说："亲爱的孩子，请相信我，在生活里，除了爱情与打猎之外，还有一件事情，那就是要学习。会学习的人，才会过上幸福生活。"

学习？对于仲马来说，这是一个全新的想法。阿梅得·德·拉篷斯通晓德语和意大利语，他主动提出帮助仲马学习这两种语言。两人还合作翻译了乌戈·弗斯高洛[1]的一本有趣的小说。骑兵军官还向年轻的书记员推荐歌德《少年维特的烦恼》，以及布尔格[2]的长诗《雷诺尔》。

这里应该明白，塑铸亚历山大性格的，既有遗传因素，又有教育的因素。从父亲身上，他继承下来的是：超人的力气、慷慨大度、丰富的想象力，以及狼吞虎咽的胃口。这一代青年的心灵都是由拿破仑帝国的士兵造就出来的，亚历山大·仲马也不例外。他脑子里装满了血肉横飞、所向无敌的冒险故事。充满戏剧色彩的故事使他心醉神迷。他相信机遇的威力，相信并不重大的行动也能产生重大影响。请看，这些士兵可以因一张肖像而得救，可以因飞来一颗流弹而丧生，也可以因主子一时发火而失宠。在他日后接触到的史实里，仲马将特别喜爱涉及机遇的种种神秘。他具有戏剧的本能。他怎能没有戏剧的本能呢？时代本身就充满戏剧性。诚然，生活有戏剧性的一面，大家都感到需要它；但是，仲马将比别人更有能力去表现它，因为他"身上具有大自然赐予的旺盛精力"。

说到大自然恩赐的这股力量，首先要提到他父亲从圣多明各带来的那一脉原始血缘。人们说，"他像狄德罗，既有父系的贵族气质，又有母系的平民特色"。此话诚然不错，但应再加上一句：他还具有非洲人奇异的激情奔放与神秘的禀赋。大自然赐予的这种活力，还表

---

[1] 乌戈·弗斯高洛（Ugo Foscolo，1778—1827），意大利诗人、小说家、剧作家。——原注
[2] 高特弗里德－奥古斯特·布尔格（Gottfried-Auguste Bürger，1747—1794），德国诗人。——原注

现在他拒绝服从任何纪律。父亲早故，家里没有男人的驯服，他可以毫无顾忌地在树林里游荡。学校既没有给了他什么培育，也没有改变他身上什么东西。对他来说，任何约束都是无法忍受的事。至于女人，他没有不爱的。从一开始，他就发现在女人身上不难得手；他无法理解，竟要对一个女人表示忠诚。这并不意味着他伤风败俗，因为他对常规的道德并不了解。他听到过哪些爱情故事？摄政王和他在维雷-科特莱晚宴上那些为人津津乐道的风流韵事，仲马不会不知晓。再有就是帝国巨人们的轶事；他们征服芳心像攻城掠地，对那些软弱而失足的女子表现得宽宏大量。少年时代的仲马特别喜欢打猎，喜欢吹牛；任何女孩子只要愿意听他夸夸其谈，都能得到他的好感；一切能够获得的东西，他都雄心勃勃地要得到。十八岁上，对任何事情他都跃跃欲试，特别是那些看来几乎是不可能的事。他暗自思忖：是否能找到一种磁力暗中相助，使自己在别人失败的地方取得胜利？

　　在这一点上他是坚信不疑的。他感觉到，自己的精力与激情是用不完使不尽的。这倒并不是因为他知道很多事情；恰恰相反，正是由于他对世事知道得太少，因此在他眼里一切都显得那么新鲜。有一次，他到苏瓦松去看某剧团表演的《哈姆雷特》。在这之前，他从未接触过莎士比亚的作品。这次上演的《哈姆雷特》，经过杜西[1]改编，跟原作相比已面目全非。但是，对于年轻的仲马来说，它简直成了一次启示。提到此事，他是这么写的："请设想：一个双目失明的人，又得以重见光明；请设想：亚当在上帝创造世界后，苏醒过来了。"其实，仲马在莎士比亚作品中找到的，就是他自己。文艺复兴时期人们所具有的充沛精力，正好是仲马所具有的。他自我感觉，距离这个时期的人物，比之距离复辟时期的资产阶级，要更加接近。他在莎士比亚戏剧里寻找的，并不是某种思想，也不是形而上学的内心独白，更不是对情欲的描绘，而是构筑戏剧的自由，以及在运用具体物件上的得心应手。如《奥赛罗》中的手帕，《哈姆雷特》中的老鼠，《威尼斯商人》中夏洛克的一磅肉等。总而言之，是"莎士比亚式的

---

[1]　让-弗朗索瓦·杜西（Jean-François Ducis，1733—1816），法国悲剧作家，莎士比亚作品的改编者。——原注

情节剧"。亚历山大眼界大开；由于对任何事情，特别是对自己的能力，都深信不疑，他决定自己要当个剧作家。

他果真把自己的这种狂热传染给维雷-科特莱的几个朋友；其中有一个名叫巴耶的，在公证人蒙内松手下任首席书记。五十年以后，此人已是一位老法官，讲起当年那个业余剧团还记忆犹新。阿道尔夫·德·勒芬在巴黎的时候，住在父亲的朋友剧作家阿尔诺家里，经常光顾剧场，认识了不少女演员。他后来从巴黎回到维雷-科特莱，曾指导过仲马的习作。

　　参加排练和演出的，还有几位可爱的小姐。有她们在场，大家的热情更是格外高涨。正剧、喜剧的各类服装、道具都放在一个粮仓里。粮仓属于一所十分宽敞的房屋，房屋位于紧挨着宝剑旅馆的大院子的尽头……楼下由一位木材商人占用。他借给我们一些木板，由朋友阿尔班制成条凳，作为听众的座位……。布景并不困难，附近就有树林，树林里绿色的灌木，家里的橱柜，再加上几箱鲜花，就把粮仓布置成了一个像样而华丽的演出厅。布景成功了；但是，排练、演出，无论是正剧还是喜剧，都需要付出更大的努力。这时候，仲马就成了一个不可缺少的人。他既是演员，又是舞台监督，还是形体与台词教员……演出什么剧目，都由他挑选；要不就把他自己创作的剧本拿出来，像《阿尔塔塞尔塞斯》和《阿本塞拉日》等。他告诉演员们，台词该怎么念语调才算正确；上场下场由他调度，动作协调配合也由他统一掌握。他指出哪些词应该强调，目光该送往哪个方向，微笑的幅度该有多大才恰到好处。总之，是仲马告诉大家，每个人该怎么理解自己扮演的角色。对他来说，必须赢得观众的掌声。掌声要是不热烈，他就会光火，指责演员演得不好，而不是他的过错[1]……

---

[1] 布梅罗尔：《亚历山大·仲马的青年时代》，发表于《维雷-科特莱地区历史学会公报》（苏瓦松中央印刷厂1905）。——原注

一八二〇年和一八二一年两年里，仲马在阿道尔夫·德·勒芬帮助下，写出了好几个剧本；其中分段滑稽歌舞剧《斯特拉斯堡的少校》，在亚历山大本人看来，几乎可以称得上是杰作了。这之后，勒芬又一次离开维雷-科特莱，"同时也带走了仲马的灵气"。阿黛尔·达尔万小姐与他人结婚，更使仲马伤心万分。他本想远离家乡，到巴黎去找勒芬；他已经想象自己戴上桂冠，披上金袍。然而，自己的那份差事：在克雷皮-昂-瓦洛亚一位既管吃又管住的公证人手下誊抄婚约、撰写遗嘱等等，还是不能不干。有一天，他的朋友巴耶来看他，建议一起去首都玩两天。

路费怎么办？年轻的偷猎者是不会被这一类问题吓倒的。只要带上猎枪，一路上碰到什么打什么，把打到的野味卖掉，尽量少花钱就行了。就这样，到了巴黎的时候，仲马身上还带着四只野兔、十二只山鹑和两只鹌鹑。大奥古斯丁隐修士旅馆收下了这些东西，答应让他们住两天。第一仗总算打赢了。下一步就该找戏票了。法兰西喜剧院第二天上演《苏拉》，由红极一时的演员塔尔玛领衔主演。仲马发誓一定不能错过机会，便跑到阿道尔夫·德·勒芬家，请他帮忙。勒芬同意带他去见塔尔玛。他俩在盥洗室里找到了这位著名人物。阿道尔夫介绍说，他的朋友是仲马将军的儿子。塔尔玛还记得那位大个子英雄，便签了一张入场券给他。

那时候，塔尔玛在法兰西喜剧院占有主导地位；只有他一个人还能使该剧院接受上演古典悲剧。在那样一个充满暴力的时代，威胁古典悲剧的，是它自身明显的冷漠与平淡。传统向演员教授的，是一种过分高雅的语调与动作。塔尔玛则试图使自己的表演符合一般人的情感。拿破仑是个开明的悲剧角色爱好者。他对塔尔玛说："拿我来说，我无疑是当今时代最富悲剧色彩的人物了。那么，您可曾见过我们高举双臂，一举一动都要拿捏一番，摆弄姿势，装出一副了不起的神态吗？您可曾听到过我们大喊大叫吗？恐怕没有。我们说话，也是自自然然的嘛……举这几个例子，请您考虑。"[1]

塔尔玛进行了思考。他试图摆脱语调单一地朗诵诗句，试图通过

---

[1] 莫里斯·德科特：《浪漫派戏剧及其创造大师》（巴黎法国大学出版社）。——原注

表情与动作表达某些细微的感情变化。在拉辛的悲剧《布列塔尼居斯》中，塔尔玛扮演尼禄一角。在尼禄向阿格丽比娜表白的大段独白中，为了表现人物的烦闷，演员摆弄肩头披着的大衣，并做出仔细观察上面花纹的样子。这在当时真是大胆得令人难以置信了。可以说，塔尔玛给古典派剧目的角色，注入了一种已经可以称为"浪漫主义"的性格。他所扮演的人物，都有一种受命运摆布、阴沉凄切而又具有灵感的神情。夏多布里昂的《勒内》，走的就是这种路数。塔尔玛阅读历史著作，意识到必须脱离古典戏剧千人一面的套路，按照民族与时代的不同，来安排人物的言语和动作。他经常出入博物馆与图书馆。总而言之，他的思想演进的道路，正是后来雨果、维尼和仲马所走的道路。当时的青年十分崇拜他；为了迎合这些青年，他一步一步地把悲剧改造成正剧。至于理由充足与否，那是另一个问题。他嗅出时代的动向，他理解他所处的时代，他要取悦于这个时代。

第二天，亚历山大看到了舞台上的塔尔玛；那熔质朴、力量及诗意于一炉的演技，使他大为震惊。当幕布在观众嘈杂的叫好声中徐徐落下时，我们这位年轻的观众惊愕、狂喜、心醉神迷。阿道尔夫·德·勒芬带他到主演的化妆间；亚历山大走进去时，心跳不止，红着脸颊，一副谦卑的神态。

"塔尔玛，"勒芬先开口说道。"我们来向您表示感谢。"

"啊！"塔尔玛接下去问："您的年轻诗人，他满意吗？……让他明天来吧。明天我演《勒古鲁斯》。"

"可是，"亚历山大叹了口气，说道。"明天我就要离开巴黎。我在外省任公证人的书记。"

"那有什么！"塔尔玛接着说。"高乃依就当过检查官的书记……先生们，我向诸位介绍一位未来的高乃依。"

听了这话，仲马脸色变得苍白，接着请求塔尔玛说："请您抚摸一下我的前额；这会给我带来好运的。"

"好吧！"塔尔玛说道。"以莎士比亚、高乃依和席勒的名义，我命名你为诗人。"

停顿了一下，塔尔玛又补充一句："干吧！这个小伙子有激情。

将来是个有用之材。"[1]

　　小伙子富有激情，此外还有成名成家的强烈愿望。他对阿道尔夫·德·勒芬说："我会回巴黎来的，我向您保证。"回到旅馆，他找到巴耶首席书记。巴耶去歌剧院听《神灯》刚回来；两人合在一起，只剩下十二法郎。当即商定，明天一早就上路回家。第二天，仲马天不亮就起床，遛遍了沉睡中的大街小巷，满怀着信心，逐一认定将来可能作为自己作品中场景的地方。

---

[1]　亚历山大·仲马:《我的回忆》(卡尔曼－莱维10卷新版本)，第3卷。——原注

第二卷
征服巴黎

他向嗡鸣不绝的蜂巢望去，那目光像
是要提前把其中的蜜吮吸出来，然后豪气
十足地说：“现在就看咱俩的了！”

巴尔扎克

第一章　进入王宫 [1]、邂逅诺迪埃、初为人父

　　年轻的仲马回到维雷-科特莱，满心喜悦，雄心勃勃。他告诉母亲，自己决心已定，要到巴黎定居。只有在巴黎，才能找到一家与他的才能相称的剧院；他坚信，总有一天，他会在那里占据支配地位。然而，怎么才能弄到这一天到来之前所需要的钱呢？可怜的将军夫人，双亲都已亡故；为了还债，不得不变卖继承下来的财产。最后，所有剩余，只有二百五十三法郎。她准备给儿子五十法郎；亚历山大又卖掉了自己那条名叫比拉姆的好狗，得到一百法郎。总共才这么点钱，到了京城，怎么够用呢？

　　亚历山大自有主张："去拜见我父亲生前好友：贝鲁诺公爵维克多元帅。他现任战争部长；还有塞巴斯蒂亚尼将军，茹尔丹元帅……他们会在自己的办公室里给我一个办事员的差事，开始一年薪水一千二百法郎。薪水还会增加；等我一年挣上一千五百法郎的时候，就把您接去。"

　　对于亚历山大来说，强烈的愿望与现实总是分不清楚。母亲不像儿子那样富于幻想，提出了异议。那些军人，现在都成了保皇分子；因为是最近才皈依投靠，更有股子特别的热忱；这种人难道会收留一个共和派将军的儿子？然而母亲的顾虑并不能让亚历山大打退堂鼓。为了保险，他又弄到一封致富瓦将军的介绍信；富瓦是议员，反对派的领袖。至于旅费，是会赢到手的。公共马车票在卡蒂埃老爹家出

---

[1] 巴黎的一组建筑群，包括花园、房舍、剧场等，十七世纪时为路易十三的首相、红衣主教黎塞留而建；不久被后者遗赠给王室。后成为摄政王府，但其"王宫"之名仍保留下来。

售；他要去跟这位老爹打台球赌输赢，老爹准是他的手下败将。事实
与他的设想，果然完全一样。

清晨五时，公共马车把年轻的仲马送到巴黎市中心，在布鲁瓦街
九号门前停下。他刚刚二十岁，毫无生活经验，心中却充满了数不尽
的希望。这里是大奥古斯丁隐修士旅馆；他一进门，人家就认出这位
送过野兔与山鹬来的小伙子。小伙子睡了四个钟头，醒来便跑去找阿
道尔夫·德·勒芬，向他打听茹尔丹元帅、塞巴斯蒂亚尼将军以及贝
鲁诺公爵的府第。勒芬颇为惊讶，翻开《两万五千名人住址录》查
找，把找到的地址一一告诉他，并且预言：他的活动不会成功。事情
果然如此。只有两位将军接见了求职者。其中一位看上去对来者的身
份有所怀疑；另一位干脆把他送出大门。战争部长则拒绝接见。就剩
下反对派了。富瓦将军的接待完全不同。

"您就是指挥过阿尔卑斯兵团的仲马将军的公子？"

"是的，我的将军。"

"您父亲真是一条好汉。我能为您做些什么事情吗？如能为您效
劳，我将十分高兴。"

亚历山大把他的需求和盘托出。他要寻找一份差事，颇为紧急。

"那么，您都会些什么？会点数学吗？有代数、几何、物理的一
些概念吗？"

"不会，我的将军。"

"学过法律吗？"

"没有，我的将军。"

"那就不好办了！……那么，我把您送到银行家拉菲特那里……
您懂会计吗？"

"一点儿也不懂。"

将军越来越不知如何是好。仲马说他知道自己的教育被耽误了，
但保证从今以后一定从头学起。

"那好，不过，我的朋友，在您学完之前，生活有来源吧？"

"没有，我的将军。"

"那可怎么办？怎么办！……留下您的地址，我再考虑考虑。"

年轻人写下他的住址。将军看着他写完后，拍手说道："有救

了！您写得一手好字。"

这可是除了他那尚被掩盖的天才之外，仲马此刻所拥有的一切了。不过，看来将军认为，单单这一手就足够了。

"今天我要去奥尔良公爵府上，与公爵共进晚餐，"将军说道，"我可以跟他说说，看能否到他的秘书处去。"

奥尔良公爵（即日后的路易-菲力普国王）同反对派议员的关系，比同他的堂兄理查十世政府的关系，要好得多；他暗中和这些反对派议员站在一起，搞些密谋策划。尽管仲马是个能沉得住气的人，可是第二天又去见富瓦将军时，心里仍不免七上八下。将军带着微笑对他说道：

"您的事办妥了。去奥尔良公爵的秘书处，年薪一千二百法郎。这当然微不足道，不过要好自为之。"[1]

好一个微不足道！在小伙子眼里，这简直是一笔大财。他立即给母亲写信，叫老人家变卖家当，来巴黎与他同住。母亲多了个心眼儿，要求时间上不要太急，并给儿子寄去了几件家具。仲马在意大利人广场[2]一号租了一间小房间，而他上班则要去王宫。奥尔良家族的总部，以及公爵的私人秘书班子和私产管理机构都设在那里。幕僚人数众多；其中有同辈的德维奥兰，主管公爵的全部林地产业。仲马的顶头上司名叫乌达尔；第一次见面就对仲马非常客气，给他安置妥了办公室。在那儿，每天要从上午十点干到下午五点，然后晚上七点再回来，一直工作到十点正。要想成为一个大人物，到哪儿找时间去呀？

他曾答应富瓦将军，要继续学习进修；在这方面，帮助他的是副主管拉扎涅。此人颇有文学修养；他十分惊奇地注意到，这个年轻人既无知而又相当聪明。拉扎涅为他制订了一个读书计划；计划订得非常得当，从埃斯库罗斯[3]到席勒[4]，中间经过普劳图斯[5]和莫里

[1] 亚历山大·仲马：《我的回忆》，第3卷。——原注
[2] 即现在的包依艾勒迪厄广场。——原注
[3] 埃斯库罗斯（Eschyle，约前525—前456），为古希腊三大悲剧作家之一。
[4] 席勒（Schiller，1759—1805），德国杰出的诗人、戏剧家。
[5] 普劳图斯（Plaute，约前254—前187），古罗马喜剧作家，在罗马文学史上第一个有完整作品传世。

哀。他借给年轻人一部部法国和外国古典作品，还有回忆录以及编年史。仲马初涉文学园囿，以新奇而饱满的精神吞噬着一部又一部作品。有时候，忽视了早期的教育反倒成了一件好事。过早阅读大师们的作品，往往因为不理解，会产生厌倦。而一个人在二十岁上才第一次碰上这些作品，由于对书中描述的情感已经有了一定的体验，读起来不但有较深的体会，而且会越读越有兴趣。亚历山大·仲马此时此刻的情况就是如此。一八二三年，当他到达巴黎的时候，一种新的文学正在法兰西出现。拉马丁发表了《沉思集》；维克多·雨果的《颂诗集》已经问世；维尼也有诗作发表。奥尔良公爵的这名小办事员并不知晓他们的姓名；然而，他们求新思变的愿望，与他是一拍即合的。

　　仲马与这一即将征服巴黎的文学流派的首次接触，由一个最能干的向导促成，他的名字就叫"巧合"。一到巴黎，年轻人就迫不及待地上剧院，学习他"真正"的职业（自从遇见勒芬和塔尔玛以后，他就断定：自己有一天必将当上剧作家）。有一次，他去看荒诞的情节剧《吸血鬼》，碰巧旁边坐着一位满头银丝、和蔼可亲的饱学之士；不知深浅的外省青年便大胆地和他攀谈起来。邻座十分客气，仲马的率真与憨直又使他觉得有趣，便滔滔不绝地谈论起来。先介绍有关书目，接着便传授审美情趣与作品风格方面的学问。到了第三幕结束时，因不断出声讲话，此人竟被撵出了剧场。第二天，仲马看报时才发现，昨天扰乱剧场的，竟是大名鼎鼎的作家查理·诺迪埃[1]。拉扎涅告诉他：诺迪埃是位杰出的评论家，又写长篇小说和内容奇异的短篇故事。还说：能成为此人的朋友，是莫大的荣耀；不过，要想成为诺迪埃这一流人物的座上客，不搞出点名堂来是不行的。

　　搞出点名堂来？勒芬鼓励他往通俗戏剧方面发展。仲马定居巴黎以来，两人一直往来密切，这时便合作写了一出独幕滑稽歌舞剧，名叫《狩猎与爱情》。除了几个维雷-科特莱的狩猎者夸张可笑的形象外，其他没有什么可称道的，既俗气又平庸。然而，这出戏还是在昂

---

[1]　查理·诺迪埃（Charles Nodier，1780—1844），法国作家；他在巴黎的沙龙一度成为浪漫主义运动的中心。

比居剧场上演了。仲马分到三百法郎，相当于他三个月的薪水，使他受到极大的鼓舞。这十五个金路易[1]来得正是时候，因为年轻的剧作者已把远在外省的情人抛到脑后，正在迷恋一位温柔的女裁缝。女裁缝没有隐讳自己年长八岁。

她的名字叫卡特琳·拉贝，住在意大利人广场，和仲马在同一个楼门里，又在同一层楼上。卡特琳在那里开了个小小的成衣铺，雇有几名女工，管理得井井有条。女裁缝头发金黄，皮肤白嫩，略微有些发胖，性格颇为严肃。她来自鲁昂，自称在家乡结过婚，后来才离开那个"半疯的丈夫"。其实，这桩婚事纯属虚构，疯男人更是出自想象。到了后来，卡特琳·拉贝承认亚历山大·小仲马是她的儿子时，由于担心将来一旦露馅，证书可能被视为无效，只好说出真相：她其实并未嫁过人。[2]

星期天，亚历山大·仲马常带这位女邻居到默顿树林去。先在草地上勾留，然后就钻那黑乎乎的山洞。对于女裁缝的贞操，还有哪里比洞里更危险的呢？这位蓝眼睛但有四分之一黑人血统的青年是那样狂热，花言巧语不由你不依从，男子汉的劲头大得吓人，而长得又出奇地英俊。过了不多日子，卡特琳就发现，她跟这人有孩子了。为了节省开支，她催促情人搬到她那里去住。一八二四年七月二十四日，生下来一个大胖小子，教名定为亚历山大。这是这家人里第三代亚历山大了。

就这样，年轻的办事员当上了父亲，当时年仅二十二岁。他对孩子的母亲满怀敬重，但是毫无娶她做终身伴侣之意，因为他心中另有向往与追求。读了那么多书以后，他想象有贵妇人向他示好，有美丽的女演员疯狂地爱上他，还有那些放纵的晚宴等等。小小的女裁缝具有一切好品德：善良、勤劳、懂事、忠诚，甚至也不乏魅力，唯独缺少文化与交往。仲马不想把自己拴住，他打算不受约束地投入令人心醉神迷的奇遇中去。

此外，还有他的母亲仲马将军夫人在那里；他没敢向母亲提及这

---

[1] 当时使用的金币，合二十法郎。

[2] 所有传记作者都持相反意见；然而，只要看一下卡特琳·拉贝的认子文书及其死亡证明，便可一目了然。——原注

桩私情，更不要说已经当上父亲。母亲此时觉得与儿子分离过久，又怕自己不久于人世，便提出要到巴黎找儿子。儿子也没有迟疑，在圣德尼城关街五十三号租了一套房子，供母亲居住，年租金三百五十法郎。这时，他在办公室的薪水，已经从年薪一千二百法郎，增加到一千五百法郎。他的一手好字给上司乌达尔留下了如此良好的印象，以至于仲马作为最佳抄写员，工作干得又快又好，而被介绍给奥尔良公爵本人。公爵问道：

"您是被波拿巴饿死的那位勇敢之人的儿子，对吗？……您写有一手好字。您写的信封漂亮得很。就搬到这间屋子里来吧，坐到这张桌子前；我有一份文件要让您誊抄。"[1]

完成这次难忘的誊抄工作之后，又过了十五天，仲马的名字被"列入花名册"，就是说成为正式办事人员了；这意味着这辈子不至于吃不上饭了。不过，这份差事需要全神贯注，能留给他搞戏剧的时间，实在了了无几。每两个星期中有一个星期，要由他负责"送皮包"；就是说，每天晚饭后，把当天的晚报，以及一天的信件整理好，交给信使送到讷伊，呈公爵阅览。然后，还要耐心等待当晚带回来的老爷的各项批示与命令。于是，这几天晚上就无法去看演出。当然，法兰西喜剧院除外；因为该剧院与他们的办公室都在王宫的同一屋顶下。当塔尔玛或玛尔斯小姐在那里演出时，这就十分方便了。其他晚上，在等待从讷伊过来的信件时，仲马就抽空阅读司各特[2]和拜伦[3]作品的译本。

"未来就在那儿，"见识高明的副主管拉扎涅对他说。"当今的新古典派悲剧不久将被遗忘。您会看到，一些更为大胆的作者将脱颖而出。愿您成为他们当中的一员。"

这当然是仲马求之不得的事。不过，在这一天到来之前，他还得为一天挣四法郎零五苏而忙碌。母亲已经到了巴黎，带来几件家具，还有她那些微不足道的钱财。卡特琳·拉贝母子也需要开销。当一名

---

[1] 亚历山大·仲马：《我的回忆》，第 3 卷。——原注
[2] 司各特（Scott, 1771—1832），英国小说家、诗人。
[3] 拜伦（Byron, 1788—1824），英国著名诗人。他的作品，以及他争取自由、为民族解放而奋斗的精神，都产生过重大影响。

小职员，竟要负担三口人的生活！亚历山大确信，只要给他时间，他就能写出杰作来。当务之急，是摆脱那个"皮包"，那个吞噬他晚上时间的"皮包"。不进入上流社会，到哪里去观察那些欲望与情感？而一个人每天晚上十点钟才从办公室出来，精疲力竭，又怎么能够进入社交界？

有时候，大城市的嘈杂喧扰，种种特殊的需求，以及形形色色的勾心斗角，使他不知所措，他竟怀念起维雷−科特莱田园牧歌式的生活。在给一位同他一样离开老家的老同学的信中，仲马写道：

亲爱的鲁散：您寄到我母亲那里的信，已经收到了；她现在和我一起住在巴黎。我颇费了点周折，才促使她下决心离开维雷−科特莱。因此，对于当年我们熟悉的人，无论留下的还是出来的，情况有何变化，我知道的很少。关于您提出的问题，我也就只能尽量回答了……

玛利亚娜小姐（我记不得是否给您讲过这些情况）在您走后，盯上了我。以填补您空出的位置，这对我当然是莫大的荣幸。她后来又断定我配不上享受这份荣幸，配不上获得这份幸福；我使她产生的些许爱慕之情，不知怎地就转化成了仇恨；从此，我就再也没有见过她。她现在仍然是位小姐；没有任何迹象表明，她的身份在未来将有什么变化。

阿格拉艾，或许我已经告诉过您，或许您在出发以前已经知晓，她嫁给了哈尼盖，婚后已生下四个孩子；这四个孩子中死了三个，唯一剩下的那个——请赞赏命运的安排有多么绝妙吧——还是她婚前就怀上的那个。除此之外，两口子倒是挺美满的。

克雷泰离开维雷−科特莱，去别处高就做收税员去了。至于到了什么地方，我也说不太清楚。自那以后，我只见过他一面，是在巴黎。他现在的情况，我一无所知。富尔卡德，您认识他，目前在巴黎一所互助学校当校长；他的兄弟则进了奥尔良公爵的办公处。约瑟芬·梯也里已经结婚，嫁了个理发的……

玛奈特·梯也里，到外面跑了一大圈之后，驻足巴黎，在一所寄宿学校当衣服被褥总管。我们见面时，她还是那么可爱。回忆往事所产生的魅力，使我俩接近起来；各人谈各人以前的恋爱。谈着谈着，就……我的天啊！肉体是软弱的，魔鬼又狡诈多端……不过，没有亲热多久，两人便都觉着对方不能适应自己。

说了一通别人，现在说说我自己吧。我这个人，就是光论对您的思念，也是值得费点心思的。您已经知道，我在奥尔良公爵府上找了份差事，挣一百来个路易。但愿我不要老窝在那里。一有了差事，我就劝我母亲来巴黎和我一块过。所以，您寄往维雷-科特莱的信，又转到了巴黎……

对了，您什么时候来巴黎，我有间房子可以给您住，余不多写，愿为您效劳，家住圣德尼城关街五十三号[1]……

仲马连自己的日子都不知道该怎么过，可是已经准备殷勤待客了。

---

[1]　此信未公开发表，见阿尔弗莱德·杜邦的收藏。——原注

第二章　初涉戏剧、写出《克里斯汀》、结识玛尔斯小姐

一八二七年，一个英国剧团来巴黎演出，先在奥德翁剧场，后来又转到法瓦尔剧场。在这之前，确切说是一八二二年，就有英国剧团第一次来巴黎，在圣马丁门剧场用英语演出莎士比亚的戏。然而那时候，滑铁卢与惠灵顿[1]，对法国人来说，音犹在耳。英国人是路易十八[2]的盟友，这已经足够使他们在巴黎的剧场里无法立足。不幸的英国演员，在台上挨了苹果和橙子的袭击；法国人以这种奇怪的方式，表达他们的爱国主义。

在这不幸的首次试验以后五年，气候有所转变。一些大演员，像弗雷德里克·勒迈特、玛丽·多瓦尔等，把情节剧提高到了艺术作品的尊贵地位。然而争斗并未完全分出胜负来。被放逐到外围林荫大道演出场所的通俗戏剧，尚未在法兰西喜剧院争得一席之地。而法国人，即使是革命者，也有他们心目中的圣地；他们习惯于把任何荣耀都奉献给他们的圣地。拿破仑加冕，选的是巴黎圣母院；而此时，那些无视传统观念的青年剧作家，一心向往的则是打进法兰西喜剧院。于是，莎士比亚（法国人当时并不怎么了解他的剧作，翻译的拙劣更增加了隔膜）和法国古典悲剧之间的较量已如箭在弦，人们预期要爆发成一起事件。

英国演员的成功十分引人瞩目。他们的表情与动作，大启大合，先使巴黎观众大吃一惊，后来便受到他们热情的欢迎。法兰西喜剧

---

[1]　指一八一五年拿破仑兵败滑铁卢；惠灵顿为该战役的英军统帅。

[2]　拿破仑战败后，路易十八于一八一五年七月八日进入巴黎，复辟了波旁王朝的统治。

院的观众看惯了有分寸的死亡场面；看到凯恩[1]表演临终痛苦时那种淋漓尽致的发挥，无不目瞪口呆，不知所措。肯布尔[2]表演死亡，"就像真的要咽气一般"。他那"恶魔一般的、冷嘲热讽的"笑声，将会长期感染法国的舞台。哈里埃特·斯密思森小姐，在诸如疯狂与饥饿等场面里，其逼真与现实主义的表演，并不比她的男伙伴们逊色。当悲剧皇后玛尔斯小姐一而再、再而三地去观看英国人的演出时，浪漫主义者终于取得了胜利。他们说："我们的演员上补习课去了；他们把双眼瞪得大大的。"[3]

英国人的影响推动林荫大道的艺术家们进一步夸张演出效果，寻求狂热、神经错乱及垂死挣扎的场面。博卡日、多瓦尔等名演员都希望得到合适的剧本，使他们与得胜的来访者一较高下。仲马暗下决心，一定要向他们提供这样的本子。他观看所有的演出，还记了笔记：

> 我看了塔尔玛、凯恩、肯布尔、马克瑞迪和约阿尼演出的《奥赛罗》……塔尔玛演的，是一个带有一层威尼斯文明的摩尔人；凯恩则是一头凶猛的野兽，半虎半人；而肯布尔塑造的是一个易怒而粗暴的成年男子；马克瑞迪呢，则是一个格林那达阿拉伯王国宫廷斗争时期的阿拉伯人，风流潇洒、具有骑士风度；至于约阿尼扮演的奥赛罗……那根本就是约阿尼自己[4]……

仲马狂热地欢呼马克瑞迪和凯恩，肯布尔和漂亮的哈里埃特·斯密思森。疯狂、暗杀与自尽的场面，奥赛罗的嫉妒，苔丝德蒙娜之被害，无不使仲马心潮起伏，难以平静。他写道："这是我第一次在戏剧中看到，在有血有肉的男人和女人身上，表现出的真实情欲。"[5]

---

[1] 凯恩（Kean，1787—1833），英国著名悲剧演员，以表演莎士比亚剧作著称。大仲马曾以他的生活为依据，写出喜剧《凯恩，或纷乱与天才》。

[2] 肯布尔（Kemble，1757—1823），英国演员，以演出哈姆雷特、麦克白斯等角色而获得很高声誉。

[3] 欧仁·德拉克洛瓦：《书信全集》（安德烈·茹班版）。第1卷。——原注

[4] 亚历山大·仲马：《戏剧回忆录》，第2卷。——原注

[5] 亚历山大·仲马：《我的回忆》，第4卷。——原注

他听不懂英语，然而形体动作、行动、声调，对他来说已经足够了。

通过观看莎士比亚的悲剧，仲马明白了自己的企望：随心所欲地描绘大起大落的情节；在舞台上表现被古典作品留在后台的肉体暴力；运用剧情的突然变化去感染观众。他还远未体验过各种欲望，但是对戏剧却拥有一种天生的辨别力。该选取什么样的题材？古代题材已经为古典主义作家兼并。当代的故事又过分棘手。一次，他偶然去绘画与雕刻年度沙龙参观，被一幅浮雕所吸引。这幅浮雕表现乔万尼·莫那尔代奇一八五七年在枫丹白露的鹿廊被谋杀的情景。谋杀的命令出自瑞典王后克里斯汀。莫那尔代奇？克里斯汀？他们是何许人？对这段晦暗的事件，年轻的仲马一无所知。他向一位朋友借了一本《各国名人传略》；这个朋友名叫弗雷德里克·苏里埃，学识不俗；由于继承了一座规模不小的细木作坊，还拥有一笔财产。仲马在从他那里借来的书上，找到莫那尔代奇和克里斯汀的条目。

这两个条目告诉他：莫那尔代奇是意大利人；成了瑞典王后的情夫之后，因嫉妒另一个又获王后宠幸的意大利人森蒂内里，便写信谩骂；然而，他做事不谨慎；败露之后，王后大怒，命令他的情敌将他杀死于枫丹白露。这一事件，无疑是编写剧本的好材料。

"咱俩一起干吧！"仲马向苏里埃建议。在这之前，他已经打算同这位朋友把司各特的一部小说改编成剧本上演。苏里埃回答道："这不是一出正剧，而是悲剧。"

于是，两人决定分头各写一部《克里斯汀》。谁先写好谁就先去碰运气。然而，仲马仍然是奥尔良公爵的秘书处里一个未入流的小职员，没有自由支配的时间。无论如何，必须把晚上的时间夺回来。他鼓足勇气，去见乌达尔先生。

"我只有一个办法来满足您，"乌达尔先生不无同情地答道，"那就是把您调离私人秘书处，转到一个不上夜班的机构，例如森林管理处……但是，这样一来，您的前程可要大受影响。"

仲马心想，自己的前程根本不在办理公务上，便同意调动工作，转到了森林管理处。这个处的主管便是那位粗暴易怒而心地善良的德维奥兰。刚一到，仲马便要求自己一个人占一间办公室，引起众人议论纷纷。不过他有乌达尔的庇护，总算得到了这一特殊待遇。于是，他就可以避开一切监督的目光，把上司和同事关在门外，以他飞快而漂亮的书法，把分内的差事办完后，每天挤出几个小时写他的剧本。不久，五幕诗体剧《克里斯汀》便大功告成。

"我这时反倒不知所措了，"仲马回忆道，"好像一个可怜的姑娘，在合法婚姻之外，刚生下一个孩子来。"[1] 手稿就是他的私生子，该如何处置才好？就像对待以前写的悲剧那样，把他掐死？这似乎太狠心了；婴儿看上去长得结结实实，哭着喊着要活下去。需要的是一个剧场收留他，还需要有观众来养育他。但是，二者如何才能找到？唉！要是塔尔玛还在世，仲马会马上前去，提及他们以前的会面。遗憾的是，塔尔玛一八二六年已经离开人世。在法兰西喜剧院，仲马现在连一个熟人都没有。

每个月，这一尊贵的剧院都要派提词人把奥尔良公爵有权享有的戏票送到设在王宫的办公室。一次，仲马在半路上截住了那个长着浓眉的男子，向他打听要想有幸被接受给剧院委员会朗诵剧本，需要办哪些手续。提词人回答说：首先要把手稿交给审查员；然而，由于交上去的有好几千份，很可能需要等上好几年。

"手续不能简化一下吗？"

"能倒是能，不过得认识泰勒男爵先生。"

泰勒男爵生在布鲁塞尔，父母为英国人。他后来当上军官，加入法国国籍。一八二五年，这位维克多·雨果和阿尔弗莱德·德·维尼的朋友在三十六岁上，获查理十世恩准，担任了国王驻法兰西喜剧院的特派员。在这之前，这位国王还给他封了个贵族头衔。这一选择并没有错。泰勒是位画家，到了喜剧院后曾绘制过布景，设计过服装，拍板上演了好几出喜剧，还跟诺迪埃合作，翻译过一个英国剧本。他和维尼曾在同一个团里服役；经夏多布里昂介绍，又认识了雨果。雨果夫人阿黛尔常请他"不拘礼仪地"共进午餐。他到法兰西喜剧院上任，目的是到那里进行整顿；不论谁去都会以此自命的。他制定了宏伟的规划——新官上任总要有所作为——要演出一些无法上演的剧本，例如夏多布里昂的《摩西》。古典派人士指责他有一个英国

---

[1]　亚历山大·仲马：《我的回忆》，第 5 卷。——原注

姓。一名对他不满的演员说："此人是莎士比亚的同胞；他藐视高乃依、拉辛及伏尔泰。"人们责备他制作布景过于豪华，花钱毫无节制，文学趣味不无问题。不过，在没有偏见的评论者眼中，他的管理是诚实正派、宽容豁达的；他对浪漫主义流派在法国的确立做出过很大贡献。一八二八年，由于他的努力，维尼与德尚翻译的《罗密欧与朱丽叶》才被法兰西喜剧院的演员们所接受。当然，这个剧本后来并未上演；什么事情都不可能一下子就办得那么顺当妥帖的。

仲马征求热情而富有学识的副主管拉扎涅的意见：

"您认识泰勒男爵吗？"

"不认识，"拉扎涅答道，"不过此人是诺迪埃的亲密朋友……您不是讲过，一天晚上在剧院里，你和诺迪埃座位紧挨着，您还同他谈过话……不妨给他写封信去，让他回想起那次会见。"

"他可能早就把我忘了！"

"他记性好，任何事情都不会忘记……给他写封信吧。"

这不会冒多大风险。仲马在信中提到看《吸血鬼》时的谈话，对书籍的爱好，观众的嘘声，被赶出剧场……接下来便请求诺迪埃把他推荐给泰勒。很快就收到了回信；是泰勒本人写的便条，同意早上七点会见他。仲马准时到达国王特派员家中。一名老年女仆给他开门。

"来吧，年轻人！我听您念。"泰勒在澡盆里同他说话。

"我只念一幕；您要是听烦了，我马上停下来。"

"好极了！"泰勒低声说道，"您比您的同行们更有同情心。来吧！这是个好兆头。我洗耳恭听。"

仲马念完第一幕，头也不敢抬，问道：

"那么，先生，还往下念吗？"

"当然，念下去！"泰勒出浴后哆哆嗦嗦地说道："我还得上床去……天啊，真舒服。"

念完第二幕，国王特派员要求接下去念第三幕，然后是第四幕，第五幕。听完《克里斯汀》全剧，他从床上跳下来，大声说道：

"马上跟我去法兰西喜剧院，马上，一起去。"

"去干什么呀，先生？"

"安排您读剧本。"

"给委员会朗读剧本？"

"星期六就读。"

仲马向委员会朗读了《克里斯汀》。他第一次那么贴近地见到了剧院里大名鼎鼎的戏王与戏后们。剧本在需要修改的条件下被通过了。由于有许多大胆之笔，剧本还需要给委员们信得过的一位剧作家审阅。仲马高兴之极，对附加的条款根本没有介意。他的剧本被法兰西喜剧院通过了！那时他只有二十六岁！真是个奇迹！他母亲见他比平常日子回来得早，非常担心。出了什么事？亚历山大是不是被赶出王宫了？

"通过了，妈妈！齐声喝彩，通过了。"

说着，他就跳起舞来。将军夫人还以为儿子发疯了。她一本正经地指出，不上办公室是旷工，而旷工是要被除名的。

"那更好！我就有时间排戏了。"

"剧本一旦不行，我们可怎么活呀？"

"那就再写一个，一定成功。"

当天，著名演员弗尔曼就来到仲马的办公室，告诉他：选中了毕卡尔先生审阅《克里斯汀》的手稿[1]。此人写过一百来部喜剧（《旁系》、《小城》、《外省人在巴黎》、《两个菲力贝尔》及《打水漂》等），虽然引起过轰动，但都是昙花一现。选择此人审阅显然是荒谬的。这一才华平庸又缺乏厚道的喜剧作者，不可能喜欢一部大胆又充满淋漓尽致表演的剧本。果然，八天以后，当弗尔曼和仲马前往看望时，这位尖鼻子驼背的小个子，先是客客气气地向来访者问候了身体健康，接着便做出一副和颜悦色的面孔，带着微笑问道：

"我亲爱的先生，您有什么谋生手段吗？"

"先生，"仲马回答道，"我在奥尔良公爵先生府上任办事员，年薪一千五百法郎。"

"噢！那好。我亲爱的孩子，如果要我给您提一条建议的话，那就是回到您的办公室去。对，回办公室去。"[2]

---

[1] 这里是仲马自己的说法。当时在法兰西喜剧院任院长的桑松，在其回忆录中另有说法。桑松的说法，见莫里斯·德科特：《浪漫派戏剧及其伟大的创造者们》。——原注

[2] 亚历山大·仲马：《我的回忆》，第5卷。——原注

此人的意见，到底是出于真诚，还是出于嫉妒？弗尔曼认为他并无恶意。而仲马则不这么认为。任何人，读了这样一部作品，而体会不到作者"肚子里有货"，这难道可能吗？这是泰勒男爵的意见。男爵要求再请一个人提提意见。这一次请的是善良的查理·诺迪埃。诺迪埃立即动手；第二天，泰勒就把他亲手写在《克里斯汀》手稿第一页上的批语拿给仲马看："我凭自己的灵魂与良知，郑重声明：《克里斯汀》在二十年来我所读过的剧本中，属于最为出色者之列。"

这一判断正确吗？当然，剧中的诗句，与作者同时代年轻诗人的作品相比，还显得有些逊色。与他同在一八〇二年出生的维克多·雨果写出的诗，无论是深度、语言还是技巧，都比激情澎湃的仲马要高明得多。然而，应当指出，仲马是剧作家；他本能地知道，该怎么使人激动，该怎么构造情节。于是，在第二个星期天（为了不侵犯仲马神圣的上班时间），演员们第二次听取了剧本的朗读。《克里斯汀》又一次被接受。当然，尚需做一些修改，由作者同桑松院长具体商谈。据桑松回忆，仲马在这方面表现得相当谦和。

然而，剧本并未上演。原因何在？这座莫里哀的剧院实在说不上殷勤好客。自从塔尔玛去世以后，挂头牌的就成了玛尔斯。这位小姐总是小心翼翼地显示自己还不到五十岁；凡是好的角色，从热恋的少妇到天真无邪的少女，一律由她独占；而后一类角色更为她所偏爱。大家都说难于跟她和好相处；凡是这一行当的角色，她总是激烈坚持己见，一个人说了算。对手们假装宽容，说她不像四十八岁的人。有时候，她也声称要结束自己在剧院里那么多年的支配地位；然而，有人则说她要举行的是"告别后还要再见"的演出。也难怪，玛尔斯小姐看上去出奇的年轻，待人接物温柔斯文，再加上嗓音清脆，台词念得炉火纯青，这一切保证了她无可争议的权威。角色分配，由她说了算；一不如意就训斥别的演员。话说回来，玛尔斯小姐整个演艺生涯，演的都是些古典主义作品，很难适应雨果、仲马这些作家所构思的浪漫派戏剧。她演马里伏[1]的作品得心应手，演莎士比亚就勉为

---

[1]　马里伏（Marivaux，1688—1766），十八世纪法国作家与喜剧作家。其描写爱情心理的笔调，显得过分细腻与矫揉做作。

其难了。在仲马的想象中，女主角必要时应当揪头发、大喊大叫、跪在地上爬行……而玛尔斯小姐过分温文尔雅，做不出这些粗俗的动作来。她的嗓门即使再大，发出的声音仍然优美动人；像一位少女在生气，而不像一头母老虎在咆哮。

玛尔斯小姐到王宫那间可怜的小办公室去找仲马，隔着一堆积满灰尘的文件，同他谈论《克里斯汀》。她批评角色安排不当，剧本毛病太多；她扮演的角色有几句诗必须删除。看到红得发紫的悲剧王后就坐在自己对面的椅子上，仲马喜出望外；不过，他坚持认为，被指责的那些诗句，是诗歌的精华，于是就脸红脖子粗地辩解起来。讨论了几分钟，玛尔斯小姐站起身来，神态和进来时完全不同，傲慢地边走边说道：

"好吧！您既然坚持，那就算了。您那几句诗，可以照念。不过，效果如何，您会看到的。"

从此，每次排练，一念到那个地方，小姐就跳过去不念，还对提词人加尼埃大声说道：

"跳过去，跳过去！作者打算删除。"

"不删除！"作者抗议道，"我的愿望是，照原诗念下去。"

"唉唷，见鬼！"提词人叹了口气，说道。

仲马问道："您这个'唉唷，见鬼'是什么意思？"

"意思是：如果玛尔斯小姐不想念您的诗，那她是绝对不会念的。"

"可是，戏既然要上演，她不念行吗？"

"戏要是上演，不念当然不行。不过，这样下去，戏就演不成了。"

提词人比谁都了解玛尔斯小姐的鬼心眼儿；果然，《克里斯汀》没有演成，借口总是能找到的。通过仲马的剧本之后八天，又接受了一部《克里斯汀》；作者名叫布劳，是位诗人，当过专区区长。据说这位布劳已不久人世，便决定优先照顾他。此外，弗雷德里克·苏里埃的《克里斯汀》也已完稿，并送交奥德翁剧场。一个《克里斯汀》接着又一个《克里斯汀》，成了人们的笑料；仲马没法子，只好把剧本撤回来。这对他来说，不一定就是坏事；有了空闲，可以重写或者加工这部本来就非常需要改进的本子。

　　然而，《克里斯汀》不演了，生活就成了问题。两个家都眼巴巴地等着剧本上演来养家糊口。加尼埃提醒他：

　　"再写一个剧本！把主角专门留给玛尔斯小姐。可别再给她写三十六音步的诗句了。千万不要惹她不高兴，什么事都顺着她，您的剧本就一定能够演出。"

　　"不过，亲爱的加尼埃，写诗可不是想怎么写就怎么写的……我打算写一部散文体的戏。"

　　"那就更好啦！"

　　"我再找个题材。"[1]

　　这当儿，他最好的朋友——运气，又神奇地给他送来一个新题材。一次，仲马走进一位同事的办公室，看见桌上打开放着一部大部头的著作，作者是历史学家昂格底尔；写的是亨利三世在位时的一桩轶事。吉兹[2]公爵亨利·德·巴拉弗雷发现妻子卡特琳·德·克莱弗丝与国王的宠臣圣梅格兰伯爵保尔·德·高萨德有染；公爵对此奸情虽然并不特别在乎，可还是决定要教训教训对己不贞的夫人。

　　一天凌晨，公爵一手持匕首，一手端着一种液体，走进夫人的寝室，严厉斥责她行为不端，接着便说道："夫人，您的死期已到；如何死法，任您选择：是匕首还是毒药？"任凭夫人哭泣、哀求、讨饶，公爵只是冷漠地回答："不行，夫人。二者必居其一。"最后，妻子无奈喝下了毒药，连忙念经祈祷等待死亡的到来，恳求天主赦免自己。一个小时以后，吉兹才说出真情：所谓的毒药不过是一份鲜美的清炖肉汤。即使如此，他给夫人的"教训"也是够残酷的了。

　　"多么精彩的场面！"仲马看后想道，"我就写它……不过，吉兹公爵，还有圣梅格兰，是不是真有其人？……"

　　像前几次那样，他又跑去找他忠实的朋友——《各国名人传略》。《传略》做了简短的解释后，又请读者参阅德·莱斯图瓦勒的回忆录……莱斯图瓦勒？……何许人也？……《各国名人传略》告诉他：

---

[1]　亚历山大·仲马：《戏剧回忆录》。——原注

[2]　有人译作吉士或古伊兹。

皮埃尔·台桑·德·莱斯图瓦勒（1546—1611），是亨利三世与亨利四世在位时期杰出的编年史家。仲马又把回忆录借来，看得津津有味。原来，圣梅格兰是国王寝宫的第一侍从，一五七八年在大街上被吉兹公爵指使的人杀害，以惩罚他与多位公主贪欢作爱的罪孽。这又是一个好场面，只是还略嫌平淡。再往下看，仲马又发现了一个精彩的戏剧情节，可使风流韵事的味道更加浓烈。然而，事情却发生在当时另一位老爷身上：路易·德·彪西·当布瓦兹（1549—1579）。不过，这又有什么要紧？仲马要写的，是戏剧，而不是历史。

事情是，年轻的彪西是蒙梭罗伯爵夫人[1]弗朗索瓦丝·德·尚伯的情人；一天，他收到伯爵夫人的一张字条，要他在某天夜里，趁其夫离家外出之机，到伯爵城堡与她约会。然而，这一约会的邀请，是在妒火中烧的丈夫威逼之下发出的；伯爵夫人为了保住自己的性命，不得不同意让查理·德·蒙梭罗捉奸成双。半夜十二点，在情妇的卧室里，彪西被由多人陪护、持械闯入的伯爵所杀。

有了关于圣梅格兰的一段故事和彪西·当布瓦兹的故事，再加上从席勒和司各特作品中回忆起来的一些情节，仲马感觉一部戏已呼之欲出了。当然，还需要搜集当时风俗习惯的具体细节，还要有地方色彩，了解"亨利三世朝代的众生相"等等。然而，亚历山大不是一个轻易就能使之望而却步的人。他有书可查找，有学识高深的朋友可请教，还有丰富的想象力。只用了两个月，《亨利三世和他的宫廷》就脱稿了。

---

[1] 在《亨利三世和他的宫廷》中，蒙梭罗夫人的风流韵事被移花接木，安在吉兹伯爵夫人身上。这之后，仲马又围绕同一情节构思了一部长篇小说（1846年发表）和一个剧本（1860年演出），两者的题目都是《蒙梭罗夫人》。在这两部作品中，弗朗索瓦丝·德·蒙梭罗的名字改成为狄亚娜·蒙梭罗。这位贵妇人真实的历史，直到当代才由莫里斯·拉考究明白。见巴黎布隆出版社一九五五年出版的《十六世纪的贵妇人与女市民》一书。——原注

年轻的下属，明确指出：搞文学与办理公务水火不能相容，要求他做出抉择。仲马回答道：

"男爵先生，奥尔良公爵大人被舆论公认是文学的保护人。我等待他的示意，而我本人是不会辞职的。至于我的薪金，如果使公爵殿下的预算负担过重，我可以放弃每月这一百二十五法郎。"

"那您的生活怎么办？"

"男爵先生，此事只与我自己有关。"

第二天，薪水就停发了。仲马想出一个主意：请诗人贝朗瑞从中介绍，向银行家拉菲特请求资助。不久，银行家就以《亨利三世》的手稿由他的机构保存为条件，付给仲马三千法郎。三千法郎！两年的薪水！他匆匆忙忙跑回家，把三千法郎全部交给母亲。将军夫人大吃一惊。无论如何，难道从今以后，搞戏剧就可以当职业了？

排练进行得颇为顺利，没有发生什么严重的事情。吉兹公爵由"坚定而有力的老兵" [1] 约阿尼扮演。公爵在每幕结尾时的台词，仲马都精心做了安排；约阿尼把这些台词念得极为精彩：

"圣保罗啊，谁杀害了杜加斯特，叫人给我把那些家伙找出来！"

"那么，从现在起，这扇门只为他一个人才能打开！"

"现在既然结果了仆人，就该去收拾主人了！"

《克里斯汀》的教训起了作用；仲马在角色扮演者面前，表现得既灵活又和颜悦色。

"这些事，诸位比我在行，"他常常这样说。"诸位看怎么办好，咱们就怎么办。"

排练工作使他心花怒放，还有一个原因。那就是他看上了在剧中扮演一个小角色的年轻女演员维吉妮·布比埃 [2]。亚历山大是无力抗拒任何肉欲诱惑的。当然，他继续资助卡特琳·拉贝，并承担抚养儿

---

[1] 莫里斯·德科特：《浪漫派戏剧及其伟大的创造者们》。——原注
[2] 玛丽-维吉妮-卡特·代尔维尔，艺名布比埃；一八二一年进音乐戏剧学院学习；一八五七年去世；一生中只饰演过一些小角色。——原注

子的义务。但是，继续忠于一个女人？这种想法对他来说是完全不可思议的。

他和神气十足的玛尔斯小姐的合作并非没有困难。不过，这时他已有了一些经验，不去硬顶，而是设法戳穿这位色里曼娜[1]的诡计。当然，这一切都惹得他愤恨难消、咬牙切齿。他写道："啊！法兰西喜剧院，简直是座被但丁[2]遗忘了的地狱。上帝把悲惨的剧作家们扔进里面。真是奇怪，他们竟心甘情愿地接受比别处少一半的报酬，以便到了晚年获得勋章。其实奖赏的并不是他们的成就，而是他们在那里受到的折磨。"可是这么说也并不公平。因为那里的演员们为他所做的事，是出色而令人敬佩的。

排演期间，发生了一件很大的不幸：仲马将军夫人因中风而半身不遂。怎么办？推迟排演？母亲得的是不治之症，这样做并不能治好老人家的病。首演定在一八二九年二月二日，他没有提出异议。首演前一天，他独自前往王宫，要求晋见奥尔良公爵。公爵接见了他。

"仲马先生，"公爵调侃道，"什么风把您吹到我这里来呀？"

"大人，我来向您恳求一项恩典。明天《亨利三世和他的宫廷》就要上演了，请您一定光临。殿下处罚我当然应该，只不过快了点儿[3]……明天，这桩案子将由公众判决。请大人出席审判。"

公爵说他非常愿意前往，只是明天要同二三十位亲王、王妃与公主共进晚餐。

"请大人把晚餐提前一小时；而我可以把演出推迟一小时；那么，您尊贵的客人就可以看上一场奇特的演出了。"

"我的天哪！这倒是个好主意。您去告诉泰勒，说楼座我包下来了。"

急切等待的那一天终于到来了。整个剧场一时间煞是好看。亲王们佩带着各式各样的勋章；王妃、公主们一个个珠光宝气；"半上流

---

[1] 莫里哀《恨世者》一剧中，一个年轻、漂亮而多情的寡妇。玛尔斯小姐曾成功地扮演过这一角色。

[2] 但丁（Dante，1265—1321），《神曲》的作者，意大利文艺复兴的伟大先驱。

[3] 这是一句俏皮话，指大仲马因搞创作而被除名之事。下面的话里，"案子"、"审判"等词，表面上说的是戏能否演出成功，实际上是一语双关。

社会的女子"[1] 卖弄风骚。贝朗瑞、维尼和雨果端坐在包厢里。正厅更是坐满了热情支持的朋友。演出进行得非常顺利。第三幕剧烈的情节（吉兹妒火中烧，施加暴力，强迫妻子给圣梅格兰写信，诱使后者落入致命的罗网），不但没有触犯任何人，反而赢得阵阵喝彩。幕间休息时，仲马跑回圣德尼大街家中，同母亲拥抱。到了第四幕，全场一片狂热。当弗尔曼提到剧作者的名姓时，全场起立，连奥尔良公爵也站了起来。第二天早晨，仲马收到一封信；寄信人是布劳瓦尔男爵，就是那位粗暴地把他除名的总管。信中写道："我年轻的好朋友，今晚要是不告诉您，对您出色的成功，我感到有多么高兴，我是不会去睡觉的。同事们和我本人都为这次成功而兴奋……"[2] 不论谁获得成功，都会惊奇地发现：怎么有那么多人一下子意识到，他们原来竟是自己的朋友。

戏演了三十八场。尽管有古典派作者和所谓的"行家"从中作梗，票房收入还是空前地高。浪漫主义的斗争在喜剧院内方兴未艾。古典派人士把新流派的胜利归咎于"充斥正厅，甚至溅入到包厢中去的一支可怕的队伍"[3]。这些人替有才华的演员惋惜，说他们把自己"降低到通俗情节剧"的水平。"行家们"鄙夷地说：如果公众想看哭哭闹闹，让他们到林荫大道上去找好了；千万要保住法兰西喜剧院，不能让它受到这种可悲的传染。至于演员们，他们需要拥有观众，并不赞同这种主张。

第二天，亚历山大·仲马一觉醒来，已经变成名人。他可怜的母亲的房间里摆满花束，然而病人已经几乎什么也看不见了。一个出版商出价六千法郎，买下《亨利三世》的出版权。这笔钱，比一名办公室主任的薪水还要多！然而，第二天晚上，仲马发现剧院委员会的成员神色沮丧；原来检查官下令禁演这出戏。到底是为什么？查理十世国王突然觉察到：亨利三世与其堂兄弟吉兹影射的是当今君主及其堂兄弟奥尔良！这道禁令，后来经奥尔良公爵亲自干预，才得以解除。公爵是这样说的：

---

[1]　一般指出入社交界、为上流社会男人供养、因而名声不佳的女子。
[2]　亚历山大·仲马：《我的回忆》，第 5 卷。——原注
[3]　引自德科特一八二九年二月十三日出刊的《剧院通讯》。——原注

　　我回答国王：陛下，人们并没有欺骗您，理由有三。第一，我并不打老婆；第二，公爵夫人并没有给我戴绿帽子；第三，陛下您没有比我这个人更为忠心耿耿的臣子了。[1]

　　就这样，在二十七岁上，这个不久前才从小城维雷-科特莱来到巴黎的年轻人，没有地位，没有靠山，没有文凭，没有钱，没有受过像样的教育，竟一下子成了名人，离声名显赫也不能说太远，并平起平坐地加入到那不多几位即将改革法国诗歌与戏剧的卓越人士的行列之中。没有一连串的机遇，绝对不能达到如此迅速的成功。仲马最初碰到了勒芬，是勒芬把他领向了戏剧；某一天晚上，在看《吸血鬼》的时候，又结识了诺迪埃；后来，在参观展览时偶然注意到那件浮雕；命运又把一本书打开，翻到对他有用的那一页；碰巧主管法兰西喜剧院的泰勒对新流派有好感……然而，机遇只垂青那些值得垂青的人。任何一个人，每天都能遇到十次机会，足以改变他的人生道路。然而，成功只惠顾那些善于抓住机会的人。为仲马雄心壮志服务的，有神奇的想象力、对英雄主义的激情、惊人的干劲、不够连贯但能不断充实的文化知识。他之所以获得成功，并非因为环境帮了他什么忙；恰恰相反，正是因为，无论处在什么境遇，他都有能力使形势为他所用。

---

[1]　亚历山大·仲马：《我的回忆》，第5卷。——原注

第三卷
《安东尼》

多好的一个人啊！简直是个长得高高
大大的孩子，面容那么可亲、那么天真。

玛斯琳 · 戴伯尔德－瓦勒莫尔 [1]

---

[1] 玛斯琳·戴伯尔德－瓦勒莫尔（Marceline Desbordes - Valmore，1786—1859），法国女
作家。

第一章　梅拉妮·瓦勒道尔

一八二九年，仲马二十七岁，个子长得又高又大，出奇地英俊，富有男子汉气概。他写了一出受到赞许的戏，从而创造了一种戏剧体裁，并结交了许多作家和艺术家，成了他们的座上客。无疑可以想象，与常穿黑色呢料服装、矜持稳重的"神圣家族"的家长雨果比起来，这位感情洋溢、动作疾速的大个子，似乎显得有些俗气。然而，仲马对自己的成功，高兴得那样天真，人们很快便原谅了他爱说大话的毛病。

他的第一位保护人查理·诺迪埃向他开放了阿尔瑟纳勒沙龙。沙龙主人善于言词，说起话来娓娓动听；他又是阿尔瑟纳勒图书馆馆长，那里就成了新流派特别喜爱的聚会场所。他的女儿玛丽出落得天仙一般，所有诗人都是她的朋友，其中不少人还对她产生了感情。每到星期天晚上，阿尔瑟纳勒沙龙灯火通明。常客中有法兰西喜剧院的老板泰勒，有漂亮无比的索菲·盖伊夫人和她的女儿德尔芬[1]；有雨果、维尼和众多的年轻诗人；有贝朗瑞，还有德维利亚[2]和众多的年轻画家。晚上八点到十点，是诺迪埃讲故事的时间；他背靠壁炉，讲得头头是道。到了十点，玛丽·诺迪埃小姐开始弹钢琴，人们跳起舞来；那些一本正经的人，坐在一个角落，继续讨论文学与政治问题。

从仲马进入阿尔瑟纳勒之日起，诺迪埃有时候就可以休息一下。

---

[1]　德尔芬·盖伊（Delphine Gay，1804—1855），婚后称做吉拉尔丹夫人，法国作家、诗人和剧作家。

[2]　欧仁·德维利亚（Eugène Devéria，1805—1865），法国浪漫派画家。

年轻的亚历山大讲故事的才能，并不亚于沙龙的主人。无论是讲述他的童年，还是谈他当过将军的父亲，以及拿破仑一世或他与玛尔斯小姐的纠葛，都能说得红火热闹，引人入胜。他一边讲，一边得意洋洋地欣赏自己的口才。一次，参加了社交晚餐后，大家问他：

"仲马，晚餐怎么样啊？"

"我的天，"仲马答道，"要不是我在场的话，这会儿早就连我也给闷死了。"

这位自学成才的青年，在许多事情上无知得令人吃惊；他十分崇拜诺迪埃，认为诺迪埃知晓一切，"而在一切之外，还懂得不知多少事情"。诺迪埃设法净化他的情趣，还要尽力纠正他喜欢吹牛的毛病，只是未获成功。《亨利三世》上演后，仲马有了钱，于是总爱佩带一些珠宝、戒指、金链及零零碎碎的小玩意儿，连穿的坎肩都是五颜六色、花里胡哨的。

"唉！"诺迪埃深情地对他说，"你们这些黑人，总是一个样子，总喜欢彩色玻璃球呀，小孩的摇糖鼓这些玩意儿。"

别人提到他的出身，只要说话人像诺迪埃那样没有恶意，他都能接受，有时甚至还引以为荣。而有的人就会引起他的反感。不过，他感觉自己强大有力，没有必要小肚鸡肠地去忌恨这些人。他唯一需要的是，每时每刻表明自己不比别人差，甚至还比别人强。所以，他说话语气里往往带着自负，自然也容易理解诸如私生子、被放逐者、弃儿这样一些人对社会的反感。因为，一个与社会标准不一样的人，不论其原因是什么：肤色、种族、出身、私生、残疾，总会感到自己是一切被排斥、被摒弃者的兄弟。一八二九年前后，拜伦是青年人的楷模；人们模仿他时髦的衣着打扮，他狂怒粗暴的举止，以及他的勇气与才华。雨果、维尼和拉马丁，这些有家室的人，具有宗教思想，远不能达到拜伦放纵声色的程度。而仲马就不同了；他无牵无挂，性情炽热，可以明目张胆地标榜拜伦之道。

他对温顺的女裁缝、自己私生子的母亲卡特琳·拉贝不忠诚；不过，他从未停止过供养她和孩子；他甚至不时去与她过上一夜。然而，他生活在瑞典王后克里斯汀、吉兹公爵夫人以及玛尔斯小姐这样的氛围里，为人贤惠但缺乏诗意的女裁缝，怎么能叫他满足与甘休呢？

一八二七年有一天，一位朋友带他去王宫大厅，听学识渊博的维勒纳夫演讲。演讲完毕，他被介绍给演讲人及其全家，并应邀去其家中喝茶。到沃吉拉尔街，路相当远，大家是走着去的。路上，仲马请主人的女儿梅拉妮挽住自己的胳膊，两人一边走一边坦诚地倾诉衷肠；时间相当充裕，足以使征服获得成功。梅拉妮比仲马大六岁，结婚已经七年；丈夫是位四十来岁的军官，生于那慕尔[1]，后来加入法国籍。

此人名叫弗朗索瓦-约瑟夫·瓦勒道尔，系第六轻步兵团上尉，负责服装供应，驻扎在蒂永维尔；因路途遥远，不能经常回家。他的档案告诉我们：这位"体格健壮的军官"，年金二千二百法郎，从长远看"还可增加一倍"。对他的评语是优良的：

举止：合乎仪规，无懈可击。

作风：行为无可指责。

能力：很强。

文化水准：充实丰富。

军事知识：无不足之处。

服役表现：热忱，有专长[2]……

梅拉妮是位浪漫的女英雄，具有无穷无尽的"渴求"，"对一切都怀有好奇心"，还是一位女诗人，怎么竟会爱上这位循规蹈矩的瓦隆人呢？梅拉妮说他"冷淡"，不知关心体贴人。婚后生了一个独生女；女儿的出世，差点儿要了她的命。梅拉妮在外省受不了冷清与烦闷，便搬回巴黎父母亲家中居住，并参与主持文学沙龙。她父亲曾经当过《日报》的主编和《本堂神父报》的社长，是《宗教回忆》的创办人。在他那古老的小房子里，汇集保存着"许多珍贵的书籍、手

---

[1] 位于比利时南部讲法语的瓦隆地区。

[2] 弗朗索瓦-约瑟夫·瓦勒道尔，一七八九年三月三十日生于那慕尔，根据一八一七年三月十二日国王敕令加入法国籍；一八二二年与梅拉妮·维勒纳夫结婚。一八〇九年，作为普通一兵加入第九十四野战步兵团。一八一六年，在多尔多涅州军团升为少尉；后来，该州军团成为第十三步兵团，他的军衔未变。一八二二年晋升中尉；一八二七年成为上尉。他死于一八五六年，时年六十七岁。——原注

稿、板画，尤其是名人的亲笔签名；在法国，他是第一位宣扬鉴赏这些物品的人"。他是位文学史教授，翻译过奥维德[1]与维吉尔[2]的作品。然而，这位学识渊博之士生性多疑，连自己的老妻也放心不下；对女儿管教得就更加严格，竟达到了截查信件的地步。

任何收藏家都不是无懈可击的。机敏的仲马把拿破仑及其帝国的元帅们写给他父亲仲马将军的信函拿出来，送给维勒纳夫，从而赢得了他的欢心。于是，仲马应邀在他那简直像博物馆的沙龙里朗读《亨利三世和他的宫廷》，并受到梅拉妮格外殷勤的招待。

这位"心灵相通的人儿"眉清目秀，身材纤弱，眼神撩人，脸蛋上还透着几分羞怯，把仲马弄得心醉神迷。在爱情方面，梅拉妮更喜欢领略逐渐进展的细腻，不大赞赏疾风暴雨式的速决。她像朱丽埃特·雷卡米埃[3]一样，"但愿把一切都挽留在春天"，以便尽可能延长被追求的时间。这可对不上仲马烈火一般的脾气。两人刚出了房门，还没走进另一间屋子，仲马就猛地把她搂住，两条胳膊像当年他当将军的父亲，力大无比，像是能把她纤弱的身躯挤得粉碎。他不停地狂吻，使她喘不上气来，挣扎与反抗都无济于事。慢慢地她就被完全吞没了。仲马接二连三地给她写信，一天不漏。信中感情炽热，声色荡漾；还信誓旦旦地许诺：对她的热恋永远不变，定使她享受任何凡人所不能给予的乐趣。

让"我爱你"这句话永远萦绕在你身旁……一千次吻你的双唇，我的吻和我的全身一样炽热，使人浑身战栗，饱含着如此多的快慰……再见，我的心肝儿，我的命根子；我想一口气给你写上厚厚的一大本，但那样成了一个大包裹，可能叫人家看出来[4]……

---

[1] 奥维德（Ovide，前43—18），古罗马诗人。
[2] 维吉尔（Virgile，前70—前19），古罗马诗人。
[3] 朱丽埃特·雷卡米埃（Juliette Récamier，1777—1849），法国著名的美人，在她周围形成了一个相当著名的沙龙。
[4] 国家图书馆手稿部；编号：N. A. F. 24641, folio 280。——原注

从一八二七年六月三日认识仲马起，到九月十二日，梅拉妮支撑了三个多月，终于坚持不住而驯服了。怎么能顶得过这"大自然赐予的活力"呢？坚守了三个半月，城池才告陷落，已经是相当了不起的了。"为了贮藏他们的幸福"，仲马租了一间小屋。这样，他就要负担三份房租：卡特琳·拉贝的住房，仲马将军夫人的住房和一套单身居室。梅拉妮同意来这里幽会，从而成了亚历山大的情妇。在房事上，循规蹈矩的瓦勒道尔上尉只给过她一些相当肤浅的感受；跟仲马走到了一起，她一下子被弄得眼花缭乱，不知所措了。

> 亚历山大·仲马致梅拉妮·瓦勒道尔：啊！一整天都和你在一起，多么幸福，多么幸福！……我简直把你整个儿吞下去了……我认为，虽然离开了我，你还会感觉到我印在你身上的吻；我的吻，只有我一个人，才能给你这样的热吻。噢！对了，在爱情方面，你就像一个十五岁女孩那样天真，或者说近于无知。

> 原谅我没把信纸写满，因为我母亲追着我叫："仲马！你的蛋煮好了！你煮的蛋快变硬了！"对这样紧迫的逻辑，有什么法子置若罔闻呢？再见，再见，我的天使。那么，妈妈，既然我的蛋已经硬了，那我就蘸上油把它们吃下去[1]……

过了不久，梅拉妮就抱怨起来了，说他过分贪婪，欲壑难填，又缺少细腻，不能体贴入微。一个敏感的妇女有权利得到的那种"升华"了的感情，仲马未能给予她应得的一份。她责备仲马不懂得品味快感；她自己则像那些尚未找到男女肉体接触应有节奏的女子一样，心慌战栗、头晕目眩、昏昏沉沉，因而内心感到苦恼。仲马不同意她的话，辩解道：

> 我疯狂的朋友，我可恶的朋友，我善良的朋友，我再好不过的女友，我多么爱你！不管你身体好还是不好，心情愉快还是忧

---

[1]　国家图书馆手稿部；编号：N. A. F. 24641, folio 293。——原注

伤，口气是责怪还是温和，当你坐在我的双膝之上，那就让我把你紧紧搂在我的心口上；至于你说些什么，对我来说都无关紧要。因为，当你愿意的时候，即使你贴在我的心口上，你的声音也可以对我说你恨我，你讨厌我。然而，我的触觉所显示的，却完全是另一回事[1]……

仲马一有了钱，就要花掉。《亨利三世》演出成功，他手头宽裕了，便在帕西给卡特琳·拉贝母子租了一所小房子，又为他自己在大学街二十五号租了一套公寓房。窗台上摆着一排天竺葵。对亚历山大和梅拉妮来说，这些天竺葵已经成为两人爱情的象征。请看下面这封信：

天使乖乖，搬家搬的差不多了。我们那个窝，家具、衣服、床具、马铃薯、黄油、心形糖等等，都是我自己搬过去的。我们在那里会相当舒适，离你家又近多了；特别是更加隐蔽，因为整座房子，不论从什么地方，都不会看见楼梯有人上下；而房东又是家具商；万一有人碰上，还以为你是去买东西呢[2]……

梅拉妮是那里的主管。常来的是一小伙忠实的朋友：法籍瑞典人阿道尔夫·德·勒芬，美丽的诗神德尔芬·盖伊；有时候还有巴尔扎克、雨果、维尼等人。在这套房子里，仲马朗读了修改后的《克里斯汀》。检查机关同意限期修改，仲马正好借机重写剧本；先加上一个发生在斯德哥尔摩的序幕；再补充一个尾声，地点在罗马。另外，又增加了一段次要情节；还设计了一个人物，名叫保拉，是莫那尔代奇的情妇。这样，王后对背叛的报复，不再是出于政治原因，而完全是出于感情方面的纠葛了。

在奥德翁剧场，苏里埃创作的《克里斯汀》没有打响。剧场经理菲力克斯·哈雷尔写信给仲马，建议上演他的《克里斯汀》。仲马不

---

[1] 国家图书馆手稿部；编号：N. A. F. 24641, folio 297。——原注
[2] 国家图书馆手稿部；编号：N. A. F. 24641, folio 296。——原注

无顾忌，去征求苏里埃的意见。苏里埃回答道："把我那本《克里斯汀》的碎片捡起来——碎片有好多，这我可以明白告诉你——，把它们扔到第一个过来捡破烂的背筐里；然后，把你的剧本大大方方地搬上舞台。"[1] 得到这位朋友的允许之后，仲马这才接受了哈雷尔的建议。

当时，奥德翁剧场被认为处于"化外之地"。一八二八年，该剧场甚至关了门。后来，应卢森堡宫周围三个区区长的请求，才又重新开张。就此事仲马写道："对他们来说，仅仅是一家店铺的事，根本谈不上什么艺术；而我所要的是，让巴黎硕大躯体已经瘫痪的一边再活动起来……"[2] 仲马的想法是：既然法兰西喜剧院几乎不向无名作者开门，引进奥德翁的竞争，可以刺激一下法兰西喜剧院。然而，各家报纸对这个僻远的剧场，态度非常刻薄："奥德翁？在哪里？……还没起火[3]，它就自己烧光了。"到了一八二九年，哈雷尔终于当上了奥德翁的经理。

哈雷尔不是等闲之辈。他最初曾在最高行政法院当过助理办案员，后来当过桥梁总督察；拿破仑帝国时代，又担任了朗德州州长；波旁王朝的复辟结束了他的官场生涯；然而由于他是乔治小姐的情夫（这在多种原因中肯定是最主要的），便被任命为剧场经理。此人非常聪明，又很风趣，每天晚上花钱都到破产的边缘。他虽不十分可信，但是仲马认为："会见此人总是令人愉快，因为他说话很讨人喜欢。就是把玛斯加里尔[4] 和费加罗给他做随身男仆，他也能把这两个人调教得服服帖帖。否则，我宁愿当个乔治·唐丹……"[5]

人们取笑哈雷尔，说他拥护过拿破仑，说他天不怕地不怕；但是此人有联络与宣传的才能，在后来的岁月里将成为浪漫主义戏剧的预

---

[1] 此信引自查理·格里耐尔：《亚历山大·仲马》。——原注
[2] 亚历山大·仲马《戏剧回忆录》，第2卷；也可参阅德高特的《浪漫派戏剧》一书。——原注
[3] 奥德翁大厦建于十八世纪末叶，剧场设于大厦内；十九世纪初，大厦曾两次毁于火灾。
[4] 莫里哀《冒失鬼》、《情怨》、《可笑的女才子》等剧中的喜剧人物，是性情欢快而又机敏调皮的男仆。
[5] 克雷芒·冉南：《浪漫派的正剧与喜剧》。——原注
　　话中涉及的乔治·唐丹，是莫里哀的喜剧《乔治·唐丹或受气丈夫》的男主角。这个有钱的农民，娶了个贵族的女儿，不但未得好处，还戴上"绿帽子"。

报者。他的情妇乔治小姐，过去是拿破仑的情妇，现在仍然是波拿巴分子们的偶像。其实，她已经四十三岁，然而风韵犹存，仍然具有惊人的雕塑美。仲马写道："如果有一位热心肠的好女子，那必然就是乔治，那具有皇后般气度的乔治。对各种思想性格的人，她都能宽容相处；高兴时便张口大笑，不像玛尔斯小姐那样，只在唇边露出一丝微笑。"[1]

以前，当皇帝的拿破仑曾经说过，乔治要是戴上皇冠，会比叶卡捷琳娜二世更像那么回事。到了一八三〇年，一些刻薄的专栏记者，嘲笑她发胖时写道："哈雷尔先生说过，整个奥德翁剧场都在乔治小姐一人身上。因此，她才变成那么胖！"……"英国马围着演武场跑一圈用了四分钟；而昨天这马围着乔治小姐跑一圈却用了五分钟，……"[2] 然而，邦维尔却另有看法："时光无情的流逝并未损害艾莲娜容光焕发的面孔，也没把她变成一个老太婆……"[3] 浪漫派作家千方百计创作一些适合她扮演的角色。泰奥菲尔·戈蒂耶写道："为了她，人们不知从历史当中挖掘出了多少肥胖的王后和身高马大的皇后！现在，身材不高不胖的女角色，只剩下一些公主了。怎么办呢？"[4]

瑞典王后克里斯汀当年长得是否丰满？不管答案如何，她是王后，乔治小姐垂涎这个角色。苏里埃失败了，小姐就支持仲马。哈雷尔本来主张做些修改，可是演员们的意见占了上风。不仅乔治小姐想演克里斯汀；连洛克罗瓦，这位年轻、充满诗情、喜欢冒险的男演员，也有意扮演莫那尔代奇这一角色。剧本虽然不是无懈可击，然而情节曲折生动，而且像仲马其他剧本一样，每幕结尾都能抓住观众的心。例如："哎呀，父亲，我可怜他……把他结果了吧！"首演的日期是：一八三〇年三月三十日。那时，雨果的剧作《艾那尼》所引起的战斗，在巴黎正是方兴未艾。喝倒彩的，还有"布散

---

[1] 亚历山大·仲马：《我的回忆》，第 3 卷。——原注
[2] 引自德高特一八三〇年一月十七日至三月十六日出刊的《剧院通讯》。——原注
[3] 泰奥多尔·德·邦维尔：《我的回忆》。——原注
[4] 泰奥菲尔·戈蒂耶：《法国戏剧艺术史》，第 1 卷。——原注

戈"[1]派的青年人，这一天纷纷从法兰西喜剧院转移到奥德翁。他们大声喊叫："流氓！混蛋！骗子！恶棍！"到了尾声，克里斯汀问医生："到咽气，我还有多少时间？"这时，一个观众突然站起来，大声嚷道："到一点钟她还不死，我就走。"洛克罗瓦演得很有激情，使德尔芬·盖伊小姐忍不住大声喊叫起来："加油，洛克罗瓦，真带劲！"[2]

事实上，《克里斯汀》与《亨利三世和他的宫廷》比较起来，稍嫌逊色。这是一出格调混杂的戏剧，一半正剧，一半悲剧。仲马写的诗句，属于叙述的成分多，而诗意不足，远不能与他的散文等量齐观。苏里埃是位诚实的同行。演出前他得知有人策划捣乱，便订了五十个正厅的座位，请来了机械锯木厂的工人，来支持新上演的《克里斯汀》。尽管有这些人的支持，演出结束后还是发生了一场混战，以至于连仲马自己也说，演出闹不清是成功还是失败。散场之后，一伙人便到大学街吃宵夜。来的人里有雨果，他刚刚赢得了《艾那尼》的胜利；还有维尼，他的《威尼斯的摩尔人》演出后也颇受欢迎。在其他人吃喝谈笑的时候，仲马请这两位诗人修改刚才被观众"抓住"的一百来行写得太差的诗句。两人表现出好伙伴的态度，没有推辞。演出中，乔治小姐在提到接待瑞典使节的场面时说："他们像一些老杉树，朝我走来。"这句台词引起哄堂大笑。肯定是由雨果修改，这段台词变成了：

> 他们像是在风暴中屹立的老柏树，
> 院子里飓风不停地呼啸着向他们猛扑；
> 使他们浑身披雪，
> 胡须灰白，头发如裹缟素。

这样，读起来就好多了。由于两位好心肠的朋友又做了其他必要的删改，第二场演出果然大受欢迎。演出结束，极度兴奋的仲马穿

---

[1]　一八三〇年革命后，对提出激进民主主义主张的一派青年之称呼。布散戈派积极参加政治斗争；还有一派叫"法兰西青年"，多关心文艺方面的问题。

[2]　莫里斯·德科特：《浪漫派戏剧及其伟大的创造者们》。——原注

过奥德翁广场时，一辆出租马车在他前面停下来。车里坐着一位女士；她拉下车窗玻璃，大声叫道："仲马！"仲马定睛一看，认出是玛丽·多瓦尔。多瓦尔接着说："啊，您果然才华横溢！"此次邂逅，成为两人友谊的开端，并将导致一段私情[1]。

第二天，一家书店开价一万二千法郎，要求出版剧本。仲马名利双收。

---

[1] 查理·格里耐尔：《亚历山大·仲马》。——原注

第二章 《安东尼》

　　一八三〇年，对于浪漫派，是关键的一年。革命即将从文字走上街头。这是一个热火朝天的时代；无处不在战斗：剧场里，街垒上，甚至在夫妻之间。这是因为，浪漫派必须有火热的激情。就在这段时间里，圣勃夫向维克多·雨果的夫人大献殷勤；也是在这段时间里，未来的乔治·桑终于摆脱了杜德望男爵这个丈夫；还是在这段时间里，阿尔弗雷·德·维尼苦苦地爱恋着玛丽·多瓦尔；而巴尔扎克，这时对他的情妇 Dilecta[1] 已感到厌倦，正准备为那位看不见摸不着的卡斯特里侯爵夫人而感情激荡。仲马是个快活的人，本来不会自寻烦恼，但是人人都应该跟着时尚走；于是，他便和其他人一样，变得妒性十足。嫉妒什么人？他的情妇之夫，谦和温顺的瓦勒道尔上尉。

　　有一天，梅拉妮（在和丈夫一起度过一个长长的假期后）又收到上尉的来信，说他已经获准来一趟巴黎。仲马急忙跑到战争部，要求一位军官朋友帮忙，取消瓦勒道尔上尉的休假。他说道："我差点儿因此发了疯！"不过他的发疯仅仅停留在口头上，再说这位丈夫也没有成行。这样的喜剧演过好几次。

　　　亚历山大·仲马致梅拉妮·瓦勒道尔：我的亲亲，愿上帝听到你的话：你说你丈夫一月份可能不来了！只要上帝听清你说的话，你就会看到我将会多么快乐与幸福。你不能设想我的梦幻是什么样子。我无法想象，拥有你的是另一个男人。是的。我觉得

---

[1] 巴尔扎克的第一个情妇洛尔·德·贝尔尼的拉丁文别名。

你属于我，完全属于我；而他一回来，就要破坏我的梦幻了……啊！给我再说一遍，为什么你认为他一月份也许不回来了？告诉我：他信里的哪一句话使你这样推测的？……我宁愿你去热里[1]住上六个月，也不愿他来巴黎过两天！你去热里，我虽然看不见你，可你是独自一人，然而在这里[2]……

啊！我的爱人，如果你叫你丈夫住在旅馆里的计划能够实现，对我来说该是多么幸福……你不能理解，我离开了你，孤独一人，想到你和别人同枕共被在一张床上，我会多么难过……啊，那简直是酷刑！……我的天使，我的命根子，我的小亲亲。你安排一下吧[3]……

在这段时间里，仲马并不放过任何一个欺骗忧心忡忡的梅拉妮的机会，尽管他对梅拉妮那种浪漫式的发作还要继续进行下去；他一再提及两人之间"那滚烫的、令人痛苦的吻"；他威胁要把爱情与死亡联系起来；他甚至声称要杀死那位上尉。事实上，仲马的行动，只是加紧到战争部活动，使瓦勒道尔来不了巴黎，甚至不派他去古柏瓦，因为那里离巴黎太近了。他在信里还说："应该任命他为少校，亲爱的。只有这个办法才能解决我们的问题……"这真是巴尔扎克写小说的绝妙题材："军人晋升，得付出多大代价？"

亚历山大·仲马致梅拉妮·瓦勒道尔：你总算理解了我。现在你终于知道什么是爱情了，因为你已经了解什么是嫉妒了。你经历过类似的事吗？那些编造出宗教来的傻瓜，还发明了一个使人受刑的地狱！真叫人可怜。不断看到你在别人的怀抱里，这才是真正下了地狱！真该死！一想到这里，我就要产生犯罪的念头！[4]……

---

[1] 热里位于旺岱，那里有维勒纳夫家的田产。——原注
[2] 国家图书馆手稿部；编号：N. A. F. 24641, folio 301。——原注
[3] 同上；编号：N. A. F. 24641, folio 297。——原注
[4] 国家图书馆手稿部；编号：N. A. F. 24641, folio 280。——原注

有时候还要写诗（歪诗）：

> 你用快意之火使我如醉如痴，
> 良宵之后有多少愁苦的明日！
> 你颤抖着把魅力交到我手里，
> 而它又将在别人的手中战栗。
>
> 嫉妒的怒火在我心中升腾而起，
> 不贞的代价我根本不为你估计。
> 祭台前说几句话他就娶你为妻，
> 并使你躲开我发自内心的鄙夷。
>
> 这几句话就把你的爱抚永远出卖，
> 而授受爱抚不一定就是真情实在；
> 夫妻的俗套给柔情划出一个地带，
> 他们把做爱仅仅看成是责无旁贷。[1]

这是舞文弄墨吗？当然。不过，从中却孕育出了一出名叫《安东尼》的戏来。这出戏在戏剧史上还占有重要地位，因为它不再是历史剧，而是现代题材的正剧；另外，它把通奸的女子引上舞台，这将在未来一百多年中使法国剧作家纷纷步其后尘，有的甚至还走过了头。

> 亚历山大·仲马致梅拉妮：在《安东尼》中，你会看到我们共同生活中的许多事情。这些事情，我的天使，只有你和我才能看明白。这对我们难道还能有什么妨碍吗？观众是不了解就里的。至于安东尼，我个人认为，大家是会认出来的，因为他是个与我非常相像的疯子[2]……

---

[1] 亚历山大·仲马：《致 A. ***》（《安东尼》开场诗）。——原注
[2] 国家图书馆手稿部；编号：N. A. F. 24641, folio 313。——原注

个人与社会之间、情欲与责任之间的冲突，本来在十七世纪就以社会占了上风而得到了解决，到了十八世纪，放荡和轻佻流行，从而回避了这个问题。此时，这一冲突又转到暴力上来了。"现时代人欲横流！"[1] 整个十九世纪，情欲将统治剧坛；本能、言语、匕首、手枪纷扰嘈杂，令人眼花缭乱。《安东尼》使法兰西喜剧院的演员们目瞪口呆，演出将使观众不知所措。

安东尼是一个反叛人物，一个私生子（这方面他和《玛丽蓉·德·洛尔墨》[2]中的狄杰相似）。他爱上了阿黛尔，但是由于家庭、地位、职业、财产等方面的原因，无法与她成婚。姑娘被嫁给了任上校的代尔维男爵（瓦勒道尔上尉在舞台上得到了提升）。一天，阿黛尔坐车外出，马因受惊而狂奔起来。千钧一发之际，安东尼出现了。他停住了惊马，自己却受了伤，被送到阿黛尔家里，两人得以互诉衷肠。但是，阿黛尔的内心在社会责任感的束缚之下，竭力抑制住感情的发展。安东尼发怒、哭诉、发泄对世道不公的怨恨，把阿黛尔逼到"堕落的边缘"。然而，她毕竟是良家妇女，决定动身到斯特拉斯堡，找她在那里驻防的丈夫。安东尼再一次把她引入圈套，在伊登海姆的旅店里，与她贪享了一夜之欢。事情败露，阿黛尔成为众矢之的。上校闻讯匆匆赶来，欲当场捉奸。

> 阿黛尔：有人上楼梯……按铃了……是他！……快跑，快跑！
>
> 安东尼：我不愿意跑，我不……你刚才不是还说，你不怕死吗？
>
> 阿黛尔：不，不……要不你就杀了我吧！可怜我！
>
> 安东尼：一死就可以挽救你的名声，还有你女儿[3]的名声了吗？
>
> 阿黛尔：我这就跪下来，求你给我一死。

[1] 伊波里特·巴里戈：《亚历山大·大仲马》（阿歇特出版社，1902）。——原注

[2] 雨果的剧作，演出于一八三一年。女主人公玛丽蓉·德·洛尔墨，是十七世纪的名妓，后与青年狄杰相爱。

[3] 和剧中的阿黛尔·代尔维一样，梅拉妮·瓦勒道尔也有个独生女，名叫艾丽莎。——原注

一个声音（从外边传来）：开门！……开门！……把门撞开！

安东尼：在你咽气之前，你恨不恨杀死你的凶手？

阿黛尔：我祝福他……快动手吧！门就要……

安东尼：别慌。死神会在他之前来临……不过，你再考虑考虑，是死神……

阿黛尔：我要他，我请他来，是我恳求他来的（投入安东尼的怀抱）。我找的就是他。

安东尼（吻了她一下）：那好，死就死吧。（用匕首将她刺死）

阿黛尔（倒在扶手椅上）：啊！……

（同一时刻，门被撞开。代尔维上校急上。）

代尔维上校：无耻！……我看见的是什么？……阿黛尔！……她死了！

安东尼：对，她死了！……她拒不顺从。我把她杀了。（说着，把手中的匕首扔到代尔维上校的脚下。）

——幕落[1]

全剧构思巧妙，手法简洁，令人钦佩。整个情节相当流畅；经过五幕戏，到结局，恰似水到渠成。仲马一直认为：写戏要先找最后一句台词，然后再退回去构架全剧。在那个时代，上演的全都是历史剧。要不就是些不登大雅之堂的货色；把当代上流社会搬上舞台，暴露其横流的情欲，就显得新鲜，而被视为勇敢之举。在《安东尼》一剧里，仲马让其笔下的人物，一个名叫欧仁·代维伊的作家，说出这样的话来：

历史留给我们一些事实作为遗产；这些事实属于诗人……但是，当我们处在现今社会里，穿着翘角紧身的燕尾服，试图把一个人的心掏出来给大家看时，大家反而认不出来了……英雄和一般人是极为相似的；他们的内心活动没有多大区别。观众注视着舞台上情欲的发展。希望演员表演出来的感情，能像他们自己在

---

[1] 亚历山大·仲马：《戏剧全集》，第2卷。——原注

类似的情况下所经历、所体验的那样，该在哪里中断就在哪里中断。如果演员表现的情感超越了观众的感觉和表达的能力，那么它就不再会被理解；观众就会说："这不真实！我的体验与此不同。我所爱的女人欺骗了我，我当然会痛苦……是的……会难过一阵子……但我不会把她刺死，我也不会去寻死。证据就是：我在这儿，好好的……"此外，观众会喊叫：太夸张了，简直是情节剧；这喊声将压倒少数人的掌声；这些人有幸（或不幸）生来与众不同，认为十五世纪人的情感和十九世纪人的感情完全一样。认为在呢绒燕尾下与在钢制紧身背心下，心脏搏压出来的血液冷热也完全一样。[1]

仲马力图给现代角色以文艺复兴时期人们所具有的强烈感情。这又一次使人感到新奇。要不是一八三〇年爆发了革命，剧本就一定会遭到禁演。在七月革命的日子以后，终于变得可以描绘时尚而无需修改。从这一重新获得的自由中，才给我们产生出巴尔扎克来。然而，在仲马创作《安东尼》的时候（即1830年以前），书刊检查还是相当严厉的。仲马不能只限于观察通奸行为；他还必须谴责并惩罚它。而巴尔扎克则可以容许自己持一种更加没有顾忌的态度。狄安娜·德·摩弗里纽斯[2]或卡迪央王妃[3]在巴尔扎克笔下，就没有受到惩罚，不会遭到阿黛尔·代尔维那样惨死的下场。仲马当时没有权利在舞台上宣称：一个女人在犯罪的同时可以获得幸福，尽管这是仲马本人内心的想法。他的这一想法可能并无道理，因为他轻薄的为人，在现实生活中，给不止一个情妇造成过不幸。

---

[1] 亚历山大·仲马：《安东尼》第四幕第六场。见其《戏剧全集》，第2卷。——原注
[2] 巴尔扎克《古物陈列室》的女主人公。
[3] 巴尔扎克《卡迪央王妃的秘密》的女主人公。

第三章　"约瑟夫，把我的双响枪拿回来！"

　　爱情上的忠诚从来不是仲马的长处。梅拉妮·瓦勒道尔虽然仍是他的"天使"，但同时还有一大群小天使在围着他转，其中不仅有法兰西喜剧院的维吉妮·布比埃，还可能有小路易丝·德斯普罗；在《亨利三世》中她扮演青年侍从，人们注意到她那一双漂亮而修长的双腿。此外，无疑还包括玛丽·多瓦尔，她在台上台下同样慷慨奉献。后来，又出现了一个更加危险的对手：女演员贝尔·克莱萨默，艺名梅拉妮·塞尔；在巡回演出时，她扮演过吉兹公爵夫人。一八三〇年五月末，经弗尔曼介绍，仲马结识了这位美人。"她头发乌黑发亮，天蓝色的眼睛显得异常深邃，高高的鼻梁像米罗的维纳斯，而嘴里的牙齿简直是两排珍珠。"[1] 她是前来要求参加演出的。仲马提出非分要求，死缠硬磨；她抗拒了三个星期；这虽然比前一个梅拉妮差一点，但表现已经是过得去了。这位梅拉妮在离仲马住所不远的大学街租下房子，仲马住二十五号，她住在马路同一边的七号。一八三〇年六月，梅拉妮·瓦勒道尔跟母亲去了热里（在克里松附近，那里有她家的地产），仲马全部自由支配的时间就都和梅拉妮第二泡在一起了。这一个梅拉妮是犹太人，非常聪明，很快便对仲马产生了深刻的影响。

　　七月，《安东尼》即将脱稿，仲马打算去阿尔及尔旅行，实地看看这座刚被攻占的城市。贝尔·克莱萨默说好陪他到马赛。她当然不赞成这次旅行，认为爱情应该压倒好奇心。二十六日早晨，仲马前来

---

[1]　亚历山大·仲马：《我的回忆》，第 6 卷。——原注

告诉她，行李不必准备了。当天，《导报》发表了波利尼亚克[1]内阁反对新闻自由的法令。仲马和许多人看法一样，认为这一法令实际上宣告了王权的破产。仲马具有共和派思想，当然希望巴黎发生起义。他说："我们在这里即将看到的，比我到那边可能看到的，将要新奇得多。"

接着，便呼唤他的男仆：

"约瑟夫，到军械师那里去，把我的双响枪拿回来，外加两百发二十毫米口径的子弹。"

这真是情节剧的绝妙台词，然而其中的勇敢无畏倒也是实实在在的。"光荣的三日"[2]成功地演出了悲壮的戏剧，仲马希望扮演年轻的男主角，既英勇，又开心。这一角色，演得的确很大胆，其中当然不无吹嘘夸耀的影子。

在这三天里，他跑遍巴黎，从进行战斗的街巷，到准备舆论的地方：市政厅、法兰西学院、《国民报》报社。他在回忆录中，把这些战斗与集会描写得十分生动。在两次枪战的间隙里，他便跑回大学街看望生病的母亲和贝尔；母亲不能出门，看来对外面情况一无所知。而在贝尔那里，"她什么情况都了解；我答应做旁观者，什么也不参加；有了这个许诺，她才放我出去……"[3]然而，眼前的戏太激动人心了，不由得便要投身其中。仲马身穿猎装，口袋里塞满子弹，肩上背着长枪，投入人群之中。在街上，有人认出了他，便问道：

"现在该怎么办？"

"设街垒！"仲马回答。

其实，这已经成为传统。仲马随后到了王宫，上楼走进他原先的办公室，正好碰上以前的上司乌达尔。此人的态度是，静观事态发展，哪边胜利往哪边跑。仲马的衣着和言语，吓得他浑身发抖。

从王宫出来，仲马向塞纳河方向跑去；到了河沿，看见三色旗在

---

[1] 波利尼亚克（Polignac，1780—1847），法国政治家。一八二九年被查理十世国王任命为内阁总理大臣；其反动的政治措施不得民心，导致一八三〇年七月革命的爆发。

[2] 指一八三〇年七月二十七日到二十九日，即七月革命中从巴黎人民开始举行武装起义，到攻占杜伊勒里宫，推翻查理十世的那三天。

[3] 亚历山大·仲马：《我的回忆》，第6卷。——原注

巴黎圣母院的塔顶上飘扬，他停住了脚步，心花怒放。那杆双响枪使他自然而然成了一伙人的头目。大学生、多艺学校学生、工人，大家出于对波旁王朝的仇恨，相互间像兄弟姐妹一样亲切与和谐。人群把一位外表像军人的老年人举到一匹马上，称他为将军。这场面像是正剧里掺进了滑稽歌舞表演。国王军队的一名上尉挡住仲马一行人马的去路，问道：

"喂，你们到哪儿去？"

"去打仗！"

"仲马先生，当初我怎么就没看出来，您竟是这么疯疯癫癫。"

"这么说，您认识我？"

"演《克里斯汀》的时候，我在奥德翁剧场当守夜……对了，什么时候上演《安东尼》？"

"干完革命再说。"

说到这里，两人互相敬礼告别。仲马去他的朋友画家莱缔艾尔家去。圣母院大钟的吼声盖过了机关枪的震响。画家的儿子被派到大学街，向"一位特别亲爱的人"报告平安。此人当然就是贝尔·克莱萨默。

第二天，仲马又回去战斗了。他和群众一起涌进杜伊勒里宫，在宫里的贝里公爵夫人图书馆里，找到一本《克里斯汀》，剧本用紫红色绒布重新装订，封面上印有公爵夫人的徽记。他拿走这本书，送给了年轻的菲力克斯·德维奥兰。此时，在市政厅，人们已经宣布废黜波旁王朝。剪裁得诚然不错，然而还必须缝起来。谁能把四分五裂的国家统一起来？让拉法夷特[1]当共和国总统？不行，他前怕狼后怕虎，不敢负责任，又把个人的声望看得太重。梯也尔[2]和拉斐特提名奥尔良公爵。然而，要是忠于查理十世的部队卷土重来进攻巴黎，那该怎么办？仲马听到拉法夷特这样说：

---

[1] 拉法夷特（La Fayette，1758—1834），法国将军、政治家。曾参加北美独立战争；大革命时期立宪派领袖之一。波旁王朝复辟后，成为自由主义反对派领袖之一。一八三〇年七月革命中被任命为国民自卫军总司令，扶助奥尔良公爵登上王位。

[2] 梯也尔（Thiers，1797—1877），法国政治家、历史学家。一八七一年同德国缔结和约，并镇压巴黎公社。同年当选共和国总统。

"我们的子弹不够放四千枪。"

缺乏的是火药。然而，在苏瓦松不是有座火药库吗？仲马生在这个地区，对这座火药库非常了解，便对拉法夷特说：

"将军，您同意我去找火药吗？"

一想到要以军人身份回到家乡，回到童年的故土，仲马禁不住心花怒放。他克服了重重阻力，终于得到命令文书，欢欢喜喜地出发了。到了维雷-科特莱，竟受到了近乎凯旋式的欢迎。他乘坐一辆带篷双轮轻便马车，顶上插着一面三色旗，经过市区，连没有公开的反对派都走出了家门。家家户户都想请他吃饭。他前往从前的同事首席书记员巴耶家拜访，向他讲述了那三天的史诗。听他讲的人连连发出赞叹的声音。但是，大家不赞成他去苏瓦松。那里驻有国王的军队，一个人单枪匹马，即使是几个人一起去，也怎么能敌得过？仲马还是去了，并且事情进行得非常顺利。他在回忆录中把场面戏剧化了：他手持手枪，前往会见驻军司令德·里尼埃尔子爵。此时，跑来了子爵夫人，她大声对丈夫说道：

"噢，朋友，让步吧，让步吧！这是第二次黑人造反！……我的父母双亲都是在圣多明各惨遭杀害的，你还记得吗？下命令吧，我恳求你……"

后来，里尼埃尔一家人声称，在仲马到达之前，司令官就已经允诺向苏瓦松的国民卫队交出火药。但是，这又有什么关系呢？回忆录的作者显得那样自信，把事迹讲述得如此有声有色，就是与蒂罗尔的霍拉提乌斯·科克列斯相比也毫不逊色。何况，说到事实，一八三〇年八月九日的《导报》发表了仲马就获得火药一事，向拉法夷特将军的报告，并没有谁对此提出过异议。可以肯定的是，仲马带回巴黎三千五百公斤火药，送到市政厅。当晚即将登上王位的他过去的老板奥尔良公爵，很可能是带着微笑对他说：

"仲马先生，您刚刚完成的，是您最精彩的一出戏。"

仲马此刻抱着很大的期望，觉得自己已经当上大臣。梅拉妮·瓦勒道尔仍然与维勒纳夫夫人住在旺岱，仲马怕她回到巴黎，便写信给她：

一切都结束了。正如你曾预言过二十次的那样，我们的革命只经历了三天。我有幸积极地参加了这次革命，从而受到了拉法夷特和奥尔良公爵的赏识，后来又到苏瓦松执行公务。在那里，我独自一人就把火药弄到了手，因此赢得了很高的军事声誉……奥尔良公爵可能就要当国王。你的来信，将要改变收信地址。感谢我的懒惰吧……不难设想，此时我很难离开巴黎。但是，我如此需要见你，只要一有可能就会坐上邮车，哪怕仅仅是为了去把你搂在怀中……我的境遇中，好多事情会有变化。在一封信里，不可能详细说清楚。不过，我认为，对你的亚历山大，可以多有期望[1]……

过了几天，在另一封信中又写道：

请放心，我的天使。一切顺利。奥尔良公爵昨天被尊为国王。整个晚上我都在宫里。这家人还像从前一样朴素与善良。我今天在三个不同的地点给你写了三封信。再见了，我的亲亲。这时候你不应当回巴黎；本月底和下个月，我将和你在一起[2]……

我后天就要出发了，亲爱的。我先到别处转一转，然后就到你那里去。我很高兴在这个时候离开巴黎……你收到我第一封信的时候，我已经在路上了[3]……

这之前，他的确请求过拉法夷特派他去旺岱，组织一支国民卫队，以阻止一次新的舒昂党[4]叛乱。其实，他最主要的目的，恐怕还是去会见情妇，和她亲热亲热。维勒纳夫先生在暴乱期间仍然死死地守护着他那些真迹手稿等收藏品，不肯离开巴黎。丈夫不在场，维

---

[1]　国家图书馆手稿部；编号：N. A. F. 24641, folio 329。——原注
[2]　国家图书馆手稿部；编号：N. A. F. 24641, folio 330。——原注
[3]　同上；编号：N. A. F. 24641, folio 332。——原注
[4]　舒昂党：法国大革命时期的叛乱者。从一七九二年开始，在布列塔尼、诺曼底、旺岱等地最为猖獗，一八〇〇年才最终平息下去。"舒昂党"中文旧译作"朱安党"者。

勒纳夫夫人便顺从女儿的意愿，邀请仲马到热里去住几个星期。拉法夷特当时是有求必应，当即给了他一封介绍信，让他与旺岱的自由派人士联络。仲马马上定做了一身不同寻常的军服，包括饰有红色羽毛的圆筒高帽，银制的肩章和腰带，国王穿的蓝色上衣和长裤，以及三色帽徽等，一应俱全。到了旺岱一看，国民卫队只是个空架子；尽管省政府三令五申，哪儿也见不到三色旗在飘扬。仲马除了参加丰盛的宴席并向梅拉妮忏悔认错外，无事可做。梅拉妮对情人的风流韵事早有耳闻，在母亲的怂恿下，给玛丽·多瓦尔及贝尔·克莱萨默写了好几封不理智的信。仲马于九月二十二日，撇下了病病歪歪的梅拉妮，独自离开那里。

仲马致梅拉妮：我的亲亲，你怎么样啊？你不是看到了吗？我的确是不得不走呀，仁慈的上帝！我的天使，请不要这样折磨自己吧。你要相信，我俩之间有一种比爱情更加隐秘的东西，它将超越千千万万使我们伤心的事而存活下去……我的亲亲，到了巴黎，我决不去见她。不过，我需要几天时间，找到合适的朋友，向她解释分手的原因。分手是分定了，即使她哭闹不休，纠缠个没完。她在剧院里的工作，会给她安慰的。

再见吧，我的爱。我喝上一杯咖啡，就要出发了。如果到了布洛瓦能停上哪怕两个小时，我还会再写信给你。一千次吻小猫咪和乳头[1]……

这些言词使人想起巴尔扎克在给韩斯卡夫人信中那些激情迸发的吐露。大人物原来都是些可怜的男人。

回到巴黎，仲马面对的是一个令人失望的现状。随着对内阁的不满，人们对国王的爱戴与日俱增。仲马信任这种爱戴，因为他仍然期望得到国王的扶持，期望得到被国王赏识的真凭实据。他就这次"出差"的见闻，写了一篇名为《旺岱札记》的报告。报告中指出了保皇党叛乱的危险确实存在，并提出了许多明智的意见，最后还不忘写

---

[1] 国家图书馆手稿部；编号：N. A. F. 24641, folio 333。——原注

上，自己匍伏在"国王的脚下"[1]。

> 亚历山大·仲马致梅拉妮·瓦勒道尔，一八三〇年九月三十日：亲爱的小亲亲，写上几行字来拥抱你，安慰你，再一次拥抱你……你母亲的信令我不安！前一天，我也收到了你的信……小亲亲，不论他们想给你放多少蚂蟥[2]，就让他们放好了；不必为任何事而折磨自己，连天竺葵折断了也不必痛心。是我们之间的一小阵暴风雨造成了这－罪恶——没错，这是罪恶……
>
> 国王周围死水一潭。我给他递呈了一份报告；可是，并甚至不知道他读过了没有。人们把他架空，使他处于不断被封锁的状况。除了那些无话可对他说的人，其他任何人都跟他说不上话。人们对他的爱戴是与日俱增了，但也做出了一些不适当的放肆之举。有一天，杜帕迪先生竟给他寄去了一份值班通知书，说是因为他是属于王宫区的。岂不荒唐[3]……

信中，折断了的天竺葵，指的是一次流了产的生育希望，因为仲马在别处还写道："不要担心未来；我们将有一株我们两人的天竺葵。"顺便提一下：巴尔扎克也曾希望"外国女子"能给他生"一个维克多－奥诺雷"呢。

路易－菲力普国王读了仲马关于旺岱的报告以后，在报告纸页的空白处写了不少批语。如仲马在报告里建议撤换某些正统派教士；国王御笔批示："知照宗教部门"[4]。随后乌达尔传达了国王召见仲马的旨意。年轻人身穿国民卫队的制服前往晋见。国王亲热地微笑着接见了他。面对国王这般的和颜悦色与高深莫测，哪位臣下又能想说什么就说什么呢？接见中，国王告诉仲马，他对舒昂党人的看法并不正确：

"我，我要告诉您，我本人也曾伸出手指给旺岱号过脉……您知

---

[1] 此件手稿真迹由西蒙娜·安德烈－莫洛亚收藏。——原注
[2] 当时用蚂蟥放血治病。
[3] 国家图书馆手稿部；编号：N. A. F. 24641，folio 336。——原注
[4] 见西蒙娜·安德烈－莫洛亚的收藏。——原注

道，我懂点医道……搞政治是个令人心烦的行业。您就把这个行业留给国王和大臣们干吧……您是诗人，您，那就写诗吧。"[1]

当大官的希望，就这样烟消云散了。仲马内心受到了伤害，便递上辞呈，连图书管理员都不干了。

> 大人：
>
> 　　我的政治观点与陛下有权要求组成您办事机构的人员所应持有的观点不尽符合，故请求陛下接受我的辞职，免去我所从事的图书管理员的职务。不胜荣幸，谨表诚敬之情……
>
> 　　　　　　　　　　　　　　　　　　　　　　　亚历·仲马[2]

仲马辞职后，国民卫队的炮兵队接受了他。炮兵队的共和派主张是众所周知的。这时，在巴黎城内，人们已经在着手刮除七月份在公共建筑物上留下的弹痕。

---

[1] 亚历山大·仲马：《我的回忆》，第 7 卷。——原注
[2] 同上。

第四章　回归剧坛

没等多久，戏剧圈子又把他重新拉了回来。菲力克斯·哈雷尔从七月革命爆发起，就想出一个自认为是天才的主意。既然波拿巴派与奥尔良派已经联合起来共同建立新制度，人们终于可以在舞台上自由地评说皇帝了[1]。乔治小姐既然曾经受过神的宠幸，当然对神的爱慕与虔敬不减当年，也竭力促成这项计划。只有仲马不太热心。当年波拿巴那样整治仲马将军，受害者的儿子并不特别想给他说好话；当然，也不是说非要大骂他一通。此外，一些重大事件，年代太近，搬上舞台不一定合适。

仲马从热里回来后不久，一天晚上看完戏，哈雷尔及乔治这对搭档请一些人到家中吃夜宵。吃完夜宵，其他人告辞了，主人特意留下了仲马，在场的还有另外两位客人：洛克罗瓦及冉南。一行人神秘地经过了乔治小姐的卧室，来到女演员隔壁一间漂亮的房间里。大家要求仲马写出剧本来，否则便不让他走出这间屋子。剧本的题材虽然引不起他的兴趣，不过能有那样一位芳邻却使他喜出望外。尽管乔治小姐已不怎么年轻，而且还真是个"大块头的墨尔波墨涅[2]"，但却完好地保留着那雕像般的双肩、手臂与前胸。她可以自然而潇洒地当着一位男性朋友的面洗澡，露出她那希腊女神般的乳房；即使是血气不像仲马那样旺盛的男子，见了也会如醉如痴的。在那里，仲马只用了八天时间，就写出了《拿破仑·波拿巴》。剧本构架精巧，可是没有

---

[1] 这里的"皇帝"与下面的"神"，都指拿破仑而言。
[2] 墨尔波墨涅是希腊神话中专司悲剧的女神。在近代作品中，墨尔波墨涅有时用作"戏剧"的代名词。

表现出题材应有的宏大气势。维尼评论道:"写得不好,情节也不行。我责备过他,对失败了的波旁王朝责难得过分了。"

哈雷尔发动了一场大张旗鼓的宣传,声称上演此剧花费了他十万法郎。首演的当晚,每幕之间都有军乐队演奏。还要求观众来看戏时,必须穿上国民卫队的制服!真是满场军人,满场战斗气氛。弗雷德里克·勒迈特扮演皇帝。在这之前,这位杰出的男演员,在《阿德莱旅店》中扮演过罗伯特·马盖莱。他没有把这一角色演成恶棍,而是处理为一个玩世不恭、滑稽可笑的人物,几乎成了个替天行道的好汉。那时勒迈特才三十岁。经他这么一处理,原来的情节剧,竟变成为一出有社会意义和革命性的喜剧,成了七月革命的《费加罗的婚姻》。他赋与人物以一种莎士比亚式的喜剧情趣:厚颜无耻的大笑与苦涩的冷嘲热讽。这是通过强盗对社会进行的批判。这是一个下层社会的曼弗雷德[1]。对于演员来说,则是一次了不起的成功。

这次,为了创造拿破仑这一角色,弗雷德里克拜访了所有(人数很多)了解这位皇帝的人。由于担心落入平庸,他放弃了皇帝熟为人知的动作(此点考虑欠周):一手放在背后,背心的口袋里装着鼻烟。这种另辟蹊径的大胆表演,虽然相当出色,可就是不像拿破仑。哈雷尔失望了,公众也不满意。仲马对他这第一次失败大为惊讶,暗自捉摸:"激情是不是枯竭了?"

仲马回到家里,看到一张条子,说检查禁令取消了(其实只是很短一段时间),马上将在法兰西喜剧院排演《安东尼》。

玛尔斯小姐接受塑造阿黛尔的角色;安东尼由弗尔曼扮演。演员安排得皆大欢喜,却隐藏着风险。玛尔斯小姐演马里伏的戏,优美、机敏、娇媚,可以说是登峰造极;然而,要理解"阿黛尔情欲与悔恨交替出现这一完全现代的性格",她却绝非训练有素。弗尔曼仍是个古典型的演员,缺乏安东尼那种虽然命中注定却还要孤注一掷的气质。可以举出一千个例子。比如说,这两位演员都不敢想象在舞台上缺乏光彩;而仲马式戏剧一个必不可少的因素,恰恰是该苍白处就要苍白。

---

[1] 英国诗人拜伦一八一七年创作的诗剧《曼弗雷德》的主人公。该主人公是阿尔卑斯山深处一古堡中的神秘人物。他知识渊博,能呼唤精灵,却只求快死,因为他犯了道德上的罪,造成最爱的人的死亡。曼弗雷德是个拜伦式的英雄。

七月革命之前，法兰西喜剧院的演员们朗读《安东尼》的时候，气氛是冷冰冰的。到了现在，人们不太好拒绝这个剧本了，因为同一作者写的《亨利三世》取得了辉煌的成功。然而，在排练的时候，玛尔斯小姐以其特有的固执与灵巧，总要把她所扮演的阿黛尔拉到斯克里布[1]笔下角色的尺寸之内。弗尔曼对自己的角色也是削削砍砍，一处棱角都不放过。仲马评说道："这样一来，经过三个月的排练，阿黛尔和安东尼就成了吉木纳兹剧场里一对可爱的情人，完全可以把他们叫作阿尔蒂尔先生及谢莱斯特小姐了。"[2]剧作者怎能允许他的戏被如此阉割呢？"唉！这是怎么搞的？怎么铁被锈蚀，岩石被波浪的抚摸磨损了呢？"其实，玛尔斯小姐冷酷的温柔不知磨损过了多少其他东西呢！来看排练的朋友们都对仲马说："这部戏好看迷人。我们从来没想到你竟能在这种样式上下工夫。"

"连我自己也没想到！"仲马回答道。

海报终于张贴出来：后天，星期六，《安东尼》首演。仲马走进剧院，去看最后一次彩排。迎面走过来玛尔斯小姐，小姐亲热而温柔地问道：

"他们没有告诉您刚才的事吗？"

"刚才什么事？"

"现在是用煤气灯照明。"

"太好了。"

"说要给我们安一个新的大吊灯。"

"祝贺您。"

"好。不过，问题不在于此。"

"那么，小姐，到底在哪儿呢？"

"我为您的戏，花费了一千二百法郎。"

"太好啦！"

"我有四套不同的服饰。"

"那您一上台可就漂亮极了。"

---

[1]　欧仁·斯克里布（Eugène Scribe，1791—1861），法国剧作家，一生创作过三百多个剧本，有一定技巧，但内容多属平庸。

[2]　亚历山大·仲马：《戏剧回忆录》。——原注

"不过，您知道……"

"不，我不知道。"

"我希望人们能看清楚这些服饰。"

"很有道理。"

"既然我们将有一个新吊灯……"

"多久以后？"

"三个月。"

"是吗？"

"是的。那时再上演《安东尼》，给新吊灯开光。"

"噢！噢！"

"是的。"

"就是说，再等三个月。"

"等三个月。"

"到五月份？"

"到五月份。这是一个好月份。"

"您是说天气好？"

"其他方面也很好。"

"今年您五月份不休假了？"

"不休了。从六月一日开始休。"

"那么说，如果五月二十日首演，总共只演三场？"

玛尔斯小姐数了一下后说：

"四场……五月份有三十一天。"

"真有意思，总共四场！"

"我回来后，接着演。"

"是吗？"

"我保证！"

"谢谢您，小姐。您真是好心肠。"

仲马继续写道："我转过身去，正好同弗尔曼碰了个脸对脸。"

"刚才的话，您听见了？"我先开口问。

"都听见了……我早就告诉过你，她不会演这个角色的！"

"可是，那么，为什么她不演呢？"

"这是多瓦尔夫人演的角色[1]……"

在此之前很久，仲马也是这么想的。多瓦尔长得小巧玲珑，单薄柔弱；一头褐发，前额覆盖着卷发；两只眼睛水灵灵的，嘴唇好像在不停地抖动，脸蛋上带着诗意；总之，多瓦尔不仅仅是个演员，"她是灵魂……身躯像一株柔韧的芦苇，在一股神秘气息的吹拂下，永不停息地摆动着……"[2] 她是两个可怜的流浪演员的私生女，又成长在强烈地表达龌龊情感和欲望的环境里；所以，她要是撒起泼来，和卖鱼妇的腔调没有两样。在城市里，她经历的事不少；一婚再婚，还拥有众多的情人，其中包括年轻的亚历山大·仲马。一上舞台，这位卓越的女子便充满灵感，活灵活现，像有魔鬼附体，演什么像什么。

她曾和弗雷德里克·勒迈特一道领衔主演《三十年或一个赌徒的一生》。她扮演看到丈夫堕落下去的妻子一角；女演员天才地表现出一个母亲的痛苦和"一个妻子在忧伤中的崇高情怀"。邦维尔指出：她真是得天独厚，"看那愁苦的面容，那充盈着狂热激情的双唇，那双燃烧着泪水的眼睛，那颤抖的、悸动的身躯，那被亢奋的高烧所折磨的纤细而白嫩的双臂。"[3] 乔治·桑也写道："在她身上无处没有激情：母爱、艺术、友谊、忠诚、愤怒、宗教向往；由于她不会也不愿意有任何节制，有任何保留，她的人物生命丰满得令人生畏，骚动得超出了常人的力量……"[4] 是的，阿黛尔一角要是由玛丽·多瓦尔扮演，会远远超过玛尔斯小姐的。

再说她的老搭档，皮埃尔·博卡日，要是出演安东尼，也会比弗尔曼强得多。博卡日是鲁昂人，当过梳毛工，出于爱好最终从事了戏剧。他演戏非常投入，整个心灵都进入角色。缺点是手臂太长，鼻音较重。人们说：他像"弗雷德里克·勒迈特患了鼻炎"。他有幸遇上了多瓦尔，后者看出他是个能使自己尽情发挥的好搭档。她当然没有忽略此人的可笑之处，认为他自命不凡，甚至有些呆头呆脑。然而，说到演《安东尼》，多瓦尔心里明白：他是男主角的最佳人选；而弗

---

[1]　亚历山大·仲马：《戏剧回忆录》。——原注
[2]　乔治·桑：《我的生活历史》，第9卷。——原注
[3]　泰奥多尔·德·邦维尔：《巴黎玉石浮雕》，第二系列。——原注
[4]　乔治·桑：《我的生活历史》，第9卷。——原注

雷德里克则会把全剧的重心移向他自己，远不如博卡日理想。博卡日身材高大，五官端正，双眉浓重，是拜伦的读者们心目中理想的阴郁型美男子。他既善于抒情，又能表现严峻；既能热情奔放，又可阴沉抑郁；一会儿柔情脉脉，一会儿凶猛咆哮，一会儿又崇高卓越；总之，完全是演安东尼的胚子。仲马把手稿从法兰西喜剧院取回来，前往拜访玛丽·多瓦尔。多瓦尔与玛尔斯小姐大不相同；她没有一丝色里曼娜式的贵族派头，像一般老百姓一样，待人接物平易自然，令人觉得可亲。她说话慢慢吞吞，向仲马表示欢迎；这种慢慢吞吞的腔调从她嘴里说出来，也显得魅力无穷。

"啊！亲爱的，我的狗乖乖……有半年了，没见到你……"女演员先开口表示欢迎。

"有什么办法呢？亲爱的。自那以来，我弄出了一个孩子[1]，还干了一场革命……你就这样拥抱我？"

"我不能拥抱你了……我变得规矩了。"

"那么，这也是一场革命啰。由谁发动的？"

"阿尔弗雷德·德·维尼。我都要发疯了……爱情，这是他唯一干得非常自然的事情；至于别的，就不跟他计较了……他对我像对待一位公爵夫人。他叫我是他的天使……他还说，我全身充满想象力。"

"太好了！……我呢，是给你送个角色来的……我这就读给你听。"

"读给我一个人听？那么，你把我当成大明星了？"

当天晚上，仲马就把《安东尼》读给她一个人听。她流出了眼泪，不住地叫好赞叹，并感谢仲马。

"这里，我认为这么念合适：'但是，这扇门，它不会关上的！……'你放心好了。你的戏并不难演；不过把人的心都搅碎了……啊！大狗狗，真行！你在哪儿把女人摸得这么透的？你这家伙，把女人的心思都快摸熟了……"[2]

她要求修改第五幕。这一幕，她觉得"太软"，但是玛尔斯小姐却认为这幕"太硬"。啊！这些女演员们啊！仲马当夜留下没走。第

---

[1] 贝尔·克莱萨默由仲马所致怀孕，于一八三一年三月五日分娩。——原注
[2] 亚历山大·仲马：《我的回忆》，第7卷。——原注

二天早晨，第五幕就重写出来了。九点钟，女演员兴高采烈地拍着手，大声说道：

"要是我，就这么念：'唉，我完了，我！'再等等，还有：'我的女儿！我要拥抱我的女儿！'……下面：'杀了我吧！'……然后，就全部结束。"

"那么说，你满意了？"

"我想是……现在，该派人去找博卡日来吃午饭，再一起听听。"[1]

博卡日表现出同样的热情。排练的时候，维尼也来过几次；按照他的建议，取消了男主角宣扬无神论的台词。一八三一年五月三日，《安东尼》终于准备就绪，在圣马丁门上演。今天的人们已经不大知道，这次演出所引起的反响，并不亚于当年《艾那尼》的首演。青年人都来齐了，不但有作家、画家，还有手工业者等等。来的人形形色色，"有的面孔怪里怪气，显得粗野，有的小胡子两端上翘成勾形，有的颌下留着尖须，有的长发卷曲，有的紧身上衣别致新奇，还有的穿着大绒翻领的服装……女士们怯生生地从车上下来，个个打扮入时；头发梳得高高的像长颈鹿，再别上玳瑁梳子；上衣多为灯笼袖，裙子较短，露出脚下的厚底皮鞋……"[2] 演出取得了惊人的成功。多瓦尔充满激情，动作自然，达到了忘情的地步；她发出的呼喊，真实得震慑人心。她倒在椅子的扶手上，以令人怜爱的女性的率真和本能的恐惧说出："唉！我完了！我！"这时候，人人热泪盈眶，全场一片唏嘘。

戏一开始，看到玛丽·多瓦尔演的是上流社会的女性，观众不禁感到意外；她那略显沙哑的声音，使人觉得更适合演通俗情节剧。但是，戏编得那么精彩，剧情一环紧扣一环，演得又是那么逼真，以致第四幕刚刚结束，喝彩之声就轰然而起，经久不息，直到大幕又重新拉起，开始第五幕的表演。当博卡日将匕首扔到怒气冲冲的上校脚下，冷冰冰地说出："她拒不顺从，我把她杀了"，观众席上冒出一片恐惧的喊叫声。两位演员都取得了当之无愧的成功。仲马写道："因

---

[1] 亚历山大·仲马：《我的回忆》，第7卷。——原注
[2] 泰奥菲尔·戈蒂耶：《浪漫主义史》。——原注

为两个人都达到了最辉煌的艺术高度。"

弗雷德里克·勒迈特不愧是行家：他一直肯定，多瓦尔和博卡日主演的《安东尼》第四幕，在他所看过的戏中，是最为精彩的一幕。仲马作为戏剧家，本能地感到，不能让观众的热情冷却下来。由于布景师的帮忙，布景换得闪电般迅速。第五幕是完全属于多瓦尔的。"她哭得伤心，眼泪直流，跟常人在此情此景中哭得完全一样；她叫喊，就跟常人一样地叫喊；她诅咒，就跟女人们该诅咒时那般诅咒；她揪头发，把戴在上面的花揪下来扔到地上；她揉皱裙袍，有时甚至还撩过膝盖，把音乐戏剧学院的规范抛到了一边去了。"[1]

　　全场一片狂热：有人鼓掌，有人啜泣，有人掉泪，有人叫喊。戏中灼热的激情燃起了全场观众心中之火。年轻女士爱上了安东尼；青年男士恨不得为阿黛尔·代尔维拔枪自尽。戈蒂耶说：现代式的爱情（当然应理解为1830年的爱情）被这伙人精彩地表现出来了。而博卡日和多瓦尔夫人又给它注入了不同寻常的生活强度。博卡日表现的是不达目的决不罢休的男人，而多瓦尔夫人则是一个绝妙的弱女子形象……那时候，温柔、情欲，甚至美貌都不足以造就一个完美无缺的情人；还必须具有某种蔑视一切的傲气，一种拉辣[2]和吉亚乌[3]式的神秘气质；用一句话来说，就是要有拜伦笔下人物的那种厄运。情人的言行举止，应当让人感觉出他是一个尚不为人知的英雄；命运强加给他种种不公正，而他的人格在与命运的抗争中，方才显示出自身的伟大本色……

　　至于多瓦尔夫人，她发音自然，哭喊声像发自心灵深处，全场观众无不为之震撼……她解开帽子的系带，把帽子扔到扶手椅上，那动作，那神态，使观众战栗，就像看到最可怕的场面一样。当她心力交瘁支持不住的时候，身子贴靠着家具，双臂扭动

---

[1]　见一八三一年五月四日《费加罗报》。——原注
[2]　拉辣是古代卡斯蒂利亚（今西班牙境内）的古老家族。传说十世纪时，拉辣老爷被人出卖，他的七个儿子皆被哈里发杀害。后来拉辣老爷为哈里发的女儿所爱。又生下一个儿子。这第八个儿子终于替他的七个同父异母哥哥报了仇。
[3]　吉亚乌是拜伦长篇叙事诗《异教徒》的主人公；"吉亚乌"在土耳其语中是对不信伊斯兰教者的贬称。

着，淡蓝色的眼睛闪着泪珠，抬头向天空望去……一举手一投足，每个眼神，每次停顿，无不真实可信，惟妙惟肖 [1]……

不难想象，这出光彩夺目的戏，在当时激昂的公众以及热情奔放的青年中，究竟产生了什么样的效应。仲马本人被人群包围，拉到东又拽到西，受到热情拥抱。一些狂热分子，竟把他身上的礼服的燕尾剪下来带走，以纪念这一难忘的夜晚。看首场演出的观众，都是衣冠楚楚，风度翩翩的；一般情况下，他们的神情含蓄，不动声色；可是这一次，人人都头脑发热了。仲马年仅二十八岁，已经成为当代最受颂扬的剧作家。人们把他与维克多·雨果相提并论。有人甚至说，他们是"两个对手"。一些小人还从中挑唆，闹得两人之间美好的友谊，不时受到干扰；不过，每次乌云都很快消散，因为两个人都心胸开阔，慷慨大度。

《安东尼》取得了深远的成功。在巴黎连演了一百三十场。破天荒第一次，各沙龙的座上客都屈驾来到圣马丁门看戏。到外省演出，这出戏更成了玛丽·多瓦尔的胜利。玛丽·多瓦尔喜欢这出戏，全心全意地为它效力。在鲁昂的一次演出中，舞台监督稀里糊涂，当安东尼刺杀了他的情妇，还没有念出最后一句台词，大幕就匆匆忙忙地落下了。博卡日怒气冲天，跑到他的化妆室里不肯出来。观众没有看到已是有口皆碑的结尾，大喊大叫不肯罢休。好脾气的多瓦尔又摆出倒在扶手椅上的姿态，可是博卡日说什么也不肯出来。而观众却还在不住地喊："多瓦尔！博卡日！"并威胁要砸坏剧场的座凳。舞台监督被这场狂风吓得不知所措，只好把大幕重新拉起来，希望博卡日能迁就一下，把戏演完。观众屏息等待着。玛丽·多瓦尔这时感到该自己出面打圆场了。只见被刺身亡的女子又站起来，走到前台的栏杆前面，开口说道：

"先生们，我拒不顺从他……他把我杀了。"

接着，她屈膝弯腰，优雅地行了个礼，在"一片雷鸣般的掌声"中，走下舞台。这可不就是演戏嘛！

---

[1]　泰奥菲尔·戈蒂耶：《浪漫主义史》。——原注

为了判断《安东尼》的演出给戏剧界带来的影响有多么重大，应该读一读阿尔弗雷德·德·维尼发表在《两世界杂志》上的一篇文章。这位严肃而认真的诗人，在文章中力图证明：这出戏不但生动感人，还丝毫不损害伦理道德。人们可能知道，维尼是多瓦尔夫人的情人，而任何事情又总会有人写文章捧场。尽管如此，维尼这篇文章，读起来颇具真情实感。文章写道：

> 情节剧经过一八三一年的一个沙龙而重新进入文学界，这并没有引起我的不快……应当指出，这出戏的成功是人们所能看到的最美好的成功之一；每场演出都像二十个沙龙联合组织起来的一次嘉年华……包厢里，包厢和包厢之间，年轻女士和青年男子，有的还互不相识，都在进行充满好奇心的探讨，那情景多少有些像爱情课上进行的讨论……我听到了全场的一片低语，在讨论这个关于骑士风度的重大问题，这也是一个永恒的问题，就是如何看待爱情上的忠贞……不论是先生认输，还是女士认输，两个人在《安东尼》的影响面前，都已经服了输。啊！美妙的舞台艺术呀，如果你能移风易俗，这一回可不是靠嘻嘻哈哈的笑声。这一回，人们没有笑；也没有怎么哭：看着这出戏，人们感到撕心裂肺地痛苦[1]……

看来，维尼承认，这出戏是一部非常精彩的作品。然而，它有没有社会意义呢？维尼接着写道：

> 我毫不认为，作者会像有人猜想的那样，打算在我们中间废除婚姻习俗并确立杀死和自己生活在同一屋顶下的妻子的风尚。果真如此，那就太卑劣了；仲马一定不会这样做的……他的做法是，先创造一个结尾，然后再把全剧挂在上面……我们需要越来越浓烈的激情，仲马的做法不失为一个好主意。何况，取得成功

---

[1] 　阿尔弗雷德·德·维尼：《关于〈安东尼〉的戏剧通信》，发表于一八三一年六月号《两世界杂志》。——原注

不正是应该得到的一切吗？……衡量一个人要看其所作所为；判断一个人，根据的是他到底要干什么……

这话说得相当刻薄。维尼是"一座与众不同的方尖纪念碑"；他不喜欢，也不可能喜欢像仲马那样夸张地吐露情感。不过，这里牵涉到玛丽·多瓦尔，因此维尼的语气接下来就带上了抒情味：

> 代尔维夫人是位忧郁、温柔而善良的女人。她顺从丈夫，喜爱年幼的女儿，也喜欢打扮：粉红色的裙袍、美丽的帽子、花束等等……可就是忘不了安东尼爱上了她。只要安东尼一出现，她就完了……为了他，她可以接受一切：耻辱、破产、死亡，几乎没有抱怨，仅仅喊出那么一句话："唉，我完了，我！"这句朴实的话，在圣马丁门剧场的舞台上从阿黛尔嘴里念出来，充满震撼人心的痛苦，使每个人在灵魂深处不寒而栗。这是因为，这句话表明，在过了三个月如醉如痴、不能自拔的生活之后，她终于在悬崖边上觉醒了，终于讲出了这么一句有分寸的话来[1]……

在这篇文章末尾，维尼描写一些"非常年轻、非常漂亮、穿着打扮相当讲究"的女士，如何把花束抛向多瓦尔夫人，如何"向前探出身子，边笑边哭，伸出双臂，似乎想拥抱这位女演员，用她们的羽翼庇佑这位被刺杀在她们脚下的姐妹"。那天晚上，亚历山大·仲马"在情感的历史上添了一页"，在戏剧史上也同样添了一页。因为，他的这次成功，促使雨果下决心把《玛丽蓉·德·洛尔墨》交给圣马丁门剧场，也促使维尼为被称为"当今第一悲剧女演员"的玛丽·多瓦尔写出了《安克尔元帅夫人》。仲马在其戏剧生涯中，又一次开辟了前进的路程。

---

[1] 阿尔弗雷德·德·维尼：《关于〈安东尼〉的戏剧通信》，发表于一八三一年六月号《两世界杂志》。——原注

第五章 "一千零三"[1]

　　《安东尼》演出成功，使仲马完全恢复了他那激情奔放的自信。他是一个讨人喜欢的男子汉。虽然年近三十，但身材仍旧瘦削，腰板挺直，像个花花公子。他头发散乱，一双蓝眼睛"像两道亮光"，再加上那两撇小黑胡，使他显得格外风流倜傥。他在情场上一次次的成功又给他戴上了令人称羡的光环。对梅拉妮·瓦勒道尔的爱情，到《安东尼》演出，就画上了句号。当作家把一个女人变成戏剧人物时，这个女人对他来说就已经寿终正寝了。更何况现实中的那个女人醋意十足，身患贫血，虚弱无力，心怀舞文弄墨的雄心而又壮志难酬，终日把心思花在如何成名成家上，这一切都使情夫难以忍受。世界上唐璜类型的男人有好几个变种。一种是凶狠的冷笑者；他们因受到某个女人的歧视，或因自己出身低下，抑或因自己面貌丑陋，而在所有的女人身上进行报复。另一种是阴险歹毒的；这种人与其说是寻找爱情，不如说是向一切天上与人间的法律挑战。还有一种是失落的唐璜；他们追求完美的爱情而不得，便郁郁寡欢地继续追求下去。最后一种是出于情欲而无恶意者；他们采摘女性是由于他们向往女性，就如同他们采摘水果是由于他们想吃水果一样。这一类型的唐璜既非阴险歹毒，又非凶狠狂暴；他们对任何一个情妇都没有丝毫损害之意，他们打算同时拥有所有的情妇；这类人虽然宽厚，但却疲惫不堪。由于情妇们个个醋意十足，他们只好对每个情妇都说谎

---

[1] 原文为拉丁文。莫扎特歌剧《唐璜》著名的列波列洛咏叹调中，历数了唐璜的"一千零三次胜利"。

话；他们就这样被抛进了撒谎者的地狱，被拉入了一个不安全的循环圈里。

仲马此时正处于这样一种境地。严格地说，他并没有和梅拉妮·瓦勒道尔断绝关系。可是，在两人心灵的窗台上，所有的天竺葵都已枯萎。一八三〇年十月，仲马从热里回巴黎的途中，还答应让梅拉妮生一个孩子呢："对，我的亲亲，我已经想到了，我们的安东尼。"是啊，他的私生子应当和他的智力之子取同一个名字。他还信誓旦旦地表白，要和贝尔·克莱萨默断绝往来："我并不认为，她内心怀有很深的爱情……何况，当她确信我仍然关注她的演艺生涯时，她就会得到安慰了……"

假话！完全是假话！……梅拉妮·瓦勒道尔回到巴黎，发现仲马并没有和贝尔·克莱萨默（艺名：梅拉妮小姐）一刀两断；相反，小姐就住在他家附近，每天晚上他都要去小姐家里。有一天瓦勒道尔夫人终于沮丧地下了狠心，跑到情敌家去，跟她大闹了一场。仲马非常恼火，表示要和她决裂；梅拉妮一世在绝望之中，只好孤注一掷，把最后一张牌打了出来。

梅拉妮·瓦勒道尔致亚历山大·仲马：夜深了，我浑身发烧睡不着觉……提笔给您写信。我难道能忘记我那高雅而温存的亚历吗？他宁愿承认自己错了，也不会怀疑我有什么不对之处。啊！这个亚历，他曾是我的光荣、我的欢乐、我的神明、我的偶像。而现在，我却把他打碎了，由于爱得太深而把他打碎了，差不多就像猴子把猴崽子抱得太紧而把它们挤死一样。啊！亚历，让我还有可能在您身上看到，您是男子汉中最好、最高贵的一个吧。让我的爱情不要留下羞愧与遗憾！让我在您身上还能找到什么东西，证明我当初的疯狂与过失，还有不止是过失的行为，不是毫无道理的吧！请您行行好，表现出宽厚来吧。自尊心不要那么强，自尊心使您不能忍受任何指责……对我更加宽容些吧。伟大的上帝啊！除了指望仲马，我还能指望从谁那里得到怜悯与宽容呢？我不知道，但我相信，当您看我将要咽气的时候，您的双唇非但不会吻我，而且还要在我面对死神之际，对我说些刻薄话。噢！饶了我吧！饶恕我一千次吧！否则，您就算不上是个男子汉 [1]……

这里，又出现了一个人物；他在梅拉妮·瓦勒道尔与仲马中间所起的作用，和同时代雷诺医生在乔治·桑与于勒·桑多之间所起的作用完全相同。这第三个人物名叫瓦勒朗医生。作为这对关系破裂的情人双方的知心人，瓦勒朗大夫似乎充当了浪漫派喜剧中传统假面人的角色。

梅拉妮·瓦勒道尔致瓦勒朗大夫的遗书：二十二日，星期一，上午十一时。我希望在他离去之前得到：

我的信件，以便再读上一遍——还有我的肖像，

我们的佩链和我们的戒指，

他的怀表，我可以向他买过来，

他的青铜奖章。

《祈祷》、《湖上》与《嫉妒》[2]，

用可怜的雅克的头发编成的指环，

他的刻有"看啊，双唇"[3] 字样的印章。

如果我死了，把这一切（肖像除外）和我一起埋开在伊夫里墓地，紧靠雅克的坟墓。我只要一块白色的大理石，上面写明我辞世的日期，和我的年龄；下面则是：或者是你，或者是死[4]；大理石的四角刻上下面四个日期：

一八二七年九月十二日〔接受求爱之日〕，

一八二七年九月二十三日〔委身之日〕，

一八三〇年九月十八日〔离开热里之日〕，

一八三〇年十一月二十二日〔梅拉妮打算自杀之日〕。

对我的命运和我的一生，唯有这四个时期，曾经起过决定性

---

[1] 国家图书馆巴拉绍夫斯基-贝蒂遗赠（近期赠送）。——原注

[2] 这里应是三部作品的标题。《湖上》是拉马丁著名的爱情诗；其他两部不详。

[3] 原文为拉丁文。

[4] 原文为意大利文。

的作用。

　　我还希望，只要我的母亲尚在人世，在我的周围放上些天竺葵；我请求我的孩子，等她长大以后，代替我的母亲做这件事情。我不要用裹尸布，给我穿上我那件蓝色裙袍、围上我那条黄色的披肩。在我的颈项上，戴上我们那条黑色的项链……我希望他的怀表和我们的戒指，还有我们破碎了的天竺葵，一起放置在我的心口上。他写的诗，和我们的信件，摆在我的脚下。

　　我的肖像送给我母亲。我的头发送给他，如果他还要的话；贝朗热和约翰诺的画也给他。我的项链和手镯给洛尔；我的戒指给亨利埃特；我的光玉髓给我的孩子……我的像册给他，如果他愿意要的话 [1]……

　　在留下这张浪漫的遗书并和仲马肝肠寸断地离别以后，梅拉妮·瓦勒道尔又在人世间度过了整整四十一个年头。当《安东尼》在圣马丁门剧场排练的时候，她请求瓦勒朗大夫去见仲马。她是这样写的：

　　慈爱的大夫：我的心灵破碎了，不能不提笔给您写信，因为您，至少还有您，在同情我所受到的痛苦。今天您能见到他吗？啊！去见见他吧。如果他不在家，那就一定在圣马丁门。您只要出示名片，就会把您带进去……啊！去见他吧。让我能见到一个刚刚见过他的人吧。唉！昨天和前天，我一直在等待他。他答应来，我也就相信他会信守诺言，既然现在爱情已不复存在。自那次危机以后他又给我变成了像以前我所一直了解的那样，是男人中最好的一个了；可是他这次竟不按约前来，噢！这不是明目张胆地宣告把我抛弃了吗！这不是承认，因为害怕我死，他才答应来的吗！仁慈的上帝啊！我怎么就没死了呢？会死的……

　　"他爱我"，这一想法直到今天还在欺骗着我，愚弄着我。这当然是痴人作梦，是神经错乱。他会爱我！仁慈的上帝！现在爱

---

[1] 国家图书馆巴拉绍夫斯基－贝蒂遗赠（近期赠送）。——原注

上克莱〔萨默〕夫人的那个男子，从来就没有爱过我。您不了解她，那位克莱夫人！总有一天您会领教的，他也一样会领教的。啊，怎么就相信克莱夫人而不相信我呢！牺牲我的生命，去换取没有爱情的亲吻。当她一旦明白他不会娶她，而感到失望的时候，她就会去亲吻别的情人，谁出的钱多，她就会去亲吻谁！

我的上帝，可恶的那一天，我怎么会不顾体面，跑到她家里去了呢！那天，要是他藏到什么地方该多好！要是他没有听到我说什么，她说什么，那该多好！……

梅拉妮·瓦勒道尔致亚历山大·仲马，一八三〇年十二月十日：我远离你，可一心一意想着你。我感觉生命一天一天地在离我而去。去吧！我毫不责怪你。你爱我，你只爱我一个。但是，你的软弱在要我的命，我恐怕不久于人世了。有时候，我觉得很不好。啊！我可以想象，当你不再能使我的心脏恢复跳动，并用爱情补赎前您的时候，你将会变成什么样子。啊！亚历！当机立断吧，在我俩之间选择一个吧！现在不选择，将来也无法回避这一选择；到我既不能祝福你也不能原谅你的时候，就太晚了。

在这双重的私情中，有某种丑恶的东西；这种东西不是你的灵魂所能容忍的。你痛苦，你对什么都不满意；你刚二十七岁，生命就受到损害；你现在正走向一个与你的爱好与追求的幸福完全背道而驰的未来！是我把你带到这一步；现在你还来得及改弦更张，你可以相信我的话。对你来说，我可以成全你所期望于我的一切。你是自由的，你永远是自由的。我等待的是你心灵的任何决定，而不是我的责怪所能产生的任何效果；你不会受到怨恨，也不要担心会有争吵；你将会心满意足。但是，啊，我的亚历，不要让梅拉〔妮〕·塞尔横在咱俩中间吧。这个女人就像鬼魂一样追逐着我。剥夺了我的休息和希望；她正在杀害我，而你竟视而不见。当我的生命需要你付出这个代价的时候，你却没有足够的力量同这一切一刀两断 [1]……

---

[1]　国家图书馆巴拉绍夫斯基-贝蒂遗赠（近期赠送）。——原注

这时，贝尔·克莱萨默已有孕在身，怀的是亚历山大·仲马的孩子。梅拉妮也已知晓：

　　给她写信，啊，我的亚历！给她写信吧！并让我先看一下你写的信……答应她：金钱、尊重、利益、赏识、友谊——要什么都可以，除了爱情和抚摸。这是留给我的，留给我一个人的；要不你就给梅拉〔妮〕·塞尔，给她一个人。但是，噢，亚历，到了这一地步，咱们俩可就要分手了，就要永别了！不管是生离还是死别，咱们可就永无团聚之日了……

　　又一封信：有人来看我，总是有人来……有人向我说起她，说她怀孕了，已快到分娩的时候！噢！我的上帝！我躲到哪里才好？她还参加了《亨利三世》的演出[1]，演得非常拙劣。这么说，你看过她演戏，那你还在爱着她！可是你曾说：只要她一演戏，你就不再喜欢她。噢！你这人真残酷！我的爱情落到令我抬不起头的地步，我怎么这么卑贱！

　　不过，梅拉〔妮〕·塞尔已不年轻。为了叫我放心，你曾说过："她年纪大了，不好看了。"你要是觉得她既漂亮又年轻，为了她而想叫我死，你就直说，又有什么关系呢？噢！你就随心所欲吧，我甚至会感谢你，因为我感到头脑越来越不行了。永别了，永别了，祝你们两人幸福[2]……

　　一八三一年三月五日，梅拉妮第二分娩，生下一个女婴，取名玛丽-亚历山大里娜。这位母亲已有一个六岁的男孩[3]，是以前一次短暂爱情的产物。这次她便颇有远见地要求仲马正式承认他俩的女儿，并得到仲马的同意。一切手续在孩子出生四十八小时后就办妥了。《安东尼》的剧作者、私生子权利的维护者，很难拒绝让他自己孕育

---

[1] 演出可能在布鲁塞尔或在外省，因为贝尔·克莱萨默从未登上过法兰西喜剧院的舞台，而《亨利三世》一剧则已列入该剧院的保留剧目之中。——原注
[2] 国家图书馆巴拉绍夫斯基-贝蒂遗赠（近期赠送）。——原注
[3] 让-保尔·克莱萨默，只有其母一人承认，于一八二五年十一月三日生于巴黎。——原注

出来的孩子姓他的姓。仲马的心眼好，但是又漫不经心。他的儿子亚历山大都七岁了，可他一直记不得公开承认他。这次他非要表现得公正不可了。

亚历山大·仲马致公证人让-巴蒂斯特·莫罗：先生，通过送达贵事务所的此件，我承认一八二四年七月二十七日以亚历山大的名字在意大利人广场的区政府登记的男孩。

其母：拉贝夫人（原文如此）。其父：不详。

在其母尚不知晓的情况下，我愿意承认这个男孩为我的儿子。我认为这是可行的。

我的全名是：亚历山大·仲马·达维·德·拉巴叶特里。居住在：大学街 25 号。

务必尽快办理此事，因为我担心，有人会把我所钟爱的这个男孩夺走。请您指教前去送信的人，告诉他下一步该怎么办。我想您大概还需要一张出生证明书的摘录；此人可以去寻找。

先生，请接受我最崇高的敬意。

亚历·仲马 [1]

一八三一年五月，正当《安东尼》演出之际，阿黛尔·代尔维的原型梅拉妮·瓦勒道尔（她自己也清楚这点）收到剧作者送的戏票，是台前包厢；还有一封信，上面写道："我的朋友，送上七个座位的票。我无法亲自送去。目前我正参加一个会议，议论关于十字架的问题。我将设法到您的包厢去看您。——您的朋友 A. D." [2]

人们本来就担心，《安东尼》的演出会给这位被遗弃的女子火上加油。全巴黎果然马上就认出了阿黛尔·代尔维在现实生活中的原型：丈夫是个军官，有个独生女；梳妆打扮上讲究哪些特点，以及她的一些口头语。梅拉妮在名誉受到连累后，指责仲马戏弄她，叫她当众出丑。据她自己说，没过多久连她一本正经的父亲和她未成年的女

---

[1] 此信未公开发表，由拉乌尔·西蒙松先生提供。——原注
[2] 国家图书馆巴拉绍夫斯基-贝蒂遗赠（近期赠送）。——原注

儿都把她看成是《安东尼》中的女主角！而且出演这一角色的，不是玛尔斯小姐，却换成了多瓦尔夫人。看到情敌在台上挠首弄姿地扮演这一影射她的角色，梅拉妮再也无法忍受了。更叫她感到气愤的是：另一个情敌，贝尔·克莱萨默，在同一出戏里，也出演了一个次要角色：德·康夫人；海报上还赫然写着她的艺名：梅拉妮小姐。全场观众都在谈论这个梅拉妮和剧作家生了个小女孩，名字叫玛丽-亚历山大里娜……

剧本出版以后，在卷首作为序言印着一首诗，仲马称之为"除了她之外，别人都看不明白的题词"。瓦勒道尔夫人认为，这对她又多加了一层污辱。原来这首诗写于两年前；那时候仲马正热恋着她，对并不妨碍他的瓦勒道尔上尉竟也醋意十足。

> 多少次，在咱俩狂热的亢奋之中，
> 我的额头刹那间乌云密布，忧心忡忡。
> 你问我："你嘴角的微笑为什么令人生畏？
> 为什么，你的双眼一下子充满热泪？"
>
> 为什么？因为眼前的幸福，这万般蜜意，
> 竟不能从我心中驱走那无时不在的妒忌。
> 往事涌上心头像块块寒冰，
> 就连未来也将是冷酷无情！
>
> 连你的热吻都给我带来难以忍耐的痛苦，
> 到底是谁第一次把爱送进你的心怀？
> 一想到是别人的热吻使你领略千种风情，
> 我就痛苦缠身，情不自禁！[1]

过了一段时间，梅拉妮·瓦勒道尔平静下来。爱情上虽然失意了，

---

[1] 亚历山大·仲马：(致 A. ***)(《安东尼》开场诗)。见其《戏剧全集》，第 2 卷。——原注

可她仍然是位文学界人士。她有一个沙龙。《安东尼》的作者红得发紫，对她的沙龙正是一种宝贵的装饰。请看她给仲马的这封信："你一定来，对吗？雨果也在。这将是一次亲密交谈的晚会。它将使我高兴……"她要求仲马在一位批评家面前为她美言几句："对我来说，有人公开谈论一下我写的诗，是相当重要的……"按照最好的惯例，她向仲马献上了友谊：

> 我失去的爱情，好像变成了一种对往事的祭拜。听到别人对您的赞扬，就像您又来到我身边。于是，我似乎又把您夺了回来，您又变成了我的财富。啊！您身上的一切善良与伟大，都将同我的灵魂保持秘密的联系！我将不再为我自己而活在世上；看到您幸福、有人爱恋、受到尊敬，我将重新安排我的生活，这生活仍然以您为源泉。
>
> 再见，我的朋友，我的兄弟，再见[1]……

梅拉妮和"梅拉妮"，这两位女士，在一段时间里还在继续通信，相互揭露一些尖刻的事实。女诗人指控女演员截留她写给仲马的信，并把信转给瓦勒道尔上尉，企图对她进行陷害。仲马索回了被私拆的信件后，大大方方地退还给这位写信人。没想到后者还要求他另外帮忙，使人大吃一惊："现在，我正多方活动，把瓦勒道尔先生调来巴黎。您如果能帮助促成，我将感激不尽……"

梅拉妮·瓦勒道尔写给仲马的最后一封信既杂乱无章，又无休无止：

> 亚历山大，我的朋友，你虽然有这样那样的缺点，可你比大多数男人都强得多。把你和他们一比，我就不会因为曾经爱过你而感到脸红……你可原谅之处，是你年轻，以及你的非洲血统。你爱我的那阵子，你的灵魂不但年轻，而且仍然保持着纯洁；你并没有老谋深算地要伤害我；你并没有施展种种计谋把我引到那

---

[1] 国家图书馆巴拉绍夫斯基−贝蒂遗赠（近期赠送）。——原注

步田地……你的爱情里没有虚假，没有算计……

就自己对《安东尼》卷首隐晦题诗的不冷静态度，她向仲马表示歉意；声称这一危险的主意，出自一个虚伪的朋友。她给仲马写道：

啊！原谅我在信里写的那些话吧；原谅我对《安东尼》以及对那首诗所写的一切吧！是他要我把《安东尼》及拜伦的作品退还给你的！我本来没有勇气这样做……现在我才意识到，当时我亦步亦趋地听从这个仇恨你的人，是多么的错误！是此人把我引入歧途……当然，这首诗是只有我们两人才能看懂的题词。当时，此人怒气冲冲并鄙夷地把剧本扔在一边；不过，这对我来说，也不应当成为向你兴师问罪的理由。相反，看了你那几行诗，我本应表示感激才对。都怨这个人，把事情弄得一团糟！……

给我谈谈你的剧本吧。你都满意吗？我希望你都满意。公众的评论对你是相当有利的。即使在维克多[1]的朋友中间，对《安东尼》的评价也是很高的。不过，在《玛丽蓉》里，也有不少精彩之处，第四幕太出色了。噢，好好干吧，一个广阔而光辉的未来展现在你面前。请你好自为之，幸福地生活吧。但愿我们两人之中，至少有一个能从生活中得到些不那么苦涩的东西[2]……

贝尔·克莱萨默仍然看守得十分严密，这封信又被她扣住了。瓦勒朗大夫被派去会见仲马，给他送上一个便条："我请求仲马先生，当他退还我所要求的那四封信以后，——从他刚写给我的信看来，我坚信他是不会拒绝的——我请求他，不论以什么方式，都不必再为我操心。"[3]仲马这回当真就公开地和梅拉妮·塞尔同居了。不过，在一些朋友家中，他还不时见到前一个梅拉妮。在阿尔瑟纳勒沙龙，在

---

[1]　指维克多·雨果。
[2]　国家图书馆巴拉绍夫斯基-贝蒂遗赠（近期赠送）。——原注
[3]　同上。

诺迪埃家，都能见到她"身穿吓人的红色裙袍"，跟她丈夫跳加洛普舞。当大家玩捉迷藏或做蒙目击掌猜人游戏时[1]，仲马远远地看着她，觉得她无比丑陋，惊讶自己当初怎么竟会爱上这么一个女人。然而，无论如何，《安东尼》的出世应当归功于她。

> 不幸啊，不幸！上苍把不幸降到我头上，似乎我是这世界上一个无法无天的过客。

他经常写些这种拜伦式的诗句；然而，在安东尼的面具之下，这个带孩子气的叛逆者快乐地背负着三重重担：出入应酬于上流社会；做一个男子汉；做一个供养着好多女人的男子汉。他所期望的，是复仇女神们能和睦相处。梅拉妮·瓦勒道尔退避了；但是，卡特琳·拉贝与贝尔·克莱萨默，为了争夺小亚历山大，斗得不可开交；小家伙夹在中间，有苦难言。贝尔·克莱萨默有了女儿以后，便明目张胆地同女儿的父亲过上夫妻生活，并自称为仲马夫人。

一个本领高强、情欲旺盛而又有些轻浮的男人，是能给别人造成许多损害的，尽管这不是他的本意，甚至连他自己都没有意识到这一点。仲马从一个情妇扑向另一个情妇，对他来说是理所当然的事。他衷心希望被他冷落的情妇生活幸福。当他不忠实的行为惹得人家生气时，他就用礼物进行安抚。卡特琳·拉贝的儿子一生都记得：一天夜里，他因为哭闹不止，打扰了父亲的写作，父亲一把抓起小男孩狠狠地把他摔到床上。母亲吓坏了，跟他大吵一场。第二天，仲马回来时神色相当尴尬。手里捧着一个甜瓜，意思是请求原谅[2]。在他的一生中，该送过多少这类赎罪的甜瓜呀，送的时候态度又是那么善良和漫不经心！

从一八三〇年起，仲马挣到了些钱，便把卡特琳母子俩安置在帕西一套不大的住房里。他有时去那里呼吸一下"乡间的空气"，去时总穿着国民自卫队的炮兵制服。当小家伙生了病，或出了什么事，就

[1] 安东尼·封塔内：《日记》（勒内·冉辛斯基版）。——原注
[2] 亨利·布拉兹·德·布里：《关于亚历山大·仲马的研究与回忆》。——原注

到卢浮宫的炮兵队去找他。有一回，医生要用蚂蟥放血的办法给孩子治病，小男孩坚决不肯接受。父亲发誓说，这种办法一点儿也不疼。"不疼，那你自个儿放上试试，"小亚历山大将了仲马一军。仲马立刻捏起两条蚂蟥，放到左手手心里[1]。

他一心一意想得到儿子的爱，然而儿子自然更喜欢把他抚养大的妈妈。卡特琳·拉贝是一个"单纯、正直、诚恳、勤劳、忠实、立身行事各方面都循规蹈矩"[2]的女人。看来，小仲马从布拉邦松[3]的女裁缝那里继承的通情达理的品质，以及正派、平和的道德，与父系祖先传下来的想象丰富、感情炽烈、需要做出惊人之举等品格，在他身上可以说是起到了相互平衡的作用。后来，他深情地描绘了那套简朴而总是干干净净的住房，以及母亲的操作间。在操作间里，母亲亲自裁剪，然后把活计分配给女工们分头去做。一八三一年三月十七日的认领证书，把做父亲的权力归还给了《安东尼》的作者，但也标志着卡特琳·拉贝与其前情夫之间开始了一场艰难的斗争。贝尔·克莱萨默指责卡特琳粗俗无知，一口咬定这样的女人不配抚养仲马的儿子；在情妇的煽动下，仲马便提出照管孩子的要求。孩子的母亲告了一状，官司没有打赢。如果在分娩的当天，她能想到按照法律规定的手续，明确表示认领私生子的意愿，那她这场官司就好打得多。由于在这一点上没有得到明确的承诺，助产医生和两位邻居（一位是裁缝，另一位是牙医）到了区政府后，只声明："亚历山大，本月二十七日晚六时出生于其生母寓所……为玛丽-卡特琳·拉贝小姐的非婚生子。"[4]而当时他们要是再写上"并为其母认做己有"字样，现在事情就好办多了。一八三一年这一年里，卡特琳也采取行动，叫人把孩子夺回来，并于当年四月二十一日按照法律规定履行了认领手续。然而为时已晚，因为孩子的父亲已经认领在先。卡特琳不甘心认输，仍然无效地进行斗争，有时候把心爱的儿子藏到床底下，有时候又把他

[1] 亨利·布拉兹·德·布里：《关于亚历山大·仲马的研究与回忆》。——原注
[2] 莫里斯·斯普隆克：《小仲马的出身与初期活动》，发表于一八九八年三月十五日出版的《两世界杂志》。——原注
[3] 比利时的一个省份。
[4] 见塞纳省档案馆诉讼档案保管室所存第十一区出生证明汇编摘要。——原注

从窗户送出去。最后，"法庭决定由一名警长出面把年方七岁的小亚历山大·仲马捉拿归案，并将他送入寄宿学校。"[1]

不难想见，在小家伙的精神上，这场旷日持久的争斗，这场发生于他本来希望同等敬重的两个人之间的纷争，究竟投下了多少慌乱与烦恼。必须在二者之间选择一头，而他内心里是倾向母亲的。母亲则拿他当作父亲不负责任的证人。在孩子的眼里：母亲规规矩矩过日子；而父亲，却跟一个野女人同居。他模模糊糊地感觉到，母亲是无可指责的，她受到了不公正的对待，是受害者；而另一方犯了严重错误，对不起她。小孩子们心里想什么，不可能都直说出来；他们发脾气，表面上看来是胡搅蛮缠，然而这正是在发泄他们内心最隐秘的痛楚。小仲马到了四十二岁上，向友人吐露，他"从未宽恕过谁"。

小亚历山大被迫到父亲的情妇家里生活，他一下子变得倔强固执起来。克莱萨默夫人力图驯化她小女儿的这位同父异母哥哥，却遇到了桀骜不驯的抵抗。她在信中是这样向仲马倾诉的：

> 我的朋友，你知道我多么喜爱你的儿子；我对他宽容以待，而决非严厉。不过，我的朋友，我认为你无法把他领到你家里抚养。他的教育基础太差了，应当从头做起，而且越快越好。你要是能经常照顾他，那么他跟你在一起当然最好；然而，你能给他什么呢？最多一天两小时……除了你，他不买任何人的账，任何人都奈何不得他。我软求硬吓，都不能叫他就范！他既不念书也不写字；想干什么就干什么，而且蛮横粗暴肆无忌惮，逼得我只好不时训斥他一番。但是，最糟糕的，也是所有坏事的根源，就是对他说：星期日和星期四可以去看他的妈妈。看他妈妈的次数越多，他回来后的脾气就越坏，经常和我们大家顶嘴闹别扭。我坚信，是他母亲的教唆使我们对他感到厌恶，也使你感到厌恶。现在，他已不像最初那些日子，不再要求见你。他脑子里想的只有他的妈！其他一切，对他来说，已是无足轻重。星期二他三点钟才回来。可是明天又要回去！而且是她自己来接他；他可能还

---

[1] 亨利·布拉兹·德·布里：《关于亚历山大·仲马的研究与回忆》。——原注

要在她家里过夜；这样的话，小东西在她那里住的天数，比在我这里住的天数还要多啦！事情坏就坏在这上头，而且势头有增无减。

今天上午，阿黛尔带他出去散步……他猛折腾一气，非要去他妈妈家不可。回来时还哭哭啼啼，嫌人家不听他的话，老大的不高兴。他越去就越想去，越去就离你越远。你现在正在失去你当初果断之举的成果。在你和你孩子中间，你放了个女人，她不遗余力地挑拨孩子同你离心离德；到了后来，等他把爱全给了母亲，就会对你说："是你硬把我和妈妈分开；你对我妈不好。"有人会给他灌输这些东西的……

我的天使，上面所写皆是肺腑之言，就像我是你的结发之妻，这孩子是咱俩所生的一样。在许多事情上，你儿子有十岁孩子的悟性；然而，他什么事都听他母亲的，永远把他母亲放在你前面。为了防患于未然，应把他和他母亲分开一段时间，这已是迫在眉睫的事了；你将来会为之庆幸的。你最好给她本人写封信，谈谈此事。吻你一千次。我的天使。阅后把信撕掉。[1]

纠纷很快就把仲马弄得精疲力竭了。他决定再次把儿子送到寄宿学校。塞纳省的法庭当初曾选定位于圣女热那维埃芙山大街的沃蒂埃学校。在《克雷孟梭案件》中，小仲马描写了他和母亲在一起度过的最后一天，提到这位可怜的女人给他买了一套餐具和一个银杯，还为他准备了行装。他接着写道："这些东西，桩桩件件，无不是千辛万苦挣来的，都是熬夜熬出来的，有时候一直熬到天明。使一个穷姑娘做了母亲，又撒手不管，让她独自靠劳力抚养他的孩子；这种男人，他是否意识到，自己究竟干的是什么事情？……"[2] 从母爱的温柔到孩童间的欺压，对这个小男孩来说，将是一场可怕的考验。

---

[1] 此信由马塞尔·托玛发表于《圆桌》杂志一九五一年五月号上。——原注
[2] 小仲马：《克雷孟梭案件，被告的回忆》。——原注

第六章　一八三一年的巴黎

巴黎还没有从那场半途而废的革命中解脱出来；首都和仲马一样，还在和当权者赌气。每天晚上，在吉木纳兹和昂必居剧场之间，总有些淘气的男孩子往警察身上扔石头。剧院的观众仍然是那么容易激动。浪漫主义的创立者们不再像以前那么团结。拉马丁投身政界；圣勃夫和雨果几乎不讲话；一八三〇年，雨果、维尼和仲马组成了戏剧界的三人联盟。但任何一个三人联盟都不会长久。雨果有一次愤愤不平地对仲马说：

"那个记者硬说历史剧是维尼首创的，你说对吗？"

"蠢货！"仲马回答道，"谁不知道，发明者是我！"

《安东尼》的成功"使一直追随着共同旗帜的青年人出现了分裂。当初他们在一起以《亨利三世》打开了突破口，又借《艾那尼》发起了冲击；现在则分成了两派，一派追随雨果，另一派支持仲马。他们不再以一个紧密团结的群体共同对敌，有时还要相互开火。"[1] 仲马尽管一贯好脾气，他的人际交往这时也变得艰难起来。许多人嫉妒他上升得太快；不止一个人说他不配取得如此成功。他的两轮马车和他的跟班"老虎"，与其说使人开心，还不如说使人生气。身躯矮小、一头红发的圣勃夫是位口味细腻而爱挑剔的批评家，他轻蔑地说："仲马的货色？就像一个长不大的男孩子做的饭菜。《克里斯汀》？二流货色，远在《艾那尼》之下，就像海索草没法和柏树相比一样。"这一判断可以说是非常严厉的，因为圣勃夫就连《艾那尼》都看不上

---

[1]　阿黛尔·雨果：《一位其生平见证人谈维克多·雨果》，第 2 卷。——原注

眼。然而，仲马毕竟是第一个打开缺口的人，更何况《安东尼》无论如何没有从《艾那尼》吸取过任何东西。仲马咆哮了："男孩子做的饭？那就让我下厨房去，叫他们开开眼！"

雨果对仲马仍然保持友好与礼让。雨果这时候是以浪漫派首领的面貌出现的。对青年人来说，他写的一篇序言，就像一位上将当天发布的命令。雨果希望成为思想家，而仲马则满足于做一个逗大家开心的人。他的仇敌甚至于会加上一句："还有挣大钱。"诚然，他需要钱；但是，他挣了钱后，又散发掉，挥霍掉，浪费掉，而不是攒起来。雨果是大诗人，过日子却像一个精打细算的市民；仲马呢，像一个慷慨而放纵不羁的浪子。每天晚上，到了剧场，雨果比仲马更加注意票房收入。封塔内在他的个人日记中写道："雨果对票房收入，操心得真是厉害。"[1] 但是，雨果的收入都是从正道而来的。

仲马听了雨果朗读剧本《玛丽蓉·德·洛尔墨》后，大声说道："我们大家都望尘莫及！"接着又自言自语："啊！要是我能像这样既会写剧本，同时又能写出那样的诗句来，该有多好！"重读了《玛丽蓉》之后，仲马又说："每一幕都很精彩，每一幕我都愿意花上一年的寿命去写。现在，我对维克多只能是更加崇敬，更加友好；没有一丝一毫的嫉妒……"这些话确实发自肺腑。

读了《玛丽蓉·德·洛尔墨》之后，仲马竟打算把已经写好的诗剧《查理七世在诸侯封地》用散文改写，可见他对雨果的态度确实是十分诚恳的。只是由于演员们的劝阻才没有改写。该剧于一八三一年十月二十日在奥德翁剧场上演，由具有雕塑美的乔治小姐领衔主演。该剧的素材，又是从一本打开的书中偶然得到的。至于主题，则同拉辛的《安德洛玛克》相同。一位妇人爱上一个男子，此男子不爱她，她就叫另一个男子把他杀死；杀人的男子钟情于此妇人，而该妇人却对他毫无感情。剧中，国王查理七世和阿涅斯·索雷尔只是由于他们的威望才作为陪衬出现。三个主要人物是：残忍的妇人贝朗热尔，其夫萨瓦西伯爵和杀人凶手雅库布。雅库布是撒拉逊人[2]，萨瓦西伯

[1] 安东尼·封塔内：《日记》（勒内·冉辛斯基版）。——原注
[2] 中世纪欧洲人对阿拉伯人或西班牙等地的穆斯林的总称。

爵参加十字军东征时把他带了回来。伯爵对他有救命之恩，可他竟斗胆爱上了伯爵夫人，并在后者的唆使下，杀死了伯爵。剧本从整体上看没有多大价值，只是雅库布针砭种族歧视的某些台词尚有可取之处；这是一个使仲马动感情的问题，所以有关台词写得相当精彩。

此剧演出不能算明显的失败。然而，首演时观众表现得无动于衷。体态丰硕的乔治小姐扮演贝朗热尔；这位二十五岁的女主角身材纤细，皮肤白皙，显然是为玛丽·多瓦尔写的。美男子洛克罗瓦饰演年轻的阿拉伯人雅库布；这个角色其实当初是为博卡日写的。这样一来，表演上就显露出不少弱点。封塔内在日记中写道："此剧不能与仲马通常的剧本相比。简直是《奥赛罗》的翻版；里面还搀杂着好多处说不清楚的模仿，既有古典派的，又有浪漫派的。它的独特之处在于像细木一样镶拼；像一个混合型的柱子……"[1]

仲马带他的儿子来观看首演，当然是希望儿子分享他的成功，从而赢得小家伙的爱心。到了后来，当小仲马也成为著名剧作家的时候，还回忆起那个奇怪的夜晚；当时他心里想："原来这些都是爸爸写出来的！"他还回忆起，看完戏后，父子俩在巴黎街头的夜色中，步行走回家去的情景，当时的气氛颇为凄凉；拉着他小手的那只大手，似乎有些颤抖。孩子想道："爸爸心里不愉快。"因而，他感到，还是不谈论演出，甚至根本不提为妙。不过，到奥德翁剧场看戏的观众，仍然成群结队，为数不少。

一个艺术家，如果不能认真自律，而又需要大量的花销，那就十分危险了。因为在这种情况下，很难抗拒送上门来的挣大钱的活计。《安东尼》的作者现在出了名，成为公认的戏剧创作能手；于是，便不时有人送来一些半成品，请求与他合作完成。

一所著名的寄宿学校的创建者普罗斯贝·古保和热爱文学的银行家雅克·布旦拿来一个剧本的大纲，结尾尚未想好，名叫《理查·达林顿》。哈雷尔推荐弗雷德里克·勒迈特饰演男主角。要知道，"一个弗雷德里克"与"一个博卡日"是迥然不同的。为了发挥演员的才能，必须把这出戏的男主角写成厚颜无耻的强人。仲马特地为弗雷德

---

[1] 安东尼·封塔内：《日记》（勒内·冉辛斯基版）。——原注

里克编写了他所擅长的粗野对话和干脆利落的接台词。已经开始排练了，几位剧作者还不知道该怎么摆脱理查的妻子冉妮。仲马灵机一动，说道："把她从窗户扔出去！"于是，这桩没有预谋的凶杀案就成了整出戏的关键时刻。一束绿光射到男演员的脸上，使他的面目如此吓人，以致把路易丝·诺布莱（冉妮一角的扮演者）吓得发出令人毛骨悚然的喊叫。

封塔内看了最后一次彩排后写道："地地道道的情节剧。——'青年法兰西'的成员们头戴皮帽，身穿大翻领礼服，头发梳成一大绺一大绺的，身上罩着绿色的漆布外套，像是蜥蜴在雨中游动。——完全是皮特鲁斯·鲍雷尔[1]及其诗作的情调！唉！"[2]连观众也都染上了这出戏的特殊色彩。演出结束后，仲马遇到缪塞，见他脸色苍白，便问道：

"怎么样！有什么事吗？"

"有，我憋得喘不上气来。"缪塞回答道。

演出的票房收入很高。这时，仲马又接到一个新题材。对《安东尼》怀着美好回忆的博卡日送来阿尼塞·布尔乔亚[3]写的一个剧情梗概。布尔乔亚擅长编写情节剧，手法还相当灵巧。根据这一梗概，仲马写出了一个剧本，名叫《德勒撒》。仲马并不怎么喜欢这部戏，他所满意的只有少女一角。关于这个角色，他谦虚地说："这枝花，和《暴风雨》[4]中的米兰达，以及《埃格蒙特》[5]中的克拉尔琴，都生长在同一座花园里。"

博卡日推荐一位初出茅庐的女演员饰演此角，说她颇有才华。

"她叫什么名字？"仲马问道。

"您还不认识她。她叫伊达，一直在蒙马特尔及贝勒维尔等地方演出。她很有天赋，也十分迷人。这个角色由她扮演，再合适不过了。"

---

[1] 皮特鲁斯·鲍雷尔（Petrus Borel，1809—1859），法国诗人，被认为是愤世嫉俗的幽默大师。

[2] 安东尼·封塔内：《日记》（勒内·冉辛斯基版）。——原注

[3] 阿尼塞·布尔乔亚（Anicet Bourgeois，1806—1871），法国剧作家，曾同大仲马合作写过情节剧。

[4] 莎士比亚的传奇剧。

[5] 歌德的散文体悲剧。

对于伊达·费里叶，"十分迷人"这一看法似乎有点言过其实。她身材矮小，体形长得并不好看；唯有那两只大眼睛，白净的脸色和满头金发在给她支撑门面。她竭力模仿多瓦尔，"用双肩说话"，并"像斑鸠那样摆动她的脖子"，但没有玛丽·多瓦尔那种从容自然的气度。玛丽的气度别人是学不来的。

伊达·费里叶的真名叫玛格丽特·费朗；不管走到哪里，身后总跟着她那位寡妇妈妈。尽管她上场的时间不长，《德勒撒》还是给她带来了极大的成功；她在激动之中，就投入了剧作者的怀抱，说他"保证了她的未来"。仲马带她去吃夜宵，又把她带到家里，她就顺顺当当地做了他的情妇。仲马不知疲倦地欣赏这位刚被征服者的青春、美貌与诗意。他甚至夸奖这位女演员的贞洁。他是这样说的："她是一尊水晶雕像！您认为百合花是白的，雪是白的，方解石是白的吗？不对了！在这世界上，只有伊达·费里叶小姐那双小手才是白的！"这话当然令人发笑。

当初演《德勒撒》的时候，伊达·费里叶还能使人对她抱有一定幻想。当上了仲马的情妇之后，她满以为今后情夫所写的每一个剧本都会给她留个角色；因此就荒疏了演技，落到了"平庸以下"。她只不过是"一个小多瓦尔，就像梅兰格是个小弗雷德里克一样……她不恰当地伸出双臂，并张开大嘴咀嚼她那完全弄拧了的体会。"[1] 这对于仲马是严重的威胁。浪漫派作家只要是为有才华的演员创造角色，无论什么都会被观众接受。一句平平常常的话，只要是从多瓦尔口中说出，就能感染观众。而同一句话由伊达·费里叶说出，就显得平淡无奇了。对一个剧作者来说，他宁肯和一个大演员争得脸红脖子粗，也不接受一个俯首帖耳的平庸之辈。这样，生活中的麻烦事可能多一些，但是得救的却是作品。

从封塔内的《日记》中，可以猜测到：仲马一次又一次地跟别人合作编剧，已经开始引起文艺圈中人的担心：

二月六日，星期一。我去滑稽歌剧院看《德勒撒》……戏相

---

[1]　莫里斯·德科特：《浪漫派戏剧及其伟大的创造者们》。——原注

当成功。写的还是通奸的内容；而这一次花样翻新，成了双重的通奸……由仲马编剧；还有一个合作者，商定好的条件是，此人不得署名……

二月十六日，星期四。去仲马家与他共进午餐；同席者还有他的美人儿和古保……之后，又到盖伊夫人处，仲马也去了。在那里，他一本正经地谈论起共和国与革命。人们竟然要他交付他以前从苏瓦松运回来的火药欠款！真是个绝顶的笑话。这个晚上他带来与他合作编写《德勒撒》的阿尼塞·布尔乔亚先生。两人在一起准备四个剧本。真不像话[1]！……清晨两点，踏着月光，与仲马一起往回走[2]……

伊达·费里叶闯入仲马生活之中的时候，贝尔·克莱萨默正在外地演出。她回到巴黎后，当然少不了疾风暴雨式的发作。不过，女人们只要肯于接受仲马那些几乎是东方式的习气，与他在一起生活是再容易不过的事了。他只要求你尊重他的工作。在其他方面，他善良得近乎软弱无能。他从有钱以来，就养着一大群现在的情妇和以前的情妇，连同她们的家属；此外，还有他的孩子、他的朋友、合作者，以及他的吹捧者。这些吃他用他的人加起来足有一整团。当人们不知该到哪儿吃晚饭的时候，就有人说："到仲马家去！"来到他家，总会发现他正埋头工作。壁炉的炉台上面，放着他刚得来的最后几枚金路易。

"仲马，我没钱了。这我拿走了。"

"好吧。"

"过一星期还您。"

"您看着办吧。"

仲马喜欢组织别人玩乐并分享大家的快乐。路易-菲力普国王组织了一场化装舞会。封斋前的狂欢节临近了，博卡日和一些朋友怂恿仲马也在家里举办一场。自从他的戏打响以后，仲马就成了文艺界的

---

[1] 原文为英文。

[2] 安东尼·封塔内：《日记》（勒内·冉辛斯基版）。——原注

大阔佬，他自己也洋洋得意充当这一角色。"您要办舞会将有两个优势，"朋友们说道，"一是你请的人都是一些不到国王那里去的人；二是您那里没有法兰西学院的人。"不便之处是地方太小：仲马住的是四间一套的公寓房；而需要邀请的人，少说也有四百。幸亏隔壁那套房子还没有租出去；除了墙上蓝灰色的底层壁纸外，没有任何装饰布置。仲马征得房东同意，借用了这套空房。接下来的问题是如何装饰与布置。

当代最杰出的画家：欧仁·德拉克洛瓦、谢列斯廷·南特伊、德康、巴里、约翰诺兄弟、布朗热堂兄弟，这些人都是仲马的朋友；他们一分工，便把这份差事包下来了。具体办法是：每位画家都从应邀出席的一位作家的作品中选取一个主题进行描绘。舞会前数日，舞台美术师希思里先把大幅画布张挂在墙壁上；接着艺术家们就陆续前来创作；只有德拉克洛瓦迟迟没有露面，直到最后一天才匆匆赶来，当场即兴发挥，只用寥寥几个小时就创作出一幅绝妙的图画。

最后就剩下仲马心目中最为重要的事情了。他一贯以精通烹调、为有精美佳肴待客而自炫，对这次晚餐当然不会掉以轻心。为了保证食物丰盛而又少花钱，他立即想到亲自出去打猎；这样一来既能节约开支，又是一桩娱乐。忠诚而爱发脾气的亲戚德维奥兰发给他一份国有森林的准猎证；他约上几位好友，便出发了。当他们凯旋而归的时候，总共带回来九只狍子和三只野兔。

就像他初到巴黎那天一样，这回他又决定通过以物易物的办法，来丰富晚餐的菜单。他叫来著名的菜馆老板舍威；后者同意，他们用三只狍子换他一条三十斤重的鲑鱼，或者一条重五十斤的鲟鱼；再用一只狍子，换他一份特大的肉冻。两只狍子要整个儿烧烤，出现在宾客面前的应该是"烤全狍"。具体细节一概由女主人，即贝尔·克莱萨默，统一安排。

女主人决定，参加舞会的人必须化装，至少要穿上威尼斯式带风帽斗篷。全巴黎最走红、最漂亮的女演员都答应前来；社交界的夫人们也想方设法得到邀请。晚上七点，舍威的酒菜餐桌准备就绪，人们看了都说连卡冈都亚也吃不下这许多。准备了三百瓶使人暖和的波尔多葡萄酒，三百瓶使人凉爽的勃艮第葡萄酒；另外还冰镇着五百瓶香槟酒，供客人们随时取用。两套房子布置得富丽堂皇，每套房子里有一个乐队演奏乐曲。

午夜时分，气氛达到了高潮。巴黎所有的名流都汇集于此；不仅仅是艺术家、作家和演员，还有一些头面人物，像拉法夷特、奥迪隆·巴罗、《两世界杂志》的弗朗索瓦·布罗兹和《巴黎杂志》的维隆博士。玛尔斯小姐、约阿尼、米歇罗、弗尔曼穿起了《亨利三世和他的宫廷》的演出服装。年轻的女演员们，能够在今晚得到拉法夷特的垂青，高兴得容光焕发；她们一致认为，他还是那样风流倜傥，决不比一七八九年革命前在凡尔赛宫廷舞会上有丝毫逊色。罗西尼装扮成费加罗的模样，卖力地和拉法夷特争夺众人的好感。

人们很难想象仲马的舞会到底是个什么样子。请看《艺术家》报是怎样描写的：

> 您就是个王子、国王或银行家，您就是享有一千二百万年俸或拥有十亿家产，我敢跟您打赌：您也绝对办不出如此出色、如此欢乐、如此别出新裁的活动来。您可能拥有更加宽敞的场地，您的晚餐也许安排得更加得当，您或许有宪兵在门口把守，还有什么？不过，您花钱再多也弄不到大师们即兴构思并亲手绘制出来的这些壁画；您不可能聚集这么多艺术家和各界名流，大家在一起显得如此年轻、如此欢快：特别是，您不可能有我们的首席剧作家亚历山大·仲马那样率直、诚恳而又极富感染力的真情实意[1]……

此话说得不假。哪一位百万富翁能够把厅堂布置得像拉斐尔[2]的画室？哪一位又能请来如此众多的美女和名流？贝尔·克莱萨默打扮成艾莲娜·富尔芒，头上戴着宽边黑帽，饰以白色羽毛，显得格外高贵典雅。亚历山大·仲马装成提香[3]的兄弟，一身短装打扮，袖子肥大往下垂，紧身上衣把上半身箍得紧绷绷的。谢列斯廷·南特伊扮

[1] 见《艺术家》，一八三三年第1卷。——原注
[2] 拉斐尔（Raphaël，1483—1520），意大利著名画家。
[3] 提香（Titian，1490—1576），意大利文艺复兴时期威尼斯派画家。

成古代雇佣兵；德拉克洛瓦扮成但丁；巴里装成一只孟加拉虎；阿尔弗雷德·德·缪塞扮得是闹剧人物巴雅斯；欧仁·苏只穿了一件威尼斯式斗篷。珍本收藏家雅各布（保尔·拉克罗瓦）不顾九十高龄，也头戴尖顶软帽身披十七世纪丝绒齐膝紧身外衣走了进来。人们注意到泰勒男爵也来了。博卡日装扮成《玛丽蓉·德·洛尔墨》中的狄杰。乔治小姐身着意大利农妇的衣裙，看上去却像个皇后。总而言之，这里汇集了不同的社会、不同的世纪和不同的国家；熔历史、地理与想象于一炉。清晨三时，当卡冈都亚式的晚餐端出来之后，"只见流浪汉、军人、戴风帽的、举胳臂的、帽子上插羽毛的、家禽、酒瓶、火腿、玻璃杯、一张张绯红的面孔，充斥整个场子，纷乱嘈杂，千奇百怪，令人目不暇接。迦南[1] 及加马乔[2] 的婚礼场面与眼前景象相比，也会黯然失色的……" [3]

晚餐用过，舞会重新开始。这回跳的是快步而喧闹的加洛普舞。欢快的圆舞像阵阵旋风，"整座房子都在颤动。人们仿佛觉得置身于一个巫魔的晚会，恍惚间年轻貌美的女巫从世界各处跑来，替魔鬼勾魂摄魄。这当儿，连最最严肃的人也禁不住眼花缭乱……" [4] 奥迪隆·巴罗是位谨小慎微、胆小怕事的政治家，这时也抱住一名复仇女神跳个不停。上午九时，乐队领着大家走出房屋，到了街上，开始跳最后一轮加洛普舞。排头已经远远到了林荫大道，而队尾还在奥尔良街心公园里晃动。

这场疯狂的加洛普舞似乎是个象征。十来年前，这个年轻人离开他那座外省小城，口袋里装着五十法郎，只身来到巴黎闯荡。十年后的今天，他靠自己的力量，竟能把巴黎最杰出、最聪明、最漂亮的人物都拉到这场巨型的法兰多拉[5] 舞圈中来。迪斯雷利[6] 有一次在回答他期望生活是什么样子的时候，严肃地说道："辉煌的行进行列，

---

[1] 据《圣经·新约》所载，耶稣走到迦南地方，遇一户人家举行婚礼，酒喝完了，他便变水为酒，使婚礼皆大欢喜。

[2] 《堂吉诃德》中有钱的农人。为庆祝自己的婚礼，大摆筵席。

[3] 见《艺术家》，一八三三年第 1 卷。——原注

[4] 同上。

[5] 法国南部普罗旺斯地区的一种民间舞蹈。

[6] 迪斯雷利（Disraeli，1804—1881），英国政治家兼作家。

从少年一直走到坟墓。"仲马则期望，生活应当像一场以加洛普欢快节奏进行的友好而隆重的法兰多拉舞会。现在，已经有一队长长的行列跟在他后面，踏着他那小提琴的节奏跳跃。今后，我们将会看到，他又是怎样把世界各地的读者聚集在自己身后，让读者们急不可耐地听他把像今天的音乐一样动人的故事一个接一个地讲下去；并把读者们带进一场百年不疲的加洛普舞会，让读他书的人时而扮作火枪手，时而扮成红衣主教。这样一场加洛普舞会，时至今日，看来并不准备停歇下来。

第四卷
放浪父亲

第一章　《奈斯尔塔》

这出情节剧曾使玛尔戈激动得哭泣，
让我们为它高呼万岁……

　　　　　　　阿尔弗雷德·德·缪塞

　　场场革命都是一场潜伏期很短、康复期却无尽无休的疾病。新国王在高烧中登基，戏剧事业因之受到损害。在巴黎，暴动接连不断；在旺岱，德·贝里公爵夫人把不满分子聚集在她周围；霍乱到处流行；恐惧使票房收入枯竭。人们尚未确切了解（细菌在当时尚不为人所知）这一令人谈虎色变的流行病的来龙去脉；不过，世界各地得此病而送命者不计其数，可能是心理上受到了惊吓而死的。医生告诫大家，千万要忌生冷。仲马那时正缺钱花（这在他已是司空见惯）。一位常常责备他花钱大手大脚的朋友，发现他在餐桌前嚼吃一颗个儿极大的罗马甜瓜，大惊失色地叫道：

　　"你也太冒失了！竟敢吃甜瓜？在这个当口上！"

　　"亲爱的朋友，这玩意儿现在便宜呀。"仲马回答道。

　　不久之后，他就和大家一样染上了霍乱；与众不同的是，他喝了满满一杯乙醚之后竟然好了起来。康复期间，他还在卧床休养，圣马丁门剧场经理、才智横溢但需要提防的菲力克斯·哈雷尔就登门拜访了。

　　"哈！是您吗，哈雷尔？"仲马忙打招呼。"那么……霍乱怎么样了？"

　　"过去了。"

"您能肯定？"

"没什么大了不起的。我的朋友，目前正是大好时机。该推出一台戏来……公众悬着的一颗心总算落地了，马上就会寻欢作乐；这样一种反应，对我们演艺界大为有利……仲马，给我编一部戏吧。"

"凭良心说，我这样子，能行吗？"

哈雷尔解释说。已经有一个现成的本子，只要整理改编一下就行。事情是这样的：有一个多奈尔（约纳省）的青年，名叫弗雷德里克·加亚尔代，带着剧本找到圣马丁门剧场。剧本不无可取之处，但是写得不好。哈雷尔同他商定，把手稿交给批评家于勒·冉南审读。冉南和乔治小姐及哈雷尔一对正好住在同一幢楼里。剧本经过冉南改写。

"改得怎么样？"仲马问道。

"强是强多了。可是，仍然不能搬上舞台。"

一句话，哈雷尔希望仲马彻底改写这个剧本。

"跟这个多奈尔的年轻人会不会产生不愉快？"

"嗨，亲爱的朋友，完全是一只绵羊。"

"我明白了……那您想剪人家的毛了？"

"唉，跟您真没法子说话。"

哈雷尔告辞的时候，仲马答应重新搭架子改写，十五天交活。

"乔治的角色要多下工夫！"[1] 剧场经理一边往外走，还不忘再叮咛一句。

可真奇怪，亚历山大·仲马最著名的剧本，那出演过好几千场、被看作是法兰西情节剧代表作的戏，那出至今仍有人（玩笑着）朗诵其铿锵有力的台词的戏，最初竟出自多奈尔（约纳省）的弗雷德里克·加亚尔代之手。这一点，现在没有人，或者说很少有人知晓了。这事颇为奇怪，然而是否对加亚尔代就十分不公平呢？倒也并非如此。因为，是仲马的激情与他朴素而慷慨的哲理，为这个荒谬的故事定下了情节的起伏与调门的高低；这样一来，这个剧本才成为戏剧上把夸张推到极至的一部典范之作。

---

[1]　亚历山大·仲马：《我的回忆》，第9卷。——原注

《奈斯尔塔》表现什么内容？故事发生在十四世纪初的巴黎。卢浮宫对岸的塞纳河畔（即现今法兰西学院大厦所在之处），耸立着一座神秘而恐怖的古塔；这是一座城堡的主塔楼，里面设有监狱；塔基一直伸到河水下面。蹊跷的是，每天早晨，巡逻队在塔楼下游不远处的河中，总能找到三具青年男子的尸体。凶手是谁？后来才发现，杀人者竟是当今的王后、勃艮第的玛格丽特，还有她的两个姊妹。在塔中一间密室里，三姐妹夜夜放纵行乐。欲壑难填的三位高贵妇人，令人挑选一些英俊健壮的外地绅士（必须是刚到巴黎的，以防他们有任何熟人），通过可靠的女人做引线，与三人订下幽会之约，并把他们蒙眼带入塔中。经过一夜的颠鸾倒凤，三位美男子活不到天明就一命呜呼，浮尸河中。这是因为，绝对不能让玛格丽特的夫婿、法兰西国王[1] 知道圣路易[2] 的孙女犯下这等罪恶丑行。

一天，一名应被处死的一夜情人居然得以逃脱，并再次出现在王后面前，自称布里丹上尉；其实，此人过去以真名实姓当过勃艮第公爵的年轻侍从，并且是玛格丽特的第一个情人，两人还生了一个男孩。那时，玛格丽特曾交给他一柄匕首，命他暗杀她的父亲、勃艮第公爵罗贝尔二世。布里丹既然对王后年轻时代见不得人的隐秘知道得一清二楚，当然就有本钱进行要挟。王后把他投入牢狱之后，一天又来见他，打算再伺机把他除掉。就在我们大家都以为他只有死路一条的时候，只见他若无其事地讲起一段趣味盎然的故事来："那是在一二九三年，距今已有两个十年，当时勃艮第国泰民安……罗贝尔公爵生有一女，年轻貌美……公爵的一位青年侍从，心地憨厚，笃信上苍[3]……"

布里丹威胁玛格丽特，声称要把能证明她当年（1293 年）有弑

---

[1] 当为爱争吵者路易十世（Louis X，1289—1316）国王。剧本细节均属虚构。唯一有历史依据的事实是：玛格丽特王后和她的两位妯娌，拉马尔什的布朗士及布阿蒂耶的让娜，被控犯有通奸罪。路易十世当时出于政治原因，急于迎娶匈牙利的克雷芒丝为后，下令用两张床垫把已禁闭在加亚尔城堡里的正妻闷死。王后死时年仅二十五岁。——原注

[2] 即路易九世（Louis IX，1214—1270），一二二六年起任法兰西国王。

[3] 勃艮第的玛格丽特不可能在一二九三年有情人并生下私生子。因为她生于一二九〇年，一二九三年时仅有三岁。——原注

父图谋的一封信递交国王，而这封信此刻正保存在安全之处。一席话说得振振有词，不容置疑，王后无奈，只好答应释放他，并当即下令松绑。可是，此人得寸进尺，要求当首相。王后只好同意把百官之首的位置留给他。剧中的一个人物感叹道："我们生活在一个千奇百怪的时代。"此话言之有理。这里又犯下了新的罪恶；不过，这一次，玛格丽特与布里丹成了同谋犯。最后，坏人受到惩罚：路易十世下令逮捕罪犯归案。

"什么？"玛格丽特嚷道，"逮捕王后，还有首相？"

"这里既没有王后，也没有首相，"国家权力的代表反驳道，"这里只有一具尸体和两名杀人犯。"

"幕落"得正在精彩之处。整个故事简直就是为了讨仲马喜欢而编写出来的。他疯狂地喜爱几经大起大落的挫折而不甘沉沦再度崛起的英雄，喜爱腹背受敌而能在刀光剑影中冲杀得胜的壮士，喜欢被人家"从门口赶出来又从窗户闯进去"的好汉。他的父亲仲马将军以及他本人，差不多就是这样立身行事的。当年，仲马将军面对敌方千军万马，一夫当关，只身固守布里克森大桥；而他本人则认为，一八三〇年自己只靠一把手枪，可以说是单枪匹马，就把苏瓦松城夺了过来。他父亲敢于跟皇帝对着干；而他本人也不屈服于国王。他需要凯旋式的成功，需要"当一条好汉"；这在生活中并不是总有机会能够得到满足的。在戏里就不同了，他可以驰骋想象，随意挥洒。

在这一类题材上，法兰西老百姓的感觉与仲马竟是那样合拍。老百姓冒犯过好几位国王并两次推翻了君主政体，一次是一七八九年，另一次是在一八三〇年。[1] 于是，他们乐于接受关于王室种种丑恶行径的说法。"一切权力都产生腐败，而专制权力绝对带来腐败。"这种思想，即权力过大的人（不论是男人还是女人）必然走向道德败坏的思想，一直为浪漫派人士所重视。和仲马一样，维克多·雨果在《吕克莱斯·波基亚》和《玛丽·都铎》等剧本中，对贵族妇女也都有过尖锐的抨击。勃艮第的玛格丽特正是以权力的诱惑为借口，竭力替自

---

[1]　第一次是一七八九年爆发的法国大革命，推翻波旁王朝路易十六的统治，废除了君主制，建立了法兰西第一共和国。第二次推翻君主政体，指一八三〇年的七月革命，推翻国王查理十世的统治。

己卑鄙龌龊的可耻行径辩解的。她说："在我周围，没有一个人提醒过我要遵守节操；朝臣们的嘴是用来向我微笑的；他们只会恭维，说我如何如何美丽，说全世界都归我所有，说只要为了一时快乐，我可以把世界翻过来……"[1]

至于布里丹，那是一个"冒险家"。他只身来巴黎闯天下，交往办事肆无忌惮。他说话夸张，不无骑士的习气："玛格丽特，今后我将站着跟你说话，不过还要把帽子脱下来，因为你是王后，同时也是女人……"他言词里充满自命不凡，不像斯汤达笔下的人物那样审慎节制。不过，后者的厚颜无耻，他倒是分毫不缺。任何罪恶勾当，他都毫不犹豫地去干。"他得风气之先，为维克多·雨果在《惩罚集》中大张挞伐的第二帝国时代打手型的人物开了先河。"

《奈斯尔塔》不是人类情欲的真实描绘，也不是一个历史时代的写照。它既不是悲剧，又不是正剧；而仲马也既不是拉辛，又不是莎士比亚。《奈斯尔塔》是一出情节剧，是典型的情节剧；就是说，是偶然事件使情节不断掀起高潮，而当剧情似乎陷入死胡同的时候，又是一些难以置信的巧合把观众的兴趣重新提起来，问题也因巧合的出现迎刃而解。

然而，情节剧尽管夸张过分，难道就不能成为一种艺术形式，哪怕是一种次要的形式？要知道，艺术的目的不是照抄现实，而是转变现实，或者使现实变形，以引发观众所期望的某些激情。不过，一八三二年的观众，与一七八二年的观众已经大不相同。这时所谓"林荫大道的观众"，指的又是哪些人呢？是城郊的大众，圣马丁门剧场靠他们发了大财；是那些并不热衷于情感分析的观众，细致的分析需要有闲暇，还要求有宫廷生活或沙龙生活的体验。像皮克塞雷古尔[2]这样一个人所取得的成功，像《阿德莱旅店》这样一些情节剧之轰动一时，都使作家们怦然心动。浪漫主义戏剧只不过是用诗韵使之高雅起来的情节剧。雨果和维尼那些学识高深的作家只是不明说罢了。他们迟疑了一阵（时间并不很长），才把自己的剧作送到圣马丁

[1] 亚历山大·仲马：《奈斯尔塔》第五幕第九景第三场。见其《戏剧全集》，第3卷。——原注
[2] 皮克塞雷古尔（Pixérécourt，1773—1844），法国剧作家，以多产通俗情节剧而著称。

门去演出。仲马是自学成才，没有这类顾忌。在其创作生涯的初期他就说过："我将要搞的文学，在林荫大道演出比在法兰西喜剧院演出更加适宜。"

仲马所言不差。不仅对他自己，而且对振兴戏剧都有道理。因为玛尔斯小姐和她的流派强加给法兰西喜剧院的一套程式，比起林荫大道的程式来，更加远离常人的思想与感情。过了一段时间，林荫道看来也出现了颓势；这时，又出了个拉舍尔[1]，给古典悲剧重新注入活力；同时，一个有教养的社会重新出现，人们自然而然地又把注意力放到拉辛的戏剧上去了。事实过程基本上就是如此。这种往复的运动构成了艺术史的内容。然而，话说回来，一八三二年情节剧正处在凯歌高奏的时代；仲马应运而生，注定要在情节剧上取得成功。这是因为，他的作品符合当时民众的情感，诸如渴望正义、感到需要向高傲者当面指出，他们骨子里并非都是拿得出手的货色、习惯于笼统地把人分成忠奸两大类，不是英雄豪杰就是背信弃义的叛徒，等等。

仲马读完哈雷尔送来的手稿，马上就明白可以利用。不过，开头需要加上一幕，以便把人物一一介绍出来；然后，还要设计一场监狱中的戏，这在加亚尔代的本子里是没有的。特别要突出这出戏的精华；这在仲马看来（以及不久之后在观众看来），应当是"布里丹和勃艮第的玛格丽特之间的斗争，冒险家与王后之间的斗争；斗争的一方是用天才的力量武装起来的，另一方靠的则是地位所带来的权势。毋庸讳言，天才必将战胜权势。"

此外，剧中还应该增加一些精彩的对话；仲马爱搞这一套，观众也喜欢这样。例如，在第一章末尾，刽子手奥尔西尼在酒馆里和三个年轻人相遇，威胁他们：若不顺从就会失去幸福，甚至还有掉脑袋的危险。就在这时候，宵禁的钟声响了起来。

奥尔西尼：宵禁的时间到了，少爷们。

布里丹（拿起大衣往外走）：再见！在卢浮宫的第二座塔楼

---

[1] 拉舍尔（Rachel，1821—1858），法国悲剧演员。在近二十年的时间里，扮演过高乃依与拉辛悲剧中众多女主角。

下面有人等我呢。

　　菲力普：也有人等我，在富卢瓦－芒代尔街。

　　戈蒂埃：我也有人等，在宫殿那边儿。

　　（三人下场。奥尔西尼把门关好，吹了一声哨子。兰德里及那三个男人上。）

　　奥尔西尼：现在，孩子们，咱们到奈斯尔塔去！[1]

　　音乐喧闹嘈杂，俗里俗气。不过，每幕戏的结尾都很精彩。三个年轻人经过一夜云雨消魂，到了该以命抵债的时候了。菲力普·多尔耐倒在血泊中，连呼救命。

　　菲力普：救命啊！救命！快救我呀，好兄弟！

　　王后（手持火把上场）：你刚才不是说："让我看一眼你的脸蛋，我死而无怨"吗？那么就照你的意愿办吧。（王后拉下所戴面具）看吧，看完就去死。

　　菲力普：原来是勃艮第的玛格丽特，法兰西王后！（说完气绝身亡）

　　差役的声音（幕后传来）：凌晨三时，平安无事，巴黎市民，放心歇息！[2]

　　浮夸华丽的词句俯拾皆是，比如："酒馆鬼老板！——你就是用二十把匕首拨弄我的心，也翻不出我的隐秘来。——在你的手臂上有血管，而在血管里有的是血！"

　　仲马被征服了，完全着迷了，他写信给哈雷尔，表示完全同意跟他一起把《奈斯尔塔》写出来；并强调必须解决好合作的经济条件。最后商定，加亚尔代的本子，每场演出获稿酬四十法郎，外加价值八十法郎的门票，可以自由转卖。这项收入的一半，加亚尔代已经答应付给于勒·冉南；那还是在仲马接手之前，冉南同意着手改编的时

---

[1] 亚历山大·仲马：《奈斯尔塔》第一幕第四场。见其《戏剧全集》，第3卷。——原注

[2] 亚历山大·仲马：《奈斯尔塔》，第一幕第二景第六场。见其《戏剧全集》，第3卷。——原注

候说定的。冉南最后放弃了要求，慷慨地退了出来。仲马还是把冉南写的一大段独白保留下来；这段褒贬贵妇人的独白，后来风靡一时，尽人皆知：

> 布里丹：您对这些女人的身份还有丝毫怀疑吗？……您难道没有注意到，她们肯定是些尊贵的妇人吗？……诸位当兵时在萍水相逢的爱情中，可曾见过这样娇美的纤纤素手和如此冷傲的笑意挂在唇边？诸位注意到了吗？她们衣饰华丽，声音是那么柔和，眼神里又透出那么多虚情假意。您看，她们毫无疑问是贵妇人。夜里，她们派出老年妇女，蒙头盖面，甜言蜜语，把我们拉来。噢！她们竟是些贵妇人！我们刚走进这一香气扑鼻、光彩夺目、温暖得叫人陶醉的地方，她们就对我们施展千种风情万般温柔，就迫不及待、毫无掩饰地缠上了我们！就准备立即宽衣解带，扑向我们这几个陌生人，这几个刚刚被暴雨淋成落汤鸡的男人。诸位请看，这就是贵妇人的所作所为！……还在吃饭的时候，她们就被欲火煎熬得神魂颠倒，不能自持；她们在忘乎所以的醉意之中，把自己的身子统统交给我们来折腾；她们骂人、骂神、骂鬼；她们说些离奇古怪的话，有的话听起来真是不堪入耳；她们忘掉一切脸面，不顾任何羞耻，忘记了上面有天，下面有地。她们是贵妇人，我向诸位再说一遍：她们是些非常高贵的贵妇人！[1]

仲马以行家的口味品尝这段文字，认为可以称得上是情节剧的上乘之笔。此刻既然冉南已经退出，加亚尔代便成了原剧本的唯一所有者。仲马主动提出，只要他能得到一定比例的票房收入，比如百分之十，原作者即可享有原定的一切利益。哈雷尔签字认可。这意味着，只要戏打响，仲马就可以挣一大笔钱；要是打不响，则一无所得。接下去又出现了一番斗争：仲马希望不署自己的名字；哈雷尔当然不能

---

[1] 亚历山大·仲马：《奈斯尔塔》第一幕第二景第五场。见其《戏剧全集》，第3卷。——原注

接受，因为他正打算利用仲马的名声吸引观众呢。亚历山大拒不让步；他坚持要求，首演之日只公布加亚尔代一个人的名字。他的动机何在？出于谦让？难以置信。有可能是因为批评界对《查理七世在诸侯封地》一剧相当不讲情面；目前这出戏若由一名新手署名，评论家们则有可能手下留情。

他给加亚尔代写了一封信；信中宽宏大量地说，哈雷尔要他"提出一些意见和建议"，而他则很高兴有机会把一位年轻同道推荐给戏剧界。仲马还说：他很愿意提供服务，而没有出售服务的打算。这话看来并非客套，因为哈雷尔给了仲马稿酬以后，并没有克扣加亚尔代应得的份额。

然而，多奈尔的年轻人回信尖酸刻薄，说他不想找人合作。仲马马上跑到哈雷尔家；哈雷尔看了信后说道："真荒唐！他以前怎么就同意跟冉南合作呢？"当即决定按照仲马的本子开始排练。加亚尔代从多奈尔赶来，气得大喊大叫，扬言要同仲马决斗。最后，两人达成协议：在海报上署名"加亚尔代先生和×××先生"；首演之后，则只署加亚尔代的名字；将来出全集的时候，两位作者都可以把剧本归于自己名下而收进各自的集子里面。这看起来倒是满公平合理的。

排练开始了。起用的是乔治小姐和皮埃尔·博卡日这个档次的演员：于是，戏的"分量马上就大不相同了"（仲马语）。布里丹一角，仲马最先考虑由弗雷德里克·勒迈特扮演。可是此人被霍乱吓跑了，不在巴黎。再说，乔治小姐也不希望跟一个抢她戏的人搭档，提出非要博卡日不可。这当儿，弗雷德里克又匆匆赶了回来。换下博卡日来吧，哈雷尔又不肯付违约金。弗雷德里克大发雷霆，闹得不可开交。

仲马本来希望能给他的新宠伊达·费里叶一次机会。他在一封信里写道："我认为哈雷尔需要这位年轻女士。朱丽埃特不可能图谋饰演任何有一定分量的角色。"[1] 这里的朱丽埃特，指的是朱丽埃特·德鲁埃，曾给雕塑家普拉迪埃当过模特儿，一半是烟花女，一半是演员。可是，哈雷尔既不用朱丽埃特，也没有用伊达。《奈斯尔塔》首

---

[1] 一八三二年三月二十二日大仲马致演员费维尔的信。现藏国家图书馆手稿部；编号：N. A. F. 24641, folio231。——原注

演于一八三二年五月二十九日。乔治小姐雍荣华贵，举手投足显出一种雕塑美。博卡日诡计多端、阴险歹毒。仲马在其回忆录中，压抑不住心中憨厚的满足，以下面一段文字描写了该戏的成功：

> 大厅沸腾起来了。大家都感到演出获得很大的成功；这种感觉洋溢于空气之中，大家都能够呼吸到成功的气息。
>
> 第二场的结尾效果极为强烈。布里丹越窗跳入塞纳河，玛格丽特撕下面具，露出血污的双颊……这一切都扣人心弦，效果极佳。情节不断发展：一夜云雨之欢、逃跑、谋杀、消失在呻吟中的笑声、越窗跳河、王后无情地杀死了自己的露水情夫……高潮中，远远地传来巡夜人的喊声，这喊声平淡单调，若无其事："凌晨三时，平安无事，巴黎市民，放心歇息！"这时，全场爆发出热烈的掌声……接着，轮到牢房那一幕。
>
> 有一天，我儿子问我（他那时还没有写戏）："写戏最主要的原则是什么？"我回答道："第一幕要条理分明，交代得清清楚楚；最后一幕要短小精悍；特别注意：第三幕不要安排在监狱里。"
>
> 现在看来，我这话说得并不切合实际。这幕牢房里的戏，效果之佳，是我从未见到过的。两位演员演得非常精彩，台上只有两个人，而两个人的表演竟然把整幕戏都撑起来了……
>
> 接下来的第五幕把哈雷尔吓坏了。这一幕分成两场：第八场滑稽逗乐；第九场戏的恐怖效果完全可以同第二场媲美；这里面有某种东西使人联想到索福克勒斯[1] 古代天数与命运的思想，同时又含有莎士比亚戏剧里处理恐怖场面的味道。因此，取得了巨大的成功。弗雷德里克·加亚尔代的名字引起雷鸣般的掌声[2]……

第二天，哈雷尔在海报上做了一点变更："《奈斯尔塔》，作者：

---

[1]　索福克勒斯（Sophocle，约前496—前406），古希腊三大悲剧诗人之一。
[2]　亚历山大·仲马：《我的回忆》，第9卷。——原注

×××先生及加亚尔代先生"。仲马看后，立即飞奔到哈雷尔家质问：

"您是不是又要把我推出来，再跟加亚尔代干一场？"

哈雷尔回答道："亲爱的朋友，我们取得了很大的成功；要是再闹出点事，引起议论纷纷，那成功就更轰动了……如果加亚尔代非要改过来，我还要搞点名堂呢。他要闹，至少能给这出戏再添点什么新玩意儿！仲马，您以为只要写出好作品来，再说上一句：'我不掺和进去'，就完事大吉了？不行！不管您愿意不愿意，全巴黎都会知道，编剧的是您。"

说到这里，有人敲门，进来的是看门人，送来一份贴了邮票的信件，寄自约纳省的多奈尔。寄件人加亚尔代要求把"三星先生"放回第二位。哈雷尔坚持不干，加亚尔代告到法院，法院判他胜诉。剧场经理不是傻瓜：一场官司打下来，白白给他做了广告，这是他事先就谋划好的。可是在仲马和加亚尔代之间，争论来争论去，关系越闹越僵，以至于两人拿着手枪打起来，好在两人没死也没伤。三个星退到了第二位。从法律上讲，此事就算了结了。

然而，这次事件毕竟有损仲马的声誉。各种小报对他从来就没有宽容过；现在更是纷纷发表文章，说《奈斯尔塔》没有一句话是他写出来的。这当然不是事实。可是，大仲马尽管宽宏大量，却树敌不少。他喜欢自吹自擂，使人恼火；他的剧作获得成功，情场上又春风得意，惹人生气。于是，对头们一个个跳出来，千方百计试图证明：大仲马署名的剧本，都出自别人之手，他自己连一个字也没有写。说到这里，我们倒要提个问题：加亚尔代后来独自一人写出的作品，不是成效甚微，就是完全失败，是什么原因呢？

古斯塔夫·普朗什恶狠狠地写道："仲马先生的戏剧生涯仅仅开始于一八二九年；现在已经到了不久便会被人遗忘的地步。"普朗什责怪他试图以利欲熏心的现实主义取代古典的理想主义。他写道："仲马先生不习惯思考；在他笔下，行动紧接着欲望而来，快得像小孩子做游戏；正因为如此，他急不可耐地想打倒传统；而对他想破坏的纪念碑的价值，则视而不见，不做任何衡量与审度。"指控仲马搞现实主义，这种说法真是离奇。世界上难道还有什么比仲马的戏剧离现实主义更远？普朗什接下去写道："所有严肃的演员都与仲马先生合不来。"这话说得倒比较确切。一八三〇年前后，亚历山大·仲马和维克多·雨果被"青年法兰西"的成员视为现代戏的两大创始人。《亨利三世和他的宫廷》为《艾那尼》开辟了道路，一时间公众很自然地把两位作家相提并论。从一八三二年开始，情况有了变化；爱挑剔的人不再支持这一看法，认为雨果领先有十身[1]之差。圣勃夫虽然不否认仲马的才能，但要加上一句话："这实实在在的才能，差不多都来自那充沛的体力。"圣勃夫认为：仲马作品中，更多的是激情，而不是艺术；是"一种气质的溢泄"。

话说回来，不论哪种气质，若有过多精力可溢泄，难道不也是好事一桩吗？

---

[1]　在某些比赛中（马、车、艇等），用"身"长作为估算差距的单位。

第二章　和平共处

　　一八三二和一八三三两年中，仲马成功地把时光分配给贝尔和伊达。第一年他和贝尔（艺名梅拉妮·塞尔）在一起，有时住在巴黎的奥尔良广场，有时则躲到诺曼底渔港特鲁维尔一家小旅店写作。到了一八三三年，伊达占了上风：她在蓝街给仲马装修了一套住房（柠檬木、毛皮地毯等应有尽有），当家的当然是她自己了。演出的安排为这种和平共处提供了方便。两位情妇都是演员，仲马常常点名要她们两人在某一出戏里扮演角色。一八三三年，梅拉妮小姐和伊达小姐都参加了《安吉尔》的演出。剧作者对经理们解释道："在上演我的作品的剧场里，我希望找到几位我所喜欢的人才，同台一展才华。"这话说得倒是含而不露，颇有分寸。

　　比起贝尔·克莱萨默来，伊达·费里叶更加矫饰浮夸。她事事追求豪华奢侈，不过这一点倒没有引起仲马不悦。然而，到了现在，他终于看出这位情妇有不少严重的缺点：伊达每天要吵闹两三回；她和仆人们串通一气，共同对付仲马，还常常扣留他的信件。但是，正如达什伯爵夫人[1]所说，"她眉毛描画得非常艺术；皮肤白里透红，像锦缎一般光滑柔润；双唇像用红珊瑚做成；头发弯曲，满头曼奇尼[2]式的卷花。"她丰满的肌肤对她的身材已经构成威胁；吐字发音远非无可指责，说话时显得像是得了慢性鼻炎。不过，她待人接物倒是优雅大方，仲马慢慢地也就把她作为主妇对待，而不是作为情妇。

---

[1]　圣玛尔斯子爵夫人嘉布里埃尔−安娜·德·西斯泰纳（Gabrielle-Anne de Cisterne，1804—1872）的化名。小说家和编年史作家，著有《别人的回忆》等作品。——原注
[2]　曼奇尼为意大利著名的家族；曼奇尼式的卷花可能是指流行于当时的一种发型。

尽管卡特琳和贝尔给他生下一儿一女，伊达还是得到了宠妃之位，后来竟把她的寡妇母亲费朗也接来住在一套房子里。

卡特琳的儿子小亚历山大可要受委屈了。他离开沃蒂埃寄宿学校，转到古保寄宿学校。校长普罗斯贝·古保是大仲马的朋友。作为业余剧作家，古保以迪诺的笔名同仲马合作写过一出颇有名气的剧本：《三十年——一个赌徒的一生》，后来又向仲马提供了《理查·达林顿》一剧的构想。此人聪明、修养深厚，表现出优秀教育家的品格。他还创建了圣维克多寄宿学校，地点在布朗士街，即现今巴黎剧场的旧址上。在银行家拉菲特的赞助下，他把这所学校办得红红火火，专门培养属于贵族、大金融家和大商人阶层的世家子弟。仲马当时正和此人合作编写剧本，便把儿子送进了他的学校；然而，仲马没有想到，一个女裁缝的私生子，在一群宠坏了的、不学好而又虚荣心十足的少年中间，将会受到什么样的对待。

有一些学生的母亲就是卡特琳·拉贝的顾客。因此，谁都知道这个女裁缝没有结过婚，她的儿子是个杂种。小仲马在学校里的处境是不堪设想的；他后来写道："这些家伙从早到晚不停地骂我，以肆意贬低我父亲响亮的名姓为乐事；由于我母亲不幸不姓我父亲的姓，他们就这样对待我。"[1] 当小亚历山大想保护母亲的名誉时，就被同学们孤立起来。他接着写道："某一个人认为有权利责备我贫穷，原因是他家富有；另一个认为有权责备我母亲干活，因为他母亲什么活也不干；这一个责骂我是女匠人的儿子，因为他是贵族的儿子；那一个骂我没爸爸，因为他有两个爸爸——可能如此……"[2] 他睡觉时有人来捣乱，不让他睡；吃饭时有人递给他一个空盘子。上课的时候，捣乱鬼们一本正经地向老师提问：

"先生，美男子杜诺阿[3] 绰号是什么？"

"奥尔良的杂种。"

"什么是杂种，先生？"

---

[1] 莫里斯·斯普隆克：《亚历山大·小仲马》，发表于一八九八年三月十五日出版的《两世界杂志》。——原注

[2] 小仲马：《克雷孟梭案件》。——原注

[3] 杜诺阿（Dunois，1403—1468），隆格维尔伯爵，为奥尔良公爵路易的私生子。

　　学生仲马拿出字典，查找词义。解释是："非婚生子女"。欺负他的人甚至在他的书和练习本上画满不堪入目的图画，下面写上他母亲的名字。被折磨得实在受不了的时候，小仲马只好躲到角落里哭上一场。不断受到这样的凌辱，他的性格与健康都受到了损害。他总是忧心忡忡，担惊受怕，心里憋着劲要报仇。

　　这个"地狱"留给他的印象是深刻的。终其一生，萦绕在他心头的问题，不是失身的少女就是私生子。他后来坦诚地承认，"即使在他一生最幸福的时期，他的心灵也没有完全恢复过来，他的怨恨始终没有完全消除。"一天，他在林荫道上与一位折磨过他的同学相遇，此人倒"慷慨地原谅了自己干过的坏事"，若无其事地走上前来，伸出了手。小仲马生硬地止住了他，说道："现在我比你高出一头，我出色的朋友；你再跟我说上一句话，我就打断你的脊梁骨。"[1]

　　于是，在小仲马身上，既有其父的特点：身材魁梧，同情复仇者，具有强烈的报复愿望；又完全不同于其父的其他方面。他喜欢只身独处，沉思默想，而大仲马则需要在自己周围有一大帮情妇与常客。他注意观察人，而他父亲则致力于虚构人物。他将是一个改良家，一个针对混乱现状的改良家；青年时期的情欲一旦淡漠下去，就成为一个奇怪地渴求道德的改良家。

　　仲马将军身上具有某种桀骜不驯，在《安东尼》的作者身上则表现为某种反抗情绪。不过，后者身上的离经叛道与愤世嫉俗只表现在浮夸华丽的文字上；而小仲马的仇恨却发端于童年的积怨，是真真实实而又无法治愈的。父亲身强体壮；儿子在其一生中，不时经受肉体与精神上的危机，有时甚至使他的理智陷入危险的境地。父亲尽管有过多次的失望与失算，可一直能保持乐观的情绪；儿子尽管早早成名，却终身是个悲观主义者。他说道："我打一开始，就接受了这样一种预防性的哲学：所有的男人都是坏蛋，所有的女人都是荡妇。如果我发现在哪一个男人或女人身上我的看法有误，我的失望里会充满

[1]　见小仲马：《克洛德的妻子》一剧的序言：《致居维利叶－弗勒里的信》；载于其《戏剧全集》（演员出版社出版），第5卷。——原注

喜悦，远不是忧伤。"[1] 人们判断一个市场是好是差，总是要看能买到什么货物，才下结论的。小仲马在其生活的开端，遇上的是古保寄宿学校里那帮土匪般的纨绔子弟。这些家伙们，他是一辈子也不会忘记的。

一八三二年，为了慎重起见，大仲马去瑞士进行了一次长途旅行，他的戏剧生涯也就中断了几个月的时间。七月王朝不得人心；大学生和工人不时示威游行。六月，借自由派人士拉马克将军[2] 葬礼之机，暴发了一场激烈的动乱。在示威者的队伍里，有人认出了身穿炮兵制服的大仲马；他作为一个共和派而受到举报。一家正统派报纸甚至说，他被捕时手里还拿着武器，后来就被枪毙了。这当然十分荒谬；不过，关于他的种种流言，绝非无关紧要。他在宫廷里有不少朋友（特别是年轻而风度翩翩的王位继承人奥尔良公爵），大家劝他到国外躲上个把月，避避风头。

这次旅行和大仲马所有的旅行一样，有声有色，充满了戏剧性。他见到了夏多布里昂、荷兰王后霍尔腾斯、登山向导巴尔马[3] 等人。回来后，在《两世界杂志》上发表了《旅行印象》两卷，后来又汇集成书出版。《旅行印象》文笔生动华丽，引人入胜。在同一时期里，大仲马还给这家杂志写过一些历史故事。这些故事尽管非常大胆地演义化了，却没有受到历史学家们的非议。圣勃夫在描绘人物上是非常细腻的。也只认为大仲马仅仅是肤浅而已；一般读者当然就更加宽容了。

这一段炼狱般的日子结束后，大仲马又回到巴黎；哈雷尔急不可耐地拉他去充实圣马丁门的阵营。这样一来，大仲马竟和雨果发生了冲突：雨果年轻的时候，一直是位模范丈夫和模范父亲。然而到了一八三三年，这对天使般的夫妇却失去了他们温馨的天堂。经过协商，阿黛尔和维克多一致同意，在公众和四个孩子面前，保持体面的外表。事实上，阿黛尔听任圣勃夫的追求，已经走得很远；而雨果则

---

[1] 此话为维克多里安·萨尔杜在一九〇六年巴黎马勒再尔伯广场小仲马纪念像揭幕式上发表演说时所引用。——原注
[2] 指马克西米连·拉马克（Maximilien Lamarque, 1770—1832）将军。——原注
[3] 巴尔马（Balmat, 1762—1834），法国人，一七八六年第一次登上勃朗峰峰顶。

移情于色貌出众、才情一般的女演员朱丽埃特·德鲁埃身上。这之前，大仲马和雨果一直相处得相当融洽。两个人都十分自信，相互间顾不上有什么眼红或忌妒。然而，女演员就不同了；比起剧作家来，她们之间可要凶狠得多。自从雨果的卵翼之下有了情妇朱丽埃特，而仲马则需庇护他的伊达以后，两人之间就不可避免地要发生冲突；特别是两个女人同在一座圣马丁门剧场，为了争夺角色，互不相让。

经理哈雷尔和剧场的守护女神乔治小姐通常倾向于支持伊达·费里叶。究其原因，首先是后者的演技高于朱丽埃特·德鲁埃；其次，朱丽埃特比伊达多了几分姿色，这反而对她不利，因为乔治小姐对雨果没有试图证服自己而心怀怨恨。尽管乔治小姐并不一定非要雨果做情人，然而一个俊美的男子成了另一个女子的情人，而这个女子又比自己年轻，这对小姐来说并不是件令人快慰的事情。哈雷尔对自己那位具有皇家气度、脾气专断的伴侣，总是言听计从的。仲马专门为伊达写了一个剧本《卡特琳·奥瓦尔》，哈雷尔打算照顾他，决定推迟上演雨果的剧本《玛丽·都铎》。这样一来，就发生了最初的磨擦。多亏仲马表现出正直与慷慨的气度，在哈雷尔与雨果中间进行调解，事情才算平息下去。

在这之前，雨果曾要求让朱丽埃特在他自己的剧作里担任第二女主角（冉娜·达尔博），第一女主角（玛丽王后）理所当然要由乔治小姐扮演。在剧场里，大家都说，这出戏一定会毁在朱丽埃特手里，第二女主角应当由伊达来演。挂"头牌"的两位名角皮埃尔·博卡日和乔治小姐如此傲慢地对待不受欢迎的合作者，弄得可怜的朱丽埃特更加一筹莫展，不知所措。结果，《玛丽·都铎》首演不如人意。有人给朱丽埃特喝倒彩。以圣勃夫为首的"《艾那尼》的斗士"都表示，幸亏还有位伊达能演好这个角色，从第二场起必须由她来演。朱丽埃特伤心至极，卧床不起。为了挽救《玛丽·都铎》，雨果也只好让步。

就在几天前，《辩论报》上刊登了格拉尼埃·德·卡萨涅克的一篇文章，指控仲马模仿席勒、歌德及拉辛，并在《克里斯汀》一剧中抄袭《艾那尼》第五幕中的东西。仲马本来可以一笑置之。（维尼不是也曾指控过雨果到处剽窃吗？）然而，仲马知道，是雨果把这个叫格拉尼埃·德·卡萨涅克的人引荐到《辩论报》社去的。他怒不可遏地给雨果写了一封信："我毫不怀疑，这篇文章，您事先是了解的。"雨果信誓旦旦地表白他对仲马的友情；格拉尼埃·德·卡萨涅克也在《辩论报》上发表公开信，声明雨果与他那篇文章毫无关系。然而辟谣很少获得信任，事实上值得信任的辟谣就更为稀少。看来这次辟谣并未得到预期效果，因为从圣勃夫的一封信中可以看出："雨果的一位朋友写了一篇文章，指责仲马。仲马大发雷霆，迁怒于雨果；两人反目成仇，闹得不可开交；这种大吵大闹的事情，总是不利于诗坛的声望……"[1]

好一个正人君子！圣勃夫看到仲马同雨果失和，不知该有多么高兴呢。他怎么会如此沉痛地为诗坛而担忧呢？然而，他没有估计到仲马会有那么可爱的性格，没有想到仲马并不打算没完没了地争斗下去。仲马诚然发了脾气，但是当决斗看来就在眼前的时候，他毫不迟疑地对老朋友雨果这样写道：

> 维克多，不管咱俩现在的关系到了何种地步，我还要请您帮我一次忙，希望您不要拒绝。不知道是哪个无赖，在一份奇怪地称为《熊报》的混账报纸上，肆意对我进行人身攻击。今天上午，他拒绝前来，理由是他不认识我所请的见证人的名姓。我给维尼写信，同时也给您写这封信，以便使此人的借口——如果他真的非要用这一借口不可的话——在众人面前，变成一个笑话。明天七点，我在寒舍恭候大驾光临。请给来人一个回话，以便我心中有数。此外，这可能也提供了一个机会，让我们再一次握手。无论如何，我是这样企盼的。[2]

仲马这一可敬的主动行为，使一切都平静下来。一八三五年，他又一次离开法国，去意大利长途旅行。从意大利，他带回来"三个剧本，用诗体翻译了《神曲》，又写了一部《旅行印象》。"一去一回，都在里昂停留。停留期间他向女演员雅辛特·梅尼埃大献殷勤。这

---

[1]　圣勃夫：《书信全集》，第1卷。——原注
[2]　此信未公开发表，由弗朗西斯·昂布里埃收藏。——原注

位纯朴的女演员还相当有手腕，竟有办法把他吸引住，又不给他多少东西。"亲爱的雅辛特，我绝不会想到，你竟能使一个男子如此幸福，又拒绝给予他所希望的一切……"仲马梦想从她那里得到"一个与其他所有爱情都不相同的爱情，其中心灵上的抚慰，大大超过感官的享受"。[1] 这段时断时续的、半柏拉图式的恋情，起始于一八三三年，一直延续了好几年。仲马向年轻的雅辛特吐露：伊达·费里叶已经使他失望；他说：在与伊达的关系中，他原本希望得到一种"肉体美与心灵激情的融合"。他接着倾吐："但是，不久我就意识到，她的爱在力度上远不能同我对她的爱相匹配。我的自尊心太强，人家回报我不足时，我就不愿意给人家更多。我把过剩的热情深深地埋藏在心中……"他愿意给予雅辛特的，就是这部分过剩的热情。但是雅辛特一心一意要把他这份过剩的热情控制在一定的范围之内；而对他来说，这范围是过于狭窄了。"再见，我的天使，我爱你；吻你的前额，还有你的双膝。你已经看到，凡是不属于我的东西，我就从上面跳过去。"柏拉图式的恋爱不是仲马之所长，他接着写道："别了，雅辛特！在我的企盼中，看来我又一次失望了。在我身上，只有雄心壮志才能成功；而您是属于那种令我心灰意冷的女人，冷到使我的心无法让女人进入……"[2]

第二年夏天，仲马应阿黛尔的邀请，到巴黎郊外的富尔高，和雨果一家共进午餐；当时雨果一家正在那里度假。仲马给四个孩子讲故事，逗得他们十分开心。他太热爱生活了，没有工夫咀嚼已经逝去的岁月；不论跟谁闹了别扭，很快就会感到厌倦的。

一八三六年，对仲马来说，是成功的一年；这一年上演了他根据不久前因过度放荡而悲惨死去的英国大演员凯恩的事迹创作的剧本《凯恩》（又名《放浪与天才》），获得很大成功。和他几乎所有的作品一样，这部剧作也出自偶然，出自一次会见。那时，弗雷德里克·勒迈特刚刚加盟杂耍剧院。"放浪与天才"这一说法放在他身上，倒是颇为恰当的。仲马认为他是当今第一男演员。在这之前，就让他演过

---

[1] 此话曾为克鲁阿尔引用。——原注
[2] 信件发表于亨利·克鲁阿尔：《亚历山大·仲马》。——原注

《拿破仑》；在《奈斯尔塔》重演时，布里丹一角也由他扮演。仲马认为，他对这一角色的塑造，比起当初博卡日来，要高明得多。然而，此人实在难以相处。饰演布里丹时，上场往往喝得酩酊大醉，下场又常从台上的提词厢钻出去，心血来潮时会戴上一副绿色眼镜。他的虚荣心可以说达到疯狂的地步。每次出海报，都认为自己的名字印得太小。

"那么，弗雷德里克先生，"一位经理反问道，"您认为该把别人的名字印在哪里呢？"

"印到刷浆糊的那一面去！"弗雷德里克竟如此傲慢地回答，真是精彩。

他与凯恩有许多共同之处；来到杂耍剧院，首先便提出由他扮演凯恩这一角色。最初的本子由泰奥隆和古尔西提供。这是两位多产作家，然而写得比较粗浅。弗雷德里克不太满意，要求仲马帮忙修改。仲马接过剧本，充实了剧情，重写了对话，然后只署上自己一个人的名字。修改后的本子里，有许多弗雷德里克的身影，当然也有改编者自己的经历。比如说，凯恩责骂英国贵族院某议员的那场戏，就借用了哈雷尔和弗雷德里克的一次争论。这次争论，仲马从头到尾都亲耳听到，记在心中。第二幕里，凯恩猛烈地抨击英国的批评界；这其实是仲马借剧中人之口，对法国的批评界痛加针砭。

剧情的框架仍然遵循泰奥隆的原作：凯恩成了威尔士亲王的情敌，两人为了争夺美丽的丹麦大使夫人而争风吃醋。一次，正在演出《罗密欧与朱丽叶》的时候，凯恩忽然停下来，离开剧情，在舞台上长篇大论地挖苦这个王位继承人。之后，这位演员被"邀请"到美洲游历；在流放中忠实地陪同他的，是一个早就爱上他的姑娘。

弗雷德里克·勒迈特抓住"放浪与天才"这条线，把戏剧界描绘得惟妙惟肖，把主人公的性格塑造得栩栩如生，使这出戏一炮打响，红极一时。连海因利希·海涅 [1] 这位不轻易恭维人的评论家都写道："整个这一幕，具有扣人心弦的真实性……角色与演员之间，存在着

---

[1] 海因利希·海涅（Heinrich Heine，1797—1856），德国诗人。一八三一年前往巴黎，一八四四年回国。

一种惊人的亲和力……弗雷德里克是一位卓越的闹剧演员；他了不起的滑稽与诙谐，会使塔里亚[1]大惊失色，又让墨尔波墨涅高兴得笑容满面……"[2]

杂耍剧院的经理曾向仲马许诺：如果前二十五场的票房收入达到六万法郎，就发给他一千法郎奖金。演出第二十五场的当晚，仲马走进经理办公室，索取他的奖金。

经理计算了一下，对他说："您的运气不佳，总收入为五万九千九百九十七法郎。"

仲马当即向经理借了二十法郎，跑到售票处，买了一张价值五法郎的正厅前座票。

"现在，您的总收入已经达到六万零二法郎，"他跑回来对经理说道。

于是，仲马领到了那笔奖金。

---

[1]　希腊神话中，主管喜剧的女神之一。
[2]　海涅：《奥格斯堡总汇报》专栏。——原注

第三章　路易－菲力普治下的几桩婚姻

奥尔良公爵完婚于一八三七年。其父曾试图为他娶一位奥地利的女大公；然而"众王之家"没有回应"篡位者"的请求。于是，只能降而求其次，娶了一位德国公主，艾莲娜·麦克伦堡－施威林。艾莲娜温柔恭顺、浪漫热情、修养高雅。路易－菲力普宣布，将在凡尔赛宫举行盛大晚宴，晚宴后举行舞会，法兰西各界名流均在被邀之列。

晚宴的前一天，仲马怒气冲冲地去找雨果。原来是，不久将要选拔一批人进入荣誉军团，仲马最初有幸被列入名单；后来，他的名字被国王御笔勾掉。仲马是共和派，当过国民自卫军的炮兵，对他有忌恨当然不难理解；更何况，当年在王宫里的这名小职员，吵吵闹闹，不讨人喜欢。仲马受到伤害，把请柬退回凡尔赛。维克多·雨果堂堂正正地声明，支持他的同事和朋友。他给奥尔良公爵写信，说明他也不能参加婚宴，并把拒绝前往的理由讲得明明白白。

公爵非常仰慕这两位作家。两位作家不来参加婚宴，令他闷闷不乐。年轻的公爵夫人比她丈夫更感到遗憾；她非常盼望见到她所喜爱的作家。于是两人一起向老国王说情，事情这才办妥。仲马的名字又出现在名单上。两位老友决定一同前去凡尔赛；由于规定必须穿制服，二人商定都穿国民自卫军的制服。这又一次表现出两人手足之情。在宴会厅里，他们遇见了巴尔扎克和画家欧仁·德拉克洛瓦。巴尔扎克身着侯爵礼服，据说是从估衣铺里租来的。国王和众王子风度翩翩、彬彬有礼。玛尔斯小姐演出了莫里哀的《恨世者》；观剧的将军和高级文官们大失所望，纷纷表示："这就是《恨世者》？还以为能逗人开怀大笑呢……"婚礼结束后，来宾各自找车回府。仲马和雨果直到凌晨一点才找到他们的车子，回到巴黎天已蒙蒙亮了。

两位作家终于得到了公爵夫妇的友谊。这一友谊使雨果获得了荣誉军团玫瑰花形军官勋位徽章，仲马得到的是骑士十字章。仲马从公爵处得到这一消息，便马上告知雨果：

> 我亲爱的维克多，您的十字章[1]，以及我的那一枚，今天上午都已签署批准。我受委托非正式通知您。奥尔良公爵夫人收到您的信非常自豪，她将亲自回复。我受委托先行正式告知您这一点。拥抱您。[2]

雨果以他惯有的高傲与尊严接受了这份荣誉。仲马则像孩子一般高兴，自豪地沿着林荫道散步，胸前别着那枚大大的十字勋章，十分显眼。这枚勋章旁边，还挂着公教女王伊莎倍拉勋章、一枚比利时奖章、瑞典古斯塔夫·瓦萨十字章，以及耶路撒冷圣约翰勋章。无论走到哪个国家，仲马都要求得到奖章，即使需要出钱购买，他也不惜掏腰包。凡是节日或庆典，他的衣服上简直成了个奖章与绶带的展览。这既使本人高兴，又不使别人难堪，何乐而不为？

仲马将军夫人没能见到儿子获得这份丈夫生前一直被拒绝授予的荣誉。一八三六年八月一日，她死于第二次中风发作。仲马并非不再孝敬母亲，可是一段时间以来，他对母亲照顾得有些不够。老太太住在鲁勒城关，离里沃里大街不远。永不满足的伊达，不久前逼着情夫给她在这条街上，买了一套豪华的公寓。仲马急急忙忙跑到母亲的病床前，一边照看母亲，一边给他最忠诚的朋友奥尔良公爵写了封信："我母亲生命垂危，在她的病榻前，我祈求上帝保佑您的二老双亲……"一小时过后，一名差役上楼来告知：公爵在下面车中等他。仲马走下楼，看见公爵的车门大开，便趋步上前，伏在最富人情味的殿下双膝上，哭了起来。

---

[1] 前文提到雨果获"玫瑰花形"勋章；这里与前文不符。但原文如此。
[2] 此信未公开发表，由弗朗西斯·昂布里埃收藏。——原注

仲马致画家阿莫里·杜瓦尔：亲爱的阿莫里，我的母亲命在旦夕。我没有她的画像，看在我们友谊的份上，请再帮我一次忙。我等您：鲁勒城关街四十八号，洛塞夫人家。敬礼。[1]

母亲去世之后，伊达·费里叶把仲马管得更加严厉。这个尚无家室之人，既善良又软弱，不会管理自己的生活。于是，他也就心甘情愿地听任这位聪明女子管理与支配。他并不怎么喜爱她；然而，她不妨碍他的行动，早已表明没有生育能力，还是位不坏的女演员。他曾带她到诺昂去看望乔治·桑。两位女士相处得颇为融洽。尽管她们两人都以各自的方式参与了浪漫派戏剧，两人却都是实实在在的现实主义者。乔治·桑认为，伊达在戏剧上"不时有卓越的表现"，还夸奖她机智聪敏。至于伊达·费里叶，她不反对仲马短暂的恋情，的确也称得上机智聪敏。她希望当正宫娘娘，事实上也一直占着正宫娘娘的位置。每当其他女子使男主人失望的时候，后者就会回到她这位伴侣的身旁。正因为如此，仲马把她留在自己身边，堂而皇之地供养着她，带她到各地旅行，并为她创作合适的角色：

你以你亲昵的声音对我说：
"快给我写部戏……"喏，给你，写好了。[2]

仲马好几次带她到意大利，一住就是好长时间，特别是在佛罗伦萨；在那里她征服了不少高贵的崇拜者。然而，这期间，她大大地发福了。泰奥菲尔·戈蒂耶写道："她从前可不是这个样子；我们都记得，她曾是那么苗条，几乎有些单薄。"然而老好人泰奥马上又补充说：伊达·费里叶"在豪华与奢侈方面，使巴黎全城一半妇女望尘莫及；因此，瘦女人觉得她太肥太壮了……我们甘愿冒被人当作土耳其人的风险，毫不隐讳我们的看法：对我们来说，健康与富态在女人身上是两个十分迷人的缺点。维克多·雨果说过：'每位妇人都有

---

[1]　此信由弗朗西斯·昂布里埃提供。原件藏于奥顿城罗兰博物馆。——原注
[2]　《冶金学家》的题辞。见亚历山大·仲马：《戏剧全集》，第4卷。——原注

一副骨骼。'我们喜爱的是，这副骨骼能够得到恰如其分的包装与掩饰……" [1]

伊达最大的抱负就是受聘进入法兰西喜剧院。仲马为她联系；作为交换，他答应给该剧院写两部戏。于是，伊达于一八三七年十月一日进入法兰西喜剧院，充当专演年轻女角的演员。为了情妇首次登上该院的舞台，也为了自己的声誉，仲马写了一部六幕诗体悲剧：《卡里古拉[2]》。题材选自古代历史，台词用亚历山大体的十二音节诗写成；这简直是在拉辛的领地上向拉辛挑战来了。剧本写得简单幼稚，本来不一定会引起多大反响。同雨果的《玛丽·都铎》一样，剧中政治性情节和爱情纠葛错综交织。（高卢青年阿基拉的未婚妻被皇帝劫夺，因而答应刺杀这位放荡的皇帝。）仲马为伊达设计了一个软绵绵的角色，名叫丝苔拉，是个罗马人，后来皈依了基督教。卡里古拉看上了她，并千方百计把她抢夺到手。站在她对立面的女角名叫梅撒琳。这个女人性欲倒错，嗜血成性，"追求反常的感官刺激与夜间的享乐"，使人想起《奈斯尔塔》中勃艮第的玛格丽特。两个女主人公性格反差极大，这也是依照浪漫派戏剧的传统规范设计出来的。

然而，对这样一部怪诞的作品，戈蒂耶却赞不绝口。他写道："《卡里古拉》是一八三七年唯一一部认认真真写成的诗体作品；在我们这个时代，用诗体写出长长的六幕戏来，可以称得上是件壮举了……我们不想说这部戏完美无缺；不过，可以肯定，它值得评论界给以更加宽厚的对待……" [3] 老好人泰奥仍然是那么宽厚与善良。

为了上演《卡里古拉》，法兰西喜剧院投入了巨额资金。舞台上有一条古罗马的街道，通向集会广场；还有一座别墅，"是按照庞贝农牧神纪念堂的样子建造的"。"为了体验地方色彩"，仲马特意去了一趟庞贝。此外，还有凯撒宫殿的平台，以及餐桌的三面置有斜榻的皇家大餐厅。仲马本打算把凯撒的御辇也搬上舞台，并用四匹真马驾

---

[1]　泰奥菲尔·戈蒂耶：《当代人物》。——原注
[2]　卡里古拉（Caligula，12—41），古罗马皇帝；后期自认为有无限权力，实行专制暴政。
[3]　泰奥菲尔·戈蒂耶：《浪漫主义戏剧史》，第 1 卷。——原注

车。让真马上法兰西喜剧院的舞台！享有分红权的演员们怒气冲冲。然而，仲马仍旧坚持己见。

年序最长的桑松说话了："怎么？让我们买马？可我们这些人，命里注定吃苦受穷，能站着演戏就不错了！"

最后，剧作家不得不让步。花费如此巨大的布景，竟遭到了人们的嘲笑。有人在底下串通一气给演出喝倒彩。大多数演员都不喜欢自己的角色。利基叶对一位同事说："你真像卡里古拉，把我折磨得好苦。"伊达受到了不冷不热的欢迎。有人夸她脸蛋儿漂亮；有人埋怨她太胖，并且患有慢性感冒。一家报纸甚至肆无忌惮地说她是"臀部丰满的女殉道者"。不过，报纸社会新闻编辑们的遭遇战，由于给养供应不足，不多久便停息下来，没有酿成大事；这出戏也就从海报上销声敛迹了。

仲马的同事们仍然把他当成能给跛足剧本治病的医生。然而，不知怎地，一股子文学清教主义涌上他的心头，他竟把送上门来的剧本，堂堂正正地一一退了回去。

亚历山大·仲马致阿尔芒·杜郎丹，一八三七年六月二十九日：先生，我目前正忙于我自己的悲剧剧本《卡里古拉》（打算8月15日以前在法兰西喜剧院朗读），因而无法帮您的忙，尽管我很愿意这样做。无论如何，先生，咱们之间根本谈不上合作。我已经完全放弃这种工作，因为它把艺术化为单纯的手艺。再说，先生，您的本子可能很好，也可能不好，我还没有读；那就让我把问题大胆地放到桌面上：如果本子是好的，您就用不着我来帮忙，更没有必要同我合作。本子要是不好，我也没有足够的自信，认为我加了工就一定能把它改好。先生，尽管如此，我仍然愿意在能力与可能范围之内，听凭您吩咐[1]……

是非方面的危机很快就过去了。

雨果与仲马和好如初，两人打算共同努力，获得创办第二法兰西

---

[1]　此信未公开发表，由雅克·苏弗尔收藏。——原注

剧院的权利。他们和法兰西喜剧院那帮人关系紧张，对哈雷尔也多有抱怨。仲马向他们的保护人奥尔良公爵陈述：新文学缺乏演出场所；法兰西喜剧院专为死人服务，圣马丁门剧场是为蠢才而设；在二者之间，现代艺术只好流落街头。公爵也承认，这两位大剧作家有权利得到一个舞台，答应向基佐[1]谈及此事。

“有个剧场，那当然很好，”雨果说道，“不过还必须物色一位经理。”

他推荐专门报导戏剧的记者昂德诺尔·若利担任此职。若利为维护新的流派出过不少力。

仲马说道：“昂德诺尔·若利倒是可以，但是他没钱！”

雨果答道：“有了授权，他就能弄到钱。”

一八三七年九月间，若利得到了授权，还有一笔不大的款子。他租赁了旺达杜尔大厅，把它变成文艺复兴剧场。开幕剧目将由雨果创作，这就是《吕意·布拉斯》。此举引起了仲马的担心。伊达怂恿他要求同雨果完全平等，并且断言：反对《卡里古拉》的阴谋是雨果暗中鼓动起来的。朱丽埃特·德鲁埃希望在《吕意·布拉斯》中扮演西班牙王后一角；阿黛尔·雨果马上写信给昂德诺尔·若利，提醒他预防这桩“丑闻”；经理只好让步。伊达·费里叶又私下活动起来，想再一次拔尖儿，争取王后一角。不过，由于可怜的朱丽埃特已经受到了过于明显的屈辱，最后占了上风的竟是另外一个女性：阿塔拉·包谢纳。弗雷德里克·勒迈特的加盟，对演出的成功起了决定性作用。他出色地扮演了吕意·布拉斯一角；能够摆脱他惯常扮演的人物类型，他感到非常高兴。他还给雨果出了不少好主意，“使整出戏的喜剧部分得到加强”。

一八三八年，仲马也推出了自己的剧作：《冶金学家》。这出戏是他与一个年轻可爱的诗人共同创作的（尽管他此前曾一再抨击这种合作方式）。诗人名叫热拉尔·德·奈瓦尔。奈瓦尔热恋着女演员

---

[1]　基佐（Guizot, 1787—1874），法国政治活动家、历史学家。一八三〇年七月革命时期，拥戴路易－菲力普登上王位。七月王朝时，历任要职；一八四八年二月革命时下台。

冉妮·高隆[1]，急切地希望为她写一部戏；于是，在《冶金学家》之前，就与仲马一起创作了喜剧《皮基约》。这出戏由冉妮主演，剧本却只有仲马一个人署名。接着，两人再度合作，为伊达·费里叶写出《冶金学家》之后，又创作了《列奥·布加尔》。这最后一出戏，总算署上了奈瓦尔的姓名。由于该剧取材于大学生卡尔·桑德谋杀科采普[2]的史实，书刊的政治审查机构拖了很长时间，迟迟不予批准。也许这正是仲马把此剧让给热拉尔，由他署名的真正原因。从剧本的文风来看，热拉尔花的力气要比仲马多得多。

现在还保存着奈瓦尔一八三八年写给仲马的几封信，其中一封写道："我亲爱的仲马……我刚才在法兰克福的报纸上读到，您二十四日在科布楞茨，同您尊敬的夫人在一起[3]（原文如此）；那么，当我这封信寄到法兰克福的时候，您已经抵达那里了……我差不多已经把我们那事情的细节组织完毕，以交您阅看一件引人入胜的东西。我还有不少故事可以做选题；您要是还想干的话，会把您压得喘不过气来。我的脑袋从来没有像今年夏天这么紧张工作过……"[4] 信中的夫人应当就是伊达·费里叶。

仲马的剧本中，凡是同奈瓦尔合作的，无不带上后者的印记。其中，《皮基约》就很有特色，可以看作缪塞剧作的前兆。泰奥菲尔·戈蒂耶在这一点上没有看错：

> 终于出现了一部与众不同的剧作……在吊灯苍白的光线之下，在尘雾弥漫的舞台上，盘根错节地到处生长着带有尖刺的飞蓟、裹有暖融融绒毛的荨麻、野燕麦，以及种种不结果实的植物。突然，我们惊喜地发现，一株美艳无比的鲜花，盛开在这

---

[1] 玛格丽特-冉妮·高隆（Marguerite-Jeanny Colon，1808—1842），一次在英格兰巡回演出期间，她与演员皮埃尔·拉丰结婚，见证人为铁匠格莱特纳·格林。生了一个男孩之后，她离开了拉丰，长期为荷兰银行家荷佩所供养。奈瓦尔使她得以主演《奥莱利亚》，并在一八三四年至一八三八年与她相爱。一八三八年她又嫁给笛子演奏员路易-加布里埃·勒布里，两人生了一个孩子，高隆因难产而辞世。——原注

[2] 科采普（Kotzebue，1761—1819），德国剧作家。他反对拿破仑和德国自由派，被认为当上了沙皇亚历山大的坐探，并因此而遭到刺杀。

[3] 原文为德文，因写得不太确切，故注明"原文如此"。

[4] 热拉尔·德·奈瓦尔：《书信全集》（七星书库版）。——原注

理不清的乱草丛中。它的茎干闪着银光，上面长着突起的棱纹；它的叶子镶着青绿和淡绿色的花边，绿得那样完美、出奇；这种以云青为主的色彩，画家们称之为"弗罗奈塞[1]绿"。花萼向外舒展，显出华丽的斑点与条纹；整株花朵一半像蝴蝶，一半像小鸟，中间的花蕊喷吐而出，像孔雀的冠毛，像白鹭颌下的髯须，像黄金细丝卷成的图形……

它的风格使人联想起莫里哀的短剧：活泼、清晰、裁剪得体、驳击迅猛、变换灵活；它有一股英雄好汉的威风，与一般滑稽歌剧冗长、臃肿的文笔迥然不同。诗句写得工整得体，颇似《安菲特律翁》[2]、《普西赫》[3]和基诺[4]幕间短剧的自由体诗句……

如此见识高明的评论，令人读后感到欣喜。

下面摘录的信，是热拉尔·德·奈瓦尔写给另外一个人的。从中可以看出，他与仲马搭档，在钱财方面到底是什么情况。此时两人手头都不宽裕；读此信叫人心里真不是滋味。

先生，想到您给予我的种种慷慨帮助，此时此刻我内心充满痛苦，向您报告至今仍是如此微小的成果；真的，当初我怎么也想不到，事情竟会落到如此地步。我丝毫不想抱怨我的合作者仲马；然而，既然《冶金学家》的票一张也没有给我，这次他就应该把《列奥·布加尔》的票全部给我留下来。鉴于任何一项合作，双方都认为自己超过了规定份额，这些问题就显得非常棘手，几乎不可能摆到桌面上来，即便是通过第三者从中斡旋。当初合作《比基约》时，仲马似乎非要拿三分之二不可；我没有答应，但是把手稿全部留给了他。此外，我用您预付给我的第一笔钱，把我同他出去旅行时欠下他的账，通通还清。不错，他替我付了我

---

[1] 弗罗奈塞（Velonese，1528—1588），意大利著名画家。
[2] 莫里哀的自由诗体三幕喜剧，写于一六六八年。
[3] 由莫里哀、高乃依和基诺共同创作的芭蕾舞悲剧，写于一六七一年。
[4] 基诺（Quinault，1635—1688），法国诗剧作家。

们从法兰克福回来的路费；但是，从《冶金学家》中，他得到了一笔额外补贴，有五千法郎之多。此外，他出发去意大利时，我给过他五百法郎，托他寄些稿子给那家使我陷入困境的报纸。这笔钱，事后我就没有再提起过。

还有，他心里明白，《列奥·布加尔》起初他写了四幕，我写了两幕（全部剧情安排是我一个人策划的），由于文艺复兴剧场没有接受，我只好全部改写，结果出自他手的文字只剩下不到二百行。我把这个全部重写过的本子送到剧场，人家看了才接受下来。

请原谅，亲爱的先生，我说得太琐碎了。不过，对我们这些摇笔杆子的人，您就像位医生，什么事也瞒不过您。然而，不到您自己认为您应得到的报酬失去足够保障的地步，我绝不会请求您，就我这里告知您的事情，发表什么意见，以帮助我得到应得的票款。一般情况下，只要您能够满足于我目前提供的这点微薄酬谢，我也就不打算追究了。因为，要不是陷入目前这样的困顿之中，我绝对不会想到在仲马和我之间计较利害得失。

何况，目前的窘境会过去的。我刚刚写完两个本子，一个给了文艺复兴剧场，另一个给了滑稽剧院（二者都只凭剧情概要就接收下来）。但愿这两部戏能使我摆脱困境。

您忠诚的仆人
热拉尔·拉布鲁尼·德·奈瓦尔 [1]

《冶金学家》上演的时候，小亚历山大·仲马已经十四岁了。一八三八年，他从古保寄宿学校转到位于古塞街十六号的埃农膳宿学校。此校又把学生送到波旁中学读书。在这期间，小仲马很喜欢去王宫游泳学校和圣拉萨尔大街的健身房，而上拉丁文和数学课就不那么情愿了。小仲马的年轻时光，像他父亲当年一样，也是自由自在、无人管束。父亲多了偷猎与到森林游荡两项，却没有尝到儿子遇到的那种冲突：一方面是被抛弃的母亲，另一方面是父亲那几位专横暴戾的

---

[1]　此信未公开发表，由乔治·阿尔方德里先生收藏。——原注

情妇。小仲马不接受伊达·费里叶，就像这之前他拒不承认贝尔·克莱萨默一样。

真是无独有偶：卡特琳·拉贝的儿子亚历山大的悲剧，在贝尔·克莱萨默（又名：梅拉妮·塞尔）的女儿玛丽身上又重演了。富有同情心的玛斯琳·戴伯尔德－瓦勒莫尔知情后简直无法忍受，她写道："我遇见了塞尔－仲马夫人，她比以前还要漂亮；就是不住地流着眼泪诉说她和她女儿的不幸；说他不愿意让她见自己的女儿！真是专横古怪。"[1] 实际上，仲马的铁石心肠是伊达强加给他的。玛斯琳认为，仲马娶这么个自私的女人，而牺牲"漂亮得多、风度无比高雅、像面包一样香美"的塞尔夫人，"吃亏的是他自己。"

一八四〇年，仲马同伊达·费里叶结婚。其实，他对伊达并不抱什么幻想。那为什么还要把这一已不令其喜欢的关系变成永久性的盟约呢？有人说，一天晚上奥尔良公爵与公爵夫人举行大型招待会，仲马考虑不周，将伊达带去，以为在人群中她不至于引起注意。然而，公爵却走过来低声对他说："能认识仲马夫人，不胜荣幸。望不久在一次知交的聚会上能把您的妻子介绍给我们。"公爵此言，尽管礼貌周到，不啻是一番训导，甚至是下了命令。这种说法，不太像实有其事。维埃叶－卡斯代尔提供了另一种版本：伊达收买了许多与仲马有关的债权，逼迫他与自己结婚，否则就会因负债而坐牢。演员勒内·吕盖则声称，有一次，仲马曾亲口对打听他结婚原因的人说："我亲爱的朋友，这正是为了摆脱她呀！"

结婚的消息宣布以后，梅拉妮·瓦勒道尔心中的怒火再也压抑不住了。小亚历山大·仲马放假的时候和自己的母亲住在一起；而他和这第一位梅拉妮相处得也一直不错。在上面两位被抛弃的情人影响之下，小仲马给父亲写了一封抗议信。那一阵子，不管情愿不情愿就要当新姑爷的老仲马，躲在富有的排污工程承包商雅克·道芒日在小维莱特的寓所里。伊达称此人为"我亲爱的恩人"，而此人也正在为她

---

[1]　见布阿耶·达让出版的《玛斯琳·戴伯尔德致普罗斯贝·瓦勒莫尔的信函》第1卷。——原注

准备陪嫁。中学生小仲马那封怒气冲冲地反对其生父结婚的信件，经梅拉妮安排，由瓦勒道尔少校的勤务兵送到此人家中。

梅拉妮·瓦勒道尔致亚历山大·小仲马，一八四〇年一月十五日：我亲爱的孩子，随信附上你写给你父亲那封信的回执。信是从部里送到小维莱特去的。进那座宅子，真不容易；只有道芒日先生一人露面，还说你父亲不在他家中。他非要把信打开，否则不同意开收条。他问这问那，都没有回答他。你看，收条上写着，他明天要到膳宿公寓去找你。——我这封信是送到你母亲 [1] 那里去的。

我担心你的信不一定能转交出去；把持得太严密了！我一直等到勤务兵回来。他是今天早上十点钟去的，到下午两点才回来。明天我十一点外出，五点钟到家。你若有事跟我谈，按上面的时间来就能找到我。

道芒日先生告诉送信人，说你父亲在里沃里大街 [2] 呢。

大家觉得，你母亲应当陪你去找一找证婚人，提醒他们对你的了解有不实之处，因为他们被告知：你心甘情愿地同意这桩婚事！这样活动一下，很可能挽救你父亲。

再见，我的朋友。我亲切地拥抱你。星期天来吧，如果这之前你没有时间的话。此外，有什么要求，就写信告诉我 [3]……

作为回答，大仲马写给儿子一篇惊人的辩护词：

我们之间的父子关系之所以中断，过错并不在我，而在你身上。当时，你常来家里，大家都欢迎你。可是，不知是谁给你出的主意，你突然不屑于理睬我因为同她一起生活而视之为妻子的那个人。从那一天起，再加上由于我无意接受你的劝告（哪怕是间接的），你所抱怨的状况就出现了，而且已经持续了六年，这

---

[1] 此信写给："拉贝夫人，转交小仲马——香榭丽舍，沙约街 63 号"。——原注
[2] 大仲马此前不久，在里沃里大街二十二号租了两套上下相通的公寓房。——原注
[3] 此信未公开发表，由西蒙娜·安德烈－莫洛亚收藏。——原注

使我非常难过。

现在，这一状况，只要你愿意，可以立即消逝。写一封信给伊达夫人，要求她像对待你妹妹[1]那样对待你；你将仍旧而永远受到欢迎。把这一关系延续下去，对你是再幸运不过的事了。这是因为，由于六年来我没有孩子出生，我肯定不会再有别的子女了；于是，你就成了我唯一的儿子，而且是我的长子……

我没有别的要对你说了。想想吧：如果我同另外一个女人结婚，我还会有三四个孩子；跟伊达呢，就绝对不会再有了。

当然，我相信，在这方面，你会听从你内心的感情，而不是利害关系。不过，这一次与常规不同，二者是不相矛盾的。用我的全部爱心拥抱你[2]……

婚约于一八四〇年二月一日在维莱特由德马奈什（当时任雅克·道芒日的公证人）主持签字。男方的证人是夏多布里昂子爵和基佐内阁的公共教育部长弗朗索瓦·维勒曼；女方的证人则由纳尔波－拉辣子爵和国务顾问德·拉波纳第埃尔子爵担任。陪嫁总额：十二万法郎的"法兰西金币和银币"。

回忆录作家古斯塔夫·克劳丹说，夏多布里昂看着新娘子短短的上衣，苦涩地对人耳语道："您看，我的命运是不会改变的。我祝福什么，什么就完蛋！"[3]这句话一语双关，既影射当时合法的君主政体，又暗指伊达开始发生危机的魅力。这个细节说得辛辣俏皮；在这一场合，这位德高望重的法国贵族院议员不是没有可能说出这种话来的。然而，他是否真是那么说的？克劳丹的见证也不一定可靠，因为他的叙述里有两处明显与事实不符。一是在证人的名单中，他列入了罗歇·德·波伏瓦的名字，这一点与事实不符。第二，他声称宗教婚配仪式是在贵族院的小教堂进行的；而事实上婚配降福礼举行于

---

[1] 玛丽·仲马，当年九岁，在其父亲处由伊达抚养。女孩和伊达有实实在在的感情联系；她从此再未见到其生母贝尔·克莱萨默。——原注
[2] 此信由马塞尔·托玛发表于《圆桌》杂志一九五一年五月号上。——原注
[3] 古斯塔夫·克劳丹：《我的回忆》（巴黎，卡尔曼－莱维出版社，1884）。——原注

一八四〇年二月五日[1]，地点是圣罗什教堂。夫妇俩住在里沃里大街二十二号，正属于这个堂区。

那一天，夏多布里昂身体不适，由别人代替前往教堂。宗教婚约由画家路易·布朗热、建筑师查理·罗布兰及"房产主雅克·道芒日"三人签署。下面请看一段保尔·拉克罗瓦（珍本收藏家雅各布）关于这一婚礼的有趣记录：

> 我们的朋友亚历山大·仲马的婚事引发了众多的议论。我们对此并没有什么要说；只是想指出：《亨利三世》与《安东尼》的作者完全有自由承认民法通则第一百六十五条的适用性及神圣性（如果人们喜欢这个字眼的话）……怎么能冒昧斥责或者批评这一（教理问答式的）"合法结合"呢？它的证婚人是公共教育大臣和夏多布里昂先生呀！这两人的大名与这一文人学士的婚姻契约是再相称不过的了。应当这样诠释这两个名字的出现："年轻人，你在戏剧方面获得了当代最美好的成就，你是当之无愧的。你还是诗人、小说家、旅行家。不过，要想荣升大臣级别的职位，或者进入法兰西学院，你仍需从古典婚姻的卡夫丁轭形门[2]下通过！"
>
> 到了这时候，亚历山大·仲马才有可能成为法兰西学院的常任秘书，或者当上公共教育大臣。凭借这桩由全体法兰西人的王后陛下发给合格证书的婚配圣事，人们才能在这个世俗社会的黄金时代里飞黄腾达……王家城堡真有一股子婚姻怪癖……
>
> 维勒曼、夏多布里昂和诺迪埃（这位在法兰西语言方面才智横溢的代表人物，这之前好长时间竟被我遗忘在特什内书店里了），这三位先生，在区政府里举行仪式的时候（仪式说不上隆重），当然是陪着新郎和新娘的。然而，当移师教堂，进行非官方仪式的时候，他们一个也没有前往，每人都由一名资历较浅的

---

[1] 大仲马的传记作者们（包括克劳丹在内）都认定婚礼举行于二月一日。而有关的真实文书却明文写的是：二月五日。——原注

[2] 公元前三二一年，萨姆尼特人在卡夫丁峡谷击败罗马军队，强迫他们通过"轭形门"。此典故的意思是：遭受莫大的侮辱。

证人代替。其实，这几位替代证人，也都才华横溢，不是等闲之辈，只不过他们是选自学院老古板的圈子之外罢了。

圣罗什的本堂神父以国王的名义为亚历山大·仲马行婚配圣事。他事先准备了一篇演讲稿子，实际上是为了给朝廷重臣听的，同时还打算让这些人第一次在他这个堂口领圣体。

"高贵的《基督教真谛》的作者！（神父把脸庞转向一位证婚人，此人是位颇具功力的色彩派画家）……还有您，文笔准确而优美的作家，您手中掌握着语言与公共教育的命运！（说到这里，神父又转向另一位证婚人，一位不错的建筑师）先生们，在诸位高贵而体面的庇荫之下。这位年轻的新奉教者，来到祭台脚下，祈求婚配的神圣洗礼！……年轻人，我给你念一遍伟大的雷米主教对克洛维[1]国王说过的话：'骄傲的西康布里人，低下你的头；朝拜你曾焚烧过的一切；焚烧你曾朝拜过的那些东西……'从今以后，在你的笔下，只产生符合基督教义、能感化人并宏扬福音的作品吧！滚一边去，那些危险的戏剧激情，那些毫无信义的情欲女妖，那些魔鬼们可恶的虚浮，等等。夏多布里昂伯爵与维勒曼先生（很遗憾，查理·诺迪埃先生未能光临），在上帝台前，在众人面前，你们担保，这位桀骜不驯的浪漫派异端文人，从今改弦易辙。请诸位做此人的作品以及他子女的教父。我十分敬爱的兄弟们，这便是我的祝愿，望能得到实现！"

本堂神父先生看到证婚人在圣器室名册上的签字时，才发现自己阴差阳错了。神父后来对女管家说，当他注意到现场上夏多布里昂先生蓄着"青年法兰西"式的胡须，维勒曼先生戴着两个半法郎一副的黄手套，他当时就怀疑，可能出现了张冠李戴。直到想起仲马做了总忏悔，神父眉宇间的乌云才算消散。[2]

---

[1]　克洛维（Clovis，465—511），法兰克国王，墨洛温王朝的创立者。四九六年，由雷米主教（437—530）施洗礼，皈依了基督教。"西康布里人"为日耳曼尼亚一部族，公元十二年被罗马人征服，迁徙到高卢北部地区；公元三世纪融合于法兰克人。下文中"西康布里人"即指法兰克人。

[2]　此信未公开发表，由西蒙娜·安德烈-莫洛亚收藏。——原注

对伊达来说，这桩婚事谈不上十分成功。可能她对婚事的维系力，信心过于坚定了。有一则传闻，很可能是靠不住的猜测，说她婚后不几天，就给丈夫戴上了绿帽子；根据常规判断，第三者应为夫妻俩最好的朋友罗歇·德·波伏瓦。此人写诗，还写剧本，比她丈夫年轻七岁，是个风流倜傥的男子。达什伯爵夫人是这样描绘此人的：

> 他风流得近乎疯狂，倜傥得有些古怪；诗写得漂亮；还常请人吃宵夜！他既是阿那克里翁[1]风格的诗人，又是文学与艺术的资助者。他还写长篇小说，并鼓励各种艺术创作。每天早晨，他家的候见室里总是坐得满满的：有找不到出版商的作家，也有没有画室的画家；他起床后就一一接见，并招待他们吃排骨、喝香槟酒；这些人从他家出来，异口同声地称赞，说他具有迷人的才能……
>
> 罗歇当时领有三万年金，拥有一辆双轮轻便马车、好几匹马，还雇有一名年轻车夫……不论在哪里，都能见到他的身影，特别是他那一头壮观的黑发和表情丰富的面孔；他所到之处，周围总有人大声跟他打招呼。他穿金色的背心、睡袍；二十四小时内至少三次换衣打扮；一天要戴四副草黄色手套。歌剧演出，他场场都到，从后台跑到大厅，以引人注意，寻找一些意外的收获。晚上只要有演出，他哪个剧场都去……他到巴黎咖啡厅、英国咖啡馆或康加尔的岩石饭店去吃晚饭；然后还要回到这几家饭店去吃宵夜。这种活法，真叫人头晕目眩。然而，什么也阻挡不住他[2]……

而伊达又怎么能抵挡得住他呢？

至于梅拉妮·瓦勒道尔和梅拉妮·塞尔，两人对她们共同的情夫的这桩合法婚姻，都过于认真，看得过于严重。请看：

---

[1] 阿那克里翁（Anacréon，约前570—？），古希腊诗人，其爱情诗与宴乐曲产生过较大影响。

[2] 雅克·莱诺（达什伯爵夫人）：《当代人物肖像》（巴黎，阿米奥出版社，1859）。——原注

> 玛斯琳·戴伯尔德-瓦勒莫尔致其丈夫，一八四〇年二月七日：你听人说起仲马先生同那位胖小姐的婚事了吗？听人说，婚书是由夏多布里昂、诺迪埃、维勒曼和拉马丁几位先生签署的！——塞尔夫人曾来咱家，说着说着就要晕过去。她准备打官司，把女儿要回来。瓦勒道尔夫人也来过；她倒是挺高兴，慷慨大度，认为娶了一位正经女人。她给新姑爷写了一封信；信中说：听到他"终于摆脱了那桩可耻的勾当，感到十分畅快"！你判断一下，这封信将会产生什么样的效果？对我来说，根本无所谓，我什么想法也没有。他结婚了，仅此而已！[1]……

然而，对于小亚历山大来说，他爸爸跟他妈妈以外的另外一个女人结婚过日子，倒的的确确酿造出了一出新的悲剧。

---

[1] 见布阿耶·达让出版的《玛斯琳·戴伯尔德致普罗斯贝·瓦勒莫尔的信函》第1卷。——原注

第四章　几出喜剧

《冶金学家》失败了；《吕意·布拉斯》也不成功。各种体裁都和人一样，也是要老的。这时，正剧已在垂死挣扎了。泰奥菲尔·戈蒂耶写道：

> 我们很不情愿地说：现今已是彻头彻尾地堕落了。到处充斥着人为的拼凑与制作；创作剧本完全像缝制衣服：一个合作者给演员量尺寸，另一个裁剪衣料，还有一个把裁好的布块缝合起来。探索人的内心、风格、语言，这一切都被视为一钱不值……几人合作，对于任何一部具有高超智慧的作品来说，都是不可思议的事情……试想一下：要是普罗米修斯[1]有一位合作者坐在面前，手托下巴，眼睛直勾勾地看着尖喙大鹰啄食他的肝脏而听任他痛苦挣扎，同时在一张小纸片上用孔德牌铅笔不时做些记录，那该是什么景况啊![2]……

仲马对观众的喜好具有本能的敏感；此时，他准备改弦更张。他这么个感情洋溢的人，粉红色的喜剧反而没有黑色的正剧写得多；想到这点，人们总觉得有些不可思议。他诚然有表现恐怖的才能，但他表现欢乐的才能更为突出。年近四旬，他才开始仿效马里伏的文体写作。戈蒂耶以其惯有的敏锐，如此解释这位天才作家的演变："喜

---

[1] 希腊神话传说中从天上盗取天火给人类的神。他因此触怒了主神宙斯，被锁在高加索山崖，每日遭神鹰啄食肝脏。

[2] 泰奥菲尔·戈蒂耶：《戏剧艺术史》，第 1 卷。——原注

剧不是小青年写得来的。青春年少，情感炽热，什么事情都看得严重……要是仲马先生重写《安东尼》，阿黛尔·代尔维决不会死；她的情人会不动声色地自我介绍，然后坐下来同她的丈夫玩纸牌……随着岁月的消逝与阅历的加深，您会陷入无法解脱的忧伤之中。这时候，您就该写喜剧了……"[1]

一八三九年，法兰西喜剧院上演了一出仲马的喜剧，名叫《贝里斯尔小姐》。圣勃夫过去一直看不上仲马写的戏；这时，突然奇怪地变得客气起来了。他写道：

当一位作者像是走入迷途；当他自命不凡地加重诗意，装模作样地把自己说得言过其实的时候，突然出现一部佳作，光彩夺目而流畅易懂，把任何事情都处理得清晰得体；遇到这样的情况，真是令人高兴啊。亚历山大·仲马先生是位公众喜爱的作者；他这出才智横溢、风趣诙谐的喜剧，受到了由衷的欢呼……但愿仲马先生养成习惯，继续往这方面推进，介乎众神所居的九重天与林荫大道之间，既不要高，也不要低[2]……

法兰西喜剧院的演员们完全赞同圣勃夫的意见，他们对仲马说："您的喜剧，写得确实精彩。"

仲马回答道："是不是因为我总写悲剧，你们才这样对我说呢？"

《贝里斯尔小姐》的笔调近似马里伏与博马舍，当然文笔稍欠优美。这两位大家的作品，仲马曾经细心研读过；现在仿效起来，倒也得心应手。在写了那么多犯罪、自杀与反叛的场面之后，这出戏的人物个个斯文风流，甚至不得体的事也干得文质彬彬；人人都会寻欢作乐，既不喊叫，也不流泪。从十八世纪的作品中，仲马几乎只记住了三个特点：行为放荡，及时行乐；爱合法丈夫的女人和爱合法妻子的男人受到嘲弄、奚落；开开心心打斗之后，失败者被关进巴士底大狱，受到痛苦的煎熬。

---

[1]　泰奥菲尔·戈蒂耶：《戏剧艺术史》，第 2 卷。——原注
[2]　圣勃夫：《月曜日丛谈》，第 2 卷。——原注

《贝里斯尔小姐》的主题浅薄却能引人入胜。黎塞留公爵放荡不羁，整个世纪无人能与之相比。一次，他同一帮放荡朋友打赌，声称第一个走到他们所在的游廊里来的女子，不论是处女还是寡妇，必将成为他的情妇，在当天午夜时会把他接到自己的寝室，共享云雨之欢。话音未落，报来普里侯爵夫人（波旁公爵的情妇）驾到。

黎塞留说道："嗨！先生们，这一个不算数，我不能白赢你们的钱。"

这当儿，游廊尽头又出现了一位婀娜多姿的少女：贝里斯尔小姐。她的父亲被关进了巴士底大狱，她是向得宠的侯爵夫人求情来的。突然间，站出来一位名叫多比尼的年轻骑士，宣称要同黎塞留打赌。他说：

"三天之内，我定要与这位黎塞留先生打算今夜玷污的小姐成婚……我敢担保她平安无事。"

两人双剑相击，发誓打赌。

第二幕，普里侯爵夫人把小姐置于自己的保护之下，安排她坐上四轮华丽马车，到巴士底大狱探望父亲。之后，侯爵夫人神不知鬼不觉地躲到贝里斯尔小姐的卧室，在暗处等待那个胆大妄为的黎塞留。事实上，正如圣勃夫所说："黎塞留公爵摸索着走向娇嫩的猎物时，不可能觉察不出内中的阴差阳错；他几乎立刻就应当想到，等待他的是个骗局……请原谅我的直言，不过在文学问题的后面，还存在一个生理方面的问题……真够奇怪的：为了判断一部剧作的情节是否真实，竟到了几乎要请法医立案深入调查的地步。我就此打住，跳过这一段；公众也是如此，并未深究……"[1] 在剧院里，观众什么都能接受，特别是能接受那些模棱两可的事情。他们巴不得看到，黎塞留跟普里夫人睡觉的时候，还以为身下是个黄花闺女呢！公爵蒙在鼓里，派人送一字条给多比尼，宣称自己已经胜券在握。

剧情进展到这里，我们看到的还是马里伏的风格，或者说更接近克雷比庸[2] 的写法。"然而，我们在这里与之打交道的是一位处理情

---

[1] 圣勃夫：《月曜日丛谈》，第 2 卷。——原注

[2] 克雷比庸（Crébillon，1674—1762），十八世纪法国剧作家。其悲剧充满恐怖的凶杀与谋害，情节往往建立在一些奇特而不真实的戏剧性误会上。

欲的高手：我们的仲马。"[1] 是的，仲马特别垂青于悲剧，对民众纯朴的道德观念也怀着同情。尽管事实上，玷污处女的事，他干过绝非一两次，但是在戏里这一行为受到了贬斥。从第三幕起，剧作家让悲伤与滑稽结合起来，交错进展。以骑士多比尼同他的未婚妻相互对质的那场戏为例：骑士仍然爱着贝里斯尔小姐，但又带着怨气指责她；小姐有口难辩，说不清自己那夜是在哪里度过的，因为她起过誓，不能泄漏自己曾经暗访过巴士底大狱。还可举出小姐面对黎塞留的那一场：公爵满以为面对的是自己的同谋，便自鸣得意地引逗小姐回味那个夜晚的柔情蜜意与云雨之欢；这样一来，使骑士认为，自己所担心的，的确已是事实。小姐绝望了：

"我的上帝，我的上帝啊！可怜可怜我吧！"

"打赌不成成痛苦。"从这里起始，直到最后一场，剧情充满了圣马丁门剧场常见的那种悲剧情调。结局是喜剧式的。皆大欢喜的收尾出乎观众意料，显得格外精彩。经普里夫人点透，黎塞留公爵及时上场让大家放心。庄重严肃的多比尼下了结论：

"贝里斯尔小姐是我的妻子……黎塞留先生是我最好的朋友。"

圣勃夫狡黠地指出："在婚配祝福中送给他的这一头衔，公爵定会满意地接受的。可能还应当再加上短短的一幕，完全是喜剧格调，名为《两年之后》……"[2] 这一幕可请罗歇·德·波伏瓦写，他倒是个合适的合作人选。不过，就目前这个样子，这出喜剧已经受到了高度的赞扬。玛尔斯小姐年届六旬，扮演贝里斯尔小姐，举手投足仍楚楚动人，甚至连少女的纯真也表现得惟妙惟肖。此剧成了她最后一出成功之作。在剧院里，年轻人要想演什么角色，要靠门路和人缘。弗尔曼是仲马在法兰西喜剧院中最亲近的朋友，黎塞留公爵一角便由他扮演。他演得颇具贵族那种咄咄逼人的架势；总而言之，相当成功。

大仲马受到鼓舞，笔耕不辍，一八四一年又推出新剧目：《路易十五时代的婚姻》。他自己认为："此剧的题材并不新颖，但是凭借巧妙的细节，不是不可返老还童。"故事确实没有新意：一男一女，当

---

[1] 伊波里特·巴里戈：《大仲马》。——原注
[2] 圣勃夫：《月曜日丛谈》，第 2 卷。——原注

初由于门当户对结为夫妻；婚后感情不合，双方自愿分道扬镳；不久，两人相互认错，男方将情妇抛弃，女方也同样对待那个追求她的男子；于是，破镜重圆，两人此番情投意合，重新做夫妻。

《圣西尔的小姐们》（1843）引起的反响还不如前者。圣勃夫在写给鞠斯特·奥里维叶的信中评论道："此剧同作者所写的所有东西一样，相当生动，不乏感染力，有一半可称得上有趣；糟糕的是：不完整、草率、平淡无奇。要是一张口就像艾尔德大街上的卖俏女子那么个腔调，何必还要到德·曼特农[1] 夫人那里去受教育呢……看仲马的作品，人们总要感叹：'真可惜！'我现在总算明白了，这么说是不对的。仲马属于这样一种气质：在感情上从未达到相当的高度，同时也并不擅长严肃的艺术。他疯狂地消耗自己的精力，这事那事忙得不可开交，给人的印象是，他不停地使用自己的能力，但并未用到恰当之处，能力却浪费了不少；不过，他也并非无所收益，因为人家总认为，他下一次可能做得更好些。然而，事实上，他还是没能做到这一点……"[2] 于勒·冉南说得更是一无是处："只要这种惨况继续下去，法兰西喜剧院就应当关门……演出前不是有人说：'你们会看到的，你们会听到的！'结果是干打雷不下雨……"[3]

仲马生气了。他平素性情随和，反击起来显得笨拙，因为他不擅于恶语伤人。他本想狠狠回击，结果文章却写得冗长；没完没了地讲些陈年旧事，对明辨当前的是非曲直无补于事。比如，他提到当年哈雷尔和乔治小姐同居在圣母街的那段往事，说冉南作为第三者也搬了进去，可是并没有惊扰人家那一对露水夫妻。这一类挖苦话，其实趣味并不高雅。

冉南之所以如此不客气，是因为此时仲马正跃跃欲试，争取进入法兰西学院。维克多·雨果先行入选该院，使同一辈浪漫派文学家产生了希望。雨果本人是这样看的："学院，还有其他类似机构，将属

---

[1]　曼特农侯爵夫人（Mme de Maintenon, 1635—1719），路易十四的情妇。路易十四死后，她便退居圣西尔，从事家庭衰落的贵族少女的教育。

[2]　圣勃夫：《通信全集》，第5卷。——原注

[3]　见一八四三年七月二十七日《辩论报》。后来，当冉南把连载过的文章合集出版（取名《戏剧文学史》）时，删去了猛烈攻击《圣西尔的小姐们》的文字。——原注

于新的一代。我只是开了一个活口子，从这里今天进去的是思想，明天将有一批人涌入……"[1] 这批人指的是谁呢？雨果想到了维尼、仲马、巴尔扎克，甚至还包括他的对头圣勃夫，可见雨果的心胸有多么宽广。仲马则不然，他只想到他自己。一八三九年，《贝里斯尔小姐》演出成功后，他曾写信给《两世界杂志》社社长弗朗索瓦·布罗兹："请在杂志上谈论谈论我，以便引起学院的注意；请您想一想，为什么安斯洛[2] 可以登堂入室，却无我一席之地……"一八四一年一月十五日他又给同一个人写道："在您的杂志上谈谈我吧，这是给学院听的。那里没有我的席位；要是有谁对此表示惊讶的话，我是会高兴的……"[3]

雨果入选法兰西学院后，仲马求助于早已成为该院院士的老朋友诺迪埃："您觉得现在我有运气进入学院吗？雨果进去了。而他的朋友几乎都是我的朋友……如果您认为已经达到一定火候的话，那就请登上学院的讲坛，以我的名义，告诉您尊贵的同僚们，我非常希望能同他们坐在一起……总而言之，多说好话，您想到我有哪些优点都可以说出来，没有想到的也不妨多讲一些嘛……"[4] 然而，仲马有生之年并未能打开法兰西学院的大门，就像巴尔扎克一样。不过，巴尔扎克英年早逝；仲马享年六十八岁，还是未能登堂入室。

德尔芬·德·吉拉尔丹[5] 恼怒地问道：人出了名难道也妨碍谁了吗？才华出众的人，要想出人头地，竟有那么难，这到底是为什么？拥有版税难道也成了罪恶？……巴尔扎克和亚历山大·仲马每年能写出十五到十八本书来；人们所不能原谅他们的，正是这一点。"然而，这些小说没有一部不精彩呀！——这样辩

---

[1]　引自维克多·雨果致阿尔封斯·卡尔的信。此信由后者发表于《航行笔记，回忆录》（巴黎，卡尔曼-莱维出版社，1879），第 2 卷。——原注

[2]　安斯洛（Ancelot，1794—1854），法国剧作家，作品缺乏才气，多在一些二流剧院演出。一八四一年入选法兰西学院。

[3]　见玛丽-路易斯·布尔热-巴叶隆基金会斯波贝奇·德·洛旺儒的收藏。——原注

[4]　此信引自艾蒂埃纳·沙拉威编撰的《阿尔弗雷德·包威收藏手稿目录》（巴黎，1887），第 872 号。——原注

[5]　即前面提到的德尔芬·盖伊；她后来成为埃米尔·德·吉拉尔丹的夫人。

解还不成。他们写得太多了。——可是小说非常成功，引起轰动呀！——这又是一个失误；要是他们每位只写一本，薄薄的，平淡无奇，没人爱读，那你再看，会是什么情况。"包袱太重是会拖累人的；在法兰西学院，就像在杜伊勒里宫的花园一样，传达下来的指令都是：绝不能让背着大包袱的人进来[1]……

事实上，把法兰西学院吓住的，并非仲马那硕大的文学包裹。已经被接纳的雨果，也是一位多产作家。学院所害怕的，其实是非议与丑闻；仲马放荡不羁，可能惹出麻烦。两个私生子女，好几位吵吵闹闹的情妇，庞大的债务……他挣钱不少，然而花得总是更多。

他说过这样的话："谁跟我要钱，我从未拒绝过；当然，我的债主不包括在内。"

一天，来了一个人，要他捐款二十法郎，说是某个看门人死于贫困，要大家凑点钱，把他埋葬，不能过于寒酸，等等。仲马当即答道："给您四十法郎，够埋葬两个看门人的！"

这当然是玩笑话；可是，官方机构并不爱听。传出话来说："仲马倒是挺可爱的，就是不严肃。"在法兰西，谁不能像举圣体那样谨谨慎慎地把握住自己的脑袋，谁就只能讨人喜欢，而得不到人家的尊敬。不讨人喜欢反倒享有了优先权。

---

[1]　德·劳奈子爵：《巴黎书简》（1845 年 5 月 5 日）（巴黎，卡尔曼－莱维出版社，1882），
第 4 卷。——原注

第五章　放浪父亲

自从和伊达结婚以来，仲马与儿子的关系，一直是疙疙瘩瘩的。父爱并未中断，却说不上深厚；儿子不能说不孝，却经常要任性地发脾气。父亲是个欢快的同伴，叫人不可能不喜欢与钦佩。然而，过了很长时间，儿子才习惯了父亲的放浪与挥霍。小仲马的学业平淡无奇地结束之后，便不时地试着到父亲新家庭去生活。在那里，他所接触到的，是一幅谈不上有什么教益的景象。父亲一本正经地对他说："我的儿子，有幸冠以仲马姓氏的人，日子过得就应当阔绰潇洒；晚餐要到巴黎咖啡厅去吃，任何寻欢作乐之事，一概来者不拒……" [1]

一个少年，即使天生正派并受到一流的教育，也抵不住吃喝玩乐的诱惑。小仲马后来写道："我过上那种生活，与其说是我有那种癖好，不如说是出于自由放任、模仿他人和闲得无聊。"另一次，他又写道："那些吃喝玩乐之事，来得容易，但并不能使我感到快慰。我主要是在体察那纷繁杂乱的人生，而不是一味追求享乐。" [2] 大家都在嘲笑"父子俩那不正常的伙伴关系；两人一道追奇猎艳……把对方当作知心人，互诉衷肠，讲述各自的风流韵事；两人花钱不分彼此，毫无节制。" [3] 也有一些人直言不讳地责备当父亲的，说他"让亲生儿子穿他的旧鞋子，睡他的老情妇"。

---

[1]　诺埃尔·阿尔万:《小仲马》。——原注。

[2]　见小仲马:《克洛德的妻子》一剧的序言:《致居维利叶－弗勒里的信》; 载于其（戏剧全集）（演员出版社出版），第5卷。——原注

[3]　莫里斯·斯普隆克:《小仲马》，发表于一八九八年三月十五日出版的《两世界杂志》。——原注

　　至于小仲马，尽管他不赞成父亲放荡的生活方式，有时候却也难免陷入其中，不能自拔。他写道："十八岁上，我就没头没脑地闯进了我称之为现代生活的邪教团伙中去了……当然，我不像圣贤那样立身行事，除非这里指的是圣奥古斯丁[1]早年的那种操守……"[2]他光顾烟花女子；这种女子个个花容月貌，在那个时候为数众多。刚满十八岁，他就结交上他一生里"第一位有夫之妇"。在写给里维埃尔中校的一封信中（1871年4月11日），他是这样描述这次艳遇的：

　　　　请设想（我在写这封信的日期之时，这件事的情景又回到我的脑中），二十八年前的今天，此时此刻（两点半），美艳无比的普拉迪埃夫人[3]第一次来到我的住处。她的形象，我在写克雷孟梭夫人[4]时曾有所参照。当时她身穿一件雪白的绸裙，裙上绣着几束花朵；肩上披着同样绸料的长巾，秀发上戴着一顶稻草编成的草帽。当时我仅十八岁，刚从学校毕业。这是第一次，一位人们称之为上流社会女子的人，迈步进入我这个男孩子的居室。现在您该明白了吧。她雍容华贵，美艳绝伦，满头金发，蓝宝石般的眼睛，珍珠般晶莹的牙齿，粉红色的十指微微弯曲。在那对乳峰中间，长着一小撮细毛……怎么说好呢？她毫不拖延时间，不一会儿就赤裸裸地站在我眼前。啊，她那无一处瑕疵的身躯，配上那没有一丝羞怯的气度。我俩刚刚拥做一团，楼上的房客就拉起了小提琴。听到音乐声，这位"美丽而正直的妇人"（布朗多姆[5]语），马上把她那一套久已娴熟的动作停止下来，对我说："快，跟着拍子来！"自那以后，她总是花样翻新，而且劲头十足。为此，现在我觉得有权利把她的名字告诉您，并且

[1]　圣奥古斯丁是早期基督教"教父"；他早年生活放荡，后幡然悔悟，皈依教会。

[2]　莫里斯·斯普隆克：《小仲马》，发表于一八九八年三月十五日出版的《两世界杂志》。——原注

[3]　本名路易丝·达尔塞，乃著名雕塑家詹姆斯·普拉迪埃的妻子；一八四五年，因行为不端，造成丑闻，被丈夫休弃。——原注

[4]　小仲马的小说《克雷孟梭案件》中的人物。

[5]　布朗多姆（Brantôme，1538—1616），法国作家。

把这事的细节讲给您听。这没什么了不起！我巴不得那天的一切
能重新出现[1]……

一套单身汉的小公寓，好几个迷人的情妇，到英吉利咖啡厅就
餐，这种日子的花费可是不小。小仲马因而也背上了债。当儿子开始
犯愁的时候，父亲来出主意了："要干活，这样你就有钱付账了。"他
是看上了小亚历山大刚刚显露出来的才华，觉得其中有利可图。"你
为什么不愿意跟我合作呢？我向你保证，这并不难；只要听我的就行
了。"[2]然而小亚历山大另有雄心壮志。跟在父亲后面，按照父亲的
路数亦步亦趋，对他来说是不满足的。父亲耀眼的荣光他看到了，他
自己也要干出一番属于他本人的业绩来。不过，他还不清楚自己该写
什么，甚至到底是否从事写作，一时也说不上来（要想取得成就，还
有别的路子可走嘛）。不过，这时候，他在谈话中已经显露出光芒四
射的才华与不容置疑的机敏。父亲意识到又一个仲马将要出世，心头
喜滋滋的，乐于把儿子的警句与隽语挂在嘴上。可以举个例子：小亚
历山大读了篷萨尔[3]的《夏洛特·高尔代》之后，出口成章：

> 天哪！他就这样离开人世。多大的报应！
> 这仅仅就是因为洗了个澡，可真不走运！

这样一首中学生的二行诗，却使老亚历山大满心喜悦。此外，儿
子不像老子那样跟谁都是自来熟，没有架子。

有一次，家里的一个熟人对他说："您看，亲爱的朋友。我对
《安东尼》的作者是用'你'来称呼的；而对您呢，则总是您、您
的！您说可笑不可笑？真应该调整调整。"

"不错，"小仲马回答道，"是应该用'您'称呼爸爸。"

---

[1]　此信未公开发表，由亨利·杜梅尼尔夫人收藏。——原注
[2]　昂日·加德玛尔：《小仲马的一天早晨》，发表于一九二四年七月二十四日出版的《高
　　卢人》杂志上。——原注
[3]　篷萨尔（Ponsard, 1814—1867），法国剧作家，为雨果及大仲马同时代反浪漫主义戏
　　剧的代表人物。

围绕着伊达，在父子之间，总不时有些吵吵闹闹，争执不休的事。伊达尽管成功地征服了继女玛丽，对继子却毫无办法；她一次又一次想方设法，结果都没有用处，还是驯服不了这个小伙子。老仲马这时出马了，来助妻子一臂之力。

> **大仲马致小仲马。**——你错了，我的朋友。因为我得到的更多，或者毋宁说是我要求的更高。仲马太太将写信给你，邀请你来参加我们的社交聚会。这样，你就能够真正进入我的家——我的社交圈子，以补偿你长时间的缺席；你参加进来，前程就会自然而然地安排妥当。我拥抱你。今晚能见到你吗？[1]

对儿子的前程，他也不忘指点：

> 我亲爱的孩子，你的来信，在金钱和品德方面使我多少放心了一些，但在前途问题上我还是放心不下。你的未来，你自己已经做出选择，从事智力方面的工作。然而，没有一个职位能满足要求，或者说能符合你我的习惯，符合由于我的过错也同样由于你的过错所形成的那些习惯。
>
> 任何名声都会转化为金钱；然而，金钱也只有随着名声才能真正到来。像你现在这种生活方式，白天睡到下午两三点钟才起床，脑子里塞满了昨天的烦愁和明天的担心，你认为能有充裕的时间，去思考你该怎么做才能做好的计划吗？光做些什么还不够，要做就得做好。有人给钱还不行，要自己去挣大钱。努力做它一年、两年、三年；依靠已经积累的经验，按照自己的意图去做，想怎么做就怎么做吧[2]……

到了一八四四年，小亚历山大因和仲马太太合不来，要求给他些钱外出旅行。其父开始不同意，希望把这个英俊而有才气的小伙子留

---

[1] 国家图书馆手稿部；编号：N. A. F. 24641, folio 45。——原注
[2] 国家图书馆手稿部；编号：N. A. F. 24641, folio 48。——原注

在自己身边。他竭力挽留，试图打消儿子外出的主意：

> 我的朋友，我按照你的要求，书面回答你的问题，信写得较长。你当然明白，仲马太太用仲马这个姓只是个名义罢了。而你，你是我的儿子，货真价实；你不仅仅是我的儿子，你几乎是我唯一的幸福与快慰。
>
> 你要求去意大利或者去西班牙。且不说把我一个人丢在我不喜欢但由于种种社会关系又脱离不开的那群人中间，你似乎有些忘恩负义；就以你的前途来说，到意大利，到非洲，对你有什么好处？如果仅仅是一次单纯的旅行，那很好。不过，你还是可以等一等，咱们俩一起去嘛。
>
> 你说，在巴黎你的地位没有意义，还让你感到屈辱……我倒要问问你，这话究竟从何说起？你是我唯一的朋友。人们看到我们经常在一起，以至于现在大家已不把我们两人的名字分开了。如果有什么前途在等待着你，那它必定是在巴黎。认认真真地工作，坚持写作；过上一两年，你每年就能挣到一万法郎。我看不出这到底怎么个没有意义，到底怎么个叫你感到屈辱。话说到此，就剩下一句了：你要我做什么，我一定做什么。因为你非常明白，我这个人已养成习惯：为了我周围所有人的幸福，同时因为我在上帝面前对他们的福利承担着责任，我愿强制自己接受任何道义方面可能的损失与困顿。将来，如果有一天你感到不愉快的话，你可以说，是我把你从你打算走的大道上拉入歧途的；你可以认为，是我把你作为牺牲祭献给了父爱的利己主义。要知道，这是仍然存留在我心中仅有的最后一点点爱心；现在你竟然也要来辜负我，正如这之前其他人在各自的时期各自所做的那样。
>
> 话说到此，你还有别的希求吗？你愿意在巴黎的一家图书馆谋求一个职位吗？这种职位可以使你差不多能够独立生活；然而，你要好好想想，像你这样习惯于想做什么就做什么的人，你有勇气每天牺牲四个小时去坐办公室吗？
>
> 总而言之，你应当明白，即使我和仲马太太分手，也只能局

限在道义方面；夫妻反目，会引起公众的兴趣，这对我来说是件非常讨厌的事情，因而也是不可能办到的。另一方面，你得到了你应得的全部关怀与爱护，却跑过来对我说："必须在我和那个女人中间选择一个。那个女人其实并未得到你的关怀与爱护，只是掌握着你的金钱。"我认为，这样做是非常不适当、非常不公正的。你不愿意就这一切当面交谈，是没有道理的。我等你到三点钟。你看，我对你是全心全意；而你对我，只能说是半心半意[1]……

然而，小亚历山大仍然坚持要离开巴黎，他父亲只好送他到马赛住一段时间。那里有一个愉快的文学圈子，亚历山大结交了不少好朋友，其中包括：出身福西亚[2]世家的诗人约瑟夫·奥特朗；性格古怪、常常令人不知所措的图书馆管理员兼作家约瑟夫·梅里；马尔他裔的苏珊娜·格莱格，这位女士在圣费雷奥尔街有一个沙龙。在马赛，小仲马还在情场上取得了不少令人称羡的成功。奥特朗曾给他寄过一封诗体书简：

> 来到我们中间，诗人还在年少，
> 你道出的姓名，立刻成了凯旋的护照！
> 热情的欢迎装点着你的来到；
> 早已仰慕那熟悉的形象，
> 现在更加佩服年轻的友人，
> 在父亲的模具里铸造得惟妙惟肖。
> 就像你的父亲，年方十八，重新显现：
> 是他，思维同样敏捷，心胸可能更加广袤；
> 是他，眼神、嗓音、手势、步履、神态，
> 一句话，通过你，反映出他的全貌。
> 看到一幅如此忠实的肖像，

---

[1] 此信未公开发表，现存国家图书馆手稿部，属巴拉绍夫斯基-贝蒂遗赠。——原注
[2] 古希腊爱奥尼亚的城市。公元前600年左右，来自该城的殖民者建立了马赛；后者于公元前49年才被罗马人征服。

谁能不喜爱原型又同样喜爱摹本？
谁能不衷心祝愿你不断发扬光大
你生命的作者这一幅活脱脱的玉照！[1]

"生命的作者"在远方注视着他，关怀着他，寄钱给他。这当然是为人父者（即便是个"放浪父亲"）最基本的职责了。他的父亲当然也提供了种种手段与方法，让他自己去挣钱。有人要求大仲马写一本关于凡尔赛的小书。他儿子为什么就不能承担这个任务呢？……人家答应提供有关著作、参考材料，以及地图。这项订货油水不大，对于这位雄心勃勃的年轻人来说，没有太大的意思。他要写诗、写长篇小说，还把时间和精力花在来马赛演出的一位漂亮的女演员身上。后来，他又跟随女演员回到巴黎，并从巴黎写信给梅里，告诉他这桩感情纠葛是如何了结的。这封信值得介绍一下，因为它描绘出这位少年人当时的心态：

　　小仲马致约瑟夫·梅里，一八四四年十月十八日：我亲爱的好梅里，如果说您的窗户是敞开的，我的窗户则已经关了起来。我的壁炉里已经生上了火；究其原因，可引用我们的朋友德利勒在这种情况下会说的一句话："这是因为缺少了阿波罗的火焰。"此时此刻，正如您所说的那样，我完全陷入路易十五[2]的处境之中。半个月来，我心里充满忧郁与悲伤。

　　您还记得吗？那次我去里昂，回来时中了暑。身上添了病痛，心里又少了欢乐。我把那些遭遇讲给您听，您说我处事很明智；还说您要处在我的位置上，肯定不如我老练。可现在，亲爱的，我的表现却粉碎了您的高见。

　　最近，我父亲提出忠告，要我远离我回到巴黎后所结交的那些人；但是，由于没有适当的借口，这事很难办到。还有，那位很有意思的年轻女友，在贵城对我如此亲切相待，回来后有一天

---

[1] 引自小仲马：《青春罪孽》（巴黎，费朗与杜弗尔出版社，1847）。——原注
[2] 路易十五，一七一五年至一七七四年为法国国王；在位期间内外交困，国内多次发生政治与金融危机，对外战争多次失败；路易十五的统治因而非常不得人心。

竟然对我说出这样叫人无法忘却的话来："我担心，我同你的关系，会扰乱我和你父亲在演戏方面的联系。尽管我并不情愿，但是我需要花费的钱，你无法悉数供给，即使你节衣缩食也做不到。那咱们就到此为止吧。我敢起誓，我没有什么对不住你的地方。"

我认真对待她写的一字一句，半个月来就没有进过她的家门。可她呢，第二天就到处找我，一整天东跑西颠，甚至找我的朋友，派他们来找我，做出一切可以想象得出来的让步。我没有理睬她；可我独自一人的时候，竟忍不住流出热泪。后来，我俩的失望情绪总算平静了下来。上星期天，她来看我，终于见到了我。她叫我明白，尽管她跟一个她认为是丈夫的男人在一起，可是为此人效劳完全是图他的钱。她说：她还是非常情愿继续与马赛的男朋友们睡觉。

接着，我握住她的双手，恭恭敬敬地亲吻；并劝她不要常来看我，因为这可能损害她的名声，犯不上。我像兄弟一般把她送到大门口；她那双曾使吉木纳兹剧场生辉的蓝色大眼睛里闪动着晶莹的泪珠。从来兄弟和姐妹之间都不会像我们俩当时那样清白纯洁。昨天，星期四，她又来了一趟；幸亏我到跑马场去了。消息就这些了，亲爱的朋友。我应当对您完全公开，因为故事是在您身边开始的。

我已经不再忧伤。我努力工作，我身体很好，精力充沛。当我想起马赛的时候——我是经常想到它的——，更多地浮现在我眼前的，是博物馆路的房子，而不是巴吕路七十三号。话又说回来，我坦白承认，我的心里仍不时感到痛苦。您一定记得，这一切开始时是那样有趣，那样温暖人心！可收场竟是这么个样子！您读到此信时，一定会发笑，会自言自语："我也是从那岁数过来的！一开始就料到会有怎样一个结局。"其实，当初我也有同样的预感，所以几次同您提及此事时，都是只谈开端，从来没有谈及未来。

还有一条大新闻，亲爱的好朋友！仲马家闹出大乱子。夫妻二人快要分道扬镳了，就像亚伯拉罕和夏甲那样，原因不是因为不能生育。[1] 我敢断定，不久之后，您就可以看到一个胖女人经过马赛，前往意大利定居！这件事倒还不错。至于我们，明年应当去一趟中国，顺便把梅里也带上。就这些了：新闻加上梦想 [2]……

对一位一度被他爱过的女人，小仲马的态度不近情理、有失厚道。年轻人悲伤过，还流过泪；然而，征服者已经扬起了他的皮鞭。

至于大仲马两口子，的确是出了乱子，闹得不可开交。好几年前，伊达在佛罗伦萨征服了一位意大利贵族，名叫爱德华多·阿里亚塔。此人头衔众多，非同小可：第十二世维拉弗朗卡亲王，西班牙头等大人物萨拉帕路塔公爵，蒙特里亚勒亲王，撒波纳拉公爵，桑塔·露西亚侯爵，马斯特拉男爵，米里伊、马基亚瓦卡、维亚格朗德等等地方的领主……"哥达贵族谱系"，并不拿这一大串头衔开玩笑，郑重其事地把爱德华多·德·维拉弗朗卡（1818—1898）列入了"尊贵的殿下"之列。作为神圣罗马帝国的王侯和有王权的伯爵，此人（在理论上）拥有铸造钱币的世袭权利。

维拉弗朗卡既然是如此众多的采邑的唯一继承人，当然也就按规定履行过贵族的义务；他早早便完成了婚姻大事，有了一个独生子，名叫吉乌赛普-弗朗塞斯科-保禄-加斯帕莱-巴尔塔撒雷。后来，他把母子俩留在西西里老家，只身来到意大利半岛闯荡，并在那里结识了亚历山大·仲马的夫人，两人有时住在罗马，有时候则住在佛罗伦萨。仲马夫人比她的这位情人年长七岁，比被打入冷宫的王妃整整大十岁。然而，她却属于那样一类女人：既善于取悦男人，又懂得如何使情感延续下去。这位在巴黎红极一时、享有种种声誉与宠信的女演员，当然不乏机敏。此外，她又是那样通情达理，因而使这位西西里人神魂颠倒，决不是出于偶然。

---

[1]　根据《圣经·旧约》，亚伯拉罕的妻子撒莱不能生育，便叫使女夏甲与丈夫同房；夏甲怀孕后骄傲起来，一度与主母失和，甚至打算出走。后来夏甲给亚伯拉罕生下了一个男性继承人，取名为实马利。这里小仲马把使女误当成了主母。——原注
[2]　此信未公开发表，由西蒙娜·安德烈-莫洛亚收藏。——原注

从一八四〇年起，仲马夫人每年都要到佛罗伦萨住上几个月；仲马本人也不时来此相会。看来，分享的局面，并未使他望而却步。回到巴黎之后，仲马夫人又以其天然的从容气质，井井有条地管理着拉巴叶特里侯爵的府第。

伊达·仲马致泰奥菲尔·戈蒂耶（1843）：我亲爱的诗人，您以桂树之吻为食粮，我等凡人怎敢向您献上一杯淡而无味的清茶？然而，如果您肯屈尊从您美丽的西班牙[1] 蔚蓝色的云端下临凡尘，星期三晚上莅临寒舍，您将见到我们；还有几位朋友，皆为谈吐文雅、才智横溢之士。我们将竭尽全力，使大家尽少感到拘谨乏味。此致最友好的敬礼。[2]

在伊达与小仲马之间，一场对大仲马控制权的争夺战方兴未艾。小亚历山大还在马赛的时候，表兄阿尔弗雷德·勒泰里叶就写信提醒他回巴黎。阿尔弗雷德是姑妈亚历山大里娜-艾梅[3] 的儿子，此时正给舅舅大仲马当秘书。

你住在马赛的时间太长了；这对你非常不利。你父亲是个好人，太善良了。你若不在他身边以平衡别人的势力，不久之后你就会大不自在……我说这一切，不仅因为我们是表兄弟和朋友，而且还因为我每天亲眼看到事情是如何进展的。对你来说，在马赛玩够了，最好是赶紧回巴黎来。请想一想：你二十岁了，需要有个地位。你父亲当年也是这么干起来的，可世事并未阻挡住他发展成为今天这个样子[4]……

一八四四年，仲马夫妇终于决定和睦分手。伊达要和她的亲王一起生活；仲马既已完全解脱，分手并未使他觉得有任何不便。

---

[1] 此时戈蒂耶刚刚出版了他描写西班牙的散文游记《穿山越岭》。——原注
[2] 见斯波贝奇·德·洛旺儒的收藏。编号：C. 493，folio 506。——原注
[3] 仲马将军的女儿嫁给了在德雷地方任收税员的维克多·勒泰里叶。——原注
[4] 国家图书馆手稿部；编号：N. A. F. 24641, folio 49。——原注

一八四四年十月十五日签了契约。仲马承诺每年付给对方一万二千金法郎赡养费，此外每年另加三千法郎"车马费"。他甚至愿意一次性付给九千法郎，赎买当初结婚时新房里的全套柠檬木家具。

从契约上看，仲马真是慷慨得令人吃惊。其实，他并不冒什么风险。答应支付的年金根本就没想到非要兑现；书面保证由银行开户转账，然而户头上并无多少存款；这对仲马来说并不会造成多大的破费。伊达当然也清楚；她比任何人都明白，她的嫁妆（十二万金法郎）是永远也收不回来的。对她来说，前途寄托在维拉弗朗卡方面。

婚姻事实上破裂了，没有通过任何诉讼形式。对于仍然使用他家姓氏的这位女人，仲马竭力表现出足够的骑士风度。当伊达最后离他前去意大利定居时，仲马交给她一封致法国大使的信。信中充满热情；即使在字里行间，也看不出伊达此行意味着分居，更猜不到这对大名鼎鼎的夫妻，关系已经破裂。仲马此时对伊达的行为已经漠不关心，但仍然相当看重贵族的地位；这位拉巴叶特里侯爵判断，他的侯爵夫人确实找到了一位身份与他相当的后继人选。

能够重新获得完完全全的自由，大仲马觉得心满意足。这倒不是因为伊达喜爱争风吃醋，而是因为她名正言顺地占据了家庭住房，仲马无法安置一时得宠的情妇。仲马的幸福，在于一间没人打扰的房间；一张不上漆的木桌；一大摞淡紫色的纸；每天十至十二小时的工作；有一位年轻而热情的女性供他消遣；有一儿一女寄托他的父爱，像伙伴一样对待他们，从不打算严加管教；结交一批才智非凡的朋友，请他们吃饭、喝酒，敞开钱包让他们花销，只要他们回报以令他开心的好听之词就够了。这一切，当然还要加上剧院里的热闹与纷乱，无休无止的阅读之乐，滚滚涌来的新颖而丰富的题材与构思。总而言之，他喜爱无拘无束、豪爽奔放、欢欣快乐；最害怕讨人厌烦的家伙、抱怨个没完没了的情妇，以及前来要账的债主。上面对仲马的描绘并不算完全；在他那精彩纷呈而又放荡不羁的生活的背景之上，还应当再加上一笔：他内心深处隐藏着一种需要：不惜气力为受屈辱与受损害的人效劳。这一要求在生活中未能得到满足；从现在起，他将通过自己的长篇小说来得到满足。

第五卷
从《三剑客》到《茶花女》

第一章 戏剧家变成小说家

没有人比他更富有戏剧性；在他的长篇小说中，人们真切地感觉到这点。

阿尔塞纳·胡撒耶

在其一生的前期，大仲马在公众与评论界的心目中是一位戏剧家。这种看法大致是不错的。诚然，在其戏剧作品之外，大仲马还写过《高卢与法兰西》等随笔，以及游记和小说；不过，在所有这些体裁的作品中，都表现出剧作家对情节具有的独特本能。这一时期，他还没有全力投入那项比戏剧创作更能铸造其荣光的巨大事业：以小说的形式，再现法兰西的历史。

任何文学种类，无不诞生于天才与时势的结合。仲马具有某种天才，特别是他那激越的热情和构架戏剧的才华。其他方面的事情就要靠时势来造就了。首先是历史小说这种体裁的复兴。在司各特之前，也出现过把虚构的英雄同实有其人的显贵之士熔于一炉的长篇小说；《克莱芙王妃》[1] 就是其中一例。然而，司各特却是再现整个时代与整个社会的第一人。他的作品引起巴尔扎克、雨果、维尼和仲马的热情赞赏。

原因何在？因为司各特满足了一个时代的需要。这个时代缺少第一帝国时期那类纵横捭阖、大起大落的惊人之举；这个时代渴望不可

---

[1] 《克莱芙王妃》是法国小说家拉法耶特夫人（Mme de La Fayette，1634—1693）的代表作。王妃起初以"名节"对抗爱情，继则更为珍惜崇高的爱情，而拒绝当前的满足与逸乐，形成激烈的内心斗争。年轻的女主角于丈夫死后退隐修院，终于保全了"名节"。

思议的奇迹。有人曾说，一八二〇年年轻人的想象好比是一座空空荡荡的宫殿，墙壁上只挂着一些先人颇为雅致的肖像画。宫殿需要重新布置。如果现时代不能提供足够的家具，作家们就要求助于历史这座巨大的家具库。然而，历史要是讲述不好，就会成为一座令人沮丧的坟场。司各特则把历史再现得生动逼真、有声有色，获得了历史学家们的认同。奥古斯丁·梯叶里[1]就说过："司各特，我认为是自古以来，在历史占卜术方面最伟大的匠师。"

　　法兰西的年轻作家们也效法起司各特来了。阿尔弗雷德·德·维尼写出《散-马尔斯》，雨果写了《巴黎圣母院》，巴尔扎克有《舒昂党人》，梅里美则是《查理第九时代轶事》。这些作品在精英层中都取得了很大的成功。只有雨果一人深入到了"广大民众"之中。不过，广大民众还是愿意阅读历史小说的，就像他们曾经热衷于历史题材的戏剧，其道理是完全一样的。一个积极创造过历史的人民，一个经历了众多沧桑巨变的人民，当然希望深入到刚刚过去的那段历史之中，而得以窥其堂奥与隐情。不过，要使大众对帝王将相、王后宠妃们感到兴趣，就必须透过宫廷的重重帷幕，把一个个活脱脱的人展现出来。在这方面，仲马可以说是一位佼佼者。

　　仲马当然不是一位饱学之士，更不是研究历史的专家。他喜欢历史，但并不尊重历史。他是这样说的："历史是什么？是一个钉子，一个用来挂我的小说的钉子。"他揉皱克利俄[2]的裙袍，认为人们有权利放肆地戏弄这位女神，只要能让她生出个孩子来。他自我感觉刚强有力，生孩子没有问题，如何能够耐得住性子，静听这位带有学究气说话又啰唆的女神，一桩一件地细说前朝秘事，连同她的那些修饰与悔恨。他心里明白，人们绝对不会认真地把他当成历史学家。"只有胡编乱造的故事才能引起轰动，就如不好消化的晚餐一样。好消化的晚餐，第二天就会被忘得一干二净……"[3]他没有必要的耐心去钻研学问，他希望把查找与探索压缩到最低限度。最好是别人提供原料

---

[1]　奥古斯丁·梯叶里（Augustin Thierry，1795—1856），法国历史学家。

[2]　希腊神话中主管历史的女神。

[3]　亨利·布拉兹·德·布里：《关于亚历山大·仲马的研究与回忆》（巴黎，卡尔曼-莱维出版社，1885）。——原注

给他，用来充分施展他的制作才能。他的天才果然碰上一位喜爱阅读回忆录的人。此人具有比较平庸但十分宝贵的资质，两人相得益彰而有所成就，那完全是偶然性起了作用而促成的。

众所周知，迷人的热拉尔·德·奈瓦尔早就成了亚历山大·仲马一位经常的合作者。此人有个年轻的朋友，叫奥古斯特·马凯，是位教书先生。马凯迷恋文学，风度翩翩，留着火枪手式样的小胡子，其父是位富有的实业家。一八三三年，在二十岁的时候，马凯参加了一个反古典主义的大胆小团体；在那里，他结识了奈瓦尔、泰奥菲尔·戈蒂耶、皮特鲁斯·鲍雷尔和阿尔塞纳·胡撒耶，此外还有画家谢列斯廷·南特伊等人。奥古斯特·马凯感到自己的名字缺少浪漫气息，便改名为奥古斯图斯·马克·凯特。他是查理曼大帝中学的历史教员，然而并不喜欢教书，千方百计设法跳出教育界。到了一八三六年，他终于被《费加罗报》接纳，开始编写剧本。

他把一部名为《狂欢节之夜》的剧本交到文艺复兴剧场经理昂德诺尔·若利手中，但遭到了拒绝。若利的评语是："写得挺好，但不适于舞台演出。"戏剧界的神学家们，总是喜欢把凡夫俗子残酷地排斥于教门之外。热拉尔·德·奈瓦尔建议把这只"狗熊"给仲马看看。对于发育不佳的剧本，仲马被公认是位杰出的整形外科专家。诊断认为，"有一幕半写得很好，另外一幕半则需要改写。由于仲马正在赶写《冶金学家》，必须在半个月以内交稿，因而无暇相助……"[1] 然而，只要朋友表现出足够的韧性，仲马总会抽空把事情办好的。

> 热拉尔·德·奈瓦尔致奥古斯特·马凯，一八三八年十一月二十九日：我亲爱的朋友，仲马把剧本全部改写，你的思想当然并未变动。会署上你的名字。剧本已被接受，大家都很高兴，不久将会公演。就这样……再见。明天我再约你，把你介绍给仲马[2]……

---

[1]　热拉尔·德·奈瓦尔：《书信全集》（七星书库版）。——原注
[2]　同上。

于是，奥古斯特·马凯，年方二十五岁，就有一出三幕剧得到演出，并结交上一位名声显赫的大人物。剧本改名为《巴蒂尔德》，于一八三九年一月十四日首演。年轻的马凯喜出望外，第二年又给仲马送去一部小说的梗概，定名为《好好先生布瓦》。布瓦是一名地位低微的抄写员；小说通过他的生活，展示西班牙大使塞拉马尔（此人卷入反对摄政王的阴谋，被驱逐出境）的阴谋活动。好好先生被稀里糊涂地牵连进谋反活动之中，丝毫没有觉察。仲马看后认为不错；与他写过的剧本同属一个时代，对历史氛围与社会风俗他当然是了如指掌，于是便向马凯表示，愿意进行改写，并扩大原稿的篇幅。

这里又介入了一股新的力量，最终给予系列小说以更加有利的机遇。几年以来，两家报纸，一家是埃米尔·德·吉拉尔丹主办的《新闻报》，另一家是赖德律-罗兰主持的《世纪报》，下大力气扩大订户，一年的订价只有四十法郎，因而读者大增，广告源源而来。不过，还须把读者留住。要做到这一点，最好的办法，就是发表"能抓住人"的连载小说。"下期待续"（这一说法，于一八二九年由维隆博士在《巴黎杂志》上首先使用）成为新闻界的一大法宝。

在报社经理眼中，谁引来的读者多，谁就是最伟大的小说家。优秀作家往往是差劲的连载小说作者。巴尔扎克经常缺钱，巴不得把所有的连载小说都独自承担下来。他的对头们散布说："他一知道哪儿的钱柜是满的，便要坐到跟前去；就像猫看到一只老鼠钻进洞里，便守在洞口等它出来。"经理们对巴尔扎克并不爽快，认为他是一位难以接受的作者。在每一部长篇小说的开头，巴尔扎克总爱对环境作大段的描写，这样是难以抓住读者的。得到报社经理们垂青的作家是欧仁·苏、亚历山大·仲马和弗雷德里克·苏里埃。梅里说道："我要是路易-菲力普国王，就给仲马、欧仁·苏和苏里埃发年金，以便他们继续写《火枪手》、《巴黎的秘密》和《魔鬼回忆录》一类的作品。这样就永远也不会发生革命了。"圣勃夫也有议论：

> 《新闻报》大胆搞投机，把市场上所有的作家都买了下来；
> 肯出高价，而且要买就买断；就像那些腰缠万贯的资本家，为了

主宰局势，把所有的食油和小麦都购买一空，囤积居奇，以便再零售给小商小贩们。假如您是一家小型报纸，一家财力没有《新闻报》那么雄厚的报纸，您要想给订户看亚历山大·仲马写的东西，《新闻报》可以索价向您转让。因为从现在起十二年到十五年内，亚历山大·仲马所能写出并署名的文字，已经统统被这家报社预先买下了。它当然消费不了这许多。可是您若需要，就必须通过它，就必须接受它的条件……

《新闻报》还宣布将要连载蒙多伦将军重新写过的《圣赫勒拿岛回忆录》；同时还透露，为了维护这位尊贵的将军回忆录的真实性，将由亚历山大·仲马代笔撰写。《环球报》曾经指出："《新闻报》有一天竟对将军的文笔大加颂扬。真会演戏！如此嘲弄公众，还装作若无其事，能这么干吗？"尽管不可避免地有这些小人物在中间奔忙，可以说拿破仑现在已经成为《新闻报》三名首席合作者中的一位了。

在内容预告中，吹捧奉承达到了无以复加的程度；亚历山大·仲马与司各特及拉斐尔相提并论，说他比起后两位来毫不逊色[1]……

其实，仲马对自己今后的生涯，早已深思熟虑过了。他仔细研究过司各特的手法。在小说的开头，司各特先把人物介绍出来，连篇累牍地描绘人物的音容笑貌，以至于到了后来，读者再碰上某一人物的时候，一眼就能认得出来。然而，在连载小说里，需要开门见山，前几行就须"抓住"读者；作者没有权利在文章开头四平八稳地铺叙个没完没了。仲马并不忽略人物的塑造，但他清醒地意识到，必须尽快地展开情节，设计对话。他那剧作家的素养在这里派上了用场；此外，连载小说的作者，还须掌握制造悬念、在紧要关头戛然而止的技巧，使读者欲罢不能，只好阅读下去。这种技巧，其实就是戏剧上分幕的手法，对于仲马来说，早已是驾轻就熟了。一八三八年，《世纪报》就连载过仲马的《保罗上尉》。这篇成功地模仿费尼莫尔·库珀

[1]　圣勃夫：《书信全集》，第 5 卷。——原注

《海盗》的长篇小说，连载了三个星期，就给《世纪报》增加了五千个订户。这样，仲马获得了报社经理们的欢心。

仲马改写了奥古斯特·马凯的书稿，重新起了个名字，叫做《达芒塔尔骑士》。仲马并不反对年轻人和他一起署名，然而报社不能接受。埃米尔·德·吉拉尔丹态度坚决："署名仲马的连载小说，每行字值三法郎；要是署上仲马与马凯合著，一行就值三十苏了。"吉拉尔丹低三下四地唯读者之趣味是从。他说："我没有工夫阅读。然而，我可以肯定，只要是仲马或欧仁·苏写的东西，哪怕是他们托别人写的，即便是瞎编一通，公众见了招牌就会相信，就会当成杰作来读。只要有人提供某种饭菜，胃口就会习惯成自然。"泰奥菲尔·戈蒂耶抱怨自己未被看中，吉拉尔丹毫不留情面地回答道："不错，你们都是大作家；可是，你们没办法给我拉来十个订户。这就是问题之所在……"报社经理们追求名作家，对无名之辈则敬而远之。就这样，《达芒塔尔骑士》只署了仲马一个人的名字，马凯则收到八千法郎的酬金。这在当时是一笔数目可观的款额了；何况，要是没有仲马，他是不可能挣到的。当时，他认为这一补偿公平合理。只是到了后来，才感到不大公平，发起牢骚来。在合作的初期，马凯兴高采烈，表示感激，心满意足，这的确是事实。

《达芒塔尔骑士》取得成功，使仲马看到，演义历史写成小说，不啻是一座黄金的宝藏。于是，后来当马凯又送去一部小说的梗概时，他表现出很大的热情。书的内容涉及路易十三、黎塞留、奥地利的安娜王后和白金汉公爵。它就是后来写就的《三剑客》之滥觞。两人之中，到底是哪一位最先发现了《国王火枪手第一连中尉达德尼昂先生回忆录》的？这本伪托的回忆录由伽田·德·库尔底兹（常常又称为：库尔底兹·德·桑德拉，或是：桑德拉·德·库尔底兹）写成，一七〇〇年出版于科隆，一七〇四年由让·埃尔季维尔再版于阿姆斯特丹。马凯一口咬定书是他发现的。从马赛图书馆找出的一张借书条表明，一八四三年亚历山大·仲马从该馆借出此书，一直没有归还。当时的管理员名叫梅里，是仲马的朋友；仲马之所以能不还书，一定是走了此人的后门。

首先可以肯定的是，小说的许多情节，包括阿托斯、波尔多斯和阿拉密斯的名字（经过少许改动），都是从伽田·德·库尔底兹那里借用过来的。其次，原作者才力不高，小说最精彩的情节（博纳修夫人的故事，米莱迪·德·温特的故事等），都是由仲马与马凯全部改编或大部分虚构而成的。还有一点可以肯定，那就是：如果把马凯比做雕凿粗坯的工匠，那仲马所起的则是雕刻家的作用。这是他与别人合作时，一套几乎一成不变的工作方法。先由合作者构造出故事梗概；他"贪婪地"读完之后。把这份初稿当做素材，再动手改写，把一个个细节添加进去，以使作品更加生动；对话部分也要重写，这方面他是高手；每章的结尾也要动番脑筋；还要考虑全书的篇幅，一般都要加长，以满足连载好几个月的需要，使读者一颗悬着的心，总也放不下来，急切地要读下去。

仲马还设计了一些新的人物，如沉默寡言的跟班格里莫，此人总是用一个词来回答问话。这也是作者巧妙的花招，因为报社是按行数来支付稿酬的。对话简短明快有一举两得之妙：一是通俗易懂，便于抓住读者；二来还可多得好处。然而，好景不长。《新闻报》与《世界报》做出决定：凡不超过栏宽一半的文字，不得以一行计算。一天，《费加罗报》社长维勒迈桑来到仲马家中，见他正在修改手稿，把整整好几页都划去了。

"仲马，您做什么呢？"

"噢，我把他消灭了。"

"谁呀？"

"格里莫……我把他创造出来，为的是凑行数。现在一点用处都没有了。"

当时有个名叫维尔迈希的作家，曾模仿仲马，编过这样的对话，来嘲讽与戏谑他：

"您见到他了吗？"

"谁？"

"他呀！"

"他是谁？"

"仲马。"

"大的？"

"对。"

"这人可真好！"

"可不。"

"多热情！"

"当然。"

"真是多产。"

"没错！……" [1]

不可否认，对于《三剑客》，马凯下了不少工夫。仲马急匆匆地写给他的短简，现在仍然保存着："快写，尽快写出送来。特别是达德尼昂的第一卷（回忆录）……"——"请不要忘记找一本路易十三的历史，其中要有沙莱的诉讼和相关的材料。同时，也把你为阿托斯所准备的一切，都给我送来……"——"可真凑巧！今天早晨我给你写信，要你把刽子手引上舞台；这封信没发出，把它丢进火炉里烧了，因为我想还是由我自己引他上台吧。然而，打开你的信一看，就明白我们两人是想到一起了……" [2]

其他信件又表明，起主导作用的还是仲马。

亚历山大·仲马致奥古斯特·马凯：写写玛丽·杜歇家中一夜的生活，很可能有精彩的文字问世。这副美艳的面孔，使出浑身解数，给国王以安慰；在他的王国里，唯一爱他的，就是这个女人了。小安古莱姆公爵睡在摇篮里。国王已经忘记……请好好思考，多读些资料，试试看 [3]……

亲爱的朋友，在您的下一章里，要通过阿拉密斯（他答应达德尼昂，前往打听消息），透露出博纳修夫人究竟是在哪一座女

---

[1] 亨利·达尔梅拉：《亚历山大·仲马及其〈三剑客〉》。——原注

[2] 同上。

[3] 国家图书馆手稿部；编号：N. A. F. 11917, folio 162。——原注

修院里，还要把王后对她的种种庇护交代清楚 [1]……

　　亲爱的朋友，我并不认为，我们的高朗伏洛 [2] 已经写足了。既然要把他从修女院里拉出来，那就要有一件更加严重的事情促使他出来。明天我们必须碰一次头。

　　把迪克西梅尔和红屋 [3] 分开写，叫他们互不相识；这种写法如果吃力不讨好，那就把他们合起来好了。的确，把他们放到同一个修女院里，叫他们各自活动而互不相识，这还真不容易 [4]……

　　今天再加把劲弄弄《布拉日隆》，以便我们星期一或星期二能再回过头来捉摸捉摸，从而完成第二卷 [5]……另外，今晚，明天，后天，再加上星期一，要接着写《巴尔萨莫》，真够呛！就像下雨一样了。[6]

　　马凯后来发表了他最初写的一段关于米莱迪之死的文字；本打算以此表明，他自己才是《三剑客》的真正作者。然而，事与愿违，这一举动反而对他不利。一比较即可看出，这一段里最精彩的地方，凡给它以光彩和生活气息的东西，都是来自仲马笔下。说仲马不进行研究，其实也不是事实。正是仲马从拉法耶特夫人，塔勒芒·德·雷奥，以及其他十来个人所留下的文字里，找出补充材料，纠正了小册子的作者伽田·德·库尔底兹许多不公正之处。特别是，在库尔底兹笔下，火枪手们都是些不讨人喜欢的冒险者；仲马把他们改写成传奇式的人物，像现在书中这个样子。书中那些打斗场面，精彩纷呈，又真实可信，许多地方有一夫当关、万夫莫开之妙，使人想到他父亲当年在布

---

[1]　国家图书馆手稿部；编号：N. A. F. 11917, folio 164。——原注
[2]　《蒙梭罗夫人》中的人物。——原注
[3]　《红屋骑士》中的两个人物。——原注
[4]　国家图书馆手稿部；编号：N. A. F. 11917, folio 195。——原注
[5]　《布拉日隆子爵》和《约瑟·巴尔萨莫（一位医生的回忆）》两书同于一八四八年出版。——原注
[6]　同注 [3]。

里克森桥头只身退敌的壮举。这些肯定是受益于家庭传授而养成的独特气质。仲马将军曾参与创造法兰西的历史;作为这样一位老战士的儿子,亚历山大·仲马对法国历史有着敏锐的感受。

对法兰西怀有炽烈的情感,这就是隐藏在达德尼昂、阿托斯、波尔多斯和阿拉密斯这四位英雄内心深处的魅力所在。顽强的意志、贵族式的忧伤、并不总是锐不可当的力量、微妙而多情的风度,把他们造就成可爱的法兰西的缩影。这是一个勇敢而轻佻的国度,现在仍引得我们满心喜欢地品味它,驰骋想象去体验它。当然,在这个混杂着爱情隐私与政治阴谋的纷扰动荡的世界之外,还有许多笛卡尔[1]与帕斯卡尔[2]式的人物;不过,就是这些人,在生活中对军旅的习俗与上流社会的交往也并非一概无知。年轻人通过斗剑比武走到了一起,后来又一起进入火枪手的行列。在他们身上有多少风雅,多少俊秀,多少刚毅,多少魄力,多少机敏!就连博纳修夫人也宁愿把勇敢大胆置于操守修养之上。

机灵的加斯科尼人达德尼昂,常用手指抚摸自己的短髭;波尔多斯是个自命不凡的大块头;阿托斯活像位大老爷,又有些浪漫派的味道;不爱张扬的阿拉密斯,隐瞒自己的宗教信仰与爱情,是正派神父们的活泼弟子(献身上帝的愿望[3],并非无益)。他们是四个朋友,而不是库尔底兹所设想的四个兄弟;他们分别代表了我们国家东南西北四个方向。人们深知,他们是多么坚韧不拔,他们付出了多少精力!然而,他们建立功勋好像并不吃力;他们长途跋涉,兼程前进,那么神速;他们克服一个个障碍时,总是那么愉快轻松;这在我们眼里更加突出了他们的英勇无畏。库尔底兹《回忆录》中一笔带过的加莱之行,到了小说

---

[1] 笛卡尔(René Descartes, 1596—1650),法国哲学家、科学家。解析几何的创始人。其"理性主义"思想在西方历史上产生过一定影响。

[2] 帕斯卡尔(Blaise Pascal, 1623—1662)。法国哲学家、科学家;十七世纪最卓越的数理科学家之一。其思想理论集中地表现在他的《思想录》一书中。

[3] 原文为拉丁文。

里行动有如疾风扫落叶，堪与意大利战役相比美。当阿托斯自任法官，审判其作恶多端的妻子时，我们既不忘记军事法庭也忘不了革命法庭。如果说丹东和拿破仑是法兰西力量的倡导者，那么大仲马在《三剑客》中，就是表现这一力量的民族小说家。[1]

一代人可能弄不清某部作品的高低优劣。然而，过了四代五代人，评价就不会有什么偏差了。《三剑客》如此长久、如此普遍地得到大众的喜爱，说明大仲马在人物的身上朴素地表现出他自己的气度，满足了不同时代、不同国家对于建功立业、英勇无畏与慷慨奋发的需求。写作技巧也完全适合这类体裁，以至于至今仍为有志于一试此道的人所效仿。大仲马，或者按有人主张的"仲马-马凯"[2]，写作所依据的都是些为人所知的作品；这些作品有的是伪托之作，如达德尼昂的《回忆录》；有的是信实之作，如拉法耶特夫人的回忆录；《布拉日隆子爵》就是从拉法耶特夫人的回忆录脱胎出来的。让我们把二者比较一下。拉法耶特夫人是靠叙述，没有对话；讲的是路易十四早年的艳史、与玛丽·芒西尼的决裂、与路易丝·德·拉瓦利埃尔小姐的邂逅、马扎然[3]之死以及富凯失宠等故事。叙事简短，文笔朴实，文字优美，戏剧性含于字里行间，藏而不露。对于她未曾亲身经历的场景，拉法耶特夫人避免以想象进行渲染。

仲马则不然，他先把整个构架和有关人物牢牢地抓住。某段情节一旦勾画出来，他就立即动笔，像写戏那样，既有出人意料的效果，也少不了凶猛与暴力，必要时再加上点笑料与噱头。拉法耶特夫人的工笔细描，经过仲马的加工，就变成了一座展览馆，里面的人物个个衣冠楚楚，色彩鲜艳动人，表情动作多少有些夸张；这样一来，就使读者产生了丰富的生活联想。仲马按照自己的先入之见塑造不同历史人物的形象，爱憎分明，决不模棱两可。马扎然在他笔下和在列茨红

[1] 伊波里特·巴里戈：《亚历山大·大仲马》。——原注

[2] 这一说法来自阿尔贝·蒂博代：他主张确立这一名号，就像稍晚一些的两位法国作家联合署名艾克曼-沙特里昂一样。——原注

[3] 马扎然（Mazarin，1602—1661），法国政治家，红衣主教黎塞留的继承者。

衣主教[1]笔下一样，是个面目可憎的人物。仲马立场鲜明地站在富凯一边，反对科尔贝[2]。看来，历史要求有分寸地表现出色调浓淡的细微差别；而连载小说的读者则喜欢黑白分明，谁是好人，谁是坏人，一看便知。

仲马还有一手不为人知的绝活：杜撰出一些次要人物，引进故事情节之中；通过这些无名之辈在重大历史事件中所起的作用，来表明作者对这些事件的看法。这类人物，有的并非没有原型；如在拉法耶特夫人笔下，就有一个若明若暗的布拉日隆子爵。有的则完全为作者所虚构。令人称奇的是，这些出自想象的角色，在真实事件的关键时刻，总要出现他们的身影。阿托斯及时赶到斯图亚特王朝查理一世的断头台下，记下了国王最后的遗言。那一声著名的"记住"[3]就是对他讲的。靠了阿托斯同达德尼昂他们两人的力量，查理二世被扶上了英格兰国王的宝座。阿拉密斯试图扶植路易十四的孪生兄弟以取而代之，结果事情败露，后者成了戴铁面具的囚徒。在大仲马笔下，历史被置于人们所熟悉、所喜爱的人物的水平之上，从而也就是放置在读者伸手可及的地方。

这一方法是万无一失的，只要作者具有不亚于大仲马的气质。不把自己的身心投入进去，就不可能创造出鲜明生动的人物形象。莫里哀从自己身上造出了阿尔赛斯特和费兰特这两个人物；缪塞以同样方式创造了沃达夫和戈里奥；大仲马也把自己一分为二，孕育出了波尔多斯和阿拉密斯。波尔多斯体现着大仲马性格中由他父亲遗传下来的那一部分。至于阿拉密斯，则代表了父子两人受恩于达维·德·拉巴叶特里的潇洒气度。"灵敏风雅的仪态，再加上健壮有力的身躯"，这就是大仲马其人。

还应当说清楚，他在道德与哲学方面，与深思熟虑的那部分法国人不同，他是跻身于他的读者群体之内的。司各特是个善良的苏格兰

---

[1] 列茨红衣主教，俗名保罗·德·贡蒂（Paul de Conti，1613—1679），在巴黎投石党动乱期间，作为党派领袖，起过显著作用。一度入狱，获赦后蛰居隐修院，撰写回忆录。

[2] 科尔贝（Colbert，1619—1684），路易十四亲政后任法国财政总监，推行重商主义政策，促进了法国资本主义的发展。晚年财政紊乱，失宠。

[3] 原文为英文（Remember）。文中指查理一世临终时，让阿托斯记住藏在某处的百万英镑，请他用这笔钱财辅佐王储夺回王位。

人；艺术与道德的天命保证他的作品，都有一个合乎道德的结局。仲马则不同，他的道德观念，热衷于名誉与荣光，再加上一定带有我行我素色彩的"常理"。就这样，大仲马把英雄史诗所表现的法兰西人与中世纪讽刺小故事中的法兰西人结合起来；这一结合虽然不能代表整个法兰西，不过已经是很可观的一部分了。仲马如同拉伯雷，喜爱盛宴与豪饮，也迷恋拈花惹草。达德尼昂如果没有干出那么多英勇业绩，就一定会成为一个不讲道德的家伙。在这方面，"火枪手"们很像他们的创造者：情妇常换而满不在乎；即使同时拥有好几个，甚至向这些女人伸手要钱花，也无足惊奇。话说到此，还应指出：大仲马的小说并不能说是不正派与毫无顾忌地不讲道德。他的作品与他的浪漫派友人库存的道具大相径庭。后者忧郁悲戚、阴森可怖，而大仲马的玩意儿却是让人高兴喜欢的。

于勒·冉南写道："啊！一部小说，沿着欧洲最重大的事件伸展，还在其中七弯八拐，真是不可思议！"这话说得很对。借大仲马的光，一八四五年，巴黎人对于奥地利的安娜王后的关心，超过了对路易-菲力普的关注；而白金汉公爵的私情艳遇，比来自英国的威胁，更牵挂着他们的心。

第二章 《亚历山大·仲马及其一伙的作坊》

在整个法国文学史上，从未见过像大仲马在一八四五年至一八五五年这一时期那样多产的现象。多到八卷、十卷的长篇小说，一部接一部在报纸上和书店里抛出来，内容涉及整个法兰西的历史。《三剑客》出版了续集：《二十年后》与思乡怀旧的《布拉日隆子爵》。接着又推出一套以瓦洛亚家族为背景的三部曲：《玛尔戈王后》、《蒙梭罗夫人》和《四十五卫士》。《玛尔戈王后》包含了卡特琳娜·德·梅迪契与纳瓦尔的亨利之间斗争的故事；《蒙梭罗夫人》以十分轻松的笔调描绘出亨利三世年间的社会图景。《四十五卫士》写的是，狄亚娜·蒙梭罗因情人彪希·当布瓦兹被杀，而向安茹公爵报仇的故事。

在同一时间里，大仲马又有第三个系列（《王后的项链》、《红屋骑士》、《约瑟·巴尔萨莫》、《昂日·皮都》、《沙尔尼伯爵夫人》）问世，都是反映王政的没落与衰亡的小说。人们看来不无权利给大仲马一个"历史帝国主义"的称号。他早年就立志把整部通史兼并到他的小说领地中去。他暗下决心："我首要的愿望广大无垠；我最大的憧憬永远是完成不可能的事。如何才能达到呢？干，比任何人都多干，砍去生活中的一切零碎，减少睡眠……"使读者瞠目结舌的五六百卷书就是这样写出来的。

卷帙如此浩繁，败笔却并不多。在全世界，大仲马的小说已经成为人们取之不尽的消闲食粮。"没有人读完过他的全部作品；能读完那么多，就如同能写出那么多一样，同样是不可能的事。然而，全球却没有未读过大仲马的地方……一八五〇年有人谈论：此时此刻，假如还有一位鲁滨逊困在某处荒岛上，他一定在阅读《三剑客》。"还应当补充：在世界各地，包括在法国境内，人们通过大仲马的演义而学习了法兰西的历史。大仲马笔下的历史并非完全真实，但远远不是胡编乱造；它处处扣人心弦，美不胜收。"大仲马的作品是否发人深思？很少。能否诱发人的向往？不会。能否引人看下去？绝无问题。"

成功使人树敌过多。大仲马饶舌、爱说大话、常常佩带各种奖章、喜穿坎肩；再加上他不遵守文学界的成规定约，因而不断惹得为数众多的人生气。一个作家独自包揽了所有报纸的小说连载专栏，这不能不得罪一些人；这个作家领导着一群不署名的合作者，组成一个写作班子，内中包括费里西安·马勒费叶（乔治·桑的合作者）、保罗·摩利斯、奥古斯特·瓦克里（此二人为维克多·雨果的合作者）、热拉尔·德·奈瓦尔、亨利·艾斯基罗，当然还有奥古斯特·马凯，这也会使人感到不快。雇用"黑奴"为自己效劳，总不是件光彩而讨人喜欢的事情。不过，话不能说绝。圣勃夫要是没有他那伙秘书，怎么能应付得了那么巨大的活计？不过，圣勃夫遵守他那神圣职业的规范，并努力维护这些规范；他的助手看上去并不是奴隶或被剥削者，而是一些协助他履行圣职的辅祭修士。

仲马给人的印象却是：用二百五十法郎收购别人的手稿，再以一万法郎的高价转卖出去；这种看法当然不尽符合实际。还有传言说，他开始写作的时候，就建立了一个剧本编造工厂，后来又添加了一个长篇小说作坊。早在《奈斯尔塔》那阵子，加亚尔代事件就引起过不少流言飞语。后来，格拉尼埃·德·卡萨涅克的文章又唤起了人们的怀疑。一八四三年，有个叫路易·德·洛梅尼的博学青年，因为花了很大力气也未能出头露面，便写了一部洋洋大作，题目叫：《一个微不足道者推出的当代名家画廊》。此人抱怨"大钟压住了小铃铛"，还怒气冲冲地指责"那种文学企业"。圣勃夫火上加油，把"工业化的文学"革出教门。洛梅尼进一步发挥："仲马先生不幸染上了工业主义这一当代的传染病；人们可以而且应当直言不讳地说出来：他似乎已经把整个身心都献给对金羔羊的崇拜了。在任何剧院的海报上，哪怕是最不起眼的演出场所，在任何店铺里，在不论哪一家文学杂货店，有谁能视而不见他的大名赫然展现？光就一个人的精力而言，仲马先生绝不可能写出由他署名的所有这些出版物，不论是他亲自动笔，还是由他口述……"[1]

一八四五年，一位名叫欧仁·德·米尔古的抨击文章作家（其实此人的真名是：让-巴蒂斯特·冉古），出版了一本小册子，取名为《长篇小说制造厂：亚历山大·仲马及其一伙的作坊》，曾经轰动一时。不能不指出，米尔古此君，在向大仲马发起攻击之前，曾经找到仲马要求为仲马工作，还提出一部长篇小说的构思，声称这将成为"一个重大事件"。这位清白之人，原来也并不怎么清白。当初如果有可能，他也会心甘情愿地加入到那个"企业"中去的。目的没有达到，他先是投诉于文学家协会，抗议某些人不给其他作者留下（这是他的原话）挣钱饷口机会的种种行为与手段。协会未予受理，他又给《新闻报》社社长埃米尔·德·吉拉尔丹写信，要求他将"亚历山大·仲马可耻的重商主义"拒之门外，并且"向青年才俊"开启大门。这里的"青年才俊"，显然是指他欧仁·德·米尔古自己了。吉拉尔丹回信给他，说广大读者喜欢仲马，报社只好满足他们。事已至此，米尔古便决定写一本书。这就是《亚历山大·仲马及其一伙的作坊》发表的原委。

看起来，他的消息还相当灵通。大仲马的某几位合作者，感觉自己提供的服务没有获得应有的承认，自己的才华被剥夺了合法的荣誉，便向米尔古吐露了真情。此人便一出戏接一出戏、一部小说接一部小说地仔细核查，把每一部作品的"真正作者"都披露了出来。名列其中的有：阿道尔夫·德·勒芬、阿尼塞·布尔乔亚、加亚尔代、热拉尔·德·奈瓦尔、泰奥菲尔·戈蒂耶、保罗·摩利斯，特别还有奥古斯特·马凯的名字。米尔古的攻击要是有所节制，本来是有可能奏效的。然而，他却表露出一肚子的恶意，对仲马进行下流的人身攻击。

他恶狠狠地写道："翻翻仲马先生的作品，您就会找到那个蛮子……他吃饭时，直接从灶灰里取出烫手的马铃薯，连皮都不剥，就大嚼起来！……他沽名钓誉……收罗知识界的一批败类和卖身投靠

---

[1] 路易·德·洛梅尼：《当代名家画廊》（巴黎，A. 勒内印刷厂），第 5 卷。——原注

的翻译；这些家伙甘心自贬，当卖苦力的黑奴，任一个黑白混血儿在头顶上挥舞皮鞭。"[1] 此人甚至还辱骂起大仲马的私生活。他还嘲弄德·拉巴叶特里侯爵夫人伊达·费里叶。总而言之，这本书写得过于粗俗，以至于连大仲马的对手们也感到厌恶与反感。对巴尔扎克来说，大仲马是个令其不快的竞争者；看到他受到攻击，本应感到幸灾乐祸；然而，就连巴尔扎克对米尔古也不讲情面。他写道："有人给我送来《仲马及其一伙的作坊》这本小册子。真是愚蠢、卑鄙。不过，写得倒还真实，可悲地被其言中了……然而，在法国，人们更加相信那些旁敲侧击、诙谐机敏的诽谤；对于不讲分寸、鲁莽冒失地透露出来的真事，反倒有所保留。看来此举对仲马损害不大……"

大仲马不但在读者当中没有受到多大损害，而且在法庭上也打赢了官司。大仲马对诽谤者提出控诉，后者被判处十五天监禁，审判结果还要见诸报端。于是，米尔古在文学界丢尽了脸面。更为滑稽的是：这位发难者后来也受到指控，罪名恰恰是他自己也雇用合作者，并拒绝给人家署名。一八五七年，一个名叫罗什福尔的人，在他所写的《一个前合伙人亲历的欧仁·德·米尔古及其一伙的作坊》中透露，米尔古需要很快写出一部历史小说，便向一位名叫威廉·杜凯特的学者定货；后者一时抽不出时间，便转托罗什福尔写作。为此，罗什福尔收到一百法郎的报酬。由此看来，大仲马给的酬金还是比较丰厚的。

为了挫败米尔古，大仲马要求奥古斯特·马凯做证。马凯在回信中宣称：他与大仲马的一切交易都是公正而坦荡的，他本人均表满意。至于写此信的目的，则是为了保护仲马，以备将来马凯可能有一位遗产继承人向他提出索取要求。后来此信公开发表，时值两位当事人失和，马凯改口声称，那封信是"受到逼迫不得不写"出来的。他到底受到了什么逼迫？细读原信，语气看来颇为真诚，行文里也找不到有什么保留之处。

---

[1] 欧仁·德·米尔古：《长篇小说制造厂：亚历山大·仲马及其一伙的作坊》（巴黎，1845），当时在所有售卖新书的书店均有售。——原注

一八四五年三月四日。——亲爱的朋友，我们的合作从来用不着写明数字与签订合同。良好的友情与真诚的诺言，足以使我们两人就他人的事情写出五十万行文字，而从未想到要对我们之间的事写上片言只语。您终于打破了沉默，以便洗刷我们所受到的既卑鄙下流又荒谬绝伦的中伤，以便给我以我所能够期望的最大荣幸，也是为了声明：我同您一起写过多部作品。亲爱的朋友，关于此事，您的笔已经写得太多；您今后只有使我声名显赫的自由，而绝无抛弃我的可能。至于我们两人一起写的那些书，您不是已经把报酬完全付给我了吗？

我手上没有您的合同，同样您手上也没有我开的收据。然而，亲爱的朋友，假如我离开了人世，难道不会有一个蛮不讲理的继承人，手里拿着您的声明，来向您索要您已经偿付给我的报酬？要有白纸黑字，您说是吧！您这就迫使我写上一纸了。

我声明，从即日起，放弃下列我俩共同写成的作品之所有权与重印权，具体篇目为：《达芒塔尔骑士》、《希尔瓦尼尔》、《三剑客》、《二十年后》、《基度山伯爵》、《妇人之战》、《玛尔戈王后》与《红屋骑士》。根据我们之间的口头协议，我已经一劳永逸地从您处获得了相应的优厚报酬。

亲爱的朋友，请保存好这封信，以便有朝一日向不讲道理的继承人展示。请告诉他：我在世的时候，以能成为法国小说家中最优秀者的合作人与朋友，而深感幸福与荣幸。愿他也能像我一样行事。

马凯[1]

要判断此案，必须知道：大仲马那个时代，文学界流行集体创作的风气。这么做也许不对，因为大艺术家应该给整部作品刻上自己天才的印记。然而，一些杰出的画家（拉斐尔、弗罗奈塞、达维德、安格尔等）曾让学生们参加一些巨幅作品的创作。在戏剧方面，一部作

---

[1] 亨利·达尔梅拉：《亚历山大·仲马及其〈三剑客〉》（巴黎，埃加·马勒费尔出版社，1929）。——原注

品儿乎必然产生于作家、导演、演员、布景设计师的合作，有时候作曲家也要参加进去。为了启动想象，大仲马需要一个"启发思路"的人。这并非他一人所独有。巴尔扎克有不止一部小说的题材，是由别人提供或者启示的（如乔治·桑之于《贝姨》、圣勃夫之于《幽谷百合》、加罗琳·玛尔布蒂之于《外省女才子》）。司汤达的《吕西安·娄万》得益于一位无名女作者的手稿。这一切，何罪之有？

大仲马不是一个把一切权力交给八面玲珑的臣相们去处理的懒国王。他的合作者们根本没有受到丝毫剥削，而是得到了过分的重视。大仲马的笔头太快了，即使人家送来一份半死不活的丑八怪，他也能轻而易举地改写成充满生活气息的故事。这就引导他把一些平庸之辈，当成了才华横溢的人物。

"我弄不清楚，"他有一次说道，"马勒费叶要成为有才能的人，还缺少些什么？"

"我告诉您，"对话者回答道，"他缺少的可能正是才能。"

"对！一点儿也不错，"大仲马说道，"我怎么就没有想到呢！"

读了拉马丁的《吉伦特党人》之后，大仲马写道："拉马丁将历史举到了小说的高度。"对于大仲马，我们可以说的，他不是将小说举到了历史的高度，这是他自己以及他的读者都不情愿的；我们要说的是：他将历史与小说，演化成一系列令人难忘的典型人物，一起搬上大众的舞台，推到构成他的观众的广大民众面前；在这一舞台聚光灯的照射下，历史与小说融合在一起，焕发出一种新的生命的光彩，给各民族带来喜悦；并将一个世纪接一个世纪地流传下去，为后人所喜爱。

第三章　玛丽·杜普莱西

在那些艳丽的茶花下面，我看到一朵蓝色的小花。

埃弥尔·亨利奥

伊达去了佛罗伦萨以后，父子俩的关系变得亲热多了。大仲马对小仲马说："你将来有了儿子，要像我爱你一样地爱他；然而，可不能像我培养你一样去培养他。"天长日久，小仲马终于接受了天性带给他父亲的一切：强壮魁梧、才华出众但不负责任。年轻的亚历山大打定主意，要独自成才。他要写作，这没有疑问，但不会像"《安东尼》及他本人生命的创造者"那样去写。这倒不是因为他不佩服父亲；他对大仲马的感情，更多地是像父亲般的慈爱，而较少地像是做儿子的孝心。他这样谈及他的父亲："他是个大孩子。我在很小很小的时候，就有这个大孩子了。"这个形象，是从他母亲那里传下来的。循规蹈矩的卡特琳·拉贝，为了挣钱过日子，在米绍迪艾尔街上开了个阅览室。对那位朝三暮四的情夫，她既无怨恨，也不抱幻想。

对于父亲的毛病，做儿子的不会无动于衷。小仲马欣赏父亲的才思与想象力；但对父亲某些成为别人笑料的言行举止，感到羞耻。听到父亲幼稚地大吹大擂，他心里非常难过。家里常常连一百法郎也找不出来的景况，在他内心深处，产生了一种渴求稳定的愿望。此外，任何老来的风流之举都必然引起青年一代的厌恶。一次，小仲马对大仲马说："我像是咱家的看门人，负责为冲着你的声誉而来的人拉绳开门。只要我搀进来的是一位女士，她所做的第一件事总是把裙子提起来，免得沾上泥土；第二件，就是要求我领她去见你了。"

就在这个时候，为了把两人区别开来，人们开始称呼："亚历山大·仲马父亲"和"亚历山大·仲马儿子"[1]。这样做，当然惹得两人中年长的那一位心中不悦。

> 你不应当和我一样署名亚历〔山大〕·仲马；这样，总有一日，会给我们俩造成严重的不便，因为两人的签名完全一样。你最好署名仲马·达维。我的名字众所周知，你一定明白，一提这个名字，人们都会认为是我。我不能加上"父亲"一词，因为我还过于年轻[2]……

小仲马二十岁，是一个英俊而自负的小伙子，浑身是劲，看上去相当健康。他个子很高，宽厚的双肩上，有一张漂亮的面孔。除了眼睛带有些许忧伤的神情，以及那一头淡褐色略呈波浪形的浓密头发，再没有任何特征使人想起当年圣多明各岛上的曾祖母来。他的衣着如同当时的纨绔子弟，用那时候的流行说法，叫做"雄狮"式样：呢料宽领上衣，配上雪白的领带；用来自伦敦的凸纹布料制作的坎肩；镶金圆头的白藤手杖。这套衣服当然不必付裁缝钱；然而穿在身上，风度翩翩，气势逼人。在这潇洒倜傥的外表下面，有心人不难观察到一颗严肃而重感情的内心；这是从卡特琳·拉贝那里继承下来的。只是在这个时候，小仲马性格的这一面还没有显露出来罢了。

一八四四年九月，父子俩一起住在圣日耳曼昂莱的"梅迪契"别墅里。两人各自分头写作，并且还慷慨地大宴宾客。

小仲马写出这种讨人喜欢的诗体书简充当请柬：

> 今日的朔风如果不太使您不适，

---

[1] 中文分别译为大仲马与小仲马。
[2] 此信由马塞尔·托玛发表于《圆桌》杂志一九五一年五月号上。——原注

圣日耳曼昂莱住着的那对父子，

早就恭候着您大驾光临寒舍。

如果太阳神的银箭照射我们，

如果天公作美，天气清朗，

如果在我们这样一个有霍屯督[1]民众的国家，

终于可以不穿外套而走出家门，

那就请来吧——说不定能使您忘却门前的白霜，

并使您分享，假如没有蓝天，

我们在室内的烟草，以及燃烧着的木柴。

您知道，今日不止一位画家赏光，

他们灵巧的画笔将使蓬筚生辉，

把寒舍变成温室，虽无花草却有台球。

其中有穆勒，他的粉画艺术您早已知晓；

还有多扎，是位了不起的人才和人物，

画夹里满是罗马、加的斯、马德里的写生。

还有一位无双之才：好朋友迪亚兹，太阳的创造者！

当时钟敲响六下，宾客齐集寒舍，

我们将不遗余力，让大家亲热温馨。

光这一条理由就有不可抗拒的说服力，

故我留在最后才把它写出来告诉您。

为了不致失礼地让您白跑一趟，

下面就把房子的位置讲一讲：

梅迪契街的尽头，最后一座住房，

挡住了远方的地平线，大门漆成绿色。

如您担心东奔西跑找不到，

亲爱的，那就到亨利四世阁去打听。

那里的人会为您指点，

比我这里讲得清楚又完全。

---

[1] 南非一部族。这里应指衣着单薄的人群。

就此打住，拥抱您，全心全意属于您[1]……

一天，在前往圣日耳曼的路上，小仲马碰上一位著名女演员的儿子欧仁·德热才。两个年轻人各租了一匹马，到树林里奔跑。返回巴黎之后，又一同去杂耍剧院看戏。时值夏末，秋意未显，巴黎看上去还是空荡荡的。这一时节，法兰西喜剧院里，"一些尚未成名的年轻演员，在演出一些被遗忘的老戏，观众是一些已经退休的老演员"[2]。在王宫剧院和杂耍剧院，总能碰上不少美艳而轻浮的女子。

欧仁·德热才和小仲马一样，不太主张常规道德。由于母亲的娇宠，他手头宽裕，钱比小仲马多。两个小伙子，都盼望有艳遇的福分；在杂耍剧院里，两人都往前排座位或包厢里东瞟西瞅，盯住那些娇美的女人看个没完没了。这些女子善于"悠然自得地模仿高雅的风度"；她们佩带着精美的首饰，装出所谓"上流社会"女子的模样，叫人难以分辨。她们中间有一些"高档次的荡妇"，人数不多，但非常有名，整个巴黎都认识她们。这些人和一般轻佻而貌美的女人有别，更不同于那些出身低微的小骚货；她们组成了一个风月场中的贵族阶层。

这些女子，尽管都由一些富有的保护人供养（人毕竟要过日子的呀！），却向往着纯洁的爱情。浪漫主义文艺思潮在她们身上打下了烙印。雨果曾替玛丽蓉·德·洛尔墨翻案，从而也就为朱丽埃特·德鲁埃恢复了名声。名妓被罪恶地抛弃，陷入极端贫困，舆论总归是要寄以同情；她们自己也就心安理得了。她们当中，大多数人都是先干体力活，后来才进入这种生涯。当初她们缺乏的，只是没有遇上一位好丈夫。于是，有人带她们去蒂沃利的树林游玩；有人在昂必居戏

---

[1] 此信未公开发表。由西蒙娜·安德烈-莫洛亚收藏。信中提到的三位画家是：1. 查理-路易·穆勒（1815—1892），卢浮宫三级会议大厅的装饰者，画作有：《恐怖时代的最后受害者》、《玛丽-安托瓦内特在巴黎裁判所的监狱》，以及现在由泰奥多尔·卢梭夫人收藏的奥雷里·吉卡公主的肖像画等。2. 安德里昂·多扎（1804—1868），曾为泰勒男爵《别开生面的旅行》一书插图。泰勒男爵曾与大仲马合作，写出《西奈半岛半月游》，由两人共同署名出版。3. 纳西斯·迪亚兹（1807—1876），著名的风景画家，画有多幅枫丹白露森林景色。——原注

[2] 见德·劳奈子爵（吉拉尔丹夫人的化名）一八四四年九月二十日的《巴黎书简》。——原注

院租下带栅栏的包厢请她们看戏；有人送上开司米的衣衫，或者一件首饰，便一步一步把她们引进了供养女子的世界之中。尽管她们见钱眼开，内心却仍然保留着对真实爱情的怀念。乔治·桑就写过不少这类向往"永恒的激情"而不被理解的女性。这就告诉我们，在杂耍剧院里，那两个厚脸皮的青年，不仅在观察那白皙的皮肤和秀色可餐的容颜，也从她们眼神里看到了忧郁与温柔的思想闪光[1]。

　　就在那天晚上，舞台侧面的一处包厢里，端坐着一位绝色美女。除容貌之外，她还以高雅的气质和花销的阔绰而为人所知。这位女子原名阿尔丰西娜·普莱希斯，后来自愿改名为玛丽·杜普莱西。小仲马这样形容她："她高高的个子，身材苗条，一头乌发，脸颊白里透红。在她那小巧玲珑的头颅上，长着一对像日本女人那样细长而发亮的眼睛，眼神活泼而高傲；双唇像樱桃一般鲜红；两排漂亮的牙齿，举世无双；简直就是一个萨克森的瓷娃娃……"[2]杜普莱西小姐腰身纤细，天鹅般的脖子，神情纯真，脸色像拜伦似地白皙，从发带垂下来的秀发在鬓角上卷曲着，领口敞开的白缎连衣裙，钻石项链，金镯子，这一切都使她显得美艳绝伦。小仲马着了迷，动了真情；他被征服了。

　　整个剧院里，没有比她更显高贵的女子了。然而，论其出身，除了外祖母，安娜·杜·美尼尔，生于诺曼底贵族之家（却门不当户不对地下嫁到了一般人家）外，先辈之中所有的人不是当佣人的就是种地的。其父马兰·普莱希斯，人品不端，刁钻歹毒，被看成村子里的巫汉。此人娶了安娜·杜·美尼尔之女玛丽·德哈耶；玛丽生了两个千金之后，逃匿外地，不知去向。阿尔丰西娜生于一八二四年，恰好与小仲马同岁。她在乡村里长大；有人说，她十五六岁的时候，被生身之父卖给了吉普赛人；吉普赛人把她带到巴黎，送到一家时装厂干活。

---

[1]　若翰内斯·格罗：《亚历山大·仲马与玛丽·杜普莱西》（巴黎，路易·科纳尔，1923）。——原注

[2]　见小仲马：《茶花女》一剧的序言；载于其《戏剧全集》（演员出版社出版），第1卷。——原注

年轻的女车衣工读了不少保罗·德·考克[1]的长篇小说，变得轻佻大胆；她到巴黎各处，去和大学生们跳舞；到了星期天，去蒙莫朗西[2]游玩，常常被领到小路尽头的树荫深处。后来，曾带她去过圣克鲁的一位在王宫里修补艺术品的人，在阿卡得街，给她布置了一套不大的居室；不久之后，基什公爵阿热诺尔[3]介入进来，此人只好无可奈何地眼看着情妇被人夺走。公爵长得风流倜傥，是综合工科学校的学生。一八四〇年，他离开军队回到巴黎，成了意大利人林荫大道上的一头纯种"雄狮"，享有"一八四〇年的安提诺俄斯[4]"之美誉。一周之后，在意大利人林荫大道上和歌剧院里，人们议论纷纷，都在谈论歌剧院的"地狱包厢"（被赛马师俱乐部长期"兼并"的舞台侧面第一号包厢）之中，坐着年轻公爵的新情妇。

杜普莱西小姐长得娇美可爱，赢得了全巴黎最负盛名的男子的欢心：费尔南·德·蒙居荣、亨利·德·贡达德、爱德华·德莱赛，其他至少还有十来位。从这些杰出的情人身上，她学到了优雅的风度，和一些尽管肤浅却颇为广泛的文化知识。她本来就有一定的天赋和敏锐的感觉，又严格选择一些师傅加以指点，便得以成长，进一步发展起来。到了一八四四年，当小仲马与她相识的时候，她的书橱里已有《堂吉诃德》，以及拉伯雷、莫里哀、司各特、大仲马、雨果、拉马丁和缪塞等人的作品。她了解这些作家，喜欢诗歌。她学过钢琴，能富有感情地弹奏一些船歌与圆舞曲。

总之，她以令人头晕目眩的速度，在情趣与运气的阶梯上，不断地往上攀升。到了一八四四年，就被公认为全巴黎最风雅的女子，而与艾丽丝·奥积、洛拉·蒙泰斯、阿塔拉·包赛纳等名妓并驾齐驱了。在她的闺阁里，不仅可以见到赛马师俱乐部的各头"雄狮"，还有欧

---

[1] 保罗·德·考克（Paul de Kock，1793—1871），法国作家。著有多部戏剧、喜歌剧、滑稽歌舞剧、小说等作品，多描写小市民可笑的生活风习，一时颇受欢迎。

[2] 瓦尔德瓦兹州的小城市，位于蒙莫朗西森林的边缘。

[3] 安东尼-阿尔弗雷德-阿热诺尔·德·格拉蒙（Antoine-Alfred-Agénor de Gramont，1819—1880），基什公爵（后为第十世格拉蒙公爵）系拿破仑任命的艺术总监阿尔弗雷德·道赛的侄子；一八四〇年，他刚刚成年。——原注

[4] 古希腊比梯尼亚美少年，极受国王哈得里安的宠爱。随国王巡幸各地，不慎在尼罗河里淹死。国王极端痛苦，敬之为神，并为他修了神庙。

仁·苏、罗歇·德·波伏瓦、阿尔弗雷德·德·缪塞的身影。无论是哪一位，都不能不从内心对她发出爱慕之情，同时还怀着尊敬与怜悯。这是因为，这个女人的分量，大大高于她所从事的职业。那么，为什么还要干这份职业呢？原因在于，她开销巨大，习惯成自然，每年要花费十万金法郎；另外，还因为她体弱多病，经常发烧，自怨自艾难以自拔，需要在花天酒地中自我排遣。

那天晚上，在杂耍剧院，和她坐在同一个包厢里的，是位年迈的老者，斯达克贝格伯爵，俄罗斯前任大使。后来她曾对小仲马说过，这个老头儿之所以供养她，是因为她长得像老头儿一个死去的女儿。这当然纯属编造。"伯爵尽管已届高龄，但在玛丽·杜普莱西身上寻找的，并非安提戈涅之于俄狄甫斯，而是拔示巴之于大卫王。"[1]伯爵把她安顿在玛德莱娜大道十一号，给她配备了一辆蓝色的双座四轮轿车和两匹纯种马。在玛丽·杜普莱西住所的中二层，终年摆放着许多鲜花，不仅有茶花，还有应时开放的各种花卉；这些花卉不仅由伯爵送来，还有其他崇拜者不断献上。然而，她害怕玫瑰，玫瑰花的气味使她眩晕；茶花没有香味，她最喜欢茶花。阿尔塞纳·胡撒耶写道："人们把她禁闭在一座用茶花筑成的堡垒之中……"[2]

此时，玛丽在包厢里正跟一位肥胖的妇人打招呼。此人是做服装生意的，但主要干拉皮条的营生。小仲马认识这位胖女人，她的名字叫克莱芒丝·普拉，也住在玛德莱娜大道上，和玛丽·杜普莱西是邻居。欧仁·德热才和她也是老相识。小姐没等演出结束，便离开剧场，上了自己的轿车。稍后，一辆出租马车便把小仲马、欧仁·德热才与克莱芒丝·普拉送到了克莱芒丝的家里。三人静观事态发展，等待见机行事。在小说《茶花女》中，小仲马记述了这一幕场景，只是隐去了斯达贝格之名，以"老公爵"称之；克莱芒丝·普拉也更名为普律当丝·迪韦尔努瓦。

---

[1]　若翰内斯·格罗：《亚历山大·仲马与玛丽·杜普莱西》。——原注
　　　希腊神话中，安提戈涅是俄狄甫斯王的女儿，她非常关心父亲。在《圣经·旧约》中，拔示巴是大卫王手下将领乌利亚之妻；大卫爱上了拔示巴，遂设计害死她丈夫，以娶她为妻。
[2]　阿尔塞纳·胡撒耶：《忏悔录》，第2卷。——原注

"那位老公爵现在在你女邻居家里吗？"我问普律当丝。

"不在，她肯定一个人在家。"

"那她一定会感到寂寞的。"

"我们每天晚上几乎都是在一起消磨时间，不然就是她从外面回来以后再叫我过去。她在夜里两点以前是从不睡觉的，早了她睡不着。"

"为什么？"

"因为她有肺病，她差不多一直在发烧。"[1]

过了不多一会儿，玛丽果然在窗口呼唤克莱芒丝，请求克莱芒丝快去解救她，帮她摆脱那个讨厌的 N 伯爵，此人简直把她烦死了。

"我现在走不开，"克莱芒丝·普拉回答，"我家里有两位年轻人：德热才的儿子和仲马的儿子。"

"带他们一起来吧，什么都比伯爵强，快来吧。"

三人于是便走到隔壁那座房子里，看到伯爵靠壁炉站着，玛丽坐在钢琴前弹奏着什么曲子。她愉快地欢迎两位来访者，对待伯爵却态度生硬，弄得他不得不起身告辞。伯爵一走，玛丽立即兴高采烈；大家一起吃夜宵，说呀笑的，好不开心。然而，一股悲哀之情占据了小仲马的心。看到这位女子把一个准备为她而破产的阔佬赶出门外，对这种不计较利害得失的无所谓态度，小仲马心中油然而产生了一股钦佩之情；看到这个尤物狂饮不节，"谈笑粗鲁得就像一个脚夫，别人讲的话越下流，她就笑得越起劲"[2]，小仲马心中隐隐作痛。每饮一杯香槟酒，她的面颊上就泛起一阵发烧的红晕。在夜宵快结束时，她一阵狂咳，于是便站起身来，跑出房间。

"她怎么啦？"欧仁·德热才问。

"她笑得太厉害，咳出血来了。"克莱芒丝·普拉答道。

仲马跟了过去。只见病人仰面躺在长沙发上。桌子上放着一个银盆，盆底上有几道血丝。小仲马在小说里接着写道：

---

[1] 引自小仲马的小说《茶花女》第三版（巴黎，米歇尔·莱维出版社，1852）。——原注
[2] 引自小仲马的小说《茶花女》第三版（巴黎，米歇尔·莱维出版社，1852）。——原注

我走到她跟前，她纹丝不动，我坐了下来，握住她搁在沙发上的那只手。

"啊！是你？……"她微笑着对我说，"难道你也生病了？"

"我没有病，可是你呢，你还觉得不舒服吗？"

"还有一点儿；这种情况我现在已经习惯了。"

"你这是在自杀，夫人，"我用一种激动的声音对她说，"我要做你的朋友，你的亲人，我要劝你不要这样糟蹋自己。"

"这种忠诚是从哪儿来的？"

"来自一种我对你无法克制的同情。"

"这样说来你爱上我了吗？马上讲出来，讲出来就简单多了。"

"这是可能的，但是，即使我有一天要对你讲，那也不是在今天。"

"你还是永远也别对我讲为好。"

"为什么？"

"因为这种表白只能有两种结果。"

"哪两种？"

"或者是我拒绝你，那你就会怨恨我；或者是我接受你，那你就有了一个多愁善感的情妇，一个神经质的女人，一个病秧子女人，一个忧郁的女人，一个快乐的时候比痛苦的时候还要悲伤的女人。一个吐血的、一年要花费十万法郎的女人，对公爵这样一个有钱的老头儿来说是可以的，但是对你这样一个年轻人来说是很麻烦的。我以前所有的年轻的情夫都很快地离开了我，那就是证据。"

我什么也没有回答。听着她诉说在放荡、酗酒和失眠中逃避现实的痛苦生活；这种生活看似纸醉金迷，实际上痛苦万分。这一切使我感慨万端，我一句话也说不出来。

"不谈了吧，"她继续说，"我们简直是在讲孩子话。把手递给我，一起回餐室去吧。"[1]

---

[1] 引自小仲马的小说《茶花女》第三版（巴黎，米歇尔·莱维出版社，1852）。——原注

　　她何必给这个年轻人当情妇呢？他没有钱，只是每天至少十次用热烈的言词向她表白爱恋之情。不过，他的激情十分顽强，一次不成，下次再来，毫不气馁。这个姑娘是个"既有快乐，又有悲伤，既有纯洁，又有淫欲的混合物，还有那使她精神亢奋、容易冲动的疾病；这一切都激发起他要占有这个女人的强烈愿望……"她的心灵还像少女一般天真无邪，十分动人；她常常突然产生一种憧憬，渴望过上一种较为平静的生活……肉欲的奇趣给她以冲动与快慰，然而并未使她失去某种傲气，失去源于羞怯的端庄与稳重。

　　小仲马不乏同情的本能；他爱自己的母亲；推而广之，他怜悯被社会不公正地抛弃的一切女子。他既天真坦直又见过世面。他同情这些人的失望情绪，能使她们说出心里话，并能在强颜欢笑后面看出眼泪在流淌。对于烟花女子，他怀有无限的宽容；认为她们非但没有罪过，反而是受害者。这些女子则感激他的尊重，感激他对她们的堕落所表露的宽宏大量。这可能正是他博得玛丽·杜普莱西好感的原因。有一天，她这样对他说："那么，如果你答应一切都照我的意思办，不说二话，不责备我，不盘问我，我就有可能爱上你。"[1]

　　任何二十岁的年轻人都会答应这样的要求，信誓旦旦许下诺言，后来却无法信守。在一段时间里，玛丽几乎完全避开那些阔气的保护人，一门心思扑在这位严肃而可爱的青年身上。她随着他到树林里或者沿着香榭丽舍大街散步，感觉找回了当年那年轻女工的灵魂，内心十分欢快。她的寝室里，"一张精美的布勒[2]式床榻放置在低台上面；床腿雕成女像柱，或像农牧神，或呈酒神的女祭司状"。就在那里，她给予这个年轻人多少销魂摄魄的肉欲狂欢。啊！她那对带有黑眼圈的大眼睛，她那天真无邪的目光，她那灵巧纤细的腰肢，还有"从她全身上下散发出来的那种给人快感的芳香，引出他多么炽烈的爱恋与钟情"！

　　请看大仲马笔下，儿子是如何介绍自己征服这个女子的经过：

---

[1]　引自小仲马的小说《茶花女》。——原注
[2]　布勒（Boule，1642—1732），十七世纪法国家具名匠。

现在请随我去一趟法兰西喜剧院，那儿正在上演的该是《圣西尔的小姐们》。我经过通道时，一个楼下包厢的门开了，我觉得有人拉住我上衣的下摆；回头一看，拉住我的原来是亚历山大。

"啊！是你！晚上好，亲爱的。"

"过来，父亲先生。"

"你不是一个人？"

"所以你更要来嘛！闭上眼睛，把头伸进门缝，不要害怕，绝不会叫你不愉快的。"

我于是闭上双眼；脑袋刚刚伸进门缝，就觉得有一双颤抖而滚烫的嘴唇压到我的嘴唇上。我睁开眼，见是一位绝色美女，年纪在二十到二十二岁之间，正和亚历山大耳鬓厮磨；刚才她对我的举止，说不上像子女对父母的亲热。我认出来了，因为有几次曾见过她在楼下的包厢里看戏。这不就是茶花女，玛丽·杜普莱西吗？

"原来是您，我美丽的孩子！"我轻轻地从她的双臂中脱出身子，对她说。

"是啊，要想抓住您，看来还得用点力气，对吗？……对，我知道，不是因为您名声大了摆架子；可是，既然如此，干嘛跟我装出冷冰冰的样子来？我已经给您写过两次信了，约您到歌剧院的舞厅，大家会会面……"

"我当时认为，您的信是写给亚历山大的。"

"对呀！是给亚历山大·仲马的呀！"

"然而，是给亚历山大·小仲马的。"

"拉倒吧！亚历山大是小仲马，可您也不是大仲马呀！您永远也大不了。"

"谢谢您的恭维，亲爱的美人儿。"

"您倒说说，为什么不肯赏光？……我真不理解。"

"我这就说。一位像您这样美丽的姑娘，不会一本正经地约我这把年纪的男人去幽会的，除非她有求于此人。可是，我这个人，对您能有什么用呢？我可以献上保护；爱情帐嘛，就免了吧。"

"瞧，我没说错吧！"小仲马插了一句话。

"那么，好吧，"玛丽·杜普莱西妩媚地一笑，黑黑的长睫毛垂下来遮住了眼睛，这才接着说道，"我们去看您，好吗，先生？"

"欢迎光临，小姐……"

说着，我弯腰鞠躬，向她致敬，就像是向一位公爵夫人致敬一样。包厢的门又关上了，我还是站在通道上。这是我唯一一次亲吻玛丽·杜普莱西；也是我最后一次见到她。这之后，我一直等着亚历山大带领这位名妓来看我。过了几天，亚历山大一个人来了。

"怎么回事？"我急忙问道，"为什么不带她来？"

"她的爱好又变了；那时候人家是想进剧院当演员。她们这些女人呀，没有一个不梦想当演员的。可是，当演员要吃苦：研究剧本、排练、上台表演，有一大堆事要干……可是，她们下午两点才起床，梳妆打扮，到树林里散步，回来后又到巴黎咖啡厅或者普罗旺斯兄弟餐馆吃晚饭，然后去伏德维尔剧院或是吉木纳兹剧场，在包厢里消磨一个晚上；从剧院出来再去吃夜宵，直到凌晨三点钟才回自己的住所，或者到别人家去，这和玛尔斯小姐的职业相比要轻松多了。这位渴望登台的女子，现在已经忘记了自己的夙愿……而且我想跟你说的是我觉得她有病……"

"可怜的姑娘！"

"确实！值得同情。她干这个职业，实在太委屈她。"

"但愿你不是出于爱情而喜欢她！"

"不。我是出于怜悯才喜欢她的。"亚历山大这样回答我。

在这之后，我就再也没有同他谈起过玛丽·杜普莱西了[1]……

小仲马的道德观念，比起大仲马来，当然要严格。玛丽·杜普莱西当时正在阅读《曼侬·列斯戈》[2]，因而受到启发，想让小仲马这个年轻英俊的美男子扮演格里厄的角色。小仲马则拒不接受。那么，

---

[1] 大仲马：《闲谈录》（卡尔曼–莱维出版社1885年新版）。——原注
[2] 《曼侬·列斯戈》是法国作家普莱服神父（Abbé Prévost, 1697—1763）的小说，曾一时脍炙人口。写的是出身不明的少女曼侬与贵族青年格里厄相遇、私奔等一系列故事。这里引用该小说的一个情节：曼侬与情人合谋和一个老贵族往来，以诈骗他的钱财。

他到底想的是什么？改造这个女子？引导她改变生活方式？由于她本性重感情甚于重利益，这倒不是没有可能做到的事。小仲马这样谈论玛丽："具有好心肠的烟花女子是罕见的；而她则是最后几名这种女子中的一位。"[1] 然而，陪她一个晚上的开销：剧院、茶花、糖果、夜宵、其他心血来潮的花费，就足以使年轻的亚历山大破产。自己挣钱不多，不时硬着头皮向父亲伸手。大仲马此时也颇为拮据，只好不时开上一张一百法郎的条子，叫儿子到替他代卖戏票的波歇太太那里兑取。

　　亚历山大·小仲马致波歇太太：叫我再等几天！太太，这不等于叫一个马上要掉脑袋的人去跳里高冬舞[2]，或用同音异义词做文字游戏吗？再过几天，我就要成百万富翁了！我将挣到五百法郎了。我今天给您写信，麻烦您，实在是因为我现在穷得连古代最有名的穷人约伯也不如呀！如果您不拿出一百法郎，交给我的仆人带来，那我就要花掉我身上的最后几个苏，去买一个单簧管和一条卷毛狗，到您门前吹管、耍狗；在肚皮上还要写上几个大字："请对这个被波歇太太抛弃的作家行行好吧！"您愿意我疯疯癫癫脑袋朝下上门要一百法郎，高喊"共和国万岁"，或者娶莫拉莱斯小姐为妻吗？您也许更希望我去奥德翁，向加沙尔迪讨些本事，或者戴上几顶吉布斯帽[3]？只要您给我这一百法郎，您命令我干什么，我都坚决去干。然而，最好给我十次，不要仅仅给一次。

　　致以最最忠诚之情意。

　　　　　　　　　　　　　　　　　　　　　　　亚·仲马

　　这一百法郎，您给银币或给钞票都可以，不必为此多费周折。[4]

---

[1] 见小仲马：《茶花女》一剧的序言：载于其《戏剧全集》（演员出版社出版），第1卷。——原注
[2] 十七、十八世纪流行的一种轻快的舞蹈。
[3] 一种内里装有弹簧、可以压低的高筒礼帽。
[4] 此信未公开发表，由阿尔方德里先生收藏。——原注

每天早晨，玛丽·杜普莱西总要给年轻的亚历山大下一道命令，布置一天的差事："亲爱的阿迪……"她把情人姓名的第一个字母 A 和 D 连起来读，就给他起了这么个绰号。阿迪一般是晚上去接玛丽。两人一起去吃晚饭，看演出，然后回到玛丽的小客厅；客厅里有许多没有香气的鲜花，插在中国式的大花瓶里。小仲马自己说过："有一天，我早晨八点钟才从她那里出来；另一次，出来时都到中午了。"

> 还记得那些火辣辣的夜晚，
> 爱焰升腾里酥体狂滚浪翻？
> 云雨之中搏击到精疲力竭，
> 之后可曾得到预期的安歇？[1]

她常常难以入睡，便光着身子，只披一件白绒浴衣，"坐到壁炉前的地毯上，神情忧郁，凝视炉中的火焰"[2]。在这样的时刻，小仲马心中充满了激情和爱恋。有的时候，他又十分不安，深怕上当受骗。他心里明白，玛丽时常对他说假话，当然这可能是为了顾全他的体面。斯达克贝格仍然留在她的生活中；另外还有一个年纪略轻的男人，名叫爱德华·贝尔戈。贝尔戈的祖父是著名的金融家，法兰西银行的董事；外祖父是塔朗台公爵。玛丽用折成三角帽形的粉红色纸给他写信："亲爱的爱德华，您今晚如果愿意来见我（伏德维尔剧院，第 29 号），我将感到非常高兴。不能同您共进晚餐了；我身子很不舒服。"在淡蓝色的信纸上，她又写道："我亲爱的奈德，今晚在杂耍剧院有一场不寻常的演出，是为布菲举行的捧场戏……你如能给我订一个包厢，我将十分高兴。请回个信，亲爱的朋友；我吻你的眼睛，十亿下……"[3]

她和小仲马外出时，总是告诉奈德："我和泽莉娅出去走走。"在小仲马跟前，她装得像个痛改前非的女罪人。有一次，别人问她为什么总也改不了说谎，她听了笑得前仰后合，这样回答说："谎话能洗

---

[1]　小仲马：《青春罪孽》。——原注
[2]　引自小仲马的小说《茶花女》。——原注
[3]　亨利·里奥奈：《小仲马的〈茶花女〉》（巴黎，埃加·马勒费尔，1930）。——原注

白牙齿。"她尽力"把生意和爱情调节得有条不紊"，结果并不成功。对小仲马来说，几天幸福的日子过后，是十一个月的焦躁、猜忌与疑虑。在爱情与名誉之间，他感到不知如何是好。啊，这两个用大写字母开头的字眼，又是多么空浮与虚幻！

　　两个月之后，责怪接替了柔情。去玛丽家不那么频繁了。玛丽也看出了他的迟疑，写信问道："亲爱的阿迪，为什么听不到你的消息了？为什么不明明白白地写信告诉我？我认为，你应当像朋友一样对待我。那么，我希望见到你的字迹；我亲热地吻你，作为情妇还是作为朋友，由你选择。无论如何，我将永远忠诚于你。——玛丽"[1] 从一八四五年八月三十日起，小仲马便打定主意，与她一刀两断。

　　亚历山大·小仲马致玛丽·杜普莱西：我亲爱的玛丽，——我既不够富有，使我能像我所愿意的那样去爱您；我也不至于穷得必须按您所盼望的那样去被人所爱。那么，就让我们相互忘记吧。您忘记的是一个人的名字，它现在对您几乎已经无关紧要了；我应当忘却的则是一段幸福，它现在已经变得可望而不可及。再向您诉说我心中的悲戚已经没有用处，因为您明白：我仍是多么地爱您。永别了。您有一颗如此善良的心，一定会理解我写此信的原因；您又是那么明智，不会不给我以谅解。无限的怀念。

A. D.

八月三十日。午夜。[2]

　　在一位艺术家的头脑里，肉体的幸福一旦中止，爱情才开始获得新生命。玛丽消失了，可她仍然出没于"阿迪"的沉思遐想中。

1　此便条由阿道尔夫·布里松首次披露于《亲朋密友的肖像》之中。引文见该书第3卷第193页。约翰内斯·格罗在《亚历山大·仲马与玛丽·杜普莱西》（科纳尔，1923）中，未曾提及此信；然而，此信却出现在格罗的另一部作品《浪漫派妓女：玛丽·杜普莱西》（巴黎，图书陈列馆，1929）之中。——原注

[2]　亨利·里奥奈：《小仲马的〈茶花女〉》。——原注

第四章　一次与情感无涉的旅行

在大仲马与伊达·费里叶分手、小仲马同玛丽·杜普莱西中止了往来之后，父子俩便住在了一起，生活放荡，谁也不干涉谁。儿子很快就成了伏德维尔剧院一名女演员的情夫，这个女演员名叫阿纳依斯·列温纳。一次，列温纳在普罗旺斯兄弟餐馆请人吃夜宵，不料在餐桌上竟引发了一桩轰动一时的决斗。决斗的一方是《新闻报》成绩突出的小说连载负责人、青年记者杜热里叶，对手是职业杀手罗斯蒙·德·包瓦隆。据说，后者受雇于对立面的报纸，阴险地杀死了杜热里叶。争夺订户的战争如此不择手段，居然到了杀人害命的地步。

起初，包瓦隆被宣布无罪释放；后来最高法院驳回，移交鲁昂法庭重新审理，结果改判八年监禁。仲马父子携带情妇赶去做证。他们的表现受到舆论的非议。奈斯多尔·罗克普朗在给他的兄弟加米叶的信中写道：

> （大）仲马在回答庭长的问话时，可笑之极："您从事什么职业？——如果不是在高乃依的祖国，我会说：我是戏剧作家。"[1] 我的朋友、演员亚森特曾戏谑地模仿他那种庸俗可笑的咬文嚼字把戏。仲马当过国民卫队的中士，法庭要求他宣誓，并说出拥有什么头衔与职务。他是这样回答的："我会说我是戏剧艺术家，如果我不是属于法兰西喜剧院和布兰多[2]同在一个剧

---

[1]　大仲马装腔作势，意思是：不敢在高乃依面前"班门弄斧"。

[2]　布兰多为法兰西喜剧院的演员；勤奋但缺乏才气，常受到指责。这里，仲马也是故作谦逊的姿态。

团的话。"

在这个案件中，仲马总想摆出一副高雅的姿态，装得像是一位与名誉有关的事件的专家，一位酷爱决斗的人。然而，由于装腔作势，滥用"绅士"一词，反而永远失去了获得"绅士"资格的可能。后来，他的剧本《摄政王的女儿》首演时，主演演员刚吐出"绅士"这个字眼，就嘘声四起，吃了倒彩。……在鲁昂案件审理期间，仲马父子俩，和他们那些娘儿们，日子过得倒是有滋有味[1]……

这一切被别人看在眼里，小仲马感到很不是滋味。

一八四六年，仲马父子得到一次离开巴黎的机会，两人满心欢喜地接受下来，到西班牙和阿尔及利亚作了一次长时间的旅行。为什么要去阿尔及利亚？这是因为，当时担任公共教育大臣的萨尔旺迪伯爵从这个美丽的国度访问回来的路上，发出感慨："真是遗憾，阿尔及利亚如此不为人所知。如何才能叫众人了解它呢？"陪同旅行的作家格扎维埃·玛米叶连忙献上一个主意："大臣先生，您知道，我要是在您的位置上，会怎么办吗？我将安排仲马沿着我们的路线走一趟，叫他回来后写出两三卷书……此人有三百万读者，说不定其中五六万人看了他写的东西，会对阿尔及利亚产生兴趣。"

"这倒是个好主意，"大臣回答道，"我考虑考虑。"

回到巴黎后，本人也是作家的纳西斯·德·萨尔旺迪（是他接纳维克多·雨果进入法兰西学院，虽然他的表态不无尖酸刻薄之处），邀请仲马去吃晚饭。

"我亲爱的诗人，"伯爵说道，"请您给我帮个忙。"

"诗人帮大臣的忙！非常愿意。即使这件事情极其罕见，我也愿意。到底是什么事呀？"

萨尔旺迪说出了说他的计划，提出给仲马一万法郎作为旅费[2]。

---

[1] 此信未公开发表，由达尼埃·梯罗先生收藏。——原注

[2] 折合一九五七年的二百多万法郎。——原注

仲马傲慢地回答道：

"我自己掏腰包，再加上四万法郎，恐怕就可以成行了。"

大臣听到预算如此庞大，露出惊讶的神色；小说家马上解释：他准备邀请儿子亚历山大、合作人奥古斯特·马凯和画家路易·布朗热一同前往，这些人的费用由他来付。他只要求派一艘军舰，护送他们一行人沿着阿尔及利亚的海岸游历一趟。大臣问道：

"啊！您这不是要享受王公的待遇吗？"

"正是如此。如果只让我享受一般人的待遇，那就用不着来麻烦我了。若是我自己去，只要写封信给邮船公司的首脑，预订几个座位，不就行了吗？"

"好吧，您要军舰，就给您派一艘。您打算何时启程？"

"我还有两三部长篇小说需要杀青。半个月就可以了。"

去西班牙又有何公干呢？且听从头道来：就在大臣接见的第二天，仲马又同蒙邦西埃公爵殿下共进晚餐。一八四二年，王位继承人、作家们的保护者、维克多·雨果与亚历山大·仲马的朋友奥尔良公爵，在一次车祸中，突然出人意外地离开了人世。对法兰西来说，这是无可挽回的损失。仲马也十分悲痛。他一直像保存圣物一样，保存着当年用来包扎不幸的亲王的一条血迹斑斑的毛巾。不久之后，即一八四五年十月二十七日，《火枪手们》[1]一剧首演的当晚，仲马被介绍给路易-菲力普的第五子、年轻的蒙邦西埃公爵。公爵态度和蔼，谈到他已故兄长奥尔良公爵生前不时说起对仲马的友情，恩准给予剧作家建立一所新剧院的特权；剧院可取名为"历史剧院"或者"欧罗巴剧院"，要不干脆就称为："蒙邦西埃剧院"。仲马既是剧作家，又担任经理；除了上演他自己的作品，还将演出莎士比亚、卡尔德隆、歌德与席勒的戏剧。

这一特权引起了强烈的嫉妒。

奈斯多尔·罗克普朗致其兄弟、画家加米叶·罗克普朗：人

---

[1] 《火枪手们》为五幕剧，编剧由仲马和马凯共同署名。按剧情的时间顺序来讲，此剧应为四年以后才上演的另一部戏（《火枪手们的青年时代》）的续集。后面这部戏首演于一八四九年二月十七日。——原注

们你争我抢，抢选票，争夺保护人、议员和王公。在剧院的问题上，王公的支持通常是起决定作用的。蒙邦西埃公爵帮仲马弄到了剧院：该剧院规模庞大，造型滑稽可笑；我现在就可预见到，一年以后它准得破产；可以说，诉讼档案已经预存在商业法庭的书记室里了。仲马这个人真是不可思议！且听他是怎么说的："十七年来，各剧场上演我的戏，赚了不下一千万；近五年来，四家报纸靠我的小说，家家都挣到三十万法郎。我要创建剧院，把这千百万挣到自己手里；还要办我自己的报纸，独自赢得这一百二十万法郎……"说此话的时候，执达吏已经在追捕他；一次，在他酬谢演出《火枪手们》的那伙昂必居剧院的蹩脚演员的筵席上，执达吏的助理们突然而至，把他带走。他的儿子每月花两千法郎供养一个女演员，是伏德维尔剧院的列温纳小姐……仲马声称，半个月以前，和情妇吃着夜宵，就写好了七部五幕剧；而且这七部戏的布景已经定做……这个大孩子成天乐乐呵呵，无忧无虑，充满幻想，头脑清晰，就是缺乏条理，心血来潮；他身体健壮，多产；这些情况，出奇地与众不同 [1]……

　　建立剧院的特权，名义上归在伊包利特·霍斯坦名下的。此人还算年轻，懂点医学，能写评论文章，有时也搞搞编剧；他当过法兰西喜剧院的秘书，以及几家剧场的经理。所需资金由蒙邦西埃公爵以及弄堂房产所有人茹弗鲁瓦提供。然而，仲马仍然认为自己是财务管理方面的负责人。于是在林荫大道与坦普尔郊区的交角上，收购了几座房屋；大家一致同意，不等仲马从阿尔及利亚回来，便在那里动工修建一座大型演出场所。

　　仲马在蒙邦西埃府上吃饭的时候，向公爵讲述了他与萨尔旺迪谈话的情形。

　　"这个主意太好了！"年轻的爵爷表示赞赏，"您最好顺路去趟西班牙，参加我的婚礼。"

　　事情是这样的：一八四六年十月十日，蒙邦西埃公爵将迎娶一位

---

[1]　此信未公开发表，由达尼埃·梯罗先生收藏。——原注

十四岁的西班牙公主。公主名叫路易丝－费尔南德，是当今女王伊莎贝拉二世的胞妹和推定继承人。这桩婚姻有可能使一名法国人在未来的某一天登上西班牙国王的宝座，因而弄得英国的大臣们晚上睡不着觉。仲马当天就发出邀请，邀请奥古斯特·马凯、路易·布朗热和他自己的儿子同游西班牙。维克多·雨果有这样的记录：

> 亚历山大·仲马被派往西班牙，充任德·蒙邦西埃先生婚礼的史官。此次出行的费用是这样凑起来的：公共教育部从"鼓励与救济文学家"的款项里拨出一千五百法郎，又以"文学使命"的名义再给一笔同等数目的钱。内政部则从特别基金中支付三千法郎。德·蒙邦西埃先生个人资助一万二千法郎。总计一万八千法郎。仲马收到这笔款子的时候说道："很好！够雇向导的啦！"[1]

剩下就是要找一名模范仆役了。饭店老板舍维献上一个阿比西尼亚的黑人，名字倒怪香的，叫做本如安水。于是，一行人便乘火车出发了。铁路在当时还是一种时髦的交通工具。仲马坐上车便写起了旅途日记："火车头大声地喘着粗气；庞大的机器起动了；可以听到铁件咬牙切齿的震颤声响；灯光一掠而过，快捷得像巫魔晚会里小妖精们手持的火把；我们把这一长串火光留在路上，不停地向奥尔良奔驰……"[2]

这种写法过于夸张了些。在仲马的那枝生花妙笔之下，火车头也变成了剧中的人物。在仲马的旅行手记里，马凯看上去严肃、勇敢而正直，在神形两方面都有点僵硬。路易·布朗热是位爱好幻想的画家；在他眼里，任何事情都庄严而隆重。（他能成为维克多·雨果最好的朋友，恐怕不无道理。）至于儿子亚历山大，"这是一个光亮与阴影的复合体……他惯享口腹之乐，又能有所节制；他时而挥金似土，时而又节约俭朴；他对世事麻木不仁，又天真率直；他既以敏捷

[1] 维克多·雨果：《见闻偶记》（国家印刷厂版），第1卷。——原注
[2] 大仲马：《从巴黎至加的斯旅行印象记》。——原注

的才思嘲笑我，又以真诚的孝心热爱我。最后一点：他无时不在做好准备，像法赖尔[1]一样窃取我的珠宝箱，或者像熙德[2]那样为我去搏斗……此外，他具有最疯狂的激情……，骑马，斗剑、摆弄长短枪支……我们俩不时发生争执；这时，他就要离开父亲的家；于是，我只好买一头小牛，喂喂这小子……"[3]

四位火枪手在一名傻乎乎的黑奴护送之下的西班牙之行，像一本大部头的小说那样好玩。一场斗牛就占了上百页篇幅；马凯一见到流血就要晕倒；亚历山大二世也强不了多少，赶紧叫人送杯水来。水送来后，他说道："快倒到曼萨纳莱斯河[4]里去，可以使它舒服一些。"这是因为，他眼前的那条河已经断流。大仲马还描写了在他们下榻的客栈还是旅馆，与店家进行的夜战，其文笔堪与塞万提斯相媲美。写西班牙舞蹈，绘声绘色，具有戈蒂耶佳作的全部韵味。父亲和儿子一心向往那些阳台、吉他、陪媪与大胆的绝色少女。小亚历山大有过不止一次艳遇，并把具体情景用诗句描写出来，寄给叫孔奇塔的或者叫安娜-玛利亚的女郎。在这些诗中，他按照缪塞的先例押韵。例如：用 Andalousie（安达卢西亚）对 jalousie（妒嫉），用 Cordoue（科尔多瓦）对 Joue（脸蛋儿）。

美娇娃啊，可曾记得，

你柔体半裸，

把处女的爱交给那个小伙？

那滋味只要体味过，

他怎能忘记，一时一刻？[5]

在马德里，蒙邦西埃隆重欢迎来自法国的作家和艺术家。西班牙人对仲马也表现出极大的敬佩。他写道："与在法国相比，我在马德

[1] 莫里哀《吝啬鬼》一剧中的管家。
[2] 高乃依的剧作《熙德》男主人公罗德里克的尊称。
[3] 大仲马：《从巴黎至加的斯旅行印象记》，（巴黎，米歇尔·莱维出版社，1861年新版）。——原注
[4] 流经马德里的一条河流。
[5] 小仲马：《青春罪孽》中的《致孔奇塔》。——原注

里更加知名，也可能更受民众欢迎。在我的作品中，西班牙人能找到一种我也说不清楚的卡斯蒂利亚[1]式的东西，这种东西挑逗他们的心灵，使他们感到愉悦与快慰。怪不得在成为法国荣誉勋位团骑士之前，我已经得到西班牙公教女王伊莎贝拉[2]赏赐的勋位了……"[3]

在旅行期间，仲马给居维里叶－弗勒里留下的印象，比起他的自我感觉来，相差甚远。居维里叶－弗勒里曾任奥马勒公爵的导师；这次是陪同法国的王侯们前来马德里的。此人写道："亚历山大·仲马带着萨尔旺迪交给的愚蠢使命刚刚到达。他长胖了，变丑了，而且俗不可耐……"[4]当然，居维里叶－弗勒里也缺少了点宽容与幽默。

两场"西班牙婚礼"将同时举行。一场是伊莎贝拉二世女王与少年唐·方济各·阿西西（绰号帕奇妲[5]）的婚礼；另一场则是蒙邦西埃迎娶女王的妹妹。"御妹长得更加漂亮，一双迷人的眼睛，秀丽的头发，头部的装饰得体高贵，面容更是妩媚动人"。两场婚姻先在东方宫使节厅里，面对西班牙宫廷，接受降福礼；翌日，移师阿托恰圣母大教堂，再次祝福；场面之豪华，使仲马眼花缭乱。几天以后（1846年10月17日），仲马又应邀出席女王在圆柱大厅举行的百人晚宴。"我们迷失在对我们的语言一窍不通的一些人中间，"居维里叶－弗勒里写道，"亚历山大·仲马和我一样，右边坐着一位主教，左边是名背后挂着钥匙的王室侍从。这把钥匙并不能开启人们的智力；仲马就只好一言不发，独自狼吞虎咽，并收集起邻座出家人的'旅行印象'。宴会之后，他说此人是'最难看的主教'了……"[6]

四位新人到大厅各处与宾客见面。伊莎贝拉二世年方二八，珠光宝气，"脸色红润，双颊闪耀着亮丽的光泽"。人们私下说，女王"有发胖的危险；就像她的祖母，今天已经成了个粗大的怪物"。伴王（这是帕奇妲婚后的官方头衔）的神态像个大姑娘，只是穿了一

---

[1]　卡斯蒂利亚为西班牙中部一地区。历史上为西班牙语言、文化的腹地。

[2]　即下面提到的伊莎贝拉二世（Isabel Ⅱ, 1830—1904）。一八三三年其父斐迪南七世死后袭位；一八六八年西班牙爆发革命后离国；一八七〇年宣布让位给长子阿尔丰沙十二世。

[3]　大仲马：《从巴黎至加的斯旅行印象记》。——原注

[4]　居维里叶－弗勒里：《私人日记》，第2卷。——原注

[5]　在西班牙语中，帕奇妲是女人名字帕卡的爱称；与帕卡相对应的男姓名字为方济各。

[6]　居维里叶－弗勒里：《私人日记》。——原注

身将军的制服罢了；他说话时，声音像笛子般悠柔细嫩。两人是表兄妹，从小就合不来；此次结合，完全是出于政治的缘故。形成鲜明对照的是蒙邦西埃公爵夫人；她正值豆蔻年华，白马王子称心如意，掩盖不住得意的心情，举手投足间焕发出幸福的神采。"真是个可亲可敬的尤物……面部表情里，既有优雅和大度，又不无调皮与狡黠……"[1]

在马德里，小仲马尽管有孔奇塔和安东尼娅作伴，玛丽·杜普莱西的身影仍然萦回在他的心头。一八四六年十月十八日，他写信给玛丽，请求原谅；对自己当初没有道理的狠心，表示悔恨。

> 穆提埃抵达马德里后告诉我，他离开巴黎时，您正在病中。您是否能够同意，把我列入看到您不舒服便会伤心的人们之列？
>
> 您收到此信八天之后，我就会到达阿尔及尔。如果我能在留局自取的邮件中找到您给我的信，信中您原谅了我一年前所犯的错误，那么我回到法国时，心头就会减少一分沉重。如果我不仅得到赦免，而且还能看到您病体痊愈，那我就无比幸福了。
>
> 友好
>
> A. D. [2]

观赏过最后一次礼花之后，亚历山大一世及其扈从起驾前往阿尔及利亚。在那里，一切都使他心花怒放：乘坐"快捷号"战舰排场十足；拜访布乔元帅礼节隆重；由他本人释放被阿拉伯人俘虏的法国人（仲马是这么说的，后来他对此也深信不疑），面子十足；在阿尔及尔锚地举行宴会，热烈隆重；组织猎鹰，快乐风光；购买秃鹫，给它取名朱古达[3]。此外，还在突尼斯靠岸停留（他本来是无权把一艘法国海军舰只带进港口的）。

大仲马回到法国，在议会引起喧然大波。怎么能提供一艘战船，

---

[1] 居维里叶-弗勒里：《私人日记》，第2卷。——原注

[2] 这是一封重要信件，此前未曾公开发表。系普里瓦夫人向我提供的。——原注

[3] 朱古达（Jugurtha，前160—前104），努米底亚（今北非一带）国王，与罗马帝国征战多年，于公元前一〇七年被俘，后饿死于罗马。

带上军官和水手，给一个逗公众开心的人使用呢？德·卡斯代拉纳伯爵提出质询：部长究竟为什么要委托一个写连载小说的人履行这么一项"科学使命"？来自佩里戈尔的议员马勒维尔追问：部长是否真的说过："仲马将向议员先生们展示他们所不了解的阿尔及利亚"？萨尔旺迪勇敢地站出来抗击质问的人。仲马也不甘示弱，请来了证人对质。证人们依仗论坛上辩论的自由，使火枪手占了上风。

　　这时，大仲马达到了事业的顶峰。当局对他像对待君主一般。随着其小说数目的增加，记录仲马成就的表单也越来越长。马凯和仲马，或者干脆称之为仲马－马凯，把一部部长篇小说改编成戏剧，吸引了难以计数的观众。在昂比居剧场，《火枪手们》从六点半拉开帷幕，直到凌晨一点才谢幕收场。泰奥菲尔·戈蒂耶在其连载文章中写道："人们从容不迫地看惯了这些人物，看惯了这些人物的秉性与气度，并且认为他们实有其人，所作所为真实可信……剧本在昂比居不断地演下去，就像其所依据的小说在报纸上一天一天连载下去一样。这不是件小事……"戈蒂耶继续评论道：

　　　　《火枪手们》的成功之所以显得更加突出，还在于剧中从头到尾没有一丝爱情的影子——甚至没有为了讨好纨绔子弟而设计一位阿里西娅[1]之类的角色。当然，这类子弟一般也不会去光顾林荫大道。这出戏的趣味来自友情和忠诚。光这两种高尚的情感就值得全剧为之大张旗鼓地渲染一番。四位正直的小伙子走到一起，心往一处想，劲往一块使，感情和谐，步调一致，这本身就含有某种激动人心的东西。他们四人并非一母同胞，之所以义结金兰，成为弟兄，完全出于志同道合的抉择。他们组成的这个家庭，正是人们渴望拥有的那种家庭中的一个。谁不想在讲究信义的青春年华，建立这样一个忠义联盟呢？只不过，随着岁月的流逝，一遇到危险，一经历利害考验这一关，大多数人就分

---

[1]　法国作曲家拉摩（Rameau, 1683—1764）的歌剧《希波吕忒与阿里西娅》中的女主角，是位雅典公主。

道扬镳了。谁之过？皮拉得斯，还是俄瑞斯忒斯[1]？这就是小说成功的秘密所在，也是那出戏一炮打响，常演不衰的奥妙所在[2]……

这一判断非常明智，甚至相当深刻。诚然，这些非凡的成就，是大仲马慷慨宽宏的内心造就出来的；此外还要加上，他对连载小说和戏剧一贯的执着。

---

[1] 希腊神话中，阿伽门农与克吕泰涅斯特拉之子。阿伽门农被后者与其情夫合谋杀害时，俄瑞斯忒斯年方十一二岁，被秘密送往姑母家中寄养；八年后，回家为父报仇，将生母及其情夫杀死。
　　皮拉得斯为俄瑞斯忒斯的挚友，两人一起经受过许多考验。
[2] 泰奥菲尔·戈蒂耶：《戏剧艺术史》，第 4 卷。——原注

第五章　玛丽·杜普莱西之死

> 人们对她可以做出的最大赞扬是：她的灵魂很快就厌倦了她的肉体所过的那种生活；而为了结束这一切，她的灵魂又杀死了她的肉体。
>
> 保罗·德·圣维克多

年轻的仲马，在马德里寄出信件之后，一直没有收到任何回音。原因如下：

玛丽根本就不情愿同小仲马决裂。然而，"由于经历过太多的感情变故，由于不得不屈从于对短暂私情的需要，又由于太多次从某一爱情跳到另一爱情，她变得冷漠、无动于衷了……很难说她更多考虑的是今天的爱情，还是明日的依恋了。"[1] 她真的冷漠、无动于衷了吗？没有，她只是听之任之而已。她内心里仍然"怀念着安宁、平静与爱情"。她仍然像当初那样，有着"一颗追求爱情的年轻女工的灵魂"。只不过，这颗灵魂现在"竭尽所能去适应她做妓女的躯体罢了"。作为妓女，她离不开斯达克贝格、贝尔戈等富有的情人；作为向往爱情的青年女工，她在寻求一位能在她身边代替"阿迪"的心上人。

她找到的是弗朗茨·李斯特。两人结识于一八四五年十一月，介绍人是为她治病的考列甫大夫。这位类似霍夫曼[2]笔下人物的医生，

---

[1]　于勒·冉南：《茶花女》（小说）序言。

[2]　霍夫曼（Hoffmann，1776—1822），德国作家。他善于以离奇荒诞的情节反映现实；笔下人物常受一种神秘的幽灵般的力量支配。

非常奇特，一半是江湖郎中，一半又是个天才。李斯特是位大名鼎鼎的艺术家，"英俊得像半个上帝"；不久前，他才同长期往来的玛丽·达古断绝了联系。当代人中，声望超过李斯特的人，恐怕并不多见。

"杜普莱西小姐看上您了，想跟您好。"于勒·冉南对音乐家说。

小姐果然得到了他，还给他留下了永远难忘的印象。"一般说来，无论是对玛丽蓉·德·洛尔墨这一类人，还是对曼侬·列斯戈那一类人，我都不怀偏见。但是，这一位实在是绝无仅有。她的心肠太好了……"[1] 这就是李斯特对杜普莱西的评价。然而，李斯特拒绝把自己的生活与她的生活联系在一起；甚至不同意按照她的愿望，陪她去东方作一次旅行。

爱德华·贝尔戈邀请玛丽去别处旅行。这次旅行颇为惊人。伯爵带她去了伦敦，并于一八四六年二月二十一日，在米德尔塞克斯郡的婚姻登记处登记结婚。杜普莱西小姐从而成为贝尔戈伯爵夫人。由于没有在教堂发布结婚预告，他们的婚姻似乎并不十分正规；在法国也不具法律效力，因为这两位同胞的婚姻并未经过法国驻伦敦总领事的认可；而根据法律，这道手续是必不可少的。回到巴黎后，新婚夫妇又将自由各自还给了对方。既然如此，当初又何必经过那么一道难以解释的手续呢？可能贝尔戈希望保持一种更加密切的联系；也可能他愿意满足一位不久于人世者的心血来潮，因为玛丽患的是"奔马性肺痨"，自知来日无多，屈指可数。伦敦的临终喜事，使小姐有权在车门上绘上伯爵的盾形纹章。当然，只有"她最亲密的朋友和最能保守秘密的知己"，才知道她拥有这份权力。后来，没有收到钱款的那些供货人，也渐渐习惯于将发票的抬头写成"杜普莱西伯爵夫人"了。

事实上，她心里明白，以自己病弱的身躯，已经不可能做一个名副其实的妻子或者情妇。她的双颊上，连那"令人难堪的苍白"，此刻也被枯竭的红晕取代了。她只好用珠光宝气来制造人为的光彩。她跑到比利时的斯巴温泉和德国的艾姆斯温泉去疗养，跳起舞来还是风

---

[1] 扬卡·沃赫勒：《弗朗茨·李斯特，一个女同胞的回忆》（巴黎，奥朗道夫，1887）。——原注

姿绰约，令人垂怜。尽管如此，病情仍是每况愈下。旅馆的用餐账单上，记得多是："全日进奶……全日只用冲泡饮料……"

> 玛丽·杜普莱西致爱德华·贝尔戈：原谅我，亲爱的爱德华，我双膝下跪请求您原谅。如果您对我还有足够的爱意，就请您只接受两点：原谅我，并且给我点友谊。请给我往拿骚公国的艾姆斯写封信，信封上标明"留局待领"即可。我独自一人在这里，病得不轻。那么，亲爱的爱德华，快原谅我吧。永别了。[1]

从疗养地返回巴黎之后的几个星期里，玛丽美丽的身影仍不时出现在节庆与社交场合；直至有一天，她再也不能走下玛德莱娜大道住处的二楼夹层。她年仅二十三岁，就要与世长辞了。于是，在她寝室里摆上了"一副蒙着绒布的祈祷跪架"，还有"两个鎏金的童贞圣母像"。有几回，她穿着白浴衣，头上裹着红开司米大披巾，走到窗前，双肘支在窗台上，观看散戏之后的人群。人们去吃夜宵，社交界那些形形色色的女士们川流不息。

孱弱的身体如今已换不来银钱，只好一件接一件地当掉她极其心爱的珠宝首饰；到她咽气的时候，只剩下一对镯子，一只珊瑚别针，还有她收集来的马鞭和两把小手枪。爱德华·贝尔戈赶来了，但玛丽没有叫他进门。一八四七年二月三日，正值狂欢节期间，离巴黎人疯狂玩乐之顶点封斋前的星期二还差几天，她去了。小小住房的窗户之外，人声沸腾。临终时，玛德莱娜教堂的一位助理司铎来做临终圣事；离开之前还接受了为他准备的便餐。女仆在账本上记下："神父的火腿肠，两法郎。"[2]

一八四七年二月五日，一群看热闹的人跟在"盖满白色花圈的"灵车后面，向蒙马特尔墓地走去。以往的朋友中，只有两位前来送

---

[1]　此信引自约翰内斯·格罗：《亚历山大·仲马与玛丽·杜普莱西》（巴黎，路易·科纳尔，1923）。——原注

[2]　约翰内斯·格罗：《浪漫派妓女：玛丽·杜普莱西》（巴黎，图书陈列馆，1929）。此版本有维才画的插图，是约翰内斯·格罗于一九二三年由科纳尔出版的同名著作的精装本。不过，内容有很大改动，有的段落被删除，又增加了一些新段落。——原注

葬；他们是爱德华·贝尔戈和爱德华·德莱赛；两人头上没戴帽子，走在灵车后面。当天，玛丽的棺材先停放待葬；到了二月十六日，即封斋前的星期二那天，才最终安葬在爱德华·贝尔戈以五百二十六法郎的代价永久租用的墓穴里。[1] 仪式进行时，"天气阴沉，黑云压得很低；到了下午竟下起倾盆大雨，浇在狂奔乱跑的肥牛[2] 队伍身上。那天夜晚，一百个疯狂的乐队，在巴黎的各个角落，都在为这场狂欢节的葬礼起劲地吹吹打打……" [3]

小仲马此时正在阿尔及利亚和突尼斯；对玛丽漫长的临终病痛，一无所知。回到法国后，他仍然十分想念玛丽·杜普莱西。事实上他对这位罕见而动人的情妇的爱恋从未割断过。"还有，一路奔波，床帏事上的缺憾，也不无萦怀心间……"这当然不是说，在整个旅行期间，他没有抓住过运气送上门来的良机。离开突尼斯城，他又返回阿尔及尔，去过圣诞节。一八四七年一月三日，"快捷号"的乘客，又转乘"奥雷诺克号"邮船，于次日抵达土伦；第二天，一行终于到了马赛。大仲马急急忙忙赶赴巴黎，去解决历史剧院的事情。小仲马有奥特兰、梅里等人盛情挽留，再加上远离巴黎可以写完那部以骗子无赖的流浪与冒险为题材的小说：《四个女人和一只鹦鹉的奇遇》；他需要赶一赶，因为出版商卡多催得很紧。

在马赛，小仲马得到了玛丽去世的消息。他悲痛欲绝，羞悔交加。倒不是因为他亏待了这位可怜的姑娘，而是由于他过于苛求，到了不近情理的地步；想到她一辈子含辛忍辱，便觉得不应怪罪她有什么不检点之处了。怀着这种自责，小仲马决定加油干活，以便尽快还清一切债务。起誓容易，兑现难。回到巴黎之后，一张海报触目惊心：拍卖亡人的家具和"贵重物品"；地点：玛德莱娜大道十一号。欲买者可前往参观，一切物品现场展示。小仲马立即跑去；映入他眼帘的是，那些可以为他短暂幸福作证的巴西香木家具；一件件包过她温柔玉体的内衣；还有那一件件将被一些所谓的正派女子抢购一空的裙衣长袍。他百感交集；回到家中，奋笔疾书，写出了他一生中最动

---

[1]　亨利·里奥奈：《小仲马的〈茶花女〉》。——原注
[2]　狂欢节中，有盛饰肥牛游街的习俗。
[3]　约翰内斯·格罗：《亚历山大·仲马与玛丽·杜普莱西》。——原注

人的诗句：

> 不知这是为了什么？我们竟闹到失和，
> 不为什么！只为对一桩陌生爱情的疑惑。
> 啊，我曾弃您而去，今天就为此哭泣。
> 哭我狠心离开您，哭我迟迟才归故里。
>
> 我信中说，回来后定去看您，
> 为的是找寻夫人对我的原谅。
> 我的首次拜访，在心灵深处，
> 要归功于这直到最后的爱慕。
>
> 当我久别的魂灵跑到她家里，
> 得到的竟然是门关户闭！
> 人们说，我爱过的玉颈红颜，
> 已被埋在一座新坟的下面。
>
> 据说，可怜的姑娘，在您临终之前，
> 只有一个男人在旁守候，为您合上眼睑。
> 就是在通向您那座坟墓的路途之上，
> 您生前好友中也只有两人愿意露面。
>
> 感激啊，二位！二位脱帽上路，
> 手拉手，不顾世俗的非议，
> 率领为熟知的女子送殡的队伍，
> 一直行进，抵达她最后的归宿。
>
> 生前二位爱过她，死后又送别她。
> 那些以供养她而自豪者哪里去啦？
> 他们中有公爵伯爵爵士富豪贵胄，

可谁也不懂为她送终荣光有多大！[1]

　　查理·狄更斯看到了拍卖的场面。"巴黎所有的名流显贵都到了，"他在致道赛伯爵的一封信中写道，"上流社会最上层的妇人们云集于此；社会的精英等在那里，好奇、激动，对一位姑娘的命运满怀同情，并表现出种种怜悯的表情与姿势……人们说：她的死，是由于心碎了。对我这个略懂常理的正直英国人来说，我倾向于认为：她是死于烦恼与厌倦……看到人们普遍的敬重与悲哀，不知情者会以为死者是位英雄，是位圣女贞德呢。当欧仁·苏买下了这位烟花女子的《祈祷经文》时，在场者的热情一下子冲破了界限！……"[2]

　　狄更斯尽管是个重感情的人，但是正如他本人所说，盎格鲁-撒克逊性格过强，以致达不到为一个风流女子而动情的地步。"为了留做纪念"，仲马则从一个商人手中赎回玛丽的一条金项链。拍卖总收入为八万零九百一十七法郎，大大超过了遗留下来的债务。余额部分，玛丽·杜普莱西遗赠给诺曼底的外甥女（玛丽的姐姐德尔芬与织工巴凯所生的女儿）；唯一的条件是：女继承人永远不许到巴黎来。

　　玛丽·杜普莱西的生活，和她的死亡，对小仲马道德观念的演变起了重大作用。他的父亲，和所有浪漫派人士一样，不遗余力地标榜激情的权利；然而，在大仲马身上，这一态度很快就丧失了它的真诚。他离开了梅拉妮·瓦勒道尔那样的恋人，移情于虽不忠诚但却宽容的女子。小仲马在二十岁上，也曾多次接受过轻狂的爱情。可是，生身之母的亲身经历，使他看到这样的爱情会导致痛苦的结局；玛丽的例子又进一步表明：寻欢作乐的喜剧，常常会无可奈何地以悲剧告终。

　　一八四七年五月的一天，他去圣日耳曼郊区散步，不由得想起当年与欧仁·德热才骑马闲逛的情景。两个朋友正是从那里前往杂耍剧

[1]　小仲马：《青春罪孽》。——原注

[2]　罗贝尔·杜·篷达维斯·德·厄赛：《模仿不了的博茨》（巴黎，冈旦出版社，1889）。对这封据称是致道赛伯爵的信函，狄更斯书信的编辑者们皆持怀疑态度。其原件既不见于不列颠博物馆，也不见于狄更斯故里，私人手稿收藏家从未有所披露。显然，刊印《模仿不了的博茨》中所称未发表的信件，都是狄更斯与福斯特谈话意译成法文的灵活记述。参见约翰·福斯特：《狄更斯传》，第2卷。——原注

院，这才触发了以后一连串的事情。小仲马住进了白马旅店，重新翻读玛丽的来信，接着便以她为原型动手写起小说；《茶花女》就这样问世了。从那个世纪初开始，人人都写诗作文颂扬自己的恋情：雨果、乔治·桑、缪塞，甚至连巴尔扎克，都曾把各自的私情，写成了小说。小仲马的这本书，并不是一部自传。故事情节当然取材于作者同玛丽·杜普莱西的恋情。后者在小说中，取名为玛格丽特·戈蒂埃。不同的是，在真实生活中，小仲马很快便放弃了救助罪孽之女；而在小说里，阿尔芒·迪瓦尔千方百计试图使她变得清白纯洁。

> 我只信奉一个原则：没有受过"善"的教育的女子，上帝几乎总是向她们指出两条道路：一条通向痛苦，一条通向爱情。这两条路走起来都十分艰难。那些女人在上面走得两脚流血，两手破裂，她们在荆棘上留下了罪恶的衣饰，从而赤条条地抵达旅途的尽头，在上帝面前赤身裸体，是不必脸红的……

书中，老迪瓦尔自始至终干涉玛格丽特·戈蒂埃的私情；玛格丽特决定出售马匹和首饰，以便用爱情替自己赎身；这位风月场中的女子英勇奉献，宁愿做出牺牲使心上人免受损害；这一切，以及玛格丽特被抛弃并破产之后，在弥留之际写的那几封催人泪下的书信，都是由小仲马虚构出来的。不可能设想，在现实生活中，大仲马会亲自去找玛格丽特·戈蒂埃教训开导，并大发雷霆。他更加习惯于征服烟花女，而不是保护她们的美德。

《茶花女》获得了最热烈的成功。不论是靠人供养的女子还是罪孽深重的女人，读过之后无不顾影自怜，悲叹自己红颜薄命。"痨病和苍白也能施展病态的魅力。"小说出版几天之后，作者遇见伏德维尔剧院的希劳丹。希劳丹对他说："为什么不把小说改编成一部戏呢？亲爱的，那是一块肥沃的土地，应当开垦，不能把它撂荒了。"[1]

---

[1] 亨利·德·拉波墨莱：《亚历山大·小仲马初期的故事，或称茶花女的磨难》（巴黎，米歇尔·莱维出版社，1873）。——原注

小仲马向父亲谈及此事。这时，历史剧院已于一八四七年二月二十一日开始营业；大仲马掌握着剧院的大权。首演的戏是《玛尔戈王后》。大仲马创建这家剧院时，就像他在其他事情上一样，制定了一项宏伟的方案：要按照时间的顺序，把法国的历史事件像希腊悲剧及莎士比亚悲剧那样一一搬上舞台，就像他在创作长篇小说时已经做到的那样。

《玛尔戈王后》开张戏演得十分精彩，戏长得叫人过瘾。晚上六时拉开帷幕，一直演到次日凌晨三时为止。泰奥菲尔·戈蒂耶在次日的连载评论中写道：

> 不错，仲马能把空着肚子的全场观众连续九个小时留在板凳上，这不能不说是件奇迹。不过，到了后来，在短暂的幕间休息时，人们面面相觑，就像是在"墨杜萨号"[1]的救生筏上一般。身体有些发福的观众们，心里很不踏实：多亏上帝保佑，才不必抱怨犯下了吃人之罪。但是，以后再演这类前有序幕后有尾声的十五场戏，应当在海报上写明："配以点心"[2]……

一万名看热闹的人聚集在大街上，观看看戏的人们进入剧院，并欣赏新剧院正面的建筑造型。剧院位于坦普尔大道。门面不宽，但壮丽辉煌，就像是从两座大楼中间喷涌出来似的。剧院的外貌颇为独特，因为它不同于当时大多数演出场所，"既不像交易所，也不像教堂；既不像警卫队哨所，也不像博物馆"。建筑设计师——说不定就是仲马自己——想出了高明的主意：仿造一个类似集市上演出原始戏剧的露天舞台，把两个酒桶换成了一对女像柱，柱顶是个阳台。泰奥菲尔·戈蒂耶赞扬建筑师赛商，说他没有把一个剧院设计成先贤祠的模样。"建筑物要具有意味深长的特征，同时各部位要具有实用价值，"他说道，"这样现代建筑艺术才能找到它还在苦苦探索的新形

---

[1] 法国轮船"墨杜萨号"于一八一六年七月二日在离西非海岸四十海里处遇难。放下一条救生筏，上面挤着一百四十九名遇难者，漂流了十二天。最后只有十五人生还；其他人不是被推入海中，就是被别人吃掉。这一事件在当时曾轰动一时。

[2] 泰奥菲尔·戈蒂耶：《戏剧艺术史》，第5卷。——原注

式。"在剧院内部，布置着大幅壁画，上面可以认出仲马的所有老朋友：索福克勒斯、阿里斯多芬、埃斯库罗斯、欧里庇得斯、高乃依、拉辛、莫里哀、马里伏，另外还有塔尔玛以及玛尔斯小姐。他像古人那样，喜欢把他的神祇聚集在他自己周围。

蒙邦西埃公爵也带着他十五岁的小夫人，莅临这次穿过长长黑夜的首演。贝娅特里丝·佩尔松，由于仲马善意的关照，扮演太后卡特琳·德·梅迪契。此时她才十九岁，演这一角色过于年轻了一点。然而，一个大人物的爱情可以把花冠戴到意想不到的额头上啊。过了一阵子，又贴出海报；继《玛尔戈王后》上演的，将是《哈姆雷特》。这出奇怪的《哈姆雷特》，由仲马改编；结尾与莎士比亚的不同：丹麦王子没有死，来了个皆大欢喜的结局。

小仲马希望，继他父亲的几出戏之后，历史剧院能把《茶花女》搬上舞台。

"不行，"亚历山大一世说话了，"《茶花女》不是戏剧的题材。我永远也不让你上演。"

儿子不肯善罢甘休。好几位职业剧作家主动提议编写剧本，更促使他拿定主意。"为什么我自己不能写呢？"他心里想。于是便在讷伊他自己的那所小房子里，关了八天时间。由于忙得连买纸都没有时间，顺手找到什么废纸片都拿来往上写。一写完，便立刻跑去找他父亲。父亲坚决认为儿子的计划是胡闹，然而出于父子之情，答应听一次朗读。念完第一幕，大仲马说了句："很好！"刚念完第二幕，小仲马有急事离开了。等他回来的时候，剧本已经朗读完毕，只见亚历山大一世泪流满面。

"我亲爱的孩子，"他把儿子搂到胸口，说道，"我错了！你的剧本已被历史剧院接受。"

但是，历史剧院的日子已经屈指可数。法兰西此时正滑向比仲马-马凯的戏更加真实的悲剧。王政走向没落；一个文学流派正在逐渐走向衰老。一八四七年二月，第一部《克里斯汀》的作者弗雷德里克·苏里埃离开了人世。巴黎人成群结队参加葬礼。他生前受人喜爱；不久之前，他的《热内家的小园圃》还轰动一时。广大民众对未来革命的激情已是汹涌澎湃，然而对那些向他们谈论希望与同情的人士仍然保持着爱慕与依恋，如拉马丁、雨果、米舍莱、仲马、乔治·桑、苏里埃等人。排成一行的士兵鸣枪致敬，最后一声尚未消逝，墓穴尚未封闭，就听到人群中喊出："亚历山大·仲马！亚历山大·仲马！"仲马向前走了几步，刚要开口讲话，泪水就窒息了他的声音。这样也好，眼泪自有它的雄辩之才。罗克普朗说道："他的神态，看那头花白的卷毛，像只公羊；看那凸起的肚子，像头公牛。"弗雷德里克·苏里埃是他在文艺界里最早的好友之一。当初，正是苏里埃派来了五十名锯木工人，来对付场内喝倒彩的捣乱者，挽救了《克里斯汀》的演出。这位浪漫派集团的忠实拥护者，壮志未酬，英年早逝。他曾写道："巴黎像是达那伊得斯们的桶[1]。年轻人的梦幻、壮年人的谋划、白发者的遗憾，统统向里边倒去；而它却把这一切都隐藏起来，从不回报。"陪伴其父而来的小仲马，听到人群里这样的对话：

"人来的真不少！"

"将来贝朗瑞的葬礼，人比这还要多得多。那就更热闹啦！"

又过了一个月，三月二十日，玛尔斯小姐也离开了人世。在历史剧院的装饰壁画上面，她是当时唯一健在的人。揭幕典礼那天，就有人说："玛尔斯小姐被列入死人之中；她没几天活头了。"这话竟然应验了。雨果亲赴玛德莱娜教堂参加丧礼。那天阳光明媚，是个难得的好天气。人多得不可胜数，在这座长方形大教堂门外等候。雨果在前厅里，靠在一个柱子上；挨着他的有约瑟夫·奥特朗和奥古斯特·马凯。

　　有一些穿工装的人在谈论戏剧、艺术与诗人；他们说的都实有其事，而且相当尖锐……这个民族需要光荣。没有马伦哥与奥斯特里茨的时候，这个民族就需要仲马与拉马丁这样的人并爱上了他们……亚历山大·仲马由他儿子陪着，来到我们中间。人群认出了他那一头浓发，不住地呼喊他的名字……灵车启动了，我

---

[1]　指希腊神话中，埃及王达那俄斯的女儿们；她们在冥界受罚，永不停息地往无底的桶内倒水。

们大家都步行跟在后面。足有一万人参加葬礼，黑压压一片，像是浪潮翻涌，推动灵车，摇晃着车上黑色的巨幅条幔，徐徐向前走去……仲马和他儿子一直跟着走到墓地……所有法兰西喜剧院的女演员个个身穿丧服，手持特大紫罗兰花束，向玛尔斯小姐的棺材抛去 [1]……

拉舍尔，小姐的老对手，献上的花束最大。

巴黎的民众承认并且崇敬仲马，债主们却对他横加迫害。一家杂志社的社长提起诉讼，指控他不执行合同。他的儿子挺身而出，理直气壮地为他辩护：

> 啊，思想家，诗人，啊，我的爹，
> 你永远挣不脱捆绑着你的文学锁链。
> 你走投无路，只好在自己富有的领地上，
> 让一个又一个人赚了大钱，财富无边；
> 而你自己，一周内竟不能歇息一天……
>
> 让那些人在华灯初上，或黎明到来之前，
> 看看你窗户上劳作的灯火，永恒的光焰！
> 二十年埋头苦干，辛劳探索，长夜无眠，
> 你这位自身天才的苦役犯，现在即使花大价钱，
> 也还是身不由己，休想歇上它百十来天……
>
> 加油干吧！然而，即使明天你高高举起，
> 六个星期里法兰西曾用来庇荫你的旗帜，
> 尽管你并不欠国家金钱或者道义，
> 流产的演说教头们还会跳出来辱骂你，
> 他们引为骄傲的只有高贵的门第。

---

[1]　维克多·雨果:《见闻录》，第 1 卷。——原注

那些家伙为了扬名显姓竟那么大口气，
其实他们个个都是伪托的米拉波[1]；
说自己是贝里叶[2]则更是冒牌的！

重新干起来吧，我在此为你守门，
那些人的议论无关紧要，他们尽可说三道四，
我自会树立我的名声。我现在只想以一个哨兵的忠诚，
保卫父辈的荣光不受冒犯侵凌，
就如同一名帕拉狄翁[3]无比神圣。[4]

干活吧，人家给了钱，高级工匠，
就要为剥削而不犯罪的买主着想。
干活吧，不要再向地平线上张望，
买主有立宪的脾气，还忠于国王，
如果法国国王还给病人摸瘰疬疮[5]，
他这忠诚会保持到病体完全复康。

干活吧，说不定明天萨达那帕尔王[6]，
为了给他苍白之夜的阴影置备金装，
为了填充他恶臭的卧室和空旷的床，
愿意向某一位墨尔波墨涅般的娇娘，
提前整整一个星期支付两万多法郎，

---

[1] 米拉波伯爵（Mirabeau，1749—1791），法国大革命初期的领导人之一，著名的演说家和政治家。

[2] 贝里叶（Berryers，1790—1864），法国律师、政治家。

[3] 城市的保护神像，一般由木头做成，全副武装，刻画的多为阿波罗、雅典娜等神祇。

[4] 以上诗句摘自小仲马《青春罪孽》中的一首：《一场讼诉之中》。——原注

[5] 古代法国国王在加冕之日，为患者触摸瘰疬部位，以治此病。

[6] 传说为古亚述的亡国之君。在敌军兵临城下之际，这位暴君放火烧毁都城尼尼微，然后自尽。

只要她肯于献上有喜剧色彩的贞操。[1]

就这样，儿子从此照料父亲；儿子的这一孝心，父亲马上就会痛苦地感到不可缺少。

---

[1]　以上两段属于同一首诗，但当年未曾发表；关于其原因，小仲马写道："出版者因害怕被涉及的人提出追究，未敢印刷。"——见《青春罪孽》的作者送给亨利·梅拉克的赠本；此本附有几首未发表的手抄诗作。梅拉克拍卖（1922 年 4 月 28 日）编号：537。现由西蒙娜·安德烈-莫洛亚收藏。——原注

第六卷
基度山 [1]

装假冒充者与神奇怪异者都比实实在在做人者更加富有人情味。

保尔·瓦莱里 [2]

---

[1] 原文为意大利文，意思是："基利斯督山"。基利斯督，中文简称"基督"，为耶稣的别称。这里随一般中文译文惯例，译作"基度山"。

[2] 保尔·瓦莱里（Paul Valéry，1871—1945），法国诗人、评论家、戏剧作家。

第一章　《基度山伯爵》

　　基度山，无论对大仲马的创作还是对他的生活，都是一个关键的字眼。它既是继《三剑客》之后大仲马最著名的长篇小说的题目，又是一座不但使他骄傲而且使他破产的奇特建筑的名称；这个字眼最能体现大仲马既追求豪华宏富、又向往公平正义的梦想。

　　这部小说是如何构思出来的呢？这要分几个层次来叙述。在《闲谈录》中，大仲马是这样说的：一八四二年，他当时在佛罗伦萨，威斯特华伦前国王杰罗姆·波拿巴委托他带其子（拿破仑亲王）出游，直到皇家圣地之一的厄尔巴岛。仲马当年三十九岁，而亲王刚满十九；不过，小说家在两人中反而显得年轻。一行在厄尔巴岛靠岸，上岸后跑遍全岛，最后又到附近一座名叫皮亚诺萨的小岛去打猎；该岛上满是兔子和山鹑。就在那里，两人的向导向远方海上一座圆锥形的石山望去，并对他们说：

　　"啊！二位阁下，如果到那边去，猎获物可就多啦！"

　　"那座幸运的小岛叫什么名字？"

　　"叫基度山岛。"

　　这个名字极具诱惑力，仲马便对年轻的亲王说道：

　　"王爷，为了纪念这次旅行，我将以'基度山'命名我要写的一部小说。"[1]

　　第二年，仲马回到法国，和出版商白求恩先生及布隆先生签约，写一部八卷本的书，取名为《巴黎漫游印象记》。按其本意，这将是

---

[1]　大仲马：《闲谈录》。——原注

一部怀古和访古性质的长篇游记；出版商却表示，这不符合他们的意图。欧仁·苏不久前发表了《巴黎的秘密》，引起极大轰动；两位出版家不能视而不见，无动于衷。他们希望大仲马也能写出些发生在当代以巴黎为背景的奇闻轶事来。

仲马是个好说话的人；什么样的设想都吓不住他。于是，便开始寻找故事的素材。他想起，好久以前曾浏览过雅克·波歇写的一部《巴黎警察局档案回忆录》，在该书第五卷某一章还折了个角。那一章，题目叫做《复仇的钻石》，引起他的格外注意。在笔记中，仲马不太客气地写道："像目前这样写法，简直是愚蠢……不过话又得说回来：在这个牡蛎深处，还真有颗珍珠。这颗珍珠一点也不圆，表面粗糙，一钱不值。它在等待匠师来琢磨……"[1]

波歇当年的真实身份是警察局档案管理员。在职期间，他从卷宗里面摘抄了大量的案情材料，整理成六卷本的巨著。这些材料，就是今天看来，也有许多是撰写连载小说的宝藏。现将当初引起大仲马兴趣的那段奇妙故事扼要叙述如下：

一八〇七年，巴黎住着一个年轻的鞋匠，名叫弗朗索瓦·皮科。皮科虽然是个穷光蛋，却相貌英俊，而且已经有了未婚妻。一天，他穿着节日的礼服，来到圣奥伯尔图广场一位朋友开的咖啡馆里。这位朋友名叫马蒂厄·卢比昂，和他是同乡，两人都来自尼姆城。卢比昂的生意挺红火，但是一见到别人交了好运，就压不住心中的妒火。皮科那天在咖啡馆里，碰上三个也是来自加尔州的同乡，三人和他一样也是老板的朋友。众人见皮科衣冠楚楚，便拿他开起了玩笑。这时，皮科郑重其事地告诉大家，他不久就要结婚；未婚妻玛格丽特·维高鲁是个孤女，但长得漂亮，还拥有一笔价值十万金法郎的钱财，而且对他一往情深。四个朋友听了大为震惊，心里七上八下，一时竟不知如何是好。朋友的幸福令他们眼红，谁都说不出是个什么滋味。

"什么时候举行婚礼？"

"下星期二。"

皮科走后，阴险而嫉妒成性的卢比昂说：

---

[1]　此件未公开发表，现存不列颠博物馆，39672 号，《仲马手稿》。——原注

"我叫他到时候办不成！"

"你有什么法子？"三个伙伴问道。

"分局局长马上就要到……跟他一说：我怀疑皮科是英国间谍……这样一来，皮科必然受到审问，一定会大为惊慌；婚礼这不就要推迟了。"

在当时，拿破仑的警察对政治犯是毫不留情的。三个尼姆老乡中，一个叫安东尼·阿吕的说道：

"这种把戏可是缺德呀。"

其他几位却觉得这主意怪有意思，便说道：

"没关系，狂欢节期间嘛，开开心！"

卢比昂立即行动起来。他碰上一位莽撞而办事挺认真的警官，向他报告了情况。警官一听，就感到天赐良机，不应放过；他不去进一步核实，便向警察总监罗维戈公爵萨瓦利写了报告。这时候，旺岱地区的叛乱活动正搞得公爵心烦意乱；他一见报告，立即做出判断："毫无疑问，这个皮科一定是路易十八的密探。"于是可怜的年轻鞋匠当夜就被抓走，从此杳无音信。他的父母和未婚妻多方打听寻找，得不到半点线索，只好忍气吞声，不了了之。要知道，正如成语所说：不在场的总是没有道理的。

岁月悠悠，整整过去了七年。一八一四年，拿破仑帝国垮了台。从费奈斯特莱尔堡监狱里，放出一个形色憔悴的男人。此人就是弗朗索瓦·皮科；七年的铁窗生涯，折磨得他虚弱、衰老，与当年判若两人。在狱中，他曾悉心照料过一位由于政治原因而被囚禁的意大利高级教士。这位身患重病的教会长老，临终时把自己的遗产悉数赠送给他，并特别向他吐露：在米兰有一处宝藏，里面有大量钻石、伦巴第的杜卡托[1]、威尼斯的弗罗林[2]、英格兰的畿尼[3]、法兰西的金路易，还有不少西班牙的钱币。

出狱之后，皮科就去寻找，终于发现了财宝。他把所有的东西都妥善放置到安全之处，然后化名约瑟夫·吕歇，回到巴黎原先居住

---

[1] 古代佛罗伦萨金币名。

[2] 威尼斯古金币名。

[3] 英国旧金币名。

的街区。他向人们打听：一八〇七年前后，有个名叫皮埃尔-弗朗索瓦·皮科的鞋匠，当时正准备同富有的维高鲁小姐结婚……此人现在到哪里去了？有人告诉他：那年狂欢节期间，四个恶作剧的家伙，开了一个玩笑，葬送了那个小伙子。小伙子的未婚妻，哭得死去活来，足足等了他两年时间；最后，料想他一准丧了命，迫不得已，嫁给了失去妻子、身边还有两个小孩的咖啡店老板卢比昂。皮科询问肇事者的姓名，有一个人说道：

"您可以去问一个叫安东尼·阿吕的人，他现在住在尼姆。"

已是大富豪的皮科，化装成意大利教士，自称为巴尔迪尼神父，赶往尼姆，找到了安东尼·阿吕。他送上一颗光彩夺目的钻石，就从阿吕口中打听到了另外三个同谋者的姓名。几天以后，卢比昂的咖啡馆雇下一名新来的伙计，名叫普罗斯贝。此人长着一张饱经风霜的面孔，穿着磨损了的旧衣裳，看上去有五十岁的模样。他就是皮科新的化身。阿吕揭发出来的另外两个尼姆人，现在仍是卢比昂咖啡馆的常客。有一天，其中一个叫尚巴尔的没有露面。原来，在前一天清晨五点钟，他被人刺死于艺术桥上。匕首留在他的躯体里；露在外面的把柄上写着：第一号。

卢比昂的前妻留下一子一女。千金年方二八，出落得如花似玉。一个谎称是百万富翁又有侯爵头衔的纨绔子弟勾引了她，并让她怀了孕。姑娘隐瞒不住，只好对父亲与继母道出真情，认错求饶。卢比昂宽宏大量，甚至是欢欢喜喜地原谅了那个浪荡子，因为这个一表人材的绅士答应娶他女儿为妻。先到民政当局办理手续，后来又到教堂去接受婚配降福；然而在婚宴之前，新郎却逃之夭夭。此人原来既非侯爵，又非巨富，而是一名被释放的苦役犯。

新娘子及其父母茫然不知所措，心情可想而知。第二个星期天，一场神秘的火灾把整座房子化为灰烬。店铺与住家是连在一起的，所以卢比昂落到了一无所有的地步。只有两个人没有疏远他：一个是另一位尼姆人老顾客索拉利，再有就是伙计普罗斯贝了。其实，背着卢比昂放火烧房子的，正是普罗斯贝。不久之后，那个索拉利也中毒身亡，这本是应该预料到的事情。在蒙盖棺材的黑布罩上，人们发现别着一张纸条，上面用印刷体写着：第二号。

卢比昂的儿子欧仁是个没有头脑、意志薄弱的青年。不知从哪里来了一群坏人，千方百计拉他下水，使他卷入了一起破坏与盗窃案；欧仁被判处二十年监禁。卢比昂一家人丢了脸面不说，还跌入了贫困的深渊。财产、名声、幸福，在这一连串雪崩似的灾难中，丧失殆尽。"漂亮的卢比昂太太"（婚前姓维高鲁，名玛格丽特）也伤心而死。由于她没有为咖啡馆老板生过孩子，她所遗留的个人物品都送还给了作为她当然继承者的娘家人。

这时，伙计普罗斯贝拿出他的积蓄，送给身无分文的老板；只有一个条件：叫老板美丽的女儿、已做了那个在逃苦役犯妻子的德莱丝给他当情妇。为了救父亲出此危难，骄傲的美人只好接受条件，委身于一个当跑堂的汉子。

遭受一连串打击之后，卢比昂整日疯疯癫癫。一天晚上，他正在杜伊勒里公园一条幽暗的小径上溜达，突然有个蒙面人出现在眼前：

"卢比昂，还记得一八〇七年吗？"

"这是什么意思？"

"因为那年你犯了罪作了孽。"

"犯什么罪？"

"你不记得啦，你嫉妒朋友皮科，害他蹲了大狱？"

"啊！上帝已经惩罚了我……惩罚得好狠啊。"

"不对，不是上帝。惩罚你的是皮科。为了报仇，他刺死了尚巴尔，毒死了索拉利，烧毁了你的房屋，让你儿子身败名裂，又给你女儿找了个苦役犯做丈夫……事情就是这样。在你的伙计普罗斯贝身上，认一认皮科吧，不过这只能是在他放置'第三号'字条之前的瞬间！"

卢比昂被刺，应声倒下。然而，就在皮科走出公园的时候，一只钢铁般的手臂抓住他，堵住了他的嘴巴，趁着夜色把他带走。等他被推进一个地窖，猛然看见眼前站着一个他并不认识的男人。

"怎么样，皮科？……对你来说，报仇可能简直就是开玩笑，对吧？……你花了一生中整整十年时间，来追逐那三个本应宽恕的可怜虫……你犯下了滔天大罪。而我当了你的帮凶，因为是我把你受难的秘密出卖给你……我就是安东尼·阿吕！我一直在远处注视着你的罪恶勾当，最后才恍然大悟，猜出你这个人的身份。我赶紧来到巴黎，打算把一切都告诉卢比昂。而魔鬼却让你早到了一分钟。"

"我这是在什么地方？"

"这对你无关紧要。你在一个既得不到救援又无人怜悯的地方。"

一报还一报。皮科被野蛮地杀害了。凶手逃往英国。一八二八年，阿吕病重，生命垂危，请一位天主教神父来到病榻前，对神父详细讲述了那一桩桩一件件可怕的往事，并同意神父在他死后，把所做的记录转交给法国司法当局。

给阿吕做忏悔的这位神父，认认真真地执行了阿吕的遗愿，这份珍贵的文件才得以存入巴黎警察局的档案。正是在那里，雅克·波歇有幸翻阅到它。[1]

这段故事，对于仲马、巴尔扎克、欧仁·苏来说，简直就是一部现成的小说。当然不只对这些作家，就是广大公众也会有同感的。几千年来，受苦受难的人们，总要通过一些具有补偿功能的神话，来安慰自己。神话人物中流传最广泛的，当属魔法师和伸张正义者。被污辱和受损害的人，怀着任何挫折都不能削弱的希望，有时等待上帝，有时等待英雄，来纠正错误、惩治恶人、奖赏好人。长期以来，上面所说的伸张正义者，指的都是体力意义上的强者，即赫拉克勒斯[2]式的人物。在此之前，为了怀念他当过将军的父亲，仲马曾把赫拉克勒斯的神话体现在波尔多斯这一人物身上，取得很大成功。

在《一千零一夜》的故事里，伸张正义者都是魔法师；他们的力量并非来自体力或自然，而是取之于神法秘术。这种人可以把无辜者送到别处远远离开迫害他们的人；也可以为穷苦人打开地窖，里面藏满了金银财宝。在仲马写作的那个时代，魔法师总是混同于"那巴伯"[3]，其财富足以使人异想天开地想干什么就干什么，只要敢干，

---

[1] 雅克·波歇：《巴黎警察局档案回忆录》（巴黎，勒瓦索－布尔芒塞出版社，1838），第5卷。——原注

[2] 希腊神话中的巨人，为宙斯与一凡人女子所生，力大无穷；在罗马神话中，名为赫丘利。

[3] 古代印度莫卧儿王朝时期的总督、司令官；后来欧洲人把从印度发财回来的人称作那巴伯；又往往泛指富豪、阔佬。

就可以干成。大仲马常缺钱花，但在情况允许的范围之内（令人遗憾的是，这个范围非常有限），他总是乐于在朋友和情妇面前扮演这种角色。他的金子用一只酒杯就能盛得下，可他挥洒金子时的手势，大开大合，跟一位那巴伯没有区别。

创造一位拥有神奇宝藏的人物，通过这位中介人散发蓝宝石、金刚钻、祖母绿、红宝石，这会给仲马带来很大的快乐。把这样一个人物塑造成某一桩大事业中的复仇者，也同样是件乐事。这是因为，尽管仲马外表快活、感情洋溢，内心深处却蕴含着对社会，特别是对一些冤家对头的不满与怨恨。他父亲就是一名受害者；他本人也常被债主追堵；诈骗勒索他的人还要造谣中伤他。世界上有那么多的人受到不公正的对待，仲马和他们一样，渴望报复；从《俄瑞斯忒斯》[1]算起，复仇的渴望孕育出多少杰出的作品。他心中一定受到了诱惑，想通过虚构，补偿现实中遭遇到的不平。

波歇把一个现成的情节送上门来；真实的故事都是良好的骨架，只待艺术家来完成它。仲马通报马凯的时候，已经做了相当多的工作：

> 我告诉他，已经做了些什么，还有些什么要做。
>
> 马凯提出不同意见："我认为，您跳过了主人公最有趣的生活阶段……也就是说，跳过了他同迦太兰女子的爱情纠葛、邓格拉斯和弗南的背叛，以及同法利亚长老一起度过的十年铁窗生涯。"
>
> "这一切，我将采用倒叙的方式，"我回答道。
>
> "您总不能倒叙四五卷吧，这些素材足够写四五卷的。"
>
> "您可能有道理。那么，明天来跟我吃晚饭吧。咱们好好谈谈。"
>
> 从当天晚上起，直到深夜，又到第二天凌晨，我都在考虑他所提的意见；他的意见是如此正确，以至竟占了上风，压倒我最

---

[1] 古希腊剧作家埃斯库罗斯的三部曲，由《阿伽门农》、《奠酒人》和《降福女神》组成。

初的设想。于是，马凯第二天来了之后，看到作品已被划分为三个部分：马赛——罗马——巴黎。

当晚，我们一起制定出前五卷的方案。这五卷中，第一卷作为开端交代情节，中间三卷写狱中生活，最后一卷写越狱和报答摩莱尔一家。其余部分虽然没有完全定下来，却也大致有了眉目。

马凯觉得，他仅仅是作为朋友帮帮忙。而我却坚持，他应当是一位合作者[1]……

现在谈谈仲马是如何调整波歇原书的情节而加以利用的。与弗朗索瓦·皮科一样，小说的主人公爱德蒙·邓蒂斯正要同心上人结婚的时候，一连串的灾祸莫名其妙地落在他的头上。未婚妻美茜蒂丝被渔夫弗南抢走，就像在波歇的书里，皮科的未婚妻玛格丽特最终委身于卢比昂一样。卢比昂这个人物，仲马将他"一分为二"，成了弗南和背信弃义的邓格拉斯。法官维尔福把邓蒂斯的灾难看成是自己晋升的阶梯；其生活中的原型就是对卢比昂的诬告不分青红皂白、完全当真、迅捷处理的那位警官。

法利亚长老（爱德蒙·邓蒂斯在伊夫堡狱中的难友）取代了将财宝留给弗朗索瓦·皮科的那位米兰的高级教士。邓蒂斯越狱成功并成为巨富之后，连续扮演了好几个角色：布沙尼长老、水手辛巴德、威玛勋爵、基度山伯爵；皮科也是一样，先后以约瑟夫·吕歇、巴尔迪尼神父和伙计普罗斯贝的面目出现。

卢比昂的女儿上当受骗，嫁了个假侯爵、货真价实的刑事犯，还以为要跟最为显贵的家族联姻。这一段情节是写小说的好材料。大仲马还安排了一个叫贝尼台多的人物。此人是维尔福的私生子，诈骗、抢劫、作伪，被关进了土伦的牢狱。越狱之后，这个苦役犯摇身一变，成了一名意大利王子。大仲马安排他出入邓格拉斯的府邸，并取得主人千金欧仁妮的欢心，小姐以身相许。就在举行盛大仪式签订婚约的当天，新郎凶杀案发，被逮捕归案。

---

[1] 此件未公开发表，现存不列颠博物馆，39672 号，《仲马手稿》。——原注

然而，小说之命名，却完全是大仲马的天才之举，与造化无关。《基度山伯爵》这个题目一下子就铭刻在人们的记忆里，真是神来之笔。孕育作品的神秘化学需要加入试剂才能促成反应。就这部小说而言，其珍贵的试剂，早在仲马当年前往厄尔巴附近小岛打猎之时就添加进去了。

皮科其人，报仇时过分凶残，无法成为大众欢迎的英雄。邓蒂斯则不然；他是个坚定不移的复仇者，却不是残酷的杀人凶手。皮科亲手杀死迫害过他的人；他是为自己报仇。邓蒂斯则是叫仇人得到报应，受到罪有应得的惩罚。弗南当上将军，成为马瑟夫伯爵，娶美茜蒂丝为妻，然而最后却亲手结束了自己的生命。邓格拉斯破了产；维尔福发了疯。为了给这地狱般的黑暗透进一点光亮，为了创造一种《天方夜谭》故事的气氛，仲马给基度山配了一名东方情妇：亚尼纳帕夏的女儿海蒂。这位女子是大仲马本人心眼里希望拥有的一名高尚而出众的女奴。

在全书的末尾，报够了仇的爱德蒙·邓蒂斯不计前嫌，帮助仇敌的女儿维尔福小姐置办嫁妆，让她嫁给自己好友的儿子摩莱尔。一对新人欲对恩人基度山表示感谢，向水手贾可布打听："伯爵在哪里？海蒂在哪里？"贾可布伸出手臂指向地平线。

> 这对年轻人把目光投向水手所指的地方；在那分隔天空与地中海海面的深蓝色地平线上，他们望见一片白帆，一片像海鸥翅膀大小的帆影[1]……

《基度山伯爵》就这样收尾了；就像查理·卓别林的影片那样，最后看到的是一幅背影，一幅向远方离去的背影。

---

[1] 大仲马：《基度山伯爵》（卡尔曼－莱维 1892 年新版），第 6 卷第 20 章。——原注

第二章　在这里，小说变成了现实

就在这个本子上，仲马每日记下他所有的开支；然而，我认为，记不下来的是，他花费的所有心血与才智。

罗歇·德·波伏瓦

《基度山伯爵》的成功，超过了大仲马此前创作的所有作品。一经连载，整个巴黎如醉如痴，仲马本人比任何巴黎人都更加痴迷。在他的小说和他自己的生活之间，他从来没有划过一条明确的界限。通过爱德蒙·邓蒂斯，他过上了一种无法模仿的生活，这使他高兴无比。现在他又产生了愿望，想在真实世界里也体验一下这种生活。他不就是文学界的一位那巴伯吗？他不是一年能挣二十万金法郎吗？为什么不建造一座基度山城堡呢？

从一八四三年起，仲马除保留其在巴黎城里的住房外，每年又花两千法郎租下圣日耳曼昂莱的"梅迪契别墅"，还包租了这个小镇的剧场。他把法兰西喜剧院请来演出，管吃管住，保证收入；这么一来，他损耗了大笔钱财。但是，他的宫廷、他的后宫，还有他的动物园，欢欢乐乐地麋集在他周围；巴黎至圣日耳曼的铁路，也因此而增加了收入。为了一睹这位大人物的容颜，好奇者蜂拥而来。仲马则像一位慈祥的王公，谁来了都跟人家握手，说上几句俏皮话，并且首先笑出声来。

这情况惊动了国王；国王便向大臣蒙塔里维询问：

"圣日耳曼那边出了什么事？怎么乱哄哄的？"

"陛下，您也想让凡尔赛变得热热闹闹，直到疯狂的地步吗？仲马只用了十五天，就把圣日耳曼鼓动起来了。您下命令，叫他来凡尔赛，也住上十五天。"

不是在凡尔赛，而是在从布吉瓦尔到圣日耳曼的公路旁边，大仲马买下了一片林地，以便建筑他梦寐以求的大厦。他把建筑师杜朗带到这块坡地上，对他说道：

"在这里，您给我设计一座英国式的园林；园子中央，我希望建一座文艺复兴式的城堡；对面来上一个哥特式的亭榭，四面绿水环绕……这里有泉水。您再布置上几个瀑布。"

"可是，仲马先生，这块地的底下是粘土；盖上房子，会滑动的。"

"杜朗先生，那您就往下挖，一直挖到凝灰岩……地下可以设计两层，做成地窖及拱廊。"

"这可得花费几十万法郎。"

"完全可以！"仲马容光焕发，得意地说道。[1]

真是奇迹：这一切后来竟都变成了现实。英国式的园林，又大又美，直到今天仍然绿柳依依，花木扶疏，景色宜人。铁栅栏气派高贵，两侧各有一座亭阁。在通往梅里-勒鲁阿的道路另一侧，还有一些迷人的附属建筑（瓦尔特·司各特风格），如今成了一座独立的农舍。城堡其实更像一座别墅；建筑风格混合杂陈，以致总体效果成为巴罗克式的，怪里怪气却叫人喜爱。巴尔扎克非常欣赏这座城堡，也不无几分嫉妒。不过，他错了。

窗户仿照阿奈[2]城堡的样式，使人想起让·古荣[3]和日耳曼·皮隆[4]的风格。底层临园的窗户上端，都有一幅椭圆形的浮雕，雕刻着弗朗索瓦一世国王赐给大仲马故乡维雷-科特莱的各种纹章。外墙的檐壁上，雕塑了众多天才人物的头像，从荷马到索福克勒斯，从莎士比亚到哥德，从拜伦到维克多·雨果，从加西米尔·德拉维涅[5]

---

[1] 亨利·勒孔特：《亚历山大·仲马》（巴黎，达朗迪埃出版社，1902）。——原注
[2] 法国厄尔与卢瓦尔省小镇。镇上由让·古荣装饰的古城堡非常著名。
[3] 让·古荣（Jean Goujon，1510—1566），法国雕塑家兼建筑师，是文艺复兴时代法国雕塑的代表人物之一。
[4] 日耳曼·皮隆（Germain Pilon，1537—1590），文艺复兴时代法国著名雕塑家，为卡特琳·德·梅迪契所赏识。
[5] 加西米尔·德拉维涅（Casimir Delavigne，1793—]843），法国诗人、剧作家。

到大仲马。正门上方铭刻着城堡主人的处世格言："凡爱我者我皆爱之"。在亨利二世风格的建筑正面之上，又冒出一个东方清真寺似的尖塔。行吟诗人时代的风格与《一千零一夜》的东方情调比邻为伍。屋顶上还不堪重负地竖立着几根风标。城堡里面，主客厅按照路易十五时代的式样布置，白色与金色交相辉映。此外，一些格调相异的小套间，分布在三层楼上，每套由五个房间组成。其中有一套是阿拉伯风格的，饰以用灰墁制成的种种阿拉伯式图案，雕琢得十分精细；从图案当中，显现出一些古体文字，鎏金而描以艳丽的色彩，是几段《古兰经》的经文。建筑最上部，是装有木护板的顶楼。

离开"城堡"约二百米处，矗立着一座哥特式建筑，好像一座微型的堡塔，又似一个玩具要塞。四周有护城河环绕，只有一座小桥可以通过。它的每一块石头上，都镌刻着大仲马一部作品的题目。整个底层是一个大厅，天花板上蔚蓝色的苍穹，闪耀着为数众多的星辰。蓝色的帐幔，精雕细刻的壁炉，壁炉上面是一大堆兵器。箱子是中世纪式样的。一张桌子像是来自某个废弃的隐修院。在这里，大仲马可以有一个相对幽静的写作环境。沿着一架转梯，可以上到一间斗室，大仲马有时就在那里过夜。再上面，是一个瞭望平台，可以观察走进园中的客人。这一切，既像是在小人国[1]里，又具有雄伟壮观的气象。

莱昂·戈兹朗心花怒放地写道："这是一件珍贵的宝物；除了布朗什王后在尚第伊森林中的城堡，以及让·古荣设计的那座房子之外，我认为再没有什么建筑能与之相比……外墙多面相交，棱角分明；再加上那些石砌的外阳台、彩绘窗玻璃、精雕木护窗、角塔和风标……使它不属于任何具体的时代，既不属于希腊艺术，也不属于中世纪艺术。然而，它却散发出一股文艺复兴的清香，具有一种独特的魅力……大仲马比任何人都了解他那个世纪的人才，把城堡内外所有的雕塑都委托给奥古斯特·普雷奥、詹姆斯·普拉迪埃和安多南·米姆去制作……沿着二层楼的檐壁，像花环一样，放置着历代大剧作家的胸像，甚至包括他自己……"

戈兹朗还赞扬了突尼斯的雕塑师，说他们制作的凸面装饰，只有

---

[1] 指英国作家斯威夫特《格列佛游记》中的小人国。

在爱尔汗布拉宫[1]摩尔风格的天花板上才能见到；那一连串凹形的线条，组成一个精美的整体，产生一种镂空花边的效果，或给人一种类似的幻象……我真是五体投地。特里亚农宫[2]里，没有一处天花板能与那位突尼斯人为'基度山城堡'的精工细作相提并论。站在城堡的主阳台上，美丽景色尽收眼底；比圣日耳曼城堡[3]的平台，更加令人心旷神怡……"[4]戈兹朗在这里，表现得比基度山还要基度山。其实，这座城堡只是一幢巴罗克式的楼房，式样怪异，规模也不很大。当然，仲马住在里面，尽可作威作福，当大老爷。

庆祝乔迁之喜那天（一八四八年七月二十五日），他邀请了六百位朋友共进晚餐。全部膳食由一家著名饭庄（圣日耳曼的"亨利四世阁"）承包；餐桌一律支在绿茵之上。道道热菜从一个个食盒中散发出香喷喷的气味来。到处可见拉巴叶特里侯爵家的祖训闪闪发光："火焰随风飘去！灵魂皈依上帝！"仲马容光焕发，在宾客中间来回走动；胸前挂满各式各样的勋章和奖章，鲜红的坎肩上挎着沉甸甸的金链条；碰上漂亮女人，总要亲吻拥抱；整个夜晚，都在讲述一些奇妙的故事。大仲马从来没有如此兴高采烈过。

> 巴尔扎克致夏娃·韩斯卡，一八四八年八月二日：啊！"基度山"是迄今所做过的最美妙的疯事之一。是迄今所有的最堂皇的糖果盒。仲马已经为它花费了四十万法郎，要全部建成还需再花十万。然而，要完成它，他必须先保住它。昨天，我发现，建那座小城堡的地皮，是一个农夫口头答应卖给仲马的。地还属于农夫，他可以要求拆除城堡，收回土地去种卷心菜。从这件事上多少可以衡量一下仲马其人！没有凭据，没有契约，便跑到别人

---

[1] 位于西班牙的格拉纳达市，十三世纪时为摩尔人建成，是古代西部伊斯兰建筑的典范，今为著名旅游胜地。

[2] 在凡尔赛，十六、十七世纪先后建造了大小特里亚农宫，今犹存。

[3] 位于巴黎近郊，最初是在弗朗索瓦一世时建造；路易十四曾下令扩建，特别新修了花坛与平台。

[4] 参见莱昂·戈兹朗在《滑稽年历》（巴黎，巴涅尔出版社，1848）一书中发表的文章《基度山城堡》。引自查理·格里耐尔：《亚历山大·仲马及其作品》（兰斯，弗·米肖出版社，1884）。——原注

的地皮上去建造奇迹！说他建奇迹，因为这的确是一个（没有完成的）奇迹。那个农夫总会离开人世，他的后辈继承他的财产，有可能不履行他的诺言！……

　　您要是看到它，一定会喜欢得发狂。这是一座迷人的别墅，比潘菲利别墅[1]还要美丽，因为从那里可以眺望圣日耳曼的平台，周围还有流水淙淙！……仲马会完成的。大门那么漂亮，那么精致，比起您在美术学院看到的那种阿奈式栅栏门，毫不逊色。布局也很好；最后，还有路易十五时代的"疯狂"，制作却是路易十三的风格，再加上文艺复兴式样的装饰。人们说，已经花掉五十万法郎，而全部完成尚需再加十万。仲马上当受骗，就像在树林深处遇上了打劫的。整个工程，其实有二十万法郎，就足够了[2]……

　　看到巴尔扎克如此褒贬一个挥霍成性的人，并教授预防受骗的艺术，倒是件颇为有趣的事。

　　与此同时，"基度山城堡"内，正在形成一种无法模仿的生活方式。城堡主人住在那座微型堡垒里；卧室在工作室的上面，家具只有一张铁床和一张不上油漆的木桌，再加上两把椅子。在这里，他仅仅穿件衬衣和一条人字斜纹布裤子，从早到晚，不停地写作；有时候还要从晚又到早地连轴转。他大大地发胖了；突起的肚子，顶到了桌边。不过，他饮食俭朴节制，堪称模范。那些庞大固埃[3]式的宴席，都是为别人预备的。这里的餐桌是开放的；无论何人，只要来了，就能得到款待。仲马一边写着，一边向客人伸出左手，然后留他吃饭。厨师不断接到命令：再多做些贝阿恩[4]风味的排骨。仲马做菜是把好手；有时候他亲自下厨房，做上一道别具特色的菜肴；各种调料添加搅拌，忙个不亦乐乎。

---

[1]　潘菲利别墅又名贝尔莱斯皮罗别墅，位于罗马近郊，十七世纪为教皇英诺森十世的侄子卡米奥·潘菲利所建。园中有喷泉、瀑布、奇山异石，并藏有提香等大师的画作。

[2]　巴尔扎克：《致外国女子的信》，第 5 卷（尚未出版）。见斯波贝奇·德·洛旺儒的收藏。编号：A. 303，folios 529—530。——原注

[3]　拉伯雷《巨人传》中的主要人物之一。

[4]　法国旧省名，今为大西洋沿岸比利牛斯州的一部分。

经济有困难的作家和画家，不管是谁，都可来此吃住。"基度山"因而经常居住着一大批寄生者，有的连我们的安菲特律翁[1]都不认识。光招待这些人，"每年就要花掉好几十万法郎"。此外，还有花在女人身上的……

在"基度山城堡"里，得到宠幸的后妃，走马灯似地一个接着一个：路易丝·博杜安（又名阿塔拉·包赛纳），历史剧院那帮初见世面的年轻女演员，还有女作家。一八四八年的宠妃是塞莱斯特·斯克利瓦奈克。这位美艳迷人的女演员，还非常年轻，就能充当德热才的替角，并从容地把多部有大段唱词的滑稽歌剧从头到尾演唱下来。她一身集情妇、女友、秘书三种身份，还打算在这个不稳定的家庭里，再扮演一个母亲的角色：

塞莱斯特·斯克利瓦奈克致小仲马：我亲爱的亚历山大，——我处于幸福的顶峰：我不再离开您的父亲了。他同意我与他结合。我这就要和你们一起去旅行，"打扮成男孩子"；裁缝来给我量尺寸，刚走。啊！我高兴得要发狂啦！原谅我，我的好朋友，我极好的朋友，原谅我没有将此事早点告诉您；不过，这些日子，我天天提醒自己，要和您谈上片刻；可就是总有别的事情，忙得不可开交。您父亲要我干一大堆工作，他说我写。能给他当秘书，能给这位学问渊博、无所不能的男人当秘书，真叫人骄傲，真叫人幸福。我希望，能在一个月之内见到您。见面之前，您总可以写上几句友好的话寄给我吧。

您要买的东西我们都给您买好了。我正在给您的领带缲边；只要裁缝把您的裤子做好，所有一切立刻就给您送去。今晚我们就出发去凡尔赛，打算在那里住上三天三夜。再见啦，抓紧时间给我个信儿。

您亲爱的小妈妈

塞·斯克利瓦奈克[2]

---

[1]　希腊神话人物。由于莫里哀对安菲特律翁形象的重新塑造，这个名字成了"好客的主人"的同义语。

[2]　此信由西蒙娜·安德烈－莫洛亚收藏。——原注

至于洛拉·蒙泰斯，她确实来"基度山"小住过，却不大可能成为大仲马的情妇；因为，她蒙其情夫、巴伐利亚国王路易一世的恩宠，已成为兰兹费尔德女伯爵，权势炙手可热。她在信中写道：

　　慕尼黑，一八四七年四月十四日。我亲爱的仲马先生：几天前，收到您的来信，极为快慰。您若来此一游，我可以为您安排。对于一位有如此巨大才能和显赫名声的人，应有相称的接待。国王陛下请求我向您表示感谢，感谢您在给我的来信中对他本人的称颂；国王还请我转告您：他将十分高兴，能在巴伐利亚见到您。我的意见是：请抓紧时间，尽快前来。在这里，您美妙的作品，使所有的人都热情洋溢；可以肯定，欢迎您，将像欢迎一位真正的国王……

　　我告诉您这一切细节，为的是请您不要错过时机，一定要来见见国王。我想，你们双方都会满意的。

　　不敢多占用您宝贵的时间了；同时我也知道，像我这样一个地位低下之人的信，不会引起您多大的兴趣。尽管如此，仍请您允许我，亲爱的仲马先生，把我称为最崇拜您的女子中的一个。

洛拉·蒙泰斯[1]

巴伐利亚的女伯爵洛拉·蒙泰斯，原籍爱尔兰，后来又设法被承认是西班牙人。从她信中看出，她的法文，不论拼写还是语法，都错误百出。然而，从信中的口气看，不像是位情妇，尽管不无可能出于谨慎，淡化了亲密的口吻。

"基度山"有位意大利管家，拉斯科尼先生，整个庄园由他总管。花匠米歇尔，是个什么都会干的巧手，并醉心阅读《自然科学辞典》；他能用拉丁文说出许多植物和动物的名称，颇得仲马欢心。此外还有小黑人阿莱克西；他当初是被玛丽·多瓦尔装在一只花篮里送过来的。

"我再也养不起了。我的大狗，就送给你吧，"迷人的女演员因为

---

[1]　此信由西蒙娜·安德烈-莫洛亚收藏。——原注

债台高筑，有一天对仲马说。

"原籍何处？"

"安德列斯群岛。"

"在那边，人们说什么语言，我的男孩子？"

"说克里奥尔语。"

"用克里奥尔语怎么说：'您好，先生'？"

"一样，也是这么说。"

"那么，我的男孩，那就很好！咱们在一起就说克里奥尔语好了……米歇尔！……米歇尔！"

花匠走了进来。

主人说道："喏，米歇尔，这位公民，从现在起，属于这个家庭。"

这里还有两个仆役，一名管狗，另一名管鸟。在这座丛林里，住着不少动物；大仲马还为它们写了一本书，名叫《我的动物的故事》。狗有五条；猴子三只，其中一只是长尾母猴；三只猴子各有其名（分别以一位杰出小说家、一位著名翻译家和一位事业有成的女演员命名）。此外还有两只大鹦鹉；一只猫，名叫米素夫；一只金色雉，取名卢库鲁斯[1]；一只被称为恺撒的公鸡；那只从突尼斯带回来的秃鹫，前面说过叫做朱古达。秃鹫后来到一个大木桶里筑巢而居，便被改名为第欧根尼[2]。

动物园里兽叫鸟鸣，令我们的基度山心旷神怡。他周围满是纸片，蓝的用来写小说，粉红的专为写文章使用，黄色的供写诗题赠姬妾。历史剧院的事也够他操心的，特别是要把自己的小说，改编成一部一部的戏上演。基度山本来可以像神仙一样幸福与快活，然而他儿子拒绝进入"亚历山大·仲马公司"做他的合伙人，这使他大为扫兴。是啊，只要小伙子愿意扮演马凯的角色，他父亲断言，每年挣四五万法郎，是件轻而易举的事。

"这并不难，听我的没错……我会讲给你听的。你也有权利提出

---

[1]　卢库鲁斯（Luculus，前117—前56），古罗马将军，有战功，曾任执政官。长于演说，传说曾写过战史。

[2]　第欧根尼（Diogène，约前430—约前323），古希腊犬儒派哲学家。他玩世不恭，放浪形骸，露宿街头；据说还曾栖身在大瓮里。

不同意见嘛……"

小仲马尽管小说取得成功，这时手头还是颇为拮据；经过一番抗辩之后，最终还是同意为父亲弄些历史方面的东西。

> 大仲马致小仲马：给你送去五百法郎。尽量在月底前给我完成第三卷。这会给你带来两千法郎……

有时候，小仲马为了某一位美人儿的事，缺钱过不去，只好求助于伊包利特·霍斯坦。此人年轻机敏，大仲马把领导历史剧院的责任托付给了他。小仲马写道：

> 亲爱的霍斯坦，我穷得像个修士，
> 连马车都掏不出钱来坐一坐，
> 艺术桥不久我也将无法通过。
> 杜伦没钱，至少他是这么说。
> 波歇连一个苏都拿不出，
> 这是他妻子向我诉的苦。
> 他非但不能给，还想取点走；
> 只好求求您，能否为我凑一凑？
> 三百不算啥，只要三百法郎，
> 您要借给我，真是帮大忙。
> 请君回个话，我向您致敬。
>
> 仲马菲斯[1]

然而，就是这股细细的财源，也很快就要干涸了。

---

[1] 发音即"小仲马"之意，但拼写不尽相同。见一九二四年七月二十七日《巴黎晚报》。——原注

第三章　基度山的坍塌

篮子捅破了？是这样。然而，并不是我自己捅破了我的篮子。

亚历山大·仲马

历史剧院第一季度的票房收入为七十万零七千九百零五法郎，还有赢余。第二季度，仲马-马凯以《红屋骑士》一炮打响。这出戏，以动人的爱情故事为红线，把大革命时代的重大事件贯穿起来；以吉伦特党人[1]最后一次宴会以及《为祖国而死》的歌声结尾。一八四八年二月七日，历史剧院大胆创新，用两个晚上的时间，演出全部《基度山》。

第一晚，演到爱德蒙·邓蒂斯越狱为止；从六点钟开演，一直演到午夜。戈蒂耶写道：

大家离开剧院时，互相允诺，明天再来接着看。这样后半夜加上明天白天，像是幕间休息，只不过时间略微长了一点罢了……第二晚，大家纷纷打招呼，关系密切了，出现了亲热的苗头……每个人都做了些小小的安排，把自己安顿得舒服一些；好像不是来看戏，而是过日子来了……大幕最后一次落下时，人们遗憾地倒吸了一口气，每个人都挺起了胸膛："怎么？刚在一起过了两天，就要分手了？伟大的亚历山大·仲马，还有那位不知疲倦的马凯，为什么这样不信任我们？……不用说两个晚上，就

---

[1] 吉伦特党人为法国大革命时期温和的共和派。

是一个星期我们也愿意连着看[1]……

然而，二月二十四日，就爆发了一八四八年的革命。暴乱对演艺界是致命的打击。剧场不上座；只有拉舍尔还能给法兰西喜剧院拉来几成观众；上演的是高乃依或拉辛的悲剧；在第四幕与第五幕中间，还要以热情激越的自豪，朗诵《马赛曲》的歌词。

大仲马就是再倾向共和，也愿意少来点颂歌，多来点观众。如果说他对路易－菲力普的逊位并不感到遗憾（国王从来就没有喜欢过他这个人），可是年轻的王公们随之倒台，却使他失去了不少宝贵的保护者。他和维克多·雨果一样，原本可能支持奥尔良公爵夫人出来摄政；然而，既然这种办法看来没有可能，便决定归顺新制度，并参加竞选议员。他写道：

"革命的雪崩卷走了头戴王冠的老人，连同穿着丧服的母亲和孱弱的孩子。危难中的法兰西转向了她最优秀的儿子们……我觉得，我有权利跻身于她向之呼吁救助的聪明人之列……"[2] 这就意味着，大仲马像拉马丁和雨果一样，打算参与公众事务了。

下面要做的，便是选择一个州，申请竞选议员。雨果从未迟疑过。巴黎是他的城市；巴黎圣母院的双塔绘出一个大写的字母"H"，那正是他姓氏的字头；巴黎人民是认真看待他的。然而，巴黎不会投仲马的票；他过于嘻嘻哈哈，不受人尊敬。他的出生地埃纳州呢？他担心，在那里会被看成比共和国还要共和派的人。塞纳－瓦兹州行不行？"基度山"就坐落在这个州，而他是房地产的主人；此外，他还是圣日耳曼昂莱国民自卫队的营长。可是，唉！一八四八年革命的那三天里，他建议他的人马向巴黎进军；这伙人没有原谅他的"轻率"，说他"视他们的性命如同草芥"一般。这些国民自卫队员诚然愿意保卫国民，不过要在自己家门口。他们要求过于好战的指挥官辞去职务。

一名得到过仲马帮助的年轻人，向仲马保证：在约纳州他颇受

---

[1]　泰奥菲尔·戈蒂耶:《戏剧艺术史》，第5卷。——原注
[2]　亚历山大·仲马:《我的动物的故事》（巴黎，卡尔曼－莱维出版社）。——原注

爱戴；到那里参选，一定不会落马。仲马心里捉摸：是啊，在约纳州，和在别处一样，我一定很得民心，任何候选人都没有机会打败我。然而，他忘记的是：在外省，人们敬重的都是本地人。一些约纳人问道："谁是仲马？是本地人吗？他有葡萄园吗？是酒商吗？都不是？……那么，准是个政治杂种，何况还是奥尔良王子的朋友，又拥护摄政。"还有人说："他是贵族，一个侯爵！"仲马前不久创立了一家报纸，称作《月份报》（其箴言颇为谦恭："上帝授意，我来写出"）。在这份报上，他要求把卢浮宫大院里奥尔良公爵的塑像，重新安放到原来的底座上去。这一忠诚的举动却引来选民们的指责。仲马滔滔不绝地大谈友情与感激，还提及年轻王子的惨死所造成的痛苦。这一切，使大厅里一半人流泪，另一半人鼓掌。然而，最终他还是落选了。

　　这之前，仲马让人在巴黎的历史剧院门前种了一株自由树，并对剧院经理说："霍斯坦，让我们保留住大众的拥护。在法兰西，即使到处都没有了王子，伟大的人民总会继续存在。"在约纳州，一次集会结束后，一名工人朝他怒吼："嗨！侯爵！嗨！黑家伙！"大仲马听后，做出的姿态真不愧是仲马将军之子，也使人想到火枪手波尔多斯。他一把抓住挑衅者的裤裆，把那人高高举过河边的栏杆，喝道："不求饶，就把你扔到水里去！"那人连连求饶，大仲马才放下了他，说道："行啦。我只是想向你证明，我这双二十年写了四百卷小说和三十五部剧本的手，是一双工人的手……"后来，他又想到去安德列斯地区竞选。"给他们寄上一缕头发，"他说道，"他们就会看出我和他们是一伙的。"这一次，结局还是不得不放弃。无法创造历史，他只好又拿起笔，创作起故事来了。

　　然而，写小说、编剧本，已经不够抵挡债务之潮上涨的势头。历史剧院的票房收入接近于零。巴尔扎克的剧本《后娘》（1848 年 5 月25 日首演），演出完全失败。尽管重新排演了《奈斯尔塔》，也挽救不了已经处在破产边缘的剧院。开头的几个星期，仲马那大手大脚的作风，就吓坏了霍斯坦。霍斯坦此人，据玛瑟琳·戴伯尔德－瓦勒莫尔所说，"并不总是像那位写诗的大孩子一样容易对付。可怜的大孩子与他不同，总是把我们这些人挂在心上。"[1] 不错，这位大孩子有求必应，什么都答应，对谁都答应。聘用合同洒向四方："所有的演员都投奔而去；看到仲马那种变幻无常和吓人的奢华，所有的人都感到恐惧。这么大的破费，只有靠博卡日式的精打细算才能维持；而承担这一切的是霍斯坦先生……"[2] 不久，霍斯坦也拒绝充当"仲马的管账先生"，于一八四九年十二月辞职而去。接替他的几个人，也未能比他更有作为。历史剧院老是闹饥荒，新剧本被它大口吞食，三下五去二就盆光碗净了。债权人从四面八方向仲马扑过来。"基度山"被查封；整个产业委托抵押了二十三万二千四百六十九法郎又六生丁。

伊达·费里叶，或者按照她到意大利后的称呼：达维·德·拉巴叶特里侯爵夫人，是位享有优先权的债权人。仲马欠她十二万法郎嫁妆钱，外加利息和赡养费。她也来讨债，但还保持一定距离，没有胡搅蛮缠。一八四七年八月，她请拉康[3] 担任私人律师；从给他的信中，可以看出伊达并非坚决要跟仲马打官司：

> 那不勒斯，一八四七年八月一日：对一个有一定才能，受到公众欢迎，并确有影响的男人，对他那些巧妙的谎言及没良心的要求，一个独自生活的可怜女子，一个除了拥有真理别无其他力量的女子，一个别无它途只能从远处申诉事实真相的女子，又能有什么办法呢？不论如何判断这个男子个人，但他作为作家，确实具有相当魅力，人们是很难置之于不顾的。此人才思敏捷，善于构想富有诗情画意和滑稽有趣的作品；谁要是遭到他的忌恨，他也同样有办法对付与还报。他将不惜编造最恶毒的诽谤，置人于死地，而且还为自己开脱。因此，不管我有多大权利，我只好屈服；至少，我被谎言与背信弃义如此严重地伤害了，即使我重

---

[1] 玛瑟琳·戴伯尔德-瓦勒莫尔：《致普罗斯贝·瓦尔莫的信件》，第 2 卷。——原注

[2] 玛瑟琳·戴伯尔德-瓦勒莫尔：《致普罗斯贝·瓦尔莫的信件》，第 2 卷。——原注

[3] 阿道尔夫-让-巴蒂斯特·拉康（Adolphe-Jean-Baptiste Lacan，1810—1880），任律师公会理事会理事，达三十四年之久；期间，两次担任会长。——原注

提此事，也无济于事。仲马先生惯用这一手法，来阻挡我诉诸法律……他知道我害怕丑闻，爱面子，也晓得我为了在社交界维持一定地位而作出了多少牺牲；所以，他就千方百计拆我的台，不把我整垮不肯罢休。

我和他看待同一事物的方式有所不同：他声称，生活中闹点丑闻，只能增加他作品的价值，于是他便精心寻找丑闻；而我则不同，我是以同样的精心，竭力避免丑闻沾身。先生，我恳切地请求您指点：如果我非向他索要赡养费用不可，会不会带来这一方面的麻烦？绝对的匮乏，对我本人以及我的家人，诚然难以忍受；但是，叫我在光天化日之下当众遭受中伤，而我又不能当场反驳，这也是同样残酷的事情啊。好几年来，我生活在这个国家最高贵的社会当中，我必须十分注意保持分寸与谨慎；先生，您一定了解，上流社会有多么敏感，有多少忌讳；而仲马毫不在乎，不怕冒犯，特别是因为他根本就不在这个圈子之内……

站在侯爵夫人伊达一边的，有被她争取过来的继女玛丽，玛丽痛恨生父挥霍无度。当然还有伊达的寡母费朗；仲马曾答应给这位前岳母大人一笔补贴，可是一直没有兑现。这位老妈妈和玛丽·仲马有个共同的梦想：去那不勒斯或去佛罗伦萨，和伊达一起生活；在那里，她有"一些朋友"供养她。

伊达·仲马致拉康律师：佛罗伦萨的朋友们，还有我自己，都认为我不应当再长期留在那座城市里；在那里，我没有生活来源；而且，为了保持我的身份，为了不隐姓埋名于我多年生活的上层社会，就需要进行必要的交往与走动，而这是相当昂贵的。那些朋友们对我十分关怀，再次为我做出牺牲，出面担保为我借到一笔钱；用这笔钱，我才来到那不勒斯；由于健康的原因，我早就打算来此调养。多亏这里也有一些朋友相助，否则我甚至维持不到我们即将提出的起诉有所结果；而在有所结果之后，我还不得不再等待一阵，才能够返回佛罗伦萨，并且把我母亲和我的继女也接去，和我一起生活。

先生，我希望法庭能考虑我还有两口人需要供养，而我所要求的补贴，并不完全由我一个人享用。一万八千法郎，分在他的妻子、岳母和女儿三个人头上，能有多少钱？远不能和仲马先生的文学收入相比：他的文学收入，据他自己在不同场合，特别是在同我也说不清是哪家报纸打官司的时候（1845 年冬天）透露，不会少于二十万法郎！何况，如此巨额的进项，是人所共知的 [1]……

玛丽·仲马同意证实上述事实，并愿为针对她生父的诉讼作证。她称伊达为"十分亲爱与心爱的妈妈"，并抱怨基度山城堡中那些乌七八糟的事情，让她这样一个十六岁的少女看在眼里，真不像话！

　　玛丽·仲马致其继母，巴黎，一八四七年八月二十八日：……此外，十分亲爱的好小妈妈，我在这里过的日子，真是无法忍受。再加上不能与世界上我最爱的人在一起生活，我经常感到非常痛苦。爸爸打算叫我住到他那里去。他那五花八门的要求伤透了我的心！最亲的亲人啊！……我的处境多难啊！……我无法同意他的要求。当他不顾羞耻，硬把我的手放到一个放荡女人的手里时，我的心都碎了。他要是还有做父亲的心肠，就应当在接我进"基度山"的时候，把那个人赶出去；并且永远也不应该当我的面谈论这个人！然而，他却一点不脸红，硬让我跟这个女人接触……我向你起誓，你是我在世界上最亲的亲人，除非使用暴力，否则休想逼我跟这帮人呆在一起 [2]……

伊达倒是真诚地愿意担负起对玛丽的教育：

　　伊达·仲马致拉康律师，佛罗伦萨，一八四八年二月一日：我再次全力托付您，让我的继女回到我身边。我看得很清楚，她

---

[1]　信件未公开发表，由皮埃尔·洛斯特收藏。——原注
[2]　同上。

的寄宿主管，出于完全私利的考虑，会竭尽全力予以反对的。关于此事，她已经会见了诺让·德·圣洛朗先生。我恳求您，先生，向后者解释一下：这个女孩子，这个我视同亲生的孩子，她的真实态度到底是什么。众所周知，她父亲债务缠身，今后绝不可能再给她一分钱。她所能指望的来源只有我了。叫这个姑娘留在巴黎，永久寄宿，周围没有母亲，没有家庭，没有适当的人保护，这样是不可能有前途的。她若来到我身边，可以免掉她父亲应付的寄宿费，这对他来说也不失为一种办法。我保证她可以在这里完成学业……

玛丽若来这里，所接触的社会层次，将大大高于她在巴黎的那个生活圈子。从她未来成家立业着想，佛罗伦萨比其他任何地方都更为适宜。硬逼着把这个可怜的女孩留在巴黎，不仅使她伤心，也毁掉了她的前程[1]……

拉康律师终于替费朗太太争取到了一份小额赡养金；然而，伊达"在内心深处坚信，仲马先生只有在能够逃脱的情况下，才会同意达成一项协议"。那么这三位女姓的唯一担保，就是"基度山"的房地产了。拉巴叶特里侯爵夫人断定，仲马迟早会变出某种巧妙的戏法，不把房产变没了不会罢休。她没有猜错。但是，为了保持公正，应当补充说明，仲马明知自己的妻子被一位意大利阔佬供养着，因而不可能同情这样一个女人；另一方面，在他眼里，隐匿财产是一项应当受到赞许的活动，因为一切债主都是敌人。波尔多斯什么时候还过债呢？

一八四八年二月十日，塞纳州法庭判决仲马夫妇分割财产；这项对男方不利的判决要求后者：1. 归还被他侵吞的十二万法郎嫁妆钱；2. 交付赡养费（一年六千法郎），用合法抵押担保。第一审败诉后，仲马提出上诉。革命使他破产，更把他的家庭纠纷复杂化了。"基度山"连同别墅中的一切家具都被拍卖；然而，仲马采取了预防措施，使拍卖只是走了走过场。

[1]　信件未公开发表，由皮埃尔·洛斯特收藏。——原注

亚历山大·仲马致奥古斯特·马凯：我需要您尽力协助。为了解决我与仲马夫人的纠纷，我不得不让人家拍卖我家中的一切；然而我将尽可能再赎回来。您能否到《世纪报》领出您那一千法郎？您能否到您父亲家或到考普处再借一千，然后用这两千法郎，买回我给您指定的东西？由于这些物品必须从"基度山"搬出来，您就把它们运到布吉瓦尔[1]去，等将来我再取走……我不离开家，望傍晚前能来一晤[2]……

"基度山"的"城堡"被司法当局拍卖；售价低微，仅三万零一百法郎；买主名叫雅克-安东尼·杜阿颜；此人很可能是仲马安排的一个顶替人，因为这位杜阿颜从未占用过这幢房子。一八四八年七月二十八日，上诉法院维持民事法庭的原判。伊达两审皆胜。钱，却一分也没有拿到。

伊达·仲马致拉康律师，佛罗伦萨，一八四八年九月九日：面对仲马先生为了逃避法律行为而采取的预防措施，我们花了那么大的力气，但很可能无济于事，归于失败！然而，无论如何，不管这次胜诉带来什么结果，我对您的感激都不会改变……没有您的大力相助，没有我佛罗伦萨朋友们的善意与忠诚，我真不晓得到何处去汲取力量等待下去。我母亲说，还需要过些时间，才能知道我们是否能从"基度山"的拍卖中有所获益。她本人无法再得到她的赡养费了；在我的命运决定之前，她只好靠借债与东拼西凑过日子。

我的继女住在她父亲那里。唉！我所担心的坏影响，无论对她稚嫩的心灵还是对她单纯的头脑，都已经有所显露！我估计，我为了使玛丽摆脱坏命运而所做的一切努力，都将徒劳无益。然而，先生，正如我曾对您说过的那样，我对上苍仍怀有希望，对

---

[1] 仲马＝知了；马凯＝蚂蚁。当挥霍者的房产行将拍卖之际，马凯刚刚在布吉瓦尔买下一处别墅。马凯后来成为富有的房地产主，颐养天年，殁于杜尔丹附近的圣梅姆城堡。——原注

[2] 国家图书馆手稿部；编号：N. A. F. 11917, folio 214。——原注

您仍怀有希望……

　　我的母亲，尽管对案件处理并不太懂，仍然尽量对我解释，现在进展到了哪一步。她谈到有一个"三年的必要期限"；三年过后，还需和那位杜阿颜先生再打官司。这场官司的根据何在？我真是一窍不通……我非常担心的是：仲马先生财产的中止（原文如此），会不会把我们能够合理保持的最后希望也彻底毁灭。即使按照法律我们有一千条理由，但是如果仲马先生不再拥有任何摸得着的东西，我们将永远在原地踏步[1]……

　　仲马现在的确不再拥有任何摸得着的东西了；他倒挺有本事隐藏那些摸不着的东西。不过，这也没用；讨债的人蜂拥而来，难以招架。一名制靴商，东找西寻，前来圣日耳曼索取仲马所欠的二百五十法郎。还不了账的城堡主人亲切地接待来者：

　　"啊！我的好朋友，你来得真是太好了；我正需要上漆的薄底浅口鞋，还要打猎用的皮鞋。"

　　"仲马先生，我给您带来一张小小的账单。"

　　"噢，对，对，对……咱们下午再谈这个……先吃饭，先请你吃饭。"

　　一顿美味佳肴之后，鞋商又羞羞答答地拿出发票。

　　"现在不是谈生意的时候……先消消食……我已经叫下边人套车去了，送你到车站……喏！这二十法郎，你先拿着坐火车。"

　　这种莫里哀式的场面，每星期都在重演。最后，这位鞋商共收走现金六百法郎；外加三十顿美餐，由仲马掏钱。此刻，花匠米歇尔前来禀报：

　　"先生。报告您，日常用酒已经喝完，该买了。所剩的只有约翰尼斯堡酒和香槟酒了。"

　　"现在没钱。那你们大家就喝香槟吧！换换口味。"

　　过了不久，执达吏采取行动了。家具、油画、车辆、书籍，直到动物，都被拉走！有人留下这么一张条子："兹收到秃鹫一只，估价

───────────────

[1]　信件未公开发表，由皮埃尔·洛斯特收藏。——原注

十五法郎。"这里指的，当是那位大名鼎鼎的朱古达-第欧根尼了。

仲马离"堡"而去的那天，用一个盘子托着两枚李子请一位朋友吃。此人拿起其中的一枚，吃了下去。

"你所吃的，值十万法郎，"仲马随口说道。

"十万法郎？"

"可不是吗？这两枚小李子，是整个'基度山'的全部余留……'基度山'当初花了我二十万法郎啊……"

> **巴尔扎克致夏娃·韩斯卡**：我从报上看到，下星期天拍卖仲马"基度山"的全部动产；房子已经卖掉，或者即将售出。这一消息使我不寒而栗；我下决心夜以继日地工作，以避免同样的厄运。但是，我可能不会落此下场；我想去美国，过过田园牧歌式的生活，就如同博加尔梅先生那样[1]……

仲马性格中一大优点是，即使在非同一般地破产后的窘况之中，除了对妻子和债主，他仍然比谁都大方。浪漫派的大演员们此时已无可奈何地步入老境，仲马仍不遗余力地支持他们。乔治小姐胖得不像样子，可还在巴蒂尼奥尔演戏，坐出租马车连二十五个苏都掏不出来。奥德翁剧场经理博卡日，此时只搞政治和行政管理。只有弗雷德里克·勒迈特还坚持在第一线，并像当年的凯恩那样，带着责备的口气大声鼓动公众：

"公民们，此刻不喊'共和国万岁'，更待何时！"

缪塞顶了他一句："戏子，背你的台词吧！"

勒迈特正在演出奥古斯特·瓦克里写的《特拉加尔达巴斯》。此剧已是纯浪漫派戏剧的收尾之作了。"滑稽模仿是史诗吟诵的女儿。"从《克里斯汀》和《艾那尼》到《特拉加尔达巴斯》，仅仅三十年；而三十年就足以使一个剧种寿终正寝。

可怜的玛丽·多瓦尔，在失掉她所依恋的最后一个人，她的孙

---

[1] 巴尔扎克：《致外国女子的信》，第5卷（尚未出版）。见斯波贝奇·德·洛旺儒的收藏。编号：A. 303，folio 444。——原注

子乔治之后，尽管已经疲惫不堪、心情沮丧、灰心失望，但迫于生计，不得不重操旧业，参加艰苦的巡回演出。在冈城演出时，实在坚持不住，终于卧床不起。得的是肝溃疡。送回家中时，已到弥留之际。她派人去请前情夫儒勒·桑多。桑多不来；他已经变成一个畏首畏尾、怕受牵连的布尔乔亚。去叫她的"好狗"仲马，仲马赶紧跑来了。"这位在《安东尼》中不知多少次有气无力地说过：'我完了！'的女子，现在知道自己真的不行了。家人凑不够买墓穴的钱，她害怕尸首被扔进公共坟坑。仲马当面起誓，这种有伤体面之事，一定不会出现……"[1] 他会设法弄到钱的。

多瓦尔一死，仲马便前往拜见公共教育部长法鲁伯爵，请求提供救助。"由于没有周济戏剧艺术家的款项"，部长无法以官方身份行事，只以个人名义给了一百法郎。钱不够，但仲马坚决履行对死者的誓言；由于他具有一副"与他在预算方面缺乏远见相比毫不逊色的热心肠，他当即奔向当铺，把他的勋章奖章都典当出去，换回二百法郎，供丧事开支……"[2] 这可真是英雄的牺牲，因为我们这位善良的巨人，是把这些镶着宝石的勋章与奖章当成命根子的。此外，他还写了一本小册子，名叫：《玛丽·多瓦尔的最后一年》，每本售价"五十生丁，供购买坟墓之用"；他还挑头募捐，以便赎回女演员的首饰（都已典当出去），交给其孙辈保存。此次"艺术募捐"共得款一百九十法郎五十生丁。篷萨尔给了二十法郎。[3]

接连不断的不幸并不能熄灭仲马激情的火焰。他和当时担任法兰西喜剧院经理的阿尔塞纳·胡撒耶一道，进行了一项奇妙的试验。事情是这样起头的：仲马突发奇想，觉得"莫里哀时代的幕后喜剧"仍有可为。纯情少女练习扮演她们的角色，侯爵们想主意出点子，卖弄风情的女子用扇子躲闪防卫，点蜡烛人打诨逗趣，这些场景放到一起，可以组成一台迷人的戏，在一月十五莫里哀的纪念日上演。仲马建议取名为《医生的爱[4] 三幕之间》，并说开个夜车即可写成。

---

[1]　西蒙娜·安德烈－莫洛亚：《乔治·桑与玛丽·多瓦尔间未发表的书信引言》。——原注
[2]　西蒙娜·安德烈－莫洛亚：《乔治·桑与玛丽·多瓦尔间未发表的书信引言》。——原注
[3]　大仲马：《玛丽·多瓦尔的最后一年》。——原注
[4]　《医生的爱》是莫里哀的一出喜剧。

他果然实现了自己的怪主意;《幕间》比原剧本身还要长,内容不如原剧精彩;情节晦涩纷乱,观众看得莫名其妙。按说,"幕间"一词对于观众,意味着:"到场外溜达溜达"。所以,当真正的《医生的爱》第一幕一结束,大幕刚刚落下来,所有的人都到了场外的走廊里,边走边说:"仲马的这出喜剧,还真不错;仿的是莫里哀。"接着,大幕再次拉起,下面一场是仲马自己的戏了;然而,除了个别洞察入微之士,观众还都以为是上一场戏的延续。可是,两场的情节连接不上。怎么回事?法兰西喜剧院变成了巴别尔塔[1]?

相当一阵工夫,观众犹疑不定,是仲马写的,还是莫里哀的原作?在包厢里看戏的路易-拿破仑·波拿巴叫来经理询问。原来这位亲王总统也摸不着头脑,并不比普通老百姓高明多少。看出门道,觉着好玩的,只有一些演员和评论家;不过这些人表示气愤,认为是大逆不道。他们说:"敢动莫里哀! 真是亵渎神圣! "到了《医生的爱》第二幕,场内开始嘘声一片,似乎莫里哀只是个初学乍练的编剧。其实,人们是在给仲马喝倒彩。

阿尔塞纳·胡撒耶夫人设晚宴,按照她的说法,是为了"慰劳我衷心喜爱的好人、吃了那么多苦头的亚历山大。他表现出那么大的善意与才智……拉舍尔小姐也将出席宴会"。这次晚宴是在由拉舍尔重排的《贝里斯尔小姐》一剧上演前夕举行的。一贯狂放的爱尔米奥娜[2],这一回特别注意告诉大家,在悲剧女演员的外表下面,也有一颗女人的心。她取得了出乎意料的成功。

演出结束,亚历山大·仲马双手搂住拉舍尔小姐,抱起她来亲吻,还对她说:

"您是一切世纪、一切凯旋的女性。您可以扮演我笔下所有的女主角,无论是在正剧里,还是在喜剧中。"

"我不要演所有的! "拉舍尔微笑着说道,"因为我不愿意被

---

[1] 根据《圣经》传说,人们在巴别尔地方造塔,妄图登天,而遭到上帝惩罚。原来乱嘈嘈的人群,一下子语言不通。

[2] 拉辛悲剧《安德洛玛克》中的女主角之一,是拉舍尔小姐拿手的角色。此处借指女演员本人。

安东尼杀掉。"

"噢！安东尼不会杀您的。"

"您可真自命不凡！"拉舍尔回嘴说道。"安东尼就是您自己。您以为我不能抗拒安东尼？"

"不能，如果我们还在一八三一年那阵子……"仲马回答道，"可是，好日子已经过去了……"[1]

好日子一去不返了。老歌手贝朗瑞教诲道："我的儿子仲马挥霍尽了他的才华，就像某些小姐损耗了她们的花容月貌。我颇担心，像这样跳跳蹦蹦，德·拉巴叶特里爵爷，会不会倒在干草[2]上！"在其充满深情的谦卑神态的外形下，贝朗瑞永远是位令人生畏的朋友，他总要伸出爪子来东挠西抓的。他从来不乏开朗与快活，以忍受他人的毛病与过失。

---

[1]　阿尔塞纳·胡撒耶：《忏悔录》，第 3 卷。——原注
[2]　在法文中，"干草"一词的发音（拉巴叶）与仲马祖姓的发音有近似之处。

第四章　珍珠女

> 对于女人来说，一个春风得意的男人身上，有某种我也说不清楚的刺激性东西，在吸引着她们。
>
> 巴尔扎克

一八五〇年，大仲马在一群讨债者的追逼堵截之下，日子过得相当窘迫。《月份报》仍在出版；他在报上不时撰文，抨击毫无节制的蛊惑人心的行为，又谴责过多的压迫行径。他向政府提出一项宏伟的方案：把"衰落的剧院"（圣马丁门、昂必居、历史剧院）联合起来，由他统一领导。仲马希望封他个文学剧院总管的头衔。布景、剧团、管理可以三家共同调配。按照他的说法，这样做可以节省大量经费。他保证推动各舞台，"走向同一条历史的、道德的与宗教的道路，一刻也不给政府找麻烦"[1]。这样一个应由集体遵循的方案，后来不了了之。

小仲马此时已经不同父亲住在一起。两人互亲互爱；也常吵架，过后又亲热地拥抱。儿子责怪父亲弄了那么多情妇，而且越来越年轻。最新得宠的娇娘，年方二十，是个演员，身子弱不禁风，白皮肤遮掩不住脸色的苍白。此女乃伊萨贝尔·贡斯当，是一位理发师的养女，以养父之姓作为艺名。自从当年与梅拉妮·瓦勒道尔那段销魂摄魄的日子过后，大仲马尚未如此温情脉脉。

---

[1]　亨利·克鲁阿尔:《亚历山大·仲马》。——原注

　　大仲马致伊萨贝尔·贡斯当： 我亲爱的爱情……由于你，我又回到年轻时候最迷人的日子。你不要吃惊，既然我的心又回到二十五岁的年华，我的笔也会同样年轻。人生在世，只有两种真实的爱情：第一种，它自行死去；后一种，它会叫人死去活来。不幸，我对你的爱情正是属于后者……

　　你吃我的醋，我的孩子（原文这里为阳性）；你嫉妒什么，我的年龄是你的三倍！反过来，想想我的嫉妒心情吧：我只要一整天见不到你，像今天这样，就会变成半个疯子，什么也干不下去，无缘无故地走过来又走过去……不，我亲爱的天使，我不能这么个爱法，我不能只占有一半。我谈的不是肉体上的占有；我对你的感情，既来自情人之恋，又出于父亲之爱。然而，正因为如此，我才离不开你……你要好好想想，我也再严肃地重复一遍，因为这是咱俩的未来，当然要设想你愿意把你的前途和我的未来多多少少联系在一起。我需要你在我跟前，这样我才能属于你，即便不能做到使你属于我。

　　我的天使，有一件事，像你这样贞洁而纯情的姑娘，是不大明白的。就是说，在巴黎有成百个年轻貌美的女子，为了追求地位，等待着我——不是我去找她们。而是希望我答应她们来到我身边。说到这里，我的天使，我把我自己交到你手里。好好地看守着我。展开你洁白的翅膀护卫我的头颅。用你的存在，阻挡我去干疯事。要知道，在某一狂热或痛苦的时刻，是可以干出我曾不止一次经历过的那种疯狂之举的；而这种不检点的行为，足以毒害一个人的生活，使他好几年也振作不起来。

　　现在，如果你不能出于爱情而答应我的要求，那就为了实现抱负而来吧。你热爱你的艺术；那就比爱我更爱它吧；它是我唯一可以接受的情敌。在这方面，我敢说，任何人想当王后的雄心壮志，决不会比你得到更大的满足。从来没有一个女人，即使是玛尔斯小姐，在其整个演艺生涯中，能够得到我在今后三年之内将给你扮演的那么多角色[1]……

---

[1]　国家图书馆手稿部；编号：N. A. F. 24641, folios 16、17。——原注

年龄的效应（在大仲马身上，除了头发花白以外，并不显著）、父爱与情欲理不清的混杂、姑娘的脆弱，加起来可以解释为什么大仲马要使用这种动情的笔调。大仲马作为"另一位伊萨贝尔的皆隆特"[1]，喜欢玩过家庭生活的游戏；他不时到伊萨贝尔家去露一手做菜的手艺；像夫妻一样带她去朋友家做客。不过，这并未阻止他同时搞别的私通把戏，与不止一打热情而轻佻的年轻女子幽会。

小仲马则在较高的层次上扩展自己的关系网络。《茶花女》的成功增大了他的声望。他那双淡蓝色的眼睛，非常富有魅力。在那个时候，只要是位"艺术家"，就能吸引上流社会的女子，同时又使她们感到害怕。有时候，她们设法和某位艺术家拉关系、套近乎，却什么也不肯付出，就像亨利埃特·德·卡斯特里侯爵夫人对待巴尔扎克那个样子。小仲马岁数还不大，心灵也年轻；他带着某种天真观察"那些贵妇人"。玛丽·杜普莱西的命运伤了他的心，使他心烦意乱。"每时每刻我都能接触到的那些迷途的尤物们，她们出卖欢乐给某些人，白送欢乐给另一些人；留给自己的，只是确定无疑的羞愧，只是必然带来不幸的耻辱，只是一些并不可靠的钱财；这一切看在眼里，我真想痛哭一场，而不是欢笑；于是，我开始扪心自问：为什么成了这个样子……"[2]

一天晚上，在一个水性杨花的女人家中吃过晚饭，居伊·德·拉图尔杜班伯爵对小仲马说：

"咱们之间的友情，以及我长您十五岁的年纪，都允许我不揣冒昧地给您提个建议……我们刚才在一个秀美迷人、才思敏捷的女子家中进餐。饭桌上有各式各样的人物；您可以做一些有益的观察。要观察；但是，当您年满二十五岁以后，尽量不要再光顾这座房子……"[3]

---

[1] 皆隆特为古典喜剧中年老而可笑、易被人欺骗的人物类型。莫里哀的《屈打成医》及《斯卡班的诡计》中就有这样的人物。这里的伊萨贝尔，是莫里哀的剧作《丈夫学堂》中的一位年轻女子。她假装爱上了比她年长的保护人，巧使计谋利用他达到自己的目的。

[2] 见小仲马：《克洛德的妻子》一剧的序言：《致居维利叶-弗勒里的信》；载于其《戏剧全集》（演员出版社出版），第5卷。——原注

[3] 小仲马：《关于〈弗朗西荣〉的笔记》；载于其《戏剧全集》（演员出版社），第7卷。——原注

一八四九年，小仲马年满二十五岁，打算按这位伯爵的建议行事。他的情妇名叫达万（也许叫做达尔万），是位经历令人难以恭维的有夫之妇；而他自己当时出入的社交圈子，如果不是较为纯洁，起码是更加体面与高雅的。这时候，俄国贵族在巴黎形成了一个神秘的美人使团。一些年轻的女子：玛丽·加莱尔吉斯（见泰奥菲尔·戈蒂耶：《白色大调交响乐》），她的表姐妹莉迪娅·奈塞罗德伯爵夫人，两人的朋友纳捷日达·纳里奇金娜王妃等名媛，都往她们的沙龙里招引达官贵人、作家和艺术家。在俄罗斯的时候，因为沙皇、丈夫和家庭都在那里，迫使她们做事要小心谨慎；到了巴黎，摆脱了管束，便无所顾忌了。

一八五〇年，在玛丽·加莱尔吉斯家中，小仲马结识了三年前与迪米特里·奈塞罗德伯爵结婚的莉迪娅·扎克列夫斯卡娅。此女妖媚动人，聪明伶俐，又非常富有；只是不喜欢比她大十七岁的丈夫。迪米特里的父亲查理·奈塞罗德伯爵[1]，时任俄罗斯首相兼外交大臣。此人头脑聪明、手腕灵活，连续在三位沙皇手下担任要职。一八四七年一月，在君士坦丁堡任使馆秘书的迪米特里，被召回国内，受命与莫斯科总督、将军扎克列夫斯基伯爵[2]尚在少年的女继承人完婚。结婚陪嫁高达三十万卢布，而其父又是如此位高望重。迪米特里是外交官，阅历丰富；这位由两大名门望族抛掷在他卧榻之上的少年妻子，在他眼里，可以轻而易举地被他调教得服服帖帖。

可是，这桩婚事，无论在肉体方面还是在感情方面，均告失败。年轻的伯爵夫人不听使唤的神经，似乎要求温泉治疗；于是她就去巴登、艾姆斯、斯巴、布赖顿等地进行温泉疗养，最后落脚巴黎，在巴黎找到了对她来说是最有效也是最有危险的疗法。丈夫未能把她带离这个魅力无穷的城市，只好留下妻子，独自一人返回俄罗斯。玛

[1] 查理·奈塞罗德伯爵（Charles Nesselrode，1780—1862），于一八一二年娶采地大臣古里也夫之女玛丽为妻，生有子女三人。任外交大臣达四十年（1816—1856）之久。——原注

[2] 阿尔塞纳·安德列耶维奇·扎克列夫斯基伯爵（Arsène Andreievitch Zakrefsky，1785—1865），于一八一三年至一八一四年的战役中升为将军。一八二三年任芬兰总督；一八二八年任内政大臣。在莫斯科军事总督任上（1848—1859），因同意其女莉迪娅再婚，而被责令退休。——原注

丽·加莱尔吉斯与其希腊籍的丈夫分居，把女儿寄养在飞鸟修女院（这一合乎道德的借口，使孩子的母亲名正言顺地留在巴黎，住在安茹街8号）；她答应迪米特里，要照顾莉迪娅。再加上纳捷日达·纳里奇金娜，三人组成了一个光彩夺目的斯拉夫美女三人帮。莉迪娅不断在巴黎、柏林、德累斯顿和圣彼得堡之间来往穿梭。查理·奈塞罗德伯爵夫人不安地注视着儿子的小家庭：

　　一八四七年六月十七日。——迪米特里在柏林只给我写了一封信，他总是不爱写信。此后音信全无；他真让我放不下心来。在两人漫长的朝夕相处中，他有没有足够的本事与手腕？……他的伴侣的想法，很少能与他的想法互相协调。这是一项很大的负担，而他却认为没什么困难。他没有计算周详，到底该用多大剂量的耐心，去平衡那个外表漂亮、内里紊乱的头脑。如果不用花言巧语去拒绝对方，如果无法不厌其烦地证明自己、说服对方，结果很可能是关系越来越冷淡，而危险恰恰就在这里。这一切都操碎了我的心。我写信苦口婆心地讲，然而都成了耳旁风。[1]

　　怀有敌意而又头脑清晰的婆母，对事情看得颇为透彻；她的看法，和大姑子、小姑子几乎是不谋而合。从奈塞罗德家嫁出去的爱莲娜·施莱普托维奇和玛丽·冯·西巴奇都憎恶玛丽·加莱尔吉斯，（不无道理地）指控她在老伯爵查理（她称之为"可爱的叔叔"）跟前，扮演着另一位滥用关系的侄女迪诺公爵夫人长期在老塔列朗[2]跟前扮演过的同样角色。"白雪仙女"玛丽·加莱尔吉斯对于诗人和钢琴家怀有过于强烈的兴趣；堂姐妹们都疑心重重地暗中观察她，并提醒迪米特里要多加小心，提防这个女人的不良影响。

　　一八五〇年二月里，莉迪娅·奈塞罗德生下一个男孩，取名阿纳

---

[1] 此信未公开发表，存于一九二二年阿纳托尔·德·奈塞罗德伯爵遗赠法国外交部的奈塞罗德档案第10卷。阿纳托尔系查理之孙；与法国女子勒孔尔结婚后，定居于让-巴蒂斯特·仲马街十五号私邸。——原注

[2] 塔列朗（Talleyrand，1754—1838），法国政治家；两度长期担任外交大臣（部长），曾任拿破仑的侍从长；拿破仑垮台后，支持波旁王朝复辟，任临时政府首脑。

托尔，小名托利；位隆权重的祖父和外祖父都很高兴。然而，过了不久，法兰西再次吸引住这位美艳而任性的伯爵夫人。返回巴黎之后，她挥金如土，到了令人难以置信的程度。有一次，她在租赁的公馆大宴宾客，庆祝什么节日，光买鲜花就用掉八万法郎。她的裙袍，皆定制于帕勒米尔[1]店里，每件都值一千五百法郎。每次去裁缝店，至少要定做一打各色服装。她的珍珠串起来有七米长。红色的衣裙，要配上红宝石的首饰（头饰、项链、手镯、耳环）；一套蓝色丝绒服装，要有全套蓝宝石首饰与之搭配。于是，她便债台高筑了。

莉迪娅·奈塞罗德早就有意结识《茶花女》的作者；她甚至异想天开地想当他的情妇。小仲马不是征服者，而是被这个女人征服了。他随之便陷入陶醉之中。哪一个年轻人没有这种神魂颠倒的体验呢？一位年方二十、百般娇媚、才思敏捷的绝色佳人，俄国首相的儿媳，竟然扑倒在他这个涉世不深的穷作家怀里！亚历山大做梦也想不到能遇上这样的艳福！

大仲马在其《闲谈集》中讲述：一天夜里，他儿子带他去"全巴黎最漂亮的房子中的一座，是连全套家具租给外国人住的"；他被介绍给一名年轻女子；此女"身着一件绣花平纹薄布浴衣，下面是粉色的丝袜和一双喀什米式的拖鞋"。一头秀丽的乌发，一直垂落到膝盖以下。她当时正"躺在米黄色锦缎面的双人沙发上……从她胸部不停起伏的动作，一眼就可以看出，里面没有穿紧身胸衣……她的颈项上，绕着三圈珍珠项链。双臂上也装饰着珍珠；头发间也有珍珠闪闪发亮……"

"你知道我叫她什么吗？"小仲马问道。

"不知道。你怎么称呼她？"

"珍珠女。"

奈塞罗德伯爵夫人要小仲马把他前一天晚上为她创作的诗句念给他父亲听。

"我不喜欢给我父亲朗读诗；怪难为情的。"

"让您父亲喝茶，不看您，不就行啦。"

---

[1] 帕勒米尔为叙利亚古代名城。这里应是当时巴黎一家著名服装商店的名称。

于是亚历山大便朗读起来，声音稍微有些颤抖：

> 昨夜出发，坐在马车深处，
> 像寒意中瑟缩的人紧紧相抚。
> 穿过幽暗的大自然，
> 让追随爱恋者的春光永驻。

接着，又描写圣克鲁公园里的一次散步：年轻女子撩起丝裙的下摆、长长的甬路、大理石的女神雕像、一只天鹅、一个日期、一个名字，镌刻在一尊塑像的底座上。

> 夫人，花季终于再度莅临，
> 我将去领略底座上名字的温馨；
> 我的灵魂牢牢地拴在那里，
> 昨夜之风啊，
> 您是否已将这名字吹向冥冥？
>
> 我的旅人啊，
> 谁能知道您将向何处去？
> 您若离去，我将永远孤寂。
> 您真的竟踏上归程满心欢喜，
> 仲夏之中，留给我的是冬季？
>
> 因为冬季不是北风与寒气，
> 也非昨日没有人迹的小径。
> 冬季是没有阳光的心灵，
> 冬季是魂魄失去了绿意，
> 是您消失后我神形的迷离。[1]

---

[1] 大仲马：《闲谈录》，第1卷。后来，小仲马于一八八二年印刷出版时，又将此诗的写作日期提前。——原注

宽容大度的大仲马最后写道："凌晨两点钟，我才离开这两个无忧无虑的漂亮孩子；同时祈求情人之神庇护他们。"然而情人之神庇护得并不周到。维埃叶-卡斯代尔在一八五一年三月二十九日的日记中，记录了一件人们私下传播的丑闻：三名外国妇女，其中就有玛丽·加莱尔吉斯和奈塞罗德伯爵夫人，似乎"合伙筹办了一个自身也参加的纵欲公司，在风流的文学家中招募英俊小生……奈塞罗德投身于小仲马的保护之下；加莱尔吉斯的主保则是阿尔弗雷德·德·缪塞……小仲马在奈塞罗德身上，得到的是一名百依百顺的小学女生……而这一切的结局是，从圣彼得堡送来一纸诏书，把伯爵夫人召回了俄罗斯……"[1]

维埃叶-卡斯代尔添枝加叶、夸大其词是肯定的；但是丈夫的要求与沙皇的诏书，却是千真万确的。一八五一年三月间，迪米特里·奈塞罗德"劫持"了自己的妻子，把她带出巴黎，从而结束了这一段颠三倒四的生活。然而，这位丈夫拒绝承认自己已经无可挽回地失去了宠爱；还为莉迪娅辩解，说这个"过于漂亮而又没有经验的孩子"受到了污蔑。他声称："有个放肆的法国人，对她紧追不舍，胆敢损害她的名声；不过此事现已了结。"

在仲马的阵营里，当然是从另一个角度看待此事的。大仲马说，三月份的一天早上，他儿子来找他：

"有钱吗？"

"可能有三四百法郎。打开抽屉，你自己看吧。"

小亚历山大拉开抽屉：

"三百二十法郎……再加上我现有的钱，总共六百法郎。我要出去一趟，这笔钱足够了，还用不了。在德国，能给我弄到一笔贷款吗？"

"一千法郎行不行，到了布鲁塞尔，你可以向梅林和冈斯借。两人都是我的朋友，不会看着你受窘不管的。"

"那好！此外，如果我还有需要的话，你可得给我往德国寄钱。我一旦在什么地方停下来，就给你写信。"

---

[1]　见《贺拉斯·德·维埃叶-卡斯代尔伯爵回忆录》，第 1 卷。——原注

"你这是去……？"

"回来再告诉你。"[1]

小仲马这一走，就是近一年时间。他跟在情妇后面，先到比利时，又到了德国。在布鲁塞尔，他曾写信给一位名叫艾丽莎的女知己。艾丽莎娘家姓包泰，出生在邻近维雷-科特莱的科尔西村；后来自己便改称为艾丽莎·德·科尔西。小仲马这封信被书信检查处截获，没有到达艾丽莎手中。

　　小仲马致艾丽莎·包泰·德·科尔西，一八五一年三月二十一日：亲爱的朋友，我们已经抵达布鲁塞尔。上帝知道她现在要把我带到何方！昨天夜晚，我见到她三四次，脸色苍白，满面愁容，两只眼睛红红的，您要是见到她，也会伤心难过的。不多写了，我的心中充满爱情！……

过了比利时，小仲马又追到德国境内；在德累斯顿和布赖斯劳，他都给父亲兼知心人写信要钱。大仲马是一切艳事的热情同谋，总是尽力而为，出钱资助。

　　大仲马致小仲马：我亲爱的朋友——维埃约按照你信中所指定的各家，他都跑遍了；但是，谁也不肯掏一分钱。那就只能靠我了，该靠就靠吧。待在那里是对的。事情到了目前这种地步，也只能干到底了。不过，要当心俄国警察，凶得要命，像魔鬼。尽管有我们那三位波兰人的保护，也许正是由于有了他们的保护，弄不好警察会把你撵到国境以外……昨天，我给你母亲寄去二十法郎……要谨慎从事。我尽可能给你寄；至少，从现在起，十五天之内，我将补足你所需要的五百法郎……拥抱你。伊萨贝尔说你长大了，说你简直高了一百肘[2]……[3]

---

[1] 大仲马：《闲谈录》，第1卷。——原注

[2] "肘"为法国古长度单位（从肘部到中指端），约等于半米。

[3] 此信未公开发表；现存国家图书馆手稿部，属巴拉绍夫斯基-贝蒂第三批遗赠（1956）。——原注

从一个车站到另一个车站，从一家旅店到另一家旅店，年轻的仲马尾随着奈塞罗德夫妇，马不停蹄。到了波兰的米斯洛维茨，发现俄罗斯占领下的波兰的边界对他"关闭而紧锁着"。海关人员接到指示，不让他进入俄罗斯。奈塞罗德父子早就发出了命令，决不能把那个"放肆的法国人"放进来。于是，小仲马在一家乡村小店里住了半个月（1851 年 5 月份），离开他的国家有五百古法里[1]；为了消愁解闷，只有阅读乔治·桑写给弗雷德里克·肖邦[2]的亲笔信函。

　　小仲马致大仲马：当你同桑夫人共进晚餐之际，亲爱的父亲，我也正忙于她的事情……设想一下，在这里，我手里拿着的是，她在十年时间里写给肖邦的全部信件！……可惜的是，这些信只是暂时借给我的。在西里西亚深处的米斯洛维茨，我怎么会得到了这么多在法国贝里孵化出来的书信？理由很简单：因为肖邦是波兰人，你可能知道，也可能不知道。肖邦死后，是他的姐妹从故纸堆里拣出了这些精心保存、贴着标签、包裹得整整齐齐的信件。如此收藏，表现出肖邦对最虔诚的爱情是多么珍重。这些信件被带回故国，在进入波兰的时候，为了避开警方无情的审阅，肖邦的姐妹便把它们寄存到居住在米斯洛维茨的一个朋友家中。既然我已知其内情，说明它们已经受到了亵渎。这些墨迹已经发黄的信件，当年曾被一位现已不在人世的男子欢欢喜喜地触摸与阅读。触景生情，我向你保证，没有比这更令人悲伤、更使人感触丛生！……我曾想过，干脆让信件的保管人（他也是我的朋友）暴病身亡，以便我继承它们，再把它们转送给桑夫人；桑夫人看后，回顾一下逝去的岁月，说不定会感到幸福的。可是，那个家伙身强力壮；而且我估计我十五日就要动身，所以已把全部材料归还给他；而他连翻一翻的好奇心都没有。为了明白此人为何如此漠不关心，你最好了解，原来他是一家出口商行的第二合伙人[3]……

---

[1]　一古法里约合四公里。
[2]　肖邦（Chopin，1810—1849），波兰作曲家和钢琴家。
[3]　此信发表于弗拉基米尔·加里宁：《乔治·桑》，第 3 卷。——原注

大仲马将此事告诉乔治·桑，后者坚决要求收回这些早年写给肖邦的信件。

> 小仲马致乔治·桑，米斯洛维茨，一八五一年六月三日：夫人，我仍在西里西亚：待在这里很是高兴，因为可以为您略尽绵薄之力。再过几天，我就要回法国了；不管热德泽叶维茨夫人[1]同意与否，我将亲自给您带回那些您希望重新看到的信件。有些事情，一看就知道非常公正，因而不必经过什么人同意，就可以放手去干……不管这些信件是否得到了严谨的保管，事到如今，结局总归是圆满的。夫人，请相信，没有发生过任何亵渎行为。当然，在那么远的地方，我如此冒失地翻阅了您的信件，实属不该；不过，我这颗心早就成了您的知心；我对您的诚意，决非来自一朝一夕；我对您的崇敬与忠诚，无论就其程度之深还是就其时间之长而言，都可以说是进入最高的境界了。请您相信，并原谅我[2]……

就这样，桑夫人收回了她致肖邦的情书，并付之一炬。从这时起，小仲马与这位诺昂[3]女士之间的友谊，由书信往来开始，逐渐紧密加深。

一八五一年六月的一天，大仲马在家中，看到一个满脸胡子的青年走进来并对他说：

"怎么！不认识我啦？……在米斯洛维茨我闷得发慌，就留起胡子来寻开心。你好吗，爸爸？"

同年十二月三十日，小仲马前往圣克鲁公园凭吊；回来后，递给他父亲一张纸，说道：

"请看一下。去年今日曾给您朗读过一首诗，这是那首诗的续作。"

大仲马读了起来：

---

[1] 肖邦的姐妹及继承人路易丝，与约瑟夫·热德泽叶维茨结婚。——原注
[2] 此信发表于弗拉基米尔·加里宁：《乔治·桑》，第3卷。——原注
[3] 乔治·桑久住之地，位于前面提到的贝里。一八七六年六月八日女作家逝世于此。

去年今日成双游，
绿林深处久淹留；
早已料到命悲苦，
幸福时日似水流。

和煦阳光暖心意，
爱情却未到下一季；
不久分手终生恨，
你我伤痛各流离。

抬头望去远处有春光，
无亲无友没有爱情与希望；
近路蜿蜒吸引我，
你说还来，还来必经这地方！

昨日逃遁今日逝离，
远处传不来绵绵情意，
关山阻塞无片言只语，
耳际萦绕只余一片空寂。

一纸书信，不至于令人劳累，
三行五行，有多少时间浪费；
再不然，就到那幽谷静处，
摘上一朵晨露未晞的玫瑰。

取下心香一瓣放进信封里面，
来自你的国土那欧洲另一边；
被放逐的飞鸿应会心微笑，
当他看到我那无边的眷恋。

光阴荏苒永远不会断线，

耐心中又过了整整一年；

曾记否去年岁末这一天，

您的颜面紧贴着我的颜面。[1]

小仲马的本意是写一首他自己的《奥林匹欧之忧伤》。他虽然不是维克多·雨果，但情感不乏力度，也不缺少内心的真实。他爱那位美丽的外国女子，情欲中掺混着自负；这种感情，在一个二十五岁的青年身上，往往是相当强烈的。收不到那个女子的任何信息，就连一张不签字的短笺也没有，甚至没有几片干枯的花瓣，没有一粒珍珠。这是他所没有料到的；他那么惊讶，那么不安，是完全可以理解的。

不论看上去显得多么调皮与风流，小仲马其实是很重感情的；他无法想象这位二十岁的风雅女子竟会如此冷淡，不讲情义。然而，还在他羁留波兰的时候，远在俄国的奈塞罗德家就发生了好几件奇怪的事情。迪米特里一只胳臂神秘地受伤（决斗？自杀未遂？），先说是要截肢，后来总算得以幸免。这之前，莉迪娅就离开了丈夫，回到莫斯科的娘家。扎克列夫斯基夫妇对任性而不讲情义的女儿十分宽容；她既然不愿回夫家，也就让她住下了。

奈塞罗德首相致其女爱莲娜·施莱普托维奇，一八五一年六月一日至十三日：迪米特里由全城最好的四名外科医生治疗；其中三名坚持截肢，只有一人反对；多亏了他，你兄弟才保住了那条胳臂……迪米特里听天由命；他只要求有四十八个小时的时间，好让他领圣体、立遗嘱。他非常勇敢，令人钦佩……在这一残酷的苦难中间，使我惊讶而不快的是：莉迪娅和她母亲，一听到出了事故，就赶来这里大吵大闹，又试图改善关系。这一切当然都未能得逞。母女俩未能见到你哥哥，就回去了。不过，我认为不应当拒绝她们看孩子的要求；每天都把孩子送到她们那里，这是她们得到的唯一满足[2]……

---

[1]　大仲马：《闲谈录》，第 1 卷。——原注

[2]　此信未公开发表，现存外交部奈塞罗德档案第 10 卷。——原注

首相"不计较小事，相信命运由天注定，表现出无比的宽容"；信里，对所发生的丑闻一字未提。他憎恶家庭纠纷；同时，作为当权的政治家，他不愿同富有的莫斯科总督闹翻，特别是现在又有了孙子，这个孙子明摆着是那家的财产继承人。他建议调解，而不搞调和，因为妖艳的莉迪娅情人一个接一个，从沃龙佐夫到巴里亚津斯基，从雷布金到德路茨阔伊-索科尔尼考夫。小仲马看来是再也见不到她了。听说莉迪娅同丈夫闹翻，此时正在萨克森旅行，他便不惜化费，派艾丽莎·德·科尔西直追到德累斯顿。结果还是无济于事。

> 小仲马致艾丽莎·德·科尔西，布鲁塞尔，一八五一年十二月十二日：亲爱的艾丽莎，我从布鲁塞尔给您写信，我父亲也来到了这里。他打输了官司，可能要背上二十万法郎的债；所以，在处理有关事务之际，他离开巴黎一阵子也好……我刚刚给伯爵夫人写了一封信，告诉她我在比利时……我再次提醒您：您曾答应要写信告诉我真相，全部真相……红色封蜡的信是给您的。其他颜色的给她……
>
> 一八五一年十二月二十六日：到伯爵夫人处去。这是主要的 [1]……

然而，到伯爵夫人处去也是徒劳枉然。对这位贵妇人来说，那段风流艳史已经结束。小仲马这方面，还要长时间痛苦地沉思：如此年轻的一位女子，曾经跟他卿卿我我，柔情蜜意，怎么一下子变得谎话连篇，堕落成这个样子？这一次的感情瓜葛，在小仲马的心中，打上了终生难忘的烙印。在今后的日子里，他仍将爱恋一些女性；但这些女性带给他的无不都是痛苦。他再也碰不上真诚崇拜与热爱他的女子，再也不会从他爱慕的女人身上获得感情方面的安全。他一生将憎恶通奸及其带来的后果。一直等到一八五二年，才给他带来了一个口信，算是断绝关系。送信人是纳捷日达·纳里奇金娜王妃，当年斯拉

---

[1] 这几封信由查理·瑙鲁瓦发表于《好奇者》杂志一八八七年一月号上。——原注

夫三美之一，莉迪娅·奈塞罗德的闺蜜与同谋。至于女送信人后来如何占据了派她送信之人的位置，取而代替了她，我们下面在适当的时机再作交代。

　　与玛丽·杜普莱西的艳遇，曾令小仲马激动不已；与莉迪娅·奈塞罗德的瓜葛则坚硬了他的心肠。一句话能使一个孩子一下子成熟起来；而一次失恋，却能使一个男子汉失去青春的光泽。

第七卷
父与子

第一章　奢华的流亡者

啊，朋友，安特卫普[1]的码头

我未曾忘记，

还有那伙敢作敢为的好友，

大家越来越刚毅。

维克多·雨果:《致亚历山大·仲马》

　　一八五一年，无论对大仲马还是对小仲马，都是一个苦涩的年头。执法人员对善良的巨人紧追不舍。他丧失了达观的习性。政变[2]来得正合时宜，给了他一个不失体面躲避债主又不吃官司的好机会。于是便步维克多·雨果的后尘，也流亡到了比利时。然而，人们说雨果是躲避暴君的凶残与苛政；大仲马则是为了逃脱执达吏的通告与催逼。这一看法过于简单了。如果说是个人利害促使仲马离开巴黎，但他与新上台的主人的关系也毫不融洽。亲王当上总统[3]的初期，仲马同维克多·雨果及乔治·桑一样，对这位前烧炭党人多少还抱有一些希望。政变发生后，仲马则予以强烈谴责。在布鲁塞尔，他是被放逐者勇敢而忠诚的朋友。由于他本人不属被放逐者之列，他可以来往于布鲁塞尔和巴黎之间；在他庇护下的年轻女伴伊萨贝尔·贡斯当（被昵称为"姬扎贝儿"），还留在巴黎呢。不过，每次回国，停

---

[1]　安特卫普，比利时最大的港口城市。诗中指雨果离开比利时的时候，大仲马及其他法国流亡者前往码头送行的情景。
[2]　指一八五一年十二月二日路易·波拿巴发动的政变；翌年建立了法兰西第二帝国。
[3]　一八四八年十二月十日，路易·波拿巴当选第二共和国总统。

留的时间都不长，以便不给债主们追堵的空暇。

一八五二年一月五日，大仲马在巴黎居住的公寓房里（他曾试图记在尚未成年的女儿玛丽名下，但未成功），所有的家具，因"房东起诉，要求交纳拖欠的房租"，而被拍卖。所得款项扣除债务之后，只剩一千八百七十一法郎又七十五生丁。这笔钱，就是当时仲马"公司"的全部可见资本了。

一八五二年一月二十日，"根据上诉法院一八五一年十二月十一日判决，被宣布为商人的作家亚历山大·仲马"，通过"其代理人谢拉米先生"，缺席呈报了个人资产负债表，并被宣告破产。

这出巴尔扎克式戏剧的有关文件，现在仍然保存在塞纳州的档案库里。在那份"个人资产负债表"上，没有列入历史剧院的债权人，预支稿费的出版商也未包括在内。许多陈年老账只是作为"备忘"而带上一笔，并未写明具体钱数；例如，家住"克里希路四十二号旁门的克莱萨默太太"索要的钱款，就是以这种方式处理的。尽管把作为法人的历史剧院和作为自然人的亚历山大·仲马二者各自的资不抵债作了分别处理，被宣布的债务总额仍有十万零七千二百一十五法郎。在"资产总额备忘登记"几个字后面，临时管财人在空白的一栏里一字未填。管财人要求民事法庭，"对亚历山大·仲马先生一八四七年所称典卖其作品与版权一事，视作无效"。管财人其实看出，那只是一起伪装的抵押；他补充道："法律要求批准这类契约的种种手续，都没有办，因而抵押实际是一纸空文。因此，亚历山大·仲马先生的受让人自称拥有优先权的版权，现在也应属于破产之列。"鉴定人还指出，那里面有着"重大的资产因素"，因为"众所周知，亚历山大·仲马先生拥有大量的上演剧目；此外，他还同多家出版社和报纸签订了不少合同，以便发表他的文学著作……"这是否认不了的事实。

一八五二年六月十二日开始的"债权认证"程序，到一八五三年四月十八日才以一份"承认债权"记录的形式，告一段落。十个月里，进行了如此大量辛苦而细致的调查与核实，了解情况的人是不会惊奇的。要知道，竟有一百五十三名债权者起诉具名为仲马的自然人。看看下面这些复仇之神的名单，就会明白：《三剑客》与《基度山伯爵》的钱财，究竟到哪里去了！

> 阿代，洗染商；煤气公司；巴科，苗木培养工；蒲散，细木匠；布贺利叶，玻璃商；贝歇，铺路承包商；篷得维尔，雕刻师；布吕诺，马口铁器具商；巴荣纳，木工；沙再勒太太，披肩及开司米衫制造商；沙隆，屋面工；瓜布赖，木炭商；卡达里，制锅匠；克劳阿尔，巴黎挂毯商；仲梅，酒商；德洛那，皮靴商；杜比埃夫，新服饰用品商；杜达侬，小五金商；达高耐，种子、饲料商；德维斯姆，武器商；德米－杜阿诺，地毯制造商；杜伏洛克，木材商；德尼埃，裁缝；法尼奥及勒鲁阿，钟表商；刚迪奥，旅行器材商；吉尔贝，木材商；古埃兹，鞍具商；基什奈尔太太，杂货商；古必大，供暖设备商；厄尔蒂埃，彩色糊墙纸商；哈蒙，面包商；劳朗，中央市场中间商；勒马松及舍威，食品商；劳朗，制衣商；勒费弗尔，酒商；列维，衬衫商；里翁，花店老板；马尔累，珠宝商；米歇尔，造靴商；木安扎尔，轿车制造商；马利荣及布尔吉尼翁，珠宝商；马莱斯科，巴黎挂毯商；布阿索，园艺工；包达日－伊沃雷，黄油商；贝蒂，建筑油漆师；皮埃尔及沃都，号衣缝制者；普朗泰，承包商；卢梭，锁匠；桑雷福，圣日耳曼的壁毯商；苏克，洗衣店老板；托伊，瓷器商；特鲁耶，锁匠；维罗尼克小姐，成衣商；瓦萨尔，巴黎挂毯商；瓦扬太太，花店老板；等等，等等[1]……

一八五二年初，布鲁塞尔的法国放逐者：雨果、海泽尔、德沙奈尔、沙拉上校、阿拉果、索尔舍等人，组成了一个号称清贫与朴实的好斗小集团。雨果不久前收到妻子寄来的三十万法郎法国债券，可他还是睡简陋的床，到小饭馆吃饭。仲马既无债券，又没资金，却租下了滑铁卢大街七十三号的两所房子，打通了分隔墙，砍掉了院内的篱笆，把它们布置成一所堂皇的公馆；大门能让车辆出入，房舍正面

---

[1]　此件现存塞纳州档案馆。——原注

还带有大阳台。楼梯上铺着厚厚的地毯；浴室用大理石贴面；大客厅里，暗蓝色的天花板上，闪耀着金光灿灿的星星，窗帘是用开司米披肩裁剪而成。这一切，都是赊购来的。查理·雨果[1]是这样说的："在布鲁塞尔，大仲马仍然保留着幸运女神的马车；这一马车过去常常摔得他鼻青脸肿。"

　　他聘用的秘书，是一名被逐出法兰西的共和派人士，人很善良，名叫诺埃尔·巴尔费。"一个男人的名字，再也不能起得比这更好了。教名：欢乐；姓：智慧。"[2]这个正直的年轻人留着一撮毛糙的山羊胡子；成天穿一身黑衣服，却没有戴孝的神情；他的妻子儿女也来到了布鲁塞尔。大仲马请一家人都住到他府上；作为交换，巴尔费负责总管府里的大小事务，并从早到晚替仲马誊抄小说、回忆录和剧本。我们的作家写得如此之快，就连职业抄写员也跟不上趟。

　　洋洋十一部作品，总计三十二卷，都要抄写四份，分别送往布鲁塞尔、德国、英国和美国。"世界上只有仲马能写得出来，也只有巴尔费能抄得了。"[3]大仲马为了节省时间，从不打标点。巴尔费誊抄时，除了断句加点，还要核对日期。此外，他还是公馆里的财政部长，竭力替这个花钱如流水的主人维持收支平衡。他索取拖欠的稿费，联络上演《奈斯尔塔》，"出版《旅行印象记》中尚未发表的部分，尽量收回《基度山伯爵》的最后几个路易"[4]。他忠心耿耿，贪婪地守护着仲马的钱财，不让仲马随便乱花。基度山拉开抽屉取钱时，总是一个子儿也找不出来。就这样锱铢必较，家中用度才略有好转。然而，主人感觉受到了管制，约束得叫他难受。他经常以自己特有的好脾气哈哈一笑，大声说道："真奇怪：自从家里来了个'完善'的正派人，日子过得反而比什么时候都差！"

　　尽管有这位总管严加把守（真是多亏了他），大仲马在布鲁塞尔的生活仍然十分奢华。许多流亡者，包括维克多·雨果在内，都到他

---

[1]　查理·雨果（Charles Hugo，1825—1871），大作家维克多·雨果的儿子。

[2]　查理·雨果：《放逐之人》，第5章："滑铁卢大街73号；诺埃尔·巴尔费"。——原注
　　　在法文里，"诺埃尔"是"圣诞节"的意思，"巴尔费"意思是"完美"、"完善"。所以，查理·雨果引申为"欢乐"与"智慧"。

[3]　查理·雨果：《放逐之人》。——原注

[4]　同上。

家用餐。他十分痛快地答应，并待之如宾。为了保持体面，客人主动提出交付饭钱；每餐一法郎十五生丁，跟小饭馆的价钱一样。巴尔费自作主张，提到一法郎五十生丁。然而，饭菜的油水特大，谁来都可入座，亏空总计达到了四万法郎。仲马还常常举行基度山式的盛宴；其中一次由他亲自命名，叫做："一千零一夜之梦"。盛宴前，他请莫奈剧院的设计师赛商修建了一座舞台。时值冬季，花园里支立着丰盛的酒菜台子。由佩特罗·加梅拉领跳西班牙舞。节目结束后，大仲马向女宾客们散发刚才用来当舞台帷幕的印度开司米大披巾。雨果没有到场（一名严肃的流放者是不应涉足"仲马狂欢节"的），可是大家为他的光荣而举杯。[1]

　　这一片你说我笑乱哄哄的喧闹，并不能阻止晚宴的主人跑到公馆的最高层，伏在一张光板木桌上，从早到晚，奋笔疾书。只是女色还是少不了；不可胜数的艳事穿插进行，编瞎话与勾心斗角把他搅得昏头昏脑。再加上这位侠义之士对参与政治的朋友也竭诚相助，那么多次替维克多·雨果留在巴黎的妻子捎信，并把阿黛尔的复信带回来；人们不能不佩服这个不断受到侵扰又劳累过度的男子汉，在这种情况下，居然还能够孕育出规模空前的创作构思。对于一位像卡冈都亚那么大胃口的人，是必须动用全球的整个历史，才能填饱他的肚子。读了下面这封他写给出版商马尔尚的信，有谁能够无动于衷？

　　　　我想写一部宏篇巨著，不知足下以为如何？可以从耶稣－基督写起，直到创世后的最后一人为止；可以分为五部长篇小说：尼禄[2]时代、查理大帝[3]时代、查理九世[4]时代、拿破仑时代……还有一部未来时代。……主要人物有：流浪的犹太人、耶

[1]　此材料由若瑟·冈比先生提供。——原注
[2]　尼禄（Néron，37—68），罗马帝国皇帝，暴君。
[3]　查理大帝（Charlemagne，约742—814），一译查理曼，法兰克国王，八〇〇年称帝。
[4]　查理九世（Charles Ⅸ，1550—1574），法国国王（1560—1574在位），亨利二世及卡特琳娜·德·梅迪契之子。在天主教的压力下，下令屠杀新教徒，造成了著名的"圣巴托罗缪节屠杀"。

穌－基督、克娄巴特拉[1]、帕耳开[2]、普罗米修斯、尼禄、波皮娅[3]、纳西塞斯[4]、屋大维娅[5]、查理大帝、罗兰[6]、维都金德[7]、维莱达[8]、格里高里七世教皇、查理九世国王、卡特琳娜·德·梅迪契、洛林红衣主教[9]、拿破仑、玛丽－路易莎[10]、塔列朗、弥赛亚以及圣杯天使。您可能觉得这一切是异想天开，但是请您问一下亚历山大有何看法，他从头至尾了解这部著作[11]……

　　儿子到底有何看法，人们说不清楚；但是父亲一贯自信，这倒肯定无疑。初出茅庐时，他不就曾梦想要写出地中海的整部历史吗？那为什么到了此时此刻，反而要对这些超人的计划一笑置之呢？另一位巨人巴尔扎克，也同样喜欢把一些超乎寻常的计划加在自己头上。他说："我丈量我前途的办法是用著作来装备它。"巴尔扎克还说过这样的话："我攀登上我思想的顶端，骑跨在世界之上，按照我的意愿来支配一切。"大仲马即使到了壮年，也还保持着这种神奇的激情。不同之处在于：巴尔扎克不需要在现实世界里实现他的梦想。他想象出一些情妇；当她们远在欧罗巴的另一端，像他的"北极星"韩斯卡那

---

[1]　克娄巴特拉七世（Cléopâtre，前69—前30），古埃及托勒密王朝末代女王。据传貌美，为绝代佳人。公元前四八年罗马统帅凯撒入埃及，怜爱而支持之；前三七年与安东尼结婚，后败于屋大维，遂自杀；埃及乃并入罗马版图。

[2]　帕耳开，希腊神话中掌握人类命运和生死的三个女神之一。

[3]　波皮娅，古罗马美女，暴君尼禄的情妇，后当上皇后；于公元前六五年被尼禄赐死。

[4]　纳西塞斯，又译作那喀索斯，希腊神话中河神之子，美少年。他不爱任何女人，后来爱上自己水中的影子，因得不到所爱憔悴而死，死后被神化为水仙花。

[5]　屋大维娅（Octavia，约前69—前11），古罗马奥古斯都皇帝（屋大维）之姊。安东尼之妻；安东尼后来在东方迷恋埃及女王克娄巴特拉，屋大维娅遂与之离婚。

[6]　罗兰，传说为查理大帝的侄子，参加了查理大帝对西班牙的进军，英勇战斗，牺牲在疆场上。以罗兰的传说为基础，形成了法国英雄史诗《罗兰之歌》。

[7]　维都金德，公元八世纪末萨克森人反抗查理大帝斗争中的领袖。

[8]　维莱达，公元一世纪日耳曼族的女祭司及预言家，在族人中享有很高威望。她支持反抗罗马人，失败后拒绝屈服。

[9]　洛林红衣主教查理（Le Cardinal de Lorraine，1555—1588），在十六世纪法国新旧教的斗争中，与其兄古伊兹公爵一道，成为强大的天主教营垒的首领。一五八八年两人双双被国王指使的随从所杀。

[10]　玛丽－路易莎（Marie-Louise，1791—1847），奥地利皇帝弗朗茨一世之女，一八一〇年成为拿破仑的第二夫人。

[11]　此信由马塞尔·托玛发表于《圆桌》杂志一九五一年五月号上。——原注

样，他的内心反而更加高兴。大仲马则是要情妇就在跟前，看得见摸得着，有血有肉。巴尔扎克追求宏伟的思辩；仲马既思辩，又建筑，还勾引女人；这样，他就一身而兼数任。可是，力不从心，必须有所抉择。一个人不可能同时既生活在现实中，又存在于想象里。不论是谁，想要二者兼得，必然支撑不下去。

即使在退隐布鲁塞尔期间，波尔多斯仍然毫不含糊地支撑着落到他身上的重负。债权人把他逼到一个山洞的尽头；债务的岩石挤压着他的脊背；一大串女人把她们的全部分量，压在他的双肩上；他向一家家出版社做出的承诺，不仅超过一个人的工作能力；而且超过十个、一百个人的工作能力；这位无所畏惧的巨人只有一个愿望：干。他准备写《回忆录》，编剧本，还打算办一份报纸；他征服一个个新欢，同时还保留着旧情。布鲁塞尔的仲马似乎在说："债务压得我直不起腰来；合同捆绑得我动弹不得身子；我只有创作。"这位渐入老境的男人仍然充满自信与力量，仍然保持着青春的梦幻与胆量。在他扮演的这出活剧中，他不乏激昂慷慨与亲切迷人之处。基度山妥协投降了，而他的替身仲马却躲到山林之中，英勇地继续抵抗。

他把女儿玛丽（时年二十一岁）接到比利时，要她扮演同谋的角色，帮助他这个做父亲的人，安排那些同时多起的风流艳事。他隐姓埋名来到巴黎，在等下一趟火车往回返的不长时间里，也要寄封信到布鲁塞尔，给女儿交代一些稀奇古怪的差事。

　　大仲马致玛丽·仲马：我同吉蒂夫人一起回来。要是伊萨贝尔的像还在我的房间里，就把它取走。

诚然，他也对女儿说过："我爱你在一切之上，甚至在爱之上。"可是，姑娘并不欢迎父亲的宠妃，经常装出傻乎乎的样子，实际上是巧施妙计挑唆妇人们之间明争暗斗。这做起来并不难。只要告诉安娜·鲍艾，他可能在吉蒂夫人那里；对吉蒂夫人则说，他独自一人在巴黎，住在鲁瓦旅馆；然而事实上，伊萨贝尔·贡斯当生了病，仲马和她住在一起。有时候玛丽·仲马明目张胆地张冠李戴，惹得她父亲怒不可遏。不过怒气来得猛，走得也快，两人用不了多久便会和解。

大仲马致女儿玛丽：我的亲亲，我一来就当上看护与杂役。两件差事我干得都十分认真，竟抽不出时间给你写信，因为我不愿意毫无准备地给你写上两个字。

亲爱的女儿，我离开你真有些不知如何是好……走前三四天，我事情干得不好，也不知到哪里去弄钱。现在情况大有好转，估计明天能给你寄去一千法郎，然后再带回去同样的数目。这事，除你之外，谁也没有告诉。在明天我寄去的钱数里，须付一点给木匠和锁匠（给木匠，是叫他给小镜厅做个柜子；给锁匠，是让他做一张铁床，尺寸和放在劈柴屋里的床垫一样大小）……

我打算在星期六到星期天的夜里回去。案件进展得颇为顺当。仲马夫人及费朗夫人已被排除。现在肯定可以达成清偿协议。咱们会落下些钱，可能会有不少。那么，首先是给我亲爱的孩子，你想要什么都行。

有人会把我的外套给你送去，你一定会大吃一惊！这是因为，我假装今晚出发，让伊萨贝尔（她无法出门）把我忘在她那里的外套设法送给我。这件外套已经交给了一位今晚出发的先生；这位先生（他跑遍所有车厢，都不会找到我的）会把东西给你送去[1]……

在巴黎，小仲马自结束了自己的情感之旅以后，便替父亲"承担起各项联络"的差事。

大仲马致小仲马：伊萨贝尔感谢你几百万次；她说你对她极好。她对我来说，有时候是非常必要的。在这里我什么也不打算置办……星期一我住进房子里的时候，里面已经安排好家具等物，没有赊欠一个苏。所有收据上写的都是你的名字。还有租约[2]……

---

[1] 此信未公开发表，现存国家图书馆手稿部，属巴拉绍夫斯基-贝蒂第二批遗赠。——原注
[2] 此信未公开发表，现存国家图书馆手稿部，属巴拉绍夫斯基-贝蒂第二批遗赠。——原注

每当父亲来到巴黎，父子俩总要到拿破仑亲王（此人相当倾向投石党人，是其当皇帝的堂兄的对头）府上与他共进午餐；同去的有拉舍尔、毕克肖、莫里斯·桑等人。一天晚上，这伙人一起去奥德翁剧院看一出叫《勇敢者堂·古兹曼》的戏；剧本是由他们的马赛朋友梅里创作的。演出没有获得成功。幕间休息时，亚历山大问："难道我们还要跟着走下去，非到坟地不可？"亚历山大一世听了大加赞赏；儿子恰到好处的话语，总使他感到骄傲。他给玛丽写信说："亚历山大是个一文不名的坏蛋。"然而，使他欣慰的是，可以依靠这个可信而又机灵的朋友，把昨日的宠妇贝亚特里丝·佩尔松遣走，以便让位给伊萨贝尔·贡斯当。

　　大仲马致小仲马：佩尔松小姐不能参加《阿斯卡尼奥》的演出了……理由是：我不愿意让那些促使我破产的人担任任何角色……伊萨贝尔将扮演高隆波，此角看来已是非她莫属。如果不愿聘请她一年的话，那么可以按演出场次付酬；我觉着这样倒是更好一些。一天给十五法郎，不会破产的……我恳求你，不要改变这些条件，同时去找一下默利思，请他在海报上只署他一个人的名字。让默利思把我那份酬金和他那份一起领出来，然后直接交到你手里，不要留字据[1]……

大仲马放弃在剧本上署名，并偷偷地从合作者保尔·默利思手中接过酬金，是为了逃避按规定可以分享其收入的破产债权人。任何事情都有其局限，就连诚实也不例外。

　　大仲马致小仲马：我亲爱的孩子，伊萨贝尔越来越疼爱你了。这里附上一封给波歇夫人的信。可以把《阿斯卡尼奥》的票转让给她；条件是：售票所得的钱数中，超过一千二百法郎的部分，要转到我们的账上……我已见到普拉迪埃夫人了。现在我把《良心》的最后一部分寄给你。已经说好，昂德诺尔将付

---

[1]　国家图书馆手稿部；编号：N. A. F. 24641, folio 69。——原注

给你五百法郎。余下的一千法郎中：给玛丽二百，——给谢拉米三百，——给吉蒂夫人三百，——所剩二百法郎，如果可能的话，就留给我……

一八五二年三月十四日：非常亲爱的，——既然咱们谈到了数目字，那就来算一下：

房钱	6 法郎
阿列克西	4 法郎
灯火、煤炭	3 法郎
午餐	3 法郎
小费	1 法郎
邮费	2 法郎

每天 18 法郎（原文如此）

加上意外开支，就算二十法郎一天。你是一月九日走的。到三月九日，整两个月……二十法郎一天，每月就是六百法郎。那么，两个月就是一千二百法郎。再加上吉蒂夫人、谢拉米和伊萨贝尔每人两次旅行的开销（旅馆），将有整整一千七百法郎给你。今天，小房子布置停当，一个苏的欠账也没有[1]……

《阿斯卡尼奥》在排练期间改名为：《本维努多·塞里尼》，于一八五二年四月一日在圣马丁门剧场首演。这是一出正剧，由大仲马和默利思根据前者一八四三年发表的一部小说改编而成。伊萨贝尔·贡斯当创造了主角的形象，并充当赫柏[2]雕像的模特儿。因为男主角本维努多·塞里尼的扮演者梅兰格，在演出的相当一部分时间里，要在舞台上为青春女神塑像。小仲马受父亲委托，给这位女演员，他父亲的正式情妇，送去了数额十分微薄的赡养金。

---

[1] 此信未公开发表，现存国家图书馆手稿部，属巴拉绍夫斯基-贝蒂第三批遗赠。——原注
[2] 赫柏，希腊神话中的青春女神，为宙斯与赫拉之女。

大仲马致小仲马：首先，附上一封给莫尔尼的信。其次，你是否已给伊萨贝尔，或你是否能给她那一百法郎？她正等着用她那可怜的一百法郎呢！……接到这封短笺，立即设法给伊萨贝尔一百法郎。设法给我送来那两个瓶罐、那组群像和那两幅画……伊萨贝尔要来这里看我。今天上午你就去她家里看看，她对出门旅行之事一无所知，你帮她一把……如果她像我所希望的那样星期二来，你关照一下，将瓶罐随她托运过来。"货物托运，易碎物品……"[1]

玛丽·仲马憎恶伊萨贝尔·贡斯当。这次她将如何对待这个不速之客呢？本性难移的唐璜对此不无忧虑。在滑铁卢大街家中，当女儿在最高一层熟睡之际，他写了一封信，连夜放到女儿的房间里。

大仲马致其女玛丽：我的小亲亲，我如此害怕惹你不快，以致我不得不上楼去，告诉你一件我一直不敢告诉你的事情：尽管我竭力阻挡，伊萨贝尔还是要来，今晚就到！

怎么办呀，我的孩子？四五天来，我心里总是七上八下的；因为这四五天来，我预感到：她只要身体稍好一些，就会立刻跑来。世界上我最不愿看到的，是你跟我赌气，就像上次她来时那样。我亲爱的孩子，我如此爱你，以至于你的脸色不给我快乐，就会使我忧伤。那就请你鼓起勇气来，不要叫我伤心，她来也就是住上三四天时间。不过，午饭和晚饭怎么办？如果你不能照常留在我身边，我会深感伤心的。大家可否到你的工作间里去吃饭？以免有人进来，碰上不太方便。

无论如何，吃饭时总要把门关上的……还有，如果你觉得这样妥当的话，我也可以借口她病还未好，我同她两个人到亚历山大厅去吃晚饭。

你看怎么好，就怎么办。不过，尽量叫我心里少点儿不痛快。我喜爱你大大超过我自己。然而，此话远不能表达我心里要

---

[1]　国家图书馆手稿部；编号：N. A. F. 246410，folio 71。——原注

向你说的全部意思。[1]

小仲马要到巴黎各报馆催收欠款，还要给剧院经理们鼓劲打气，时不时还要麻痹一下伊萨贝尔的疑心病。吉蒂夫人、安娜·鲍艾、贝特、艾玛、加拉特里夫人，以及到布鲁塞尔演出的女演员，还有布拉邦[2]的所有女人，都是伊萨贝尔吃醋的对象。有时候，小仲马抗议父亲有那么多的"组合"，抗议吉蒂夫人要求太高。"唉呀，我的朋友！"当父亲的回答道，"我不就是有几个情妇吗！你都了解她们。你跟她们每一个，开始时都很好，后来就不好了。我还保存着你那封信，你说吉蒂夫人是一个富有魅力的女人哩！……"[3]

　　大仲马致小仲马：伊萨贝尔明天去看你，我也同她一起去。几点钟，说不清楚……不要对伊萨贝尔提起我前天的旅行；请你的朋友们也不要告诉她[4]……

玛丽·仲马，这个脾气倔犟的知情人，还知晓父亲另一桩隐藏得更深的私情。在一八五〇年或一八五一年，大仲马曾向女儿坦露，一个年轻的有夫之妇，名叫安娜·鲍艾，与他私通而怀了身孕。玛丽在这件事情上的立场，与其父大相径庭。

　　大仲马致其女玛丽：亲爱的玛丽……为了回答你的来信，我下面要写几句严肃的话。我对那个问题的观点，与你的观点不完全相同。你对这个问题是从感情的角度来观察的；而我，则是从社会的，特别是从人道的观点来看待。
　　首先，每一个人都要对自己的过失负责，甚至要对自己生理上的毛病负责，而没有任何权利让别人来承受其后果。假如因一次意外或因生理上的毛病，某一个男人变得无可奈何，这生理毛

---

[1] 此信未公开发表，现存国家图书馆手稿部，属巴拉绍夫斯基-贝蒂第二批遗赠。——原注
[2] 比利时的一个省，布鲁塞尔在其辖区内。
[3] 此信未公开发表，现存国家图书馆手稿部，属巴拉绍夫斯基-贝蒂第三批遗赠。——原注
[4] 国家图书馆手稿部；编号：N. A. F. 24641, folio 63。——原注

病的一切后果都应由他自己来承担；由此而可能引发的一切事情，也都要由他自己来对付。

一个女人犯了过失，或者忘记了她应视为义务的东西，这要由她本人拿出力量来补赎她的软弱，就像人们用痛悔来补赎犯下的罪过一样。然而，女人有了过失，并不比无力控制自己的男子更有权利让另外一个人承受自己过失或自身不幸所造成的后果。

在孩子被孕育之前，我就表示过这些不同看法，这些看法她都反复考虑过，最后她说出这句话表示自己的决心："对于我的孩子，我将有力量把一切都说出来，也有力量把一切处理好。"在下了这样的决心之后，现在尚未出世，但已提前受到谴责的生命，才被造了出来。

小小生命虽然已经形成，但还没有生下来。而人们此时就拒绝给他社会地位；与其如此，还不如将小生命扼杀在未出世以前，这是最省事的办法。通奸所生的孩子，既得不到生父的承认，也得不到生母的承认。那个孩子，更是双重的奸生。

母亲健康条件那么差——她自己认为，她随时有可能离开人世。父亲已老，再要求活上十五年，也会显得有点不自量力！在这种情况下，孩子出生后会有什么样的身份与地位呢？长到十四岁，举目无亲。无产无业，在茫茫人海中何以安身立命？

要是个女孩，而且有几分姿色，她还可以设法到警察局领个号码，干起每位十法郎的皮肉生涯。要是个男孩，他将扮演安东尼的角色，甚至说不定去步拉斯奈尔[1]的后尘……

如果将来确实如此，还是现在毁了的好。——然而，早知今日，何必当初非要把他造出来呢！如果以这种假仁假义为借口，神经过敏地采取这样的决断，是会令我怒气冲天的。这样一个决断会损伤我关于正义与非正义的全部观念。同时也会毁掉一部分我对你的尊敬；我甚至非常担心，随着这一部分尊敬的失去，会失去我对你的全部爱心。

先生无力控制自己，他活该。太太心软而失足，她也活该。

---

[1]　拉斯奈尔（Lacenaire），职业杀手，一八三六年被处死。

可是，谁也不敢说："那个对无力的先生与心软的太太欠下孕育
之恩的人，他也活该。"我们两人，在当时共同行动的时候，都
冒有一定的风险。那位夫人冒着被控告吃官司、婚姻离异的风
险；可她当时那么坚决，不怕风险；她本应给我一份结婚契约的
副本，叫我看看一旦事情败露她该遭受多大的损害。然而，她没
有这样做。至于我，我也冒着风险，说不定挨一剑，或者吃枪子
儿；事到如今，我还是准备着冒这种风险[1]……

后来，事情没有闹到悲剧性的地步。亨利·鲍艾一八五一年出生
了。终其一生，他都以其生母丈夫的姓氏为姓；然而，他的长相和他
那慷慨大度的性格，都惊人而无可争辩地证实，大仲马确系其生身
之父。

当大仲马在比利时开始写回忆录的时候，他四处搜集材料。什么
都有用处，就连被埋葬的恋情也不例外。

> 大仲马致小仲马：爱儿，如果你还记得起当年我给小瓦勒道
> 尔写的那些诗句，请写出来寄给我。我打算放进我的回忆录。如
> 果你能弄到她的墓志铭，我也想要[2]……

他又想起了罗曼蒂克的梅拉妮在决裂的时候给自己撰写的墓志
铭，以及她痛不欲生的情景。当年那撕心裂肺的呼喊，现在只成了个
"副本"。

大仲马在其短暂的休息时间里，继续去看望那些被放逐的人们。
在比利时人高拉尔家中，他同雨果、德沙奈尔、吉奈、阿拉果等人经
常见面，还经常与他们到千柱咖啡馆去坐一坐。过路人认出了雨果和
仲马，便带着敬意同他们打招呼。到了老鹰咖啡馆，进不进去？开始
有些犹疑，因为它的名字使人联想到帝国；后来阿拉果说了一句：
"鹰是一切伟大人物的象征。"雨果从小就是老鹰的朋友，当即表示赞

---

[1] 此信未公开发表，现存国家图书馆手稿部，属巴拉绍夫斯基-贝蒂第二批遗赠。——原注
[2] 国家图书馆手稿部；编号：N. A. F. 24641, folio81。——原注

同。于是，老鹰咖啡馆也成了这批流亡的大人物们相聚之地。[1]

后来，小团伙就凑不齐了。一八五二年七月，雨果动身到泽西岛居住；大仲马到安特卫普送别，一直送到船上。大仲马对巴黎产生了思乡之情，他问道："我们这个世纪将留下些什么？几乎是一无所有。精英们都流亡国外。李维[2]到了布鲁塞尔，塔西陀[3]住在泽西岛。"[4]他急于获得清偿协议书，以便李维能够昂首挺胸返回故国。仲马建议：将其现在与将来全部文学著作产权的一半，归债权人享有。过去在历史剧院担任过秘书的伊什赖尔，是个灵活、忠诚的会计师，出力为仲马争到了较为有利的条件：百分之五十五归大仲马，百分之四十五由债权人分享。破产财管员的评语是："亚历山大·仲马先生表现出最大的忠实与最大的热忱，来履行他的保证。"此话说得倒是不差。

一八五三年初，协议签了字，大仲马举行盛大午宴，向布鲁塞尔的朋友们告别。滑铁卢大街的房子，租金是付到一八五五年的，仲马让诺埃尔·巴尔费免费住下去。这位财政大臣要求他开具一份账目交卸清楚证明书，可是主人拿过账本就扔到厨房的炉灶里去了。基度山破了产，但是并没有垮。

---

[1]　这些情况由若瑟·冈比先生提供。——原注
[2]　李维（Live，前59—17），古罗马著名历史学家。这里大仲马以李维自许。
[3]　塔西陀（Tacite，约55—约120），古罗马著名历史学家。这里指雨果。
[4]　见《贺拉斯·德·维埃叶-卡斯代尔伯爵回忆录》，第2卷。——原注

第二章　茶花女的新化身

　　回到巴黎，大仲马发现，他的儿子头上出现了全新的光环。一八五一年那时候，小亚历山大的生活还相当拮据。倒不是他没有好好干。他出版了一本诗集（《青春罪孽》）。"这些诗，不好也不坏，嫩了点儿"，作者后来这样评论。其实不然，这些诗几乎没有一篇是好的。他接着写了一个篇幅不短的故事（《四个女人和一只鹦鹉的奇遇》），作者的意图是让它带上幽默的色彩。此外，还有一部历史题材的长篇小说：《赤发特里斯当》，以及另一部稀奇古怪的书，名叫《摄政穆斯代尔》。这些作品都没有引起什么反响。只有《茶花女》引起读者的兴趣。然而，直到一八五二年二月份，由小说作者自己改编的同名剧本，才被搬上舞台。

　　记得当年，大仲马曾为历史剧院接受了改编后的本子。可是剧院经理霍斯坦提出抗议，说"这是《放荡生活》的翻版，才思还差了一块"。一八四九年历史剧院倒闭。年轻的亚历山大又把稿子送到盖泰、昂必居、伏德维尔、吉木纳兹等剧院，都吃了闭门羹。搞戏剧的说："这不是戏。"正派人士说："这有伤风化。"

　　他曾经试图以女主人公的美貌来诱惑维尔吉妮·德热才，让她出演这一角色。德热才是位卓越的女演员，颇受公众的宠爱，扮演机敏的妙龄女子可以演得活灵活现。然而，德热才这时已年过半百，并且她还颇有见地。她说，角色诚然不错；不过，要她来演，她本人须减去二十岁，剧本还应加上几段词，并把结局改得欢快一些。她预言，此剧会取得成功。然而，她接着说道，为此"必须做到三件事。第一件是来一场革命，摧毁检查制度；第二件，阿芒一角要请费希特扮演；最后，玛格丽特不应由我来演；我演此角，会显得可笑。"

　　查理·费希特是个年轻、英俊的男演员，表情温存略带伤感。有一次演出《巴黎圣母院》，费希特在剧中扮演弓箭队队长弗比斯；直到演出结束大幕落下，他还一直脉脉含情地望着台下这位已不年轻的女演员；第二天她又来看戏，连着一星期每晚都来。这样，费希特征服了她，两人居然好上了。费希特此时刚刚结婚；德热才的年纪比他大一倍，但在剧院里依然很有势力，人也亲切和气。年轻的费希特野心勃勃，急于向上爬。

　　　　维尔吉妮·德热才致查理·费希特：你在迪埃普[1]才有九十六法郎的收入！真可怕，虽然我知道这个城市比较差。在迪埃普，妇女们更喜欢光顾沙龙，而较少看戏……无论如何，九十六法郎，够少的！再说，何必两人一起去旅行呢？你的开支增加一倍不说，还给你减去了不少诗意。公众不喜欢带家室的……应当独自一人去，无拘无束、自由自在地去讨好那些已经陈旧的罗曼蒂克想象力。这令人不快，但是一点儿也不假……

　　德热才建议挑选费希特创造阿芒·迪瓦尔这一角色，是个很好的主意。不过，还必须找到一家剧院演出。一八五〇年，一家也没有找到；他父亲此时已无能为力。小仲马感到越来越拮据，心情变得阴沉、郁闷。有时候，他整个晚上都消磨在马比耶舞场的花园里。在震耳欲聋的乐曲声中，几个漂亮的姑娘同一些商店伙计翩翩起舞。小仲马注视着这些"每个毛孔都渗出感官快慰"的二十岁的尤物，陷入了苦涩的沉思。"如何才能阻挡她们变成现在这个样子，弄得这些男性个个心神不定？她们引起了多少肉欲！她们的足迹所到之处，流洒了多少鲜血！……大自然在创造美色、青春与爱情之时，心里怀着多少可憎的私心杂念？"[2]

　　最后，小仲马不得不闷闷不乐地把手稿放到抽屉里面。最后一次

---

[1]　迪埃普，法国海滨塞纳州的港口小城。
[2]　小仲马为亨利·鲁荣的作品《米尔蒙德》所写的序言（巴黎，奥朗多夫，1896）。——原注

朗读是在一八五〇年元旦那天。那天清晨，他早早起来，来到了玛丽·杜普莱西的墓前。他的前途捉摸不定；他把思维和情感都浪费在平淡无奇的作品和艳事之上了。可怜的女子，在墓穴深处，倾听他的知心话。回到家里，他关上百叶窗，点上蜡烛，重新拿出剧本。过了一会儿，朋友米罗来家探望，小仲马就给他念起了《茶花女》。念着念着，两个人都眼泪纵横。是好东西呀！然而，有谁识货？又有谁敢于说出实话？

不久之后，一八五〇年春天，亚历山大走过意大利人大道，在红衣主教咖啡馆的一张桌子旁，认出了演员希波利特·沃姆斯和大胖子布菲。后者有个绰号，叫做"波希米亚的卢库鲁斯"，是剧院经理一类的人才；这号人时而腰缠万贯，时而倾家荡产，人们对此已经感到不足为奇。布菲叫住小仲马，请他坐下来，说道：

"沃姆斯告诉我，您把《茶花女》改编成精彩的剧本。不久我又要到伏德维尔当经理了；把剧本给我保留六个月，我保证上演。"

时光流逝。一八五一年是小仲马与奈塞罗德伯爵夫人恋爱及到德国旅行的一年。当亚历山大回到巴黎，布菲如其所言，已经当上伏德维尔剧院的经理，并决定排练《茶花女》。费希特接受了扮演阿芒的角色；玛格丽特·戈蒂埃一角则分配给了阿纳依斯·法格耶。法格耶长得很美，适合人物需要；就是头脑不够灵活，惹怒了小仲马。"嗬，这个呀！"她直冲冲地问道，"那个姑娘是不是每一场都要大口大口吐血呀？"小仲马回答："对不起，小姐，只有在第五场，她才陷入此种难以忍受的境地。"小姐话不饶人："就算如此；那么，既然您在那个圈子里混过，请您给我提示提示；那种姑娘们的生活习惯，我可一点儿也不清楚。"小仲马顶了她一句："天哪，小姐，如果在您这种年纪，还不了解这些女子，那您就一辈子也不会了解她们了。"

法格耶小姐变得使人无法忍受，剧作者和剧院经理经过商量，同意另请一位玛格丽特。费希特推荐道什夫人。布菲说："这倒是个好主意，道什极其迷人，是个理想的人选。不过，怎么找她？我还真不知道她到哪里去了。""我知道，"费希特说，"我知道，她在英国。我可去找她。"

道什夫人的艺术生涯相当独特。她原来的名字是：玛丽-夏洛特-欧也妮·德·普伦凯特，祖上是爱尔兰贵族，后来全家定居比利时，她本人就出生在那里。父亲去世时，她才十四岁，便打定主意"搞戏剧"，后来果然达到了目的。十七岁上，她嫁给音乐家亚历山大·道什[1]；道什当时四十来岁，担任伏德维尔剧院的乐队指挥。婚事不久就变成灾难。两年之后，道什抛弃了毫无顾忌地叫他戴绿帽子的小娇娘，移居到俄国去了。公众继续给"小道什"捧场，欣赏她那天鹅般的颈项和芦苇似的细腰。这位富有贵族气派的女演员，穿衣打扮分外出众，还置办了一个很像样子的图书馆，购买名家画作，并不时周济遭到不幸的同伴。

在巴黎，因为对请她扮演的角色不满意，失望之余，就跑到伦敦；有人说，她下决心不再登台表演。费希特专程拜访她，介绍完《茶花女》之后说道："巴黎的女演员们都拒绝接受这一角色。你是否可以承担？"她听了一遍剧本，高兴得鼓起掌来，还流出了激动的泪水。接着就收拾行装，回到巴黎；第二天便投入排练。小仲马后来说道："她身上什么都不缺少：青春、光彩、美貌、才华……她演此角色，不温不火，那神态，就像是她自己写出来的一样。"[2] 然而，经理布菲却令人扫兴，他对道什夫人说："唔！您和维斯迪蒂轮流演茶花女吧；就是说，两天轮换一次，可能总共十二三场。"[3] 其他演员都深感忧虑。剧本的题材如此大胆，在他们看来，似乎难以接受。唉！这种看法正是检查官们的看法。一八五一年当部长的是莱昂·富歇，此人严厉而故作庄重；他果然下了禁令。这时还未发生政变，大仲马与亲王总统的关系还相当融洽。儿子无计可施，只好请父亲去说情。可是，审查官德·博福尔先生寸步不让；声称正是为了两位亚历山大·仲马的声誉，才不能让这样一出丑剧上演。且听他是怎么说的：

"如果我们让这样一个剧本上了舞台，不等第二场结束，观众就

---

[1]　亚历山大-皮埃尔-约瑟夫·道什（Alexandre-Pierre-Joseph Doche，1799—1849），他的妻子一八二一年生于布鲁塞尔，一九〇〇年死于巴黎。在其一生中，她总能够成功地使自己年轻两岁。——原注

[2]　艾玛纽尔·法比尤斯收藏手迹目录，一九三九年六月。——原注

[3]　阿道尔夫·布里松：《亲密人物肖像》。——原注

会把板凳抛到台上去。"

小仲马回答:"将来总有一天,有位聪明的部长,会批准我的剧作。那时候,我会邀请你来看戏,演出将会盛况空前。"

"我祝您称心如意,先生。但是,我不相信您会成功。"

道什夫人在伦敦的时候,就非常熟悉路易-拿破仑,以及他的新任内政部长佩尔西尼;这时候,她挺身而出,为她的这出戏进行辩护。

"把角色还给这个小女孩吧!"佩尔西尼发表了自己的看法。

莫尔尼来看排练。此公不是胆小怕事的人。不过,"为了保险起见",他要求由三位有资格的作家共同签署一份道德文书。小仲马去找于勒·冉南、莱昂·戈兹朗和艾弥尔·奥吉埃;三人读了剧本,同意推荐。尽管有了这个三人证明书,莱昂·富歇还是顽固不化。到了十二月二日,总统宣布成为终身制,不久之后又建立了帝国。莫尔尼取代了富歇。这项任命刚过了三天,亲王的同母异父兄弟[1]就批准上演这出戏。

《茶花女》取得了非凡的成功;作者的名字受到热烈欢呼;泰奥菲尔·戈蒂耶亲眼看到:"妇女们从胸前揪下簇簇花朵,和着热泪",抛向作者,形成一阵花雨。

> 玛丽·杜普莱西终于有了一座我们一直为之呼吁的雕像。诗人承担了雕塑师的差事;因而我们看到的不是形体,而是心灵。这一心灵附着在道什夫人迷人的外形之上……给诗人带来最大荣誉的,是在这五场戏里,从头到尾没有一丝编造的痕迹,没有故作惊人之笔,也没有难以理解的东西。至于思想内容,它像爱情本身一样,既古老,又永恒地保持着青春。它所表达的不是一种思想,说实在的是一种感情。老资格的人对《茶花女》的成功会大吃一惊,不知怎么解释才好;它的成功使这些人的理论再也站不住脚。风尘女子恋爱的不朽故事啊,你永远在诱惑着诗人们!

---

[1] 指当上大臣的莫尔尼(Morny,1811—1865),此人系德·弗拉奥将军与霍尔滕斯王后的私生子,因而与未来的拿破仑三世(即文中的"亲王")为同母异父兄弟。

当前，英吉利—日内瓦式的假正经占有统治地位，要想把现实生活中的真实场景不加掩饰地搬上舞台，这需要有很大的本事才行……对话中妙语连珠，像是脱口而出……那咄咄逼人的进攻，那反唇相讥的驳斥，如同两剑相击，火星飞迸，声响叮当。人们感到一种新的精神，清新动听。体现这种新精神的精彩台词，应当记到笔记本上；等不了三年工夫，就会有机会使用的[1]……

道什夫人当场晕了过去；费希特激动不已，连忙把她那价值六千法郎的镶花边衣服撕开。演出结束，许多朋友聚到一起，打算庆祝一下。剧作者请他们原谅不能奉陪。他说明不奉陪的原因："今晚我要同一个女人一起吃夜宵。"这个女人就是他的母亲。卡特琳·拉贝后来回忆道："那天晚上，简直过了个威尼斯式的狂欢节！说来也奇怪，那顿饭虽然只有一片火腿，一点油拌小扁豆，一块干酪，还有几个李子干，可是我觉得一辈子也没有吃过那么好的夜宵！"大仲马这时还住在布鲁塞尔；清偿协议签字画押之前，他不愿意回来。小仲马给父亲打了一份电报："巨大、巨大的成功！以至于我以为是在观看你某部作品的首演！"大仲马的答复是："亲爱的孩子，我最好的作品，就是你！"[2]

不久之后，德热才来布鲁塞尔小住，正好参加了《茶花女》在该市的首演。她与心花怒放的大仲马相遇了。

大仲马致小仲马：我的好朋友，——昨天，我同帕斯卡夫人谈了一个晚上。谈到了你，你的成就，献给你的花冠，演出后你多次出来谢幕，以及道什夫人的才华和费希特的天才。这一切真是太好了。帕斯卡夫人告诉我，你曾两次拜访了莫尔尼。对，应当活动，拿到十字奖章才好。[3]当你有了它的时候，就有了……在这一切中，我看到的积极的一面是，会促使一定数量的钱源源而来；有了钱，你就可以洗洗你那些脏衣服了。如果你在什么事

[1]　泰奥菲尔·戈蒂耶：《戏剧艺术史》，第6卷。——原注
[2]　亨利·里奥奈：《小仲马的〈茶花女〉》。——原注
[3]　小仲马直到一八五七年八月十四日才得到奖章。——原注

情上有了钱，别忘记把一百法郎给拉瓦尔街送去，就是上次我通过昂盖纳街捎给你的那一百法郎 [1]……

　　戈蒂耶不是称赞《茶花女》的唯一评论家。于勒·冉南也谈到这部作品："笔调生动，富有十足的现实感；从而使这出表现寻花问柳之事的戏，成为文学上的一件大事"。普律多姆先生对此剧表示反感，指控作者把妓女引入真福品 [2]。第二年，伏德维尔剧院上演了一出针锋相对的戏，名叫《大理石姑娘》，由泰奥多尔·巴里也尔和朗贝尔-梯布斯特合作编剧。剧中直言不讳地说出对那些"小姐们"的看法："哎呀！这种局面拖得太久了。走吧，小姐们，走到阴暗中去，把你们的轿车排排齐！把地方腾出来，让给步行前往的正派妇女们！"

　　事实上，小仲马写《茶花女》的本意，既不想攻击烟花女子，也没有为她们辩护的意思。一位他所爱过的迷人而柔弱的女子死了，他感到非常痛苦；于是，他便拿起笔来，描写这位女子的一生，以及他本人的感情。她的死不道德吗？这一企图赎罪之举应受到痛斥吗？根据何在？"在这里，作者既不充当辩护律师，也无意代替检察院行事；他只是个艺术家，这不是很好吗？……" [3] 他对作品女主角的原型，怀着极度好感。对女主角，他不下断语，而是以友好与怜悯之心对待她。只是过了若干年之后，这出戏在作者的思想上才有了转变；当年浪漫热情的小青年，随着年龄的增长，将变成一位严厉的道德家。

---

[1]　此信未公开发表，现存国家图书馆手稿部，属巴拉绍夫斯基-贝蒂第三批遗赠。——原注
[2]　天主教礼仪中，授予亡故者中善者的称号，低于"圣人"。
[3]　路易·冈德拉：《小仲马戏剧中的情欲》，发表于一八八四年五月十五日《两世界杂志》。——原注

第三章 《火枪手报》

你又回到你的作品之中；它们光彩夺目、数不胜数、各式各样、丰富多彩、令人快活：它们闪耀着光辉……

维克多·雨果

历史的震荡往往给社会造成深深的裂缝。有力量的人，可以跨越过去；可是，到了另一边，也不一定舒服自在。一八四八年的革命在法兰西的生活中划开了一道大口子。布景起了变化：超凡的布景师把路易-菲力普王朝提升到了舞台的顶端。角色有了变换：一批新人出来执掌政权。公众的兴趣也有所转变。维克多·雨果表现得极为出色：流亡生涯、创作有了新的面目、政治上完全持反对派立场。巴尔扎克逃匿了：五十一岁就撒手人寰。大仲马从布鲁塞尔回来，还是老样子，满怀信心，计划不断。

他匆匆忙忙地寻找老朋友，寻找林荫道，以及他喜爱的喧闹气氛。可是，怎么过日子？他首先想到，要创办一份晚报，取名《火枪手》。订价：巴黎三十六法郎，外省四十法郎。报馆设在拉菲特路一号黄金大厦。黄金大厦常被人称为金光大厦，因为大厦里面有一家大名鼎鼎的金光饭店。饭店对面就是报馆，楼上有大仲马的住宅，二者占据了大厦的方形塔楼。报纸的名字起得很好。一看标题，读者就想到大仲马和他的那部长篇小说。报头上画着一位坐姿的火枪手。创刊号上预告：即将刊载亚历山大·仲马的《回忆录》，共五十卷。梅里看后说道："五十卷！肯定二十五个瓶子里装的都是水，他想让公众大口吞下去……"一定不会全部货真价实，仲马式激情的烈酒里面必然搀水。不过，公众喜欢看大仲马的这些搀水作品，何况撰稿人的名单上都是些大名鼎鼎的人物：小仲马、热拉尔·德·奈瓦尔、奥克塔夫·弗耶、罗歇·德·波伏瓦、莫里斯·桑、亨利·罗什福尔、阿尔弗莱德·阿斯林、奥雷连·斯科尔和泰奥多尔·德·邦维尔。从头几期的情况看，显然是成功的。然而，当初许多人异口同声地预测："这时候办报？绝不可能！"

大仲马回答："如不可能，我又办它干嘛？"

黄金大厦的底层，门上有个不大的白纸卡片，上面是老板的笔迹："《火枪手》报社。——请转动门把手"。转动门把手，进去是个小小的前厅，里面有一张白木桌子，还有两三名员工。在一个干草铺面的圆凳上，坐着当年基度山城堡的花匠米歇尔，看守着一个木箱，那便是报馆臆想的钱柜了。为什么要米歇尔担当这份差事？本来是需要个会算账的人，结果却是个园丁谋到了此职。大仲马解释道："我找到了一个合适的人选：米歇尔不会算账，我就叫他当《火枪手》报的出纳员。"其实，不会算账也没关系，因为钱柜空空如也。大仲马创办《火枪手》报，资本只有三千法郎；报社里，任何人都没有拿到过薪水。

然而，《火枪手》每天照出不误。靠的是什么奇迹？办公室里一文莫名，然而办公纸笔却一样不缺。员工不领薪水，仍然坚守岗位，忠于职守。大仲马仅仅向他们许诺将来的名誉地位，并以"你"称呼他们，表示亲密无间；这样大家干得挺带劲。经理马蒂内是个沉不住气的人；起初，他不时去找大仲马，告诉他：

"仲马先生，又没钱了。"

"怎么？"仲马喊了起来，"订报费呢？零售收入呢？"

"亲爱的主人，十分钟前，您把今天早晨收进来的三百法郎，全都拿走啦。"

"当然啦！昨天我提供了一千法郎的稿子呀。"

这倒确实不假。仲马住在四层楼，坐在一张杉木桌前，身上只穿一件粉色衬衫和一条有脚底扣带的长裤，手不停笔，写出了不知有多少公里长的《回忆录》，连停下来喘喘气都顾不上。他很开心地叫父亲、母亲复活，还有维雷-科特莱、森林中度过的童年、违禁打猎、初涉剧坛等等。漫游途中，又顺手给有关人物描绘几笔：勒芬、乌达尔、路易－菲力普、玛丽·多瓦尔。有时信马由缰，离题万里，长篇累牍地写起拜伦的一生，以及维克多·雨果的整个青少年时代。这些文章谈不上有周密的构思，但写得却是生动有趣，扣人心弦；有些段落（例如涉及多瓦尔的片段文字），情真意切，耐人寻味。写《回忆录》的同时，他还发表了《巴黎的莫希坎人》[1]（与博卡日合作）、《耶户[2]的伙伴们》、《穿室内长袍的大人物》系列剧。为了写这些东西，他手里拿着笔记本，去请教德拉克洛瓦；后者叹息道："这个吓人的仲马，一旦抓住猎物，他决不松开利爪。他手拿白纸笔记本，追踪而来，直到午夜才肯罢休。我真傻，给他讲了那么多细节；上帝知道，他用这些细节去干什么！不过我挺喜欢这个人，但我和他不是一类人，我们不是同一些元素构成的……"[3]

大仲马自有读者大众的追随：《火枪手》报印一万份；在那么一个困难时期，这就算是很大的发行量了。连最严肃的人也对它感到兴趣。拉马丁写信给仲马："承蒙您征求对贵报的看法。对人世间的事情我是有看法的；对于奇迹，却提不出看法来。您是超人；我的看法，是一个惊叹号！有人研究永动机；您已经胜出一筹，找到了'永惊'的办法！再见。生活吧，就是说：接着写吧！我在这里拜读您的大作……"[4]维克多·雨果从泽西岛给他送来了教长般的祝福："亲爱的仲马，我读您的报纸。您把伏尔泰又还给了我们。这对受屈辱、受伤害的法兰西，是最大的安慰。再见，喜爱我吧[5]。"

起初，报纸办得如此之好，以至于财大气粗的报业老板米洛与维尔默桑向大仲马建议，由他们买下《火枪手》，还保留他合股经营者的身份，并给他十分优厚的待遇。这是一个天赐良机，也是保护报纸免受仲马本人挥霍浪费的良策。然而，他不无傲气地拒绝了。在给

---

[1]　北美印地安人部落。
[2]　以色列王国耶户王朝的建立者，约于公元前八四三年至公元前八一六年在位。
[3]　克鲁阿尔引自欧仁·德拉克洛瓦的《日记》，第2卷。——原注
[4]　此信引自约翰·夏庞蒂埃：《亚历山大·仲马》（巴黎，达朗迪埃出版社，1947）。——原注
[5]　同上（不完全准确）。
　　"再见，喜爱我吧"原文为拉丁文。——原注

维尔默桑的信中，仲马写道："我亲爱的同行：你向我提出的建议，以及那位善良而杰出、具有金子般心肠的米洛的建议，都再好不过了……但我毕生梦寐以求有一份自己的报纸，一份完全归我所有的报纸。我现在终于办起了这样一份报纸。它可以带给我的收入，每年至少有一百万。我写了那么多稿子，至今连一个苏也没有拿到。按每行字四十苏计算，从《火枪手》创刊至今，我已经赚了二十万法郎；这笔钱，我让它静静地留在报纸的现金柜里，以便一个月以后可以一下子提取五十万法郎。在这样的情况下，我既不需要钱，也不需要一位经理；《火枪手》是一项金子般的事业，我决定由我独自经营……"[1]

可是奇迹不能永恒不变；过上一段时间，奇迹就不成其为奇迹了。干了那么长时间，报酬只是被友好地以"你"称呼，连最忠实的合作者都感到厌腻了。他们一个接一个离去了。订户也在减少。报纸向订户提供的，只剩下了大仲马一人。读者倒不是不喜欢大仲马其人，只是不情愿将他作为自己唯一的精神食粮。到了后来，职员和工友们也集体提出辞职。大仲马痛苦地抱怨他们"忘恩负义"。于是，《火枪手》报便在一八五七年停刊了。

为了自我安慰，大仲马经常外出；他进城吃晚饭，到处夸夸其谈以寻求快乐。他谈到自己绝不会再动笔去写的文章。他出入玛蒂尔德公主的公馆。公主虽然是拿破仑三世的表亲，却允许在自己的府中指责与抨击第二帝国。在这里，大仲马摆出一副政客的派头，说什么由于他名望很大，因此他的势力并不比皇帝差。

"叫我仲马就行了，"他对公主说。"我操劳了二十五年，为的就是这个。"

他写了一些政治性的讽刺短诗：

> 帝王讲究排场，
>
> 伯侄互不相让；

---

[1] 此信引自亨利·达尔梅拉：《亚历山大·仲马和〈三剑客〉》（巴黎，埃加·马勒费尔出版社，1929）。——原注

> 伯父占据各国的都城，
>
> 侄子占有我国的资本。[1]

这当然不讨公主的喜欢，也不讨傲视一切的维埃叶－卡斯代尔的喜欢。后者在其《日记》里怒气冲冲地写道："接待仲马，让他唱高调，这是个错误。"然而，无论在公主们眼里，还是在老百姓眼里，仲马仍然是个庞然大物。他轻蔑地谈论拿破仑三世："关于拿破仑，雨果发表过不少精彩的东西；至于我，在我的《回忆录》里，我给他保留了一些刻划得更加有力的东西……这个装模作样的人，以前就没有表现出过与他的地位相称的勇气。当年还在觊觎帝位的时候，他竟蠢到让人家逮住的地步[2]。他本应该像我那样，拿起手枪，武装自己。在一八三〇年，我威胁城防司令，说要叫他脑袋开花，结果我单枪匹马，拿下了苏瓦松城……"[3]

说得多了，到最后连他自己也信以为真了。

他斥责皇帝不够尊重艺术家。在他某次猛烈攻击现政权之后，有人问玛蒂尔德公主，是否会因此与仲马失和。公主面带微笑回答道："我想是的，分道扬镳……不过，今天晚上，他还要来吃饭。"[4]一八五七年，公主收小仲马为义子；公主打算把他介绍给皇上，以便让皇上授给他奖章。小仲马拒绝了，说自己孤傲清高，又颇胆怯。不过，一八五七年八月十四日，他还是获得了勋章；他选择自己的父亲做典礼主持人。

> 大仲马致小仲马：我亲爱的孩子：三天前我收到了给你的十字章，以及授权我吸收你为骑士的文书。你回来后，如果可以，

---

[1] 见《贺拉斯·德·维埃叶－卡斯代尔伯爵回忆录》，第 2 卷。——原注
短诗后两句中，"都城"与"资本"二词在法语中为同音词。

[2] 路易·拿破仑为拿破仑一世二弟的幼子；在其兄及拿破仑一世之子死后，便成为法国王位的觊觎者。一八三六年十月他发动了斯特拉斯堡政变，失败后流放美洲。一八四〇年八月，又举行暴动，失败后被判处终身监禁。后来逃往英国，直到一八四八年二月革命时才返回法国。

[3] 见《贺拉斯·德·维埃叶－卡斯代尔伯爵回忆录》，第 3 卷。——原注

[4] 见若尔香·居恩：《玛蒂尔德公主》（巴黎，布隆出版社，1935）。——原注

我将以比平时更多一点的感情拥抱你，仪式将顺利进行。[1]

对大仲马来说，炫耀的机会并不缺乏。英国女王访问法国，准备在圣克鲁为她演戏，剧目请她亲自挑选。维多利亚女王点了《圣西尔的小姐们》。在城堡里举行的官方晚会上，上演了这出戏，女君主看后声称非常高兴。皇帝没有邀请大仲马出席；大仲马却说："我知道，我知道什么比看我的戏更能使女王高兴。那就是会见我本人；说真话，那也会使我感到惬意……一位如此杰出的女子，她可能是本世纪最著名的女性，本应与法国最伟大的男子会面。真遗憾，她还没有见到我国更好的事物，就匆匆走了。"

大仲马知道，小仲马经常去看望卡特琳·拉贝。这位当年在意大利人广场开裁缝铺的女裁缝，离群索居，在端庄自重中日渐衰老。《茶花女》的极大成功，使年轻的剧作家有能力将生母安置在讷伊，奥尔良街一号，一套街拐角处的公寓房里；房子采光好，从窗户还可眺望布洛涅森林。有一段时间，她在米绍迪艾尔街上开了一个小阅览室。心地善良的小仲马是个孝子。他同时还与梅拉妮·瓦勒道尔保持友好往来，对她也是顺从尊重、忠心耿耿。梅拉妮·瓦勒道尔一本又一本地发表作品；她写的长篇小说与剧本都取得了相当体面的成功。其夫弗朗索瓦—约瑟夫·瓦勒道尔，由于妻子的关照，长期驻守远方；最后在艾克思岛驻军司令任上，结束了他的军旅生涯。

在亚历山大·仲马一世《回忆录》发表的喧闹声中，有两位女子感觉自身受到了冒犯；她们可能就是真正爱过他的仅有的两名女子。《回忆录》中根本就没有提及卡特琳·拉贝。为了把他的儿子引入故事，作者玩弄文字游戏："一八二四年七月二十九日，当蒙邦西埃公爵在王宫里出世的时候，在意大利人广场也给我生下了一个沙特尔公爵[2]……"[3] 母亲的姓名没有明白写出。梅拉妮·瓦勒道尔也同样受

---

[1] 此信未公开发表，属巴拉绍夫斯基—贝蒂第二批遗赠。——原注

[2] 路易十四国王将原沙特尔公国并入其弟菲力普·奥尔良的领地；自此，奥尔良家族继承人即享有沙特尔公爵的封号，直至路易—菲力普登上王位。这里，大仲马取其"继承人"之喻。

[3] 亚历山大·仲马：《我的回忆》，第4卷。——原注

到了不严肃的对待："写《安东尼》的时候，我爱上了一个女子。这名女子长得并不美丽，却令我产生了痛苦的嫉妒……原因是她处于同阿黛尔相同的地位，她的丈夫是个在部队里服役的军官……"[1]

《回忆录》作者似乎信笔消遣，在他一八三〇——一八三一年的两位情妇中间，制造出一种使人受到伤害的混乱。大家还记得，贝尔·克莱萨默曾经取了个艺名，叫梅拉妮·塞尔。在大仲马的《回忆录》中，他的私生女的母亲，总是以梅拉妮·S***的缩写来表示，请看："我旅行的女伴，打算与我赁屋同居三年、六年、九年……可能她有理，可怜的梅拉妮！……"[2] 当这篇文字发表之时，瓦勒道尔夫人年近六旬，已经是位受尊敬的老祖母了；她的独生女儿刚刚去世，外孙女由她抚养。瓦勒道尔夫人见到文章，气愤不已。

他的合法配偶伊达，长期与"仲马先生，亚历山大"打官司之后，仍然居住在意大利，由德·维拉弗朗卡亲王供养得丰衣足食；亲王现在对她更加情深义重，慷慨大方。读者一定还记得，在他与伊达·费里叶相好之初，大仲马曾带她去过诺昂。在诺昂，年轻的女演员很会讨乔治·桑欢心。到了一八五五年三月，杰出的女作家由其子（莫里斯·桑）和贴身秘书（亚历山大·芒索）陪同，到意大利旅行。经过罗马时，拜访了"亲爱的伊达"；伊达前去迎接，并献上鲜花。乔治·桑《1855年记事》[3]里记载，她于当年三月三十日，星期五，拜访这位女友。两位女子"相互仔细端详"，在一起足足谈了一个小时，诉说着各自丈夫（杜德望与大仲马）的不是；然后，两人去弗拉斯卡迪饭店，和莫里斯、芒索，以及维拉弗朗卡亲王共进晚餐。四月十九日，乔治参加了仲马夫人家中的"社交"晚宴，并用几个词来概括这次聚会："充满诗意的故事、音乐、留言"。

　　芒索的日记，一八五五年四月二十二日：参加仲马夫人家的晚会。晚餐。亚历山德罗的音乐。见到德·卡西奥德男爵、堂·皮埃特罗亲王、一位雕刻家，还有两位教士，其中一人疯疯癫癫，

[1]　亚历山大·仲马：《我的回忆》，第8卷。——原注
[2]　同上。——原注
[3]　国家图书馆手稿部；编号：N. A. F. 24816, folios 35—41。——原注

信口开河。马卡罗尼酒大量供应……到十一时才带了一块火腿和一些糕点道别而去。迷人的晚会。

四月二十三日，星期一，乔治·桑离开罗马。她在《记事》里写道："告别时间拖得很长。伊达、亲王、男爵都来了。拥抱、吻别，没完没了。他们都十分亲切……"[1]

一八五七年，德·维拉弗朗卡亲王希望到巴黎住上几个月，先租下了一所带廊柱的漂亮府邸，这所房子现在仍然存在，位于加布里厄尔大街三十八号。伊达身体欠佳，原以为是水肿；实际上，她得的是子宫癌，已不久于人世。她的"迷人王子"（乔治·桑语）尽心竭力地护理，并强迫她请最著名的医生诊治。在这最后一次停留法国期间，伊达与大仲马的关系只是"债权人与债务人"之间的关系。回到意大利之后，病情急剧恶化，在热那亚的孔索拉雄堂区（阿克瓦·梭拉街区，毕加索宅邸）领了临终圣事，于一八五九年三月十一日离开了人间。

> 乔治·桑致德·维拉弗朗卡亲王，一八五九年三月十四日：我可怜的亲爱朋友：我们都绝望了……我的上帝啊！这对您是多大的打击，对所有认识她的人是多大的悲痛。一颗如此伟大的心灵，一片如此广博的智慧！对于您，是多么巨大的损失啊！……您下一步怎么办呀？您不应该留在那里，否则一切都会把她置于您的眼前，置于您一生中的每时每刻。应该回到法国，来巴黎……和我们在一起，您才能够好好地谈起她……能同您握握手，我们三个人致命的悲伤，才能有所缓解[2]……

丧偶之事，起先一段时间大仲马一无所知。他当时在夏托鲁，住在女儿家中。玛丽·仲马于一八五六年五月四日结婚，嫁给一个贝里人，名叫皮埃尔-奥兰德·波代尔。婚礼那天，女方的两位证婚人，

---

[1] 国家图书馆手稿部；编号：N. A. F. 24816, folio 42。——原注
[2] 此信见斯波贝奇·德·洛旺儒的收藏，编号：E. 915, folio 526。——原注

一位是拉马丁，另一位（由别人代理）名叫维克多·雨果。

> **大仲马致维克多·雨果**：我非常亲爱、非常要好的朋友：我
> 的女儿本月二十八日结婚。她给您写信，请求您（通过代理）和
> 拉马丁一道当她的证婚人。我们经常见面，见面时没有一次不谈
> 起您。另外，我亲爱的维克多，您是我心灵上的一种需要。我作
> 为您的老朋友，谈起您来，就像一个嘴巴把不紧的年轻恋人谈论
> 他的情人。这是大自然最美好、最伟大的奥妙之一，这是上帝仁
> 慈的一个方面：人力可以使肉体分离，但对于灵魂却毫无摆布
> 之力。
>
> 我说过，我写过，我还要不断地说，不断地写，我伟大而亲
> 密的朋友，我的身躯在巴黎，可我的心却在布鲁塞尔，在根西
> 岛——在您待过的地方，在您现在居住的地方。
>
> 亲爱的老兄，希望能在一张大纸的正面，把您写给我的美好
> 诗句抄出来。我将把它放入镜框，摆在您的两幅肖像中间。这
> 样，您将完完全全地在这里，在我的眼前。
>
> 再见，我的朋友。玛丽等着您的信，信里只要写上，您接受
> 布朗热的说合，同意担任她的证婚人。这对她来说，将是庄重的
> 凭证……让我匍伏在雨果夫人脚下。她的来信，既有诗人的手
> 笔，又出自一位贤妻良母。我精心保存它，不是为了放置在镜框
> 里，而是为了像梦游者那样重新阅读，并把它放在我的心上……
> 再见，我的好维克多。上帝会让我们相聚的，在法国，在流亡
> 中，或者在天上 [1]……

把伊达去世的消息告诉大仲马的，是阿尔封斯·卡尔；此人住在
尼斯，离热那亚不远。

> **大仲马致卡尔**：我的好友，你的信寄到的时候，我正在夏托
> 鲁。回来后，我才看到……谢谢！……一年前，仲马夫人曾来过

---

[1] 此信未公开发表，由西蒙娜·安德烈-莫洛亚收藏。——原注

这里，要到了十二万法郎陪嫁费！我有她的收据。我即将出发去希腊、土耳其、小亚细亚、叙利亚和埃及[1]……

大仲马当初结婚就出于迫不得已，与妻子分居又那么多年，此刻重新变成一个无羁无绊的人，不禁松了一口气。然而，又有谁知道，此时，那位痛不欲生的情人维拉弗朗卡，正泪流满面地把死者安葬在斯塔格里埃诺墓地。他写信给乔治·桑，请求她写篇墓志，镌刻在逝者的墓盖石上。

乔治·桑致德·维拉弗朗卡亲王，一八五九年八月二十九日：亲爱的朋友，最美好的话语是最简短的。您来信中那些关于她的话就足够了。如果您还想加上几个词，以概括她的一生，不要用"这里长眠着"或"此处安息着"等字眼，——因为灵魂在地下也不得安息——可以用："怀念"；姓名之后，可写上：

"……她高超的智慧和高尚的灵魂在认识她的人们的一生中留下了深刻的印迹。这位伟大的艺术家、宽厚大度的女人，辞世时尚年轻、美丽，她对人友善、忠诚。

一位男子的心也一同封闭在此墓之中。"[2]

好心肠的泰奥；二十年前，曾崇拜过一头金发、体态丰盈的伊达，此时也表示了对她的哀悼："自从埃米尔·德·吉拉尔丹夫人及其女友亚历山大·仲马夫人去世之后，世界上再也没有才思敏捷的女子了……"[3]

此话仅仅意味着，泰奥菲尔·戈蒂耶上了岁数，进入老境。

---

[1] 此信发表于阿尔封斯·卡尔：《航海日志》（巴黎，卡尔曼-莱维出版社，1880），第3卷。——原注

[2] 见斯波贝奇·德·洛旺儒的收藏，编号：E. 915, folio 531。——原注

[3] 参见雅克·莱诺：《当代人物》（巴黎，阿米奥出版社，1864）。雅克·莱诺为德·波洛乌·德·圣玛尔斯子爵夫人所用的化名之一。子爵夫人婚前姓名为：嘉布里埃尔-安娜·德·西斯泰纳·德·古尔迪拉（1804—1872）。她有时签字也用"达什伯爵夫人"。——原注

第四章　《狄亚娜·德·利斯》

> "你的胃呢，胃不难受吗？"
>
> "不难受。"
>
> "你看着吧，再多搞些戏，就知道了。"
>
> 拉比什致小仲马

《茶花女》演出成功，小仲马却没有发财；不过他利用这次天赐良机，老老实实（他父亲会说这是发疯）地还清了债务。一八五三年，他又一文不名了，便搬到圣日耳曼大街旁的"基度山"别墅去住。该别墅仍为执达吏争夺的对象，此时无人管理。小仲马租了几件家具，便和三位好友住在里面。三位好友中，有一位是大胖子画家玛沙尔。"开支由大家分担；餐具都是铁制的；花匠给我们做饭。就在那儿，我写出了《狄亚娜·德·利斯》。"[1]

小仲马不像他父亲那样笔头来得快，也没有他父亲那般愉快开放的襟怀。写作对他来说，是"一项真正辛苦的体力活，使他头晕目眩，胃部抽痛"。他与奈塞罗德夫人的情爱不欢而散，再加上以前与闲花野草过早厮混的经历，使小仲马看破了红尘。他不具备使其父在尔虞我诈的世界上还能逍遥自在的那种强大想象力；他带着凄苦与严峻观察世上的各色人们。他的理想和他母亲的理想一样：做人要善良与正直。他巴不得建立一个与他现有家庭截然相反的家。

在一切女人身上，小仲马都希望找到骑士故事里的贵妇人。然

---

[1]　玛丽－路易丝·巴耶隆：《第二帝国的作家》（巴黎，佩兰出版社，1924）。——原注

而，现实中的女人不像那些贵妇人，就如同现实中的男人与骑士有很大不同一样。在最最好的女人身上，都会有一些疯狂。莎士比亚和缪塞都颂扬过这种疯狂；夏多布里昂则喜爱"懦弱与体面的混合"。小仲马在他们之后显得不够聪明、不够宽容。通过对奈塞罗德伯爵夫人的那段恋情，他体验到了女性动物最勾人心魄、最令人生畏的一面。"他学习了伤风败俗的课程。"他观察了第二帝国的上流社会，里面供养着一批冷酷的放荡之徒，如莫尔尼公爵之流；丈夫们聚在一起吃喝嫖赌，放纵作乐；妻子们工于心计，不守妇道。上流社会的男子个个愚蠢呆笨、无所事事、荒淫无耻；结婚前就把缝纫女工搞成大肚子，成家之后欺骗老婆成了家常便饭。"少妇嫁得不幸，少女被人勾引；少女被人勾引，少妇嫁得不幸；小仲马脑子里装的总是些这样的事情。"[1]

他自己希望成为什么样的人？他希望成为一个善良并享有婚姻幸福的男人。没有这样的生活，他便要当"打抱不平的义士"，当"妇女之友"，同时也当她们的审判官。他笔下的人物，正如火枪手们那样，将服务于他心目中公道与正义的情感。这些人物的武器是言词，而他们的言词经常是粗暴的。他们要达到什么目的？从可怕的情妇手中救出憨直的青年人；从放荡者手中救出缝纫女工；从生活腐化的有妇之夫手中挽救天真无邪的少女。在小仲马身上既有智谋又有勇气和力量。他准备手执皮鞭进入关闭母虎的笼子里边。然而，在担任这一自命不凡又不讨人喜欢的角色之前，他必须了结跟奈塞罗德的那段往事，并通过作品把自己解脱出来。

他第一次从事这项工作是在一八五二年。那年他写了长篇小说《珍珠女》，讲的是他自己的艳史，与事实相比几乎没有什么改变。女主角是一位外国公爵夫人，十八岁上嫁给一个像迪米特里·奈塞罗德那样的名门子弟，此人在国内据有显赫地位。其他情节也是一样：小姑子跟她作对；莉迪娅"迷人而辨认不清"的笔迹；两位情人共

---

[1] 亨利·贝克：《全集》第7卷：《演讲、画册说明文字、诗歌、书信》（巴黎，克莱斯出版社，1926）。以《小仲马的戏剧》为题的一次演讲的讲稿。此次演讲原定于一八九五年十一月二十七日在马赛举行，后因小仲马病危而被取消。小仲马于次日去世。——原注

同的知心人，在小说里叫做伊丽莎白·德·诺尔西，在生活里的真名实姓是：艾丽莎·德·科尔西。小说作者显然是要把自己与男主角雅克·德·弗耶等同起来；请听公爵夫人对弗耶说的话："等将来有一天，您要是写我的故事，就起个名字，叫做《珍珠女》；这样，就可以同您已经写好的那部以妓女为主角的作品配对成双了……"唯一的区别是：小说的结尾，比起生活实际来，使小仲马更加得意。因为书中安妮特公爵夫人，与情人分离后，天各一方，最终郁闷而死；而在生活中，莉迪娅伯爵夫人活得好好的，早已把旧情抛到了九霄云外。

《狄亚娜·德·利斯》原来是一篇短篇小说，后来改编成了五幕话剧，写的还是一位不幸女贵族的风流艳事。狄亚娜·德·利斯被丈夫遗弃，便我行我素，毫不顾及自己的名声。保尔·奥布里是作者的又一幅肖像。保尔以高尚的温情与体贴，把狄亚娜从"寻欢作乐的耻辱生活"中救了出来。她因而深深地爱上了这位艺术家。然而，丈夫插手进来了。他不是不爱妻子吗？这又何妨？他是丈夫，他有权利。后来，丈夫"动用法律置于其权势之下的一切手段"，打算带走狄亚娜，逼她远离保尔，就同当年奈塞罗德劫走妻子时一个模样。当保尔同狄亚娜两人试图私奔以求解脱时，德·利斯伯爵出场，冷峻地给他俩上了一堂法律课。

> 伯爵：先生，社会可能出了差错，您可能有兴趣去纠正它的错误；夫人和我结婚也可能没有道理。这一切都有可能。然而，可以肯定的是：我是夫人的丈夫，我有义务保护她，谁也甭想阻挡我这样做，因为她是我的妻子……我发誓：要是再发现您和我夫人在一起，就像刚刚我看到的那样，我向您起誓，一定要运用法律授于我的权利，杀了您。[1]

剧本如何收尾？打上一枪而不加解释？小仲马受到这种结局的诱惑，部分原因是这样可以和《安东尼》相对称。在《安东尼》中，是

---

[1] 小仲马：《狄亚娜·德·利斯》第四幕第八场。见其《戏剧全集》(演员出版社)，第1卷。——原注

情夫杀死了妻子；在《狄亚娜·德·利斯》中，则由丈夫杀死情夫。另一个原因是，小仲马作为道德的捍卫者，既憎恶那位令人难以忍受的丈夫，内心里却又认为他有一定道理。不过，可以肯定，公众对两位情人都怀有好感，希望他俩获得胜利。

作者很长时间犹豫不决。《茶花女》一炮打响之后，小仲马的第二个剧本被各剧院经理接受，就成顺理成章的事了。然而，检查官再次作梗。这次倒不是因为题材不道德，而是因为仲马年轻时的保护人佩尔西尼有不同意见。佩尔西尼耿耿于怀的是，歌剧院曾计划演出歌颂现政权的一出合唱剧，请小仲马写歌词，小仲马拒绝了。理由完全说得过去：法兰西当时有那么多大诗人：拉马丁、维尼、雨果、缪塞等等。即使这些人拒绝或遭到排挤，更不应当由一个新手来取而代之，何况此人并非什么诗人，而且他又坚持要保持独立立场。歌剧院院长奈斯托·罗克普朗仍不罢休，要弄个水落石出："您说吧，到底愿意不愿意干？"小仲马斩钉截铁地回答："不愿意。"院长笑了起来，说道："那好！您有道理。"[1]

吉木纳兹剧场的经理蒙蒂尼出面为《狄亚娜·德·利斯》求情。这是个难得的好人，体态健壮，方面短发，颊髯浓密，胡须留得像一把刷子，一副良种看家狗的神态。他领导的剧场之所以叫"吉木纳兹"（体育馆、健身房之意），是因为创建时期，按照授权，只是一座实习剧场，巴黎音乐戏剧学院的学生常常来此练习。后来，上演了带歌唱的通俗笑剧。从一八四四年起，蒙蒂尼千方百计吸引军官、农妇及修女等各种各样的观众前来观剧。一八四七年他与剧院最迷人的女演员玛丽-罗丝·希佐结婚。玛丽-罗丝继承父业在剧院当演员；当时还很年轻，起了个艺名，叫罗丝·舍莉。经常在吉木纳兹推出作品的斯克里布自愿做媒，找到年轻的罗丝说："我给您推荐一个角色，既迷人又独特。""是悲剧角色吗？""恐怕不是。""剧本是以结婚收尾吗？""相反，应当以结婚开始。"

经理和女演员果然组成了一个模范家庭。罗丝·舍莉性格温柔含

---

[1] 小仲马：《狄亚娜·德·利斯》手记。见其《戏剧全集》（演员出版社），第1卷。——原注

蓄，是位贤妻良母。她诚实、周到、高雅的才能博得了观众的好感。
是她改造了吉木纳兹剧场的风气。经理夫人只要往幕旁一站，所有的
人就规矩多了，但是秩序混乱更加符合自由思想者的胃口。演员休息
室里零乱不堪，像个没人整理的公共马车站，里面只有一把椅子，是
给老板娘坐的。在蒙蒂尼的办公室里，仿皮漆布的长沙发上、桌子
上、各个角落里，到处堆放着各种颜色的手稿。他认为狄亚娜一角，
由他妻子扮演，是再理想不过了，便到处去活动要求撤销禁令，居然
达到了目的。

　　排演期间，蒙蒂尼、罗丝·舍莉和小仲马三人建立了牢固的友好
关系。剧作者感觉这对夫妇聪明、忠诚、与人为善；从此，吉木纳兹
便成了他的演出场所。是小仲马帮助罗丝·舍莉成了一位家喻户晓的
人物，成为演员公会的女神。蒙蒂尼请求作者，给《狄亚娜·德·利
斯》一个美满的结尾。然而，作者竭力坚持要开那一枪；事情就只好
照他的意思办了，公众和评论界不知该怎么评价这个结尾。演出尽管
获得不小成功，但比起《茶花女》来，尚有一定差距。德·利斯伯爵
虽然做了解释："这个男人是我老婆的情夫；我行使报复的权力，杀
死了他。"可是，这种"残忍的合法行为"却令观众十分反感。

　　作者否认自己有意阐发某一主题，他说："艺术，特别是戏剧，
难道果真负有净化劳动者阶级风习的义务吗？……描绘一种真实的情
欲，不论这种情欲属于哪种类型，它所引起的激情，一旦以美好的语
言表达出来，一旦以美好的动作反映出来，这种激情，就强于长篇大
论的议论……就能推动每个人检讨自身，一直到人性的最深处，从而
格外提高人的道德修养……"[1] 直到此时，小仲马所写的两部作品都
属于自传体戏剧。紧接《狄亚娜·德·利斯》之后的又一部戏《半上
流社会》里，描绘的对象才属于他经过观察所了解到的社会环境。

　　这一社会环境里生活的，是一些介于上流社会女子与烟花女子之
间的妇人。半上流社会，按照小仲马的说法，"不属于高等妓女群体，
而是失去社会地位的女子阶层"。后来，人们把从事风流偷情之举的
妇人叫做"半上流社会女子"；其实，是把事情弄混了。小仲马笔下

[1]　小仲马：《半上流社会》序言。见其《戏剧全集》（演员出版社），第2卷。——原注

的半上流社会，仍然与上流社会有些关系。那里面的情妇，不要第二天就付账，因为在这儿爱情完全是自愿的。那么她们不要钱吗？原则上是不要的；可是，由于不忠而被休弃的妇人，"有污点"的未婚女子，这些组成半上流社会的女性，不能不过日子。她们或去寻找一个丈夫当救世主，或者退而求其次，找一个长期的保护人。"这一社会开始于妇人不安于充当合法妻子之时，终结于做配偶的女子开始卖身之时。公开的丑闻使正派女子离开它；要不要钱又成了它与妓女界的分野。"[1]

对于组成"半上流社会"的不幸女子，小仲马表现得非常残酷，残酷到使人反感与愤慨。无论如何，把这些不幸女子与所谓"上流社会"的女人隔开的，毕竟只是偶然的机遇而已。在小仲马眼里，首要的义务是阻止正派的男子娶这种不安分守己的女人为妻。我们这位侠义之士把这种义务看得如此紧要，以至为了履行此项义务，竟横冲直撞到了粗野的地步。雷蒙·德·南雅是个天真而轻信的人物；他恋爱之后，友人奥里维埃·德·雅兰（在剧中其实就是作者的化身）毫不犹疑，千方百计要拆散这对鸳鸯。他对待朋友的女伴，就像对待一头有毒的动物，非要把它弄死才肯罢休。

奥里维埃·德·雅兰为小仲马开了说教人物著名谱系的先河；这类人物是深入别人内心奥秘的预言家；他们自命不凡，洋洋得意，坚信自己永无谬误，并擅自赋于自己指导别人良心的权利，因而表现得张牙舞爪，惹人恼怒。粗看起来，他们持怀疑态度，似乎看破了红尘；其实，他们捍卫的不过是常规道德。保尔·奥布里身上已经具有这方面的某些特征；不过，他自身牵连在纠葛之中。奥里维埃·德·雅兰则脱出身来，试图从旁控制局面。

剧本的第一稿，说教味更浓，更加令人难以忍受："有许多事情，与我同年的人不大了解，而我却早已探测清楚，并且有了公正的评价。我还要向诸位再说一遍，这许多事情中，有一件就是爱情，就是在我们所生活的世界上人们所理解的那种爱情。我坦率地承认：这种爱情驱使人们找个女人建立家庭；然而，这种爱情又会使女人堕落到

---

[1]　小仲马：《半上流社会》序言。见其《戏剧全集》（演员出版社），第2卷。——原注

通奸这一不顾廉耻的需求之中，并强迫她每天以谎言度日……我坦白承认，即使对于您，特别是对于您，我决不可能产生那样的爱情……看到您如此纯洁、如此忠诚、如此自信，我才终于明白，那样的爱情，对于一个女人，能够带来多大的损害……"这就是小仲马三十岁上的自我写照：对轻率的欢爱感到厌恶；可望而不可及的爱情又使人疲惫；一心扑在妇女问题上，全力对她们灌输他所尊重的态度；在戏剧创作上，反复塑造他本人希望充当的人物：一个达德尼昂[1]，任何与之纠缠的不正派女子都逃不出米莱狄那样的下场。

《半上流社会》"以其大胆"吓坏了蒙蒂尼，却使罗丝·舍莉兴高采烈；她在德昂日男爵夫人身上，看到了一个"纯金"的角色，一个与她一向扮演的角色完全不同的人物。在几个星期的时间里，阿希尔·富尔德大臣千方百计要把这出戏挖走，送到法兰西喜剧院演出，因为此时他正要给这个剧院重新注入活力。小仲马当然愿意继续忠于吉木纳兹，便耍了一个小小的花招：他给富尔德送去一份手稿，上面故意加了一些粗俗的字眼儿，粗看无伤大雅，细看就知道在舞台上说不出口。皇帝和皇后听了朗读；听到这些地方，禁不住惊叫起来。就这样，吉木纳兹终于得救了。

排练期间，小仲马非常赞赏罗丝·舍莉卓越的直觉。这么个正派女子，长着一张天真顽皮的娃娃脸，凭其出色的悟性，竟能体验到显然对她来说是完全陌生的思想感情，并将它们准确地表现出来。早知如此，奥里维埃·德·雅兰可能就会说出，在任何规矩的女人身上，都蛰伏着一个放荡女人。至于蒙蒂尼，他怎么也不能把"蒙蒂尼夫人"同那个人物分开；他认为这个角色玷污了扮演者的清白。小仲马鼓励罗丝放开演，把角色演得活灵活现，色彩浓浓的；蒙蒂尼则拖她的后腿。罗丝躲在她丈夫背后，向小仲马打手势，示意他不要退缩。剧作家和女主角扮演者达成了默契，在首场演出时，出现了几个排练时没有的大胆动作，以免过早惊动大惊小怪的丈夫。"她事先就觉得很好玩，像一个小学生为一次恶作剧而洋洋得意；她还说：'老板一

---

[1] 即《三剑客》的主人公。他抵挡不住米莱狄美貌的诱惑，企图获得她的爱情，结果却发现此女是个心狠手辣的逃犯，便将她处死。详见《三剑客》。

点儿也没有觉察，这就更好玩儿了！'"[1] 演出取得了辉煌的成功。出人意料的结尾更是锦上添花。人们发现大仲马也来看戏；他是不久前才回到巴黎的，正好赶上儿子的戏一炮打响，其洋洋自得的心态可想而知。

谋事在伦理道德家，成事却取决于机遇与情欲。正当小仲马在戏里对通奸判以极刑的时候，他本人却恋上了一位有夫之妇，并把她从丈夫身边拉到自己的怀里。这位妇人还是来自俄罗斯，依旧是一位王妃，祖籍波罗的海沿岸地区，其父是国务顾问。王妃芳名纳捷日达·克诺林，人称"碧眼美人鱼"；她把小仲马抓过来当情夫的时候，年仅二十六岁。她的少女时代短暂，无拘无束；小小年纪就成了上了岁数的王爷亚历山大·纳里奇金的妃子。老夫少妻的局面把她扭曲成桀骜不驯、永不满足的尤物。碰巧王妃是莉迪娅·奈塞罗德的密友，两人无话不说，甚至是一对同谋。在圣像的阴影里活得实在腻烦了，王妃毫不犹豫便舍弃一切，来到法兰西，接着便同年轻的亚历山大·仲马姘居了。但是，离开莫斯科，并不意味着抛弃她年幼的女儿奥尔加·纳里奇金娜，和那些祖上传下来的珍宝首饰。

小仲马在致乔治·桑的信里写道："最使我倾心的，是她那浑身上下无处不有的女人味，从脚上的趾甲起，一直到心灵的最深处……她的躯体令我神魂颠倒；那与众不同的线条，那细腻无瑕的体形，还有那散发着龙涎香气味的肌肤，那雌虎般的爪子，那狐狸毛似的长发，那碧海一般的眼睛，真使我如鱼得水！……"[2] 对小仲马来说，把这位准备牺牲一切而委身于他的"贵妇人"控制于股掌之上，委实是件令人陶醉的事情。如果艾芙琳·韩斯卡对巴尔扎克来说代表着他对倨傲的卡斯特里侯爵夫人的报复，那么纳捷日达·纳里奇金娜对小仲马来说则是一种赎买，赎买水性杨花的奈塞罗德对他的抛弃。为了进一步显示他对沙俄贵族的胜利，小仲马对贵族、对草原上的财产、对金卢布，一概表现出不屑一顾的神情。这当然丝毫没有减弱他对他

[1]　小仲马：《半上流社会》笔记。见其《戏剧全集》(演员出版社)，第2卷。——原注
[2]　此信未公开发表，现存国家图书馆手稿部，属奥洛尔·桑遗赠；编号：N. A. F. 24812。——原注

的"大俄罗斯"（纳捷日达）和"小俄罗斯"（奥尔加）的柔情蜜意。
这样的称呼，出现在他写给乔治·桑的信中。他还告诉这位诺昂的妇
人："我很高兴，能够重新塑造这个被扭曲的女子；她是被她的国家，
她受到的教育，她周围形形色色的影响，她自身的卖弄风情，特别还
有游手好闲所扭曲的……"[1] 皮格马利翁[2] 以为在塑造自己的情妇；
然而他不知道塑像完成之后，是要向雕塑师进行报复的。

> 我了解她并非始自昨日，角斗（在像她和我这样两个有机体
> 之间，这是个恰当的字眼）开始于七八年之前；我把她摔倒在
> 地，已是两年前的事情……我同她在灰尘里滚了一阵；现在，我
> 仍然双脚着地；而她，我相信，她已经仰面朝天，爬不起来了。
> 她最后一次来法国，使她没有挽回的余地[3]……

王妃定期回俄罗斯，对她来说是一种不得不履行的义务。为了领
取她个人的进项，以及办理延长国外居留的各种证件，纳捷日达·纳
里奇金娜必须每年往圣彼得堡跑一趟。到了那里，找一位乐于助人的
医生，证明俄国的气候"不利于她的肺部"，应该去布隆比埃尔[4]温
泉疗养；于是让医生开个处方，便可到法国南方长期居住了。小仲马
希望同这个外国女子正式结婚，以便做到言行一致；然而，纳里奇金
娜王妃有她的难处。沙皇对夫妻间公开的离异，一贯持敌视的态度，
他要求贵族之家保持牢不可破的婚姻；不顺从专制君主的旨意，反其
道而行之，不啻自投罗网，会立即受到严厉的报复。纳里奇金娜声
称，离婚对她女儿奥尔加来说，意味着被剥夺她作为唯一继承人将拥
有的财产之一部分。

情妇是位有夫之妇，还有孩子……有什么比小仲马的个人生活更
加与他的观点背道而驰的？这一局面，使两个情人难堪、痛苦，于是

---

[1]　此信未公开发表，现存国家图书馆手稿部，属奥洛尔·桑遗赠；编号：N. A. F.
　　24812。——原注
[2]　希腊神话中的雕刻家，塞浦路斯王。他爱上了他自己雕刻的象牙女郎，爱情使女郎获
　　得生命。
[3]　同注 [1]。
[4]　法国东部孚日地区的温泉疗养地。

便尽量掩饰他们间的关系。一八五三年，王妃的母亲，"定居莫斯科"的奥尔加·德·别克列绍娃，"经其夫俄罗斯国务顾问让·德·克诺林同意"[1]，在吕松地方，购买了一所漂亮的别墅；这座别墅属英国乔治时代的建筑风格，有爱奥尼亚式的半露壁柱和三角门楣等饰物，当时以"圣玛利亚"名之，现在仍然完好，被称为纳里奇金娜别墅。在一八五三年至一八五九年之间，常常可以看到一位英俊的青年，一个漂亮的小女孩，还有一位长着海绿色眼睛的少妇，在那里的草地上或细沙滩上玩球嬉戏。

---

[1] 罗贝尔·默絮莱：《亚历山大·仲马在纳里奇金娜王妃处》一文，发表于一九四八年九月十九日出版的《小科曼日人》报。——原注

第五章　俄罗斯之行

《火枪手报》的插曲了结，报纸寿终正寝之后，大仲马希望挪挪地方，到外面活动活动。大仲马本来就爱好旅行，每次回来总能写出一大堆观感。这一次，引诱他的地方是俄罗斯。

大仲马与俄罗斯之交可追溯到他写作生涯的初期。早在一八二九年，《亨利三世和他的宫廷》就在俄国演出，由著名演员卡拉蒂金夫妇分别扮演吉兹公爵和公爵夫人卡特琳娜，获得成功。后来，卡拉蒂金又陆续把《安东尼》、《理查·达林顿》、《德勒撒》、《凯恩》等剧目翻译成俄文，在俄国几乎引起一场文学革命。贵族圈子里的人，也前来观看，壮大了观众的队伍。后来，果戈理出于审美的见解，官方评论界由于政治方面的原因，对大仲马的戏剧不无指责。那些心怀不满的角色（安东尼、凯恩），向社会宣战，并敌视合法婚姻，这不能不引起官方的不安。然而，自由派人士，如别林斯基、赫尔岑等人，认真对待大仲马，并热情赞颂他的戏剧。

一八三九年，大仲马心血来潮，想把他的剧作《冶金学家》的手稿，经过装饰与装订，献给大俄罗斯皇帝尼古拉一世。其原委如下：画家奥拉斯·韦尔内到俄国旅行，受到凯旋式的欢迎；沙皇特授予圣斯坦尼斯拉斯勋章（二级）。大仲马酷爱收集勋章，禁不住垂涎三尺。俄国政府在巴黎的一名密探得知此事，报告给主管大臣乌瓦洛夫伯爵，并加上个人的意见：满足大仲马的愿望，当属上策；因为他是当前法国最受欢迎的作家，对舆论具有相当的影响；而当时法兰西的舆论，由于同情波兰，颇具反俄倾向。乌瓦洛夫写道："陛下如能赐予勋章，挂在仲马胸前，比挂在其他任何法国作家胸前，更能引人注目。"此言不谬，说明对大仲马及其宽阔的胸膛，有着确切的了解。

大臣回复表示同意；于是，手稿经过精心着色，装以饰带，被送往圣彼得堡，还附有一封信，签名者是："亚历山大·仲马，比利时雄狮骑士勋章获得者、法兰西荣誉军团骑士勋章获得者、西班牙公教女王伊莎贝拉骑士勋章获得者"。殷切之心，已是呼之欲出。不过，最后还须由皇帝本人定夺。大臣恭请圣裁："陛下如认为可以趁此机会使法兰西部分舆论更好地了解俄罗斯及其君主，则可考虑赐予亚历山大·仲马三级圣斯坦尼斯拉斯勋章……"在奏折的空边上，尼古拉皇帝用铅笔御批："给他一枚带起首字母的戒指足矣。"

足矣！对谁？对仲马来说，当然不足。但是，沙皇出于本能和趣味，对浪漫派戏剧甚为厌恶。他对演员卡拉蒂金说："如果你不演那些胡编乱造的情节剧，我将更经常地来看你的戏。今年你在舞台上，杀死了你的妻子多少次？或者说你掐死了她多少次？"仲马得到通知：将给他送来一枚钻石戒指，上面带有皇帝陛下姓名起首字母组成的图案。戒指迟迟没有送来，几经催促，才拿到手。他非常冷淡地表示感谢，《冶金学家》结果没有赠给沙皇，而赠给了伊达·费里叶（当时她尚为宠妇）。不久之后，在《巴黎杂志》上，仲马发表了一部长篇小说，名叫《一个剑术教师的回忆》。此书必然激怒沙皇，因为讲的是两个十二月党人谋反的故事：近卫军军官阿涅科夫被流放到西伯利亚，他年轻的法国妻子（原为妇女服装销售商）自愿陪同丈夫前去。整个故事采用由当过阿涅科夫剑术教师的格里济埃口述的形式。小说在俄国被查禁；当然，能弄到这本书的人无不偷偷阅读，包括皇后在内。

这样，只要尼古拉一世在世一天，大仲马在俄国就是一名不受欢迎的人。可他自己并未意识到；当他的朋友卡拉蒂金夫妇于一八四五年来巴黎时，他又一次重申访问俄国并要求觐见皇上的愿望。卡拉蒂金夫妇连忙劝阻；于是，在以后的几年里，仲马就没有再动此心。到了一八五一年，俄罗斯再次与他扯到一起，这次是因为他的儿子连续爱上了两位俄国贵妇：先是奈塞罗德伯爵夫人，后来的一位是纳里奇金王妃。

这两次"联姻"使大仲马对俄罗斯人本来就相当浓厚的兴趣大大

增加。俄罗斯人符合他的尺码：男人都身高体壮，嗜酒豪饮；女子被认为在全欧洲长得最为美丽。这个国家的历史，从头至尾充满法国人甚至陌生的鲜血淋漓与声色犬马之场面。（在法国，唯有梅里美讲述过一些这样的场面，然而他的读者面较为狭窄。）凡此种种均令既是男人，又是作家的大仲马垂涎不已。

因此，一八五八年，当他在巴黎卢浮宫广场三皇旅馆遇见库切列夫－贝斯波罗德卡伯爵和他的家人时，便一心一意要随同他们一起旅行。当时这一家人正在欧洲周游列国，带着二百万法郎的期票，可以在维也纳、那不勒斯和巴黎的罗特希尔德银行兑换现金。跟随库切列夫－贝斯波罗德卡一家人游历的，在大仲马加入的时候，已有一位大名鼎鼎的意大利歌唱家，和一位苏格兰的招魂术士：丹尼尔·道格拉斯·霍姆（就是为布朗宁夫人[1]所敬爱的那位通灵人）；此人从小就有透视心灵的功夫与招魂摄魄的法力。这伙人巴不得能请到一位像大仲马这样既出名又风趣的法国人，参加到他们的行列中来。

伯爵夫人说："仲马先生，您得和我们一起去彼得堡。"

"那可不行，夫人……要是我真去俄罗斯，也不能只是去访问彼得堡。我还想看看莫斯科、下诺夫戈罗德、阿斯特拉罕、塞瓦斯托波尔，然后从多瑙河回来。"

"太巧了，"伯爵夫人答道。"我在莫斯科附近有一处庄园，伯爵在下诺夫戈罗德有田地，在喀山有草原，在里海边上有渔场，在伊萨恰有一处乡间别墅……"[2]

这一切足以使一个旅行者晕头转向了。本来此刻把他拴在巴黎的，只有一根头发，一根女人的头发。此时亚历山大二世继承了尼古拉一世的皇位，签证也容易得到了。大仲马便答应下来。过了几天，一行人乘火车先后到达科隆、柏林和什切青，然后坐轮船抵圣彼得堡上岸。路途之中，通过看书和旅伴的讲述，他对罗曼诺夫皇朝的历史有了初步了解。这部历史充满悲剧与丑闻，简直不胜枚举。

轮船终于开进了涅瓦河。仲马下了船，对那来来往往的三套马

---

[1]　布朗宁夫人（Browning, 1806—1861），英国著名女诗人。
[2]　大仲马：《俄罗斯旅行印象》（巴黎，卡尔曼－莱维出版社，1876年新版），第1卷。——原注

车，以及身着长袍、头戴"肥肝酱"色的软帽、后背上挂着菱形铜号牌的车夫们大加欣赏。他同时也领教了圣彼得堡的马路；在这种路面上往返，只消三年工夫，最结实的车子也会破败不堪。仲马和伯爵夫妇一道，在家中的大客厅里，望了一台"平安归来弥撒"，做弥撒的是家中的东正教神甫。大仲马的主人比基度山还要基度山。府邸周长有十二公里，府中各色人等，不下两千口。

从圣彼得堡，又到了莫斯科，受到纳里奇金伯爵的款待。伯爵的妻子是位法国女子，名叫冉妮·法尔孔，人称"优雅仙女"，是著名女歌唱家科尔乃丽·法尔孔的同胞姐妹。仲马向女主人大献殷勤："我只能吻您的手，我羡慕那位可以吻您其他部位的男子。"[1] 五十年之后，冉妮·法尔孔年届八旬，暗示她当时未能抗拒得住火枪手激情狂放的穷追猛攻。

人们答应过带仲马去逛下诺夫戈罗德的集市。诺言得到了兑现。在去下诺夫戈罗德的航程中，伏尔加河猛然一拐，便消失在彩旗飘扬的桅杆丛林之中。两岸的码头上人声鼎沸，二十万人的声音喧闹轰鸣。仲马写道："河两岸人群麇集，万头攒动，一看就使人想起某个放焰火的夜晚，巴黎爱凑热闹的市民，看完焰火忙着往家走的时候，出现在里沃利大街上的那种景象……"[2]

大仲马立即成了下诺夫戈罗德的明星。总督亚历山大·穆拉维也夫把他引荐给阿涅科夫伯爵夫妇。这两人就是一八四〇年出版的《一个剑术教师的回忆》中男女主人公的原型，当时仲马并没有同他们见过面。夫妇俩蒙亚历山大二世皇帝特赦，才从西伯利亚回来。这次与把他们写成小说人物的作家相见，欢迎当然格外隆重。

大仲马这次旅行最大的乐趣，是看到他自己，以及拉马丁、维克多·雨果、巴尔扎克、缪塞、乔治·桑等人，在受过教育的俄国人当中，同在巴黎一样享有盛名。即使在芬兰，他也遇到一位修女院院长，津津有味地阅读《基度山伯爵》。各地的大公、省督、贵族元帅、富豪贵胄无不对他热烈欢迎。官员们称他为"将军"，因为他脖子上

---

[1] 克鲁阿尔引自斯波贝奇·德·洛旺儒的收藏。——原注
[2] 大仲马：《俄罗斯旅行印象》（巴黎，卡尔曼－莱维出版社，1878 年新版），第 3 卷。——原注

总挂着至少一个十字勋章。他向他们传授烹调技术，同时也从他们那里学到了如何烹制鲟鱼和小鲟鱼，如何用蜂蜜和月桂制做玫瑰酱。他非常欣赏"沙什利克"（一种烤羊肉串；采用羊羔肉，先在拌有洋葱末的醋里泡上一天一夜，再把它放在文火上烤），但不爱喝伏特加酒。

大仲马致小仲马：我最亲爱的孩子，你的来信，我是在阿斯特拉罕收到的。洛克罗瓦曾经说过："到了阿斯持拉罕就再也回不了家。"这次到了那里，我还真感觉洛克罗瓦是先知中的先知。我感到自己被封锁在这里，一冬天也出不去了。不过，你不必担心，明天我就要启程上路。

你想大致了解一下我旅行的情况吗？那就先找一张俄国地图来，这是值得的。我到莫斯科的行程，你已经了解，暂不细说。从莫斯科到博罗迪诺，你将看到有两把军刀交叉的标志，那是一八一二年著名的大厮杀[1]之处。从博罗迪诺到莫斯科，从莫斯科又到了特罗伊察。略微向北一些，你就找到特罗伊察了。附近有个盛产鲥鱼的湖泊。你是知道的，我喜欢吃鲥鱼：我专门到贝雷斯拉甫跑了一趟，正是为了去吃这种鱼的，你听了不至于大吃一惊吧。

从贝雷斯拉甫又到了阿帕迪诺（别找，找不到）。这是一块面积为三万阿尔邦[2]的土地，不值得在俄国地图上标出来。从阿帕迪诺又到了卡莱津（卡莱津能够找到，在伏尔加河沿岸。这些俄国人，法文说的不地道，弄不清"伏尔加"一词在法文里属于阳性。）。从卡莱津又到了卡斯特拉玛（随我沿河去卡斯特拉玛的路上，读一读梅里美的《假德米特里》）。接着便是万集之集的下诺夫戈罗德；城里有六千家店铺；还有一家妓院，聚集着四千个姑娘。你看，这里做什么都是大尺寸。

在下诺夫戈罗德，我遇上了《剑术教师》的两位主角，阿涅科夫和路易丝。两人在西伯利亚度过了三十个年头后，才回到俄

---

[1] 指拿破仑入侵俄国，与库图佐夫率领的俄军遭遇的一次战役。
[2] 阿尔邦，旧时的土地面积单位；一阿尔邦相当于二十至五十公亩。

罗斯……沿伏尔加河顺流而下，又到了喀山，然后是卡梅申。注意！卡梅申已是吉尔吉斯人的地盘……在地图上找找，那里有一个湖，或者说是三个湖，名为艾尔斯顿湖。我在那里的草原上宿营，陪我吃住的是位富有魅力的男子，阿斯特拉罕哥萨克人的首领别克列米舍夫先生。诺曼底的羊，和阿斯特拉罕里海边牧场上喂养的羊一比，简直是小巫见大巫。羊尾单独端上来，光是一条羊尾就有十四斤[1]重。在茫茫荒原之上，首领把他自己的皮帽子送给了我。这东西，到了巴黎，可以当一个相当漂亮的手笼用。你会看到它的。

你从艾尔斯顿湖，再跟着我到巴尔孔沙特湖去一趟。这是个相当漂亮的湖泊，周围有十古里长。沿湖转了一圈之后，人们问我还想不想看第三个湖。到了这个时候，湖水和草原已经领略够了。于是，便又沿伏尔加河顺流而下，到了察里津。在顿河接近伏尔加河的地方，可以找到察里津。从那里，我又上了船向阿斯特拉罕进发。

一到阿斯特拉罕，我便到里海边打猎；那里，大雁、野鸭、塘鹅、海豹，多得就像塞纳河岸的青蛙与白尾鸟。打猎归来，收到图曼亲王的邀请。亲王等于是卡尔梅克人的国王，拥有五万匹马、三万匹骆驼和一千万只羊，还有一位年方十八的妻子。这位迷人的女子眼角上翘，牙齿像珍珠一般白洁晶莹，不过只会说卡尔摩克话。结婚时，她给丈夫带来一千五百个帐篷，连同住在里面的人家。这位亲爱的亲王原本就有一万座帐篷；除去他那五万匹马、三万匹骆驼、一千万只羊和一万一千五百座帐篷之外，还有二百七十个祭司。这些祭司，有的打钹，有的吹管；这边吹海螺，那边吹十二尺长的号。这是亲王在家庙里为我们举行赞颂礼仪……多亏仪式不长；再过五分钟，我可就顶不住了，五种官能之中的一种就会失去作用。

赞颂礼之后，亲王设午宴招待，饭菜相当丰盛，主菜是马臀肉。你要是碰上乔弗鲁瓦·圣伊莱尔，告诉他：我赞成他的意

---

[1]　原文中为法国古斤（利勿尔），约合半公斤。

见；比起马肉来，牛肉只不过是小牛肉而已。我说是"小牛肉"，因为我知道，你最看不上的肉就是小牛肉了。午餐之后便是赛马，共有一百五十匹马参赛，骑手都是年轻的男女卡尔梅克人；王妃的女官中，有四位参加了比赛……得胜者是一名十三岁的男孩，奖品是一匹幼马，还有一条白布长袍……

赛马之后，接着赛骆驼。六十匹骆驼，没有鞍垫，骑手都是二十到二十五岁的卡尔梅克人，长得奇丑无比，一个比一个难看。干脆设个最丑奖，就不必比谁跑得快了。这样的话，亲王只要给每个人头上戴顶花冠就行了。

之后，便跨过伏尔加河去观看马群；总共有四千匹不套缰绳的马匹。伏尔加河在图曼亲王的宫殿前面流过，只有半里宽。亲王连声致歉，说在我们到达的前一天才得到通知，只好连夜调集马匹，因此未能叫我们看到更多。

说着说着，便开始了一场惊心动魄的表演：用套马索捕捉野马。马被套住后，卡尔梅克骑手便爬上光溜溜的马背；十几匹、二十几匹、五十几匹狂怒之马奔入伏尔加河，在水中挣扎，又在岸边的沙滩上翻滚，尥蹶子、厮咬、嘶鸣。要想象出当时的情景，必须亲眼观看过那种急风骤雨似的驭马场面才行。

然后，我们又回到伏尔加河这边来，观看放隼捕天鹅的表演。这一切，再加上王爷、王妃、公主、女官的那些服装，仿佛回到了中世纪；你看了一定会十分开心，不管你多么赞成现代化。接着又坐席吃饭。第一道菜是马驹肉汤，只差一只乌鸦就可以同我们的圣女阿西兹的晚餐比美了。其他的菜肴，除了一道马头甲鱼外，都是借鉴布尔乔亚烹调技术做出来的。这时，在院子里，三百名卡尔梅克人拌着洋葱末正大嚼生马肉，还有两头母牛和十只烤羊。我没有见过卡麻丘的婚礼[1]场面，但是参加过图曼王爷的盛宴之后，我就不再感到遗憾了。

我吃了葱末拌生马肉，吃得挺香，这你该相信吧！至于那马

---

[1] 塞万提斯的小说《堂吉诃德》中的情节。富有乡绅卡麻丘夺走贫苦青年巴西琉的情人，举行了盛大的婚礼宴席。

奶子酒，我就不敢这样恭维了。哇！真够呛！！睡得很晚；晚上到王妃的帐篷里去喝茶。我回国后，也要弄一顶完全一样的帐篷，支在我的园子里，咱们好去里面喝茶。由于我是盛典的主角，便给我穿上一件黑羊皮袄。两个卡尔梅克汉子，使出浑身力气，才给我扣上了银腰带，把我的腰勒成安娜那样的杨柳细腰。最后，交到我手里一条皮鞭；图曼王爷用它一鞭子抽在一只狼的鼻子上，当场就要了那家伙的小命。这些东西，都会让你看到的。我可以把鞭子借给你，让你去结束鲁斯科尼的性命，如果他现在还没有咽气的话。

终于就寝了（嘀！这可是件大事）。你知道，自从我来到俄国，就连一条床垫子的尾巴都没有看见过。床在这里是件完全陌生的家具；只有在同法国人住在一起的那些日子，或者更加确切地说是那些夜晚，才能见得到。不过，卧室的地板极好；过上几天，就会觉得有些地板不乏弹性。我偏好杉木地板，尽管这种木头使人产生一些并不愉悦的想法。

次日早晨，我们还在"床"上，便有人给每人送来一大杯驼奶。我大口喝下去，同时祈求佛陀保佑……我悄悄告诉你吧，佛陀可是个伪神祇；要是他的祭坛设在露天，我向你保证，我一定会走上前去，跟他讲论讲论。又是吃午饭了；饭后，告别图曼王爷时，我俩鼻尖碰鼻尖，还要磨擦几下；这种方式，用卡尔梅克话说，就是："一生同心"的意思。向王妃告别可不能这样做，我便即席赋了下面这首杰作：

上苍划分界域，封疆立国，
以江河为界，或用高山分隔。
而仁慈的神给您的啊，
却是无垠的草地，广袤辽阔。
草原使人呼吸畅快，自由平和，
以便在您的法律之下建立的帝国，
能与您的美貌与风韵相谐合。

这几行诗译成卡尔梅克语后，王妃的妹妹格路莎（可以译为：阿格里比娜），也想要一首恭维她的颂诗。我立即如法炮制了另一首：

上苍为每位尘世旅人安排前程，
您就在这茫茫草原深处诞生，
眼神令人陶醉，牙齿白似用象牙雕成，
以便给幸运的伏尔加两岸啊，
镶一颗珍珠，在天衣无缝的沙滩上，
开一朵鲜花，于草原中艳丽天成。

这些诗句引起了发自内心的微笑；这微笑，我向你担保，尽管不是来自巴黎，却充满了魅力。终于，正如达戈贝尔[1]国王对其爱犬所言，伙伴再好，终有一别。到了向卡尔梅克王爷、卡尔梅克姐妹，卡尔梅克女官们告别的时候了……我试图触摸王妃的鼻尖，然而人家上前阻止，说这种礼节只适用于男人之间。

我怏怏不乐，甚感遗憾[2]……

精确从来不是大仲马之所长。然而，他从俄国回来所写的游记，种种曲折遭遇超过了《基度山伯爵》。即使添枝加叶，只要来自远方，又有什么关系？听众听得出了神，他说得那么精彩，那么富有激情，那么活灵活现，所有的人都深信不疑，首先是说书人自己。

旅行回来的欢乐很快就烟消云散了。巴黎令他失望。一位女子这时前来拜访，发现他忧心忡忡。这位女子名叫塞莱斯特·莫格道

---

[1] 达戈贝尔一世（Dagobert，605—639），系法兰克墨洛温王朝最后一代国王，传说他与爱犬形影不离。
[2] 此信未公开发表，现存国家图书馆手稿部，属巴拉绍夫斯基-贝蒂第三批遗赠。——原注

尔[1]，过去在马比耶舞厅充当节目中的女哑角，又在弗朗科尼马戏团当过女骑师，后来迷住了一位世家子弟，当上了夏布里昂伯爵夫人。夫人写道："显而易见，主人在为缺钱而发愁：窗户上的玻璃已有破碎，花草枯萎还蒙有灰尘，鸟栖架忧郁地摆动，美丽多彩的鸟儿不知去向……"[2]

"是你来啦？没良心的！"大仲马招呼道。

女客人伸出手来，他却用双臂抱住她，并说："我只和男人握手。"

小仲马也在场。他不讨女客人的欢心，女客人感觉他神情中带有讥讽之意；显然，他是想把任何新的女性朋友都从父亲身边推开。可是，塞莱斯特手腕高明，后来竟成为父子两人共同的女友。她更喜欢老子，认为做父亲的"更和蔼可亲，情感更加外露"。大仲马教导她：为了求得心灵的平静，最要紧的是要宽容大度、不要斤斤计较，要对自己说："我是个傻瓜。"而不要祈祷连声，"我的罪过"[3]不断，并对自己说："我是个坏蛋。"塞莱斯特带来一部小说稿子（《女移民和女流放者》）给他看，问他是否同意改写，可以署他的名字并且与她分享稿酬。

"不行，"大仲马回答道，"我只同新手这么干……再说，你为何不写剧本呢？写小说，要写很多离题的话；这是必不可少的，但做起来却十分腻人……但写剧本要容易得多……不必描绘场景，不必描写人物长相乃至梳妆打扮……美工设计人员自会去做。"

他接着主动提出，愿意帮她报名，作为见习成员，加入剧作家协会；他而且还愿意和她一道为此事奔走。这对他来说，算是给人一个很大的面子了，因为大仲马不喜欢往脖子上系折成围巾式样的黑丝大领带。两人沿着阿姆斯特丹大街往前走（仲马在这条街上租赁了一所不大的住宅，房子现今仍然存在，77号），塞莱斯特注意到，许多行人认出了大仲马那一头灰白而鬈曲的美发，恭恭敬敬地同他打招呼。

---

[1]　伊利莎白-塞莱斯特·维纳尔（Elisabeth-Céleste Vénard，1824—1909），别名塞莱斯特·莫格道尔，是里奥内尔·德·夏布里昂伯爵的夫人。——原注

[2]　弗朗索瓦丝·莫塞尔：《塞莱斯特·莫格道尔的生平与艳史》（巴黎，阿尔班·米歇尔出版社，1935）。——原注

[3]　原文为拉丁文，天主教祈祷时常常念诵，表示悔罪之意；后来成为一种口头禅。

"瞧这些人，认出了您，有多么高兴！"塞莱斯特顺口说道。

"他们是跟我打招呼，"仲马彬彬有礼地回答道。"然而，他们欣赏的可是你呀。"

走到圣拉萨尔街口，仲马想坐出租马车。车夫看了一眼这个大腹便便的巨人，心里惦量了一下，担心压断了"杉木"的弹簧，于是拒绝"装载"。这时一位朋友走过，停下来说："喂！仲马，您好！……我正要去看您呢。"

听到这个大名，车夫的眼睛顿时闪亮，连忙问道："噢！您就是仲马先生呀？亚历山大·仲马先生？……请上车；您去哪儿，我就送您到哪儿。"

塞莱斯特·莫格道尔看出，"这位大人物对显示其声誉的小事情并不是无动于衷的"。这类小事使他感到踏实，因而就越加叫他感动。第二帝国的上流社会对他已不如从前路易－菲力普时代那么好。玛蒂尔德公主这时候也说，"这个人变得那么讨厌"，可见从前她之所以"拉他进来，只不过把他当成个逗乐的活玩偶罢了"。当年奥尔良公爵和蒙邦西埃公爵，无论在说话方面还是在感情方面，比起现在来，都显得更加和蔼与亲切。

第六章　其父之父

> 我见过一位剧作家，他的种种缺点与长处，几乎完完全全被小仲马重新获得。此人就是大仲马。

莱昂·勃鲁姆

到了一八五九年，父亲和儿子的声望已经不相上下。两人长相酷似，都是虎背熊腰；都想当好汉。不过，在其他方面，他们又很不相同，并且还互相评论。大仲马说："我从梦里找题材；而我儿子则是在现实当中找题材。我闭着眼睛写作，他却睁着眼睛写作。我绘画，他照相。"他还说："亚历山大搞的不是文学，而是音乐。只能看见一些笔道道，不时还有几句词。"[1]父亲创造了那么多仗义执言、替天行道的好汉，可他对自己那些相当严重的毛病却熟视无睹；儿子呢，甚至在自己的生活里，扮演的也都是高尚的阿托斯。

父子俩经常发生争执。儿子斥责父亲没有把他教养好："我那会儿的言行，当然是从你的所作所为学来的；我那时候的活法儿，也是你教出来的。"[2]儿子责备老子：那么大岁数，早就过了成熟之年，又背了那么多的债，还跟那么多女人勾勾搭搭。有时候，亚历山大二世对亚历山大一世的告诫，简直就像老子教训儿子。这时候，花白毛的老公山羊会悔恨地耷拉下脑袋来；到了晚上，老子拿着上好的苹果给儿子送来，请求原谅；就像当年他给卡特琳·拉贝送去甜瓜一样。

---

[1] 引自 P. 拉密：《小仲马的戏剧》。——原注

[2] 小仲马：《放浪父亲》第一幕第十二场。载于其《戏剧全集》（演员出版社），第3卷。——原注

小仲马从他与大仲马的关系中找到了好几个剧本的题材。《私生子》（1858）和《放浪父亲》（1859）带有自传性质；不过，它们仍然是艺术创作，因为同事实相比，剧情含有许多深刻的变动。大仲马对儿子的作品兴高采烈。他知道，儿子是喜爱他这个老子的。更何况，儿子自己也说得非常明白：

> 对于谦恭的人来说，你现在是"大仲马"；对于傲慢的人来说，你变成了"仲马老头了"。在各式各样的嘈杂喧闹声中，你有时候还可以听到这样的话："毫无疑问，他儿子比他有才能。"听后，你定会不以为然地笑起来！
>
> 其实，你就像任何做父亲的那样，内心里感到骄傲，感到幸福。你巴不得希望如此，你可能就认为这话说得很对。亲爱的伟人，你既天真又善良，你本来就愿意让我分享你的荣光，就像当年我既年轻又懒惰的那阵子，你让我花你的钱那样。现在，我很兴奋，终于有了机会当众向你鞠躬致敬，在明媚阳光下赞颂你，并且面对未来用我对你的爱意拥抱你[1]……

将一切怒气与怨恨忘却之后，小仲马便把父亲看成他最好的朋友，看成师傅，甚至看成徒弟。这是因为，这位老作家，这个活浪子，并不划地为牢，而能有所变革。儿子深入研究过父亲剧作的结构；父亲在儿子的影响下，也在向现实主义靠拢。他抛弃了国王与公爵夫人一类角色，而转向写市民与小人物。《大理石工》是一部情节简单的家庭剧。《赫尔曼伯爵》是一部没有复仇、没有大段独白的《基度山》。父与子都有同样的"家族禀赋"，用来写出一部又一部悲剧与喜剧。父子俩，特别是儿子，认为作家可以，而且应该捍卫某些论点。这一主张惹得古斯塔夫·福楼拜发了脾气："您注意到没有，有人故意把我混同于小亚历克斯[2]。我的《包法利夫人》，现在竟成了一个《茶花女》！真够呛！……"[3]

---

[1]　小仲马：《私生子》序言。见其《戏剧全集》（演员出版社），第3卷。——原注

[2]　指小仲马。

[3]　古斯塔夫·福楼拜：《书信集》，第4卷。——原注

第七卷　父与子

大仲马死后，雨果对父子俩做了个比较。他说："父亲是个天才，他的天才甚至超过才能。他的想象力孕育出了那么多的事情，然后把它们一股脑儿扔进熔炉中。至于出来的是铜还是金？他可以从来不过问。他那热带天性的热情，在他神奇的作品中，得到了尽情的抒发，却并不因之而减退分毫。他感到需要去爱，需要奉献出些什么；朋友们的成就也是他自己的成就。""那么，小仲马呢？"有人问雨果。雨果答道："完全相反……父子分属两极。小仲马是人才，他有一个人所能拥有的大才，然而仅仅是人才。"[1]

这也是达什伯爵夫人[2]在一八五九年前后的看法。关于大仲马，她是这样写的：

> 你怨恨仲马只能是在远处。当你带着理直气壮的怨气、怀着敌对的情绪走到他身旁的时候，一见他那和善而风趣的笑容，以及他那双熠熠闪光的眼睛，还有那只毫不犹豫地向你伸出的手，你的怒火顿时就烟消云散了；过了一会儿，你才想起是准备发泄来的；怎么自己竟让他牵着鼻子走呢，太不中用了，因而打定主意不作让步，否则不就成了由他主宰局面了吗？可是到了最后，你还是让了步；那就再等一会儿，让他把话说完，再向他兴师问罪吧……

> 此人为人爽直，又能藏而不露。他不虚伪，说假话常常不是故意而为。说话一开始先瞎编上几句中听的话，虽然言不由衷，却又必不可少（我们大家都如此）。接着就讲起了杜撰的故事。一个星期过后，瞎话与故事就变成真切的事实。然后他就不再说瞎话；他相信自己所说过的话；他坚信不疑，也叫别人坚信不疑……

> 有一件事人们不肯相信，然而确是千真万确的：这位大小说家对亲身经过的所有爱情都能持之以恒，令人难以置信地持之以恒。请注意：我这里没有用"忠贞不渝"。他把这两种说法的意

---

[1] 这些话语引自一九二四年八月一日《舆论》报。——原注
[2] 德·布阿鲁·德·圣马尔斯子爵夫人的笔名。她的另外一个笔名是：雅克·莱诺。——原注

· 354 ·

义完全区分开来。他认为，这两种说法之间的区别大大超过他所钟情的众多女人之间的差异。他从来没有主动离开过一个女人。如果不是女人们把他抛弃而帮了他的忙，他还会把所有的情妇从第一个开始都留在身边。没有谁比他更加遵守习俗……他脾气温顺，也容易被人驾驭；他自己也乐此不疲……

仲马对别人怀有真诚的崇敬。一提到维克多·雨果，他的五官就禁不住活跃起来；赞颂雨果，他打心眼里感到欣慰：在这个问题上谁要是同他意见相左，必将遭到迎头痛击。这样做不是给人看的，而是发自真情实感。他和雨果站在同一条战线上，而且希望雨果在他身边。他需要同雨果分享两人一起受到的恭维。雨果和另外几个人属于他的光荣圈；没有这些人，光荣对他来说就是不完整的 [1]……

至于小仲马，这位女作家写道：

糖果商与糕点商的孩子不嘴馋。亚历山大·仲马的儿子既然是靠一些只借钱不还账的人供养，当然不可能把钱和友情随意扬撒。小亚历山大性格极端的矜持，来自他所受到的教育，以及别人给他树立的榜样。父亲的生活，对他来说，是立在深渊边上的一盏灯。

小仲马首先是一个"守本分的人"。他谨守一切本分……在他身上，您找不到大仲马那种狂热的冲动。他看上去很冷淡，说不定在他最初的情欲之火熄灭之后，他就真的变成这样了。他的青年时代，我觉得差不多还包括他的少年时代，并不安分守己……只是到了他开始走运的那一天，他才开始循规蹈矩。他是在二十四小时之内成熟起来的，在光彩夺目的分枝吊灯下面，在鼓掌与喝彩的声音之中成熟的。现在，他已成为一个通情达理同时又爱说理的人，生活中深思熟虑，决不轻率地做一件事情，对人和事周密分析，竭力避免唐突与冲动，以免沾上不良嗜好，不

---

[1] 雅克·莱诺：《当代人物肖像》（巴黎，阿米奥出版社，1859）。——原注

管这些嗜好叫人多么舒畅，多么快乐。

他是一个重视荣誉的人。允诺的事决不食言……他严肃而讲求实际；他自奉节俭，投资生利，关心交易所的行情，并为将来做准备。他梦想过乡居生活，已经向往休憩与退休……

他不轻易相信别人。他对人类的评价很是一般。他不断探索所见之种种现象的原由……他的嘲讽深刻尖锐，不是逗笑，而是咬人。他也有朋友；不过，朋友爱他，胜过他爱朋友。他的缺点在于看破红尘；这是他个人生活经历结出的苦果……

情欲，像二十五年前人们所理解的那种情欲，现在成为他写短诗时经常讽刺的对象。不被理解又不守妇道的女人，在他那里将得不到任何同情。当她们哭哭啼啼的时候，他通常会回上一句："这又能说明什么呢？"[1]……

父子二人都十分健谈，聊起来有声有色；可是，两人的风格迥然不同。大仲马随聊随编，聊着聊着一章小说就完成了。美尼尔医生有一次讲过：

我听过亚历山大·仲马谈论滑铁卢，当时站在他面前的，有好几位是亲临该战场的将军。他讲啊，讲啊，不住地讲，排兵布阵，还不时引用几句豪言壮语。一位将军终于抓住机会打断他的话：

"但是，事实并非如此，亲爱的先生。我们当时就在现场，我们……"

"那么，我的将军，那是因为你们什么也没有看见……"[2]

小仲马没有那样的长篇大论；他的话语尖刻，常常引人注目，因而也能产生同样的效果。

---

[1] 雅克·莱诺：《当代人物肖像》（巴黎，阿米奥出版社，1859）。——原注
[2] 《普罗斯佩·美尼尔医生日记》（巴黎，布隆出版社，1903）。——原注

　　龚古尔兄弟日记，一八六八年五月二十日：今晚在公主家里，第一次领略到小仲马的才智。冷嘲热讽，滔滔不绝，不过并不招人讨厌。矛头所指，斥击有力，毫不顾忌礼节；那泰然自若的神情，几乎近于放肆，却使他的言谈具有说服力；而在这一切之中，又浸透着一种辛酸的痛苦味⋯⋯不用争辩，这是个非常有个性的人，他谈及什么就咬住不放，锐利辛辣；我觉得这些都高于剧作家在其剧本中表现出来的才思；这是因为，他的言谈虽不加斟酌，却更加简练、明快、锋利，更具自发的魅力。

　　他提出这么一个论点：在每个人身上，毫无例外，所有情感和一切感受，都取决于胃口状态的好坏；为了支持这一论点，他讲了个故事：一天晚上，一个朋友的爱妻离开人世。他拉这个朋友到家里吃饭；餐桌上，他给了那位朋友一块牛肉。拿到牛肉后，这位做丈夫的朋友又把盘子递过来，柔声柔气地请求道："再来点肥的好吗？"

　　仲马讲完故事，又补充了一句：这就是胃口在起作用，您说有什么办法？他的胃口极好，不会有什么大烦恼⋯⋯啊，就跟马沙尔一样。马沙尔有一个好胃口，因而从来就不可能有任何烦恼！[1]⋯⋯

　　小仲马同碧眼王妃的私生活，并非一帆风顺。然而，他一直崇拜"那些俄国女士"，"她们肯定是普罗米修斯从高加索山上取下来的一堆雪，加上从朱庇特那里偷来的一束阳光造成的⋯⋯这些女子天性灵敏，直觉过人，这来源于她们既是亚洲人又是欧洲人的双重天性，来源于她们以四海为家的兴趣和她们懒散的习惯⋯⋯这些古怪的尤物，什么语言都能讲⋯⋯敢猎熊，糖果吃起来没完没了，嘲弄任何不会驾驭她们的男子⋯⋯这些女性，声音悦耳又嘶哑，既迷信又怀疑，既温存又冷酷；她们有一种不可磨灭的乡土特色，分析不透，也模仿不来⋯⋯"[2]

---

[1]　《龚古尔兄弟日记》(巴黎，夏尔邦蒂埃出版社，1888 年原版)，第 3 卷。——原注
[2]　小仲马：《私生子》笔记。见其《戏剧全集》(演员出版社)，第 3 卷。——原注

时代能使人的气质变形。大仲马当初是在一个碰运气的时代走上舞台的。一八二八年，烦扰的巴黎正等待着有志者去征服。一名士兵用四年时间就能当上将军的年代刚刚过去[1]。人们急不可耐，什么都想看，什么都想要。荒唐怪诞都可接受，因为现实生活中就有许多古怪与离奇。这样的背景使大仲马能够自然而然地表现出戏剧才华，能够才思敏捷地夸夸其谈，生活上又能无所顾忌。小仲马则别有一番雄心壮志：要改变上流社会认为仲马家的人都不严肃的印象，同时表明一个剧作家可以是个正派人，而且是个典范的正派人。他成为鼓吹他一生最缺乏的东西——家庭——的急先锋，成为曾经使他受过伤害的那些人的无情对手，这些人就是：寻欢作乐的人、烟花女子、奸夫淫妇。

因此，他对其父生活中肮脏的方面越来越感到痛苦。一八五八年，大仲马同以前的合作者马凯打了一场艰苦的官司。十年之前，马凯一揽子承诺，把以前合写的作品都归到仲马名下；然而，交卸文书是有条件的；它包含着要大仲马遵守的若干保证。可是，在后来的岁月里，大仲马并没有兑现这些保证。他有为数众多的后宫佳丽，需要供养十个新旧情妇，于是把应该给马凯的那部分稿酬，连同他自己应得的部分，统统花掉了。马凯是个节俭的市民，他那时只拥有一个情妇（一个有夫之妇，是他硬夺过来的），一直忠实于她；为了不损害情妇的名声，还把她藏到乡下去。大仲马不给钱，马凯大为恼火；一气之下，便告了大仲马一状，要求承认自己是《三剑客》、《蒙梭罗夫人》、《基度山伯爵》及其他长篇小说的作者。

许多人站在马凯一边。《世纪报》前任主编查理·玛达来尔·德·菲埃纳在致马凯的信中为他作出明确的旁证：

一八五八年一月二十二日：亲爱的马凯先生，写几行字，告诉您我刚刚读过您的诉讼报告；同时也想告诉您：我可以提供旁证，以改正一项错误。一八四九年，《世纪报》连载《布拉日隆子爵》……一天晚上，六点钟左右，我得到报告，说第二天要

---

[1]　指法国大革命爆发后的年代。大仲马的父亲仲马将军于一七九三年被任命为准将。

连载的稿子（是派人到圣日耳曼亚历山大·仲马家去取的）丢失了！《世纪报》哪能断了连载小说呀！……两位作者我都认识，一位住在圣日耳曼，另一位住在巴黎。我去找联系最方便的那一位。当时您正要吃晚饭。听我说明情况后，便撂下饭菜，立即跟我来到报社总编室，坐下来工作。直到现在，我还记得当时的情景：您不停地写，一旁放着肉汤，另一旁放着一杯波尔多葡萄酒，这都是《世纪报》提供给您的。从七点钟一直到午夜时分，稿子一张接一张，写了出来。每过一刻钟，我就叫人给排版工人送去几页。凌晨一点，报纸出来了，《布拉日隆》照登不误。第二天，在圣日耳曼路途中丢失的稿子找了回来。把马凯的手稿和仲马的手稿一比较，只有三十来个词不相同，而那天的连载总共有五百行之多！

实际情况就是如此。我的这个声明，您可以相机派上用场。我的回忆有可能被指为不实，所以我请报社经理、排版领班和校对员证明，上列情况完全属实[1]……

然而这项旁证不能令人信服，结果马凯还是打输了官司。但是，双方谈判仍在继续进行。两人谁都少不了谁。周到的巴尔费试图进行调解。

诺埃尔·巴尔费致大仲马，一八五〇年十月六日：我坚决地、真诚地相信，建议你同马凯重修旧谊，不啻是一个良好的忠告；任何敬爱你的人，都不会反对我这么做……说上一句话，说开就没事了，这是我的希望。除了你，还有谁更应当先迈出这良好的一步呢？……我作为你的深交，看到你旷日持久地同马凯对簿公堂；究其原因，若不归罪于周围不怀好意之小人，我是会莫名其妙、大为惊诧的。赶快从生意人的利爪下脱身出来，重新恢复原来的你，就是说回到那位善良而卓越的仲马，回到那位准备对所

---

[1]　国家图书馆手稿部；编号：N. A. F. 11917, folio 145。——原注

有曾经对自己产生过误会的人重新敞开胸怀的仲马[1]……

大仲马看来准备让步，但后来又改变了主意。

> 大仲马致小仲马，那不勒斯，一八六〇年十二月二十九日：马凯这个人，我今后再也不能同他保持任何关系。演《哈姆雷特》[2]的时候，我出于信任让他去领酬金；这出戏他根本就没有插手，我同意给他三分之一，余下部分本应亲自交到我手里，可他把钱全部留下了。《火枪手们》[3]他只应得三分之二，也全部装进了自己的腰包。马凯对我来说，是个强盗。
>
> 我的书属于我，对我来说相当珍贵，同时也是你妹妹和你的财产。为了使这些作品真正属于你们，我准备有一天把它们转让给你；我们只需付一些手续费就行了。至于我的朋友马凯，只要我还活着，他就别想同我有任何接触，别想碰一碰我的书[4]……

就在这之前不久，大仲马回信诺埃尔·巴尔费，所说的却与此完全相反："把你的信给马凯看看，握着他的手，告诉他：你的建议使我非常高兴，比什么都高兴……"

对这些纠缠不清的争端，小仲马感到恶心。父亲答应给妹妹的陪嫁费（十二万法郎），从来都没给；尤其是玛丽住在夏托鲁婆婆家，婆婆柏代尔太太一天到晚叨唠，说儿媳妇是个穷鬼，使妹妹十分难堪。大仲马经常外出旅行，或者又同哪位年轻姑娘一时情投意合，躲到了什么地方。这时，小仲马就得应付诉讼的事，还要安抚新闻记者；有时候难免牢骚满腹，于是乔治·桑就来开导了。

---

[1]　国家图书馆手稿部；编号：N. A. F. 11917, folio 363。——原注
[2]　一八四七年十二月十五日，在历史剧院首演，分为五场八景。——原注
[3]　由仲马与马凯编剧的《火枪手们》，一八四五年十月二十七日首演于昂必居剧场。——原注
[4]　国家图书馆手稿部；编号：N. A. F. 24641, folio 108。——原注

乔治·桑致小仲马，诺昂，一八六二年三月十日：请您相信，仲马老爹之所以才华横溢，正是因为他消耗了巨大的精力。我只有一些轻微的癖好，因此我只好做些微不足道的事情。而他则不然，他孕育着一个世界，里面有那么多事件，还有英雄、叛徒、魔法、冒险、艳遇等等，不一而足；他本身就是戏剧的化身。您不以为，如果光有一些轻微的癖好，他这个人是会活活闷死的吗？在生活中他需要种种放纵，以便使那巨大的生命之火能够不停地燃烧下去。您不可能把他改变过来；因此您将承受双重光荣的重担：您自己的，以及您父亲的；您的光荣，包括这光荣的一切果实；他的光荣，包括这光荣的所有荆棘。您说，还有什么别的办法？是他孕育了您的巨大才能，于是他便认为已还清了欠您的债……有时候，要被迫做其父之父，不过这是相当吃力、相当困难的一件事[1]……

对于这样一位优秀人物，怎么能不保持一种忠诚的爱心呢？此人身穿白色凸纹布坎肩，上挂一条沉甸甸的赤金链带，圆滚滚的大肚子把上衣顶得老高，坐在剧场里为《放浪父亲》鼓掌；演出结束后，观众向剧作者热烈欢呼之时，此人也站起来表示敬意，那欢快自豪的神情，像是在对所有的人宣告："你们知道吗？他是我的儿子，这个剧本是我儿子创作的！"

儿子这方面也很崇拜老子。请听他说："他这人向来我行我素，从不考虑自己是什么个样子。正是这一点才使人认识了什么叫做得之于造化的真实天才。"当然，不能否认，这位父亲挥霍无度、放纵行乐；但是，他是一个心肠最好的人，是一个最宽厚的作家（从这个美好字眼最全面的意义上讲）。对于这一点，儿子一直坚信不移；并且在他心情愉快的日子里，还为此感到幸福。

---

[1]　乔治·桑：《书信集》，第 4 卷。——原注

第八卷
驴皮记 [1]

奢华减寿。

阿兰 [2]

---

[1] 这里引用巴尔扎克的小说《驴皮记》的典故。"驴皮"是一块灵符，能满足主人的
    一切心愿。每实现一个愿望，驴皮就缩小一圈；一旦全部耗尽，主人的生命也就终
    止了。
[2] 阿兰（Alain，1868—1951），法国哲学家，本书作者莫洛亚中学时代的老师。

第一章　大仲马征服艾米莉和意大利

到了一八六〇年，大仲马再次希望离开巴黎和法国。他每次旅行，都要带一大捆"印象"回来，装满四五卷、五六卷算不了什么。奇遇和冒险既使他快活，又使他富有，真是一举两得。编打油诗的人嘲笑道：

> 大仲马跑到各地去浪荡，
> 为给我们带回旅行印象。
> 公众如此满意他的意向，
> 竟然真切地表示出希望：
> 快快把作者永远往外放。

真是出了奇迹：这位花钱如流水的人，这时候竟然有了一个存款的户头。事情是这样的：大仲马不久前同出版商米歇尔·莱维达成协议，出版他的全部著作，他可以预支十二万金法郎[1]。除了仲马之外，任何一个人得了这么一大笔钱，都会终身富有，颐养天年。可是，在大仲马看来，死守着满满一箱银子，简直是无法容忍的事。那么，怎样才能把钱箱子弄空呢？再简单不过了。为什么不能向拉马丁和夏多布里昂学学，也到东方去走一趟呢？这不但可以满足他对那一带老早就有的好奇心，同时还能带上一个心爱的女人，远离巴黎，到外面去风光风光。

---

[1]　此件现存卡尔曼－莱维出版社档案库。——原注

　　这一次入选的，还是一位头发金黄、身段苗条的女演员。得宠者芳名艾米莉·科迪埃[1]，父亲是给送水人制造木桶的匠人。艾米莉从小体弱多病，读了不少维克多·雨果、巴尔扎克、特别是她所崇拜的大仲马的作品。当她身体稍微强壮一些之后，父母就送她去学徒，先是去一家裁缝铺，后来又转到巴黎的中央菜市场。然而，女孩子想圆一个梦：进戏剧界。一八五八年，母亲的一位女友带她去见仲马，希望仲马能叫她演个配角。旅行家当时正要动身去俄国，但没有忘记这个亭亭玉立的少女；一八五九年，从俄国回来后，便写信给艾米莉，约她来阿姆斯特丹大街七十七号，他那所破旧的小房子里见面。艾米莉来了，就不走了。她当时十九岁，大仲马五十七。不消多久，她便显示出勾魂摄魄的风情，从而紧紧地抓住了那位不知满足的情夫。不幸的是，她的演员气质，比起她作为情人的气质来，不知道要逊色多少。

　　仲马和过去一样，天真地希望女儿（她的婚姻并不成功）能成为自己情妇的朋友。可是玛丽·柏代尔不改她的章法，还是装傻充愣，不是把电报送到严禁送去的地方，就是把最能惹事的信件丢失在最危险的地方；她还到处挑拨离间，制造不和。不走是不行了。

　　一八六〇年春天，大仲马在马赛定做了一条双桅纵帆小帆船，取名"爱玛号"（只是一条有甲板的小艇而已）。上船出发时，同行者除爱德华·洛克罗瓦和诺埃尔·巴尔费之外，还有一名水手打扮的英俊小伙子，船上人都叫他"海军上将"。其实，此人就是艾米莉·科迪埃乔妆的。大仲马一会儿说是自己的儿子，一会儿又说是侄子。

　　这次航行，开始得非常快活。船上只有一间船舱，舱顶很低，我们的巨人一天到晚磕碰额头。他做饭、聊天、作乐。在热那亚停泊的时候，消息传来，说意大利独立的先锋加里波第打算从波旁王室手中夺取西西里和那不勒斯，把它们归还给意大利（加里波第希望，意大利不久将实现领土统一）。大仲马认识加里波第，还有他那高傲的眼神、发红的胡须和从南美打完仗后带回来的毯式披风。以前他曾到都

---

[1]　艾米莉·科迪埃（Emilie Cordier, 1840—1906）是皮埃尔-弗朗索瓦·科迪埃（Pierre-Françcois Cordier, 1796—?）与阿塞娜-弗朗索瓦丝·吉穆散（Arséne-Françoise Guimoussin, 1810—1871）婚后所生之女。——原注

灵拜访过加里波第，一直打算写一本关于此人的书。另一方面，他从父亲仲马将军身上，也继承下来对那不勒斯波旁王室的怨恨。于是，便毅然决定，投入到加里波第崇高的冒险事业中去。

他在此中有什么事情可干呢？没有，什么也没有。不过，查理·雨果说得好，大仲马绝对不会放过任何能进入划时代壮举中去的机会。遇上什么地方成立临时政府，他会像老朋友那样，堂而皇之地走过去，破门而入，亲吻拥抱，然后说："大家好！今天是怎么回事呀？我来了。"他知道自己的名气大，总觉得人家是在等他到来。查理·雨果写道：

> 革命是他的事业，各个民族都引起他的关注。在巴黎、罗马、华沙、雅典、巴勒莫，他都利用空闲或多或少地帮助过当地的爱国者。他这位大忙人，只能匆匆忙忙地提出一些忠告，大家要赶紧来听，因为本星期末他还要交出二十五卷稿子呢！仲马在政治方面就是如此。在重大事件中，他总不放过名望带给他的种种便利。而讲究排场的历史，在闲暇的时刻，也会友好地拍拍他的肩膀，说上一声："这个可爱的仲马！"[1]……

作战计划很快便制订出来。两艘战船，加上"爱玛号"，将把部队运送到西西里海岸登陆。英国人在那一带也有两艘军舰，它们将保持比中立更加善意的立场。这样，仲马从马赛启程不到一个月，便进入了巴勒莫。加里波第的"千人军"，受到了西西里人狂热的欢迎。一位千人军成员这样记述大仲马到达时的情景：

> 回普雷托里奥官的路上，我们正要越过一处街垒，忽然看见一位相当魁梧的人向我们走来，并用法语同将军打招呼。这条大汉穿一身白色衣服，戴一顶大草帽，帽上装饰着三根羽毛，一根是蓝的，另一根是白的，第三根是红颜色的。
> "猜一猜……此人是谁？"加里波第问我。

---

[1]　查理·雨果：《放逐之人》。——原注

"这可能是谁呢？"我反问道，"路易·布朗[1]？赖德律-洛兰[2]？"

"唉呀，你这个人！"将军笑着答道，"是亚历山大·仲马！"

"什么？《基度山伯爵》和《三剑客》的作者？"

"正是此人。"

大个子亚历山大拥抱加里波第，对他做出了种种亲热的表示，然后与将军并肩向宫殿走去，边走边说，不时还哈哈大笑，似乎想要用他洪亮的声音充满整座建筑。

宣布午餐开始。亚历山大·仲马由一位娇媚的女子陪同；这位女子男装打扮，确切说是穿了身海军上将的服装；她板着面孔撅着嘴，十足是个装腔做势的女人；走到餐桌前，她若无其事地坐到了将军的右边，好像这个位子天经地义属于她。

见到这种情景，我便对周围的人说："这位杰出的作家把我们当成什么人了？诚然，对诗人可以在某些方面破格接待；但是，把一个不入流的烟花女摆到将军的身旁，这种破格不但人不能给，就连神也不应开这个口子。"

鼎鼎大名的亚历山大吃饭也像个诗人，滔滔不绝，口若悬河，别人都无法张嘴。应当说，他说话就跟写作一样精彩；听得我目瞪口呆[3]……

不久，海军上将怀孕了。几个星期前，大仲马给其好友罗布兰写信，已将此事告诉他：

亲爱的罗布兰：我现在给一位有十四个孩子的父亲写信；他经历过不幸，因而也能同情不幸。你在我家里见到过的那位可爱的孩子，白天是男孩，到了夜里就变成女人。在他还原成女儿身

---

[1] 路易·布朗（Louis Blanc，1811—1882），法国政治活动家、历史学家；为法国空想社会主义的代表人物之一。

[2] 赖德律-洛兰（Ledru-Rollin，1807—1874），法国政治家。律师出身。代表小资产阶级利益，因替共和派辩护而扬名。一八四八年二月革命后任临时政府内政部长。

[3] 吉乌塞普·班迪：《千人军，加里波第远征西西里》（佛罗伦萨，A. 萨拉尼出版社，1906）。——原注

的某一时刻，出了件麻烦，过了一个月，后果便显露出了来。艾米勒先生消失了，艾米莉小姐怀孕了；因此，两个月之后，她将不得不离开我，让我一个人继续我的行程。七月十五日至二十日，她将回到巴黎。你能否在你家附近的乡下，找一套带家具的小房子，供她在此期间居住？……回信邮寄马尔他，亲爱的朋友。明天或者至迟后天，我们就要出发去巴勒莫……当然，艾米莉小姐重新变成艾米勒先生之后，将立即回到我身边 [1]……

仲马在现实生活中，也想来个"且听下回分解"。西西里大捷之后，加里波第下一步的计划，是跨过墨西拿海峡，向那不勒斯进军。然而，他缺乏枪支弹药，又没钱去购置。大仲马手里还有那条双桅帆船和五万法郎；他以其惯有的慷慨和豪爽，把船和钱都交给"统一意大利"使用。加里波第接受了下来。一八六〇年九月七日，大仲马身穿红衬衫，进入那不勒斯。这里的王室曾监禁并折磨过他的父亲，现在被他亲手逐出京城。这一手仲马－邓蒂斯式的定时报仇，干得有多漂亮！

到了那不勒斯之后，加里波第任命他为文物总监，并且把弗朗索瓦二世国王的夏宫基亚塔莫奈宫拨给他做"职务邸宅"。大仲马现在踌躇满志了。他主持庞培遗址的发掘，创办了《独立报》。开始的时候，那不勒斯人看到这位精力充沛、性格爽朗的大块头忙这忙那，都感觉很有意思。新的生活开始了；法国同胞对他不讲情义，现在他总算得到了安慰。

一八六〇年十二月二十四日，艾米勒海军上将在巴黎生下一个女孩，"比大拇指大不了多少"，取名米加艾拉－克莱丽－约瑟法－伊丽莎白。夏布里昂伯爵夫人塞莱斯特·莫格道尔当了小女孩的教母，教父是吉乌塞普·加里波第（由别人代理）。

　　大仲马致艾米莉·科迪埃：我亲爱的爱人，为你高兴而幸福！……你知道，我当初就想要女儿。现在讲讲原因：比起玛丽来，我更疼爱亚历山大；玛丽一年也见不上一面，而亚历山大随

---

[1]　此信未公开发表，由西蒙娜·安德烈－莫洛亚收藏。——原注

时可以看见。我当年对玛丽的全部情爱，这下子就该转移到我亲爱的小米加艾拉身上了[1]……

一八六一年二月，艾米莉来到那不勒斯；不久之后，保姆带着孩子也追随而至。艾米莉多了一项差事：领客人在宫内各处参观。

仲马为他在那不勒斯办的那份报纸所付出的劳动令人难以置信。政治性社论一篇接一篇，还有社会新闻、来自罗马的消息，以及关于传说中的伊斯里亚岛[2]与丹多洛家族[3]的长篇历史文章，当然少不了长篇连载，这一切都出自他一人之手。那段时间里，他那一手上土体的字迹，涂满了一张又一张淡蓝色的大纸，放到一起足有十五到二十卷之多。里面有宣言与声明，有论战性文章，有战役设想，等等。请看：

绘画学校二百名学生前来致谢，感谢我们为他们主持公道，反对那些似乎把自己职责都置诸脑后的教师们……——请市政当局划拨一块地皮，我仲马就能筹集二十万杜卡托，为你们建一座剧院……

与此同时，仲马还亲手写了一部那不勒斯波旁王朝史（共十一卷），一部长篇小说（《圣菲力切》），还有《加里波第回忆录》。贝内代托·克罗齐[4]曾以赞赏的口吻提到大仲马用意大利文写的一本小册子，标题是：《论盗贼的起源、其猖獗不衰的原因及使其灭绝的办法》。从这本一八六二年出版的小册子里可以看到，这个往往被斥为轻率的人，对意大利南部进行土地改革的种种具体条件，分析得头头是道，比专家们还要透彻。

这位多产的作家，才思永不枯竭；作为一个人，大仲马与周围对

---

[1] 此信发表于：L.-亨利·勒孔特《亚历山大·仲马的私生活与作品》（巴黎，达朗迪埃出版社）。——原注
[2] 位于那不勒斯湾出口处。传说奥德赛曾被暴风雨抛到该岛上，被海王国公主纳西卡救起。
[3] 威尼斯古代贵族姓氏，出现过多位著名的政治家、学者与商业家。
[4] 贝内代托·克罗齐（Benedetto Croce，1866—1952），意大利哲学家、历史学家、文艺理论家。

他的不信任情绪进行了不懈的斗争，结果却是令人失望的。波尔多斯本人也感到了岩石的分量。

　　小仲马致乔治·桑，一八六一年八月二十二日：我收到仲马老爹的一封信，他也有点泄气；信中写道："转达我对咱们的女友的殷切思念，她能永葆青春并善于使用纸、笔和墨水，而这些东西害得我简直要活不下去了……"要是仲马老爹把不痛快之事全写出来寄给我，那可就更逗人了。请您给我这位父亲写上几句，把我不能对他讲、而您又有权利对他指出的一切写出来，劝劝他……叫他看看，您是怎么生活，才保持了青春和才华的。可能他会抓住您递过去的杆子。他那么坚强，起步的行动又总是那么善良 [1]……

　　坚强有什么用，如果别人不坚强的话？萨伏依王室 [2] 的忠臣加富尔 [3] 把反对加里波第视为当务之急。其实加里波第和他一样，都赞成意大利统一，只不过周围是共和派罢了。加里波第犹豫起来了。而仲马却"比加里波第还加里波第"，坚决反对加富尔。他对法国驻里窝那领事宣称，他不仅要把波旁王朝赶走，还要把新国王维克多·伊曼纽尔也从那不勒斯赶出去。领事把他的谈话用电报向部长做了汇报：

　　"在一出戏里，"仲马对领事说，"一个人物被充分利用之后，他的作用已经发挥殆尽；没用了，便可以巧妙地把他甩掉，干脆取消这个角色。我们下面也将这么做……"
　　"然而，一旦赶跑皮埃蒙特人，您将用谁来取而代之？"
　　"我们呀，我亲爱的，我们！"

---

[1]　见斯波贝奇·德·洛旺儒的收藏，编号：E. 882, folios 67—68。——原注
[2]　萨伏依家族从十一世纪起统治位于今法国与意大利接壤地区的萨伏依和皮埃蒙特；十八世纪，其统治范围又扩展到了撒丁和西西里。从一八六一年到一九四六年意大利共和国成立，为统治全意大利的王族。
[3]　加富尔（Cavour，1810—1861），意大利自由贵族和君主立宪派领袖。一八五二年起长期任撒丁王国首相。曾帮助意大利从奥地利统治下解放出来，建立统一的意大利王国。

"你们，指的是何人？"

"加里波第……"

"但是，你们如何对待意大利呢？"

"那时，我亲爱的，我们将把意大利组织成一个联邦制共和国。"[1]

乔治·桑感到大仲马心中不快，邀请他去诺昂休息一阵子；仲马老爹写信回绝了，信的调子晦暗、悲观。

小仲马致乔治·桑，一八六二年九月十二日：肯定地说，我父亲近来心里不痛快。是谁给我把他变成这个样子？亲爱的妈妈，您所做的已经超过您应做的；说不定他不去更好。只有上帝才知道，这只野鸟一旦来到您的莺巢，会折腾成什么样子！随他去吧。等他翅膀灌了铅，飞不动了，自然会回来的。

关于我们的朋友加里波第，去年我给狄杰写信时就说过："我担心我的英雄会褪色……"我没有弄错。这话只能在咱们之间说说：那不是一块裁剪真正大人物的料子。用剑来改革社会的人不像他那样夸夸其谈。阿提拉[2]说："神在推动我，"于是便一直向前。此人正好相反，还没碰上个阳台，便开始布道了；随便有一张什么纸头，便会成为他发表宣言、文告的借口。他是一首但丁的诗，不过是由维埃奈[3]补写完成罢了。为了他（加里波第）的荣光，我仍希望结局是同维克多·伊曼纽尔国王谈妥，一道确定下来；希望他是对国王这样说的："我讲得太多。我介入得太深了。要是由着我，我会一直走下去。那就请您拿着武器，把我抓起来吧；这样才能使我无法走得更远。"两方面可以

---

[1] 乔治·布尔冉：《大仲马与意大利》，发表于意大利林赛国家科学院出版的《道德、历史及语言科学学部论文汇编》，第8系列第9卷第1—2分卷（1954年1月—2月）。——原注

[2] 阿提拉（Attila，约406—453），匈奴人之王。四四七年进兵君士坦丁堡（拜占庭），继而闯入罗马帝国西部，横扫欧洲，直抵莱茵河。阿提拉的军事行动，加速了西罗马帝国的灭亡。

[3] 维埃奈（Vienner，1777—1868），法国诗人，古典主义的模仿者。

相互许下诺言，各自遵守。可以给加里波第一小块采邑地，使他成为意大利的阿布德－艾尔－卡代尔[1]；这样一来，其他事情就好说了。但愿上帝不要让他发表了由儒勒·勒孔特作序的回忆录后便偃旗息鼓！不过，我可不敢担保[2]……

唉，忘恩负义的事无处不有！那不勒斯的人民，忘记了亚历山大·仲马的慷慨帮助，竟跑到他住的宫殿前游行示威，连声呼喊："外国佬滚出去！仲马滚到海里去！"好心肠的大个子老泪纵横："真没想到，意大利也无情无义。"过了五分钟，他又想起自己的哲理，说道："要求人性不忘恩负义，等于是要求狼变成吃草动物。"这时，加里波第已经把那不勒斯和西西里交给维克多·伊曼纽尔二世；仲马注意到，国王周围再也见不到一件红衬衫。真是：吃过苦的，享不了福。此乃天经地义。

到了一八六二年十月份，又有一起轰轰烈烈但转瞬即逝的计划诱惑仲马。一位名叫斯坎德培的王爷，从伦敦给他写信，自称是希腊－阿尔巴尼亚政委会的主席，要求他为雅典及君士坦丁堡效力，做他为巴勒莫和那不勒斯所做过的事情。事情很简单：把土耳其人从欧洲赶出去。为"第九次十字军"，仲马献出了他的双桅帆船"爱玛号"，以及囊中所剩的银钱。作为交换，他这次被任命为"东方基督教军军事仓库大总监"。这一诱人的头衔，同样十分短暂，因为斯坎德培王爷不过是个平庸的骗子。[3]

马克西姆·迪·康此时在基亚塔莫奈宫仲马处小住了一阵子；他非常欣赏这位好脾气的巨人天真的耐心，以及他那总是挂着微笑的面孔，还有他那长满花白鬈发的大脑袋。仲马继续在庞培进行挖掘。"您将看到，"他对马克西姆·迪·康说，"我们马上就会有所发现。我

---

[1] 阿布德－艾尔－卡代尔（Abd-el-Kader，1807—1883），阿尔及利亚人民反抗法国占领者斗争的领袖。从一八三二年起进行了十五年抗法斗争，直至一八四七年战败投降。一八五二年被拿破仑三世释放。

[2] 此信未公开发表，现存国家图书馆手稿部，属奥洛尔·桑遗赠；编号：N. A. F. 24812。——原注

[3] 关于此次冒险的细节，详见亨利·克鲁阿尔：《亚历山大·仲马》（巴黎，阿尔班·米歇尔出版社，1955）。——原注

们只用镐头，就能把所有古迹弄个水落石出。"然而，后来连他自己也厌烦了。加里波第已经离开那不勒斯；在位者并不原谅大仲马的义举。他决定返回巴黎。法兰西尽管使了种种阴谋诡计，还是有其亲切之处。坐了八天火车，晚上十点下车，大仲马请求儿子带他去讷伊，找老朋友、诗人泰奥菲尔·戈蒂耶。

"可是，爸爸，已经很晚了，你又刚下火车！"

"我吗？我的脸色好得像朵玫瑰花呢。"

到了戈蒂耶家，戈蒂耶已经入睡。大仲马直着嗓子喊了好几声。好心人泰奥在窗户上露出头来，大惑不解：

"我们大家都睡了！"

"懒鬼！"仲马接过话茬儿，"我还没睡，我睡了吗？"

聊天一直聊到清晨四点，精疲力竭的小仲马终于把父亲拉回香榭丽舍他的家里。两人沿着讷伊大街，然后是大军大街，步行往回走，大仲马边走边说，没完没了。直到六点钟，两人才到了家。一进家，大仲马就向儿子要灯。

"灯？要灯干什么？"

"点呀！我这就开始工作。"

第二天，他搬到黎塞留路一一二号暂住，恢复了他那令人难以置信的交响乐节奏。他同时写两部小说：《加里波第党人》和《圣菲力切》，二者都已接近尾声。艾米莉·科迪埃慢慢地从他的生活中溜走了。她没完没了地要求结婚，而大仲马则毫无重蹈覆辙的愿望。他把小米加艾拉叫做"贝贝"，对她非常疼爱，表示愿意承认她是自己的女儿，与亚历山大·小仲马及玛丽·柏代尔享有平等的地位。

艾米莉则是：要么结婚，要么全吹。"勾引者"不肯名正言顺地娶她为妻，惹得她十分恼怒；因为，按照她的原话，她向此人"奉献出自己洁白无瑕的花朵"。生下的女孩，她已正式承认，不允许别人染指她的权利。[1] 可是，反对仲马的方案，等于剥夺了可怜的小米加

---

[1] 艾米莉的态度是由对往事的回忆决定的：一八三一年，大仲马把小亚历山大从毫无防卫能力的卡特琳·拉贝手里夺过来，正式予以承认。"海军上将"在致其父皮埃尔-弗朗索瓦·科迪埃的信中提到了这一先例。她说：她不愿意因非婚父亲对孩子的（未婚）母亲具有优先权，而"被剥夺了母亲的权利"。——原注

艾拉有权得到的遗产份额。因为，在这位放浪父亲身后，债务由继承人偿还之后，在作者的文学著作权享有期间，大仲马的稿费数额仍然非常可观。

大仲马与"退休海军上将"闹翻之后，没过几个月，就听说这位年轻女子生下一对双胞胎，使她受孕的是勒阿弗尔一位富有的保护人，名叫爱德华兹。

> 大仲马致艾米莉·科迪埃：我原谅你……在我们的生活中，发生了一件意外，仅此而已。这次意外并未熄灭我的爱情，我仍然爱你；不过我现在爱你，就像喜爱一件丢失的东西，一件死去的东西，一个影子[1]……

他仍一如既往爱护与关心他"亲爱的贝贝"米加艾拉，给她买玩具娃娃，亲笔题词送书，后来还送钱给她。到了当爷爷的年龄，这位不忠实的情人反倒成了一个模范的父亲。

---

[1]　此信引自 L.－亨利·勒孔特：《亚历山大·大仲马》。——原注

第二章　亲爱的儿子——亲爱的妈妈

这个闪光的大儿子……

乔治·桑

一八五一年，小仲马在被征服的波兰边境上，为乔治·桑找到了她写给肖邦的信；那时候，女作家就试图把他吸引到诺昂去。她甚至可能产生某种希望，通过更加密切的联系，把这个英俊的小伙子拉到自己身边。然而，纳里奇金娜王妃，这个三十岁的少妇，已经侵入并且占据了小仲马的生活；乔治·桑，这位年届五旬的妇人，没有办法，只好把他视为一名非常亲爱的儿子。在最初的通信中，小仲马称乔治·桑为："夫人，亲爱的大师"。乔治·桑在一封信里说："我认您做我的儿子。"从此，小仲马写信，便称她为"非常亲爱的妈妈……"角色之间的关系就这样明确下来了。桑夫人有时候去巴黎看望小仲马。野性未脱的王妃却宁愿避开上流社会。一八五九年，她卖掉吕松的别墅，在克勒里（塞纳与马恩州）附近租下维勒鲁阿宫堡居住。尽管"这座大建筑"有四十四间房子，纳捷日达还是要和女儿奥尔加睡在一起；她担心纳里奇金亲王说不定会派人来把女儿抢走。（亲王这时"由于健康原因"，已经抵达莱蒙湖畔的希艾兹城。）

小仲马与纳捷日达·纳里奇金娜此时还挂念那位莉迪娅·奈塞罗德吗？要知道，此人曾是前者的情妇、后者的密友；是她通过知心女友把自己最后决裂的意向传达给被她甩掉的情夫，这才把现今的一对连结到一起！不过，一八五九年，一个惊人的消息，使莉迪娅又突然出现在他们的记忆之中：前奈塞罗德伯爵夫人于二月八日再婚了，成为德鲁茨阔伊-索科尔尼科夫亲王夫人。沙皇明确反对在其宫廷的高层贵族中出现此类离婚又重新组合的事情，而这个莉迪娅胆子不小，竟无视沙皇禁令，在一个小小村庄（所有村民皆为扎克列夫斯基家族的属民）的圣像屏前，硬是从一名无知的教士手里，夺得了非法的婚配祝福。

　　奈塞罗德首相致其子迪米特里，一八五九年四月十八——三十日：莉迪娅的婚姻已属既成事实，并有支持此项婚事的扎克列夫斯基本人的同意文书可做证据。他祝福新婚夫妇，并为他们发放了出国护照。皇帝闻讯大怒。扎克列夫斯基已经不再担任莫斯科总督，由谢尔盖·斯特洛加诺夫接任。这就是到目前为止我所了解到的一切……由于昨日我没有上朝，所以尚未遇到能对这次轩然大波的前因后果提供真实细节的人。我需要了解这些细节，以便能够向你指出下一步应该做些什么。政府将独自采取措施？还是你将不得不进行活动，向枢机会议提出申诉，以便要求离婚，并得到批准？[1]……

　　莉迪娅疯狂、任性、异想天开，竟敢忤逆全俄罗斯的皇帝，结果破坏了生身父亲的前程。扎克列夫斯基将军被突然罢免，有助于我们进一步理解纳里奇金亲王为什么要反对离婚。纳捷日达则认为可以把自由结合与顺从沙皇调和起来；就是说在法国同她的法国人一起生活，同时又不切断与俄国国内的联系。一八六〇年，王妃由于小仲马的行为而怀孕，抉择的时刻终于到来。她去外省躲避，但由于想找杰出的妇科大夫查理·德维里埃接生，又决定来巴黎分娩。回到巴黎后便以"娜达丽·勒菲比尔（靠年金生活者）"的化名，在内夫-德-马杜兰路租了一套房子。一八六〇年十一月二十日，就在这套房子里，诞生了一个女孩，其母用的是虚构的姓名，其父不知为何人。根据法律对私生子的规定，给小孩子取了连在一起的三个名字，此外还取了个别名叫：高莱特。

---

[1]　此信未公开发表，现存外交部奈塞罗德档案库，第10卷。——原注

对于《私生子》的作者来说，自己有了一个私生女，是件颇为痛苦的事情。然而，纳里奇金是名义上的丈夫，因而也就是推定的父亲。只要他在世，还能有什么办法？如何才能使孩子在法律上被承认为婚生？

小仲马的忧郁症发作了。很快，女强人乔治·桑就成为他的知心人，不断开导、安慰他。

> 小仲马致乔治·桑，一八六一年二月：我身心疲惫，感情与灵魂怠倦不堪。我昏头昏脑，神志不清，一天比一天厉害。现在竟到了不想说话的程度；有时候竟然觉得，什么时候想说话甚至会再也张不开嘴……请设想一下：一个男子，在跳舞圈子中央，全神贯注、手脚矫健地跳着华尔兹；突然，他跌了一跤，就再也找不着拍子。他呆在地上，一条腿向上；再要重新开始，却抓不住节奏，赶不上拍子，虽然耳朵听得清清楚楚，和刚才完全一样。其他跳舞的人推他、搡他，把他挤到圈子外面；最后他结巴巴地向女舞伴说了几句道歉的话，独自一个人走开，坐到一个角落里去了。我目前就是这个样子。您判断一下：我现在不仅渴望在您身边，而且确实有此需要……我从未向您谈及我对您的看法；这是因为您站得那么高，任何评论，不论是好的评论，还是坏的评论，对您已无所谓了。然而，您是一个极好的大好人；能够代替您的人现在还没有孵出来 [1]……

一八六一年，小仲马以最无私的态度将乔治·桑夫人的长篇小说《维勒迈尔侯爵》改编成戏剧。是小说的作者请求他帮忙的，因为他从父亲那里继承下来一套土法技艺，给跛脚的稿本正骨，确有过人之处。这期间，两人经常见面。乔治·桑恳求小仲马带他的大小俄罗斯到诺昂来，观看业余剧团的演出，还有木偶戏。乔治·桑曾经崇拜过阿顾伯爵夫人，因为这位夫人竟有勇气和李斯特私奔；此时，当然有好奇心看一看这位留着红发粗辫子的碧眼王妃，见识见识这位居然把

---

[1]　此信未公开发表，由巴拉绍夫斯基-贝蒂夫人提供。——原注

权势炙手可热的王爷和几千名农奴舍弃在俄国，独自一人来到塞纳河畔的讷伊，与一个法国青年剧作家恩恩爱爱地过日子的异国贵妇人。然而，外国女子却被女小说家吓住了。

　　小仲马致乔治·桑：王妃想给您写信，非要我代她起草不可。然而我不愿意……这些公主王妃们，细想起来，也够傻的 [1]……

王妃托词留在维勒鲁阿堡，小仲马只好一人前往，从七月九日住到八月十日，度过了一次忧郁症的发作期。晚上，两人坐到平台上，相互诉说心里话。乔治·桑听到过不少人说纳捷日达的坏话，这次统统告诉小仲马；小仲马听了，不能接受，为她辩解。

　　小仲马致乔治·桑：至于此人，她不像人们对您讲的那个样子；她的不幸在于，在生活里算计得不够……我既准备把她当成天使宠爱她，又准备把她当成野兽杀死她。我不想断言，她不具备人与兽两种天性；也不想否认，她时而倾向前者，时而又倾向后者，来回往复。然而，应当说清楚，她更多是倾向人性，而非兽性。我有真凭实据，证明这个女人具有无私的忠诚，她甚至没有想到我会感激她；即使我想不起感激她，她也认为这是理所当然。总而言之，我对您谈这许多，并不是因为我在她身上发现了什么新鲜事物，而主要是为了赞扬她的新生；要知道，我花了不少力气改造这个漂亮的女子；到了今天这样的地步，该有多么欣慰……我已经养成习惯：像捏泥人似地塑造她；无论什么时刻，只要我心血来潮，便在她面前大声说出我对某个问题的想法，让她听我的话，而不是奴役她。这样，日久天长，习以为常，我还真离不开这个女子了 [2]……

---

[1]　此信未公开发表，现存国家图书馆手稿部，属奥洛尔·桑遗赠；编号：N. A. F. 24812。——原注
[2]　此信未公开发表，现存国家图书馆手稿部，属奥洛尔·桑遗赠；编号：N. A. F. 24812。——原注

小仲马告诉乔治·桑，他打算与"这个女人"结婚。乔治·桑遂讲述了当年她自己婚姻和爱情上的失败。听着听着，剧作家的思想里便酝酿出了一些创作题材。起初，他对诺昂的一些无谓的玩乐颇为冷漠；乔治·桑也觉得"难以为他解忧"。后来，她尽量向"这个闪光的大儿子"注入她自己对生活的信心，还真使他缓和了一个时期。分别之时，小仲马果然获得一定程度上的精神平静。之后，乔治·桑通过书信往来，继续进行这种情绪疗法。

　　乔治·桑致小仲马：大家拥抱您，大家喜爱您。继续努力工作吧。这是一种药物，可以配合铁的作用，效果极佳。此外，淋浴也很好。还有劳动，以及到乡下去。一切都是美好的，只要有健康的判断和诚实的心。有了这些，再加上年轻，又有真才实学，任何麻烦都能够克服……我是个乐观主义者，尽管我经历过那么多撕心裂肺的事；这可能是我唯一的优点。您会看到，这个优点也会来到您的身上。在您这个年纪，我也是饱受折磨；无论在精神方面还是在身体方面，病得比您现在还要重。研究别人、捉摸自己，慢慢也就腻烦了，一天早晨我说出了这句话："这一切对我都无关紧要。宇宙广大而美妙。我们认为非常重要的一切事物，都是如此短暂，转瞬即逝，所以没有必要多操心。生活当中，只有两三件事是真实而严肃的；而这几件浅显的事，恰恰是被我忽视和不屑一顾的。我的罪过！不过，我也因此类愚蠢而受过惩罚；我遭受过痛苦，遭受过人们所可能遭受的痛苦；因而我现在可以得到宽恕了。让我们和仁慈的上帝讲和吧！……"[1]

　　他曾如此喜爱诺昂，此时又产生带王妃再次前往的念头，并且终于成功地说服了腼腆的王妃。他当时正好住在维勒鲁阿，便在给乔治·桑的信中羞羞答答地提起他的"女东道主"。

　　小仲马致乔治·桑，一八六一年九月二十日：十五日尊函收

[1] 此信发表于弗拉基米尔·加里宁：《乔治·桑，生活与作品》，第4卷——原注

讫,不胜感激,——普律多姆先生[1]是会这么写的。今天提笔回信,表示我最真挚的谢意。我得知,我的女房东也给您写了信……我不向您隐瞒,她把这次去诺昂作客,得以当面端详您,当作自己欢乐的节日。如果说您是个善良的女人,那她就是个善良的女孩;因此,她绝对不会打搅您。这是主要的一点。您的习惯要是因之而有丝毫改变,我会看出来的,我了解您的习惯……余下的问题涉及她的女儿;她不愿意把女儿留在这所大楼的四十四间房屋里,因此请求您同意她把女儿也介绍给您。小家伙将睡在她妈妈房间的大沙发上。这个年轻的莫斯科女旅行家,就喜欢这样!所以,这方面不用担心有什么不便。

然而,发抖吧!……还有苦汁往上端呢。我有个朋友,长得又大又胖,活像您那条新地岛的狗。人们叫他大块头马沙尔;此人体重一百八十二斤,聪明才智足抵得上四个人。他睡在哪儿都行,鸡窝里,大树下,喷泉旁,都不成问题。可以带他来吗?[2]……

乔治·桑当然回信表示欢迎,无论对斯拉夫少妇,还是对大块头画家。小仲马的密友查理·马沙尔是位阿尔萨斯艺术家,虽无大才,却是个快乐的伙伴,善于讨女人欢心,常有俏皮话脱口而出。朋友们爱给这位面庞丰润的巨人起绰号,有时叫他"小玩艺儿一世",有时又叫他"乳齿象"。这个大大咧咧的人,平时在家里,往往到了粗俗不雅的地步。他经常吃白食,积重难返;又是个嘴上没遮拦的唐璜,他那些风流艳事,走到哪儿说到哪儿。小仲马对他宽厚大度,真不愧是大仲马的儿子。维勒鲁阿的旅人到达诺昂,纳里奇金娜王妃和公主见到如此欢乐、如此丰富而又不拘礼节的生活,显露出惊奇来,那是可想而知的。小仲马给乔治·桑带来了一个坏消息:两个人都非常敬爱的罗丝·舍莉去世了。她侍候生病的孩子,结果自己也传染上了白喉。弥留之际,迷人的女演员对丈夫说:"别哭了。我们的小家伙得

---

[1] 亨利·莫尼埃剧作中的人物。是位一心赶时髦的市民,自以为在任何事情上都有真知灼见,其实思想还是跳不出老框框,既俗气又装腔作势。

[2] 此信未公开发表,现存国家图书馆手稿部,属奥洛尔·桑遗赠;编号:N. A. F. 24812。——原注

救了，还哭什么。"罗丝给人留下一个非常纯洁的印象，一个完美而不计较个人得失的印象。

　　乔治·桑的记事，一八六一年九月十五日：晚饭后，十点来钟，纳里奇金娜王妃和公主、仲马，以及他的朋友、神采飞扬的马沙尔，来到客厅里，坐下来聊天……聊着聊着，又一个一个地走开了。大家高兴是高兴，不过时时感到有些悲伤，话题在不知不觉中又转向了可怜的罗丝……

　　一八六一年十月一日：仲马给大家朗读《维勒迈尔》的开头部分。他的剧本，非常精彩。我上楼工作了一会。晚上，仲马朗读诗歌……

　　一八六一年十月九日：仲马早晨七点出发。马沙尔没走……

　　一八六一年十月十日：长时间同马沙尔晤谈。晚上与他谈论了一些道理；别人在楼下排戏……

　　一八六一年十月十六日：马沙尔和莫里斯合作，写了一个木偶剧……

　　一八六一年十月十九日：马沙尔成了我的大婴儿[1]……

　　就这样，马沙尔作为编外人员，和仲马及其大小俄罗斯一起，来到了诺昂。等到朋友们告辞回返后，他倒延长了逗留期，呆在贝里迟迟不归。来时说是住两天，结果一住住了好几个月。他对木偶的迷恋，赢得了莫里斯·桑的好感。乔治对他的感情，属于另一种性质，引起芒索（当驸马已十多年）的不悦。马沙尔以给女堡主画像为借口，两人长时间单独关在画室里。小仲马寄去他的祝福。

　　小仲马致乔治·桑，一八六一年十一月二十三日：我当时就对您说过，凭您才华方面的威望，您的榜样和您的建议，可以对他产生良好影响。而我，由于在年龄、性格与性别上同这个大孩子过于接近，无法施加这样的影响。我很高兴您夸奖他有才干，

---

[1] 国家图书馆手稿部；编号：N. A. F. 24823。——原注

也很高兴他在自己身上看到了新的才能。我曾多次建议他画肖像画；但是，这一品种在美术家中间有些掉价，其原因我也弄不清楚[1]……

到了十二月，马沙尔终于离开了诺昂。走后没有来过一封信，没有一句亲热的话，甚至连个谢字都没有。乔治·桑接二连三地写信，全都白费，毫无音信。女作家担心得发疯，便向她"亲爱的儿子"亚历山大打听，她的胖孩子，她的常任画师，究竟跑到哪里去了。

　　小仲马致乔治·桑，一八六二年二月二十一日：我今后再也不敢带任何人来诺昂这个家里了；在这个家里，朋友间相处得如此之好，以致一粒小沙子掉进来都能使整部机器停止运转！我们的朋友马沙尔真的这样没良心吗？如此断定为时尚早！不过，他收到那笔六千法郎的定金完全应该感谢您，亲王之所以请他来画，是多亏您的举荐呀。唉呀！唉！我真担心，人类到底是不是上帝的杰作[2]……

　　一八六二年二月二十六日：今天我发火了；我那头乳齿象的沉默更是火上加油！我并不比您多知道一点他的行踪。缺乏教养发展到了成年之后，看上去更像无情无义，铁石心肠。这个可怜的小伙子，到现在他还不明白，受到一位您这样的人如此长时间、如此殷勤、如此有益的接待之后，至少应当回复人家的来信，再说人家写了已不止一封，直到现在还在发信！……这个坏蛋好像生来就自私，且不说他那无以复加的憨傻、懒散与不拘小节。当我独自一人为他的言行而懊恼的时候，我把它归到我们这个年龄段的男人之间处事过于随便的账上；然而，他和您之间，以及和另一些人之间，距离实在太远；怎能让你们这些人单方面努力，去弥补这段距离呢？我把他带到您那里去，内心的希望是，让他看看一个具有声望与影响力的人是如何保持纯朴与善良的，从而

---

[1]　此信未公开发表，现存国家图书馆手稿部，属奥洛尔·桑遗赠；编号：N. A. F. 24812。——原注

[2]　国家图书馆手稿部，属奥洛尔·桑遗赠：编号：N. A. F. 24812。——原注

能给他一个有益的印象；同时教育他，叫他知道，有朝一日他成为他那门艺术里最伟大的人物时，应当怎样立身行事；这一天当然还相当遥远，不过应当明白该如何等待它的到来。然而，我却注意到，他像往常一样，只看到事情的表面；而且，他把您只看成一个伙伴、一个学友。这就过分了，亲爱的妈妈！[1]

在一八六二年整整一年的时间里，小仲马与他亲爱的妈妈书信来往十分频繁。仲马改编完剧本《维勒迈尔侯爵》，慷慨地把稿酬全给了乔治·桑。信中，他对自己个人的生活流露出诸多不满：

过去的一个星期，我是在无法工作的失望情绪里度过的。一行字也写不出来，无论是小说还是剧本。于是，我便自我许诺，如果真的能按照我的愿望把这两部作品写完，就把笔和墨水统统送到魔鬼那里去！自打出生，我便跟这些东西折腾，已经厌烦了。除非像拉斐尔以及其他不必一一列举的人那样，一生之中能够经历三次转变。艺术是个吃力不讨好的行当。何况，无论从形式还是从内容上讲，我都称不上是个艺术家。我细心地注视着，我的观察相当准确，我的讲述也十分清晰，这倒不假；但是，这一切既没有热情，又缺少诗意，更做不到慷慨激昂。虽有讥讽的意味，但又显得生硬干瘪。这种作品逗人喜爱，令人惊奇；接着公众便会感到厌倦，作者同时也就完蛋了。走完这一步之后，我将设法为我自己而生活；从这第二阶段的生活里，如果真能产生什么新的东西，发现未知的感觉，乃至于一个信仰，一种想象，我会讲给别人听的；否则，便什么也不写了。

在这第二阶段的生活里，我们多次谈论过的那个人将如何参与我的生活，是名正言顺呢，还是只是一种事实？这都无关紧要。我并不太看重她那个社会的生活方式，更谈不上在字眼儿上吹毛求疵。只要活得幸福，就不求其余了。梅里的一出戏里，主人公就是这样。他别无它求，只希望：

---

[1]　国家图书馆手稿部，属奥洛尔·桑遗赠；编号：N. A. F. 24812。——原注

……作为劳务的代价，

在安逸与快慰的怀抱里度过岁月。

我们将看到，您对我所说的一切（没有一条不是美好与正确的），在我进行自我反省的时候，将永远铭记在心[1]……

总之，小仲马倾向于同他的那个人结婚。

剩下就是小姑娘的事了；在这一点上，您说的绝对有道理。那现在就等她结婚，或者等到她能够真诚地下决心不结婚的时候。关于她的性格，我不想说什么。您只有亲自长时间观察才能品味得出来。她爱自己的母亲，爱得有头脑。她只喜欢住在乡下。她讲究吃，整天说自己的胃口如何，消化如何，名门闺秀都喜欢开这方面的玩笑。她克勤克俭，甚至用母亲的旧裙袍亲手给自己改做衣裙，还自己动手补袜子！然而，不论谁遇到困难有求于她，她都能慷慨解囊。在地位相同的人面前，她非常严肃，甚至相当高傲；而对待不论哪个阶层的好心人，她都和气恭顺，乐于助人。她毫不在乎门第与称呼；甚至准备让人家叫她贝努瓦太太或随便什么名字。她迷恋学习，特别是精确的科学门类，这倒不是出于骄傲，而是因为她积累自己那份小科学，完全像积累自己的钱财一样精心。奥尔加希望增长知识，完全是为了充实自己，别无它求。她沉默寡言，只在恰当的时刻说几句不能不说的话。她肝脏有病，给她全身心涂染上一抹淡淡的哀愁，而没有什么想象力。亲爱的妈妈，这就是我所看到的。您是女性，请您做结论吧。

这期间，母女俩将去布洛涅森林居住；房子很漂亮，有个美丽的花园，可以和您这个儿子的住所相通，表面上又看不出来。只要想见，就可以见面，又各住各的房子，外表总算能够顾全了。准备得这么周全，余下的事就要由上帝和沙皇来安排了。轮到他们了[2]……

---

[1]　国家图书馆手稿部，属奥洛尔·桑遗赠；编号：N. A. F. 24812。——原注

[2]　国家图书馆手稿部，属奥洛尔·桑遗赠；编号：N. A. F. 24812。——原注

第三章　乔治·桑为小仲马生了两个孩子

　　乔治·桑的力量与智慧，对于软弱的男子，始终发挥着深刻的影响。她逼迫缪塞写出杰作，她支持肖邦，又安慰过福楼拜。小仲马向她坦露内心的痛楚："生活没有给我展示真实的一面。那些负有使命指教我的人，都忙着去干另外的事情；我并不愿意责备他们没有对我表现出智慧，其实他们自己所缺乏的，恰恰就是智慧……"乔治也以她特有的男性的爽直，向小仲马描绘了她婚后性生活的失败，并使他懂得：对一个少女来说，新婚之夜新郎如果缺乏温顺与体贴，这第一次肉体接触的体验，该有多么可怕与可厌。她说："我们像圣女一般养育她们，然而到时候却把她们当成牝马交出去。"

　　按照这个思路，小仲马经过长时间的考虑，构筑了一出戏，名叫《女人之友》。什么内容？希姆罗丝在新婚之夜受到惊吓，与笨手笨脚的丈夫分居；她仍然爱着丈夫，只是没有明确意识到。她独自一人进入社交界，不断受到侵扰；那些男人都信誓旦旦，向她允诺"另外一种爱情"。如果不是"女人之友"的关照，她一定会掉到深渊中去。"女人之友"名叫德·利翁。这位先生，和奥里维埃·德·雅兰一样，也是剧作者的投影。德·利翁先生无所不知，无所不晓，还能预见一切。女人的心，男人的欲望，对他都没有秘密可言。他策划或者阻止幽会；他洞察人的意图并揭露种种过错与失误。总而言之，在小仲马的宇宙里，他扮演着基度山在大仲马宇宙里同样的角色。此人给自己规定使命，巧设陷阱，并进行盘查审问。他对作恶者毫不留情，常说一些冷酷的话："女人都是缺乏条理的，是附属品，经常干坏事。"对方不同意："住口吧，可怜虫！正是女人给予了灵感，才能做出大事情来。"利翁先生仍然振振有词："正是女人挡路才干不成大事情。"来者反问："那么说，就没有好女人喽？"答曰："有，比估计的要多；但是，没有人们所说的那么多。"又问："那么，对正派女人，您的看法是什么？"答："她们是演给男人看的最美好的节目，是让他们凝神观看的。"问："不管怎么说，您有没有领略过这样的女人？"回答是："从来没有。"

这是一种雨果、乔治·桑、大仲马都不会宣扬的悲观主义。这些人相信激情式的爱；即使在他们坠入欲望型的爱情之中去的时候，仍然坚持自己的观点。而小仲马不同，他似乎确信，一切爱情都是令人失望的海市蜃楼。爱一个女人，就是爱我们头脑中的一个梦。小仲马不相信这个梦。父辈们在生活中过分追求享受；轮到做儿子的，便感到不舒服了。在十八世纪的放荡之后，浪漫派艺术家复活了基督教及骑士时代对妇女的理想。可是，这样一来，女性又表现得过于软弱，难以承受这一理想的分量。小仲马笔下乖戾的公主与命妇，都是一些充满矛盾并工于心计的人物。浪漫派人士喜爱女子们的反复无常。德·利翁先生则不然；他鄙视那些不幸者们的任性行为，有时候还表现出憎恨。

这种冷酷的调门，其实是时代的旋律。这之前，拉斯蒂涅克[1]与德·马尔塞已经手执马鞭进入禁闭女人的铁笼。然而，放荡的习俗却有增无减。风流韵事、偷情通奸丛生蔓延，又唤醒了怀疑派厌恶的情绪。随着莫尔尼上台而盛行的是妄自尊大。礼貌则已一命呜呼。福楼拜、戈蒂耶毫不感到困惑地给"总统夫人"写起调情信。小仲马所致力的，则是责罚这种习俗与时尚。保尔·布尔热[2]评论道：

> 从德·利翁先生给自己戴上讽刺面具的方式来看，从他时刻保持戒备，准备左右出击，锋芒凌厉的样子来看，从他一与人接触，不管是男是女，是老人是少女，就摆出一副卫道斗士的架势来看，不难看出：这位愤世嫉俗之士感到社会生活过于艰难、过

---

[1]　巴尔扎克《驴皮记》等小说中的主人公。
[2]　保尔·布尔热（Paul Bourget，1852—1935），法国小说家、评论家。

于冷酷。他没有倾吐内心的创伤，也没有自怨自艾，因为他过于骄傲。然而，他每句话的语气，那种揶揄挖苦又故作无情的语气，那种从第一句话起便刻意压服对方、把自己的优越感强加在对方头上的气势，那种每句话、每个姿态所包含的挑战意味，这一切，无不都是一种自白、一种申辩[1]……

这种申辩，其实是小仲马本人的申辩。

他向乔治·桑透露了女主角的消息。这个女主角是乔治·桑帮助他生出来的：

> 一八六三年十月四日：至于德·希姆罗丝夫人，我和她已经认认真真地同居了。我俩再也不能分离。她和我睡觉。她跟着我到最隐秘的地方。最后，她对我开始碍手碍脚了。于是，我使出浑身解数，想尽快摆脱她[2]……

雅娜·德·希姆罗丝令巴黎公众惊讶、反感。《女人之友》在惊诧、沉默、尴尬以及有时候在大声抗议面前，挣扎了四十天。一位正厅前座的观众，听完雅娜叙述她的新婚之夜，当场站起来喊道："真恶心！"一位与好多达官贵人有染而声名大噪的烟花女子看后说道："这部作品伤害了女人最隐秘的廉耻心。"不过，任何女人，看了这出戏，都明白：剧情很大一部分是真实的。然而，就仲马而言，他却"背叛了大写的'性'字，并且把善良女神的隐秘张扬了出去"。那个年代里，这类事情是不能谈论的。尤其是在剧院里，剧院是女人的天下。一出戏要想打红，必须将女子奉若神明，同时把男人献上作为祭品。

> 没有这种拜祭，就不会有长久的成功。为了在剧本结尾时，实现娶"她"的意愿，克利坦德尔、奥拉斯与法赖尔[3]心甘情

---

[1] 小仲马：《女人之友》笔记。见其《戏剧全集》（演员出版社），第4卷。——原注
[2] 国家图书馆手稿部；编号：N. A. F. 24812。——原注
[3] 这三个人分别是莫里哀的喜剧《厌世者》、《太太学堂》与《吝啬鬼》中的人物，皆为钟情的青年男子。

愿地忍受了那么多的艰难困苦。奥赛罗正是由于认为"她"对自己不忠，才成了杀人凶手；而杀了"她"，自己也就活不成。为了"她"，阿尔诺耳弗[1]在地上打滚，把头发揪下来一大把。由于"她"，阿尔赛斯特[2]成了恨世者。还是"她"，使西拿[3]忘恩负义，使俄瑞斯忒[4]杀人不眨眼，使达尔杜弗[5]亵渎圣物。只要"她"爱上了谁，哪怕是乱伦，希波吕托斯[6]就不能活在世上！只有罗德里克[7]，尽管热恋着施曼娜却杀死了她的父亲；然而，他还是来到情人跟前，准备献上自己的生命，来交换他所索取到的那条命！他无法呼吸那已经不再被爱情薰香的空气！如果她不答应原谅他，如果她不愿将信任还给他，他宁愿去死在唐桑肖[8]的手里！在戏剧这个行当里，如不把男人当作献到女人台前的祭品，就不会成功，更不能走红。女人是剧场的神明；她们或美丽或高傲，或志得意满或不声不响，或呆在包厢里或坐在单人座位上，或前呼后拥或受人奉承，却都在冷眼观看这一场场宰杀活人作供品的大祭[9]……

德·利翁先生激怒了女观众。应当承认，此人是够气人的。不过，她们所不能原谅他的，倒不是他要驯服她们（女人并不憎恨驯服者），而是他不让自己被任何一个女人所束缚。在剧本的第一稿中，一个美丽、富有又聪明的姑娘扑到女人之友的头上，却被他推开了。观众对这样一个结尾极为不满；在蒙蒂尼的坚持下，做了修改；德·利翁先生终

[1] 莫里哀的喜剧《太太学堂》中的人物。
[2] 莫里哀五幕诗体剧《恨世者》的主人公。
[3] 高乃依的剧作《西拿》的主人公。
[4] 在拉辛的名剧《安德洛玛克》中，俄瑞斯忒为希腊代表，他为了得到爱尔米奥娜，不顾国与国的礼节约束，杀死爱庇尔的国王庇吕斯。
[5] 莫里哀的喜剧《达尔杜弗》（一译《伪君子》）的主人公，是个典型的骗子。
[6] 拉辛的悲剧《费德尔》中的王子。他的继母王后费德尔听到国王已死的消息，遂向希波吕托斯吐露爱情，遭到拒绝。后来国王返回，王后又告发他想污辱她。希波吕托斯因此出走并遭惨死。
[7] 高乃依的著名悲剧《熙德》的男主人公。他与施曼娜恋爱，又为了报父仇而杀死了恋人的父亲。
[8] 高乃依的英雄喜剧《阿拉贡的唐桑肖》之男主角。
[9] 小仲马：《女人之友》序言。见其《戏剧全集》（演员出版社），第4卷。——原注

于娶了哈肯道夫小姐为妻。泰纳[1]，以及稍晚一些的布尔热，对此修改提出异议，他们希望德·利翁先生毫不妥协。在剧本印刷出版时，小仲马远远离开红黄斑驳的演出场所，才敢在序言中重申他的论点：必须把女人系在被奴役、受支配的位置上。请听他是怎样发挥的：

> 女人应当受到限制，应当逆来顺受，被当作工具使用，随时听候吩咐，处于永恒的期待之中。女人是上帝唯一没有完成的创作，上帝准许男人接过去将其完成。女人是报废了的天使……自然与社会从而达成了默契，将来还会永远串通一气，使女人从属于男子，不管女人提出什么样的申诉与抗议。男人是上帝的手段，女人是男人的手段。"她在下，他在上"[2]。不应当再改变了[3]……

现实生活中的德·利翁先生终于缔结了婚姻。一八六四年五月二十六日，纳里奇金亲王死于希艾兹。王妃丧夫，仲马得到与之成婚的可能。一八六四年十二月三十一日，星期六，塞纳河畔的讷伊市市长、波德莱尔的保护人昂塞勒先生，在亚历山大·大仲马与卡特琳·拉贝（两人都在场并表示同意）的面前，主持了亚历山大·小仲马与已故亚历山大·德·纳里奇金之寡妻纳捷日达·克诺林的婚礼。

新娘选择的证婚人是：她的律师亨利·米罗和为她助产的查理·德维里埃医生。小仲马由两位朋友任伴郎：画家尚德利埃和帝国图书馆副馆长亨利·拉乌瓦。没有其他来宾。婚礼没有公开举行，因为按规定，婚姻文书必须当众朗读，而他们的婚姻文书却包含着一段特别奇怪的文字：

> 新婚夫妇声明，承认于一八六〇年十一月二十二日在巴黎第九区区公所以玛丽－亚历山德利娜－亨利埃特的复名登记的、出生于同月二十日、生母为娜达丽·勒菲比尔的女婴，实为他们二

---

[1] 泰纳（Taine，1828—1893），法国历史学家、哲学家、文艺评论家、散文作家。
[2] 原文为拉丁文。
[3] 小仲马：《女人之友》序言。见其《戏剧全集》（演员出版社），第4卷。——原注

人所生。同时指出，所登记的生母姓名仅为一虚设名姓……

四年来，"小勒菲比尔"一直被认为是个孤儿，由纳里奇金娜王妃收养罢了。

小仲马致乔治·桑，一八六四年十二月十五日：亲爱的妈妈，我过几天就要结婚了。是一个小时前才最终确定下来的。我便立即告诉您。不是征求您的同意，我知道您早就同意了。不过，作为一个孝顺恭敬的儿子，我把这一消息第一个报告给您。我全心拥抱您，以及芒索不另。[1]

乔治·桑寄去了贺礼：一只骨灰瓮形状的瓶罐。这难道是为了收存自由的骨灰吗？

小仲马致乔治·桑，一八六五年一月一日：收到这件美丽的浅口罐时，我周围的人都问："这玩艺儿真好看！从哪里寄来的呢？"我毫不犹疑，马上说出："我敢打赌，一定是妈妈送的……"

小仲马现在终于获得了"公布"自己做了父亲的自由，满心喜悦与欢快。他在写给乔治·桑的信中，不断地提到这位可爱而聪明的小女孩高莱特。刚刚五岁，她就会说法语、俄语及德语；每天晚上都用这三种语言念经。

一八六五年三月二十八日：高莱特身体健壮，像有魔法保护。她还太小，不能说出奶奶有多好；慢慢来，这一天很快就要到了。

一八六五年八月二十一日，乔治·桑失去了她的情人兼秘书芒索。

---

[1]　国家图书馆手稿部，属奥洛尔·桑遗赠；编号：N. A. F. 24812。——原注

芒索患肺病，已拖了好多年。必须找一个人接替，那只有马沙尔最适合了。乔治也看中了他，紧紧地抓住他不放，对他百般奉承，倍加关切。

乔治·桑致查理·马沙尔：亲爱的小东西，我从未看过《俄耳甫斯[1]下地狱》，听说挺有趣、挺好看。我不敢向奥芬巴赫[2]提出要求，尽管他很和蔼可亲。你心里应当明白，我不会判决你陪我再看一次……不过把你的时间与好心肠留给我一些，陪我去看看使你感兴趣的东西，或者至少对你是新鲜的事情。拥抱你……你知道仲马夫人"卸掉担子"[3]的事吗？明天我去看她。今天我去了一趟巴莱佐……普莱西夫人昨天对我说，她尽量给我们弄两张好票，去看《恋狮》[4]……

另一封信：你听说抒情剧院上演《唐璜》了吗？我订了星期二的两个位子。你去不去？若要去，咱们就一起吃晚饭，地点由你来选定。若不去，咱们另约个地方见见面，好让我回诺昂之前有机会祝福你。我星期四从巴黎出发；这之前，星期一就要离开巴莱佐了。星期一给我个话儿：菲扬蒂纳街；如果你没空去看《唐璜》，我就把票送给另外一个好朋友了。身体如何，我的大白兔？我很好。只有东风惹人烦恼。拥抱你……噢！你看，我有多傻！……如果你能提前定下来，我可以推迟一天走。尽量抽出时间来。可能你已经看过《唐璜》；不过，你看着办吧。无论如何，总要给我个信儿[5]……

然而，乳齿象坚持自己的独立性。在他的画室里，一些漂亮而轻佻的姑娘脱光了衣服，摆弄着姿态，让他画个够。乔治·桑出其不意来画室找他，不止一次发觉门反锁得严严实实。不过，他很愿意跟她，以及小仲马和奥尔加·纳里奇金娜，到马尼餐厅共进晚餐。奥尔

---

[1]　希腊神话中色雷斯的诗人和歌手。
[2]　奥芬巴赫（Offenbach，1819—1880），法国作曲家，小歌剧《俄耳甫斯下地狱》出自他的手笔。
[3]　这之前不久，纳捷日达怀孕五个月时，因意外事故而流产。——原注
[4]　此信未公开发表，由西蒙娜·安德烈-莫洛亚收藏。——原注
[5]　此信由西蒙娜·安德烈-莫洛亚收藏。——原注

加年已十八，出落得美丽诱人。纳捷日达（丈夫给她改了名字，叫纳迪娜）怀孕五个月流产之后还没有恢复好，这时不死不活地住在马尔利，准备应付再次怀孕的劳苦。这是因为，两口子商量好，希望生一个"小小仲马"。

> **小仲马的信**：仲马夫人将被判处卧床七个月，如果她下决心非再生出一个亚历山大不可；尽管前两个亚历山大精力过人，才智出众，声望卓著，她仍然感到需要再有一个亚历山大出世……啊！我在那里尽干蠢事！都是让那该死的海水浴闹的[1]……

奥尔加的年轻美貌，使她在母亲面前处于一种相当微妙的境地；一位长年做人情妇结婚没有几年的女子，一下子注意到自己的女儿已到了嫁人的年龄，心里真是难以承受。德维里埃医生给她开了处方：到空气纯净的地方去疗养。仲马于是便托老朋友勒芬在马尔利借了一所房子，以便安置他身体欠佳的妻子；女儿奥尔加，不能耽误学习，仍然留在讷伊。从莫斯科来的几个同胞曾经竭力开导过她，使已经长大的"小俄罗斯"明白了她自己的法律地位。她竟然也捉摸起：母亲的浪漫史使她远离开那神话般的宫廷，到底是否给自己造成了严重的损害？要是留在那里，她理所当然地是罗曼诺夫家[2]的姑表亲戚哩。

> **乔治·桑的记事，一八六六年二月三日**：去找马沙尔。六点半，我们去若贝尔家吃晚饭：除他们夫妇俩，还有勒曼，亚历山大〔仲马〕父子，以及这家的三个朋友。从汤到生菜，全都由大仲马掌勺！共有八到十个菜，味道好极了。吃得大家都舔手指头。吃完饭，就聊天。总之非常快活……马沙尔送我回来。
>
> **一八六六年二月四日记事**：亚历山大两点钟来到。我把《让》[3]念给他听。啊！真痛快！他十分满意！我念得也不错。他给我提了三条非常好的意见……他很快就看清楚了，而且能

---

[1] 原信存阿莫里·杜瓦尔遗赠库（奥顿城）。此处由弗朗西斯·昂布里埃提供。——原注
[2] 指俄罗斯皇族。罗曼诺夫王朝建立于一六一三年，于一九一七年被推翻。
[3] 此剧为乔治·桑与其子莫里斯合作，最终取名为：《乡村里的唐璜们》。——原注

对症下药。我真为布利[1]感到高兴，便立即写信告诉他……让亚历山大去试试，看黎塞留街[2]要不要；若不要，就交给吉木纳兹。去马尼餐厅吃晚饭。天气不好，不够快活……奥德翁上演《浪荡者的生活》。真是出漂亮的戏，令人伤心又让人陶醉！……

一八六六年二月六日记事：德马尔盖来说，仲马夫人又要早产，我们星期四的晚餐只好推迟。他送我到了马尼餐厅；晚饭后我租了一辆破车去讷伊大街，偏头疼发作使我顾不上挑一挑。车夫喝得醉醺醺，马也像喝醉了似的。我们三个总算还可以，终于找到了地方。仲马夫人神态平静，不乏勇气。当时并不难受。可是，明天会不会难受起来？是不是就要分娩？胎儿还活着，准备出世。真是奇怪……亚历山大在她身边，照顾得周到体贴。我回来时，马差点儿跌跤，车夫睡大觉。但是，头疼好了……

一八六六年二月九日：来访与信件不断，可我还是挤出点时间工作，顶多一个小时。仲马夫人流产了，很痛，但总算平安……我这就步行去马尼餐厅吃晚饭……

一八六六年二月十一日：去了趟讷伊，夜里行路，简直像出远门，车钱要十法郎！仲马夫人受了大罪，需卧床一个月。亚历山大和奥尔加不离左右[3]……

一八六六年八月，乔治·桑去普伊看望小仲马。普伊靠近迪埃普，是个小渔村。小仲马在村里买了幢房子；房子外表不好看，住着也不舒适；但周围的环境极好。

乔治·桑记事，一八六六年八月二十六日，星期日，于普伊，亚历克斯家中：这地方真叫人喜爱，天气也一片晴朗。主人殷勤周到。拉乌瓦走了；阿梅德·阿沙尔还在；德·贝里姆刚来。孩子们个个天真可爱。女主人也讨人喜欢，但是当主妇还欠点火

---

[1] 莫里斯·桑的外号。——原注
[2] 指法兰西喜剧院。——原注
[3] 国家图书馆手稿部；编号：N. A. F. 24828。——原注

候。招待不太到家！出奇地缺少整洁的习惯！洗脸用的是生菜盘子和罐子；用水还得自己去打。窗户关不严！睡在床上冷得够呛……然而，白天好极了。我们去树林里散步，去看大海。那绿油油的山坡，简直是伊甸园。珍珠色的大海，泛着蓝光；白色的海滩，到处都是珊瑚骨状的卵石。白垩的峭岩，白得分外好看。眼前淡淡的一片白色，是那么柔和与温馨。俱乐部里孩子们在跳舞。女人们涂脂抹粉，很不好看。在家里吃晚餐，丰盛可口。然而，到了八点钟，太太有病支撑不住，亚历山大陪着她一起睡觉去了！孤烛夜读，不是滋味！深夜，电闪雷鸣，狂风大作，瓢泼大雨，寒气袭人。我禁不住咳嗽起来，咳得还挺厉害，差点没把嗓子咳出来。

普伊，亚历克斯家中，八月二十七日，星期一：这里天气潮湿，但景色漂亮。我留下来，听完了序言和两幕戏。非常美，非常好。晚餐吃得很好。之后，一个个都跑掉了，就剩下我和德·贝里姆夫人两个！这种一到八点就饱着肚子宣告结束的生活方式，我一点也不适应！还有梳洗及其他事，那个费劲！上帝呀，这儿真差！……然而，话说回来，地方还是满漂亮的[1]……

乔治·桑接着去了克鲁阿塞的福楼拜家。在那里，她感到"服务周到，干净整洁，用水有水，所需的一切备用物品，样样齐全"。福楼拜的母亲是个颇具风度的老太太，作为家庭主妇，比"大俄罗斯"强多了。

然而，小仲马那么喜欢普伊，不久之后竟然又在那里买了一座别墅。在他周围形成了一个小小的移民点。有一次，专程来访的费里克斯·迪盖奈尔，看见一个渔夫走了进来。此人个子高高，脊背微驼，体态魁梧，胡须浓密，精神饱满；身穿一件西班牙烟草色的短上衣，里面是法兰绒的衬衫，下身是一条粗布长裤。来访者看上去步履潇洒，又有点漫不经心。"您好，邻居，"渔夫先开口问好，"身体好

---

[1]　国家图书馆手稿部；编号：N. A. F. 24828。——原注

吗？""很好，阁下。您好吗？""我，就像新桥那么结实。你们是这么说的，对吧？"渔夫说话带着英国口音。等他走后，迪盖奈尔问道："您为什么称他'阁下'呢？"小仲马回答："因为此人是萨利斯伯里侯爵。他是偶然来到这里的。是他主动先来拜访我，他说：'不能要求亚历山大·仲马上门通名报姓。请您允许我先来拜见。再说，我非常感激您。当年我最喜爱的消闲方式，也是我最好的精神休憩，莫过于读您父亲的小说'……"[1]

儿子出了名，仍然享受着父亲的余荫。

《女人之友》的失败一度使小仲马离开戏剧。妻子没有好气，怨这怨那，"有时没精打采，有时怒气冲天"，使夫妻生活陡然生出许多困难；小仲马因而更加坚定了他鄙视妇女的观念。纳迪娜怀孕后，陷入了萎靡不振的消沉状态；康复阶段里，又不时妒火中烧。看到亚历山大身边有一大群女性崇拜者围着他转，便把他比做被酒神巴克科斯的女祭司[2]们包围的俄耳甫斯。夫人年过四旬之后，任何年轻女子，甚至自己的女儿，在她眼里，都有卖弄风骚的嫌疑。"大俄罗斯"的神经有点不正常，成了一个令人难以忍受的伴侣。那段时间，小仲马与一名海军军官通信频繁。此人也是一位不乏才华的作家，人称里维埃尔少校。小仲马在信中毫不掩饰地吐露其苦闷的心情。

> 小仲马致亨利·里维埃尔：亲爱的朋友……我很高兴，您又恢复了水手生涯。让这一生涯把您从低一等的、与您的聪明才智完全不相称的感受中拉出来，现在正是时候。一望无际的大海，连同它的惊涛骇浪、狂风暴雨，强过浴盆里的风波；女人们以各种手段，使我们最终深信，我们注定是这种风波的受害者。请相信一个多次泅水逃跑，最终爬上对岸的男人肺腑之言：真理在工

---

[1]　费里克斯·迪盖奈尔：《亚历山大·仲马的私生活，普伊的小别墅》一文。此文发表于一九一三年九月二十日出版的《时代》杂志上。——原注

[2]　此典故转意为：酗酒的女人、荡妇。

作之中，在与全人类相互帮助、相互支持之中；像您我这样聪明的男子，对全人类施加着影响，而且是本来就应当施加影响的。指挥一船水手，或者写一个好剧本，胜似被女人所爱，哪怕爱您的是妇女中最为迷人的一位。阿门。

……您生来就是为了在海船的甲板上从午夜起值班，直到凌晨四时，而不是为了守候在康罗贝尔[1]夫人的发髻之下。要想在女性世界里把好舵，不迷不乱，不知疲倦，没有危险，必须像我这样，从小就出入其中才行。这些美丽的女神之所以使您恼火，不能带给您任何新东西，是因为她们本来就空无所有，无非像一阵铃声……大海令我忧烦；只有到了大海上面，我才喜欢大海。在这一点上，海与女人有共同之处。这只是个玩笑，可能失之轻薄；不过，它表明：我的肉体这位先生现在健壮多了，尽管还不像我似乎说过的那个样子，上船启航，劲头十足地驶入女性的天地里……等待的过程中，我便写作，出于习惯或是出于激情，带着这一奇怪的行当所固有的一切扫兴；这一行当所干的，就是把人的思想变成一架机器，一架捣麻的机器[2]……

这一悲观主义的论点不仅涉及女人，而且还涉及到整个人类。里维埃尔少校头部被桨击伤，小仲马写信安慰道：

您总把功劳归于上苍，因为只要了您半条性命；这就如同，亲爱的朋友，我们活在世上，不过是些石膏做成的娃娃，被放置在手枪射击的范围之内……最好是，我亲爱的，在没有挨桨击打的时候，头脑好好地捉摸捉摸：其实这一切仅仅是一出喜剧，其中的角色由我们扮演，可是我们并不知道戏将如何结尾，也不知道剧作者是谁；全剧的提词者不断变换；就其内容而言，使人感兴趣的，不外爱情与友谊。特别是友谊。

[1] 康罗贝尔（Canrobert, 1809—1895），法国元帅，曾支持路易-拿破仑的政变；一八七〇年普法战争中，被俘于麦茨。
[2] 此信未公开发表，由亨利·杜梅尼尔夫人收藏。——原注

只有一个女人，一个乐观主义的女人，还继续得到这位愤世嫉俗的男人之好感。这个女人就是乔治·桑。芒索死后，她能如此迅速地重新活跃起来，是小仲马意想不到的。

　　小仲马致亨利·里维埃尔：本拟早日复信，无奈近日桑夫人遇上丧事，我不能不管。她失去了十五年来的伙伴与生活总管芒索。芒索经过四个月可怕的病痛之后，终于在巴莱佐两人一起居住的那所小房子里，撒手人寰。三天前，我们埋葬了芒索，还要尽力安慰未亡人……她精力充沛，毅力过人。我们男性与她的大脑相比，也会感到屈辱；因为在我们这些男人中间，很少有人能像她那样，遭受十年一回的巨大震荡之后，一次又一次地重新振作起来，投入新的生活……生活既然充满忧患，就应当一劳永逸地适应它；看待一切事件，要像草地上的牛抬头注视公路上来往的车辆一样。要向长着牛眼睛的女神密涅瓦[1]学习。许多人难以理解这种说法，然而它却可能生动地描绘出最高超的智慧是怎样地沉着、冷静、不动声色；其实，智慧到了这种境界，很可能就是至高无上的冷漠，把一切置之度外……友谊在我看来，是唯一值得为之生活的情感[2]……

一种莫名的忧虑阻碍小仲马继续写戏，于是便写起小说来，书名是《克雷孟梭案件》。通过这本书，他把窝在心里的怒气统统发泄在女人们的头上。小说以一个杀人凶手自白的形式，描写此人本来热爱自己的老婆，后来又亲手杀害了她，原因不仅在于老婆欺骗了他，还因为这个在无比美艳的外表包装下的女人浑身是假，满嘴瞎话。雕刻家皮埃尔·克雷孟梭自然是个私生子。其生母不用说是个缝衣工。书的开头部分，在很大程度上具有自传性质。男主人公娶波兰女子伊萨·多布罗诺斯卡为妻（这使作者间接地报复了那些"背信弃义的斯拉夫女人们"）。小仲马告诉我们，这位伊萨的原型，就是他的第一个

[1]　密涅瓦，罗马神话中的智慧女神。
[2]　信件未公开发表，由亨利·杜梅尼尔夫人收藏。——原注

情妇，詹姆斯·普拉迪埃太太。

　　小仲马致乔治·桑，一八六六年五月二十六日：《克雷孟梭案件》已经开始令我腻烦。我巴不得赶紧脱手，回到我那小小戏剧中去；写戏不想好好讲法语都可以。现在我还在结尾处不知所措。动刀子的场面总写不好……生活不总是笑逐颜开的。二十岁以前还可以；过了二十，就再见了！等待更好境况之际，让我们大家互相爱护，再东拼西凑地写些东西，既然我们大家只能干这些……

　　一八六六年六月五日：亲爱的妈妈，到了星期四晚上六点二十分，伊萨终于翘了辫子，从而为她所干的种种坏事做出了正义的抵偿。到此为止，杀害她的人（此人有幸就是您的儿子），正如常言所说，干得像个黑鬼。是啊，他的父系就是有黑鬼的血统嘛。这下可松了口气！我毫不后悔，但是精疲力尽，似乎有些后悔的样子。现在我更加敬重您了，您写出那么多杰出的作品，写得又是那么地快[1]……

　　观众一般对雕刻家普拉迪埃及其夫人的事都有所了解，因而对戏里的影射不会弄错。《两世界杂志》的评论家写道："这个为其丈夫的雕塑做模特儿的女人，这个把廉耻心只看作世俗成规的女人，这个想到弗鲁娜[2]的荣华富贵就睡不着觉的女人，我们知道她是谁，或者说我们认为知道她是谁。称她为'妖怪'，对这个十九世纪美丽的女异教徒来说，似乎说得多少重了点……""灵魂为泥土做成，身躯用大理石雕凿，生下来就是为了享乐和说谎；她是个彻头彻尾的妓女，是一株异国的奇花异草，使人陶醉，也能置人于死地"。这就是伊萨，伊萨令评论界不知如何评说才好。评论界对她丈夫的斥责并不亚于对她本人的责备。既然她罪恶的天性从头几天起就显露无遗，为什么还

---

[1]　信件未公开发表，现存国家图书馆手稿部，属奥洛尔·桑遗赠；编号：N. A. F. 24812。——原注

[2]　弗鲁娜，公元前四世纪希腊名妓，善吹笛，某著名艺术家的情妇，曾为后者充当美神阿佛罗狄忒雕像的模特儿。

要爱上她？只有一种解释：因为皮埃尔·克雷孟梭的爱情，如同小仲马及其作品所有男主角对爱情的理解一样，完全是出于肉体的欲望。既是肉感的又是悲剧性的结尾（皮埃尔最后一次同伊萨睡觉，做爱结束之后，才将她杀死），只有在接受这样一个出发点的情况下，才有可能成立。

令我们这个时代的读者惊奇的是，在一八六六年，这样一部小说，竟然被赞扬为最大胆的现实主义榜样。"一切都真实、生动、说明问题；当仲马先生与现实展开肉搏的时候，人们会说：两个运动员实力相等，旗鼓相当……仲马先生之所以从戏剧转向小说，是因为书籍的豁免权允许他浓墨重彩地渲染描绘，使肉欲变得更加突出。他做到了……"以活人裸体为模子进行塑造的场面，在河里裸体接吻拥抱的场面，都被看作是"实验文学"大胆而勇敢的笔触。人们说，仲马先生的这部小说正好与泰纳先生的创作处于同一个时代，泰纳先生也喜欢这部书，并非偶然。福楼拜有所保留，但是对待这部作品的态度却是认真的：

> 我不完全分享您对《克雷孟梭案件》的热情，尽管该书确系仲马最高超的作品，比其他作品要强得多。不过，作者放进那么多大段独白，还有种种老生常谈，把好端端的作品随随便便地弄糟了。我认为，小说家没有权利说出他本人对世事的见解。作家在创作中，应当效法创世纪中的上帝，就是说：在创造人和事物的时候，沉默不语。小说结尾，我认为完全是虚假的：一个男人不可能在干完那事之后，杀死和他在一起的女人；那种时刻，浑身通泰舒松，完全不是较劲的时候。光这一点，无论在心理学上还是在生理学上，都讲不通；不是无知，也是疏忽[1]……

一时间，无人不谈《克雷孟梭案件》。大胖子马沙尔向龚古尔兄弟讲述了其中一章是如何产生出来的：

---

[1] 古斯塔夫·福楼拜：《书信集》，第5卷。——原注

一八六六年九月二十九日，圣格拉田：今天晚上，马沙尔告诉我们，有一次在圣阿西兹，当时他住在德·鲍沃夫人家，清晨四点钟出来钓鱼，看到有两个年轻姑娘在塞纳河里洗澡，一位是褐色头发，另一位是赤发。两人嬉戏河中心，初升的太阳轻柔地抚摸着她们，那么美，那么鲜艳；像轻烟，在晨曦中袅袅上升。马沙尔回去讲给小仲马听，小仲马第二天也来观看，还恶作剧地坐在人家的衣服上。《克雷孟梭案件》中戏水的情节，就是从这里演化出来的 [1]……

小仲马对作品的成功满心喜悦，然而写小说费了大劲，这时已是精疲力尽。

小仲马致里维埃尔少校：从我的笔迹上，您就能看出，您与之打交道的，是一个极度衰弱的人。笔在我手里已经不听使唤，过去的两个月里我把它耗损得太苦了。最终，那个尤物还是死了，没活下来。我刚刚又睡了两个小时；昨天夜里，一连睡了十一个钟头。现在这种状况，我是什么也干不了啦。仲马夫人也差不了多少。我独自写了一本小说，却让两个人一块儿休息；但愿这样过上一个月，我就能重新开始 [2]……

他果然恢复过来，又投入到戏剧创作中去。令人吃惊的是，这位结实高大的男子，写了一部不算长的小说，就感到心力交瘁。累成那个样子，可能的解释是：对不顾廉耻、淫荡好色的深思探索，激起了他情绪上的剧烈翻滚。为了使自己进一步平静下来，他打算编一出描写良家妇女的戏，并且到乡间去生活一段时间。为了这样一种工作式的退隐，他在圣瓦列里－昂－科北面的艾台纳玛尔租下一座小小的木头别墅；这座乡间木屋，使他回忆起自己还是小伙子时候某些幸福的日子。

---

[1]　埃德蒙与儒勒·德·龚古尔：《日记》，第 3 卷（原版）。——原注
[2]　此信未公开发表，由亨利·杜梅尼尔夫人收藏。——原注

在那里，他编写了一部新戏，灵感还是来自乔治·桑，戏名叫《奥布莱太太的观点》；写的是一个乔治·桑式的女子；通过她，作者对婚姻、社会各阶级、私生子等问题，宣扬了一些甚为开明、甚为宽容的观点。一天，奥布莱太太陷入了进退两难的痛苦境地：要么推翻自己一生信守的一系列观点，要么同意自己的儿子娶冉妮为妻。儿子爱冉妮，可是冉妮有过一个情夫，还生了个孩子；冉妮现在工作挣钱，以抚养这个没有父亲的孩子。奥布莱太太犹豫了；可是，踌躇一阵之后，毅然做出了果敢的决定：以道德和信仰的名义，同意自己的独生子与这个未婚母亲结婚。

仲马在桑夫人家首次朗读剧本，参加者中有埃德蒙·阿布和亨利·拉乌瓦。听后的反响非常强烈。唯灵论者桑和怀疑论者阿布双双流出了眼泪。为了再进行一次试验，作者前往普罗旺斯另一位朋友家朗读剧本。这位朋友名叫约瑟夫·奥特朗。结果，取得了同样的成功，听者泪流满面。奥特朗心脏有病，竟然昏厥过去。不必再多征求意见了。吉木纳兹的蒙蒂尼热情地接受了剧本。不过，仲马仍然有所担心。时下虚伪的观众能否接受作家谴责他们的偏见？悬着的一颗心，没过多久便踏实下来。

乔治·桑记事，一八六六年十一月二十七日：昨天，在布雷邦家，亚历山大跨上了《启示录》的黑马[1]，而他本来想当的是拉斐尔或是米开朗基罗[2]。没有艺术家的激情，没有创作的喜悦，没有荣誉与力量，就没有幸福可言！他的上帝就是力量。马沙尔是个通情达理、敏感周到而又可靠的人，但他没有常性去追求什么。我呢，我是什么也不追求，也很少说些什么。我内心感到幸福时，所思所想是不告诉别人的。对于由看不见摸不着的东西以及稍纵即逝并可能具有泛神论色彩的诸多印象组成的天地，说些什么才好呢？不行，我无法吐露自己的内心，我做不到

---

[1] 《启示录》为《新约圣经》的最后一卷，有预言基督再来、世界末日、世人复活、最后审判、善恶有报等内容。在第六章里，描写了四个骑士，分别骑白马、红马、黑马和灰马，象征战争、杀戮、饥荒、瘟疫四种灾难。

[2] 米开朗基罗（Michel-Ange, 1475—1564），意大利著名的雕刻家、画家、建筑家。

这一点。有时候，我说的是东，人家理解成西。这是什么缘故，我弄不清，永远也说不清。

诺昂，一八六七年三月十七日：好消息！亚历山大来电报，《奥布莱太太》获得巨大成功……——一八六七年三月十八日：萨尔塞为《奥布莱太太》写的评论，在报刊上连载。几封关于仲马的来信……我必须去趟巴黎！……——巴黎，一八六七年三月二十三日：去仲马家吃午饭，回来后接待来访、写信。与艾斯黛尔[1]去吉木纳兹；《奥布莱太太》非常精彩，我都哭了。演得好极了[2]……

几位医生一致要求纳迪娜·仲马从十月份起卧床休息，以便到时候把大家盼望着的继承人顺利地生下来。

小仲马致乔治·桑，一八六七年二月二十六日：小家伙拳打脚踢地敲击这个世界的大门。看得出，他懵懵懂懂，什么也不懂！仲马夫人肚子大得不能再大了……——一八六七年四月二十日：此信到达诺昂时，小仲马可能已经呱呱坠地……

唉！真不顺心！五月三日，纳迪娜分娩，生下一个女孩。由于《奥布莱太太的观点》女主角名叫冉妮娜，也就给生下来的孩子起了这么一个名字。

孩子的父亲此时正在为他的剧作合集写序。他的序言，言词犀利，内容坦诚，写得比剧本高出一筹，因而当之无愧地受到高度赞扬。巴尔贝·多尔维利尽管憎恶大小两仲马，此时也承认小仲马序言写得成功；不过在这些序言里，他只看到了一种把腐化堕落精心描绘后总会取得的成功，正如他所说："在享受到腐化堕落的强烈喜悦之后，最大的快慰在于回味自己腐化的过程……里面的花样玩意儿，足有一大堆！不管作序者笔下通常多么谦卑，我还是不相信，卷首标榜

[1] 欧仁·朗贝尔的夫人。本人的名字是艾斯黛尔，娘家姓艾斯田。——原注
[2] 国家图书馆手稿部；编号：N. A. F. 24829。——原注

的这种谦虚确实出于真诚……常言道：'谁给自己作序，谁就趾高气扬'……当然，既然公众对您感兴趣，并且愿意听您讲述，那您最好还是对他们谈谈您自己，把那些爱看热闹的人累垮才好……"[1] 爱看热闹的人果然蜂拥而来，来听剧作家喋喋不休地讲道。

---

[1]　巴尔贝·多尔维利：《当代戏剧》，第 2 卷。——原注

第四章　神的暮色

皆隆特呀，是该避开爱情
及其怒箭的时候了；
夏日一过，甚至大海
也无法再向爱情挑战。

J.－P. 图赖

该怎样结束自己的生涯？根根银丝已
恭恭敬敬地提出了警告。

巴尔扎克

从外表上看，大仲马在那不勒斯时间不短的冒险生涯中，并无多大变化。只是灰白头发多了几根，肚子又凸出了一些，只此而已。他还是那么欢天喜地、神采飞扬、才华横溢；他的欲望还是那么强烈、贪婪。儿子观察着，惊奇之余，只好唉声叹气。

小仲马致乔治·桑，维勒鲁阿，一八六二年三月八日：我觉得，他比过去更加喧闹。求上帝保佑他能这样保持长久。不过，不能肯定，是否一定能够做到。为了帮助造物主实现其仁慈的愿望，他所使用的方法，在我看来完全是南辕北辙，不管所创造之物可以提供多少看上去对他有利的证据。当然，这一至今还在日日夜夜每时每刻以同样充沛的精力不断扩展的强大机体……不论发生什么事情，仍一如既往构成大自然最不寻常的奇观。试图开导他，特别是在这个时候，肯定是白费力气。这就像一个人活得很幸福，忽然从六层楼上掉下来，运气好可以不损毫发，弄不好当场就死在那里。当初要是有可能把这个火车头固定在两根铁轨上，就能使他顺着直线穿越人生；上帝知道，要是那样的话，他该能够拖载多少伟大并对他人有用的思想观念。然而，既然事实并未如此发展，那就是说当初就没有可能这样做。现在也就只有等待了。不过，在此期间，我倒是希望父亲不要那么吵吵嚷嚷，能够更多一些属于我……也更多一些属于他自己[1]。

大仲马回到巴黎的时候，从意大利带回一个女歌唱家，名叫芳妮·科尔多萨。此女"皮肤像李子似地发黑"，然而魅力无穷，秀色可餐；她的欲求热烈奔放，以致她的意大利丈夫不堪应付，只好在她的腰部拴上一圈湿毛巾，给她降降温。大仲马把她从束缚中解救出来，并且满足了她的渴求。于是芳妮便以狂热的激情和大仲马结合到了一起。两人先住在黎塞留街林荫大道的转角上，对面正好是大摄影师路特兰热的照像馆；后来，又在昂盖纳街租下了称为"卡迪纳"的别墅，供一八六四年夏天居住。那里又恢复了"基度山城堡"的巫魔晚会。在科尔多萨主持下，别墅里充满了长号声、小提琴声与诗琴声。在一大群长住食客的恭维与吹捧下，科尔多萨从早到晚地练嗓子；食客们则心安理得地撬开食橱，取出储藏的食品大吃大嚼。高踞于奥林匹斯山上的大仲马，在三层楼上不停地写作，往一张一张淡蓝色的稿纸上涂抹他那上士体的笔迹；晚上则下楼来，到台球室见见老朋友：诺埃尔·巴尔费、奈斯托尔·罗克普朗、罗歇·德·波伏瓦等，还不时有一些陌生的吃白食者掺杂在里面。当食物储备几近耗尽之时，仲马总能在贮藏室里找出一些大米、西红柿、火腿之类的东西，亲自动手为大家做一份很有讲究的米兰风味大米饭。

许多女子走马灯似地在昂盖纳街进进出出，其中有欧仁妮·道什，她仍在演出儿子写的《茶花女》，但并不怠慢父亲；还有风姿绰约、眼神妩媚的艾梅·戴斯克雷，大仲马在那不勒斯曾经追求过她，当时

---

[1] 此信由斯波贝奇·德·洛旺儒收藏，编号：E.882, folio 190。——原注

她正在那里演出小仲马的戏；另外还有亭亭玉立的新手布朗什·皮埃松、身材婀娜的悲剧演员阿格尔、吼叫时嗓音嘶哑的"母狮"艾斯黛尔·吉蒙、奥林匹斯女神奥杜阿尔等等。阿格尔婚前名叫列奥尼德·沙尔万；当初是为了纪念拉舍尔，才取了一个《圣经》人物的名字为名。奥杜阿尔的特殊之处是，常常爱在最不恰当的时候晕厥过去。总之，不管科尔多萨女士的门卫有多么严格，都无济于事。"又是个女的！"当某个擅自进入的女士闯进来的时候，她常常操着一口意大利口音嚷叫。"告诉她，仲马先生病了！"大仲马总能宽厚地容忍这位身披透明浴衣、别有一股风情的母老虎；她给大仲马算卦，总是福星高照。

玛蒂尔德·舍贝尔是法国一位东方学者的女儿。大仲马认识她的时候，玛蒂尔德还是个小孩子，被大仲马称为"我的小松鸡"。关于科尔多萨，大仲马向她解释过："芳妮是有点儿怪，可是心肠很好。"接着又自鸣得意地补充道："我是出于人道精神才要了这么些情妇的。若是仅仅有一个，她连一个星期都活不成！……我不想说大话，但是我认为，在全世界各地，我至少有五百个孩子。"[1]

秋天，大仲马又回到巴黎，把科尔多萨安置在圣拉萨尔大街七十号新寓所里。有一个时期，每逢星期四，这里都举行盛大晚宴，饭后由女歌唱家展露歌喉；一到这时候，男主人就赶紧躲开，"逃离猫叫"，去干他的事情去了。不久之后，便发生了一场狂风暴雨。狂热火爆的女歌唱家，在剧院包厢里，当场撞见了仲马的不轨行为，便不管不顾地喊叫起来，弄得整个剧场一片骚乱。后来，仲马下了决心，与她一刀两断。这女人临走时，声称要回去找她的丈夫，还翻遍抽屉，带走了所剩的一点钱。

大仲马又搬到玛勒再尔伯大街一○七号，和女儿玛丽住在一起。玛丽这时已经离开了她神经错乱的丈夫，贝里人奥兰德·柏代尔，在圣母升天修女院隐修了一段时间之后，现在干起彩绘装修老经本的营生来。她看上去，也有些疯疯癫癫，穿着像个古代德落伊教的

---

[1] 玛蒂尔德·肖：《有名的人与无名的人，我一生的回忆》（巴黎，法斯盖尔出版社，1906）。——原注

女祭司，额头上顶着一个桅杆似的东西，腰带上还挂着一把镰刀。大仲马很骄傲有这么个女儿，就像所有与他有关的人和事都能使他骄傲一样。当然，更使他骄傲的还是亚历山大。不过，亚历山大多少有些令他害怕。"他喜欢阐述论点、宣扬道德，"一次他对玛蒂尔德·舍贝尔吐露，"你看，这是他新写的一本书。看看上面写的什么吧。"玛蒂尔德看到书上题写的赠言："赠给我亲爱的父亲。——您的大儿子与小同行。"大仲马带着某种苦涩接着说道："他把这两个形容词弄颠倒了，为的是叫我高兴一下。其实，他心里根本就不是这么想的。"[1]

实际上，弄颠倒了的恰恰是大仲马。他害怕"孩子"的指责，采取了数不清的防范措施，使后者来看望父亲的时候，不至于碰上老人身边那些衣着轻薄露透的仙女们。小仲马在维里埃大街九十八号买了一所宅邸；花园不大，却引起了父亲的兴致。"亚历山大，这很好，"大仲马对儿子说，"可是，客厅的窗户应该打开，好给花园透透气。"儿子对好色的老年生活很不以为然，一段时间极少来父亲家里探望，父亲对此不无微词："我现在只有在葬礼上才能见到他。下回见他，可能要等到发送我的时候了。"

"这位李尔王的考狄利娅"[2]是艾米莉·科迪埃所生的女儿小米加艾拉。艾米莉这个女人工于心计，脸色蜡黄，嘴大而唇无血色；独具美感的是那双眼睛，眼神里有一种难以形容的魅力。大仲马给女儿买了一个又一个玩具娃娃，玛丽给娃娃做好衣服穿得漂漂亮亮。"小宝贝，快来吧！"大仲马手里拿着做好的篷巴杜尔侯爵夫人和路易十五两个"娃娃"，说道。小宝贝倒是不时前来看望；见着小宝贝，他就亲个没完没了；对"愚蠢的海军上将"阻挡他正式承认这个女儿，感到十分懊恼。

　　　　大仲马致米加艾拉·科迪埃，一八六四年一月一日：我亲爱的小贝贝，希望过上三四天就能拥抱你。能见到你，别提有多高

---

[1]　玛蒂尔德·肖:《有名的人与无名的人，我一生的回忆》(巴黎，法斯盖尔出版社，1906)。——原注

[2]　约翰·夏庞蒂埃:《亚历山大·仲马》。——原注
　　　考狄利娅为莎士比亚名剧《李尔王》中的人物，老国王的小女儿，忠诚而正直。

兴了。但是，我来的事千万不要告诉任何人，没人打扰我就有时间好好地和你亲热亲热。玛丽和我送给你两个漂亮的娃娃，还有一些别的玩意儿。从五号起，等着我。

你的父亲 A. D. [1]

小仲马不赞成米加艾拉到父亲家走动；认为她是"荡妇的女儿"，拒绝承认这个同父异母的妹妹。

一八六五年，乔治·桑在给小仲马的信中揭到："我在奥德翁见到了您父亲。我的上帝！他真令人惊奇。"那年大仲马六十三岁，可仍然精力充沛，那股大自然赐予的生命力，旺盛不减当年。他工作的强度没有减弱，所编写的两部优秀剧目不久前刚刚上演。一部叫《巴黎的莫希干人》，另一部名为《巴士底狱的囚犯》。前一部戏曾长期遭到禁演，官方检查机构的理由是：这出戏的情节发生在一八二九年，充满了借古讽今的影射。后来，剧作者上书皇帝，才挫败了审查官。拿破仑三世亲自下令解禁。

这时，大仲马还发表了他最精彩的小说之一《圣菲力切》。故事发生在那不勒斯，写的是玛丽-加罗琳[2]、汉密尔顿女士[3]及纳尔逊[4]那个时代的事情。那也正是法国大革命的将领们建立某些王国，毁灭另外一些王国的时代，是佩带三色绶带的年轻英雄们纵横驰骋的时代，是仲马将军的时代。布景是一座别具特色的城市；剧作家不久前在那里度过了四年的时光。那不勒斯有许多友人和感人之事，至今记忆犹新。因此，故事写起来流畅生动，笔调明快，叙述富有光采。一位与火枪手不相上下的意大利英雄，只身孤胆，连劈六人。还有那不勒斯湾中形形色色的船只，以及小艇上五颜六色的油漆，在暴风雨

---

[1]　国家图书馆手稿部；编号：N. A. F. 24642, folio 64。——原注
[2]　玛丽-加罗琳（Marie-Caroline, 1752—1814），那不勒斯王后，挟制其夫，独揽朝政；反对法国大革命，并派兵参加反法联军。一八〇六年在英国人保护下逃到西西里。
[3]　汉密尔顿女士（Lady Hamilton, 1761—1815），英国驻那不勒斯大使威廉·汉密尔顿的夫人，英国海军上将纳尔逊的情妇，那不勒斯王后玛丽-加罗琳的好友。
[4]　纳尔逊（Nelson, 1758—1805），英国海军上将。一八〇五年率英国舰队击败法国海军，从而保证了英国对海洋的控制，本人死于这次海战。作品有一八一四年发表的《致汉密尔顿夫人信函集》。

中闪耀着自然天成的光泽。大仲马的本意如果是想表明，他无需马凯或其他任何人，也能当之无愧地成为仲马，那他是达到了目的。《圣菲力切》在《新闻报》上连载后，吉拉尔丹付他稿酬，每行字按一生丁计算；大仲马骄傲地说，这简直是"乔治·桑的合同"。《圣菲力切》是他的天鹅之歌，这首歌"丝毫没被泪水湿透，倒是充盈着一片罕见的温柔"。

龚古尔兄弟为年近七旬的大仲马勾勒出两幅生动的形象：

一八六五年二月一日：今晚，在公主府中，文人作家围了一桌子，其中有大仲马。此人身材魁梧；长着黑种人的鬈发，只是变得花白了；一双河马似的小眼睛，清澈、狡黠，即使蒙起来也在警觉地注视着什么；一张大脸，五官使人想起漫画家笔下把月亮画成人形时那种圆圆的模样。在他身上，有一股难以言喻的劲头，既像个变戏法的，又像《天方夜谭》里的伙计。说话滔滔不绝，然而语不惊人淡而无味，缺少色彩。他讲的无非都是一些稀奇古怪、荒诞不经的事情，一些使人听得津津有味的事情，用他那沙哑的嗓音，从那巨大的记忆库里一桩又一桩地掏出来。他总是没完没了地说他自己的事，带着一个大孩子得意洋洋的虚荣心，说得倒也并不惹人讨厌。比如说，他说他写过一篇关于加尔默罗山的文章，给教士们带来了七十万法郎的收益……他不喝酒，也不喝咖啡，更不抽烟，称得上是一个没有嗜好的运动员，专门从事编写连载小说和其他稿子的健将。[1]

一八六六年二月十四日：在我们谈话中间，大仲马走了进来。只见此人打着白领带，穿着白马甲，大块头，满头是汗，气喘吁吁，脸上堆满笑容。他刚从奥地利、匈牙利、波希米亚回来……他谈到佩斯，他的戏在那里是用匈牙利语演出的；谈到了维也纳，那里的皇帝把皇宫的一个大厅借给他发表演说；接着又是他的小说，他的戏剧，以及法兰西喜剧院不愿上演的他那几个剧本；还说到《红屋骑士》被禁演的事，和他无法获得的一项戏

[1]　埃德蒙与儒勒·德·龚古尔：《日记》，第3卷。——原注

剧特权；最后话题又转到餐馆上，仲马说：他想在香榭丽舍大街开一家餐馆。

总是"我"，一个巨大的"我"，跟常人无异的"我"；不过，这个"我"中充满善良的孩子气，焕发着才智的闪光。"您说有什么办法？"大仲马接着说，"现在，在剧院里，不穿紧身衣就赚不了钱……紧身衣还要绷得裂开才行……可不是，霍斯坦就靠这个发了财。他命令舞女们个个穿上紧身衣上台，到时候紧身衣就绷开了……而且总是绷开在一个地方。这样一来，望远镜走红了……可是，审查官终于来干涉了。望远镜生意又一落千丈……"[1]

尽管大仲马才情不减当年，现在叫人家演他的戏却不那么容易了。他开始像那些钱包干瘪的老演员，为了生活，不论哪个剧场，不管演什么角色，都不加挑拣地接受下来。在万桑的铁路拱廊下面，有人为郊区的普通观众建立了一座"巴黎大剧院"，式样奇形怪状，地点选的也奇怪。大仲马在这里重新上演了他最佳剧作之一、一八五八年首演于马赛大剧院的《森林看守人》。火车一过，整个大厅都摇晃震动，汽笛的嘶鸣盖过了演员的声音。演出进行得不顺利，不久便停演了。

为了帮助各位演员，大仲马聘请他们组织一次巡回演出，并答应尽可能亲自陪同他们到各地去。在巴黎郊区，以及外地各州，大仲马的名望仍然很高，所到之处受到热烈欢迎。在他的老家埃纳州，观众的热情演变为狂热。到了维雷-科特莱，如不演出两场观众不答应。演出结束后，小镇居民全体出动，聚集在他下榻的旅馆前面。透过窗户，群众看见大仲马，身着围裙，头戴白帽，"搅拌着各种调料，往烤肉上浇汁，正在准备晚餐"，供整个剧团享用。见此情景，欢呼声越发强烈。在巴黎，人们对这位逗大家开心的老爷子，虽说仍然宽厚亲切，但多少有点嘲讽的意味；那种居高临下的态度，使大仲马心中颇为不悦；而在这里，竟能受到如此隆重的欢迎，对他真是一种莫大

---

[1]　埃德蒙与儒勒·德·龚古尔：《日记》，第3卷。——原注

的安慰。他又一次梦想拥有自己的剧院，打算通过集资的方式，建立一座"新历史剧院"。他往外发出好几千封通报，只有几位欣赏《三剑客》的年轻人回信赞成。老魔法现在不灵了。按照常理，他还可以过得富富裕裕。一八六五年米歇尔·莱维付给他四万金法郎；第二年，又签了一个新合同，出版他作品的插图本[1]，这个合同对作者相当优惠。然而，他大手大脚，花钱依然如流水一样；发了十次财，破产倒有十一次。他说："我挣过几百万，年息应有二十万法郎，可我背在身上的债就不下于这个数目。"到了这时候，连给姐姐勒·泰利埃夫人的赡养补助都付不出来。

一八六六年七月，大仲马离开了变得对他相当冷淡的巴黎，出国访问。他先去那不勒斯、佛罗伦萨，然后到德国和奥地利。这次旅行回来，发表了长篇小说《普鲁士的恐怖》；小说写得很好，看法颇有见地。书中，大仲马指出存在着严重的威胁："任何人，没有去普鲁士亲眼看看，就不会明白，普鲁士人是怎样宣扬针对我们的仇恨的。这种仇恨是一种偏执狂，能把最清醒的头脑搅乱。在柏林，一个部长要想得到民众的支持，必须不时暗示，向法兰西宣战的日子不远了。"他在博埃塞维克伯爵身上，描画了一幅俾士麦的先兆性肖像。小说的主人公理所当然地是个法国青年，名叫贝内迪克特·图尔班；他用手枪、剑、拳头对付德国民族主义分子，并且战胜了所有的人……布里克森大桥……波尔多斯在菩提树下[2]……作者看上去精力充沛，这本书，要是换了别的时候，足以使一位初出茅庐的作家名声大振。然而，公众此时另有需求，另有神明供奉。他对普鲁士发出的警告，人们嗤之以鼻："这个仲马，说不出正经话来！"这位老苏丹，连"最后一打手绢"都抛给了后宫里稀奇古怪的姬妾，人们又怎么能认真对待他说的话呢？

---

[1] 此件现存卡尔曼－莱维出版社档案库。——原注

[2] 原文为德文。

第五章　波尔多斯之死

> 亚历山大·仲马并不怕死。他说："死亡
> 将会善待于我，因为我会给它讲个故事。"
>
> 阿尔塞那·胡撒耶

　　一八六七年。负债数额又在上升。尽管读者仍然忠实于他，大仲马在米歇尔·莱维那里的账目又出现亏空。玛勒再尔伯林荫道的房租久拖未付。许多家具被变卖。仲马不愿离弃的珍贵纪念物品，只剩下德拉克洛瓦勾勒的那幅他年轻时候举行盛大舞会的草图，以及浸染着年轻的奥尔良公爵血迹的毛巾。仆人们纷纷辞工离去。他对"小松鸡"玛蒂尔德·舍贝尔抱怨，说某些"女友"过于贪婪，把写字台的抽屉一个个翻得底朝天。他带着滑稽的失望神情说道："哪怕她们给我留下一枚可怜的硬币，即使是二十法郎也好呀！"[1]

　　玛蒂尔德去看望身体不适的大仲马，看到他躺在那间书房兼卧室里边。屋里的墙上挂着一些早年的纹章与徽记，还有仲马将军的肖像，以及由奥拉斯·韦尔内画的小仲马像。

　　"你来得正是时候！"大仲马对她说，"我病了；我需要喝药水，可我叫了半天没人应我……他们把我一个人丢下不管了……要知道我还得去参加晚会呢！……快行行好，到我那衣柜的抽屉里看看，告诉我是否还有几件衬衣和一条白色的领带。"

　　抽屉里只有两件没有熨烫过的长睡衣。

---

[1]　玛蒂尔德·肖：《有名的人与无名的人，我一生的回忆》。——原注

"你身上带着钱没有？能不能借给我买件晚会穿的衬衫？"

年轻姑娘急忙跑到商店去买；然而，时间已晚，大部分店铺已经打烊；个别几家开着门，也没有他那么大尺寸的。最后，在一家"巨人服装店"，总算找到一件"缀着红魔鬼的白胸甲"，这其实是绣着红色图案的晚会上装。大仲马大大方方地穿着它出席晚会，取得很大成功。他后来说："人们把我这身穿着当做一种怀念，当做对加里波第友好之情的怀念。"[1]

这位唐璜最后的努力，是征服年轻的美国女演员兼马戏女骑手阿达·伊萨克·孟肯[2]。在盖泰剧场上演的《草原大盗》一剧中，这位女子半裸身躯，驾驭一匹烈性的纯种骏马。前不久在伦敦演出根据拜伦的长诗编写的话剧《玛泽珀》中，她身穿粉红紧身衣；体态优美，征服了整个伦敦城。观众看她表演，紧张得喘不过气来：只见她平躺在马背上，身体和坐骑贴在一起，边跑边往舞台上的真实布景攀登。最后的跳跃，有好几次都几乎要了她的命。观众向她狂热欢呼，既欣赏她的大胆，又为她的美丽叫好。

阿达是犹太人，出生在路易斯安娜州（尽管她自夸有一个神秘的西班牙世系，并用过"多洛雷斯·阿迪奥斯·洛斯·甫埃尔多斯"的名字签名）；关于自己的前程，经过一段时间的犹豫之后，她选择了女骑手这一行当。这期间，她跑过龙套，演过戏，当过舞蹈演员，为雕塑家当过裸体模特儿，还在一家报纸（《辛辛那提以色列报》）工作过。后来，还以爱伦·坡[3]为题，到各地做过演讲。这位非同一般的年轻女子会讲英语、法语、德语和希伯莱语。在一次关于灵魂不死的谈话之后，她一口气喝了三杯烈性烧酒。她热爱诗歌，写过不少情调忧伤的诗篇，描述她每次都短暂而结局不幸的爱情经历。瓦

---

[1]　玛蒂尔德·肖：《有名的人与无名的人，我一生的回忆》。——原注

[2]　她的出生证书已经无从查考。在新奥尔良，南北战争的战火烧毁了全部户口登记簿。她的传记作者贝尔纳·法克认为，她出生于一八三五年。其他作者也有说一八三二年的。她自己则声称是一八四一年来到这个世界的。不过，不少摄影照片并不能为这一声明提供佐证：在她留下来的最后照片中，形象已不十分年轻。看来，几乎可以肯定，她去世时，应为三十三或三十四岁。——原注

[3]　爱伦·坡（Edgar Poe，1809—1849），美国诗人、小说家、批评家。

尔特·惠特曼[1]、马克·吐温[2]和布莱特·哈特[3]都与她有过友好
交往。

她三次离婚[4]；同最后一个丈夫詹姆士·P. 巴克利结婚，为的是
让她腹中怀着的孩子不致成为非婚所生。这第四次婚礼是一八六六
年八月十九日在纽约举行的。仅仅过了两天，新娘子便只身登上"爪
哇号"邮船，从此再也没有回过美洲，再也没有与新婚离别的丈夫
见面。

巴黎吸引着她。在巴黎首次登台亮相于一八六六年十二月三十一
日，地点是盖泰剧场。过了不久，一八六七年初，大仲马看完演出，
到后台化妆室里向她表示祝贺。她一下子扑上去，搂住大仲马的脖
子。两个人都渴求轰动效应，所以都乐意在大庭广众中表演一见钟
情，给人留下难忘的印象。大仲马骄傲地把她征服过来，她也挽着大
仲马的胳臂到处招摇过市；他带着她去参观巴黎的老街区，并向她讲
解眼前的种种生活场景。能把自己的名字和一位"文学巨人"的名
字联系在一起，满足了她的虚荣心，令她万分惬意。她是不会爱上他
的，但他能让她开心，叫她满足。几个星期的时间里，他又回到青年
时代，带着马戏女骑手去布吉瓦尔旧地重游，住小旅馆，一如四十年
前，他带着缝纫女工卡特琳来此一般。河岸上，划船的人们仍在歌
唱，与当年的情景一模一样。

那个时候，照像还是件十分新奇的东西。阿达·孟肯很愿意同
在各种场合所遇到的大人物在镜头前合影留念。这位任性的女旅行
家对此十分热衷，视之为理所当然的礼仪。大仲马未着外衣，膝上

---

[1] 瓦尔特·惠特曼（Walt Whitman，1819—1892），美国诗人。其诗集《草叶集》产生了
很大的影响。

[2] 马克·吐温（Malk Twain，1835—1910），美国作家。

[3] 布莱特·哈特（Bret Harte，1836—1902），美国小说家。

[4] 一八五六年，她与音乐家亚历山大·I. 孟肯结婚；一八五九年，又嫁给拳击师约翰·加
迈尔·希南；一八六二年第三次结婚，丈夫是位演出经理人，名叫罗伯特·H. 奈维尔。
她所生的两个孩子，都在她死前离开了人世。她曾想让乔治·桑象征性地当她第二个
孩子的（生于1866年，次年死去）教母；就是说，按照当时美国的习俗，把被选定的
教母的姓作为孩子的第二个名字。阿达·孟肯和其他人一样，知道奥洛尔·杜德旺是以
乔治·桑的笔名进入文学界的；然而，她并不知道，女小说家娘家的姓是杜班。这样，
当她给自己生下的男孩（取名路易·杜德旺·巴克利）登记户口时，实际上是把女作家
名义上的丈夫加西米尔·杜德旺给小男孩做了被推定的教父。——原注

坐着只穿紧身短衣的情妇；未经谨慎考虑，便让摄影师把这样的形象拍了下来。在另一张片子上，那女子蜷缩在大仲马的怀里，头部紧贴在老人宽广的胸膛上。老人显得臃肿，原本炯炯有神的眼光，此时透出无限的善意，看上去比以前温和得多。他那神态，好像在说："是的，我明白，是显得有点可笑；不过，她愿意这样，而我又是那么爱她！"给他们照像的是列贝尔。当时，大仲马欠着他一些钱，他便想到可以大做文章出售这些照片，用收回来的钱款顶债。于是，大仲马和马戏女演员亲热的照片，便出现在巴黎许多商店的橱窗里。当时还很年轻的保尔·魏尔伦就此事曾写过一首二韵三叠句的八行诗：

> 汤姆大叔泡上了小妞阿达，
> 模样好看人人羡慕人人夸。
> 哪位摄影师这样疯狂？
> 把大叔小妞焊到一起啦！
> 阿达可以一直骑着她的马，
> 汤姆能否跨上去征战冲杀？
> 汤姆大叔泡上了小妞阿达，
> 模样好看人人羡慕人人夸。[1]

　　讽刺报纸《喧闹》也发表了一篇打油诗，题目赫然标出：《又是他！》篇首题词引用让-雅克·卢梭的话："有谁敢于给大自然划定确切的界限，并声称：'人只能到此为止，不能逾越'？"

> 女的是戏子专门演马戏，
> 男的是作家写书又编剧；
> 女的艳丽如日上中天，
> 男的暮气像日落西边。

---

[1]　引自贝尔纳·法克：《裸体女士阿达·伊萨克·孟肯传》（伦敦，哈钦逊出版社，1952）。——原注

第五章　波尔多斯之死

那一位鲜嫩轻盈，
如早晨一缕清风。
这一个粗壮笨重，
肚皮不亚于装酒的大木桶……
女的棕色头发演马戏，
男的灰白鬃毛有技艺……

有一天举行豪华宴席，
女戏子碰上了男编剧，
觥筹交错杯盘狼藉……
男作家原来使过火枪，
手脚还灵劲头儿还壮……
拉过羞羞答答的女戏子，
对着奶头重重地亲了一大口。

女戏子嘻嘻哈哈说出话：
"真行！作家你劲头真足！
不过，六七十岁的胖老头，
对我可是个没用的瘦猎物。
跟着你干我能有多大的好处？"

"女人啊，你能叫我这个人开心又舒畅，
这至高无上的荣誉难道就不是好处？"

"那还得让大家都信服，
在马戏女骑师的大腿上，
坐过我们的老作家，一位大人物！……"

从此，人们常常见到女演员，
挎着咱们飘飘欲仙的老作家，
两人脉脉含情相视笑，

流连在百家商店的橱窗前[1]……

乔治·桑致小仲马，一八六七年五月三十日：那些关于照片的传闻一定使您烦恼！有什么办法，随它去吧。过惯放浪的生活，上了岁数，就会引出可悲的后果。多遗憾！[2]……

大仲马受到儿子的规劝后，回答道："亲爱的亚历山大，我尽管上了岁数，可是得到了一位玛格丽特，在她身旁我扮演着阿尔芒·杜瓦尔的角色……"[3]

大仲马喜欢这个色艺双全的年轻女子，几乎到了发狂的程度。她那双蓝眼睛带有一种朦胧的魅力，长长的黑头发飘逸秀美。那身材更是无可挑剔，说起话来头头是道，故事讲得可以叫老头子心花怒放。这位滔滔不绝的山鲁佐德[4]，把自己的经历编得天花乱坠，逮着机会就讲上几段异彩纷呈的事件。她说自己与牛仔们一起，到最西部打过水牛，其实此事全系编造；不过，她谈起神学来，确实能像谈论骑术那样头头是道。她从未像她自己宣称的那样，在歌剧院当过舞蹈演员，在加利福尼亚演过悲剧（因为，阿达·孟肯只演过七年戏，这七年是连续的；而不管在哪一个国家，她只演过一个角色：玛泽珀）；相反，她能够读希腊文和拉丁文的书，这倒是千真万确的事实。说她被红皮肤的印地安人俘获，她便跳起了蛇步舞，把他们统统"吸住"，弄得这些人神魂颠倒云云，这样的故事顶多是个史诗式的传说罢了。在戴顿（俄亥俄州），她绝无女扮男装当过卫队上尉的经历，顶多是在狂欢节一类的活动中，穿上制服，在游行队伍中充当一名仪仗队员而已。当然，查理·狄更斯和但丁-加布里埃尔·罗塞蒂[5]给她写过友好的信函，她经常不无自豪地在法国崇拜者面前炫耀，这也是事实。

---

[1]　引自贝尔纳·法克：《裸体女士》。——原注
[2]　见斯波贝奇·德·洛旺儒的收藏。编号：E. 882，folio 462。——原注
[3]　此信引自贝尔纳·法克：《裸体女士》。——原注
[4]　《一千零一夜》里，给国王讲故事的女子。
[5]　但丁-加布里埃尔·罗塞蒂（Dante-Gabriel Rossetti, 1828—1882），英国画家、雕刻家。

　　六十五岁的老情夫亚历山大·大仲马更是给她写过不少热情洋溢的爱情表白："假如我真的有才华，如同我真的有爱情那样，这两者完全归属于你……"[1] 阿达离开巴黎去奥地利（按照聘约在维也纳演出《玛泽珀》），两人的联系也就随之中断；这段风流韵事所造成的丑闻进一步削弱了老作家的社会地位。

　　由于他挥金如土不知节制，大仲马进入了一个特困时期。儿子本来愿意帮助，但是做父亲的不喜欢承认自己落魄。他又创办了一家报纸，名叫《达德尼昂》，计划每周出版三期。他请求朋友们广为宣传："没有必要对您说，它该多么有趣。感谢上帝，达德尼昂已被人们广泛议论过；现在，重要的是，要让人知道他已复活，他又拔剑而起以捍卫其一贯的原则……"[2] 然而，《达德尼昂》还是失败了。大仲马上书皇帝，再次请求资助建立一家剧院。皇帝没有答应。奇迹接踵而至的时代已成过去；一入晚境，魔术师顿感凄凉。

　　一八六八年，勒阿弗尔组织海洋展览。大仲马应邀前往演讲；一路上，在迪埃普、鲁昂和冈城也都发表了讲话。在勒阿弗尔，他见到了女儿米加艾拉；米加艾拉的母亲此时已与爱德华兹同居（生下五个孩子后，"海军上将"终于正式结了婚）。还是在勒阿弗尔，大仲马又见到了阿达·孟肯。这之前，阿达去英国演出，受到命运之神的敌视，从马上跌下来受了伤，此时还没有恢复正常。但她还是接受了沙特莱剧院的聘请，前往巴黎演出。本来打算采用大仲马准备专门为她而写的一个本子，可是剧院经理霍斯坦认为，重新上演《草原大盗》比较节省，因为布景和服装都是现成的。在重排期间，女骑术师得了重病。一八六八年八月十日溘然与世长辞。她的女仆、几位青年跟班、以及一些演员（总共十五人），还有她的那匹爱马，跟在灵柩后面，从科马丹街走到拉歇兹神父墓地。

　　大仲马是在勒阿弗尔听到噩耗的。回到巴黎玛勒再尔伯寓所后，

---

[1]　此信引自贝尔纳·法克：《裸体女士》。——原注
[2]　此信未公开发表，由西蒙娜·安德烈－莫洛亚收藏。——原注

他觉得疾病困扰，便聘用了一个女秘书；他不断给这个怯生生的小家伙说些甜言蜜语，从早到晚对她讲述他计划写的剧本和小说。然而，那一天终于还是来临了，他的思路不再清晰，想法开始颠三倒四，故事讲着讲着便糊涂了。于是，他把自己关在房里，重读起自己历年的作品。

"每一页都叫人回忆起逝去的一天，"他说道，"我像一棵枝叶繁茂的大树；中午时分，树上的鸟儿无声无息，日落的时候才从睡梦中醒来；夜幕降临之后，它们振翅飞翔，放声歌唱，充实我晚年的境况。"

儿子来看望，发现他正在全神贯注地阅读，便问道：

"你读什么呢？"

"《火枪手》……我早就对自己许诺，有朝一日老态龙钟，我再回过头来审查一下，这些东西有什么实实在在的价值。"

"那好！看到什么地方了？"

"快完了。"

"你觉得怎么样？"

"写得好。"

重读了《基度山》后，他说：

"不如《火枪手》。"

自从生了孩子又遭大仲马遗弃之后，卡特琳·拉贝的全部生活称得上是正派与严肃的楷模。小仲马作为道德家和醒世作家，理所当然地会想到让两老重新聚首，很可能他还曾想让生父与生母正式结婚。大仲马觉察到了儿子的意图，也动了心。他巴望能在讷伊建立一个稳定的家庭，有位家庭主妇，把住处安排得井井有条，并能够替他招待来访的朋友。他可能一厢情愿地希望：一个早就看破世事又上了年纪的女伴，会容忍他最后时日的行为不检。

这回，是卡特琳·拉贝拒绝了。她给一位女友写道："我已年过七十，身体常有不适，日子过得很俭朴，只有一个保姆。仲马先生会使我的小住宅爆裂的……四十年已过，太晚了[1]……"听了阿达·孟

---

[1] 此信未公开发表，由西蒙娜·安德烈-莫洛亚收藏。——原注

肯的故事，她笑着说道："啊！他还和以前一样；岁月什么也没有教会他。"一八六八年十月二十二日，卡特琳与世长辞，终年七十四岁。

> 小仲马致乔治·桑，一八六八年十月二十三日：亲爱的妈妈：我母亲昨晚去世，她是无疾而终的。她没有认出我来；就是说，她并不知道她正在离我而去。话说回来，亲人之间真能彼此离开吗？[1]……

小仲马由友人、帝国图书馆馆长亨利·拉乌瓦陪同，前往讷伊镇公所办理死亡登记。他称死者为"无业独身者"，并声明自己系"亚历山大·仲马·达维·德·拉巴叶特里，死者的独生子"。然而，在正式登记表"娘家姓氏"一栏中填写的是："父母姓名未提供"；这说明，卡特琳本人系私生女，父母身份不详。

> 小仲马致乔治·桑，约纳州奥塞尔附近的塞涅莱（1868年10月底）：我们此刻在勃艮第朋友家中。收到病危的不幸消息时，也正在这里；尽了孝道之后又回到了这里。我流了许多眼泪，现在还在哭泣。二十年中我没有掉过泪，这回可再也忍不住了。人们说，做母亲的为儿子操心、着想，直到闭上眼睛……悲痛事情发生后的当天夜里，莫里斯的书一直放在我的书桌上。可我当时所能做到的，仅仅是把书页裁开。书还放在我身边：等我能够明白所读的是什么内容时，我就会开始阅读[2]……

一八六九年夏天，大仲马是在布列塔尼的罗斯科夫度过的。他到那里，为的是找一个安静的角落撰写出版商勒迈尔约写的《烹饪词典》。他带去一名厨娘，名叫玛丽。玛丽不喜欢罗斯科夫这个地方，对大仲马说："啊！先生，这个地方，咱们不能多呆。"仲马没有让步："玛丽，您可能不能多呆，而我要呆下去。"玛丽说："先生，您

---

[1] 国家图书馆手稿部，属奥洛尔·桑遗赠；编号：N. A. F. 24812。——原注
[2] 国家图书馆手稿部，属奥洛尔·桑遗赠；编号：N. A. F. 24812。——原注

该没饭吃了！"[1] 晚上，罗斯科夫的人们便给大仲马送礼来了：两条鲭鱼，一只螯虾，一条鳎鱼，一条像伞那么大的鳐鱼。他们对伟大的仲马来到当地，感到十分骄傲。鱼很丰盛，可是当地的朝鲜蓟却硬得跟铁球一般，扁豆的水分太大，黄油也不新鲜。"要写一本有关烹饪的书，只能依靠这些奇奇怪怪的东西了！"仲马尽管这么说，可仍然以他一贯的热情写下去。玛丽大发脾气，请假走了。于是，罗斯科夫各家各户联合起来，共同供养大仲马：他今天去这家，明天到另一家；家家户户争先恐后为他准备精美佳肴。他写道："他们对我这般殷勤的招待中，有某种东西使我热泪盈眶。"一八七〇年三月，《烹饪词典》（未完）的手稿交给了出版商阿尔封斯·勒迈尔。这部卷帙浩繁的著作，到了战后[2] 才出版发行；出人意料的是，一位"勒迈尔的雇员"参与了该词典的编辑，此人当时还很年轻，名字叫做：阿那托尔·法朗士。

一八七〇年春，大仲马出发去法国南方。他感到精疲力竭，希望那里的阳光能恢复他的活力。到了马赛，听到宣战的消息。陆续传来首战失败的讯息，对他来说，真是雪上加霜。大仲马的心力受到了极大的挫伤。

一次中风病的发作，使他成了半身不遂。他拖着病体，到了普伊，去敲儿子家的大门。他对儿子说："我来你家是咽气来了。"儿子深情地欢迎他。"我父亲瘫痪之躯被送到我这里。他的样子甚为痛苦，这样的结局早在意料之中。要提防女人，这就是结论……"这真叫浪子回头啊。他被安顿在最好的卧室中，马上便躺下昏昏入睡了。

他仍然在关心自己作品的价值。一天早晨，他告诉儿子，他夜里做了一个梦，梦见自己站在山顶上；山上的每一块石头，都是自己写的一部书。突然间，山体在自己的脚下，像一座沙丘似地崩塌了。

儿子说："算了吧。踏踏实实地在你的花岗石上睡觉吧。大石头高得叫人头晕目眩，然而它很结实，就像我们的语言一般持久，就像祖国一样不朽。"

---

[1]　大仲马：《烹饪词典》。——原注
[2]　指一八七〇年爆发的普法战争。

于是，老人的脸上现出喜色；他紧握儿子的手，拥抱儿子。床边的一张桌子上，放着两枚金路易；他挣过几百万金钱，现在只剩下这一点点。一天，他把这两枚金路易拿在手中，看了好长时间，然后说：

"亚历山大，人人都说我是个败家子；你还就此写过一出戏呢。怎么样？你看出来没有？你们大家都错了！当初我漂泊到巴黎，口袋里只有两个路易。瞧……两个路易还在我这儿呢。"

小米加艾拉同母亲一起住在马赛一家家庭式膳食公寓里。这时候她也写信来打听消息。小仲马给她写了回信。

> 小仲马致米加艾拉·科迪埃：小姐，我收到了您写给我父亲的三封信，但是未能转交给他，因为您在信中谈到他的病情，而我们（尽最大可能）向他隐瞒他患病在身。您对他充满感情的称呼表明，您以常人在您的年龄所能达到的最大程度爱着他，而他对您也是有感情的。我好像在他家里见到过您几次，当时您还很小。
>
> 我决心把他的消息告诉您，这是因为他自己已无力做此事。他的病一度极为严重，现在略微好一些……等他身体好到足以阅读来信的时候，我会通知您的……我将把他的答复转达给您。小姐，既然您爱我的父亲，当然我会竭尽全力使您满意。[1]

不久之后，病人就几乎不说话了。他并不感到痛苦；感觉自己得到爱护，也就不盼望别的事情了。每当天气晴朗的时候，人们推着轮椅陪他到海滩上，他一整天静静地呆在那里，观望大海；在冬日苍白的阳光照射下，大海消失在远处、云雾蒙蒙的灰色地平线后面。他不时迸出一句话，一个字，表明他想到了死。他曾说："唉！我现在属于那些说'再见'的失望人群了。"当碧绿的海浪涌到他面前的时候，他在想些什么？可能在想他作品中的人物：火枪手们与四十五卫士，布里丹与安东尼；也可能在想演过他的戏的演员们：多瓦尔与

---

[1]　国家图书馆手稿部；编号：N. A. F. 24642, folio 66。——原注

博卡日，弗雷德里克·勒迈特与乔治小姐，玛尔斯小姐与弗尔曼；说不定又走进王宫那间积满灰尘的办公室，偶尔翻开一本书，找到了他第一部剧作的素材；他的思绪可能又进入了他把爱施加在卡特琳·拉贝身上时的那间小卧室；再往前走，展现出来的是维雷-科特莱的森林，他的第一件猎获物，用石板盖顶的钟楼尖塔；还有那位受迫害的英雄、被解除了武装的巨人仲马将军的音容笑貌；说不定还有他挎上缪拉的大刀那一天的情景。

　　小仲马致查理·马沙尔：亲爱的朋友，您的信送来之时，我正要给您写信，向您通报这些天来我们遇到的不幸。我父亲于星期一晚上十点钟去世了，或者说得更确切些，他长眠了，因为他一点儿也没有感到痛苦。上个星期一的中午，他要躺下睡觉；自那时候起，便没有要求坐起来；星期四以后，就再也不能坐起来了。整个这段时间，几乎是连续的睡眠。然而，只要跟他说话，他总是清清楚楚地回答，而且脸上总是带着微笑。从星期六起，他才沉默不语，变得完全冷漠了。这期间，他只醒来过一次；您所熟悉的那种微笑一直挂在嘴角上，从未变过样。等到死亡来临，这微笑才从唇边消失。人一咽气，就变了模样，严峻端庄的线条立即明显起来。

　　他的理智，甚至他的机敏，一直没有变样。他对我们讲过许多颇有意思、值得收集的话，这里告诉您一些，因为将来有一天肯定会派上用场。下面的例子可以表明他仍然保持着多么愉快的心情：一次，他和孩子们玩过骨牌以后说道："这些孩子来陪我玩的时候，应当送点东西给他们，因为陪我玩骨牌肯定是相当腻味的。"我们雇用的俄国女佣，对这位常带微笑、乐乐呵呵、有时像小孩一样需要别人侍候的病人，竟产生了好感。有一天，我妹妹对父亲说："阿努什卡觉得你很英俊。"父亲回答得妙："那就鼓励她这么想下去吧！"

　　对于奥尔加，他用过一个最漂亮、最富有诗意的词。事情是这样的：奥尔加常常来看他；她那种神态，如您所知，再加上那件长长的裙袍、纤细的双手，以及她不是领着就是抱着我们的婴孩，真有点像佩鲁金诺[1]笔下的童贞圣母像。她那贵妇人的神态，圣母玛利亚的神态，非常吸引我父亲；我父亲在她面前，彬彬有礼，甚至毕恭毕敬。有一天，正在他昏昏欲睡的当儿，奥尔加走了进来，看到他在睡觉，便退了出去。父亲睁开眼睛问道："谁呀？"我妹妹回答："是奥尔加。""叫她进来！""你喜欢奥尔加？""我不大认识她；但是，年轻姑娘就是闪光呀。"

　　每天他都有一个这样的妙句，有的令人欢快，有的打动人心。不久前，我问他："你想工作吗？"他的回答是："啊！不！"两个字的语调，像是从四十年工作的回忆深处迸发出来一般。

　　亲爱的朋友，这几个细节，当您谈到他的时候，是可以引用的……它们还可以用来回答关于他大脑软化的那些传言；这个万能的头脑，到了这时候，只不过要求休息的权利，而且确确实实得到了休息，休息在大自然的怀抱里，休息在家庭的温馨环境里，前面是广袤无垠的碧海与蓝天，周围有儿孙们的环绕。他真心实意地喜欢高莱特。他一生流浪、挥霍、散漫，这种平静舒适的环境对他极其难得；现在，他张开所有的毛孔，可以尽情地享受；他感到惬意、自在……据说，普鲁士人今天到达迪埃普！这样，在历史的长篇小说中，他走完了生命的历程，在下一章开篇之前，悄然离去了。

　　……这封短信是匆匆写成的，马上就要举行仪式了。今天是十二月八日，仪式于十一点钟在迪埃普附近的内维尔小教堂举行。仲马的遗体也暂时停放在那里。[2]

　　米加艾拉住在马赛那家公寓里，她是在吃饭的时候，偶然从别人的谈话中听到了爸爸去世的消息。她顿时泪如雨下，哭得像个泪人儿。母亲给她换上黑衣服。乔治·桑当时住在诺昂，由于德国军队的阻隔，无法与诺曼底通消息。然而，她的"小儿子"还是设法向她报了丧。

---

[1]　佩鲁金诺（Perugia，1445—1523），意大利著名画家。
[2]　此信未公开发表，由西蒙娜·安德烈-莫洛亚收藏。——原注

　　小仲马致乔治·桑，普伊，一八七〇年十二月六日：昨日，十二月五日星期一，晚上十点，我父亲去世了，没有任何痛苦。我把这一噩耗第一个报告给您；可见您在我心目中占有多么重的分量了。他生前喜爱您、钦佩您，超过对其他任何人的喜爱与钦佩[1]……

过了一段时间，战事停下来之后，乔治·桑终于能够表示她的悼念了。

　　乔治·桑致小仲马，诺昂，一八七一年四月十六日：关于您的父亲，人们说您曾经说过一句话："他死了，就像他活了一辈子那样，自己并没有意识到。"不知此话是您说的，还是别人安在您头上的，反正我在《两世界杂志》上发表的文章里是这样写的："他是生命的天才；他没有感觉到死亡的来临。"您我意思是一样的，对吗？[2]……

　　小仲马致乔治·桑，一八七一年四月十九日：那句话不假。是我在给哈利斯的信中写的。我这里特别申明这一点，是因为您我所见竟如此不谋而合，仅是词语表达不尽相同罢了。您纪念我父亲的文章，我马上就去找（如果在迪埃普找不到，就设法叫人从伦敦寄来）。您肯定了解，我多么急于要看到您的文章。您怎么就没想到给我寄一份来呀？要不，告诉我发表的日期也行呀！德·圣维克多或其他哪位凑热闹的人对我父亲有什么看法，发表什么评论，我并不在乎（这些人说不定并没读过我父亲的书），然而您的见解对我却是非常宝贵的。有朝一日，我也可能（父子关系排除在外）谈谈我对这位出类拔萃人物的看法。他的确不同凡响，在同时代的人当中无与伦比；他有如一位宽厚的普罗米修斯，最后终于夺下了朱庇特的武器，把他的神鹰用铁扦子串起

---

[1]　见斯波贝奇·德·洛旺儒的收藏；编号：E. 882, folio 527。——原注
[2]　同上；编号：E. 882, folio 531。——原注

来烧烤。从人种交融的角度来看，这里面可以进行一项最有意思的研究，也有最新奇的材料可以探索。我能胜任这项生理学的研究吗？那要等研究完成之后再评说了。如果进行得好，真有价值与成果，那我就有道理，说明我做对了；否则，我就没道理，做错了。我现在所做的，是反复阅读他的作品；他那慷慨激昂的气概，他的博学多知，他滔滔不绝的长篇大论，还有他那和善的脾气，敏捷的才思，潇洒的风度，宏大的气魄，强烈的情感，坚毅的性格，以及他独特的兼收并蓄而又不落入模仿与抄袭的能力，简直压得我直不起腰来。他的文字总是那么凝练、确切、清晰、纯正、朴实与出色。

他从不穷究人的心灵，然而他有一种本能可以代替观察；在他笔下，某些人物发出了莎士比亚式的呼喊。诚然，他没有深入到细微的深处，然而却经常上升到理想的境界。此外，行文多么自如，多么坚定！谋篇构思令人拍案称奇！展望未来，目光又是那么敏锐！通观全文，气韵疏密相宜，自然流畅，因而音调无不准确，而又错落有致，丰富多采！请您看：吉兹公爵夫人、阿黛尔·代尔维、普里夫人、黎塞留、安东尼、雅库布、布里丹、波尔多斯、阿拉密斯，还有那些旅行记……总是那么有趣，让人开心！一天，某人对我说："怎么回事，您父亲怎么从没写过一行让人腻烦的文字？"我回答说："因为腻烦的文字，最腻烦的是他自己。"他用词从不马虎凑合。他运气好，能比任何人都写得多，总是需要不断地写，来养活自己以及那么多别的人！此外，他只写使自己高兴的事情。晚上您没什么事的时候，不妨读读您可能尚未读过的俄罗斯与高加索旅行记。肯定让您觉得不可思议。读着此书，您会感到仿佛在穿过这个国家和它的历史，在三千法里的范围内纵横驰骋，紧张得连喘口气的工夫都没有，而且竟然不感到疲倦……本世纪中只有你们三个伟人：您、巴尔扎克和他。接下来，就道晚安吧。再没有别的人，将来也不会再有别人！[1]……

---

[1]　见斯波贝奇·德·洛旺儒的收藏；编号：E. 882，folios 532—534。——原注

还有一名女性，在战争结束后，来信不吝同情与赞扬。此人乃梅拉妮·瓦勒道尔；在那些"折断了的天竺葵"之后，她又活了四十年。

梅拉妮·瓦勒道尔致小仲马，枫丹白露，一八七一年四月二十日：在想念你父亲的同时，我也在想念你，我亲爱的亚历山大。我永远不会忘记你的父亲。我随时把你的两封信带在身边，它们使我激动，暖我的心窝；特别是十月十八日的那一封，那么朴实无华，那么真实可信，真是漂亮极了；我经常拿出来看；每看一遍，就像同你父亲和你又一次相会；对你们父子，我的爱从来没有中断过。

我知道，你坚信另一世界的生活，你也下工夫研读过圣书。从这些书中您汲取力量和唯一持久的安慰……假若世上曾经有过一个一贯宽厚善良的男人，那一定就是你的父亲。只有他的天才方能与他的仁爱和他不断为别人做好事的心肠相媲美。上帝降福于他，使他在法兰西遭受可怕的灾难之时，在儿孙们中间得到善终。他在一生中，从未经历过白发人送黑发人的巨大而永久的悲痛。

再见，亲爱的孩子。我的身体还很虚弱，不敢放任自己游荡于往事之中……什么时候我们才能安安全全地回巴黎呢？但愿你晓得，这一天可能遥远也可能不那么遥远，而一旦见到你，一旦能同你面对面叙谈家常，我心中将会产生一种与母爱相差无几的欢乐。

你真诚的老朋友，

梅·瓦勒道尔[1]

小仲马也给马凯写了信，一来是通报父亲的去世，二来是打听两位合作者金钱往来的情况。大仲马临终前在与儿子的谈话中，曾悄悄说过几句话，涉及所谓的"秘密账目"。小仲马半信半疑，便写信询问，是否曾经有过某种暗中交易。

---

[1]　此信未公开发表，由西蒙娜·安德烈-莫洛亚收藏。——原注

　　奥古斯特·马凯致小仲马，一八七一年九月二十六日：亲爱的亚历山大，您信中传来的噩耗，使我深为悲痛。至于所谓的"秘密账目"，则完全出自想象！令尊生前并未敢于向我提起过；某一天似乎要提出这种说法，可是只用了五分钟，便当面戳穿了……

　　事实上，亲爱的亚历山大，您比任何人都清楚，在我们大规模的合作过程中，我到底为令尊付出了多少劳动，多少才华，多少忠诚。这一合作，可以说耗尽了我的财产与名声。您还应当知道，在我们的合作中，我对他的体谅与慷慨是有目共睹的。要知道，在令尊与我之间，从未有过什么账目上的误会，再说这笔账是永远也算不清的；要叫我成为借方的话，至少还差我五十万。

　　您很客气地向我询问事实真相。上面讲的都是事实，是我说给您听的心里话。请相信我多年的忠实情谊。

奥·马凯

　　又及：关于令尊所言神秘账目，千万别信。他本人恐怕也从未相信过。[1]

　　一八七〇年十二月，大仲马被埋葬在距迪埃普一公里处的内维尔-莱斯-波赖。撤退到普伊避难的吉木纳兹剧院经理蒙蒂尼代表所有的朋友讲了话。战争一结束，小仲马就把遗体运回老家维雷-科特莱。前来送葬的有泰勒男爵、埃德蒙·阿布、梅索尼埃[2]、布劳昂姐妹，以及高特和马凯等人。墓穴挖掘在仲马将军及玛丽-路易丝·拉布雷的坟墓旁边。[3]来宾讲话之后，小仲马也讲了几句："我父亲生前一直希望能葬在这里。在这里，他留下了友情与回忆。昨天晚上，正是这些友情与回忆迎接了我；那么多忠诚的手臂伸了出来，自愿充当搬运工，把他们伟大朋友的遗体护送到教堂……我当时就想，这一仪式与其叫作葬礼，不如把它当作一个节日；与其说是埋葬死者，不

---

[1]　国家图书馆手稿部；编号：N. A. F. 11917, folio 342。——原注
[2]　梅索尼埃（Meissonier, 1815—1891），法国画家，雕刻家。
[3]　今人在第四座墓石上，还可以看到刻有下列字样："冉妮娜·奥特里乌（1867—1943），生于亚历山大-仲马家族"。——原注

如把它看作复活的日子……" [1]

　　这里，汇集了多么惊人的人物与事件：一位诺曼底的侯爵、一名女黑奴、一个瓦洛亚的客栈老板、一位热爱戏剧的瑞典人、一名有文学修养的办公室副主任、一名热衷于历史的教师、一个浪漫色彩浓烈的时代、一些受民众欢迎的报刊，共同孕育出这位所有时代、所有国家最伟大的讲故事能手。

---

[1]　见一八八三年十一月五日《费加罗报》及一八七二年四月十八日《埃纳州报》。——原注

第九卷
圣子 [1]

你真的使小仲马皈依了对艺术的崇拜吗？如果确实如此，
我便声明你是位伟大的魔法师。

古斯塔夫·福楼拜:《致费多的信》

老农牧神的消逝"使世界有些空荡"。在他留下的位子上，公众
看到一个同样强有力的高贵面孔，继承着消逝者的光荣。大众的情绪
难以将《三剑客》和《茶花女》区分开来。父亲的殊荣此时变为儿
子的殊荣，崇高的威望笼罩在儿子的头顶上。一八七〇年的战争以及
随之而来的大溃退激发了这位道德家的愤怒，并证明这股怒气事出有
因，理由充分。小仲马和勒南一样，肯定会把失败一股脑儿归罪于风
气的堕落。他在剧作中将严厉斥责时代的缺点，并在其散文随笔中开
出治病的药方。他希望自己充当一个不出家的、全国性的宣道者。

一八七一年六月十五日，《萨尔特州报》上登出一篇小仲马的文
章，文章写道："全法兰西应当一致努力，用全部的意志与精力加倍
使劲，举国上下形成一个统一的、执著的、甚至是狂热的思想：对外

---

[1] 按照基督宗教的教义，上帝（天主）乃圣父、圣子、圣灵"三位一体"。这里引用此典
故，指小仲马。

扬眉吐气，在内部则要思变更新。法兰西应该节衣缩食过日子；应该庄重、谦虚、耐心；父亲要好好干活，母亲要好好干活，孩子们要好好干活，仆役们要好好干活，直到把家庭的荣誉重新夺回来。当有朝一日，全世界都听到这普遍的劳作发出连贯的巨大声响时，人们会问：'这是什么声音？'这时候，每个人都应当回答：'这是法兰西在解放自己，在变革自己。'"

对一位道德家来说，更加困难的是在行动中体现自己的道德准则。小仲马的私生活并不完全符合他自己的愿望。他可能很爱自己的女儿，并结交一些忠实的朋友；然而纳捷日达神经兮兮，爱发脾气，经常醋意发作，暴跳如雷；对他来说，已经不再是个合适的伴侣。这时，众多的女子，其中不少人秀色可餐，主动送上门来，愿意在这位被认为最能洞察女人心灵的男子身边，扮演一个角色，一个那位有正式称号的女人不能完美地充当的角色。母狮们走上前来抚弄驯兽人了。仲马不无抗拒；有时抵挡不住，但处事十分谨慎，尽可能不让自己的弱点露出马脚。然而，诱惑一个接着一个，有一些简直是妙不可言。其中，他与艾梅·戴斯克雷的关系便属于最令人津津乐道的一件。

第一章 艾梅·戴斯克雷与《婚礼上的来客》

噢，来自深处的女士，
您在表面上做些什么？

儒勒·苏贝尔维耶

　　有的女演员初出茅庐便一炮打响，后来却到不了天才的程度；另外一些人，初登舞台并不显露光彩，可是到了后来，激情越来越奔放，终于大显身手，使内行们大吃一惊。艾梅·戴斯克雷的经历就属于这一种。这位女演员的父亲是位律师；她生在上层布尔乔亚家庭，得到良好的教养以便缔结一桩富有的婚姻。后来，其父经营失算破了产；可是，日子还得过下去。这时，艾梅·戴斯克雷出落得美丽动人，有较好的音乐素养；她本可以成为歌唱家；可她认为，演戏更容易取得成功。她进了艺术学院，但并不太用功；会考时饰演《费加罗的婚姻》中伯爵夫人的角色，没有得到任何奖励。她身材苗条，惹人喜爱；一双美丽的眼睛，漫不经心地朝评判团成员东瞧西瞅，显然缺乏感染力。蒙蒂尼当时看她长相不错，便把她招进了吉木纳兹剧院，打算试用她在《半上流社会》里充当罗丝·舍丽的替角，但没有成功。她似乎在说："我不知道来这里干什么。"观众、剧作者和同事们都不捧场，激怒了这个被宠坏了的小女孩。她于是离开吉木纳兹，跑到了伏德维尔剧院。后来又赌气自暴自弃，竟然沦落到穿上紧身衣，在杂耍剧院的舞台上，参加裸露的表演。

　　这时候，她芳龄二十三岁，魅力无穷，追求之人不在少数。她决定离开剧坛，靠崇拜者供养。有那么多男人愿意替她花大钱，代价只是讨他们喜欢；既然如此，又何必费那么大劲，苦了自己，又红不起来？于是，情人一个接一个；大家乐于引用她所说的话；艾梅居然成了巴黎最具才思的女子之一。一八六一年，罗丝·舍丽离开人世，这似乎给了她一个重返剧坛饰演大角色的机会；然而，她对艺术已经冷漠，无所谓了。她热衷于周游列国，从巴登到佛罗伦萨，从斯帕到圣彼得堡。许多摩登女子羡慕她；然而，每次短暂的艳事之后，她那洞彻世事的美丽大眼睛似乎都在说："不，我要的还不是这个。"一次，吉木纳兹的艺术家们组织化装舞会，艾梅化装成公共食堂女管理员；她在舞会上见到了扮成小丑的小仲马。化装舞会气氛不热烈，两人都感觉玩得不够痛快。小仲马对艾梅的印象是：长相风度都引人注目，神态有些冷漠，还有些迷惘，似乎若有所思。"她的神情像故事里的公主，"小仲马评论道，"一时没有交上好运，正在等待一位王子来解救呢。"

她则对小仲马说："我有过快慰，有过欢乐，但从未得到过幸福。"

二十五岁上，她碰到一次危机，想进修女院。"一位显然不懂迷途羔羊喻意的神父，一口拒绝了我，说我不配住进主的房舍……"[1]那些阔绰的保护人肆意妄为，使她产生了厌恶感（这与从前的朱丽埃特·德鲁埃及玛丽·杜普莱西完全一样），她于是决定重操旧业，再当演员，以便获得独立地位。回到剧院，她需要忍气吞声，甘于寂寞，耐心听话，给小角色就演小角色。即使这样，过去失败的纪录还要长时间跟随着这位女演员。人们不把她当回事。没有人伸出手来。怎么办？到外地巡回演出？一个戏班班主，名叫梅纳迪埃，把她带到意大利，将小仲马戏中最好的女角交给她演。贝尔顿的母亲给儿子写信时提到："梅纳迪埃剧团给我们带来了这位漂亮的戴斯克雷。你不会相信，她的进步有多么了不起……"戴斯克雷演戏时分寸掌握得十分准确，这是因为她现在有了心情痛苦的感受。她相貌迷人，风度出众，风趣大方，又颇具才华，因而不仅在艺术方面，而且在社交方面，都取得了很大的成功。当年大仲马在那不勒斯追随加里波第红得发紫的时候，也曾向她"张开双臂，敞开心扉，打开大门"。

---

[1]　此信引自小仲马：《戏剧全集》，第5卷。——原注

艾梅·戴斯克雷致小仲马：我向那不勒斯人介绍了您所创造的所有可爱的女性人物；人们把我捧上了天。我们常常谈到您；我打心眼儿里感谢您，我所得到的这些好事，都应当感谢您 [1]……

从一八六四年到一八六七年，她在意大利一边不懈地工作，一边继续过着相当放浪的生活，并且继续寻找她的"王子"，一名能够解救她的男人。然而，藏在她内心最隐秘的愿望与她的生活方式之间，有一道鸿沟越来越深。一八六七年，她的经纪人带她到了布鲁塞尔，在圣于贝尔长廊剧场重新上演《狄亚娜·德·利斯》。小仲马那时正好也在布鲁塞尔，在花园剧场排练《女人之友》。戴斯克雷便写了一封信，要求小仲马来看她的戏："人们到处都说我有了进步；可是，只有您也这么对我说了后，我才会相信……"小仲马去了，更多是出于礼貌而非好奇，同时也没抱什么希望。然而，女演员出场还不到五分钟，他就惊愕地发现，这是一位大演员。她的"声音有些怪，带拖腔，有鼻音，使人想到阿拉伯人歌唱的腔调"。这声音乍听似乎单调，听着听着，就感到有味了。她身材苗条，腰肢灵巧（她不穿紧身胸衣）。眼睛又大又黑；面部表情可以在转瞬之间从柔情蜜意变成疯狂暴烈；面颊"即使化了装，人们也能猜到，有某种内心的痛苦使其颜色永远苍白；肩膀瘦削，胸部几乎是平的；总之，她属于那一类女子：所有的女人都会说她丑，然而一到她跟前，所有的漂亮女人都会黯然失色……"[2]

小仲马前去向她表示祝贺；回到巴黎后，又立刻告诉蒙蒂尼，应当尽快把戴斯克雷聘到吉木纳兹来。蒙蒂尼则有所保留，觉得仲马谈论这个女人，就像谈论又出了一个多瓦尔；而他本人作为剧院的经理，当初对这位女演员的印象并不好，至今仍然没有忘记！他表示同意聘用，但条件相当苛刻。小仲马请求戴斯克雷答应下来，同时许诺为她写一部新戏。她回答说：巴黎令她生畏；而在国外，她却受到喜

---

[1]　此信引自小仲马：《戏剧全集》，第 5 卷。——原注
[2]　亚历山大·小仲马：《婚礼上的来客》笔记，见其《戏剧全集》，第 5 卷。——原注

爱与崇拜；在国外，她演戏可以遂心所欲，既没有人监督，也没有人指责。她还说，她喜好无拘无束的生活，更何况巴黎人会认为她又丑又傻，等等。

　　小仲马致艾梅·戴斯克雷：您既不老，也不丑，更不傻；您是一个女人。就是说：神经过敏、反复无常、犹疑不决。您刚做完一件事，心里就打鼓，说不清此事究竟应不应该做；然后，好奇心又使您产生新的感觉，其结果又和前次完全相同。您现在正处于心里打鼓、不知到底该不该进吉木纳兹的时候；这时候，要是有人给您提供一个借口，叫您改变初衷去做另外一件事情，您可能也不会生气。在这件事情上不要依靠我。既然我们两人已到了推心置腹地谈论事理的地步，那就让我们一直谈到底；而且您要弄清楚，为什么我对您这个人以及您的才能感到兴趣。您非但不老而且不丑，正好扮演我戏里的这个角色或者任何别的角色，而且您作为一名有十年舞台经验的女子，现在刚好到了火候，可以而且应当成为一位艺术家。您内心不时感到悲伤，是因为您正经历生活中的一个阶段；在这个阶段中，人们已经更多地往后看，而不太敢于向前看；于是，您就七上八下地捉摸：是否您的本能、您的趣味、您的聪明才智、您的心灵，在召唤您撒开已经从事的工作，去另辟蹊径；做一个漂亮女人，到这里或那里去演戏，有一个或几个情夫；第四幕结束后被掌声请出来谢幕，展示自己形体之美的同时，又把自己的心灵紧锁起来，直到有一天找到一位值得您为他敞开心扉的好人。但是，这样的好人永远也找不到……这样的日子可以在假象的掩盖下过上一段时期，由外在的变动来代替真实的生活，但是它绝不可能一直持续下去。等到某一时刻来到（您现在就处于这样一种时刻），回首审视走过的道路，对自己说："这又何苦呢！"在走过的道路上，已经多次见过形形色色的人倒下去再也爬不起来；而自己到这时似乎感到这身行头过于沉重了；当年有希望办到的事，现在想起来没有办成又感到十分遗憾，失望之余大声呼喊："太迟了！"然而，正是在这种时刻，真正锻炼有素的性格就要重整旗鼓，就要改变自我，求得再生；这是一个蜕变的时期，一个改弦易辙的时期……

那么，对您而言，不应满足于当一名二三流演员，在国外或外省跑码头，在些不登大雅之堂的戏园子献艺，靠从巴黎剧院的餐桌上撤下来的残羹剩饭填饱肚子。这样可不行，您要在一个固定的地盘上站住脚跟，成为聪明而又自信的艺术家。这样，当您碰上一部好作品，从中探索到了自己个人的体会与内心的感受，就把一颗鲜活的心掏出来献给观众，等观众享用完之后，您再把它完完整整地收回来，以便下次再度创造角色。这当然还不是我们内心深处曾经梦寐以求过的那种幸福，也不是绝对的良策，然而已经不再是随波逐流的无奈之举了。我们就是这样对人类的心灵、精神、感受、热情与高贵的向往施加影响的。当然，我们拿出的是某种随着时间流逝的、抓不住摸不着的东西；然而，它像一道阳光、一滴雨水，应时而至，在未来是会产生效果的。如果一个人爱上某人，他一定知道自己到底想要什么；如果一个人被人所爱，他会感觉到，这并非是因为自己像一具活尸，能给予另一具希冀繁衍生殖的活尸或多或少的快意。您可能没有料到我会来这么一段小小的说教。我之所以对您讲这么一通，是因为我相信您能够理解并且有足够的肚量接受我的意见。您现在正处于这样一个关头，善自为之吧，不要错过。还可以说，您是在一个车站上，有好几条始发的路线；您要选择正确的路，正确的路就是我向您指出的那一条。这样，当您真正老了的时候，您会感谢我的[1]……

这段长长的独白，具有那么一点德·利翁先生或者奥里维埃·德·雅兰的高傲与自信，因而颇具色彩。起码底色是真实的。戴斯克雷听从了他的意见，从佛罗伦萨回来，去拜访蒙蒂尼。蒙蒂尼相当失望，对小仲马说："您推荐的这个女人，到底是怎么回事？她来剧院找我，身穿灰绿格子的毛料连衣裙，外披一件皱皱巴巴的带风帽大衣，一副诺曼底农妇的打扮……您说说看！我真担心。怎么能让

---

[1]　亚历山大·小仲马：《婚礼上的来客》笔记，见其《戏剧全集》，第5卷。——原注

她主演《狄亚娜·德·利斯》和《沙沙作响》这两出戏呢？""别急嘛！"仲马回答道。"您会改变看法的。"他没有说错。戴斯克雷可以说是一炮打响。小仲马看了几场排练之后，便回普伊去了。戴斯克雷给他写了热情洋溢的信，请他参加预定在一八六九年九月一日的首次演出。

艾梅·戴斯克雷致小仲马：星期三，吉木纳兹将上演一出好看的戏。天气阴沉，是去看戏的好天气。另外，还宣布推出一名小小女演员，各报刊剧评家一致认为她温柔可爱。似乎她有一条音色优美的好嗓子。看过她的戏，人们还想回来再听。这是真的吗？去普伊看您并把这封信捎去的那位先生答应我，一定要把您带回来。这位先生是否认真履行了他的诺言？亚历山大·小仲马先生，我爱您。

您的小小女仆

艾梅·戴斯克雷[1]

小仲马没有来。她便写信禀报：

啊，总算演出了！我穿着五颜六色的漂亮衣裙，头上戴着羽饰，完全像个训练有素的小狗。剧场爆满……整个晚上，我不时摸摸脉搏，看看是不是跳动加快了。结果脉搏正常，非常平静。既不着急，又不害怕，也不特别高兴，总之跟平常一样。似乎刚刚开始，不知怎地一下子就结束了。真够难为我的了！最后，经理对我说："演得不比罗丝差。"这评价可不低。他希望我立即签字延长合同……总而言之，蒙蒂尼先生会写信给您的，因为我这个人实际上什么都不懂，只知道跟您谈话有无限快乐之感；您是听我忏悔的亲切神师[2]……

---

[1] 这两封信发表于小仲马的《婚礼上的来客》笔记，见其《戏剧全集》，第5卷。——原注
[2] 同上。

重演《狄亚娜·德·利斯》使她的成功变得确定无疑。批评家们都说："变化真大！她现在是个角儿啦。"大家赞扬她语调准确，常常有出人意料的魅力表现出来，演技无懈可击。这是因为她下过苦功，生活中经历过许多急风暴雨，还因为她的艺术修养足以使她"展示自己对生活深入的理解"。小仲马为自己慧眼识人而感到自豪，真的当上了她的神师。而她的本意并不是到此为止："我是如此地爱您，而且时间已经那么长久……"可是，小仲马有所顾忌，害怕这种出自感恩的爱情最后会生出误会，反目成仇；他执意把两人的关系维持在一种亲切的友情范围之内。她非但不生气，还感激他能把持自己，拒绝拿她当情妇，又保持了朋友关系。"事情安排得这么妥帖，多叫人感到幸福呀！要是把我这个老太婆可怜的病弱之躯献给您，我是不会感到丝毫欢愉的；我巨大的幸福在于：我全心全意地爱着您……"[1] 这个"老太婆"此时只有三十岁。

她并不幸福。请看：

那几个痛苦的年头，我表面上规规矩矩，实际上是出卖色相；自从逃脱这一苦役之后，我就没有什么可抱怨的了。在这种情况下，有多少女人会感谢上帝呀！我现在身体很好；演出场场爆满；鲜花和喝彩使所有迷恋戏剧的人身牛头怪物[2]们吃得肚满肠肥。其实，我倒是无所谓……然而，无论如何，这一段相对的幸福，这一段无忧无虑的日子，我目前这种不依靠别人的独立境况，完全应归功于您……所以，不管您在乎不在乎，我觉得在这世界上您就是我最喜爱的人了[3]……

只要小仲马愿意，他本可成为她的"王子"。然而，如果说他对任何爱情都抱有戒心的话，他更不相信剧作家和女演员之间会有真诚

---

[1] 信件引自小仲马的《婚礼上的来客》笔记，见其《戏剧全集》，第 5 卷。——原注
[2] 希腊神话中饲养于克里特岛上迷宫里的怪物。米诺斯国王把雅典进贡的少男少女送给它食用。
[3] 这两封信发表于小仲马的《婚礼上的来客》笔记，见其《戏剧全集》，第 5 卷。——原注

的爱情可言。"走完我整个艺术生涯，也不可能撤消这条禁令。"他认为：在戏剧界当然不乏正派的女子；也有的女演员爱上了军官、金融家、运动员、演员，但是在剧作家和女演员之间却横亘着一种职业方面的不相容。女演员太需要剧作者的支持，以致如果他们真的好上的话，女演员难以肯定自己爱得就是那么真诚。至于剧作家，他不知多少次看过女演员们"表演"痛不欲生的样子，引得大厅里一片唏嘘，同时还在低声和同事们开玩笑。这样，把他在提词厢里"调控"过的情感表露搬到自己的隐秘关系中来，他又怎么能够当成真诚自发，而认真对待呢？他在女演员身上所应当激发的，不是内心的激情，而是才智的运用。只有在这个圈子之外，才能找到清白无邪与真挚的友谊。

戴斯克雷乐于把种种涉及她与小仲马关系之事构筑成一部长篇小说；而小仲马则仅仅把她看成是一个才华尚待挖掘的女演员，这当然还有待于他在这个女人身上进一步去发现与发扬。他把戴斯克雷推荐给友人梅拉克与哈勒维，以演出一部分量不重但很动人的戏，名叫《沙沙作响》。在这出戏里她又取得了惊人的成功，为此她写信向仲马表示感谢：

> 我亲爱的老天爷，您知道我在哪些方面受恩于您吗？首先，我是您所发明出来的；其次，当我屡次陷入失望的时候，是您支持了我；是您重新赋予我尊严与自重。我就像那位可怜的埃及妇人玛利亚[1]，在付了渡船的钱之后，摸索寻找着自己的道路。在我摸索的过程中，是您给我指明道路，是您给我指出目标；又多亏了您，我这才达到了目的。不少人，包括您在内，说我发了财。我真不知道这种无稽之谈来自何方。我这个人能够发财！这是不合逻辑的。像我这样一个女人能挣什么大钱？男人是不会白给钱的；当然，有的女人善于叫男人掏腰包。而我，我没钱，我并不隐讳这点。蒙蒂尼先生刚刚给我寄来第三份聘书，条件非常优惠。从此可以不再发愁，不必再过修女院式的生活了。我自

---

[1] 原为淫荡女子，后悔悟敬畏上帝。一次去耶路撒冷朝圣途中，为了凑足船钱，又在船上出卖肉体。

已挣饭吃啦！因此，我爱您，并请求您成全我，让我爱您吧；这是因为，在每日的面包得到保证后，在肚子可以安安静静地睡觉的时候，肚子的邻居，那颗可怜的心，就要经历危机了。工作这么重，每晚消耗这么多精力，可并不能使这颗心困倦，反而弄得它兴奋不已。爱情的冲动一阵一阵地往脑门上撞，使我全身飘飘然，有时候这些冲动又停留在嘴唇之上。我需要温存与爱抚，而这种需要又使我胆战心惊。这一瘦小的身躯包含着令我窒息的无穷财富。给谁好呢？谁愿意要呢？很可能没人识货。您常对我说："这些人配不上您。"这话我相信了。接着又责备自己孤傲、矜持，打算降格以求，随便委身于一个男人；可是，我又及时想起了您的嘱咐，立即恢复了自持。我终于很快要同您见面了，您会支持我的，因为我无愧于您给予我的恩惠，而且我也愿意今后仍然保持下去[1]……

在演出的间歇期间，这位出了名但很孤独的女子住在乡下；陪伴她的只有她养的鸟儿，以及那条卷毛猎犬，还有就是老女仆塞扎琳娜。她心情苦闷，感到无所事事，渴望委身于人。她请求仲马，给她力量和意志。仲马的回答是：

今天，您作为一个具有独立地位的女人，忍受着这种女人的处境必然会带来的后果。这种处境对女人来说，是各种处境里最为艰难的。女人生来就是为了驯服与顺从：先是父母，接着是丈夫，后来是子女，总之永远有解脱不了的义务。一个女人，或者受个人冲动的驱使，或者由于周围环境的坏影响，而离开自身的天职，当她一旦做出放肆之举而她又生来具有劣根性的话，那么这个女人就会越来越堕落；要是她的器官无力抵御放荡生活的消蚀，那她就会走向死亡。如果她只是一时失足，或者性格软弱，到了一定时候，她就会感到自己另有使命需要履行，她就会在逐渐往下滑的过程中看

---

[1] 此信发表于亚历山大·小仲马的《婚礼上的来客》笔记，见其《戏剧全集》，第5卷。——原注

到无底深渊而产生恐惧，这时候她就会呼喊救命……

……女人们处在您目前的状况下，都会这么想、这么说的。只要在她伸手可及之处或在她目力所及的范围内看到一个与其他人不完全相同的男人，此人由于她们兴奋过度而被想象得过于高大，她们就会叫出来："就是这个人！他就是我的救星，我的弥赛亚。快来救我！快来救我！"……我这个人既不是傻瓜，又不是上帝，因而也就当不了您的情人，也当不了您的救星。您想要个孩子；幸亏您不能生育，因为这对您来说可能是一次短暂的消遣，而对孩子来说则是巨大的不幸。孩子会长大成人的，这一点女人们在想要孩子甚至在怀上孩子的时候是从来不加考虑的……您不能生育，这是再好不过的了。这样，您就不会叫一个恶人或者一个不幸的人见到天日……

那么，您还有什么事情可干呢？您可以充分利用您已经打开的局面。您还年轻，您又漂亮；您精力充沛可以支配……您的声音独具魅力，别人无法比拟；您才思那么敏捷。那就显示您女性的妩媚吧，竭力显示您的魅力吧，这对您将是一种消遣，一种维护，一种报复；此外，您既然有真才实学，那就投入工作，拼命干吧……要利用好您的独立地位以便永远不出卖自己；同时，要好自为之，尽量不要再委身于人……

最后我还要说，亲爱的孩子，人是不会改变的；人只能充分利用自己、发挥自己。那您就发挥自己所有的长处，也善自处理自己的短处吧……要当一位大艺术家，就是说要做这样一个人：把心放到头脑中，把灵魂送进声音里，同时像演奏乐器那样把人类的情感都得心应手地表现出来。您可以继续按照您自己的说法做一个"华贵的女子"，同时在同聪明之人的交往中不断使自己更加老练成熟；您应当生活在这些人的圈子里。总而言之，不必设法变成卢克莱修[1]或玛德莱娜[2]。满足于白天做尼

---

[1]　卢克莱修（Lucrèce，前98—前54），古罗马哲学家、诗人。所著《物性论》在古代和中世纪被列为禁书。

[2]　玛德莱娜（即"抹大拉的马利亚"），系《新约圣经》人物。为耶稣的女信徒之一。耶稣曾治好她的病。耶稣被钉死时，她是站在十字架旁的人之一；她又是耶稣复活的见证人。

农 [1] 夜晚当拉舍尔，这样干就已经相当漂亮了 [2]……

这并不是一个好的劝告，然而根本就没有好的劝告。谁也不知道别人应该怎样立身行事；谁也无法把某种生活模式强加给另外一个人。有时候，榜样可以改变人；但是，一个年纪不轻的作家不可能给一个烦闷难耐的年轻女子充当榜样。后来，她又回到了魔鬼的怀抱里；这次的魔鬼是"最上流社会"的一个男子，身材高大，须发金黄，留着小胡子，气宇轩昂，精力充沛。

　　戴斯克雷致小仲马：我温和的神师，我不再是天使了……现在我才知道，贞操同我从事的职业是无法相容的。还有，真的，我以前长得太瘦了……

温和的神师在回话里充满教诲式的慈爱，当然也不乏口才与说服力；维克多·雨果碰上这种情况，也会这样做的。

　　小仲马致艾梅·戴斯克雷：啊，可怜的灵魂，看你挣扎成什么样子！……你要笑笑不出来，而你更加想哭；你当然知道，这一切都是不对的！……你将折断翅膀上刚刚重新长出来的一点羽毛。你还煞有介事地想进修女院呢！这又何必呢？在那里你是呆不下去的。何况，只要心诚，修女院到处都有。真正的修女院，乃是自尊、自重。不需要设置栏杆，不必插上门闩，可以不摆忏悔厢架，甚至也不需要神父。你委身于一个男人，可你又不爱他；你嘲弄他，似乎这样就能原谅了自己！对他至少要有所爱恋才行；只有爱才能使你的床铺散发香气，否则就会充满腐臭；没有爱，你会被熏得头晕眼花；于是，一天早晨醒来之后，不知如何从那一摊污泥浊水里走出来，你就会写上一封漂亮的信，诉说

---

[1]　尼农·德·朗克洛（Ninon de Lenclos，1620—1705），法国美艳女子，在上流社会有许多情人；她天资聪颖，文化修养相当深厚，能谈论哲学等方面的问题，其沙龙吸引了许多著名人士，在社会上有一定影响。

[2]　小仲马：《婚礼上的来客》，见其《戏剧全集》，第 5 卷。——原注

自己理想多么美好而终未得以实现；然后，就一死了之，饮恨而亡。这将是一种结束，或者说也许是一种开始[1]……

在这之前，朱丽埃特·德鲁埃也曾听到过"我的重新长出翅膀的天使"这样的话。

这双翅膀不可挽回地萎缩了；仲马也不再关心戴斯克雷这个女子。再加上战争爆发，父亲去世，他有好几个月与巴黎隔绝；直到一八七一年十月，才又把一出独幕剧交给她扮演。这位女演员把这出戏叫做"小奇迹"；直至今天，此剧仍然对观众保持着一定的吸引力，它的名字叫作：《婚礼上的来客》。这个剧本体现了小仲马最强烈的感受，可以用下面这句话来概括："私通能给人留下的唯有女人的怨恨与男人的轻蔑。那么，既然如此，何必还要这么干呢？"后来，亨利·贝克[2]在《巴黎女子》一剧中，所要表达的，大致也就是这么个意思。在一个风气败坏的社会里，小仲马视作唯一爱情方式的专一的爱情，被认为难以置信并且滑稽可笑。在这样的社会环境里，坚持这样一个论点，是需要一定勇气的。当时颇有影响的评论家弗朗西斯克·萨尔塞就提出了异议；他接过小仲马的问话回答道："何必还要这么干呢？咳！那是为了寻找快活与幸福，半年、一年、十年，多长时间都行。"他赞赏剧作家文笔老到、表达有力，同时又责备他的犬儒主义："他的缺欠在于，他不爱女人们，或者可以说，他不爱女人。对他来说，女人不过是解剖的对象……这样冷酷无情，简直像条上吊用的绳子。"

这一诊断是正确的。小仲马不喜欢女人：他怜悯其中一些的同时，对另一些又严加斥责。至于女演员，他认为只不过是角色的扮演者。对他来说，要紧的是深入了解女性，以便从女演员嘴里掏出不同场合所需的不同语气与声调来。戏剧真是一门奇异的艺术，它像个乐队，乐器是一个个活生生的人；它像块调色板，上面的颜色都在跳动、颤抖。在《婚礼上的来客》中，女主角莉迪娅的情人离她而去，

---

[1]　小仲马：《婚礼上的来客》，见其《戏剧全集》，第5卷。——原注

[2]　亨利·贝克（Henry Becque, 1837—1899），法国剧作家。他的剧作多描写与讽刺第三共和国初期资产阶级社会的现实生活。

与另一个女人成婚；这位情人婚后又找上门来，准备同她重修旧好，来欺骗自己的老婆。对于这一卑怯的行为，莉迪娅感到非常反感。在舞台上，她掏出手帕扇风，像是要把污浊的空气赶走，接着擦了一下嘴唇，便把手帕扔到桌子上，嘴里喊出一声"呸！"。然后又说道："唉！要是咱们事前就能知道我事后才了解到的这些情况，那该有多好呀！……呸！……让我摆脱这位先生，好不好？让我永远不要听到有人谈起他，让我就当他是个死人，让我压根儿不知道还有这么个人曾经活在世界上！我要去凉快凉快……真想不到，过去那么爱他，现在他竟让人那么看不起……"[1]

这一声"呸！"，在排练当中，戴斯克雷说得总是"轻飘飘的"。小仲马则不肯放过，非坚持要她到"内心深处"去找出他所需要的那一声"呸！"来。她不肯顺从，因为她感到，这对她来说不啻是一种生理上的震荡。

有一天，她只找到了"演员"的感觉，而"女人"的感觉却无论如何也上不来；于是，我和她便进行了一场硬碰硬的较量。她害怕语气一旦按照我的要求改变后，排完戏一整天就会陷入一种难以忍受的状态，因而她耍小聪明，千方百计要避开。我却不肯放过，硬逼着她把我需要的那声喊叫从我所知道的那个地方拉出来。她拖着疲惫的声音，无可奈何地对我说："喏，给您，您要的喊声。您知道它是从哪里发出来的，是吗？可是，这么一来，您就跟杀了我一样！"我回答道："只要演出成功，这又算得了什么？"听了这话，她瘫倒在椅子上，似乎马上就要昏厥过去。两只手捂在心口上；过了一会儿，才张口说道："还是他对，就应该这样对待我；要不，我将一事无成……"[2]

被剧作者拉出来的那一声喊叫为女演员赢得了三阵雷鸣般的掌声，并把她在演出中途就请出来谢幕。两人心里都明白，这声威严的

---

[1]　小仲马：《婚礼上的来客》笔记，见其《戏剧全集》，第5卷。——原注
[2]　小仲马：《婚礼上的来客》笔记，见其《戏剧全集》，第5卷。——原注

"呸！"究竟是从哪里发出来的。它来自对过去一段经历的厌弃与谴责；它来自对跟她不相匹配的男人们的憎恶；它来自一个枯萎的灵魂在凋谢中挣扎而又无法摆脱的痛苦。戴斯克雷部分由于自己的过失，曾经"饱受屈辱、玷污、欺凌与伤害"。她现在终于运用这段历史，创造出了一件艺术作品。然而，光有过去的苦难还是不够，要是不下苦功也不会有今天的局面。那声喊叫找出来了，还要下功夫才能使它定位。戏剧艺术必然包含一门残酷的化学，一门以心灵来喂养技艺的化学。

　　埃德蒙·阿布致小仲马，一八七一年十一月十日：啊！我的朋友，您是一位多么了不起的艺术家！我曾反复读过这个剧本，但是并未真正理解；真正的戏剧作品只有搬上舞台才能显露出它的真面目，这话说得太对了！手稿当初使我着迷；这次演出却震撼了我。这位戴斯克雷，我是第一次见到；乍看上去，显得难看、干瘦、俗气，是个粗野的姑娘。然而看了一会儿，她就不再是她本人，而变得高大了一千倍，好看了一千倍，灰色裙袍虽不鲜艳，整个一出戏却演得有声有色……
　　我的妻子和我两人独占了一个楼下包厢，像一对自私自利的人，不愿同那些无动于衷的观众分享这样一场演出给人的激动。走出剧场的时候，我们惊愕得不知说什么才好。亚历克斯开口道："你的朋友安排了一场一千五百人的走钢丝舞会。现在想起来还真有点后怕：我们怎么就没有跌下来摔断脖颈。我倒是无所谓，很高兴能来看一看。"至于我自己，我还没有做出判断，也没有仔细思索；我只感觉有一股什么思想的淋浴冲到头顶上，甚至说碰上一场倾盆大雨也不为过，但一下还弄不清楚是怎么回事。这当儿，我只是尽情地享受着无私的欢乐；这是正直的人在遇到比自己、比大家都强的头脑时所感受到的那种欢乐；这样一个出众的头脑，大自然每五十年才能塑造出一个来[1]……

---

[1]　国家图书馆手稿部；编号：N. A. F. 24636, folios 1–3。——原注

这封信定下了主调；一八七一年，小仲马被视为是正确无误的。他自己也感觉是在履行某种神圣的职责。当时有位颇受欢迎的女画家，名叫玛德莱娜·勒迈尔，对待自己的感情生活十分轻率，小仲马写信给她，严厉得令人难以置信。

　　小仲马致玛德莱娜·勒迈尔：在我认识的女人里面，您无疑是从道德意义上讲最应该值得同情的人当中的一位。您的来信又给我添加了一个新的证明。您拥有太多的男性智慧，以致那些使大多数妇女心满意足的东西却无法使您得到排遣；与此同时，您那割不断的女性又使您无法绝对地舍弃掉这些东西。结果就是：您对女人怒气冲天，感觉——或者说是认为——她们比您活得幸福；另一方面，您又怨恨男人，怨他们不懂得给您送上您自认有权得到的幸福。

　　由此就产生了您内心的苦恼，它通过您漫不经心的开怀大笑，在您身上表现为讥讽与嘲弄，有时候还表现为与您如此高雅的才智并不相称的诽谤与中伤。大自然作为补偿，已经给了您非常出众的才思，无比广阔的视野与十分敏锐的感知。人们可以和您谈论任何话题；您能够理解一切，尽管您还没有达到取舍自如、为我所用的境地。您是位艺术家，彻头彻尾，一直到您那双纤纤素手十指顶端。您不懈地工作，为的是不陷入失望与放浪的境地；其实，后者只不过是肉体的失望罢了。您一定做过不少尝试，所尝试的那些事情无不叫您恶心与厌烦，某一时刻它们似乎向您许诺过的一切丝毫没有存留下来。简而言之，您正处在十字路口，或者说是在树林里人们称之为"星形交汇点"的地方；您脚下有十条路通向四面八方，就像车轮上的辐条从车轴向轮缘辐射开去，轮子转得再快，它们也不会碰到一起。

　　您的才华、您的工作习惯，不可能让爱情在您的生活中占据突出地位。但是，爱情存在于人类的本性之中，是位主宰。它像凯撒那样，宁可当一镇之长，也不愿到罗马位居次席。只供消遣的爱情不是爱情，那仅仅是风流艳事。这方面您并不陌生，当然知道风流过后，在心灵上会留下什么样的腻烦与空虚。您不可能再像真正恋爱着的人所希望做到并应当做到的那样，把自己的灵与肉完完全全地交出来，身心自如，真情表露。您对社会的承诺迫使您只能零敲碎打地去爱，要选一定的时间、一定的场合，还要有所克制。您的才智，不时还有您的尊严，都告诉您：这么干不但得不到满足，而且还有不正派之嫌。如果您真是欲火中烧，这种东一榔头西一棒槌的做法也未尝不可，只要有机会就不断地去敲打敲打。然而，您现在又不是这种情况，所以您感到烦闷，这是没有肉欲需求的女人所特有的焦躁。

既然如此，还有什么可以支撑您的生活呢？多在智力方面努力，再少来一点情感。应该给这二者哪些具体内容呢？给前者以工作，将后者放在孩子身上。这就是我过去劝您把心思放到画画和照顾女儿身上的原因。这样一来，您的生活很快就会获得一种您从未领略过的严肃性；您的笑声不但不会消失，还会笑得更加真诚、更加欢快……您定会跻身于时代精英之列。那样您就更加受人尊敬了。到那时候，您肯定会遇到一个男性坚固的友谊，来补足像您这样一个女子的命运。这种友谊会使女性升华，升华到您身边俯拾可见的愚蠢与庸俗行径望尘莫及的高度；今天，这些愚蠢行径与俗不可耐之事仍在困扰着您，使您不知如何是好。

漂亮的朋友，这就是我对您的意见。可能您会觉得过于严肃；但是我针对您所提出的这些意见无不来自生活的教诲，来自生活教给我的千千万万件事情；这些教诲，我不时用来为我所钟爱的人效劳，其中也包括您在内。[1]

这种傲慢而又多情的生硬口气倒没有引起女悔罪人的不悦。

---

[1]　此信未公开发表，由西蒙娜·安德烈-莫洛亚收藏。——原注

第二章 从《乔治王妃》到《克洛德的妻子》

　　法兰西新近遭受的种种苦难加强了小仲马身上启示录式预言家的分量。他俯身注视着巴黎"这口已呈熔解状态的炼人坩埚",看到一只七头十角怪兽从城市的沸腾中爬了出来,"乳白色的前爪抓着一只金瓶,金瓶里装满了巴比伦、所多玛[1]及赖斯博斯[2]的恶行与污秽……在它所戴的十顶冠冕的上方,有形形色色的亵渎神明的词语;其中最大的一个词,闪闪发光,特别引人注目,这个词乃是'卖淫'……"[3]世界上大多数人都死抱住一个固定的想法;对任何疾病每个医生都自以为作出了新的诊断。小仲马也不例外,他把巴黎公社及两个省[4]的丢失归咎于卖淫这头怪兽。这头怪兽早就一步一步地破坏着道德、信仰和家庭,以致造成了今天的灾难。

　　一八七〇年,小仲马开始构思一个剧本,写一位爱国、正直的学者被他不守妇道的妻子所背叛;这个淫乱的女人不但败坏了他的名誉,还偷窃了国家机密。由于她各方面都像是麦撒利娜[5]再生,其夫当然就要取名为克洛德,妻子取名凯撒琳娜,全剧的题目便成了《克洛德的妻子》。结局当然掌握在伸张正义者的手里。就是说,必须由男人出来击毙这头怪兽,由丈夫亲手杀死妻子。然而,小仲马刚在

---

[1] 《圣经·旧约》中的一座城市,因其风俗败坏而毁于大火。
[2] 小亚细亚沿岸、爱琴海上的一个岛屿。公元前五六世纪,岛上城邦经济繁荣,风气放荡,妇女行为不受约束。现今西方语言中"女同性恋者"一词,即源于此岛之名。
[3] 小仲马:《致居维里叶-弗勒里的信》,载其《戏剧全集》,第5卷。——原注
[4] 指普法战争后割让给普鲁士的阿尔萨斯与洛林两省。
[5] 麦撒利娜(Messaline, ?—48),罗马帝国皇帝克劳狄的妻子,以淫荡和专制著称,公元四十八年被刺杀于罗马。"克劳狄"在现今法语中拼读为"克洛德"。

一张白纸的上端写上："第一幕，第一场"几个字，脑子里又突然显现出一个截然相反的剧本梗概：一位无可指责的女子嫁了个性格软弱的男人；此人后来迷上了一个行为不检点的有夫之妇；后者的丈夫发现妻子有外遇，便发誓与奸夫不共戴天。乔治·德·比拉克王妃（该剧女主角）知道戴尔蒙德伯爵（受到损害的丈夫）藏在暗处，等待着野汉子走进他妻子的房间。王妃只要一声不吭，让比拉克前往与死神相会，她就能够报仇，而不用担任何风险。真是一桩永远查不清楚的谋杀案！

可是，她选择了另一条路：挽救自己有罪的丈夫，并准备原谅他。

这出谴责男人通奸的戏，小仲马只花了三个星期便告脱稿。戏中两个美丽的女性角色，一个是乔治王妃塞维利娜，由戴斯克雷扮演；另外一个是行为不端的女子希尔瓦妮·戴尔蒙德，扮演者为布朗什·皮埃松。皮埃松是个迷人的黑白混血姑娘，出生于波旁岛；她美艳夺目，令每个男人都为之倾倒。英俊的费希特对她更是情有独钟，一直悉心指导与提携。赛马俱乐部的成员也集体前来，为她捧场。在排演《乔治王妃》之前，仲马一直认为她不过是个精明的演员，尽管相貌出众，却才气不足。而在此剧中，她把小仲马笔下那永恒的女性演得惟妙惟肖，一下子成了"面带微笑、大胆泼辣、不动声色的冷酷女性"之化身，成了女人们看后谁也不会心甘情愿地承认的女性形象。

　　看过皮埃松小姐演这出戏的人永远不会忘记，她上场时那光彩照人的亮相：满头秀发像交错编织在一起的道道阳光；清秀的眉弓下面，一双泛着中国青花瓷色彩的蓝眼睛，带有金属的反光，像闪电映在冰封的池塘上面，发出亮光；鼻子纤细，高高的鼻梁，使人想起塔那格拉[1]的小人像……裸露的双肩上布满了钻石，无论是红宝石、蓝宝石或是绿翡翠都遮挡不住这位神秘美人儿那一身的洁白；她像是用月亮最后几道晶莹的亮光与朝晖最初的红晕揉合而成……再加上那飘逸的步履，音乐似的声音（尽管这声音总是停留在同一个音调上，却使她的嗓子，就像她的

---

[1]　古希腊城市。在其遗址上曾发掘出许多具有高度艺术价值的陶制小人像。

面孔那样，叫人难以捉摸），还有那朦胧而游移的目光，不断地环顾四周，随时在东南西北的地平线上搜寻可能出现的敌人。一旦发现敌人，或者仅仅有所预感，那眼神就变得一动不动，异常锐利，似乎目光落在哪里就能把那一点击穿。我从未见到过，戏里的一个人物与一个活生生的人竟能如此分毫不差地合成一体[1]……

出现这样一个奇迹，应当归功于什么呢？仲马的看法是：布朗什·皮埃松在她完美无缺的外表下面，隐藏着和希尔瓦妮·戴尔蒙德同样的冷淡。且听他的解释：

让我们上后台皮埃松小姐的化妆室去看看……她脱下手套，向前来祝贺的人伸出手臂……您握住这只手，把它送到您的唇边……只要一触碰到它，您就会感到惊奇。到底怎么回事？这只孩子的手，这只皮肤白皙、头发金黄、性格如此快活的美人儿的手，摸着觉得如此柔软光滑，可您稍一用力，它就变得僵硬，似乎要反抗。还不止这样：这只手凉得像水晶。戴尔蒙德夫人不是刚说过，她的手总是如同冰冻一般？可是，戴尔蒙德夫人与扮演这一角色的女演员是两个不同的女人呀。谁又能说得清？至于我，我第一次触摸到这只手的时候，也和您有同样的感觉，便盯住把手伸给我的这位女子仔细端详起来。她明白了我眼神里的含义，一下子笑了出来，接着便对我说："怎么，是呀，就是这么回事！"于是，后来当我写戴尔蒙德夫人这个角色的时候，我马上就意识到，该到哪里去物色扮演这个人物的女子，而且还断定，这个女子定能把这一角色演得"完美无缺"，正如后来我向她本人说明的那样[2]……

在现实生活里，艾梅·戴斯克雷与布朗什·皮埃松之间存在着一

---

[1] 小仲马：《乔治王妃》笔记，见其《戏剧全集》，第5卷。——原注
[2] 小仲马：《乔治王妃》笔记，见其《戏剧全集》，第5卷。——原注

种性质完全不同的竞争，但其激烈程度却几乎与塞维利娜和希尔瓦妮之间的对立完全相同。在两位女演员之间，问题不在于征服一个男人，而在于征服观众。有一次，在小仲马的一出戏里，皮埃松饰演戴斯克雷创造过的一个角色。戴斯克雷便写信来了："亲爱的布朗什，明天你就要演我的角色了。尽量别让人们忘记你的朋友：戴斯克雷。"演出之后，第二天又来了一封信："我亲爱的小布朗什，你可真是个迷人的同伴。祝你好。戴斯克雷。"这一手相当厉害，但又不乏机敏。

《乔治王妃》这出戏是专门为戴斯克雷写的。小仲马在致友人拉乌瓦（国家图书馆馆长、法兰西喜剧院剧本审读人）的一封信里透露了此事；我们还从这封信里得知：剧作家那时候虽然还挺年轻，但已感到病魔缠身。

　　小仲马致亨利·拉乌瓦：亲爱的先生，我正在写一个三幕剧，想您会满意的，还有戴斯克雷夫人。她将借此机会进一步施展身手。这个剧有特色，生动，结尾奇特。要不是头痛病不时发作，连带着所有的副神经、脊柱神经、交感神经，还有别的神经都出了毛病，剧本恐怕早就脱稿了。不过天气很好，非常凉快。过去我对这副骨头架子不注意保护，现在它就起来造反了。总有一天，我会感到眉毛上方有点儿疼痛，接着便一头栽到桌子上，了结此生。到那时，萨尔塞会胡说八道一通，《画报》会登出我的肖像。不过如此而已，还能怎样？

　　还有一场戏没有写出来。真正写起来，也就是一天一夜的事。然而，这二十四小时恐怕需要等上若干天才能敲响。在这段时间内，我要让自己出出汗，以便歇息歇息脑子；还要洗洗冷水浴，以便强壮一下五脏六腑。您可得恭恭敬敬对待我哟。要知道，杜邦路主教有一天写信（此信我已读到）给一位女士，这位女士是他在耶稣基督台前的姐妹；主教在这封信里证实他读过《奥布莱太太的观点》，并说其中有一些精彩的段落！

　　见到阿拉果[1]代我问候他。说到这里，他那一手干得可真

----

[1]　阿拉果当时任大臣。——原注

不怎么漂亮。还是他的那套老路数：对敌人也要以礼相待。于是，十字奖章就不能授予〔保尔·〕沙巴，尽管他去年又有杰作问世，尽管他曾经三次受奖，尽管他这次又提出了申请，而他完全有权利这样做。那么，十字章就只好奖给那位奥尔南的画家[1]了，尽管此人说咱们是坏蛋，把奖章扔到咱们的脸上……不是要鼓励画大作品嘛！要跟他开开玩笑。看在我的面子上，不妨一做。

　　这里大家都好，高莱特眼瞅着长大了。有一天，她对我说了一句很风趣的话。先是我问她："我该立遗嘱了。要是除你以外，我们都不能久留人世，你希望我把你托付给谁？"她想了想，然后对我说："托付给公主。"[2]……

小仲马一直是推崇沙巴而贬低库尔贝的；这是他的偏颇之处。

《乔治王妃》成功了，而在这之后推出的《克洛德的妻子》却失败了。小仲马认为，这是由于观众都是女性，而女性观众不能接受一个怪物当女主角，更不认可克洛德·吕佩尔擅自把持杀人的权利。"观众不喜欢看到妇女被杀……观众依然把女人当作一个小小的弱者，戏一开始应该好生爱护，结尾时应当娶之为妻。女人一时失足，则应当原谅。要是把她杀了，就应该与她一道死去……"[3]戴斯克雷担心凯撒琳娜这个角色吃力不讨好，并向作者直言以告。事实上，这个剧本确实没有什么价值。在一种难以置信的情况下窃取军事机密，本身就有仿效最拙劣的侦探小说之嫌。克洛德这个人物过于完美，而凯撒琳娜又过于丑恶。小仲马在其戏剧生涯的初期，曾经利用了他本人的回忆和自己内心的激情，把成见与现实适当地揉在了一起。而如今，他满脑子装的都是抽象的观点，写的则是些图解主题的戏，剧本内容也就无法同生活现实相吻合了。

　　在《克洛德的妻子》中，他写了一个犹太人角色，此人名叫达尼

---

[1] 指著名画家古斯塔夫·库尔贝（Gustave Courbet, 1819—1877）。库尔贝出生于奥尔南，曾参加过巴黎公社的活动。
[2] 指玛蒂尔德·波拿巴公主。——原注
[3] 小仲马：《乔治王妃》笔记，见其《戏剧全集》，第5卷。——原注

埃尔，一心一意想在巴勒斯坦复兴自己的民族。这个人物并不讨人嫌，然而犹太族观众群起而攻之。他们的法兰西爱国主义非常强烈，特别是在遇上不幸的时候更加容易冲动（他们中间，许多人来自阿尔萨斯）；这批人不接受第二祖国的观念。

> 小仲马致埃德蒙·德·罗特希尔德男爵：一个民族能把人类的道德建立在十小段经文[1] 之上，这个民族真可以自诩为上帝的选民了……我曾想过：如果我是这个民族的一员，我应该承担什么样的使命？那么，我只能有一个念头：夺回我们发源和传统的土地，重建耶路撒冷圣殿……在达尼埃尔身上，就体现了我的这种观点[2]……

这样一来，小仲马就成了犹太复国主义的先驱之一，而且很可能对埃德蒙男爵产生了影响；后者于一九三四年死于巴黎，生前希望死后葬于以色列。

评论界和观众一样，不太欣赏《克洛德的妻子》里那种"复杂的象征主义"。居维里叶-弗勒里是位不无才华的学院派评论家；他在《辩论报》上发表文章，以上天及人类两方面法律的名义，对剧本作者鼓吹杀人严加斥责。小仲马扪心自问：我到底该怎么办？

> 如果我原谅茶花女，我就是为妓女恢复名誉；如果我不原谅克洛德的妻子，我就是宣扬凶杀……大家都认为：我在舞台上推崇的只是一些坏女人，都是些丑恶的个别现象；这样，我便失去了谈论品德与名誉的权利。人们还认为：我这个人腐蚀了现代社会；而在我出现之前，社会上都是一群一群的白绵羊，只要拿着一根系有粉红色饰带的铲头牧棒，就能把每只绵羊从出生到死亡管得服服帖帖。人们说，我坚持一些站不住脚的论点，特别是在一个只供正派人娱乐的场所，就更不应该……最后，大家认定，

---

[1]　当指"摩西十诫"。
[2]　此信由以色列·马尔古利蒂斯医生引用。——原注

我攻击国家的法律，甚至劝丈夫杀老婆，因而对公众已经构成了危险 [1]……

居维里叶－弗勒里质问："仲马先生有什么权利以道德家自居？他所讲授的道德，他自己能够身体力行吗？他有权享有立法者、传道者和法官的威望吗？"弗勒里采用通常的辩论手法，自问自答："否！"小仲马提出强烈的抗议。为什么说否？就因为他既不是审判官，又不是神父，也不是院士？然而正是审判官和传教士们处死了卡拉 [2]；而揭穿罪行，替受害者报仇的却是个文人，名叫伏尔泰。小仲马同样有理由向聚集在剧场里的人讲明事实真相。莫里哀建树自己天才人物的业绩，无需任何人批准。对于小仲马来说，他认为自己更有权利评审法律，因为他本人就是这些法律的受害者。于是，他对居维里叶－弗勒里长篇大论地叙述了他坎坷的身世：受屈辱的私生子童年，寄宿学校中同学们的欺负。"我既然因为过错而出生，就应当同过错作斗争。" [3]

他接着讲到同大仲马在一起的那段时光：

> 先生，您当然认识我父亲，您一定还记得他那和善的脾气，他那始终如一又富于感染力的快活，以及他在金钱、才能、力气、生命等方面的挥霍。他用自己的心来弥补父子关系里法律方面的不足，我于是就成了他最好的朋友……当我年满十八岁以后，他那洋溢奔放的感情与我的青春活力及好奇心结合起来，我们两人便沉湎于上流社会的种种逸乐之中。而且不仅仅是上流社会，我们还出入于别的圈子。不成体统！是吗？不过，我的上帝，观察与体验无处不有，在我们所去的那些地方，所见所闻，感受与体会说不定比在大部头的哲学著作里还多得多呢！ [4]……

---

[1] 小仲马：《致居维里叶－弗勒里的信》，载于其《戏剧全集》，第 5 卷。——原注

[2] 让·卡拉（Jean Galas，1698—1762），图卢兹信奉加尔文教派的商人，被控杀死自己的儿子以阻止他皈依天主教，被判处车裂。后经伏尔泰等人伸张正义，于一七六五年纠正错案，卡拉得到平反。

[3] 小仲马：《致居维里叶－弗勒里的信》，载于其《戏剧全集》，第 5 卷。——原注

[4] 同上。

就在这时候，他碰到了走上邪路的女人。

由于没有家产供我在女人身上挥霍，我便在力所能及的开销之外，添加了一份怜悯之心。我观察过女人的绝望，我倾听过一些女子吐露的隐衷，透过一些女子的强颜欢笑我看见她们流出了真诚而苦涩的泪水……小说《茶花女》就是这方面体会的第一次反映。我写这部小说的时候，仅仅二十一岁[1]……

小仲马早已精心选好自己的重点，在他整个写作生涯中，他的一切观察与议论都围绕这一点展开，因为在这一点上他有最多的话可说。这一点不是别的，就是爱情。科学真理呢？政治方面的真伪呢？他坦率承认，在这两方面自己并不内行。那么两性关系上的道德真谛呢？这一方面，他自认是位大师。然而，在戏剧当中他碰上的实际情况是：舞台上不能把男人表现得比女人优越。在生活中男人压迫女人；而在戏里，则是女性报复男性。戏剧总是以女人为主，女人总是占据主导地位。一切都通过爱情来表现，一切都是为了爱情而安排。

小仲马并没有越出这一传统的规范。他曾试图冲破这一局限，但是没有成功。在一本名叫《男人——女人》的小册子里，他进行了冲击。这本小册子因而掀起了轩然大波。

女人在说理面前是不会服输的；甚至有了确凿的证据，她们也不会认输。她们只服从感情与力量。女人只有爱上了你，或者是被你打服了，才能听你的；不当朱丽叶，就当玛尔蒂娜[2]！其他事情对她们来说，完全是无所谓的。我在这里所写的话，仅仅是供男人汲取的。在我把这些事实揭露出来之后，男人们要是仍然按照老办法对待女性，那可就不再是我的过错，我将效法彼

---

[1] 小仲马：《致居维里叶–弗勒里的信》，载于其《戏剧全集》，第 5 卷。——原注
[2] 莫里哀的喜剧《屈打成医》中的人物。玛尔蒂娜受到丈夫虐待，为了报仇，用计使其夫"屈打成医"。

拉多[1] 行事[2]……

男人有两种类型：了解女人的与不了解女人的。前一类男人十分罕见，他们有责任开导后一种男人。小仲马教导自己（想象中）的儿子（即纳迪娜还没有怀上的小小仲马）：为了组合一对完美的夫妻，即他所谓的"男人——女人"，必须是两个无可指责的造物，在婚配结合时，要互相发誓绝对忠诚，并能坚持履行誓言。他见识过那么多邪恶、不忠或半疯的女人，所以劝告儿子：选择配偶一定要选信教的、有廉耻心的、勤劳的、健康的、快乐的、不爱奚落挖苦人的。

> 到了现在，尽管你事事谨慎，尽管你消息灵通，尽管你对人和事了解透彻，尽管你不乏美德、耐心与善良，如果你还是被种种假象与口是心非所欺骗；如果你把自己的生命同一个配不上你的尤物联系在一起；如果她不再听你的话，既不把你当配偶，又不把你当父亲，还不把你当朋友，更不把你当主人；如果她不仅抛弃了你的孩子，还碰上谁就跟谁生出孩子来；如果她什么都不管不顾，非要用你的姓氏和她的肉体去施行淫乱……如果她阻挡你去完成上帝交给你的事业；如果现在连法律也声明自己无能为力（法律只有权使人结合而无权令人离异），那你自己就要以主的名义亲自声明，宣告你是这个尤物的审判官与执法者。这个尤物不配当女人，她甚至不是一个女人；她背离了上苍的意志，她纯粹是个畜生，是挪得地方的母猴，是该隐[3]的婆子；——那么，就杀死她[4]……

这便是小仲马的道德观。然而，这位剧作家明白，他正在失去观

---

[1] 彼拉多，罗马帝国初期的犹太和撒马利亚地区的总督，以凶狠残暴著称。《圣经·新约》称，犹太人将耶稣交给彼拉多，要求定罪。彼拉多又将耶稣还给犹太人，听任他们处置，而自己却象征性地洗手，表示没有责任。

[2] 小仲马：《男人——女人》（巴黎，米歇尔·莱维出版社，1872年第29版）。——原注

[3] 根据《圣经·旧约》，该隐是人类始祖亚当与夏娃的长子；他因嫉妒而打死胞弟亚伯，被耶和华判定有罪。该隐乞求宽恕，后来便住到伊甸园东边的挪得地方去了。

[4] 小仲马：《男人——女人》。——原注

众的共鸣；于是便从那三脚高台上走下来，又写了一部戏，名叫《阿尔封斯先生》。他把主要角色留给戴斯克雷；然而，这位女演员已经感到重病缠身。她老说胸部疼痛；过了不久，确诊患的是恶性肿瘤。这位可怜的女子，对人们的捧场颂扬、欢呼喝彩已经感到怠倦；死神近在咫尺，她的面色已经没有血色；此时此刻，她什么也不再寻求，只希望能够得到休息。

艾梅·戴斯克雷致小仲马：合同只有在您下了绝对命令的时候我才能签，而且还需要您把着我的手才行。我最终还是要进修女院，您说这是怎么搞的。我的主意已定，这个想法已经不会改变。我在这里还能干什么？这一切组合变化，这一切费尽心机的谋划，这些无益的探讨，这个如同街头卖艺的行业，这般种种又是何苦呢？[1]

《克洛德的妻子》演出未获成功，戴斯克雷因手头拮据，不得不到伦敦演出三十场。回来时已是精疲力尽。她说："我是到了港口往下沉呀！"医生要求她到萨利-德-贝阿恩[2]去水疗。对一个生命垂危的女人，这简直是开玩笑！她在玛让达大街一套位于四层楼上的公寓住宅里度过了最后的日子。什么东西都吃不下。面部表情显示，她忍受着最折磨人的痛苦。"让我安息吧。"她不时哀求，"你们杀了我吧！"贝昂断定，做手术无济于事，戴斯克雷已经无法救治了。来听她忏悔的神父说道："这是一个美好的灵魂。"一八七四年三月八日，她离开了人世。在拉舍尔的葬礼之后，还没有见过这么多人聚集在一起，群情又是那么悲戚。好几千人无法进入圣劳朗教堂里面，只好站在教堂门外。在拉歇兹神父公墓，小仲马讲了话："她曾使我们激动，她因此而耗尽心血；这就是她一生的历史……"他用一种令人撕心裂肺的修辞手法结束了他的演说："狄亚娜，弗鲁-弗鲁，莉迪娅，塞维利娜！你们都到哪里去了？没有任何回答。请闭上双眼，在诸位

---

[1] 此信由巴拉绍夫斯基-贝蒂夫人收藏。——原注
[2] 著名的温泉疗养地，位于法国西南部比利牛斯地区。

的记忆里最后看她一眼吧，然后就再也见不到她了。那萦回在诸位耳际、既像音乐又像东方香料使诸位陶醉的谜一般的声音，请诸位从远方再听上最后一次吧！——今后就再也听不到啦。"

　　临终前，戴斯克雷把她心爱的扇子留给自己的对手布朗什·皮埃松；留给小仲马的，是一个令人称道的范例，一个永远充溢着真情实感的最伟大的艺术典范。

第三章　孔迪河沿 [1]

有人问小仲马，他将接替谁进法兰西
学院。他回答道："接替我父亲。"

一八七三年至一八七九年。法兰西处于"显贵们的时代"。第三
共和国从一开始就显得比第二帝国巩固；而第二帝国即使在其繁荣的
年代里，也带有一股冒险的气味。在阿道尔夫·梯也尔当政期间，权
力一部分属于世袭贵族，另一部分则属于金融寡头。中间阶级推出甘
必大 [2]，开始争夺共和国的权力。上流社会的生活仍然令人眼花缭
乱；跑马俱乐部、团结俱乐部等大型联谊组织，并未失去以往的魅
力。小仲马笔下的人物没有过时。

小仲马此时也成了小仲马剧作中的一个人物。到维里埃街九十八
号他的寓所去拜访的记者们，看到住宅的"权威气派"，印象颇深。
布置肃穆的前厅，看上去像是一座神庙的大门，而不像住宅的入口。
对称放置的大肚子花瓶里插着异国的花草。天花板下面悬着铁质吊
灯；墙壁上挂着博宁顿的大幅画作《1825 年的御街》和一尊莫里哀
的半身雕像。饭厅四壁蒙着科尔多瓦的皮革，还挂着一座布勒制作的
钟。客厅里，细木护墙板与带有金红两色条纹的绸缎壁幔相间。工作
间十分明亮，两扇窗户开向花园；中间放着一张巨大的路易十四式写
字台。"写字台上纸张堆积如山。混乱中又秩序井然……靠近大书橱

---

[1] 巴黎街道名，法兰西学院所在地。
[2] 甘必大（Léon Gambetta，1838—1882），法国政治家，第三共和国奠基人之一。从
　　一八七九年至一八八二年任议长、总理等职务，在法国政坛上具有重大影响。

摆着亨利·勒尼奥[1]坟墓的原大模型，用粘土烧制而成。整座房屋的主要部分是一座大游廊，游廊非常宽大，分成两部分，一边是台球厅，另一边是仲马夫人谈话的角落……"[2]游廊里还摆放着亚历山大与纳迪娜的半身像，皆出自卡尔波[3]之手。这两座雕像如今陈列在小宫博物馆内。

府邸内藏有四百多幅画作，好的差的都有。这些画的作者，有迪亚斯、科罗、多比尼、泰奥多尔·卢梭、沃隆等。德维利亚创作的维克多·雨果青年时代肖像、欧仁·朗贝尔画的猫、玛德莱娜·勒迈尔的玫瑰花、勒费弗尔的《睡姿少女》、勒曼的《穿古代服装的时髦妇女》，都引人注目。梅索尼埃的《画室之内》表现不顾廉耻的路易丝·普拉迪埃为丈夫充当裸体模特儿的场面。许多作品表现对"转瞬即逝的青春年华"的回忆。乌敦的小型雕像有好几座，摆放在普吕东的素描画周围。写字台上放着一只青铜铸造的手，那是按照大仲马的手型塑造的。所有家具上面，都摆放着形形色色的手，有用石膏塑造，有用大理石雕成；有杀人犯的手，有女演员的手，还有公爵夫人的手。这套收藏，真够奇怪的。

仲马起得早，睡得也早。早晨自己生火热汤；早餐他喜欢喝汤，不爱喝咖啡，也不喝茶。吃完早饭，他便坐到写字台前，开始写作，直到中午。写字台上放着蓝色上光纸，还有一把鹅毛笔。到了中午，他便和妻子及女儿一道进午餐。一八七五年，高莱特十四岁，冉妮娜也已八岁[4]。女儿们的俏皮话妙趣横生，简直可以写到戏里去，小仲马经常自豪地对别人讲述这些俏皮话。有一次，一位太太问大女儿，她想嫁一个什么样的人。高莱特回答道：

"我吗？我想嫁个傻瓜。可是，要是后来又碰上一个比他更傻的，我一定会后悔自己选错了人。"

---

[1] 亨利·勒尼奥（Henri Regnault, 1810—1878），法国画家，死于普法战争中。

[2] 署名"一路人"的文章：《亚历山大·小仲马在家中），见一八七九年十二月三日《普世箴言报》。又见一八七五年二月七日《费加罗报》；以及一八九二年十一月五日《费加罗报》所载乔治·里普的文章：《亚历山大·小仲马先生的府邸》。——原注

[3] 卡尔波（Jean-Baptiste Carpeau, 1827—1875），法国雕刻家、画家。

[4] 奥尔加·纳里奇金娜已于一八七二年八月二十八日同梯也里·德·法勒当侯爵查理－贡斯当－尼古拉结婚。——原注

"放心吧！"冉妮娜喊道，"比你男人更傻的，你永远找不到！"

另一回，两口子吵架，事后小仲马问高莱特："如果爸爸妈妈有一天要离婚，你愿意跟谁过？"

"谁不走就跟谁过。"

"为什么？"

"因为我懒得挪窝。"

吃饭的时候，小仲马只喝普通的白水；然而，他总叫人把白水灌到装矿泉水的瓶子里端上来，"以骗一骗自己的肚子"。下午他从来不工作。不是去逛拍卖场，就是去拜访画商；不出门的时候，便把买回来的画挂在墙上欣赏。有人问他喜欢别人送什么礼物，他的回答是："一套细木工的工具。"可是，这样的礼品对他有什么用处呢？小仲马很富有，非常有钱。自己的版权收入很可观，还不算他父亲的稿酬。自从老人去世再也无法挥霍之后，这笔钱就存在米歇尔·莱维出版社，积累得越来越多。大仲马的账号已是今非昔比，存款数额越来越大了。

小仲马尽管对当时的制度傲慢地保持着一定距离，但一旦有什么法律出台却仍然能引起他的关注。他的定见并无改变：保护正派姑娘免受恶棍欺凌，因而要为私生子女寻找父属关系并维护他们的继承权；保护正派男子免受坏女人的勾引，因而要同已婚妇女的淫荡行为作斗争，并开展争取离婚权利的运动。对于政治与经济方面的改革，他并不怎么感兴趣。那一类问题，他了解不多。爱情，男人与女人之间、父母同子女之间的关系，才是他不变的主题。他怎么可能真实地描绘工人、农民或小资产者的生活？要知道，他居住在阔绰街区中最现代化的一座小区里（蒙索平原[1]），室内陈设高雅，点缀着精美的雕像和各种植物。这就是他的世界，他的环境，他的局限。

他完全掌握了自己那个行当的诀窍。《阿尔封斯先生》一八七三年上演于吉木纳兹剧院。本来是留给艾梅·戴斯克雷的角色，现在改由布朗什·皮埃松扮演，演得还相当成功。剧本构架精当，"阿尔封斯"一词丰富了法兰西语言，给作者带来了荣誉。从此以后，一提到

[1] 巴黎的一个街区。

"阿尔封斯"，人们就会想到一个唯利是图、靠妓女养活的男人。剧本的情节这里可略做介绍。年轻的浪荡公子奥克塔夫使少女雷蒙德怀孕生下一女。他把婴儿送到农家喂养，并常去看望，自称是"阿尔封斯先生"。雷蒙德后来嫁给一位比自己年长的海军军官，德·蒙泰兰中校；中校对妻子的往事一无所知。至于奥克塔夫，他因急需用钱，打算与当过旅店侍女的维多利亚·吉沙尔结婚。吉沙尔在旅店老板不久于人世的时候嫁给了老板，因而现在非常富有。对于这位未婚妻，他竭力隐瞒自己有个私生女儿。这个名叫阿德里安娜的女孩几经安排，被送给蒙泰兰抚养；蒙泰兰当然不晓得，此女原来是自己的妻子所生。不难想象，随着剧情的发展，维多利亚·吉沙尔和马克·德·蒙泰兰都分别得知了事实真相，两人都原谅了各自的配偶，孩子留在了生母的身边；奥克塔夫，就是那位"阿尔封斯先生"，被众人唾弃。结局总算圆满，观众皆大欢喜。

　　这个剧本的序言很重要，它不啻是一篇为受骗少女辩护、挞伐诱奸者的控诉状；对替不负责任的父亲开脱的立法者，此文谴责得尤其鞭辟入里。听听这位立法者对那位父亲讲些什么："你不想张扬出去吗？没有问题。你将不露任何痕迹，你尽可再生一些（合法的）孩子，别人无权说三道四。"不过，要知道"一个做了父亲又逃避其后果的男人，就像一个逃避服兵役的人，但其罪过要比拒绝为祖国效力要大上一千倍……"[1] 如何对症下药呢？在公民权与政治上，男女应当平等。"为什么不这样做呢？女子也是活人，能思想，能劳作，会感到痛苦，也会爱，同样具有我们大家都引以为自豪的灵魂，如同你我一样照章纳税……"[2] 男女平等，在美国不是早已蔚然成风？在英国不是也几近实现了吗？

　　仲马的对手们指责他自相矛盾，因为他既主张政治上男女平等，又要求女人在家庭里服从男子，因而不能自圆其说。小仲马的回答是：妻子顺从作为保护人的丈夫，应当是自觉自愿的；而他仲马之所以挺身而出，完全是为了那些为数众多的没有家庭的女子辩护。他转

---

[1]　小仲马：《阿尔封斯先生》序言，见其《戏剧全集》，第 6 卷。——原注
[2]　同上。

而对女人们说道："男人有两种道德。一种是对自己的，另一种是对付你们的。前一种允许他们想爱哪个女人就爱哪个女人；后一种只允许你爱一个男人，就是把你们的自由永远禁锢起来作为交换。请问，这是为了什么？"接下来，他又按照自己对世界末日之类可怕事件的偏好，预告未来东方和西方之间会发生冲突，几百万人将卷入战争；和这一战争比起来，一八七〇年的那一仗只不过是乡里之间的小打小闹而已。他预言：众多的战役将在海下与空中展开；"闪电雷鸣从天而降，焚毁整座整座城市；地雷爆破，使地球上大片大片的区域飞上天空。"[1] 在这场民族的浩劫当中，谁知道会有多少孩子呱呱落地，而不知其父姓甚名谁！这种情况下，各国政府难道不应当为没有家庭的人组建一个大家庭吗？

仲马的这些议论不乏雄辩，也不乏智慧。第一个出来表示赞赏的，是一位奇特的忠实读者，奥尔良城的主教、国民议会议员杜邦路。主教的出生也不正规；这一点倒可说明，为什么这位高级神职人员，对一位不信教的人会如此宽容。原来杜邦路主教也是个私生子。其生母系尚贝里人；可怜的姑娘被人诱奸又遭抛弃，坚强地独自把孩子拉扯大，还让他受到了良好的教育。儿子二十岁上进了圣絮尔庇斯修道院，后来成为神父，又当上修道院院长，还被选为路易-菲力普儿子们的教理讲师，最后登堂入室成为法兰西学院的院士。他在战争期间态度坚贞，一身正气，因而在国民议会里获得左右两翼的一致尊敬。他身着绛紫色长袍，面部粗犷，像是刀削斧砍而成；一登讲坛，八面威风。他具有独立思想，此刻正以同情的目光注视着小仲马的东讨西伐。他和仲马不止一次会面商讨，以便在民法中加进确定父属关系的条文。龚古尔记录下这位主教与小仲马的一次谈话。

"您对《包法利夫人》有何看法？"杜邦路主教首先发问。

"很不错的一本书。"

"是一部杰作！先生……是的，对于在外省听忏悔的人来说，的确是部杰作。"[2]

---

[1] 小仲马：《阿尔封斯先生》序言，见其《戏剧全集》，第6卷。——原注
[2] 埃德蒙·德·龚古尔：《日记》，原版第5卷。——原注

　　杜邦路主教竭力鼓励仲马申请加入法兰西学院。仲马的候选资格受到异乎寻常的欢迎。他的名字引人注目，人品无懈可击。被他经常痛斥的女性，此时反而起来为他助威。龚古尔并不十分情愿地承认："亚历山大·仲马此人可真幸运。大家都向着他，真是不可思议……"[1] 雨果流亡归来第一次来到学院的殿堂，为的是给老朋友的儿子投上一票。然而，这两个人谁也不怎么喜欢谁。小仲马认定，维克多·雨果当年没有很好地对待大仲马，而且《玛丽·都铎》又是剽窃《克里斯汀》的。雨果当初虽然觉得大仲马有些庸俗，却仍是个天才；此时他认为其子身上只不过有些才气罢了。投票结果：小仲马以二十二票入选，其中包括雨果的一票。当晚，入选者登门拜谢，雨果不在家，来者便留下名片，上面写着："亲爱的大师，我的愿望是：我作为学院院士的首次出访，便前来看望您。有什么样的地位，就应受到什么样的尊敬。拥抱您……"[2] 这不过是一个冷冰冰的和解之吻。

　　一八七五年二月十一日，小仲马来到法兰西学院的穹顶之下，受到奥松维尔伯爵的接待。埃德蒙·德·龚古尔以前从不参加学院的这类接待仪式，这回也只是想"亲眼看看、亲耳听听这种中国式的繁文缛节"。天气很冷，可是仲马"上座极好"，打扮入时的女士坐着马车，与佩带勋章的男士摩肩接踵赶来参加。玛蒂尔德公主与龚古尔同车到达，占据了一个不大的包厢，从那里可以看到整个大厅。

　　　　大厅并不算大。巴黎上流社会渴望亲眼看看这种场面，以致大厅里座无虚席，下面的席位连一寸磨旧的丝绒座面都看不见，二层楼大看台的阶梯座位连一寸木头也露不出来。达官贵人、名流学者、百万富翁、英雄勇将纷纷赶来，挤满了整个大厅。透过包厢的门缝，我看见外面走廊里，一位衣着摩登的妇人，坐在楼梯的台阶上，准备就在那里听完两篇演说……

　　　　与学院关系密切的人，院士的妻子们，还有几个男士，被

[1]　埃德蒙·德·龚古尔：《日记》，原版第 5 卷。——原注
[2]　维克多·雨果：《见闻录》，第 2 卷。——原注

带进用栅栏围起来的小圆场子里。大厅左右两面靠墙的大台子上，一层层端坐着身穿黑礼服的各学士院的成员。太阳终于露出了头，照亮了人们的脸庞；人们仰起头，表情里显露出真福的欣喜。可以感觉到，男人们抑制不住赞叹之情，急不可耐地要表现出来；从女人们的笑容里可以看出，她们真的是动了感情。仲马讲话了。顷刻间大厅里鸦雀无声，洋溢着一种宗教的肃穆气氛。接着，响起了善意的低笑声、温和的鼓掌声、情不自禁的感叹声[1]……

讲演一开始，仲马便提到：如果这扇门他刚一敲击便为他敞开，这不是因为他本人有什么功绩，而是由于他的姓氏，"这个姓氏诸位早就想找机会授予荣誉，现在只不过是在我身上得以实现罢了……请允许我亲手将光荣的桂冠戴在亲爱的逝者头上。诸位今日给予我的，是我所能够企盼的最辉煌的荣光，是我真正有权享有的唯一荣光。"[2]

颂扬了自己的父亲之后，小仲马话锋一转，谈到他的前驱者皮埃尔·勒布伦。这是一位具有帝国风格的诗人，文笔夸张，早早就成了名。一七九七年，当他十二岁的时候，便写出了一部关于科里奥拉努斯[3]的悲剧；勒布伦于一八七三年辞世，终年八十八岁。拿破仑当年曾经保护过他。就此小仲马说道："这位阿喀琉斯希望生前就有自己的荷马[4]。可是，直到死后，他才得到。"这是对维克多·雨果的颂扬。勒布伦的文学大战是围绕他写的剧本《安达路西亚的熙德》展开的，但他一直未能获胜。尽管有塔尔玛与玛尔斯小姐领衔主演，这

[1] 埃德蒙·德·龚古尔：《日记》，原版第5卷。——原注
[2] 小仲马：《法兰西学院接纳会上的致词》。——原注
[3] 科里奥拉努斯（Coriolan），罗马贵族，原名马歇斯。为了他在战胜沃尔西人并夺取了科里奥拉地方的功绩，而被称为科里奥拉努斯。后被放逐，遂率领沃尔西人围攻罗马城。母亲与妻子的眼泪使他屈服；沃尔西人却不能原谅他的"背叛"，将他杀死。莎士比亚曾据此史实创作了悲剧《科里奥拉努斯》。
[4] 阿喀琉斯是希腊传说中的英雄人物，荷马在《伊里亚特》和《奥德赛》中都有过描写，这里喻指拿破仑。文中的意思是：拿破仑生前就希望有文人作家歌颂他，而真正歌颂他的当推雨果。雨果从"正统派"转变成一个波拿巴主义者，后来又成为共和派；他曾歌颂过拿破仑的战功。所以作者说，小仲马这里是在当面颂扬雨果。

出戏只上演了四场。不过，这里却给了小仲马一个由头，让他话锋一转，说到了高乃依的大作《熙德》，那部黎塞留当初要求法兰西学院表态评议的剧本。他说：

> 真是叫人为难。诸位将一切都归功于学院的创始人[1]，唯恐违背了他的心意；诸位明白，他一心要让那部作品受到谴责；而另一方面，诸位又不愿用不公正的判断去阻挡一个人的事业取得进展；这个人第一次尝试便写出了一部宏伟巨著[2]……

仲马扪心自问：黎塞留何故要迫害高乃依？难道是出于文人之间同行的嫉妒？无论如何，何苦要用这种揣测去贬低两位伟人呢？

> 我深信，伟大的红衣主教[3]曾经把伟大的高乃依叫去，对他说："怎么？正当我努力击退并消灭从四面八方来骚扰法兰西的西班牙人之际，你却出来在法兰西的舞台上称颂西班牙的文学和英雄主义！……好好瞧瞧你的那个《熙德》吧。从戏剧的角度看，不错，是部杰作；然而，从道德与社会的角度看，则是个畸形的怪物。姑娘们嫁给了杀害她们父亲的凶手；军队的首领如果不为他们的情妇所爱，就宁愿牺牲自己的祖国……把这样一些人搬上舞台，你让我建立一个什么样子的社会呢？你果真断定，一位伟大统帅的勇气，以及一个国家的命运，真的取决于一个姑娘爱情的深浅吗？……诗人，干吧，给我写出一些人们可以效仿的英雄来吧。"于是，高乃依便构思出了《贺拉斯》。后者与《熙德》形成了鲜明对照。高乃依于是把这出悲剧献给了黎塞留[4]……

仲马接下来说道：遗憾的是，占了上风的，还是《熙德》的主

---

[1]　指黎塞留。
[2]　小仲马：《法兰西学院接纳会上的致词》。——原注
[3]　指黎塞留。
[4]　小仲马：《法兰西学院接纳会上的致词》。——原注

题，而不是《贺拉斯》的主题。

　　事实上，在我们的作品中，主人公所进行的一切争斗，起因都是为了占有某位施曼娜；胜利者得到的奖赏，也正是这位施曼娜。主人公一旦得到了她，就把她娶过来，幸福快乐，于是便成了喜剧。主人公要是得不到她，则是绝望，忧郁而死，这就成了悲剧，或者构成正剧……剧院成了供奉女性的庙堂；在那里，我们颂扬女性，怜悯女性，宽恕女性；在那里，女性向男人施行报复，并对自己说：尽管法律由男人们制定，女人仍然是她们暴君的后妃与情妇……一切仍要通过她们！一切还是为了她们。

　　是的，诸位先生，这是我们的劣势……在剧院的观众与我们之间，存在着一种心照不宣的默契，演戏就要谈论爱情……生命来自爱情，死亡也由爱情决定，这就是我们的主题，永恒的主题。正因为如此，有那么几位严肃的男人认为我们不严肃。不过，如果并不是所有的男人都站在我们一边，我们却有一个非常强大的天然同盟军，那就是妇女……不论是少女、恋人、妻子或母亲，女性只有一种本能、一种思想、一种荣誉感，那就是爱……正因为如此，妇女们才酷爱戏剧；正因为如此，只要把妇女争取过来，我们就必然成功；最后正因为如此，高乃依作为剧作家，写出了《熙德》，完全有道理；而黎塞留作为国务活动家，反对《熙德》，也有他的理由[1]……

　　就像当年格勒兹[2]在给波拿巴画肖像的时候，把巴比蒂小姐的特征揉进了他的面容一样，小仲马在讲话中既然谈到了勒布伦，便就势回到自己执着的观点上来。他回忆道：一八五八年，就在这同一个穹顶下面，接受埃米尔·奥吉埃为学院院士的时候，勒布伦曾经说过："当前在戏剧舞台上，泛滥着一股翻案风，给某些为上流社会所不齿的人恢复名誉，这是我难以理解，也不敢苟同的。把堕落的女

---

[1]　小仲马：《法兰西学院接纳会上的致词》——原注
[2]　格勒兹（Greuze，1725—1805），法国画家。下面提到的巴比蒂小姐，乃画家之妻娘家的姓氏。画家把她的许多特征赋予其画作中的人物。

子、品德受到玷污的女子献给观众欣赏，说情欲可以净化她们，可以使她们重新振作起来，这种做法已经成为时尚。有人把这种女人捧上高台，并对我们的妻子和女儿说：'看吧！她们都比你们强！'"

这种说法，显然是在含沙射影地谴责《茶花女》。小仲马遂起而为自己青年时代的作品辩护了。

> 戏剧并不是为少女们创造的。无论是阿涅斯[1]、朱丽叶、苔丝德蒙娜还是罗丝娜[2]，都不能作为向少女们推荐的楷模。然而，如果因为有的父母非要带女儿去看戏，就不叫阿涅斯、罗丝娜、朱丽叶、苔丝德蒙娜在舞台上出现，那可真是太遗憾了。总而言之，诸位先生，不要把少女们带到我们那里去！这是一位戏剧界人士对您的肺腑之言……我太尊重她们了，不忍心让她们听到我要说的一切；然而，我又那么尊重我的艺术，同样不忍心把它降低到只适合于她们听的地步[3]……

话说到此，小仲马对那位前辈来了个小小的报复。不管怎么说，勒布伦在戏剧方面并无出色的建树。这是否和他过于尊重传统的道德有关呢？"诸位先生，要是让我毫无保留地直言，我想告诉诸位，不过要压低嗓门说话：我们都是革命者。"[4]勒布伦太不信任自己的艺术，对观众太不放心，对自己也过于缺乏信心。这就是他没有取得较大成功，并过早地退出剧坛的原因。小仲马进一步发挥道：

"是的，诸位先生，我们今天在这里聚会，来纪念一位称不上为天才的作家。愿上帝保佑我，不要因言过其实而对他缺乏尊敬，哪怕是在一篇学院式的颂词里面……"[5]

这难道是一篇颂词？非也。简直是在执行死刑。然而，整个大厅

---

[1]　莫里哀的喜剧《太太学堂》的女主角。
[2]　法国著名剧作家博马舍（Beaumarchais，1732—1799）的喜剧《塞维利亚的理发师》中争取恋爱自由的少女。
[3]　小仲马：《法兰西学院接纳会上的致词》。——原注
[4]　这句话里小仲马以"革命者"自诩，因为他觉得自己在创作上不墨守成规，有所突破。"压低嗓门"是出于幽默："革命者"之间的话，不应张扬出去。
[5]　同注 [3]。

狂热地鼓掌、跺脚，表示欢迎。短暂的中间休息之后，大厅里响起了
"老头子奥松维尔尖哑的声音"；龚古尔告诉我们，这声音一直传到了
公主的包厢里。

　　于是开始了对新院士的判决，讲话里既有各种客套、捧场与
恭维，又有学院式表面上彬彬有礼的冷嘲热讽与含沙射影。还不
时做出一些鬼脸怪样，极尽挖苦贬损之能事。奥松维尔先生的发
言告诉仲马，他几乎一钱不值，他年轻时只不过是在娼妓堆里度
过的，他无权就高乃依说三道四，等等。这真是一次判决：既是
对小仲马文学作品的轻蔑，同时也掺杂了一个大老爷对乡巴佬的
厌恶。每句话的一开头都是骂人，声音洪亮，脑袋扬得老高，双
眼盯住穹顶；接下来，残酷的演说家把嗓音向下一沉，送入胸腔
之内，在句子末尾不痛不痒地说上几句好话，说得还要让谁也听
不清楚。真的，我感觉就像坐在上演木偶戏的棚子里，看着那个
鸡胸驼背的滑稽小丑，在受害者头上打了一棍子，又油头滑脑地
屈膝行礼[1]……

　　龚古尔的这种印象肯定是由演讲人的语调造成的。因为讲演词现
今读起来并不显得咄咄逼人。奥松维尔伯爵在讲话里，首先否认选择
小仲马进入法兰西学院是对大仲马的一种补偿。他说："对于《安东
尼》的作者，我们感到没有任何缺憾需要补偿……不是我们忘记了
他……您尊贵的父亲当初要是提出申请，一定能够得到赞同……"[2]
至于勒布伦先生，他的批评显然不是针对《茶花女》，因为一八五六
年在帝国某委员会的会议上，他曾提议给小仲马授奖，说他是"当代
最有道德的舞台诗人"。而奥松维尔本人，在戏剧领域，既不害怕大
胆之举，也不害怕革命者。

　　说您的剧本缺乏道德，这种指责可是太不公正了！我倒是要

---

[1]　埃德蒙·德·龚古尔：《日记》，原版第5卷。——原注
[2]　奥松维尔伯爵：《致亚历山大·仲马先生的答词》（1875年2月11日会议上的发
　　言）。——原注

说，您的剧本里道德多得要溢出来！……先生，无论如何，您可以给自己这样一个评价：您竭尽全力，让妇女们意识到自己的责任，并向她们证明，她们一旦犯了错误，会造成什么样的后果……您这样做的时候，能循循善诱，以理服人，也能使用铁与火的强硬手段……然而，设身处地地想象一下女人们该有多么窘迫吧。在《安东尼》的最后一场中，为了挽救阿黛尔的名誉，情夫把她刺死，同时喊道："她拒不服从，我把她杀了。"到了您的剧本里，您催促不贞女子的丈夫："还犹豫什么！结果了她！"然而，这又何苦？如果她们都必须死，一些人由于抗拒，其他人由于不加抗拒，妇女的处境可就实在太难了[1]……

对小仲马并无好感的亨利·贝克，说这次会议像是黎塞留公爵接见克拉瓦罗什，"因为仲马身上具有与克拉瓦罗什相似之处，有一股战胜者与武夫的劲头，神态亲切、才能出众，但举止粗鲁、夸夸其谈。"散会之后马赛人梅里发表了他的看法："这不是相当奇怪吗？两个人要是相互射击，必有一人倒下。两人要是在演说里斗嘴，其中一个却可成为不朽。"马雷也说："奥松维尔觉得自己非常聪明，因为他娶了勃罗格丽小姐，妻子的财产由两人共享。"巴黎味十足的俏皮话。

---

[1] 奥松维尔伯爵：《致亚历山大·仲马先生的答词》（1875 年 2 月 11 日会议上的发言）。——原注

第四章　进入法兰西喜剧院

多年以来，小仲马一直保持着对吉木纳兹剧院的忠诚。继法兰西学院之后，法兰西喜剧院也希望把他拉过去。而他则是"亦喜亦忧"。忧的是，剧院那座铺着地毯的宽大楼梯、那些宫娥般的引座女郎、那些佩带金链的守门人、那间饰有大理石雕像的观众休息厅，都有一种圣殿般的肃穆气氛。它是世界上独一无二的剧院，是莫里哀、高乃依、拉辛、博马舍的殿堂。仲马认为，还是等百年之后再登堂入室比较慎重。亦喜，"是因为这个剧院非常优秀"。对演员来说，那些古典剧目，是锤炼演技并把才华与情趣保持在高水平之上的绝好手段。别处也有天才的演员，像弗雷德里克·勒迈特、玛丽·多瓦尔、罗丝·舍丽、艾梅·戴斯克雷，均达到了十分完美的地步；然而，只有在法兰西喜剧院，才有一个阵容整齐的班子，一个整体实力强大的群体，能持续几个晚上，把古典作品的魔力融进一部当代作品之中。

就像当年泰勒男爵（此时已是八十五岁高龄）为大仲马打开这座殿堂的大门，现任总经理埃米尔·佩兰也欢迎小仲马登堂入室。佩兰此人细高个子，总穿一件黑色礼服上衣。从下午一点到六点，然后是晚上九点到十二点，总能在剧院里找到他。他待人冷若冰霜却彬彬有礼。他那斜视的奇怪毛病使大家总是弄不清楚他在注视什么。一名新来者意识到被总经理盯上之后，赶紧不安地整整领带。"您在干什么？"佩兰问道，"叫我看不惯的是您那双鞋。"他常常因生硬而得罪人。然而正是此人使剧院摆脱了困境；他创设了多次有效的预订票，受到极大欢迎；他聘用了穆奈－苏利[1]，从而使悲剧得到了振兴。吸引当代作者与剧院合作的计划已经列入议事日程。他首先向仲马建议：重排演出《半上流社会》。上演取得极大成功后，他又要求小仲马再写一部新戏。仲马遂把《外国女人》交给了他。"外国女人"其实是《启示录》中的怪兽之又一个化身。

这个外国女人来自美国，人称克拉克松太太，是破产贵族德·塞特蒙公爵的情妇。她千方百计要给这位公爵找一个有钱的妻子，便动起了千万富翁莫里索的脑筋。富商最终同意把女儿卡特琳娜嫁给公爵，并陪送数目可观的嫁资。第一场写的是，结了婚的卡特琳娜举办慈善募捐晚会；克拉克松太太厚着脸皮赶来参加；公爵大胆将情妇引荐给自己的妻子。在仲马看来，克拉克松太太与塞特蒙公爵是"一个社会的两个死亡代理人"。公爵既然毫无用处而只能害人，那就应该被杀掉；这是一个维护公众安全的措施。负责执行的是克拉克松太太的丈夫；这个美国人会使手枪，就像大家都知道当年开拓极西部的那帮人一样。除掉公爵之后，卡特琳娜得以同心上人热拉尔工程师完婚。热拉尔是她小学老师的儿子，两人从少年时代就相互爱慕。剧情得到了最佳的安排，使这桩杀人案成为所有罪行中最"好"的一桩罪行。

剧本写得和那个异国女人一样怪异。商人莫里索为了附庸风雅而不惜牺牲女儿的幸福，卡特琳娜也心甘情愿接受这笔交易；这两人难道就一定比塞特蒙公爵更令人感兴趣？公爵难道非死不可吗？小仲马是这样回答批评家的："在一个认可离婚的社会里，他本来是可以免于一死的。"是不可解除的婚姻对不称职的丈夫判处了死刑。

> 但求议会两院最终给予我们一项允许离婚的法律；有了这样一个法律，我们的戏剧立即便会有一个彻头彻尾的改变。莫里哀笔下被欺骗的丈夫，以及现代剧目里不幸的女子，都将从舞台上消失。因为，既然婚约解除不了，那么只能在暗地里进行报复，

---

[1]　穆奈－苏利（Mounet-Sully，1841—1916），法国著名悲剧演员。

而通奸女子在事发后免不了当众哀求……如果斯卡纳赖尔[1]的妻子确实欺骗了他,他完全可以名正言顺地休掉她;安东尼也不必杀死阿黛尔;代尔维上校只需叫人证实,他的妻子确有通奸,并已身怀六甲,他便马上可以重获自由,还可收回自己的名姓。克洛德也不至于像打母狼似的去枪杀凯撒琳娜;而我们也不必把克拉克松先生从美国请来,帮助可怜的卡特琳娜摆脱她那面目可憎的丈夫。这样一来,我们的戏剧将具有一种全新的审美观念;在法律改变后所产生的诸多正面效应里,这个效应将不能说是微不足道的[2]……

这出戏令新闻媒介一片哗然。萨尔塞差点昏厥了过去。《两世界杂志》也起来口诛笔伐。然而,这些气势汹汹的评论,只能激发公众的好奇心。他们成群结队前往观看演出。此剧对话十分精彩,演得也很成功。法兰西喜剧院上下一齐动员,为这位新来的剧作家效力。塞特蒙公爵夫人由索菲·克鲁瓦泽特扮演。女演员美艳夺目,气度非凡,很少有人能够比得上。她有一头红棕色的秀发,细长的眼睛灵活有神,声音短促响亮。连萨尔塞也说:"她的面部表情和声调变化甚至能使鳄鱼动了感情。"她的座右铭是:"干到底!"她毕业于音乐戏剧学院。老师布莱桑发现了她以后,很快便把班上的其他学生置诸脑后。受聘进入法兰西喜剧院不久,便在奥克塔夫·弗耶的《斯芬克斯》一剧中有上乘表现;那场临终痛苦挣扎的逼真表演吸引了众多的看客。为了演好这一场戏,她当时执意要观察狗在灌了马钱子碱后,中毒至死的全过程。

看来,索菲·克鲁瓦泽特是由上苍下旨,专门为了饰演克拉克松夫人而被指名创造出来的。然而,佩兰却另有打算;他把这个角色交给萨拉·贝尔纳去演;同时说服仲马,让克鲁瓦泽特扮演卡特琳娜一角。在漫长的排演期间,剧作者和这位女演员就成了好朋友。

---

[1] 莫里哀《屈打成医》、《唐璜》等剧中的人物,是机敏而诡诈的仆人与伶俐的农民形象。
[2] 小仲马:《外国女子》序言,见其《戏剧全集》,第6卷。——原注

　　索菲·克鲁瓦泽特致小仲马：我觉得，我们的处境变得极其累人；这种感觉，像是在车站的候车室里，透过玻璃窗，观看外面的火车一样。我很想上车，因为我到车站就是为了坐车，还因为我一点儿也不喜欢等车；与此同时，我的心又堵得发慌，因为我即将出发，走向渺茫的远方。此时，对我来说，渺茫的则是公爵夫人……您给我说说，要是演砸了怎么办？啊，上帝啊，我的上帝……至于您，我从这里看得很明白。这些事对您都无所谓！您看着那些可怜的小木偶，任他们随意跳跳蹦蹦，而您则在那里轻蔑地开怀大笑。要知道，我想念您，比您想念我这个可怜的克鲁瓦泽特，要多得多[1]……

　　索菲之所以这样说，是因为女演员们都认为，仲马既然对她们总是保持着一定的距离，他必然有很强的自持力。

　　一八七九年，年轻的评论家（当年二十七岁）保尔·布尔热拜访小仲马，打算写一篇文章介绍这位剧作家。评论家出道早，其声望正在不断增长。他感到仲马是位"坚强有力、令人敬佩的成熟男子"，具有运动员似的宽肩膀，目光像外科医生那样锐利，言谈举止中有股军人的气概。一双突出的蓝眼睛，总在探索对方内心的隐秘。布尔热醉心于心理学的研究，小仲马对他说："您给我的印象是：我问一个人几点钟了，此人掏出表来，当着我的面把它砸碎，给我看里边的发条是如何运转的。"说完此话，小仲马发出一阵洪亮的笑声。著名的剧作家与年轻的小说家交上了朋友。布尔热夫妇被邀请到马尔利去作客。

　　小仲马致保尔·布尔热：亲爱的朋友，收到您昨日的来信后，我立即给您发了一封电报，电报里定下了火车的时间：十点零五分。当时我没有考虑到，这对布尔热夫人来说，恐怕早了点儿；看来坐十一点十五分的那趟车要好一些。正因为我急着想见到二

---

[1]　此信未公开发表，现存阿尔瑟纳勒图书馆，编号：R¹6691。——原注

位，才犯下这么个心理学的错误。一位住在莫西厄街的年轻女士，要来乡间吃午饭，在西站有间隔一小时的两趟车可供选择，人们是不会叫她坐第一趟车来的。请再次原谅我吧。那么，如果二位能来，我就恭候二位乘十一点十五分从巴黎开出的那趟车前来。

您的来信使我感动，一直感动到心灵的深处。我非常喜爱您的才能，您的性格；上次我对您说的那一切便是明证。我不无担心（因为令我担心的事险些发生），我担心的是：您作为作家及作为人的尊严可能会受到牵连。至于您我是否会反目成仇，这样的事永远也不会发生。人们要是像我们这样相互爱护，就不会反目成仇了。谨致诚挚的问候 [1]……

小仲马还兴致勃勃地同当时尚很年轻的莫泊桑共进过午餐。他因未能亲自培养莫泊桑而感到遗憾，他说："啊！要是这块材料当初落到我手里，我定能把他造就成一个道德家。"福楼拜曾试图把莫泊桑培养成为艺术家。"福楼拜？"仲马说道，"他诚然是位巨人；可是，为了制造一个木匣，他把整座树林都砍倒了……匣子做得非常精巧，就是代价过于昂贵了。"福楼拜也自有看法，他怒气冲冲地咆哮道：

> 仲马先生是瞄准了议员的席位……用他的人生哲理来点缀报纸……在戏剧方面，做法也没有两样。他所关心的不是剧本本身，而是通过剧本宣讲什么观点。我们的朋友仲马梦想得到拉马丁的荣光，或者毋宁说是想得到拉维尼昂 [2] 那般的声望！连撩一撩裙子都要设法去阻止，这已成为他脑子里一成不变的想法 [3]……

显然，仲马狂热的道德说教激怒了福楼拜。"他的目的何在？改造人类，还是写出宏篇大作，要不就是想当议员？"福楼拜以厌恶的

---

[1] 此信未公开发表，由西蒙娜·安德烈－莫洛亚收藏。——原注
[2] 拉维尼昂（Ravignan，1795—1858），耶稣会士，以专门扮演预言家角色而出名。
[3] 古斯塔夫·福楼拜：《书信集》，第6卷。——原注

口吻谈到"那些散发着仲马特有臭气的装腔作势与对公众的训戒"。布尔热看得更加明白。透过小仲马大师式的权威语气，布尔热猜到深藏在他内心里的疑虑与怠倦。小仲马尽管在戏剧领域名声显赫，内心里却并不感到幸福。他是个忠于友情的人，此时却眼看着朋友们一个接一个消失了。一事无成的巨人、可怜的马沙尔失去了乔治·桑的支持之后，又觉得双眼即将失明，遂于一八七七年自杀身亡。这时，谴责通奸的道德家又有了一个情妇：美人儿奥蒂莉·弗拉奥。她居住的那座萨尔奈夫城堡，位于卢瓦莱州，距鲁安河上的沙蒂荣城不远。小仲马经常到那里去写作。他在给里维埃尔中校的信中写道："我觉得，生活中如果真有看得见的幸福，那必然存在于爱情之中。不过，又有谁在爱呢？……所有的女人都有同样的笔迹、同样颜色的头发、同样的皮靴，连谈情说爱也同样像打电报一般……"[1] 对手们说他是"道德家里最不道德的一个"，还称他为"多瑙河上的达尔杜弗"[2]，这样说当然是不公正的。生活在折磨他，就像生活中所有的人都受到折磨一样。他那王妃的脾气变得越来越忧郁，发作起来经常要死要活，吃起醋来也可以把人折腾得几近发疯。尽管如此，仲马每天早晨还是要到她的房间去，坐在床边上耐心地跟她聊上很长时间。每星期二，夫妇俩还要邀请友好来家里吃晚饭，女主人俨然与丈夫一道主持晚宴。

妻子带过来的女儿奥尔加的不幸遭遇，也使仲马忧心忡忡。他曾提醒过涉世未深的女孩子，结果还是未能阻止她上当吃亏。"小俄罗斯"不顾继父与母亲的劝阻，刚刚长大成人，便嫁给一个不择手段捞取嫁妆的放荡之徒。要命的婚姻孕育出两个女孩，并使那位一家之主名正言顺地挥霍纳里奇金家的遗产。在现实生活里，奥尔加完完全全地充当着乔治王妃或塞特蒙公爵夫人卡特琳娜的角色。小仲马在创造这两个角色的时候，说不定就是从奥尔加身上摘取了某些特点，写到戏里去的。

[1] 此信未公开发表，由 H.·杜梅尼尔夫人收藏。——原注
[2] 达尔杜弗是莫里哀同名喜剧（又译作《伪君子》）的主角，虚伪、狡诈。在拉封丹的寓言中，有一则讲"多瑙河上的农夫"，此人粗鲁而固执。这里"多瑙河上的达尔杜弗"应指粗鲁、固执而又虚伪、狡诈之人。

仲马独自一人参加社交活动。他成了奥贝尔农夫人沙龙的台柱子。这位夫人是个"爱好猎狮的女子"，她把仲马的小胸像戴在头上，作为头发的装饰。阿尔芒·德·加亚威夫人（1880 年，高莱特嫁给了她的弟弟）也看上了他。这位年轻的女子正在筹办一座新的沙龙，打算把他拉进去，成为未来沙龙的明星。莱昂·都德说，小仲马还"定期与泰纳、龚古尔与勒南等人一起去玛蒂尔德公主府上走一走……"在餐桌上，"他说话中不时冒出一些尖锐的字眼，常常引得同桌进餐的女士们发出一片'噢唷'及'啊呀'之声……"[1] 小仲马讲起话来，真跟他喜剧里的人物一样。

谈到他某一出描写上流社会女子的戏剧时，一位说话不讲分寸的女客贸然提问："那么，您是在哪里学会了解这些人的？"仲马回答道："夫人，是在我家里。"有个令大家厌烦的人，说起话来没完没了，绰号叫作"印度邮件"。一次，他又讲起了故事，讲着讲着，突然停住，连连抱歉："对不起，想不起来了……"这时，小仲马出了一口长气，说道："噢，多亏您忘了！"有人又谈到杜朗丹；杜朗丹写过一个剧本，名叫《艾洛绮丝·帕朗盖》，曾由小仲马改写。有人问："杜朗丹何许人也？"仲马答曰："一位出色的律师；只是在我有空的时候，他才能当上剧作家。"仲马告诉大家，他不久前遇到三十年前就认识的杜维尔热小姐。"见到她我想起了我的青年时代，而却想不起她青年时候是个什么样子。"

小仲马这一连串礼花似的俏皮话，惹得维斯特莱尔大笑不止地说："他到处去捡焰火棒，嗨嗨！不过，有的已经潮湿，哈哈！……"莱昂·都德对仲马攻击私通的言论有些恼火，认为在他身上有种"不成功的新教徒"的味道。尽管如此，莱昂·都德还是承认小仲马具有勇敢的独立品格；他是这样说的："此人不拍马屁，不低三下四地逢迎有权有势的人……他立得直，行得正，有自己的处世之道，听到恭维话就生闷气……这一切，尽管人们可以有所保留，却是颇能获得别人好感的……"[2]

---

[1]　莱昂·都德：《作家与艺术家》，第 5 卷。——原注
[2]　莱昂·都德：《作家与艺术家》，第 5 卷。——原注

　　这种好感，对女人来说，具有很强的吸引力。然而，她们的青睐却无法使小仲马动心。住在纳韦尔的青年教师列奥波德·拉古尔写过一篇研究小仲马戏剧的论文；小仲马对他敞开心扉，说了许多心里话。拉古尔曾应邀去他家促膝谈心；年轻教师得此机会见到"这位法国剧坛之王"，内心充满了激动。

　　我利用复活节的假期（1879 年）应邀去他家中作客；地点是：维里埃街九十八号；他的府邸中等规模，外表极为简朴，像座富裕市民的乡间住宅。走进里面，唯一的财富是二楼上的画廊，收藏相当丰富。不过，我第一次去拜访的时候，并未得以观赏。应当承认，陪我观画的那天，尽管他十分自豪，我却只赞赏其中的一半。除去那些具有无可争议价值的风景画和肖像画（若干年过去了，如果我没有记错的话，其中有泰奥多尔·卢梭、迪普雷、博纳的画各一幅），其他大多数作品的价值，与其说在于画品本身，还不如说在于画家的签名。那些人都是第二帝国时期显赫一时的画家；可是，他们的作品，仅仅称得上好看而已。至于作家本人，从我进入他那间工作室，我们两人相对而处的那一刻起，由衷的敬佩便在我心中油然而生。这间工作室内唯一可以称得上豪华的装饰品，只是一幅多比尼的画；画很美，挂在那张黑色大写字台的上方；写字台很普通，没有什么特殊之处。这之前，我从未同他见过面。只见他身材高大，宽肩膀，腰板很直，确实有股威严感。那颗具有统治者气派的头颅上，鬈曲的头发略显灰白，其实那时候他只不过五十五岁。我曾谈论过他的头颅；他之所以获得骄傲的名声，这颗头颅恐怕起了不小作用。此外，便与其父没有丝毫相似之处了。后来我曾见到过他父亲的另一个私生子，身材魁梧的亨利·鲍艾；此人长得和《基度山伯爵》的作者一模一样……小仲马再次向我表示感谢之后，便不带奉承地问起我的教学工作情况，还问我喜欢读些什么书；接着，又令人惊讶地突然问道：

　　"您知道耶稣为什么能够征服世界吗？"

　　"首先，"我鼓足勇气提出不同意见，"他只征服了世界的一部分。"

"就算如此吧！然而，以现代文明的观点看问题，这一部分可是最能引发人们兴趣的一部分呀。我还是要提出我刚才的问题。"

"好吧，我想这是因为，耶稣致力于宣扬无限慈善、普遍仁爱的学说，被钉在十字架上，献出了自己的生命。"

"可能是这样。不过，更主要的是，这位仁爱的宣教者直至死仍是童子之身。"

（当时我还不知道，仲马正在酝酿一个剧本，题目叫做：《童男》。）[1]

"女人，哪怕是最善良、最忠诚的，迟早还是要给您干出一切可能的坏事来。利特雷[2]夫人虔诚得像个圣女；她等了整整四十个年头，直到她敬爱的丈夫临终之际，才终于把神父领到这位无神论者的病榻前。如果舆论轻信了神父的说法，认为利特雷已经回到教会的怀抱，那逝者的名声不就给毁了吗？教堂的圣器室里有大利拉[3]，床帷之间也有大利拉，国务会议内也不会没有大利拉。只有童身男子才是不可战胜的……所以，我再次告诉您，如果耶稣不是至死保持童男之身，他决不会征服世界……"[4]

《童男》是小仲马早就想写的一个剧本。他对列奥波德·拉古尔说："我将全身心地投入其中。"拉古尔听后心里捉摸："全身心都投入其中？作为一个驱魔者吗？不过，驱魔者自己难道就不受诱惑了吗？"其实，对自己声称十分憎恶的东西，小仲马内心里是非常喜欢

[1] 列奥波德·拉古尔：《漫长人生回忆》，第2卷（尚未刊行）。由回忆录作者的遗嘱执行人阿尔洛小姐提供。——原注
[2] 利特雷（Littré，1801—1881），法国哲学家、语言学家、政治活动家。所编撰的法语词典直到现在仍在刊行。他的去世曾引起长期的争论。其家属断言，利特雷临终时放弃了其实证主义的不可知论观点，而皈依了天主教的信仰。不少人对此断言表示怀疑或反对。
[3] 《圣经·旧约》人物，美貌风骚，乃士师参孙的情妇，诱骗参孙说出自己力大无穷之秘密，而把参孙出卖给非利士人。
[4] 列奥波德·拉古尔：《亚历山大·小仲马：关于其人的笔记》。文章发表于一九二六年四月三日出版的《新文学》杂志。——原注

而珍爱的。正因为如此，才有那么多女人喜爱他。这位剧作家在女演员跟前充当讲道者的角色，真可以说是奇怪的表演；这种表演总的来说相当动人，因为要使自己在女演员跟前能挺得住，他必须首先给自己讲道、向自己说教才行。小仲马成年之后，"男子如何逃脱女性诱惑"这一主题不断地回到他的脑际。现今仍然保存着他写给一名女悔罪者的几封信；此女姓名不详，小仲马的信写得倒是饶有趣味。开头是回答她提出的推荐请求："亲爱的孩子……进法兰西喜剧院事，我爱莫能助。两年前我就向佩兰推荐过一个人，至今还未得到允诺。我无法也不愿再向他张嘴了……"

接着还有一封关于德拉波特小姐的信。这个纯情少女迷人而谦虚，是小仲马最好的女友之一；有人说是他的情妇，其实并无根据。

> 德拉波特小姐那样谈论我，是完全有理由的。她无疑是我最敬重的女子。我还没有见过比她更值得称颂、更富有尊严、更坚强的女人。我俩彼此怀有深深的感情，同时又非常尊重对方……就我们两人的关系，外边流传着种种说法，其实完全不是那么回事。一般说来，男人都认为，要真正拥有一个女人，占有她的肉体是少不了的，其实这种看法完全错了。正相反，肉体上的占有，必须通过婚姻，通过双方规定的义务，通过组建家庭加以祝福，使之名正言顺；否则必然包含着有朝一日相互剥夺的根源与萌芽。精神方面的交往诚然不能使人销魂丧魄，但也不会使人厌烦。心灵交往的体验与感受是清新的、纯净的；因此可以说，它能够阻止双方肉体上的衰老[1]……

仲马一定认为，上面描绘的肖像，可以给这名悔罪的女子树立榜样。然而，又有哪个女子会心甘情愿地仿效另外一个女子呢？这一位让仲马明白：她心里烦闷难耐；只有有了情人，特别是一位名声显赫的情人，才能给她的生活增添一些浪漫情趣。结果，这个女子收到的

---

[1]　小仲马：《致女悔罪者的信》，见一九二四年三月十五日出版的《法兰西杂志》所刊载的书信集。——原注

是一顿严厉的开导。请看：

> 我下工夫研究过人生；如果我不比别人更了解人生，至少也不比别人差。我观察的结果是：获得幸福的最大机遇存在于行善之中。您在物质上是独立的，要善自利用。您信任我；"信任"这个词是我在现今这个年龄所愿意使用的唯一字眼；您称之为爱情，这是因为您是女人，既年轻又热情，而一个既年轻又热情的女人只能通过爱情来理解事物。您身上一切美好的东西，一切任何人尚未想到受用的东西，由于我一声真诚而正直的呼唤，就统统呈现给我；您为此还对我怀着感激之情，甚至以为我是您所爱过的唯一男人。我当然应该利用这一点，尽力而为，使您在将来比在过去生活得更加幸福。如果真能做到这一点，我所使用的任何手段都是恰当的，对吗？
>
> 晚安，小姐。好好地睡上一觉[1]……

女子责备仲马，说正是他把自己的爱挑逗起来的。可是他却摆出一副行家里手的姿态，振振有词地替自己辩护：

> 首先要把这个灵魂吸引过来，给予她信任。对付一个处在您这种特殊情况下的人，要想擒服她，除了爱情，没有别的办法。女人更加注重印象，理性判断只能处于次要地位。对付女人最好的手腕，莫过于赢得她们的爱心。只要她们爱上一个男人，就必然做好一切准备去体谅他的所作所为；在她们眼里，世上所有的优雅俊美与智慧才华，统统包含在她们所钟情的男子身上了[2]……

这段缠绵悱恻的遭遇，结局与可怜的戴斯克雷那段往事完全相同。这名女悔罪者所钟情的大人物拒不接纳她，失望之余，终于无奈

---

[1]　小仲马：《致女悔罪者的信》。——原注
[2]　小仲马：《致女悔罪者的信》。——原注

地委身于一个徒有其表的男人；同时，按照她的说法，她仍然在爱恋着小仲马。为这桩逝去的爱情，我们的道德家毫不留情地发表了下面一段悼词：

> 有句老话说："从炭袋子里掏不出面粉来"。就您而言，这句谚语的含义是：从一个十五年里像您这样生活过来的女人身上，休想一下子就能够掏出爱情、品德、忠诚、坦直与柏拉图式的恋情来。某些高尚的细腻情感，在您这样的生活中，必然要散失得荡然无存……您是您家庭的受害者（如果它还可以称为家庭的话），是您的出身、您所受的不健康的教育、您那腐败的环境、您那错位的初恋以及其他买卖式的爱情的受害者。由于您强过周围大多数女人，由于您的灵魂尚未丧失殆尽，您肯定作出了某些努力，才使您从陷入其中的污泥浊水里解脱出来。在那高处，在那山顶的上面，有一片碧蓝的天空……可是，您没有力量独自爬到山顶上去。女人没有伴儿什么事也做不成。于是，您就在我们这帮同行中间找了一个救援者，一个伙伴。此人肯定会娶您为妻，至少能把您留在身边。可是，您居然和一个跑野台子的蹩脚戏子，一个徒有其表的汉子，厮混在一起，损害了自己的名声，弄得这位救援者撒手不管，您于是又沉落下去……不过，您的心灵并未完全腐败，您的尊严仍不时清醒过来，它们为此事而感到痛苦；还有您那可怜的肉体，在这一切骚动中充当战场的肉体，它也陷入了痛苦之中。您叫喊救命，然而无济于事。路上没有一个行人经过。您快快努力自救吧，要知道：您这次如果仍然自暴自弃，必将沉沦下去，落到那积满污泥的底儿上……
>
> 您要是没有勇气献身于工作与孩子（这个孩子肯定不会是您生的），如果您内心确实有这种隐秘的向往，那就抛开一切，下狠心进修女院去，当一名出身于女演员的拉·瓦莉埃尔[1]。这倒

---

[1] 拉·瓦莉埃尔（La Vallière，1644—1710），法国贵妇人，由宫女而成为路易十四的宠妇。一六七四年退隐加尔默罗修女院，直至去世。

是可以占据的一席之地 [1]……

这番书信往来以下面这封短笺而告一段落。女悔罪者家中有了丧事，小仲马写这封信，表示哀悼：

> 我从未相信过您的爱情，也从未怀疑过您的心肠。所以，值此您遭到不幸之际，我诚挚地拥抱您。[2]

其实，从《茶花女》那个时候到现在，小仲马并没有多大变化。然而，话说回来，谁又能有什么变化呢？

---

[1]　小仲马：《致女悔罪者的信》，发表于一九二四年三月十五日出版的《法兰西杂志》所刊载的书信集。——原注

[2]　小仲马：《致女悔罪者的信》。——原注

第十卷
幕　落

上帝找到了开端，也必然会找到结尾；
难以相信，这结尾将同阿尼塞 · 布尔乔亚的
戏剧一样。

小仲马：《致亨利 · 里维埃尔的信》

第一章　准备退隐

除了在其生命的最后一年，大仲马不论是作为作家，还是作为情人，从未感到自己已经衰老。小仲马则不然，不到六十，就谈论起搁笔退隐之事了。早在《外国女子》（1879 年）的序言里，他就流露出看破凡事的伤感情绪。他写道·

> 剧作家随着年事的增高，尽管对人类心灵的把握更加老到，却逐渐失去了生动鲜明的色彩与驾驭生活的才华……到了这时候，我们总想竭力地在挖掘性格与剖析情感上做文章；我们往往就会变得笨拙、晦涩、庄重、过分纯化；用一句话来概括，就是：惹人厌烦。剧作家到了一定的年龄，唉！正好是我这么大岁数的时候，最好的出路莫过于像莫里哀那样死去；或者像莎士比亚与拉辛那样，退出斗争。能做到这一点，已经可以说是实实在在地向这些大师们靠拢了。戏剧就像爱情那样，要求人们保持愉快的情绪，拥有健康、力量与青春。一个人希望永远被女性宠爱、被人群赞誉，有朝一日必将发现自己错打了算盘，而陷入极大的痛苦之中 [1]……

智慧难以实现。引退是一种艰辛的处境，而且对人极少有益。小仲马不再撰写序言；取而代之的是给阿尔弗雷德·纳盖 [2]（关于离婚）

---

[1]　小仲马：《外国女子》序言，见其《戏剧全集》，第 6 卷。——原注
[2]　纳盖（Naquet，1834—1916），法国化学家、政治家。在他竭力主张下，众议院通过了同意离婚的法律。

和古斯塔夫·里韦（关于寻找父属关系）等人写公开信。一八八一年，他又不由自主地重新写起戏剧，推出了剧本《巴格达王妃》。此剧的题辞是："谨献给我的女儿高莱特·李普曼夫人[1]。——愿你永远做一个正派的女子；此乃一切事情的根本。"剧本观点正确，笔法却失之平淡。

　　首场演出引发了一阵喧闹；报刊评论毫不留情。仲马把失败归咎于政治上的仇恨。他认为：人们忌恨他那封《关于离婚的信》。当然，这可能是导致上流社会与一般市民产生逆反心态的原因之一；然而，根本原因还在于：《巴格达王妃》脱离了现实生活。这本是仲马本人多次指责走向衰老的作者们的通病。在现实生活中，什么地方曾出现过努尔瓦迪这么个"那巴伯"（海外归来的富翁）？这位百万富翁安东尼，比起一八三一年的那位安东尼来，似乎"更加老迈、更加过时"。什么时候，一位女子说话，像巴格达国王与迪朗东小姐所生的女儿利奥奈特·德·恩那般腔调？与现实生活的联系看来是被切断了。

　　小仲马的最佳剧作无不带有自传性质。《茶花女》、《狄亚娜·德·利斯》、《半上流社会》、《私生子》、《放浪父亲》等剧目，都是以回忆往事构架起来的。看来，玛格丽特·戈蒂埃、昂日男爵夫人，如同一切得以站立舞台并注定流传久远的戏剧角色一样，并非仅仅是一幅肖像，而是经过提炼的形象，是轮廓分明的典型。尽管如此，这些人物仍然来自直接的观察。利奥奈特·德·恩（与《外国女子》中的克拉克松太太一样），已经不是典型，而是一种象征，一种寓意的体现。既然仲马如此清楚地看到了这种毛病的危险，为什么他自己也走到这一步呢？费尔迪南·布律奈提尔写道："许多人到了一定年龄，或者更确切地说，在取得了一定成就之后，就把自己与周围世界隔绝开来，停止了观察，目光所及仅限于他们自身。一过了哥德所说的

[1]　一八八〇年六月二日，高莱特·仲马与莫里斯·李普曼（1847—1923）结婚。此人为阿尔芒·德·卡亚威夫人（1844—1910，婚前名为：莱昂蒂娜·李普曼）的胞弟。两人生有二子：亚历山大与塞尔日，如今仍然健在。高莱特于一八九二年五月二十五日离婚，并于一八九七年十月二日与罗马尼亚籍医生阿希尔·马特察（1872—1937）再婚。——原注

'学徒岁月'有的人便停顿下来，靠想象过日子……"[1]《巴格达王妃》就是作者想象的产物。然而，想象在虚空中是支撑不住的。想象就如同康德[2]所说的鸽子那样，要想振翼飞翔，离不开环境的浮力。这位戏剧泰斗进入成熟之年后，所了解的都是些什么？只有文学界与上流社会。充其量仅仅是巴黎小小的一角。一个"精于邪恶与卖弄风雅"的社会。在这个小圈子里，作家们写出来的作品，只是一些"病态现象的堆积……没有一丝真正健康与真正纯朴的东西"。

固执地萦绕在小仲马脑际的两种想法，当年曾导致《外国女子》的出世，但并未使它一炮打响，如今又出现在《巴格达王妃》之中。这两种想法，一是对金钱腐蚀力夹杂着惧怕的赞叹，二是对女人吸引力夹杂着恐惧的爱慕。然而，光有想法，还是不足以孕育出鲜活的人物来。

巴尔贝·多尔维利对《巴格达王妃》的批评毫不留情：

　　戏演砸了，就好像它不是出于仲马先生的笔下。真是大出人们的意料，好比是剧院的大吊灯在演出中突然从天花板上落下，掉在大厅里砸得粉碎……第二天那场，是专门为持有长期票的观众演出的。可是前一天跌倒在地的戏，还没有找到拐杖站立起来。这是否意味着一个朝代的终结？在戏剧方面，不管有没有道理，公众舆论以前是把仲马先生作为当今这个没有拿破仑的时代里的小拿破仑看待的。我当然不是说，《巴格达王妃》已经是作者的滑铁卢[3]战役，然而至少是一次枫丹白露[4]的告别式了……[5]

---

[1] 费尔迪南·布律奈提尔：《两世界杂志》一八八一年二月十五日一期的文学评论。——原注

[2] 康德（Kant，1724—1804），德国哲学家。

[3] 滑铁卢为比利时地名。一八一五年六月十八日，拿破仑在此与威灵顿率领的英军展开决战。法军被击败。该战役标志着拿破仑政治生命的终结。

[4] 距巴黎六十公里的小城，有法兰西历代国王的宫堡。一八一四年三月三十一日，沙皇与普鲁士国王进入巴黎；四月三日，元老院与立法院宣布废黜拿破仑。四月二十日，在被押送到厄尔巴岛之前，拿破仑在枫丹白露向老近卫军告别。

[5] 见巴尔贝·多尔维利发表在一八八一年二月七日《特里布莱报》上连载的戏剧评论文章。——原注

这次挫折之后，小仲马长期保持沉默，四年之内竟然没有发表一个剧本、一部小说。日子过得倒像是一位贵族老爷，冬天住在维里埃大街，夏天则去马尔利避暑；那里的房地产是他父亲最老的朋友阿道尔夫·德·勒芬借给他住，后来又作为遗产赠给他的，取名字"尚弗露尔"。他花钱买画；举行晚宴招待宾客，像维克多·雨果那样，把"当代精英"汇集在自己周围；他还用从父亲那里继承下来的"公文"字体，写了多封书信；这些书信以其坦诚及居高临下的语调而引起人们的兴趣。他像朱庇特那样，高踞于奥林匹斯山颠之上，发出雷鸣般的训诫之声。

致一位不知名的作家：我亲爱的同行，假如我不了解贫困使人易怒的话，我一定难以理解您来信的内容。您生活贫困；您勤奋工作；比起某些功成名就的人来，您的价值要大上一千倍。因此，当某位幸运、富有而又已发迹的同行似乎有意回避您，似乎不愿意为您做一些理所当然的事情，您就会有一切理由感到惊诧莫名，感到自己受到伤害，甚至要怨天尤人。情况就是这样，对吗？

现在请您设身处地考虑考虑我的处境吧。毫不夸张地说，我每月总要收到四五十封像您这样的信件。在世界上，您绝不是唯一勤勉工作、徒有一身才华而眼巴巴地期待机遇降临的人。您不是唯一求助于我的人。当我要出去打两天猎，可以告诉您：这是我自己挣来的。至于您，您希望我为您做些什么呢？去找法兰西喜剧院，或其他任何一个剧院，叫它们上演您的某一部戏？您知道人家会怎么回答吗？人家会说："您认为那是一个好剧本吗？"只要我说一声是，对方必然会答复："那好，请署上您的姓名。我们马上就排演。"可是，无论是您还是我，都不愿意由我来署名的。您希望当面与我交谈？再好不过。请定好日期与钟点，我一定恭候。然后呢？请告诉我您希望我做什么。我一定全力以赴。如果世界上只有您我二人，而这世界又属于我一人，我一定满足您的要求。我会满心喜欢地把世界分给您一半，甚至可以送上四分之三。然而，世界上还存在着其他人；其他人都有各自的利益、情欲、缺陷与习惯。对其他人我无能为力……我能做的一切，我都会去做；不过，我不能够也不情愿硬去碰钉子，哪怕为的是另外一个人。[1]

　　此信行文不乏文采，写得比《巴格达王妃》完美。还可举出一封信来，是写给一名保皇派新闻记者的；此人读了小仲马根据大仲马的同名小说改编的剧作《约瑟夫·巴尔萨莫》之后，认为受到了触犯，便来信质问。仲马写信回答：

　　普伊，一八七八年九月二十日：我们生活在这样一个时代：谁要不愿意冒触犯某个集团信念之风险，就不可能把事实真相和盘托出来。由于现今处于共和体制之下，保皇党人便一时认为：历届君主，甚至连路易十五在内，没有--位不是天使般完美。居然有人对我说，迪·巴里夫人是位很有教养的女人，因而当我在剧中让这个女人口出不逊（如她对国王说："法兰西，叫你的咖啡滚蛋吧！"），又让德·拉瓦利埃尔先生在路易十六登基之时对新国王下了逐客令（"新的王位开始了，真该死！"），于是便有人站出来，说我对这位前朝娼妓进行了污蔑诽谤。要知道，关于这个女人，拉马丁说得再好不过了："她死了，这个既玷污了王座又玷污了断头台的女人。"

　　您说我对此该如何回答？一方面因为我描绘了吉贝尔[2]便认为我污蔑了人民；这善良的人民不久之后便将打死德·朗巴尔夫人[3]，再割下她的脑袋，并用一块界石的尖端凌辱她的身躯。目前人们暂时还认为，人民中所有的男子，既然都是选民，个个都必然是天使。啊，真是什么人都能够升天堂了！还有一些人硬

---

[1]　此信未公开发表，由乔治·阿尔方德里先生收藏。——原注
[2]　吉贝尔（Gilbert，1750—1780），法国诗人，站在同时代进步思想家的对立面，狂热攻击无神论与时代的风气。
[3]　朗巴尔夫人（Mme de Lamballe，1749—1792），玛丽·安托瓦奈特王后的管家，是王后忠实的朋友；被处死于一七九二年九月的大屠杀中。

说我是在号召投身公社 [1]，因为剧中有马拉 [2]这个角色，而我
又让某些话出自他的口；顺便指出，这些话我是从小说里抄来
的；剧本毕竟是根据别人的一本书改编出来的呀！如今我们大家
都是头朝下、脚朝上走路。您让我怎么办？这是一段必经的时期
呀。下一次革命砍的将是脚丫子，而不是脑袋；这样就会偿清这
一次的欠债了。只要有了普遍的选举权，有了甘必大的演说以及
《科纳维尔之钟》[3]，我们国家便会得到幸福。我个人毫不反对，
也无意用我的剧本、书籍与观念进行干扰 [4]……

当纳盖使议会投票表决，通过了小仲马长期等待与企盼的离婚法
以后，这位来自沃克吕兹州的参议员在《伏尔泰报》上发表公开信，
责令小仲马承诺站在共和国 [5]一边；要知道：法兰西之所以能实现
如此重大的一项改革，要完全归功于共和国呀！可是，我们的作家坚
持自己的独立立场。他在复信中写道：

我从未向任何人承诺过任何保证。我不属于任何政党、任何
派别、任何集团；我不附和任何人的雄心壮志、任何人的仇恨、
甚至任何人的希望……先生，您既然是曾为所有人的自由而奔走
呼号者中的一员，您现在应当感到幸福与自豪；我现在完全、彻
底而切切实实地享受到这一自由；每个人都可以像我这样拥有自
由，而无需发表宣言与公告，无需吵吵嚷嚷，无需骚乱闹事，无
需诉诸暴力。为此所需要的，老实说，只有劳动、耐心、尊重自
己并尊重他人 [6]……

他不相信政治标签；也拒绝佩带任何标签。

---

[1] 指一八七一年的巴黎公社。
[2] 马拉（Marat，1743—1793），法国大革命中资产阶级民主派雅各宾派的著名领袖之一。被称为"人民之友"，后被吉伦特派分子刺杀。
[3] 《科纳维尔之钟》，由普朗盖特作曲的三幕轻歌剧，一八七七年首演于巴黎。
[4] 此信未公开发表，由西蒙娜·安德烈-莫洛亚收藏。——原注
[5] 指一八七五年建立的第三共和国。
[6] 小仲马：《致纳盖先生的信》（巴黎，卡尔曼-莱维出版社，1882）。——原注

至于将要治理我们国家的那个政府，叫什么名称，采取什么形式，对我来说都无关紧要。只要能使法兰西变得伟大、受人尊敬、自由、统一、安宁与公正，它想成为什么样子，它能成为什么样子，都无所谓。要是共和国能够达到这一结果，我一定与共和国站在一起；在这种情况下，我另外还可以向您担保，现在尚未站在共和国一边的所有正直之士都将站到它那一边去[1]……

此话是诚恳的，尽管在他内心深处，对第二帝国的上流社会不无惋惜之情；毕竟那是他青年时代的世界呀！

---

[1]　小仲马：《致纳盖先生的信》(巴黎，卡尔曼-莱维出版社，1882)。——原注

第二章　《戴妮丝》

那运动员式的宽阔肩膀，那严峻的神态，那光彩的名声，《茶花女》所引起的回忆，与一位俄罗斯王妃情意缠绵的婚姻……小仲马的一切都继续吸引着追逐作家的女人们。许多女子在他周围转来转去；其中最令人感兴趣的若干名里面，有一位名叫阿黛尔·卡散的。此女子是个非常富有的收藏家，住在蒂尔希特街一号；其府邸四面开门，有一百来扇窗户，可以望得见凯旋门；室内收藏着各式各样的艺术品。这个女人将给仲马提供一出戏的素材，使他得以重返剧坛。这是后话。

阿黛尔·卡散，原本姓科散，是个染布工的女儿，一八三一年生于科梅尔西，小小年纪就为西西里一位贵妇人担任伴读。伴读小姐的命运很像小仲戏里的某个女主角，被蒙福尔特家族四个儿子中的老大搞得怀了身孕（这个家族的远祖当是十三世纪时被查理·德·安茹[1]从法国带去的那位蒙福尔）。怀孕后，阿黛尔便躲到默兹州的老家去分娩，生下一个女孩，取名加布里厄尔。

从此便开始了"卡散夫人"的生涯。这是一位非常聪明、急切地想往上爬而又相当漂亮的女子。有了银行家爱德华·德莱赛，以及一两位罗特希尔德家族的男爵，还有乔治·贝蒂画廊的创建者等人解囊相助，她居然得以在香榭丽舍大道与星形广场之间购得最漂亮的"元帅府邸"中的一所住房。在那里，她收集了许多油画珍品，其中包括

---

[1]　查理·德·安茹（Charles d'Anjou, 1227—1285），法国国王路易八世之子；一二六六年占领南意大利及西西里岛，成为那不勒斯与西西里的国王；一二八二年西西里"晚祷事件"后，被迫放弃该岛，只保留那不勒斯王国。

不少意大利与西班牙大师的作品，此外还有泰奥多尔·卢梭的《橡树下的小路》和亨利·勒尼奥的《莎乐美》。她本人身穿象牙白色丝缎裙袍的肖像，以及她头发浓密的小女儿的肖像，都签着同一个名字：古斯塔夫·里加尔。[1]

卡散夫人与德·昂日男爵夫人不同。她的私生活表面上看无可非议。她设晚宴招待最上流社会的男人们，然而这些男人都不带夫人到蒂尔希特街来。共和国的部长如甘必大与里博[2]，画家如古斯塔夫·多雷[3]与莱昂·包纳[4]，都是她的朋友。经过她多方努力，一位似乎有一定贵族名分的波尔多人好心承认了她的女儿，使后者得以在一八六九年嫁给路吉埃罗·蒙福尔特。路吉埃罗恰好是卡散夫人当年情人的小弟弟；四兄弟中的老大哥现已赫然成为德·拉乌里托公爵。这样，加布里厄尔经过一番周折，终于获得了她出生时本来应有的姓氏。她带着丰厚的嫁妆，定居在佛罗伦萨，后来几乎同母亲断绝了往来；母亲则给自己起了个"高里奥妈妈"[5]的绰号。

卡散夫人在一八八〇年结识了小仲马；后者的剧作她已心仪已久。两人谈论绘画：卡散夫人向小仲马展示她的画廊；仲马也把自己收藏的梅索尼埃、马沙尔与塔萨埃尔[6]等人的作品拿给她欣赏。塔萨埃尔终生描绘哭泣流泪的场面，风格类似小仲马喜爱的格勒兹，一八七四年自杀身亡；小仲马给予他特别的评价。这位艺术家的作品有：《不幸的家庭》、《老乐师》和《两位母亲》。在其创作的后一阶段里，塔萨埃尔画了一些裸体像，有《苏珊沐浴》、《狄亚娜沐浴》等等。自杀提高了他的声望。小仲马为他在蒙帕尔纳斯公墓买下一块永久使用的地皮，并自豪地对人说："我有四十幅塔萨埃尔的画，包括

[1] 这两幅肖像由朗道尔弗·加尔加诺侯爵遗赠予巴黎小宫博物馆。卢梭的《橡树下的小路》现藏卢浮宫；勒尼奥的《莎乐美》收藏于纽约大都会博物馆。——原注

[2] 里博（Ribot，1842—1923），法国政治家，温和派共和党人，原为律师，从一八七五年起历任司法部长、外交部长、内阁总理等职。

[3] 古斯塔夫·多雷（Gustave Doré，1832—1883），法国画家，特别以书刊插图及版画著称。

[4] 莱昂·包纳（Léon Bonnat，1833—1922），第三共和国时代官方人士宠爱的肖像画家。

[5] 引用巴尔扎克小说《高里奥老爹》（中文译作《高老头》）的典故；按例中文似乎也可译成"高妈妈"。

[6] 塔萨埃尔（Tassaert，1807—1874），法国画家。

画家的自画像在内；这些画，比热里科[1]最好的画还要好。"在维里埃大街仲马的住宅里，一座大厅的四壁挂满了塔萨埃尔的作品，成了一个令他自豪的话题！

这次会见之后不久，阿黛尔·卡散派人给小仲马送去一幅塔萨埃尔的画，还附有一封信："请允许我将此画奉献于您的脚下……它理所当然地属于您。塔萨埃尔的所有作品都应当属于您……"信中还提到：她之所以未敢亲自将画送上门来，是因为"我的公证人将会向我的继承人告发您，而蒙福尔特家族列位公爵对我的东西没有不爱好的……"[2]

仲马打算回赠一幅画，她却拒绝说："请不要给我送画！请继续像现在这样：您不欠我一丝一毫；而我恰恰相反，我应为我曾经有过的许多激情而对您心怀感激。您不想要我的任何东西，这多不好！我究竟做了什么对不住您的事，惹得您对我这般冷酷？请分给我十万分之一的友情，我就心满意足了……"[3]过了几天，她又写来一封信："先生，您是我在世界上所认识的最公正、最可信的人……特别要说的是，您是我已经非常喜爱的一个人。"

接下来便敞开心扉，说起了知心话：

> 如果您给我一点友谊，那将是一种神灵的恩惠；因为我这个人在男人们身上引发的，仅仅是他们称之为爱情的东西！……我个人特殊之处，我觉得就在于，我从未经历过别的女人曾经经历过的那种跟随爱情而来的友情。我所见到的，总是在极度夸张、极度虚伪的感情之后，仇恨便接踵而至。说不清楚，一个富有的女人，到底能够引起哪些奇奇怪怪的感情！多少年过去了，我也当上了外祖母，仍然没有看到那一出出的喜剧有了什么变化；那一出出喜剧弄得我生活空虚而忧郁，因为生活中没有任何东西是建立在真诚的基础之上。我满可以认为自己十分幸福，只要我听信那些人的话；那些人千方百计地让我相信：金钱能够带

---

[1] 热里科（Géricault，1791—1824），法国著名画家。
[2] 国家图书馆手稿部；属巴拉绍夫斯基-贝蒂遗赠。——原注
[3] 同上。

来一切！仁慈的上帝在造我的时候便对我说："你将拥有钱财；你干什么都能成功；你甚至无需企盼；然而，你所有的，仅此而已……"先生，这是一封不拘礼节地吐露心迹的信。卡散夫人请您原谅；不过，话说回来，这是因为她像那些受了冻的植物一样，贪婪地盼望得到一点温暖[1]……

卡散夫人的运气不好，碰上这么一个男人。此人自己不乏温暖，但不愿意把温暖分送给他人，还以此而自鸣得意。她徒然叙述了自己作为"高里奥妈妈"的痛苦并描述加布里厄尔如何无情无义。仲马用他那"钢做的眼珠"直盯着她，用她的话来说，"一直搜寻到了灵魂的深处"。然后，他说话了；意思是：对女儿教育不善，责任完全在她一人身上。她回答小仲马："您管这件事未尝不可，就是鞭子抽得过于狠了点。"尽管如此，她和别的女人一样，还是驯服地顺从了。

阿黛尔·卡散致小仲马：再过几天，我就要动身去比亚里茨[2]了。如果您能告诉我，您身体如何；并对我说，最近这一段时间您没有忘记我，那就应当衷心感谢您了。您很清楚，我需要您。您是一株强壮的大树，我现在依靠在树干上。不要抛开我不管；那样的话，可真是太惨了。我的生活十分孤独，如今您就是我的一切。我明白，我们两人的关系与性无关；然而，我是个女人，我需要您的保护，完全是道义方面的[3]……

卡散夫人向小仲马描述了她众多的追求者。她虽年届五旬，却广有钱财，风韵犹存，足以招引不少崇拜者。英国贵族普莱特（第六代普莱特伯爵）带她去位于欣顿-圣乔治的萨梅塞希尔领地；在那里，这位领主拥有一座城堡和一块二万二千一百二十九英亩的地产，地产年收入高达二万一千九百九十八英镑。伯爵把阿黛尔介绍给他母亲，以及领地上所有有身份的人。伯爵两次丧妻（两位夫人都是年

---

[1] 国家图书馆手稿部；属巴拉绍夫斯基-贝蒂遗赠。——原注
[2] 法国西南部大西洋沿岸小城，避暑胜地。
[3] 国家图书馆手稿部；属巴拉绍夫斯基-贝蒂遗赠。——原注

纪轻轻就离开人世），现在仍然独身一人。他请求迷人的法国女子嫁给他。[1]卡散夫人向小仲马讲述自己的成功。她感谢仲马没有向她献殷勤，并告诉他自己疯狂地嫉妒弗拉奥夫人[2]。仲马粗暴地责备她，说她过于感情用事。卡散夫人生气了；小仲马如此明目张胆地不近人情，惹恼了她。

一八八一年九月二十日：难道如此令人屈辱的话语竟然出自您的口中："爱情上没有痛苦可言"？这又是一种别出心裁的说法，您又得费些力气跟我解释解释了。上次您信中说，不存在精神上的疾病，我还可以勉勉强强地接受。这话有可能是真的，因为您补充说明，"只存在经不起磨难的器官"等等。可您这回竟然说，爱情上根本不存在什么痛苦！"多么野蛮！"奥苏纳公爵[3]听到这种说法是会如此评说的。然而，说这话的人竟是您！您竟敢对我说这种话！您写这些话的时候，一定是拿我开心；要不就是，您是当今幸福男人中最幸福的一位了。可不是吗？难道您从来没有体验过心灵的伤痛？[4]……

心灵的创伤，按说小仲马是经历过的；只不过这种伤痛被骄傲的情绪所掩盖罢了。他摆出一副架势，说话振振有词，无非是为了给自己撑面子。两人的友谊保持了很长时间。仲马夫妻失和，阿黛尔是了解的；她了解"王妃"闹情绪、发脾气（她称仲马的妻子为"王妃"，还像乔治·桑从前那样，称之为"那个人"）；她还了解纳迪娜精神失常，动辄以自杀来威胁。若干年的时间里，她很可能希望在仲马的生

---

[1] 第六世普莱特伯爵兼欣顿子爵维廉－亨利（William-Henry，1827—1899），一八四九年娶伊莉莎白－拉维尼亚·纽曼为妻；一八七一年又娶艾玛－索菲娅·约翰为妻，后者于一八七六年谢世。阿黛尔·卡散拒绝了他的求婚后，伯爵乃与罗莎·麦维尔结婚。这第三位妻子是在他之后才告别人世的。伯爵的母亲（卡特琳，伯爵夫人）系"从男爵"乔治·达拉斯之女。——原注
[2] 原名奥蒂丽·亨德利，为画家莱昂·弗拉奥之妻，相貌具有无可争议的雕塑美；只是鼻梁过长，不太好看。人们称她为"维纳斯与驼背丑角的女儿"。——原注
[3] 佩德罗·德·阿尔康塔拉（Pedro de Alcantara，1812—1898），是十三世奥苏纳公爵、西班牙最高贵族；卡散夫人家中的常客。——原注
[4] 国家图书馆手稿部；属巴拉绍夫斯基－贝蒂遗赠。——原注

活里取代"那个人"。然而，在这方面，他没有给她的幻想留下任何余地。于是，她便顺从女儿加布里厄尔的坚决要求，考虑嫁给蒙福尔特公爵了。

科梅尔西，一八八六年五月六日：我在摸索如何才能摆脱目前这种忧伤。除了嫁给公爵可以创造一种全新的生活（如果他还愿意娶我的话）外，我找不出什么好办法来。多少年来，我一直在折磨着他。嫁给他，就可能为我饱尝痛苦的那颗可怜的心，找到一点平静[1]……

仲马粗暴地表示反对。"您将会看到，"他说道（就像奥里维埃·德·雅兰在这种情况下可能会说的那样），"上流社会的青铜大门将对您关闭！"卡散夫人立即回信：

凯赛尔霍夫旅馆，基辛根：我觉得您有意要当面贬损我。啊！您可真狠心……当然，我知道自己是个安分守己、逆来顺受的人；不过，您做得也太过分了吧！按您的说法，只有送货的人与仆人才把我当成公爵夫人。这种话，我可以自己对自己说，然而您何苦非要如此残酷地道破它呢？

就是为那几个外孙女[2]，我也不能不当蒙福尔特公爵夫人；在我有生之年，期望办到这件事，恐怕应当说是合情合理的。即使这些宝贝儿们的这位大伯父是随便哪一个雅克或让，我也不会在乎的；他将永远成为我可以依靠的大树之根。他因此是一位普兰塔哲内[3]式的人物。您认为我想嫁给他是太"傻"吗？但愿我的外孙女们不是这么想的。她们永远也不会来看一位尚未出嫁的外婆，却必定很乐意跑去找她们公爵伯伯的妻子。

---

[1] 国家图书馆手稿部；属巴拉绍夫斯基-贝蒂遗赠。——原注
[2] 卡散夫人有三个外孙女，分别叫做乔万娜、加罗琳娜和玛格丽塔。一八八六年，大外孙女年方十六。——原注
[3] 安茹伯爵哲夫利五世（Geoffroi V，1111—1153）的绰号；此处是将蒙福尔特公爵比作开基立业的安茹伯爵哲夫利五世。

很可能是当事者迷；但同样可能的是，您出于对我的友情，把我打算进入的未来世界，说得过于凄惨。就算我错了，我的动机还是情有可原的；即使您所预告的那一切不幸果真全都向我扑来，任何人也不会为我难过；而为了安慰自己，我只消回忆一下这几年的日子，就会看到：一切毕竟还是强了许多。

德·拉瓦利埃小姐说过："万一到了加尔默罗修女院里我还感到不幸，那只须回忆一下这些人都让我受了些什么罪……"既然您对我怀着友好情谊，为何您就不去这么理解，为何就不用您的友谊来帮助我呢？拒绝给人以安慰的友谊，还算什么友谊呢？[1]……

仲马的权威最后还是占了上风。卡散夫人没有嫁给公爵。《巴格达王妃》演出失败之后，仲马发誓与戏剧一刀两断。然而，对这位女友的种种回忆，又给他带来灵感，从而酝酿出一部新的剧作：《戴妮丝》，交给法兰西喜剧院排演。看来，剧作家们的誓言，并不比醉鬼捶胸顿足的表白更值得信赖。从剧本的题材来看，实际上是《奥布莱太太的观点》的翻版。戴妮丝姑娘在一户人家里干活，受到东家少爷的勾引，怀孕生下孩子，孩子没有活成。当事人严守秘密，只有戴妮丝的父母布里索夫妇知晓。几年过后，姑娘爱上了一位正派男子：安德烈·德·巴尔答纳；安德烈也对她情有所钟。出于对恋人的忠诚，戴妮丝吐露了早年失足之事；几经周折，最后有情人终成眷属。这种结局，在一八八五年那时候，被认为是大胆的"可怕"之举。

法兰西喜剧院的演出非常成功。年轻的当红演员朱丽娅·巴尔黛演得庄重、动人，非同一般；嗓音优美的沃尔姆饰演巴尔答纳；科克兰与戈特两位演员不减当年本色；从吉木纳兹来的布朗什·皮埃松演得也完全配得上这些新同事。比起《巴格达王妃》来，观众的反应要好得多；这是因为，这个剧更加富有人情味。要问仲马的话，这位道德家会说：这次断案，是让女人占了上风。

剧作者的老友普利莫里伯爵在意大利某杂志上写道："《茶花女》

---

[1] 国家图书馆手稿部；属巴拉绍夫斯基-贝蒂遗赠。——原注

是年轻人的作品;《戴妮丝》则是成熟男子的作品。二者毫无联系。不过,要真正理解戴妮丝,很可能必须先爱过玛格丽特才行……"然而,要创造这么一个人物,作者本人更需要是一位戴妮丝的儿子,同时又当另一位戴妮丝的知心人。前一位戴妮丝受到挫折之后,没有得到机会重新安排自己的生活;后一位戴妮丝似乎春风得意,内心里却极度苦闷。

演出轰动一时,佩兰认为"是法兰西喜剧院三十年来从未见到过的"。到了最后一幕,观众竟然呜咽起来。每次大幕落下,仲马都要被簇拥着走上舞台,受到热烈的欢呼。共和国总统儒勒·格雷维把仲马请到包厢里,当面表示祝贺。演出完了之后,剧作者由女儿高莱特、女婿莫里斯·李普曼以及友人亨利·卡恩陪同,去布雷邦饭店吃晚饭。卡恩登上马车的时候喊道:"车夫,去先贤祠!"

纳迪娜·仲马因为身体不好,不得不待在马尔利。首演当晚,她一共收到二十八封电报;每一幕之后,都有人向她报告演出效果与观众的反应。科什里部长亲自下令,要求那家电报局当晚延长营业时间。小仲马这出戏的首演,竟然成为一件震动全国的事件。

第三章 "爸爸，你好"

　　一八八〇年，为了在玛勒再尔伯广场给大仲马树立一座雕像，组成了以阿道尔夫·德·勒芬为首的委员会。然而，对这位在如此长的时间里使人们心潮难平的作家，公众的表现却显得忘恩负义。募捐得款有限。雕塑家古斯塔夫·多雷表示要把自己的创作捐献出来，并且还设计了整座纪念建筑。可惜，雕塑家没有见到建筑竣工便离开了人世。揭幕典礼是在一八八三年十一月三日举行的。

　　古斯塔夫·多雷设计这座雕像时，从大仲马向小仲马讲述过的一个梦境里汲取了灵感："我梦见站在一座石头山的顶峰，山体每块石头的样子都像是我的一本书。"面带笑容的大仲马青铜雕像就安放在这座巨大的石头底座的顶上，正像老作家梦里所见到的那样。在他脚下，是一组三人群像（大学生、工人、少女），代表着永恒的读者。另一边是达德尼昂；他坐在座基上，执行着夜间守卫的任务。

　　小仲马坐在妻子与两位千金旁边，眼里含着泪水，倾听着发言者的讲话。儒勒·克拉尔蒂说道："人们说，仲马使三四代人得到消遣。其实，何止是消遣，他所给予的是安慰。要是他把人类描绘得比实际情况慷慨大度，请不要责怪他；那是因为他按照自己的形象塑造了人类……"埃德蒙·阿布在发言中也说道：

　　　　如果每位大仲马的读者捐出一生丁，这座雕像本来可以用纯金制成。诸位先生，这座雕像属于一位伟大的狂人；在他那宽厚的性格与惊人的欢快中所贮藏的明智与智慧，远远超过我们大家拥有的明智与智慧之总和。这不是一个循规蹈矩者的形象，规矩在他看来一无是处；这是一个吃喝玩乐者的形象，而他却可以为所有勤勤恳恳工作的人提供榜样；这是一个寻花问柳、甘冒政治风险与战争危险之人的形象，而他一个人钻研过的学问比三座本笃会修道院所有修士们加在一起所做的学问还要多。这是一幅浪子的肖像，他在种种花销中挥霍掉几百万，却在无意中留下了一份丰厚的遗产。这副容光焕发的面孔是一个利己主义者的面孔，此人却终其一生侍奉母亲、养育子女、忠于友人、献身祖国；这副面孔是一位软弱而宽厚的父亲的面孔，他把缰绳撂到儿子的脖颈上，让儿子自己闯荡，结果他有幸看到自己的事业在自己有生之年，由法兰西历史上最卓越、最优秀的人才之中的一位继续下去；这种运气是十分罕见的……

……有一天，大仲马对我说："你喜欢亚历山大，很有道理。他充满人情味；他心地善良、头脑清楚。不要干涉他；这个孩子，搞好了，能够成为上帝圣子。"这位杰出的人物说此话时，是否想到他把自己当成了圣父？可能如此。不过，在仲马身上，"我"字从来不惹人厌恶，因为他总是那么天真、那么善良。在其丰富、奇特而使人难以理喻的天才中，善良至少占据了四分之三的分量……这位热情奔放、坚强有力、像山洪暴发一样不可阻挡的作家，从来没有干过仇恨与报复的事情；对于最凶狠的敌人，他都是宽大为怀、慷慨大度。因此，他留在这个世界上的只有朋友……先生们，这一仪式的寓意，就在于此[1]……

这是小仲马心情非常愉快的一天。大仲马死后，各家报纸迫不及待地把小仲马的"小"字去掉。小仲马立即出面纠正，他说："这个字已经成为我姓名的一部分；它就像复姓中的第二个字，放到原来的姓氏后边罢了[2]。"

在他的府邸与亚历山大一世生前的住所之间，亚历山大二世看到他父亲的纪念碑树立起来。父亲受到崇敬、爱戴与欢呼。所有的讲演

---

[1] 演说词发表于一八八三年十一月四日《费加罗报》。——原注
[2] "小仲马"在法文里意思是"仲马儿子"（直译）；"儿子"放到"仲马"后边，所以小仲马如是说。

者在颂词里，都把父子两人联系起来。在这一时刻，儿子终于认为自己是个幸福之人。那一天，他握住了所有人的手；而在此前，他绝对不会把自己的手伸向其中一些人的。人们回忆起，他父亲曾把他称为自己"最好的作品"；的确，在大艺术家的儿孙中间，他几乎是唯一的一位，不但没有被自己的姓氏压垮，反而给它添加了光彩。从今以后，每天回家之前，他都将从这张宽大而又和善的面孔前走过，并朝着雕像说一声"爸爸，你好"。当天晚上，在法兰西喜剧院里，演员们给大仲马的胸像戴上花冠，并演出了《贝里斯尔小姐》。唯一不和谐的声音来自加亚尔代；他抗议把《奈斯尔塔》的剧名和这位作家的其他作品列在一起，镌刻在大仲马雕像的底座上。小仲马回答说，将来有一天要是为加亚尔代建纪念碑的话，他现在即可表示，同意操办此事的委员会把该剧的标题也刻到上面去。

今天，我们很难想象，在十九世纪八十年代的巴黎，亚历山大·小仲马到底占据着一个什么样的地位。他是剧坛泰斗，又像火枪手一般支配着法兰西学院。当巴斯德[1]申请加入学院时，仲马在给勒古维的信中写道："我不能让他来看我。我该亲自前往，感谢他愿意加入到我们的行列之中……"

　　路易·巴斯德致小仲马：先生，您的支持以及您好心赐于我支持的那种亲切与自然的方式，使我万分感激，难以用言词表达。您给勒古维先生的信函，已经成为我家里一份珍贵的手迹藏品。家人怀着喜悦的心情，连忙抄了好几份，寄给不在家的人……亲爱的先生，谨致谢意；并等待在上帝的帮助之下，以无比自豪的心情说出，并在信的结尾亲笔签上"您最忠诚的同道"字样[2]……

---

[1]　路易·巴斯德（Louis Pasteur, 1822—1895），法国化学家与生物学家，微生物学的奠基人。他发现了细菌，对现代医学有很大贡献。
[2]　此信由巴斯德·瓦勒里-拉多教授提供。——原注

每星期四法兰西学院召开例会，这两位相互敬重的院士总要挑选相邻的座位挨着坐下。巴斯德赞扬小仲马"那一颗心温文尔雅；吐露心声不紧不慢，十分得体，使人倍感亲切……"[1] 有一次，小仲马一边听着讨论，一边用纸叠了个小鸡。巴斯德要了过去，说是要给孙女玩。仲马慨然相赠，还在小鸡翅膀上写了几个字："我的女主人公之一，目前尚未成名"。

巴斯德了解，仲马只要知道哪个人遇上不幸，定会解囊相助。然而，却流传着一种说法，说他"抠门"。他的对手们背后叫他"非浪子"，还说这个绰号是乔治·桑起的。其实，乔治·桑绝对不会这么做，她比谁都了解小仲马有多么无私与大方。他替女作家"弄出"过好几个剧本，还拒绝收取稿酬。他只不过从父亲身上吸取了教训，才变得有所算计。谨慎行事不等于吝啬小器。

小仲马树敌不少。他的那些俏皮话，有时过于刻薄，容易伤人。有一回，他问友人埃德蒙·罗特希尔德男爵："是不是因为我写了《半上流社会》，您才约我同我的女主人公一起吃晚饭的？……"又一回，埃德蒙·亚当的夫人（朱丽叶·朗贝尔）想让仲马与亨利·罗什福尔见面，仲马写信给这位夫人：

> 亲爱的朋友，我要坦率地告诉您……这个人对所有的人和事永远都愤愤不平；唯一的原因是，所有的人和事都超过了他。他对什么都要谩骂，因为他什么都嫉妒；他伤害不着老朋友的时候，就说人家的坏话；他能够活下来，只是因为那些他曾想要杀害的人不跟他计较；对于救过他的人，他只用谩骂与诽谤来表示感激；他办了一份下流的报纸，明知下流还要办，为的是赚大钱来吃喝玩乐；可他反过来指责别人吃喝玩乐。这些做法有多卑鄙，他正因为如此而受到鄙视。您真有本事，能在那种乌烟瘴气里喘气；这可真是一种特异的器官功能。我不行，非砸碎玻璃透透气不可……
>
> 把一些昔日帝国时代的老朋友请来，与您的那位先生同桌共

---

[1] 参见勒内·瓦勒里－拉多：《巴斯德生平》。——原注

餐；并借机会让您的好友仲马同他和解，仅仅因为仲马挨了他那么多谩骂而使您烦恼与难过；这样做，您一定会感到十分好笑吧？其实，被人谩骂也是件好事；因为世界上有正派人，也有不正派的人。您的朋友罗什福尔就属于后面一种类型；不管您费多么大力气，也无法把他改变……

像您这样一位光辉夺目的造物，与那样一个从污泥浊水与废墟粪土中冒出来的家伙相处得如此密切，您还能够做出些什么事情来呢？您以为能够照亮那堆垃圾，把那个臭泥塘清理干净吗？[1]……

如果说，愤怒出诗歌，那么，论战则可使散文更加敏锐。然而，仲马的"俏皮话"在那个时代倒反而越来越出名，今天看来不见得有多高明。他常常用这类俏皮话装点他星期二的晚餐（参加者有：梅索尼埃、德塔伊、拉乌瓦、米罗、梅拉克等人），以及奥贝尔农夫人的晚宴。

康罗贝尔元帅有一次对他说："我是个聋子，尽管还当着参议员。"

小仲马马上回答："对您这样一位参议员，这也许是最幸运的事了。"

一位年轻女演员，走下舞台后对他说："摸摸我的心，您看跳得多厉害。怎么样，感觉如何？"

"我感觉那玩意儿是圆圆的。"

有人告诉他，他的朋友纳莱原来肚子胖得鼓鼓的，最近小下去了一些。仲马接过话茬说道："可不是，他胖得发愁，才掉了点膘。"

拿破仑亲王在别人面前诋毁过他的一部戏；一回，亲王见到剧作家，又说此剧怎么怎么好。仲马答道："大人，您最好把这出戏的优点说给别人听，把缺点说给我来听。"

他的剧目仍然受到广泛欢迎，老剧本重新上演叫他忙得不可开交，同时又使他焕发了青春。对于一位渐入老境的杰出作家，能把自己当前的经验与技巧用来为年轻时代的作品服务，是件非常愉快的事情。《茶花女》现在由萨拉·贝尔纳主演。她演得非常传神，常有意

[1] 此信未公开发表，见莫里斯·李普曼：《个人日记》，一八八五年三月十六日。——原注

想不到的招数。譬如，剧中需要公文印花纸，贝尔纳即兴发挥说："别找了。我家里有的是。"

贝尔纳喜欢那种入口即化的糖果，仲马就买来送给她，让她吃个够。

法兰西喜剧院准备再次上演《外国女子》。仲马坚持：原来由萨拉·贝尔纳创造的角色，这回交给布朗什·皮埃松扮演；另外由巴尔黛接替克鲁阿泽特。演出的风格起了变化，说不定这样更好。在戏剧领域，一位作家可以慢慢体会到，一出戏的生命，一方面取决于剧本，另一方面也取决于演员；他应当乐于这样想："在我身后，我的作品将继续有所变化。"

继吉木纳兹之后，法兰西喜剧院成了小仲马的据点。总经理埃米尔·佩兰之死，令他伤心万分。这两位对人冷淡、隔膜的男子之间，有着牢固的友谊。佩兰得了不治之症，在十分痛苦的日子里，仲马经常去安慰他。一八八五年六月的一天，佩兰叫人请仲马快点来，说有话要对他讲。他说的是："我说不定什么时候要咽气；盼望能握握您的手，向您道个别，感谢您给了我一生中最后一次莫大的欢乐，那就是成功地上演了《戴妮丝》。"仲马回到家里，对女儿说："没有人能死得像他那么泰然自若了。"

还有一桩丧事：仲马家的世交阿道尔夫·德·勒芬之死。勒芬患的是胃癌，躺在那里不肯进食，任凭身边的四条爱犬舐他的双手，还有那笼中之鸟不停地啁啾。仲马一天要去三次看望。

"您怎么样了？"仲马问候道。

"我觉得像一个行将离去的人；我并不难过。世上的事，我都经历过了；如今的事，已经引不起我的兴趣。"

仲马坚持要他吃点东西。他回答道："何必呢？能够没有痛苦地离去，是我的大幸。要是体力又恢复过来，谁能知道将是个怎么走法？"

勒芬活到八十二岁。是个高高的瘦老头；长长的脸庞，稍带微红；老高的帽子重重地歪戴在耳朵上，上衣的直领又宽又大，丝巾长得要在脖子上绕好几圈。从路易－菲力普时代起，他的衣着就没有变化过。八十多岁了，那撮山羊胡子依然又黑又浓。此人神经过敏，爱发脾气；然而跟大、小仲马却很合得来，相处得非常融洽。他指定小仲马做他的"概括遗赠财产承受人"，又把他在马尔利的房地产留给小仲马，以纪念他们在那里一起度过的美好夏日。他要求仲马好生养护他的马匹，绝对不能套车拉货或送客，直到畜生们尽享天年。他给每一条狗都规定好赡养金额。他的丧事是在马尔利举办的，埋葬在贝克墓地。小仲马在葬礼上发表了演说，还念了一段大仲马的《回忆录》。《安东尼》的作者在《回忆录》里叙述，与这位瑞典人是怎样邂逅的；正是这次邂逅成就了大仲马，把他领上戏剧创作的道路。小仲马是这样讲的：

　　所有认识勒芬的人，连同那些在他晚年才见到他的人，都会从他那张年轻时代的肖像里认出他来。他像他自己严峻的北方祖国的杉树，永远挺拔而翠绿，即使是大雪压顶也不弯腰。我们的朋友直到八十二岁，身躯仍然清瘦修长，风度翩翩，走起路来步履潇洒，气派十足，自负的眼神中透着些许温存。我父亲在《回忆录》的续集里多次谈及他心灵与才智方面的素养；随着岁月的流逝，这些品格更加突出、更加鲜明。勒芬看上去是有些冷漠；这是所有想知道该结交什么样朋友的人的共同之处，这些人希望只把友情给予他们所尊重的人，一旦拿定了主意，就不再改变，既不收回友情也不收回尊重。诚然，他看上去是有些冷淡；但是，只要你同他交往时善于融化最初接触的坚冰，勒芬肯定是一位最可靠、最忠实、最温和的人……

　　四月十四日，从早晨起，某些征象就告诉我，死神已经下决心要把老人企盼的长眠尽快赏赐给他。我便没有再离开他老人家。"只要今天天气好……"这是老人上气不接下气说出来的最后一句话，也是他唯一没有得到实现的遗愿。从这一刻开始，只见他轻轻握紧双手，呼吸的声音越来越响，动一动头部，再转一转目光，似乎在跟我作最后的告别……暮色降临，鸟儿停止了啁啾，大地一片晦暗。只有孤灯一盏照在老人安详和棱角分明的面容上。他的气息渐渐变得越来越平稳、越来越缓慢、越来越微弱；后来，我俯下身去，才确信他已开始了长眠，没有一丝震动，没有费一点儿力气。我合上了老人的眼睛，亲吻了他；仆人们流着泪水、念着经文进来给他换衣服，换上那身他希望在黑夜中伴他长眠的服装。这时候，我才暂时离开老人。

这位善良的老人就这样离开了人世。没有人比他死得更加平静、更加安详、更加庄重、更足以给那些缺乏先见之明与心惊胆战的人树立榜样、给予教诲。我执行了他的遗愿：老人安息在妻子的身旁。六十多年前，我父亲在长满雏菊与美国山楂的美丽道路上邂逅的这位朋友，我十分虔诚地将他的遗体安放进他生前亲自选定的墓穴里；墓上盖满鲜花，周围是他生前最好的朋友[1]……

泰勒和勒芬都去世了。大仲马青年时代的活动，现在只剩下一位见证人，所有见证人中最伟大的一位：维克多·雨果。后者一八八五年也撒手人寰，离开了这个世界。小仲马并不十分悲痛。除去对过去那些恩恩怨怨的回忆，政见的不同更使两人疏于来往。雨果认为社会在进步，支持共和；小仲马则觉得人类在走向没落，一切都是虚无缥缈。给雨果送葬的场面，从凯旋门一直到先贤祠，庄严隆重，使仲马大为不悦。他说道："假如维克多·雨果的作品不是敌视帝国，而是把矛头指向共和国，他的诗还会写得照样优美；不过，人们就不会给他国葬了……假如他留在王座广场后面，而不是在星形广场附近，他的才能并不会有丝毫衰退；然而，这样一来人们绝对不会让他的灵柩从凯旋门下通过。缪塞也是一位大诗人，参加葬礼的却不到三十个……"[2]

关于雨果的葬仪，法兰西学院进行了很长时间的讨论。要不要当时担任院长的马克西姆·迪·康代表大家讲话？某些院士认为：鉴于马克西姆·迪·康的政治观点，最好还是不要去冒险，以免引起对立的举动。

仲马严厉地指出："法兰西学院不应当为社会舆论所左右。学院有自己的规章制度，应当遵照执行。"

这种高傲而好斗的不妥协态度，活脱脱地显示出了他毕生的为人。

---

[1] 演说发表于一八八四年四月十八日《费加罗报》。——原注
[2] 见莫里斯·李普曼：《个人日记》，一八八五年六月十日。——原注

第四章　《法朗西荣》

接替佩兰领导法兰西喜剧院的，是儒勒·克拉尔蒂。此人相当年轻，为人机智，鼻子长得像蜗牛。是他创设了每周大事专栏，他那《巴黎一周》，连载在《时代》杂志上，行文的起承转合往往显得脆弱而出人意料，叫人觉得挺有意思。在法兰西喜剧院，他作为以治院严格著称的佩兰的继任者，显得魄力不足。不论哪个人向他提出什么要求，他一概点头答应。于是，人们给他起了好几个外号："征服者蛋白松糕"[1]、"行不行可是先生"、"和气包工头"，等等。漫画家们把他画成一个在走廊里东躲西藏，怕见分红演员的好好先生。然而，就是这么个好好先生，却在剧院里一干就是二十八年。

此人上任伊始，就马上去找小仲马要剧本。他喊道："近卫军，快派近卫军来！"[2]可见仲马成了他"最后的希望与最高的智囊"，只好给他写个新本子，准备取名为《忒拜之路》。然而，进展十分缓慢。作者的期望过高，他说："当告别人世已近在眼前的时候，光说一些一般认为值得说的话，已经不够了……"由此可见，勇气消失之时，就是老境开始之日。

《忒拜之路》原定的交稿日期快到了；仲马心里明白，剧本不可能如期写出。可是，克拉尔蒂盼望甚殷，怎么办呢？这时，他想起，

---

[1] 蛋白松糕是一种法式甜点，吃在嘴里非常松软。另外，历史上有个"征服者吉约姆"，曾任诺曼底公爵和英格兰国王。此处将软甜点与"征服者"连起来，是一种嘲弄。

[2] 一八一二年，拿破仑率法军入侵俄罗斯；九月，在博罗迪诺村与俄军激战，法军受到重大损失。缪拉等将领要求增援，甚至紧急派遣近卫部队。拿破仑没有答应将军们的请求。

过去有个大胆而轻松的剧本，只写出了第一幕。剧中有一处写到妻子对丈夫说的话："你要是欺骗我，我也会去找一个情夫。"这位丈夫果然欺骗了她。于是她愤然前去参加舞会，把碰上的第一个小伙子引诱过来，同他一起吃了晚饭，然后回家说："我报了仇了。"这本来是没有的事情，丈夫却信以为真。妻子本可以把戏再演下去，直演到婚姻破裂；这时却突然冒出个年轻人，是公证人的书记员，受命前来搜集材料，以便撰写分居文书。这个年轻人比谁都了解内情，知道从来没发生过什么严重之事。他说出了事情的真相，说服了丈夫。悲剧排除了，全剧以喜剧的形式结束。剧本取名为《法朗西荣》。

仲马把《法朗西荣》送给克拉尔蒂，还附了一张便笺，上面写着：

完成了。

够危险的。

太长了。

很疲倦。

敬礼

亚·仲

剧本的主题并无新意。路易·冈德拉以前写过一个剧本，请仲马读过，名叫《方法尔小姐》，题材大同小异。该剧的第一幕由仲马重新改写。冈德拉坚持自己原来的文本，但同意仲马利用改写过的那一幕。就这样，这一幕戏便成为《法朗西荣》之滥觞。是部杰作吗？不是。不过，剧本写得还算成功，算得上是作者最受欢迎的剧作之一。冈德拉大度地赞扬这位名家高手写得擒纵自如，技高一筹：

亚历山大·仲马——第三位使用这一名姓的人——如今已有六十二岁；在他身上，种族所特有的精力尚未耗尽。这是一个多么出色的人！一个多么令人钦佩的黑人！他对待我们，就像黑人对待白人一样。他让我们感觉到他的力量；有时，他还让我们感觉到他的粗暴；我们领受到这一切之后，还觉得满心喜欢，心悦诚服。无论是引导舆论，还是抨击舆论，他都是大手笔。说他是掌握公众也好，统治公众也好，他几乎像其祖父当年驾驭那匹烈马一般。如果说，他年轻时候同现在相比，真有什么区别的话，倒不是因为他精力有所衰退；区别在于：继多年醉心于自己的天赋和艺术之后，他现在更乐于写一些既单纯又猛烈的文章[1]……

《法朗西荣》所描绘的世界，如同在小仲马其他作品里一样：往往是一些打着白领带的男士从妻子的客厅里出来到俱乐部去，然后又从俱乐部出来到那些"小姐"们的卧室里。小仲马式的"动物世界"，这里一样也不缺少：轻率的丈夫，受到屈辱的妻子；既积习难改地抱团玩乐又故作高深的男人，争辩不休的女友；还有水灵灵的女娃，她们一半是传统型的纯情少女，一半是一八八七年富有社交经验的姑娘。剧中的对话极富光彩，情节一波三折，观众向他们的战胜者报以热烈的欢呼。

《法朗西荣》被"捧上云霄"。大幕刚一拉开，观众就为布景热烈鼓掌。一架"用木头和镍制作的奇怪机器"摆在舞台上，吸引了全场观众的注意。在这场值得纪念的晚会之前，观众还从来没有在法兰西喜剧院的舞台上看见过"电话机"！观众看后议论纷纷："这个克拉尔蒂，真是大胆！"

萨尔塞写道："我也像观众一样，着迷了，陶醉了，激动万分。第一幕简直使人眼花缭乱……而且随处都可以听到俏皮话，无不恰到好处，又各具人物的性格！真是妙语双关！那么丰富，难以描述，无法比拟。"朱丽娅·巴尔黛饰演的法朗西娜·德·里夫罗尔一角，简直成了一匹"浑身战栗、前蹄不住蹬踢的良种小牝马。"[2]

　　　小仲马致朱丽娅·巴尔黛：吻您的手。您取得了双倍的成功。您的创作充满诗意，真是无与伦比。请继续保持下去。这是一个

---

[1] 路易·冈德拉：《剧评：亚历山大·小仲马先生的〈法朗西荣〉》，见一八八七年二月一日出版的《两世界杂志》。——原注

[2] 阿尔贝·迪贝：《朱丽娅·巴尔黛》。——原注

如今只剩下祝愿之力的人对您的祝愿……

各个沙龙里人们都在谈论："啊！这个仲马呀，仲马，他要我们相信，一个上流社会的女子，因为遭到了丈夫的欺骗，竟会到大街上随便摽上一个过路人，第二天就拿来吹嘘，说自己是这个陌生人的情妇。他真会编故事！"另外一些人则从剧中看出了一个观点："'以眼还眼，以牙还牙'，这是剧中女主人公的格言，而您竟完全赞成。您宣告，如女有报复的权利。'杀死她！'您过去是这么说的。于是，在您的命令之下，手枪射出了子弹，引得评判团一片掌声。然而，现在您改变了态度，对女人们说：'你也去欺骗他！'这么一号召，夜间餐馆又会开门迎客，里面的单间会一间间从里面反锁得严严实实。"

其实，仲马并没有说过"你也去欺骗他！"这样的话。恰恰相反，他倒是这样说过："男人通奸，后果尽管不会有女人私通那么严重，但是，对于在小客厅内交谈的密友们，绝非无足轻重之事。"

我们这个时代的读者见多识广；他们会奇怪：这样一个剧本，在当时怎么竟会被认为"粗俗"？《法朗西荣》具有一定的真实性。剧中所描绘的社会，不是圣日耳曼的郊区，也不是马莱区[1]的居民点，而是香榭丽舍与蒙索平原的街区。"在巴黎城的那一带地方，尽管人们表面上说话不一定十分检点，但是遵守妇道的女人却并不是那么罕见。那里不乏正派女子；然而，她们说着市井俚语，还夹杂着隐语行话；交谈的内容，多少总带有对正派与忠诚挑战的味道……吃过饭之后，在这一社会某对年轻夫妇家的客厅里，或者更常见的是在住所的前厅里，密友相聚，无所不谈。仲马先生邀请我们参加的，正是这种类型的小型聚会……"[2]

文章结尾，冈德拉又固执地把话题拉到小仲马的出身上去；冈德拉是小仲马的朋友，他知道不会引起后者不悦。

---

[1] "马莱"为"沼泽"之意，为巴黎的一个街区，最早这里有沼泽，故名。从中世纪到十七世纪，这里是贵族聚居区。法国大革命后衰落，逐渐成为一大众聚居区。

[2] 路易·冈德拉：《剧评：亚历山大·小仲马先生的〈法朗西荣〉》，见一八八七年二月一日出版的《两世界杂志》。——原注

比作品本身更能引起我们愉悦的是作者，是作者通过高超的技艺使我们感觉到的那股力量，而他那美好的心境则直接表现为充溢整部作品的欢快气氛。我们大家都钦佩仲马先生；我们都喜爱他。如果他有什么事情需要我们谅解，我们定会满心喜悦地谅解他，因为布里克森英雄之孙，在其文学生涯四十年或差不多四十年之际，仍然以一个黑人特有的气质，向我们展示一个巴黎人所能显示的最敏锐的理智，最光彩、最有力、最明晰的才思……

第五章　爱情与衰老

再有本事也无法挽回时光抹去的东西，
获得荣誉只能使自己的名字变得年轻。

夏多布里昂

那一段时间，小仲马一阵又一阵显得喜气洋洋，从而引起人们的惊奇。这位爱情的冷眼旁观者，终于不得不承认自己也落入了情网。他当时已是年届六旬的老者，竟然爱上了一个少妇；那是从最后的希望中迸发出来的狂热激情。

事情要从头说起。小仲马很早就同退休老演员、法兰西喜剧院荣誉长者雷尼埃·德·拉布里也尔建立了友谊。后来大家干脆把这位老人的称呼简化为雷尼埃。雷尼埃夫妇对人和蔼可亲。丈夫从前是高级演员，后来担任过剧院档案负责人、音乐戏剧学院教授、舞台总监、歌剧院舞台指导等项职务。以前他曾在奥拉托利修会[1]，进行过刻苦的研修。此人身材矮小；虽和蔼可亲，却又喜欢嘲弄人。他的表演自然而真实，却又细致入微，该动人的时候动人，该逗人的时候又能逗人。"他不追求效果，效果却自动找上门来。"他写过一些出色的书，其中一本叫做：《演员们的达尔杜弗》。他的妻子美艳非凡，是吉木纳兹剧院女演员路易丝·格雷夫东的女儿；路易丝曾长期作为情妇为斯克里布所宠爱。雷尼埃夫妇的女儿亨利埃特更是天生丽质，十八

---

[1]　奥拉托利修会为天主教神职班修会。法国奥拉托利修会创建于一六一一年，一七九〇年解散，一八五二年又被恢复。

岁上嫁给了建筑师兼画家费力克斯·埃斯卡里叶。亨利埃特还是个可爱的小姑娘的时候，小仲马就认识她。小仲马看着她出落成一位亭亭玉立的迷人少女，对她赞慕不已。

亨利埃特与建筑师的婚姻是个可悲的错误。丈夫似乎是用石头造成；那么多男子汉向他的妻子大献殷勤而一无所获，可他偏偏冷若冰霜；看来，他是唯一对这个女人——他自己的女人不崇拜的男人了。亨利埃特忍受了许多说不出来的痛苦，既失望又泄气，终于同丈夫分居，回到娘家去住。少妇过去就非常崇拜小仲马，只不过这么一位大人物令她胆怯罢了。"在他面前，她感到自己不过是个小姑娘。"她向大作家请教，请他指教该读些什么书；对他的怜悯与同情，她表示衷心的感谢。作家的回答是："我对您怀有的，决非什么怜悯与同情，而是最大的温存与体贴。"少妇抱怨，自己独守空房，孤独难耐，请求作家能花些时间陪陪她，帮她消愁解闷。在她的心目中，小仲马"就像神灵一样美好。"

　　小仲马致亨利埃特·埃斯卡里叶，一八八七年十一月：我漂亮的小女友，送上要我为您那项慈善事业捐助的一枚金币。不过，我弄不明白，为什么只要这么一点点？您难道真的相信那种胡说八道，说我是一毛不拔？无论如何，至少在您面前我不会那么吝啬吧。我的钱袋您尽可随意使用；它永远比您那双小手要宽大得多。对我来说，任何时候能够同您一道行善，都将是件幸福之事；因为我知道，您是个从来不作恶的人呀。我漂亮的小女友，我匍伏在您的脚下；您那双小脚丫，一定和您那双小手一样小巧玲珑……

　　您手头要是有一张跟您本人很像的照片，请送给我一张。我会送还给您，只不过是放在一本书里；这本书讲一位女神的故事，这位女神我发现长得十分像您。您将看到，您所有的朋友都会跟我意见相同；不过，首先发现的可是我哟。请向您的母亲转达我最诚挚的敬意。[1]

---

[1]　此信未公开发表，由埃斯卡里叶夫人的教女亚历山大·西昂凯维茨夫人收藏。——原注

照片果然放在一本书里退还给原主。这本书是拉封丹的《普西赫》[1]。原书分为上下两册；仲马请人用青绿色的羊皮把两册装订成厚厚一大本，并把亨利埃特的照片贴在内封上。随书还附有一封信：

> 我亲爱的小女友：快把希腊的七贤人[2]请来，把古雅典刑事法庭的法官们也召来，再加上菲狄亚斯[3]、列奥纳多[4]、科列乔[5]、克劳迪翁[6]。告诉他们："我的朋友仲马声称，我长得酷似普西赫。"这些人会用各自的语言回答："可不是吗！真像。"
>
> 正因为如此，今天我才把这本国王之女（爱神把她变成一位神女）的故事送给您，并把您的照片也加进去（我希望，您能另外送我一张，作为补偿），以便将来您我离开人世之后，那些捧读此书的人都能承认：贤者、法官、艺术家，还有我这个人，当年都没有弄错。因为我们从您的身上发现了使维纳斯嫉妒、使丘比德专一的神女特征。
>
> 我的小女友，作为我这份新年赠礼的回报，我要亲吻您的双手。[7]

一位如此年轻、如此诱人的女性，向他表露出如此明显的兴趣，令他吃惊；可是他又不敢贸然摘采这枝若隐若现的幸福之花。很久以来，他就不相信世界上会有真诚的爱情可言。每当分析一个女人的感情，他总能发现这种感情不是出于虚荣，就是具有某种野心，或者为了寻求保护，等等。从来就没有可以引为自豪的绝对忠贞；在这位白

---

[1] 指著名寓言作家拉封丹（Jean de La Fontaine，1621—1695）的韵文小说《普西赫和丘比德的爱情》。普西赫是希腊神话中灵魂之神，其形象是一只蝴蝶或长着蝴蝶翅膀的少女。丘比德为罗马神话中的小爱神。

[2] 指古希腊的泰勒斯、梭伦等七位哲人；他们又都是政治家，富有经验；大家都称赞他们的智慧，经常向他们请教。

[3] 菲狄亚斯，公元前五世纪希腊雕刻家，曾主持雅典卫城的雕刻。

[4] 指意大利著名画家达·芬奇。列奥纳多为其名。

[5] 科列乔（Antonio Allegri，又称Correggio，1489—1534），文艺复兴时期意大利著名画家。

[6] 克劳迪翁（Clodion，1738—1814），法国雕刻家。

[7] 此信未公开发表，由亚历山大·西昂凯维茨夫人收藏。——原注

发苍苍的老者心里，这样的忠贞只存在于少年的梦想当中。因此，他毫不留情地从自己身边推开追求他的女演员与上流社会的女子，更不用说那些清白受到玷污与前来向他悔罪的女人了。就在那段时间里，一位来自塞特[1]的姑娘，急切地想委身于他；他是这样回答的：

> 我亲爱的孩子：您的意思我明白了。但是，我又不愿意明白，因为我不应该明白……愿上帝保佑我，不要在您第一次冲动和我最后幻想的当口上，做出对您今后一生不利的事情来！在感情生活方面，我已经偃旗息鼓，您我之间完全应该以父女相待。您拥有我最为尊重的魅力与身价，那就是您那清白的女儿身。要知道，我绝对不会干出那种事来，就是说：我不忍心把您弄得和其他女人没有什么不同，不忍心把您引向堕落，备尝那种生活的忧伤、辛酸、悔恨与厌倦。这种事情，我见得太多了；我再清楚不过，这种事情将会导致何种境地。
>
> 我不希望，有朝一日，您会埋怨我，或者为自己的所作所为而脸红。在我的心中，我为您保留着一个非常崇高的位置，一个您唯一可以带着尊严占据的位置。
>
> 不要诱惑我超出友谊的限度；我身上最美好的东西都属于您。
>
> 拥抱您[2]……

亨利埃特·埃斯卡里叶可是一心一意地爱上了小仲马。小仲马的威望、声誉与风度都令她神魂颠倒；对方的抗拒并不能打消她的念头，她信心十足地准备战胜他。当她了解到仲马夫妻失和、"王妃"神经不正常、仲马与奥蒂莉·弗拉奥（已经当上奶奶）的来往现已纯属朋友关系等情况后，胆子就更加大了起来，加紧活动，非要把这位大人物夺到手里不可。一八八五年雷尼埃去世，仲马常去看望热孝在身的母女二人，出主意想办法，并多方帮助她们。没过多久，他便心

---

[1] 塞特是法国西南部地中海沿岸的港口城市，距蒙彼利埃不远。
[2] 此信未公开发表，由西蒙娜·安德烈－莫洛亚收藏。——原注

中有数，亨利埃特不是没有可能战胜他。在她神采飞扬的顾盼中，已经流露出胜利的光彩。

是胜利？抑或对他来说无宁是失败？诚然，那如花似玉的面容，那亭亭玉立的躯体，那使人怦然心动的青春气息，都在诱惑着他。不过，往事历历在目：几年前他首次见到亨利埃特时，她还是个小姑娘。那天，她正在海边欢蹦乱跳，童蒙未开，天真无邪。回忆中的情景，与眼前含苞欲放的女性血肉之躯交相映衬，令他眼花缭乱，神不守舍。然而，转念一想：亨利埃特要是真的跟他好上，他这样一个对女人了如指掌的老情人，必然会不时醋意大发，这会给亨利埃特带来什么样的后果？他那阴沉的天性，艺术家自感精疲力尽的绝望情绪不时发作，再加上经常忧心忡忡与愤世嫉俗的脾气，亨利埃特又怎么忍受得了？

一八八七年四月十三日。小仲马将永远记住这个日子。那一天，两人第一次拥抱亲吻，亨利埃特便献出了自己的身躯。"一八八七年四月十三日，我把自己的命运安顿在你的双唇之上……"作为回答，亨利埃特似乎可以引用朱丽叶[1]的那句话："我当时柔弱得把握不住自己，说不定会引起您的担心：结婚之后，我的行为是否会变得过于轻浮？"因为小仲马是这样说的："那一天，我反复寻思，你那样慌乱不能自持，到底是出于真诚还是在做戏？抑或你已经老于此道，而我就是应当如此下手来占有你？……啊！如果说我是第一个使你的感官慌乱的男人，你将可以夸口说自己搅乱了我的心理科学，说你是唯一的一个我未能摸透的女人……"好一个唯一的一个！噢，奥里维埃·德·雅兰[2]真是天真！

亨利埃特那么痛快地委身于他，令他大吃一惊。过了一阵子，他又尽量将此举看成一个好兆头。且看他是如何对亨利埃特说的："当怀疑重新袭上我的心头，是你那毫不犹豫的奉献、是你把整个身心交给我时那种自发的劲头说服了我，叫我彻底相信你是清白纯洁的。一个女子，要是已经委身于一个男人，不会那么快就投入另一个男人的

[1] 指莎士比亚《罗密欧与朱丽叶》中的女主人公。
[2] 《半上流社会》中的人物，"……其实就是作者的化身"。见本书第332页。

怀抱……她会有所提防，怕轻易送上门去，会引起人家的怀疑，甚至露出马脚来……"

> 小仲马致亨利埃特·雷尼埃，一八八七年十月：我俩这样下去会导致什么样的结果？会招致什么灾难？我真是一无所知。你投入我的怀抱，已经半年了；当时你就带有一种神秘的预感，把幸福与不幸都寄托在我的身上。我要告慰于你的是：在我有生之年，我的全部精力与才智，都将贡献出来，让你获得幸福。不要争论，不要问这问那，也不要折磨自己。让自己好好地生活，好好地爱慕，像一个女人，像一位天使，像一位女神，像一个孩子，就像我所喜欢的那个样子。你现在已不再属于自己。你曾希望有个主宰，现在已经得到；你再也找不到比此人更好的主宰了。感觉到了吗？你是世界上最受宠爱的人儿了 [1]……

他的确深深地爱着亨利埃特；自从经历了与玛丽·杜普莱西和莉迪娅·奈塞罗德那段时期以后，他就没有真正爱过什么人。应该说，亨利埃特甚至引起他更大的感情波澜，原因是后者的气质更加与希尔菲德 [2] 相似。小仲马和许多男人一样，多年追寻这样的女子，而一无所得。请听他的自白："你突然出现在我的生活里，给我的理想送来了最具光采的形态……它不仅一出现就得到了我的钟爱，而且是我内心深处一直隐秘地崇拜着的那种形态；尽管在这么多年里，我见过不知多少形形色色的女性动物，不知她们以多么纷繁的面目与模样在我眼前呈现过……"

这是一种强烈的肉体之爱。有了亨利埃特，小仲马到了迟暮之年，还带着令他颤抖的欲望，去赴约会；亨利埃特从未失过约。他真是艳福不浅！一种几乎是父爱式的温情，与做情夫的愉悦糅合在一起，促使他去关怀这位年轻的女性，关怀她的身体健康与言行举止。亨利埃特孝顺母亲，但有时候也忍不住对老太太发脾气。这种场合要

---

[1] 此信由巴拉绍夫斯基-贝蒂夫人个人收藏。——原注
[2] 希尔菲德，古代凯尔特与日耳曼人的信仰中，介乎小精灵与仙女之间的神仙。常用来比喻美丽而轻浮的女子。

是被小仲马碰上，第二天就会写信给她，一本正经地告诫她，说使老人如此伤心，总有一天自己会后悔的。一八九〇年，亨利埃特办理了离婚手续。夫妻二人实际上已分居了好多年。现在，她当然希望能立即与仲马重组家庭。然而，仲马又怎么能够明媒正娶呢？夫人年届六旬，疾病缠身，难道把她休了不成？女儿冉妮娜已长成大姑娘，尚未许配；作为父亲，能忍心损害她的前程？抨击通奸最力的道德家，明白自己注定要长期保持秘密勾搭。为自己恋人的名声着想，他处处小心谨慎；每次外出度假，暂时同亨利埃特分离，他总要给她一封接一封地打电报；而电报的落款，总是"戴妮丝"。

　　这种生活从头到尾都是那么不协调：艳福带来快慰，又使人产生某种自责，说不清道不明地对自己不满意。这一力不从心的爱情，搅乱了他的生活。要知道，他是多么希望，自己的生活能够无懈可击、为人师表啊！他在一八九三年写道：

　　　　七年了，我无时无刻不在想念你。就是一颗星星坠入大海，也不会像你当初突然闯入我的生活时激起那么大的波澜。我一直以为，在现实中不可能得到理想中的爱情；然而，理想的爱情在你身上却完全实现了。按照你对我的表白，理想的爱情就是：肉体的谐和，再加上道德上尽可能的完美……啊！苏松[1]啊，苏松，你害得我多么痛苦！……

　　我们的戏剧家引用博马舍戏里的这句话，来表达自己情意缠绵中感受到的痛楚。原因何在？因为他不敢相信，自己真正获得了幸福。请听："我倾注自己全部的生命，以重建你的生活。我在寻找你，我一年接一年地追随你，心里还在盘算着：'这个时候，亨利埃特正在做些什么？为什么那一时刻，她非要到那里去不可？'当我弄不明白而产生疑问的时候，当你像福柏[2]（你的皮肤跟她一样白皙）那般，跟在一朵白云之后，飘然而去的时候，我就疑虑重重，忐忑不安，痛

---

[1]　苏松即《费加罗的婚姻》中的苏姗娜。剧中，费加罗即将与伯爵夫人的使女苏珊娜结婚的时候，受到伯爵的阻挠；费加罗与苏珊娜坚决反抗，终于苦尽甘来，结为夫妻。

[2]　福柏系希腊神话中的月亮女神。

苦难忍……"

夏天，雷尼埃夫人在海边的利翁租下一处木屋式小别墅；女儿也跟着去了那里。在海边的沙滩上，日普[1]成了主宰一切的女王，亨利埃特感到十分寂寞。那里有年轻的男子，沙滩上与海水中可以嬉戏玩闹，无所事事又会使人落入陷阱；一想到这些，仲马就担惊受怕。为了让他放心，亨利埃特把自己当姑娘时候的日记寄去；日记里有很多处都提到了他这位文学家。

> 小仲马致亨利埃特·雷尼埃，一八九三年九月二十二日：你不喜欢大海是没有道理的。我头一次见到你（那是一八六四年），正是在海边，那时你骑在驴背上……某些英国小说就是这样开头的……上帝当时怎么就没有屈驾降临，凑到我的耳边，悄悄告诉我："那个小女孩，总有一天会爱上你。为了她，好自为之，多加保重。"似乎也应当飞来一位天使，对你说："那个男人，有一天会爱上你，爱你直到永远。为了他，请善自珍重。"上帝没有做他该做的事；天使走过你的身旁，也没有跟你说什么；不过，你看到了他的形象，你的心中留下了某种预感。阅读你寄来的日记，以及你给我的那些信件，我重又回到你过去的岁月，不时发现，我的名字吸引着你的注意……一直到你投入我的怀抱，永远不再离去……

可是，尽管有当年这些感人的表露，小仲马仍然在折磨自己。他一生里，见识过不知多少令人嫉妒的缘由，因而亨利埃特信誓旦旦的保证，并不能使他放下心来："不错，你的那些信件，口气像是第一次；不过，墨丘利[2]十分狡滑；而你，从指甲到头发，仍然是个地地道道的女人……"

他嫉妒谁？亨利埃特的丈夫？不是。"你在十七岁上稀里糊涂地嫁给了那个人；此人对我来说算不了什么……"不，他所嫉妒的，是

---

[1] 日普（Gyp，1850—1932），法国女作家，写有一百来部作品，其小说曾流行一时。
[2] 墨丘利，罗马神话中的商业神，即希腊神话中的赫耳墨斯，曾被作为男性的化身。

亨利埃特自由选择的那些男人，如教她练唱的作曲家巴拉第勒，还有在沙龙里演出的男高音歌手们。他的嫉妒不但涉及现在，还涉及过去；一想到某桩"最微小的亵渎"，他便痛苦难耐，无法忍受。情妇抱怨他对人缺乏信任，说这种态度十分不公正，特别是她正千方百计逃避某些人的"图谋与引诱"的时候。他为自己辩解：怎么能指望他是另外一个样子的男人呢？

在我周围，所见到的只有邪恶、谎言与形形色色的腐化堕落。我通过虽不是自觉却是坚韧不拔的努力，才独自一人解脱出来，没有求助他人……自那以来，我心里就留下了深深的疑虑。当我遇见你的时候，我正处于人生的那样一个时期，这个时期，我本应摈弃一切梦幻与妄想。然而，你的出现，使我青春年华的美梦得到如此充分的实现，以致我无法抗拒欲望的诱惑，而被推着走下去……在这之前，从我的生活里走过的那些妇人，其中包括成为我生活伴侣的那一位，她们过去的所作所为，以及她们眼下可能做些什么，都不会令我痛心疾首；原因很简单，就是：我并不爱她们。那时候，我谈不上幸福；然而由于勤奋工作，内心却非常平静。要不是碰上你，我很快就会忘记，世界上竟还有女人存在。我的灵魂，从未给过她们一丝一毫；至于肉身，也是一步一步地走向厌倦与恶心……我生来就清白纯洁……我从未领教过一位不说谎的女人。为什么你就一定不会像别的女人那样撒谎呢？……

雷尼埃太太自觉病入膏肓，来日可数，便把仲马请去，忧心忡忡地对他说："亨利埃特就要孤身一人生活了……"对仲马来说，在这样一个时刻，不能经常而合法地陪伴与支持一位惶恐无助的年轻妇女，心里该有多么沉痛，多么焦虑！他答应：一旦变成自由之人，就娶她为妻。这一假设，似乎不无实现的可能；因为在一八九一年，妒火中烧几近疯狂的纳迪娜·亚历山大－仲马离开维里埃大街的寓所，搬到女儿高莱特家中去住了。然而，妻子神经错乱，医生们诊断是无法治愈的精神疾病；仲马不能向这样一个女人提出离婚。何况，他真的就能下定决心要离婚吗？奥里维埃·德·雅兰，在结局的选择上，又一次犹豫不决了。

　　小仲马致亨利埃特·雷尼埃：接着便是一件非常复杂的事情，涉及我能否重获自由的问题。这种可能性引发了我许多的思考，你心里必然一清二楚，不会弄错。然而，我又害怕起来，怕它成为一件不幸之事，尽管我获得了希望它作为一种抵偿而得以实现的权利……二十八年前，当我无端决定履行义务的时候，我几乎搭上了自己的性命，甚至连自己的理智也消耗殆尽。然而，多亏我终于意识到，应该集中精力献身于某项事业；我相信自己的劳动会开花结果，享受荣光。

　　这个人过于自负；必须经过一场巨大的震动，才能叫他吐露真情，吐露这桩向朋友们甚至向乔治·桑多年守口如瓶的隐衷：他同碧眼王妃的婚姻，实际上是一桩酿成悲剧的失败。

第六章　《忒拜之路》

在《法朗西荣》之后，仲马就没有拿出过新的剧作。八年的沉寂，对一位才华鼎盛的杰出作家，对一位被最著名的剧院多次恳求的剧作家，时间的确是太长了一点。不过，我们这位伟人特别容易泄气，突然间就会变得厌倦消沉，使人想起他的祖父当将军之时，在意大利与埃及战场上，有时也会突然变得神情沮丧，耍起脾气来。小仲马对年轻的评论家保尔·布尔热说道："从七岁起，我就在同生活拼搏了。从我的口气里，你应当听得出来，这不是忧郁，而是疲惫。有的时候，我感到厌倦，非常厌倦，真想躺下来，脸朝墙，狠狠地睡它一大觉，什么也不听，特别是不想听那些冲我来的说三道四。"

私生活方面的遭遇，也给他的心情添上了阴霾；他甚至对自己的艺术也产生了怀疑。某些年轻的同行出于憎恨和嫉妒，经常对他讽刺挖苦，和他过不去。法兰西喜剧院接受了剧本《一个巴黎女人》之后不久，亨利·贝克就在该剧院的走廊里扯起嗓门，朗诵讽刺打油诗：只见此人"腰圆背厚，眉毛浓密像干草，两只眼睛闪着冰冷的目光，胡须像一把刷子，嘴角挂着冷笑"。念诗的中间，不时还加上些"嗯？啊！什么？"等口头语：

从前有过两位高乃依[1]，

现在一双仲马追名又逐利。

---

[1] 法国著名古典主义剧作家高乃依，全名为皮埃尔·高乃依（Pierre Corneille，1606—1684）；其弟托马·高乃依（Thomas Corneille，1625—1709），也是一位学者、作家，成就不如其兄。

两个仲马比比两位高乃依：

皮埃尔叫他们望尘莫及，

二仲马顶多是位托马而已。

针对这首打油诗，小仲马反唇相讥：

在您黑沉沉的墓室里，

啊！托马·高乃依，

尖嘴的贝克要是惊醒了你，

原谅他把哈欠喷向高乃依，

只要记住观众对《乌鸦》嗤之以鼻。

如果说贝克从这种恶作剧里感受到了一种带有苦涩味道的乐趣，看透一切的小仲马则觉得搞这种小动作不但无聊卑劣，而且毫无益处。他当然明白，在当今剧坛上，贝克与易卜生[1]是两颗冉冉上升的明星。他也知道，眼下年轻的评论家们，轻蔑地谈论什么"编出来的剧本"，说有的剧本"编"得过于巧妙，等等。他的好几出老戏重新上演，获得了成功。重排《婚礼上的来客》，由巴尔黛代替戴斯克雷扮演女主角；那一声有名的"呸"，憋足了感情，喷吐而出，吐得极具才气。还有《女人之友》，仍由巴尔黛饰演女主角雅娜·德·希姆罗丝；演员把女性的羞怯与大胆巧妙地糅合起来，演得十分传神。不过，重演的总归算不得新作；演出的成功，并未恢复小仲马的自信。这期间，他动手写作剧本《新阶层》；仲马说："这将是我的《费加罗》。"但只写出了一幕；原定为五幕剧的《忒拜之路》，也只写了四幕。两个剧本一个也没有写完。

小仲马致保尔·布尔热：我又重新提笔写起《忒拜之路》，然而我看不清它的结局；我担心，怕永远也收不了尾。我再也没

---

[1] 易卜生（Ibsen，1828—1906），挪威剧作家；主要作品有《培尔·金特》、《玩偶之家》、《娜拉》等。其作品对近代戏剧有所影响。

有热情，没有冲动。我清楚自己要说些什么；然而又不断地对自己说："何苦呢？说它干什么？"究其原因，我对于人性，摸得太透……

其实，他是把对自己的不满，一股脑儿地撒到了人类身上，把人世间说得一无是处。因为，尽管他作为男人与作家获得了很大的成功，可是他在生活里却经受了太多的痛苦与磨难。把他剧中两个人物的对话用在他自己身上，应是非常恰当的：

"您无疑是个强者。"

"不错，然而我并不幸福。"

他本人究竟是不是个强者？一八九四年，当列奥波德·拉古尔问起《忒拜之路》（法兰西喜剧院急不可耐地等着排演这个剧本）的进展情况时，仲马回答道：

　　到底能不能写完？我自己是越来越没有把握了。应该写进去的东西很多，简直是太多了！对于一位剧作家，如果他不单单想逗大家乐一乐，而是还希望让大家跟着他的思路去思考的话，那么生活的体验，再加上生活体验所引发的全部思考，在他心里会激发出许多雄心壮志；而随着时间的流逝，他会感到，实现自己的抱负，是越来越力不从心了；这是因为，剧作家就像工人一样，随着年龄的增长，勇气与自信都大不如前；二十年前凭着一股冲劲可以做成的事情，现在就觉得力不从心了。此外，还要说的是，我这个人从来就不骄不傲，这一点我可以向您保证，尽管外面传言不断，许多人还津津乐道，无法平息。然而，一个作家即使不过于自傲，仍有可能把自己作品的真实价值估计过高，照样能够指望死后留下点什么，而不要把自己的作品统统带进坟墓。我本可抱有此种希望，指望达到这一地步；这是因为，可不是么，我的上帝，我的的确确做出了成绩；更因为不少贤明之士给予我那样高的评价；这些人中，可以举出泰纳为例。然而，我看到公众的情趣与爱好在变化，一部分年轻人转向喜爱贝克和他的门徒，另外一部分则给易卜生鼓掌叫好。我如今目睹到的是，我那一套艺术形式正在衰落下去。我的剧作，我的全部戏剧作品，都将难逃消亡的命运 [1]……

他的父亲在生命的最后几个月里，也说过类似的话；不过，当时守在大仲马身边给他安慰的是他自己的儿子，是他所钦佩的儿子。现在，列奥波德·拉古尔听到小仲马的那些知心话，看到他嘴边那平淡而庄重的笑意，心中大为感动，便对年迈的大师说：《茶花女》和《半上流社会》定会流传后世。萨拉·贝尔纳不是刚把《克洛德的妻子》重新搬上舞台，取得了成功吗？一位评论家写过："仲马在易卜生之前走的就是易卜生的路子。"难道不是这样吗？淡淡的笑容又浮现在小仲马的脸上。他的回答是：

您很真诚，我要感谢您。不过，我经历的事情太多了；我多次见过：幸运回到一个人身边，接着又抛弃了他，永不回来。这次成功的回报，可能应归功于萨拉，她比戴斯克雷演得还要出色；然而，据此就认为这是决定性的成功，恐怕未免失之仓促。一位伟大的女演员获得成功，能使一出被人遗忘的戏突然间再度风靡一时，从而给剧作者带来无限的欣慰。然而，剧作者不应该冲昏头脑；要知道，这些成功在未来能否站得住脚，还要经过长时间的考验，才能获得认可……伏尔泰的剧作到了今天处境如何？人们甚至不再阅读他的剧本。可是，哪一位诗剧作者曾像《查伊尔》[2] 与《墨洛珀》[3] 的作者那样受到崇敬与称颂？那么，对一位剧作家来说，仍然有人阅读，并在通常由文学史构成的墓地上，这里或那里树立着他的用散文写成的胸像（如果可以这么说的话），是否就意味着他的生命仍在延续呢？对这样一位作家来说，艺术上的生存，指的并不是书籍的存留，而是至少要有两三部真正的杰作，继续活跃在戏剧舞台之上。在十九世纪的法国

---

[1] 列奥波德·拉古尔：《亚历山大·小仲马：关于其人的笔记》，发表于一九二六年四月三日出版的《文学新闻》杂志上。——原注

[2] 《查伊尔》，伏尔泰的剧作。剧本通过一个爱情故事对宗教偏见提出了强烈的控诉。

[3] 《墨洛珀》，伏尔泰的剧作。以希腊神话人物墨洛珀的传说为题材。

戏剧中，我只能勉强挑出三四部这样的杰作来。维克多·雨果的歌剧不在此列，词藻的华丽并不能永久挽救它们的生命；我所看重的，只有缪塞的几部喜剧。对于我的父亲，我不打算发表什么议论；他拥有天才，就如同大象长着长鼻子一样[1]……

列奥波德·拉古尔回到家里后，马上提笔记录，并指出：小仲马在言谈中尽管有些忧伤，可他那高高昂起的头颅，仍然像从前一样傲岸。拉古尔是这样描写的："浅蓝色的眼睛里，那冷峻的目光，依然炯炯有神。走路一摇一摆，那姿态透着'时代色彩'，使人想起拿破仑三世年间时髦的高雅风度；随着这种走路的姿态，双肩也跟着一摇一晃，看上去硬邦邦的，军味十足。不过，这位风度翩翩的'骑士'[2]，动作无论如何已不如从前那么灵活，说话也不如从前那么流利。"小仲马当年神采飞扬的气度，现在进入晚境，似乎披上了一件伤感的外套。

另一位新闻记者，菲力普·吉尔，也有同感。他问小仲马：

"我们能否看到《忒拜之路》？"

"请您设身处地想想，"仲马回答道，"在我这个年纪，还去冒风险干仗，这不是等着挨揍吗？不，我不干！最好还是把《忒拜之路》留在抽屉里。我认为，这个剧本是我最好的剧作之一；不过，我还是认为，我永远也不会把它交出去。"

接下来，小仲马谈到他内心的苦楚：

"面对生活的虚无，面对我们种种劳而无益的结果，还有我们对那所谓神明绝望的呼喊，它却无动于衷，没有任何显示，我想过，干脆进修道院隐居……在那里，至少可以远离世俗……啊！放心吧，我永远也没有勇气这么做……要真这样做，人们就会说，在神父和女人的影响下，小仲马终于皈依了宗教……再说，真到了修道院，我也会

---

[1] 列奥波德·拉古尔：《亚历山大·小仲马：关于其人的笔记》，发表于一九二六年四月三日出版的《文学新闻》杂志上。——原注

[2] 小仲马于一八六七年获荣誉勋位"骑士勋章"（第一级），一八八八年又获第三级荣誉勋位勋章。

闷闷不乐而死去的。"[1]

泰奥菲尔·戈蒂耶的女婿埃米尔·贝尔热拉倒是觉得，仲马脑子里全是基督教的思想。且听两人的一段对话：

"亲爱的朋友，您有两个毛病。首先是吸烟，然后是相信泛神论……要知道，光明来自加尔瓦略山[2]。"

"是的，"贝尔热拉回答，"玛德莱娜[3]……是位沙漠中的茶花女。"

"别提《茶花女》了；那是一部青年时代的作品……真正的女性存在于福音[4]之中。"

这时，仆人走进来，说某人来讨一枚路易。

"啊，真可怜！"仲马说道，"给他五枚算了，免得他还要跑四趟。"[5]

这话听起来，简直是大仲马再生；只是两人的区别在于：五个路易，小仲马随时可以拿出来。

小仲马把《武拜之路》已经写完的四幕戏朗读给法兰西喜剧院经理儒勒·克拉尔蒂听，并把第五幕的大意也给他讲了一遍。剧情是这样的：在通往武拜的大路上，俄狄浦斯遇到了斯芬克斯[6]……博学的医生迪迪埃，在其生命的行程将近终点的时候，遇上了一位使人销魂的神秘美女，名叫米里亚娜·杜布勒耶。小仲马在其戏剧生涯中，一个接一个地创造了那么多女性怪物；此女出世，在他的戏剧中又增加了一个新的姐妹。著名医生迪迪埃，实际上就是作者自己的写照。一位作家，为了避免直接描绘作家，可以把人物变成画家，或者学者。然而，面具是透明的，人们透过面具可以一目了然。

---

[1] 菲力普·吉尔：《亚历山大·小仲马》，发表于一八九五年十一月二十八日的《费加罗报》。——原注

[2] 耶稣受难之地，在耶路撒冷附近。中文又有"卡洼利"、"髑髅地"等译名。

[3] 又称"抹大拉的马利亚"，为耶稣的女信徒之一，曾亲眼看到耶稣被钉在十字架上而死；她还是第一个把耶稣复活的消息传出来的人。

[4] 指《圣经·新约》。

[5] 埃米尔·贝尔热拉：《一个巴黎孩子的回忆》。——原注

[6] 斯芬克斯为希腊神话中女首狮身并长有翅膀的怪物，居住在武拜附近的山岩上，向往行人提出谜语，凡猜不中者皆被杀死。这个谜最后被俄狄浦斯猜中。武拜人遂推举俄狄浦斯为王。

这位医生是唯物主义者，不信神；妻子和女儿却笃信上帝[1]；他还有个徒弟，名叫马蒂亚斯，也不信教。迪迪埃的女儿热纳维埃芙爱上了马蒂亚斯；然而这个铁石心肠的单身汉对她却十分粗暴，还公然嘲笑她的宗教信仰：

"你的灵魂，只不过是大脑实体功能的总和……我要是朝着你的太阳穴猛打一下，你那灵魂该怎么办？"

"它会原谅你。"热纳维埃芙回答道。

第一幕。迪迪埃家中。幕启时迪迪埃不在场，马蒂亚斯正给一个名叫多米尼克·德·如尼亚克的年轻外省人看病。此人精神病严重发作。他的父亲出于利害考虑，反对儿子与心上人结合。热恋中的年轻人本来会毫不犹豫地违抗父命；然而，关键时刻，未婚妻不愿意让他违抗父意而打了退堂鼓。接着，姑娘和她的母亲不知去向，也没有留下地址。多米尼克怀疑母女二人躲到巴黎，便赶来寻找。年轻人承认他有一个固执的想法：要么占有心上人，要么就杀死她。马蒂亚斯想方设法开导这位激动得无法自持的年轻人，但没有说服，只好让他走了。这时迪迪埃大夫回到家中；刚一进门，街上便传来枪声。马蒂亚斯连忙奔向窗口，正好认出了准备逃跑的凶手。

受害者被抬了进来，是位迷人的少女。迪迪埃赶紧进行检查，发现伤势并不严重。医生建议伤者留下治疗，直到康复。这时一位警官闯了进来，问清姑娘名叫米里亚娜·杜布勒耶，年龄二十。其母在回答问题时，却支支吾吾，闪烁其词，似乎根本不认识开枪的凶手；对这个并不老练的罪犯，她所描述的也与实际情况完全相反。

第二幕。时间过了三个星期。在迪迪埃大夫郊外的别墅里，

---

[1] 冉妮娜·仲马从小受到自由思想的教育，后来却笃信天主教，十分虔诚。她同出身名门的军官埃奈斯特·多特里夫结婚；在马尔利本堂内由杜斯特主教主持婚配仪式。主教在即席演说中，说了一句不得体的话（"当有一天，分离不可避免地来到……"云云），引起哄堂大笑。高莱特·仲马当时正在办理离婚；她的父母失和，已经不住在一起。众所周知，其母已经脱离纳里奇金家族；她那同母异父姐姐奥尔加嫁了个浪荡子弟，与丈夫关系不好。——原注

米里亚娜已经痊愈，其母在她身边陪伴。母女俩谁也没想到要离开这里。迪迪埃请姑娘替他誊抄文稿；马蒂亚斯同姑娘谈起哲学方面的问题来，两人讨论得津津有味；热纳维埃芙看不下去，便直截了当地告诉妈妈，说她嫉妒这个外来女子。迪迪埃太太请求丈夫送走这两位寄居的妇女。医生征求马蒂亚斯的意见，后者回答他："你已经不自觉地爱上了米里亚娜。"确实，医生非但没有请姑娘离开，反而对她说："我需要感觉到您在我的生活里。"这位令人不安的美人儿也同意推迟行期。

就在此时，迪迪埃接待了一个斯堪的纳维亚学生代表团。大学生们是来向他表示敬意的。团长名叫斯特凡；学者对他的印象极佳，禁不住产生了要把女儿嫁给这位好小伙子的念头。

第三幕。又过了两天。幕启时多米尼克·德·如尼亚克正在场上。他的父亲已经离开人世，这样，他的婚事再也没有任何阻力了。马蒂亚斯连忙将此消息告知了米里亚娜；姑娘听后大吃一惊，心中不悦，表示不愿嫁给试图杀害自己的男人。此时，多米尼克手中挥舞着的……不再是手枪，而是一束信件，是未婚妻以前写给他的情书；内容看来情意缠绵，而且表露出两人的关系已经到了某种密切的程度……于是，这位使人不得安宁的少女便无所顾忌地朝着马蒂亚斯说道：

"您把我当成了斯芬克斯，您打算解开我的谜。可是，我并没有谜。您确信我有一肚子奸诈诡计、甚至是作恶犯罪的坏点子；告诉您：您错了。"

医生的助手不动声色地问：要是有人愿意出五十万法郎，请她离去，她会如何反应？姑娘冷漠地回答：

"那我就提出要一百万。"

第四幕。热纳维埃芙向父亲吐露了心事，说出自己内心的担忧。怀疑情绪钻进了她的心窝。她向学者提出了这样的问题：

"人生的彼岸，还有什么存在？"

"未知数。"

"难道科学就无法把宗教所指出的那些希望赐给我们？"

"毫无办法。"

"真叫人失望。"

"事情往往如此。"

不过，迪迪埃还是使女儿平静下来；两人分手时，女儿的情绪有所振作。接着，他又转向米里亚娜；米里亚娜仍然让人揣摸不透。不过，她明明白白地向老者表示了敬爱之意，甚至声称愿意做他所要求的一切。请注意，她用的是"一切"这个字眼。迪迪埃对她说：

"我爱您。三个星期来，多亏了您，我又回到了二十岁的年华，而当年我是不知不觉地就与这锦绣年华擦肩而过了……现在您年轻，而我青春已逝。您自由自在，而我却不是。您不可能爱我。那就离开这里，去找一个年轻的男子，各路神明的宠儿，做您的丈夫；我会喜爱他，把他当成儿子……" [1]

手稿就写到这里。一八九五年四月二日，小仲马的夫人在涅尔大街女儿高莱特家中去世，享年六十八岁。仅仅过了几天，雷尼埃太太也告病危；她当时和女儿亨利埃特一起，住在罗马街上由艾斯卡里埃经手建造的一所小型私邸内。仲马把"王妃"埋在塞纳河畔的讷伊，与卡特琳·拉贝同葬一穴。六月二十六日，鳏夫还没当满三个月，他便续娶了亨利埃特，婚礼在马尔利－勒－鲁阿举行。他爱她，爱得不顾一切；八年来，每天都要给她写信。仲马常对邻居维克多里安·萨尔杜说知心话；据萨尔杜说，仲马在做出再婚的决定时，确实受到了焦虑与烦燥反复的折磨。一个多年来把夫妻关系看得十分凄凉可怕的男子，年过七旬，竟然决意同一个绝色的妙龄女子结为夫妻，岂非疯狂之举？这本是他内心的想法。然而，许下的诺言又必须兑现。仲马是个重然诺、守信用的人；他从来是言必信，行必果的。

一八九五年七月二十七日，小仲马立下了遗嘱：

今天，我年满七十二岁。这样的年纪，是该立遗嘱的时候

---

[1] 雅克·苏弗尔：《亚历山大·小仲马的最后一个剧本》，发表于《艾斯古拉佩》杂志一九五四年九月－十月号上。——原注

了；何况，某些症状似乎告诉我，我很可能活不到明年的生日……尽管如此，就在一个月前，我还是同一位比我年轻许多的女子结了婚，以表达我对她的尊重与爱护。无论从哪方面讲，她对我的尊重与爱护都是当之无愧的。我坚信，在我离开人世以后，不管需要多长时间，她都会高尚而尊严地执守我的姓氏。而且，她是位刚毅而坚强的人，一定能够将我在下面提到的某些愿望付诸实施。

我明确表示，埋葬我时不要举行任何宗教仪式；希望在我的墓前不要发表任何演说；我要求免除军人荣誉礼仪。这样，我的死将只打搅那些愿意为此而受到打搅的人。

我希望安葬在拉歇兹神父公墓[1]，墓穴安排两个棺位，好让仲马夫人将来能同我合葬在一起，时间当然是越迟越好。我死后，给我穿上一件镶有红边的布衬衫，外面套上我常穿的那件用整块布料做成的工作服。双脚光着就行了……

我所有的文件、信函与手稿，都留给亨利埃特·亚历山大-仲马夫人；她定能将它们整理完好，并能将它们妥善地处理与利用[2]……

他并不惧怕死亡；然而，想到亨利埃特的未来岁月，想到女儿们有可能与妻子发生冲突，想到作品尚未完成，心中便焦虑不安。八月间，他在普伊给儒勒·克拉尔蒂写了一封信；信中写道：

收到来信之时，我正在修改第四幕的最后一场；这一场对于全剧以及对于穆奈-苏利都是关键的一场。如果要垮，那就是垮在这里；这一场要是写好了，即使结尾并不十分妥帖，全剧也会取得很大成功……

---

[1] 需要说明一下：亚历山大·小仲马和他的第二个妻子（死于一九三四年）并没有埋葬在拉歇兹神父墓地，而是安息于蒙马特尔公墓内，一座出自雕刻家圣马尔索之手的石制拱顶下面。这里有一个奇异的巧合：玛丽·杜普莱西的坟墓，离小仲马气派十足的陵墓，只有几步之遥。——原注

[2] 小仲马的遗嘱由公证人戴拉巴尔马保存。——原注

在另一封信中，仲马又提到《武拜之路》："一年之后，您理应收到剧本；否则，我就不在人世了。"儒勒·克拉尔蒂之子乔治写了一篇文章[1]，谈到仲马曾向他父亲（法兰西喜剧院总经理）"朗读过已经全部脱稿"的第五幕戏，当时他本人也在场。文章写道：

> 米里亚娜马上就爱上了英俊而潇洒的外国学生代表团团长、瑞典青年斯特月。那一天，她本来与迪迪埃约好一道离开巴黎；然而，却与那位斯堪的纳维亚青年私奔了。巴黎女子跟随易卜生的信徒走了。爱情更偏爱青春——这就是戏的寓意。危机终于过去。斯芬克斯离开了。迪迪埃瞧着自己的女儿热纳维埃芙，摇了摇头，低声说道：
>
> "也许真的有灵魂？"
>
> 在两次化验的间隙时间里，马蒂亚斯躲在角落里吹起了笛子，就像腓特烈二世[2]在两次战役的间隙所做的那样。尖细的笛声此时发出嘲讽的声调，似乎是在回答老师提出的问题[3]……

仲马在身体虚弱、心境极度忧郁的状态下，有可能想用这种方式来结束全剧。然而，十月一日，他就病倒了；到了这个时候，他心里明白，自己最后这部戏已经来不及完成了。他对克拉尔蒂表示：

"您就假设我已死去，别再指望我做什么事情了。"

关于自己的病情，他对女儿高莱特说："我也说不清是怎么回事。耳朵里总有一只蛐蛐，一天到晚唱个不停。"这是由于血液流动使已经硬化的动脉不住地颤抖所致。过了不久，头部开始疼痛，还不时出现短暂的意识丧失，把年轻的妻子吓得不知如何是好。请了好几位医生，也无法做出一致的诊断。有的说是脑充血，有的担心脑子里长了肿瘤。十一月底，好几位著名医生来到马尔利会诊，一致认为已无治

[1] 乔治·克拉尔蒂：《从〈半上流社会〉到〈武拜之路〉》。——原注
[2] 腓特烈二世（Friedrich II, 1194—1250），神圣罗马帝国皇帝。一二二八至一二二九年组织第六次十字军东征，占领耶路撒冷。
[3] 雅克·苏弗尔：《亚历山大·小仲马的最后一个剧本》。——原注

愈的希望。就像当年大仲马在普伊临终时那个样子，小仲马现在也连着好几天思维混乱，神智不清。

在这之前几个月，他曾许诺给《三剑客》一个豪华版本写序言；在这篇序言中，他满怀深情地对既令他骄傲、又让他失望的生身之父说了下面一段话：

在彼岸世界里，你是否还记得我们这个世界上的事情？莫非永恒的生命仅仅存在于我们的想象之中，而又产生于我们自身对生命消失的恐惧？当我们生活在一起的时间里，我们从未讨论过这样的问题。我认为，玄虚的思辩从来没有使你心烦意乱过……

接下来，话锋一转，谈到五十年前，在伊达出走之后，父子俩朝夕相处、像兄弟一般亲密无间的那段日子：

啊！那是一段多么美好的时光！你当时已经四十有二，而我刚满二十岁；可是，我们在一起，就像同龄人一样毫无隔阂。多少次推心置腹的长谈！多少次倾吐内心的隐秘！回想起来，就像昨天一样，历历在目……然而，你长眠于维雷-科特莱墓地的大树底下已有四分之一世纪。一边挨着你的母亲；她是你塑造的所有正派女子的生活原型。另一边是你的父亲；你创造了那么多活生生的英雄人物，其中哪一位没有他的身影？你一直把我看成一个孩子，我当时在你身边也觉得自己是个孩子。如今，我已是白发苍苍；而你在生前，从来没有像我现在这样，鬓发如银……地球转动得真快。不久之后，我们就会重逢。[1]

这一怀旧情绪是一种预兆。不久之后，男孩子就去找父亲去了。十一月二十八日，小仲马看上去略显好转。金秋的阳光照射在园子里那几株挺拔的大树上。病人清醒过来，微笑着对女儿们说：

---

[1]　小仲马：《作为〈三剑客〉豪华版序言的一封信》。该豪华版书附有莫里斯·勒路阿尔所作二百五十幅插图及 J·于约所作木刻版画多幅，由卡尔曼-莱维出版社一八九四年出版于巴黎。——原注

"你们都吃饭去吧，让我一个人安静会儿。"

医生刚刚离开病人的房间，就听到高莱特的呼唤：

"您快来！爸爸抽搐了……"

这是临终时刻的痉挛。接着，死神便降临了。

第二天，各家报纸连篇累牍地报道作家逝世的消息。他的同父异母弟弟亨利·鲍艾写了一篇极为精彩的悼念文章。文中写道：

> 他身上有一股不可抗拒的力量，那就是他坚强的意志……他尽管别具个性，但比起同一谱系里最杰出的天才来，却毫不逊色。在《茶花女》问世之前，烟花女子备受磨难，被视为贱民……任何人都没有像他那样，产生过如此深远的影响，令一些人赎罪，让另外的人产生怜悯……一百年后，还会有贫穷的年轻人，怀着一颗因爱情而颤抖的心，为玛格丽特·戈蒂埃洒上一掬同情之泪[1]……

是啊，正由于他刚一出世便成为牺牲品，正由于他的生母一生里饱经磨难，小仲马才挺身而出，为那些无辜的女子辩护；而他的辩护又往往十分成功，表现出卓越的才能。诚然，他后来摆出一副"驯兽者"的架势；这是因为，他看到自己被野兽围困。不制服母狮，自己就必然被吞噬。他有一颗极为脆弱的心；骄傲使他给自己这颗极为脆弱的心涂抹上一层薄薄的色彩。晚年的爱情，既热烈，又痛苦，使他的心灵备受煎熬。时值一八九五年十一月末，战斗宣告结束。深秋的天气仍然带着微温；在马尔利仲马家的庭园里，聚集了不少朋友、同事、记者、政界人士、时髦的女士，还有许多普通老百姓；人来人往，川流不息。从巴黎开来的火车把崇拜者与好奇者一拨儿接一拨儿地倾泻到小站的月台上。下了火车的人，自然而然地形成了行列，向

---

[1] 亨利·鲍艾：《亚历山大·仲马》，发表于一八九五年十一月二十九日《巴黎回声报》。——原注

"尚弗露尔"进发。

走进庭院，人们被领到一间卧室，瞻仰亚历山大·仲马的遗容。遗体安放在一张帝国式样的床上；灵床用青铜装饰，像是被两只柠檬木雕成的大天鹅支撑着。逝者身穿平日的工作服装，一如他生前所希冀的那样。双脚裸露着。小仲马像祖父仲马将军，从来就为自己弯曲有力的脚弓感到自豪。墙上挂着两张画，一大一小。大的是父亲的肖像；小的是张速写，画着卡特琳·拉贝的遗体安卧在灵床上。一个世纪以来，仲马一家几代人，以自己的亲身经历，在法兰西的舞台上，演出了一出最精彩的戏剧。现在，"大幕落下，寂静无声，夜色浓重"，三代人中的最后一位，独自躺在那里。年轻的未亡人与逝者的女儿们都已佩上黑纱。她们在为死者哭泣的同时，不能不想到自己未来岁月的艰辛。原来带有史诗意味的情节剧，竟以市民喜剧甚至可能是悲剧的格调而告终结。

图书在版编目（CIP）数据

三仲马传 /（法）莫洛亚著；郭安定译 . —杭州：
浙江大学出版社，2015.3
ISBN 978-7-308-14293-9

Ⅰ. ①三… Ⅱ. ①莫… ②郭… Ⅲ. ①仲马，A.（
1762～1806）-传记 ②大仲马，A.（1802～1870）-传记 ③
小仲马，Λ.（1824～1895）-传记 Ⅳ. ①K835.657=41
②K835.655.6

中国版本图书馆 CIP 数据核字 (2014) 第 001516 号

三仲马传

[法] 安德烈·莫洛亚 著　郭安定 译

责任编辑	王志毅	
文字编辑	张兴文	
营销编辑	李录遥	
装帧设计	罗　洪	
出版发行	浙江大学出版社	
	（杭州天目山路 148 号　邮政编码 310007）	
	（网址：http:// www.zjupress.com）	
制　作	北京大观世纪文化传媒有限公司	
印　刷	北京天宇万达印刷有限公司	
开　本	635mm×965mm　1/16	
印　张	35	
字　数	520千	
版 印 次	2015年3月第1版　2015年3月第1次印刷	
书　号	ISBN 978-7-308-14293-9	
定　价	65.00元	